ପୂର୍ଣ୍ଣ ଏକତାର ଯୋଗ

ପୂର୍ଣ୍ଣ ଏକତାର ଯୋଗ

ଚିତ୍ତରଞ୍ଜନ ଦାସ

BLACK EAGLE BOOKS

2021

BLACK EAGLE BOOKS

USA address:
7464 Wisdom Lane
Dublin, OH 43016

India address:
E/312, Trident Galaxy, Kalinga Nagar,
Bhubaneswar-751003, Odisha, India

E-mail: info@blackeaglebooks.org
Website: www.blackeaglebooks.org

First Edition: **Suhrut Prakashani**, Odisha, 2006

First International Edition Published by
BLACK EAGLE BOOKS, 2021

PURNA EKATARA YOGA
by **Chittaranjan Das**

Cover & Interior Design: Ezy's Publication

ISBN- 978-1-64560-148-7 (Paperback)

Printed in United States of America

ସୂଚୀପତ୍ର

ଏହି ଗ୍ରନ୍ଥ ପ୍ରସ୍ତୁତିଟିରେ ମାଆଙ୍କ ରଚନାବଳୀରୁ ଗୋଟିଏ ଦୁଇଟିର ଉଦ୍ଧୃତି ସ୍ଥାନ ପାଇଛି ଓ ସେଗୁଡ଼ିକୁ ଯଥାସ୍ଥାନରେ ସୂଚାଇ ଦିଆଯାଇଛି। ଅବଶିଷ୍ଟଗୁଡ଼ିକ ଶ୍ରୀଅରବିନ୍ଦ ଶତବାର୍ଷିକୀ ରଚନା-ସମଗ୍ର(ଇଂରାଜୀ) ମଧ୍ୟରୁ ସଂକଳିତ କରି ଅଣାଯାଇଛି। BCL ଭାବରେ ଯାହାସବୁ ରହିଛି, ସେଥିରୁ ପାଠକବନ୍ଧୁମାନେ ସେହି କଥାଟିକୁ ହିଁ ବୁଝିବେ।

ପ୍ରଥମ ଅଧ୍ୟାୟ

ତପସ୍ୟା ଗୋଟିଏ

ତପସ୍ୟା ଗୋଟିଏ। ଆମେ ବୁଝିବାପାଇଁ ଚାରୋଟି ବୋଲି କୁହାଯାଇଛି। ଯୋଗ ଗୋଟିଏ। ଆମେ ବୁଝିବୁ ବୋଲି ଜ୍ଞାନ ଯୋଗ, ଭକ୍ତି ଯୋଗ ଓ କର୍ମ ଯୋଗ ବୋଲି କୁହା ବି ଯାଇଛି। ଦଳେ ପୁଣି ଗୋଟାଏ ପାଖକୁ ବିଶେଷ ଭାବରେ ଢ଼ଳି ପଡ଼ି ହଠଯୋଗ ବୋଲି କଥାଟିଏ ବାହାର କରିଛନ୍ତି। ପୁନଶ୍ଚ, କେଉଁଠି ସପ୍ତାଙ୍ଗ ଯୋଗ ତ କେଉଁଠି ଅଷ୍ଟାଙ୍ଗ ଯୋଗ। ଖାସ୍ ଜ୍ଞାନ ବା ଖାସ୍ ଭକ୍ତିର ଶାସ୍ତ୍ରବର୍ଣ୍ଣିତ ଲକ୍ଷଣମାନଙ୍କୁ ଦେଇ କୌଣସି ମାର୍ଗକୁ ନାଆଁଟାଏ ଦେଇ ଚିହ୍ନି ହେଉନାହିଁ ବୋଲି ଠାଏ ଠାଏ ଜ୍ଞାନମିଶ୍ରା ଭକ୍ତି ବୋଲି ନାମଟିକୁ ମଧ୍ୟ କେହି ଠାବ କରି ପକାଇଛନ୍ତି। ଏସବୁ ନାମ ଆଦୌ କୌଣସି ପରମ ବିଧାତାର ଅଭିଲେଖାଗାରରେ ଅଲଗା ଅଲଗା ଖେଦାରେ ଅଲଗା ହୋଇ ରହିନଥିଲା। ଅଭିଜ୍ଞତା ଅନୁସାରେ ଅଲଗା ଅଲଗା ମାର୍ଗ ଏବଂ ସେହି ଅନୁସାରେ ସୂତ୍ରାୟନ। ସାଧନା ଅନୁସାରେ ମାର୍ଗମାନଙ୍କର ଚିହ୍ନଟ। ତପସ୍ୟା ଅନୁସାରେ ତପସ୍ୱୀ। ଏବଂ, ସମ୍ଭବତଃ କୌଣସି ବାଉଳା କରି ପକାଇବାର ଦୁର୍ଯୋଗରେ ଯେତେବେଳେ ତପସ୍ୟାଠାରୁ ତାହାକୁ ଗୋଟିଏ ଅଲଗା ନାଆଁଦ୍ୱାରା ଚିହ୍ନାଇ ଦେବାର ଉତ୍ସାହଟାଏ ଅଧିକ ହେବାକୁ ମନ କଲା, ସେତିକିବେଳେ ମାର୍ଗମାନଙ୍କର ନାମକରଣଟା ଏତେ ବେଶୀ ମହତ୍ତ୍ୱପୂର୍ଣ୍ଣ ବୋଲି ପ୍ରବଳ ଭାବରେ ମନେ ହେଲା। ସେଇଥିରୁ ତ ସମ୍ପ୍ରଦାୟମାନେ ଆବିର୍ଭୂତ ହୋଇ ଆସିଥିବେ!

ଜୀବନ କହିଲେ ତ ଗୋଟିଏ ଜୀବନ। ଆମେ ବୁଝିବାକୁ ଏବଂ, ପରସ୍ପରକୁ ଅଧିକ ସୂତର କରି ବୁଝାଇ ଦେଇ ପାରିବାକୁ, ବ୍ୟକ୍ତିଗତ ଜୀବନ, ସମଷ୍ଟି-ଜୀବନ; ପୁଣି ଏହି ବିଂଶ ଶତାବ୍ଦୀର ପ୍ରାୟ ଆରମ୍ଭ ସମୟରୁ, ଚେତନ, ଅବଚେତନ ତଥା

ଅଚେତନ ଜୀବନ, – ପ୍ରାଚୀନ ଶାସ୍ତ୍ରର ନିରୂପଣ ଅନୁସାରେ ତାହାକୁ ହୁଏତ ଜାଗ୍ରତ, ସ୍ୱପ୍ନ ଏବଂ ସୁଷୁପ୍ତି ସହିତ ସମାନ୍ତରମାନ କାଟି ବେଶ୍ ଚିନ୍ତା କରି ହେବ। ଏବଂ, ଆମ ଆଧୁନିକ କାଳର ଅର୍ଥନୈତିକ ଜୀବନ, ରାଜନୀତିକ ଜୀବନ, ନୈତିକ ଜୀବନ ଇତ୍ୟାଦି ଇତ୍ୟାଦି। ସେହି ଏକା ପବନ; ତା'ର ବହିବାର, ଥମ୍ଭିଯିବାର ତଥା ଧିମେଇ ଯିବାର ଧାରାଗୁଡ଼ିକ ଅନୁସାରେ ଉତ୍ତରା ପବନ, ଦକ୍ଷିଣା ପବନ, ପୂବେଇ ଏବଂ ପଶ୍ଚିମା ପବନ। ଏହି ଦେହ ତ ଗୋଟିଏ, କିନ୍ତୁ ତାହାରି ଅନ୍ତର୍ଗତ ହୋଇ ହାତ, ଗୋଡ଼, ନାସା, କର୍ଣ୍ଣ, ମଥା, ଉଦର, ହୃଦ୍‌ଯନ୍ତ୍ର ଇତ୍ୟାଦି। ଏମାନେ ନିଜନିଜର ଭିନ୍ନ ଭିନ୍ନ ଧର୍ମଗୁଡ଼ିକର ପାଳନ କରନ୍ତି, ଏହି ଦେହନାମକ ତମାମ ଯନ୍ତ୍ରଟି ସୁସ୍ଥ ଭାବରେ ସକ୍ରିୟ ହୋଇ ରହିବ ବୋଲି। ଦେହନାମକ କୌଣସି ଗୃହକର୍ତ୍ତା ଏକଦା ଅବୟବଗୁଡ଼ିକୁ ହକାରି ଆଣି ଆପଣାର ପରିକର ପରି ଉକ୍ତ ଅଙ୍ଗ ଓ ପ୍ରତ୍ୟଙ୍ଗମାନଙ୍କୁ ଯେ ଆପଣା ଆପଣାର ଚର୍ଯ୍ୟାଗୁଡ଼ିକୁ ବୁଝାଇ ଦେଇଛି, ସେକଥା ନୁହେଁ। ଏହି ସବୁଗୁଡ଼ିକୁ ଏକତ୍ର ମିଳାଇ ଦେଖିଲେ ହିଁ ଦେହ। ଏହି ପ୍ରତ୍ୟେକଙ୍କର ଏକାଠି ମିଶାଇ ଗୋଟିଏ ଗୋଟିଏ ଠୁଳ ପରିଚୟ ରହିଛି ବୋଲି ପ୍ରତ୍ୟେକଙ୍କର ସେହି ଅନୁସାରେ ଗୋଟିଏ ଗୋଟିଏ କର୍ମଧାରା ମଧ୍ୟ ରହିଛି ! ପୁନଶ୍ଚ, ଦେହ ସାଙ୍ଗକୁ ପ୍ରାଣ, ପ୍ରାଣ ସାଙ୍ଗକୁ ମନ, ଏବଂ ମନରୁ ନିଜର ଏକ ସମଗ୍ର ଅନୁଭବର କଳନାରେ ସତେଅବା ସେତୁଟିଏ ପାରି ହୋଇଗଲେ ବା ପାହାଚଟିଏ ଉଠିଗଲେ ଚୈତ୍ୟ। କୋଉଟି ଆଗ ଏବଂ କୋଉଟି ପଛ ? କୋଉଟି ନିମ୍ନ ଏବଂ କୋଉଟି ଊର୍ଦ୍ଧ୍ୱ ? ଜନ୍ମ ହେବାର ସର୍ବପ୍ରଥମ କ୍ଷଣଟିରେ ଆମେ ଦେହଟିଏ ଧାରଣ କରି ପୃଥିବୀକୁ ଆସୁବୋଲି ତାହା ଯେ ନିମ୍ନ ଏବଂ ନିଜ ଜୀବନନାମକ ପ୍ରାୟ ଏକ ଜନ୍ମଗତ ଆସ୍ପୃହାର ଲାବୋରେଟିରିରେ ସତ୍ୟଗୁଡ଼ିକର ଉଦ୍‌ଘାଟନ କରୁ କରୁ କୌଣସି ପରବର୍ତ୍ତୀ ସ୍ଥିତିରେ ଚୈତ୍ୟର ସ୍ପର୍ଶ ଲାଭ କରୁ ବୋଲି ସେଇଟି ଯେ ଊର୍ଦ୍ଧ୍ୱ, ସେପରି ସ୍ୱୀକାର କରିନେବା ନିମନ୍ତେ ମୋଟେ କୌଣସି କାରଣ ନାହିଁ।

ଆମ ଘର ହେଉଛି ଗୋଟିଏ; ଏବଂ, କେଡ଼େ ସହଜରେ ଚାକ୍ଷୁଷ ହୋଇ ପାରୁଥିବା ଏହି ପରିପୂର୍ଣ୍ଣ ନିତ୍ୟ-ପରିଚିତିଟି ମଧ୍ୟରେ ଆମର ଦୈନନ୍ଦିନତା ଗୁଡ଼ିକୁ ଯଥାସମ୍ଭବ ଅଧିକ ପ୍ରାଞ୍ଜଳ କରି ରଖିବା ନିମନ୍ତେ ଗୋଟିକୁ ଆମେ ଅମାର ଘର ବୋଲି କହୁଛୁ ତ ଆଉଗୋଟିକୁ ପଢ଼ିବା ଘର ବୋଲି କହୁଛୁ । ଗୋଟିଏ ଆମ ଠାକୁର ଘର ତ ଆଉଗୋଟିଏ ରୋଷେଇ ଘର। ସେଇଟି ଭଣ୍ଡାର ଘର ଏବଂ ଆଉ କୋଉଟି ମେଲା ଘର। ସବୁଯାକ ଏକାଠି ମିଶି ଆମ ଘର। ଖଣ୍ଡ ଖଣ୍ଡ ମିଶି କିମ୍ବା ଯୋଡ଼ା ହୋଇ ତେବେଯାଇ ଯେ ଆମର ଏହି ଘରଟି, ସେପରି ନୁହେଁ। ଅଲଗା ଅଲଗା, ତଥାପି

ଗୋଟିଏ। ବାହାର ଗଠନ ଅଲଗା, ବ୍ୟବହାରର କ୍ଷେତ୍ରରେ ଅଲଗା ଅଲଗା ଭୂମିକା ସତ; କିନ୍ତୁ ସମଗ୍ର-ପରିମଳରେ ସକଳ ସଙ୍ଗତି ସହିତ ଗୋଟିଏ, – ଆମ ଘର। ଏ ଘର ଓ ଭାଷା ଅନେକ, ଚଳଣି ଅନେକ, – ଅନେକ ପ୍ରକାରର ଜଳବାୟୁ, ଏବଂ ସେହି ଅନୁସାରେ ଦେହର ରଙ୍ଗ ଭିନ୍ନ ଭିନ୍ନ। ଅଭ୍ୟାସମାନେ ଭିନ୍ନ ଭିନ୍ନ। ସ୍ଥାନୀୟତାଗୁଡ଼ିକ ଅନୁସାରେ ସଂସ୍କୃତି, ସ୍ଥାନୀୟତାଗୁଡ଼ିକ ଅନୁସାରେ ନୈତିକତା ଏବଂ ନୀତି। ତଥାପି, ସବୁଗୁଡ଼ିକୁ ଏକତ୍ର ଗୋଟିଏ ସମଗ୍ର ଭିତରେ ଦେଖି ପାରିଲେ ଆମର ଏହି ପୃଥିବୀ। ଠାକୁର ଭଳି ଭଳି, ଉପାସନାର ଥାନଗୁଡ଼ିକ ଭଳି ଭଳି, ଭିନ୍ନ ଭିନ୍ନ ମନ୍ତ୍ର, ଭିନେ ଭିନେ ଶାସ୍ତ୍ର। ଭିନ୍ନ ଭିନ୍ନ ଧର୍ମକଳ୍ପନା, ଧର୍ମଗୁଡ଼ିକର ବ୍ୟାଖ୍ୟା, ଭିନ୍ନ ଭିନ୍ନ ପ୍ରକାରର ସ୍ୱର୍ଗ ଓ ନରକ ଏବଂ ଭିନ୍ନ ଭିନ୍ନ ପାପପୁଣ୍ୟର କଳ୍ପନା। ଠାକୁରମାନଙ୍କ ସବାଉପରେ ସବାବଡ଼ ଜଣେ, ବଡ଼ ଠାକୁର, – ଏହି ବିଶ୍ୱର ନିୟନ୍ତା। ବିଶ୍ୱର ନିୟନ୍ତା ସିଏ କାହିଁକି ତେବେ ଏହି ଧର୍ମମାନେ ଭିନ୍ନ ବୋଲି ଭିନ୍ନ ହେବେ? ତେଣୁ ଅସଲ ତପସ୍ୟା ଆମକୁ ସେହି ଏକତାରୂପୀ ସତଘରଟି ଆଡ଼କୁ ପରିଚାଳିତ କରି ଆଣିବ। ସେହି ଏକତା ପାଇଁ ତପସ୍ୟା। ପୃଥିବୀ ଲାଗି ତପସ୍ୟା। ଅଧ୍ୟାତ୍ମ ନିମନ୍ତେ ତପସ୍ୟା। ବିବେକ କହୁଛି, ଯାବତୀୟ ଜ୍ଞାନ ଓ ବିଜ୍ଞାନ ଆମକୁ ସେହି ଏକତା ଆଡ଼କୁ ଆସିବାରେ ହିଁ ନିୟୋଜିତ ହେଉଥାଆନ୍ତା।

ଯୁଗଗୁଡ଼ିକର ଅନୁକ୍ରମରେ ପୃଥିବୀର ଜ୍ଞାନ ତଥା ବିଜ୍ଞାନର କୁଢ଼ କୁଢ଼ ହୋଇ ବୃଦ୍ଧି ଘଟିବାରେ ଲାଗିଛି। ଭଳି ଭଳି ଅଧ୍ୟୟନ, ଭଳି ଭଳି ଅନୁସନ୍ଧାନ, ଭଳି ଭଳି ସାହିତ୍ୟ, ଭଳି ଭଳି ନେତୃତ୍ୱ ଏବଂ ଭଳି ଭଳି ମାର୍ଗଚାରଣା। ସେହି ମାର୍ଗମାନେ ଆମକୁ ପରସ୍ପରର ଅଧିକରୁ ଅଧିକ ନିକଟବର୍ତ୍ତୀ କରି ଆଣୁନାହାନ୍ତି କାହିଁକି? ଗୋଟିଏ ଗୋଟିଏ ମାର୍ଗ ବହୁ ଅଭିନବ ଉତ୍ସାହର ଆତିଶଯ୍ୟରେ ଗୋଟିଏ ଗୋଟିଏ ଧର୍ମର ଚେହେରା ଗ୍ରହଣ କରି ଏଡ଼େ ଏଡ଼େ ଦିଶିଲେଣି, – ବହୁତ କିସମର ଗୁରୁ, ବହୁ କିସମର କୃଚ୍ଛ; ପ୍ରାଣୀମାନଙ୍କର ପ୍ରୀତ୍ୟର୍ଥେ ସେମାନେ ସତେଅବା କେତେ ନା କେତେ କାମନାପୂରଣର ଡ଼େଉଁରିଆଗୁଡ଼ିକୁ ବିତରଣ କରିବାରେ ଲାଗିଛନ୍ତି; ପ୍ରତ୍ୟେକେ ଏପରି ପୂର୍ଣ୍ଣ ପ୍ରତ୍ୟୟର ସହିତ କଥାମାନ କହୁଛନ୍ତି ଯେ ସେଥିରୁ ମନେ ହେଉଛି ସତେ ଯେପରି ସେମାନେ ସ୍ୱୟଂ ସ୍ୱର୍ଗକୁ ଯାଇ ମାତ୍ର ଇହାଦେ ପୃଥିବୀକୁ ଫେରି ଆସିଛନ୍ତି ଏବଂ ସେଠାରେ ସେହିମାନଙ୍କର ଈଶ୍ୱରଙ୍କ ବ୍ୟତୀତ ଆଉ ମୋଟେ କେହିହେଲେ ନାହାନ୍ତି ବୋଲି କେଡ଼େ ସଉକର ସହିତ କହିବାରେ ଲାଗିଛନ୍ତି। ଆଖିଟା ଅଳପ ହୋଇଥିବାରୁ ଏମାନେ ସେଠାରେ କ'ଣ ମାତ୍ର ଅଳପ ଦେଖି ତାହାକୁ ହିଁ ଏକମାତ୍ର ଓ ତେଣୁ ସବୁ ବୋଲି କହୁଛନ୍ତି କି?

ଏଡ଼େ ବଡ଼ ପୃଥିବୀ, ଏକ ବିଭୁସ୍ପର୍ଶଜନିତ କରୁଣାର ଆଶୀର୍ବାଦର ସମଗ୍ରତା ମଧ୍ୟରେ ସର୍ବବିଧ ଅର୍ଥରେ ଗୋଟିଏ। ଗୋଟିଏ ହିଁ ଭୂମି; ଆମ ସ୍ଥାନୀୟତା ଗୁଡ଼ିକର ପ୍ରୟୋଜନ ମେଣ୍ଟାଇବା ନିମନ୍ତେ ଯେ ସେଇଟିକୁ ଆମେ ମଣିଷମାନେ ଅନେକ ଭୂମିରେ ବାଣ୍ଟି ନିଜର ତାତ୍କାଳିକ ଜୀବନମାନ ବଞ୍ଚୁଛୁ, ସେହି କଥାଟିକୁ ବୁଝିବା ଆଦୌ କଷ୍ଟକର ହେବନାହିଁ। ଆମ ଚଳନ୍ତି ଭାଷାରେ ସେଗୁଡ଼ିକୁ ଦେଶ ବୋଲି କୁହାଯାଉଛି। କିଞ୍ଚିତ୍ ଭାବପ୍ରବଣତାର ବ୍ୟଞ୍ଜନା ଦେଇ ସ୍ଥଳବିଶେଷରେ ସେଗୁଡ଼ିକୁ ଯେ ପିତୃଭୂମି ବା ମାତୃଭୂମି ବୋଲି କୁହାଯାଉଛି, ସେକଥାଟିକୁ ମଧ୍ୟ ଖୁବ୍ ବୁଝି ହେଉଛି। ଦେଶ ଅନୁସାରେ ଗୋଟିଏ ଗୋଟିଏ ରାଷ୍ଟ୍ର। ସରକାର, ଶାସନ, ସୈନ୍ୟବାହିନୀ, ଦଣ୍ଡିବାର ସର୍ବୋଚ୍ଚ ଶକ୍ତି, ଲୋକନିର୍ମାଣର ସର୍ବବିଧ ଦାୟିତ୍ୱ ଏବଂ ବ୍ୟସ୍ତତା, – ଏହି ସବୁକିଛି ଅବଶ୍ୟ ରହିବ। ପ୍ରତ୍ୟେକ ଦେଶର ଗୋଟିଏ ପତାକା। କିନ୍ତୁ ବାହାରେ ଏବଂ ଭିତରେ କ'ଣସବୁ ଅସମର୍ଥତା ରହିଛି ଯେ, ଏହି ଭୂମିମାନେ, ଦେଶମାନେ ଓ ରାଷ୍ଟ୍ରମାନେ ଅଧିକାଂଶ ସମୟରେ ହିଁ ପରସ୍ପରକୁ ଆଦୌ ସୁଖ ପାଇ ପାରୁନାହାନ୍ତି। ଗୋଟିଏ ପୃଥିବୀରେ ବାସ କରୁଛନ୍ତି ବୋଲି ସେମାନେ ହୃଦୟଙ୍ଗମ କରି ପାରୁନାହାନ୍ତି କି ? ସାମଗ୍ରୀ, ପରସ୍ପରକୁ ପଛରେ ପକାଇଦେଇ ଆଗକୁ ଚଳିଯିବାରେ ସାମଗ୍ରୀମାନ ଜମା କରିବାରେ ହିଁ ସମ୍ଭବତଃ ଏହି ସ୍ଥାନୀୟ ରାଷ୍ଟ୍ରମାନଙ୍କର ସବାଆଗର ଚିନ୍ତାରେ ପରିଣତ ହୋଇ ରହିଛି। ଅସ୍ତ୍ରଶସ୍ତ୍ର ବୃଦ୍ଧି ପାଉଛି, – ବିଶାଳବୁଦ୍ଧି ବିଜ୍ଞାନକୁ ମଧ୍ୟ ସର୍ବାଧିକ ମିହନ୍ତରେ ସେହି ଆପଦପୂର୍ଣ୍ଣ ମାର୍ଗଟାରେ ବଳଦ ପରି ଖଟା ହେଉଛି। ଏଗୁଡ଼ିକ ଯେ ଆଦୌ କୌଣସି ଠାକୁରଙ୍କର ବରାଦରେ ହେଉନାହିଁ, ଛୋଟ ପିଲାଟାଏ ବି ସେକଥା ଠୋ' କରି କହିଦେଇ ପାରିବ। ଏବଂ, ସତକୁ ସତ ଈଶ୍ୱର ବୋଲି, ସିଏ ଦୂରରେ ଅଥବା ନିକଟରେ ତଥା ଆମର ଏହି ପୁରରେ ବା ଯେଉଁ ପୁରରେ ଥାଆନ୍ତୁ ପଛକେ, ସିଏ ମଧ୍ୟ ବାତୁଳ ଏହି ମନୁଷ୍ୟମାନଙ୍କର କୀର୍ତ୍ତିଗୁଡ଼ିକ ଆଡ଼କୁ ଅନାଇ ନହସି ରହି ପାରୁନଥିବେ ଏବଂ ଆପଣାକୁ ଖୁବ୍ ଅକର୍ତ୍ତବ୍ୟ ମଣୁଥିବେ।

ଏଥର ସବୁ ସହଜ ହୋଇଯିବ ବୋଲି ଗୁରୁମାନେ ବାରମ୍ବାର କହିବାକୁ ଆସି ପହଞ୍ଚି ଯାଇଛନ୍ତି। କେବଳ ଭାରତବର୍ଷରେ ନୁହେଁ, ପୃଥିବୀଯାକ ସର୍ବତ୍ର। କ'ଣ କେତେ ଉତ୍ସାହରେ ପଡ଼ି ଏଇଥର ଦୁଃଖ ଗଲା ବୋଲି ଆସି ଜଗଦ୍‌ବାସୀଙ୍କୁ କେଡ଼େ ସୁନିଶ୍ଚିତତା ସହିତ ପ୍ରବୋଧନା ଦେଇଛନ୍ତି। ଜଗତ୍‌ବାସୀ ବି ସେଇଥିରେ କେତେ ନା କେତେ ବହକି ଯାଇଛନ୍ତି। ମଉକାଗୁଡ଼ିକୁ ପାଇ ଗୋଟିଏ ଗୋଟିଏ ନୂଆ ଧର୍ମ, ନୂଆ ମାର୍ଗ ଏବଂ ନୂଆ ସଂପ୍ରଦାୟ ମାନଙ୍କର ଦୁନ୍ଦୁଭି ପିଟାଯାଇଛି। ସେହି ମୁତାବକ ନୂଆ ଶାସ୍ତ୍ର, ନୂଆ ପୀଠ ଏବଂ ପିଣ୍ଡିମାନ; ନୂଆ ବିଧି, ନୂଆ ରୁଟିନ୍ – କେତେ ନା କେତେ

ଆକର୍ଷଣରେ ଲୋକମାନଙ୍କର ଚିତ୍ତହରଣ କରିଛି । ଅସଲ ସତ୍ୟଟିର ତରାଜୁ ଉପରେ କହିବସିଲେ, ସେମାନଙ୍କର ବିବେକନାମକ ବିତ୍ତଟିକୁ ହରଣ କରି ନେଇଛି। ବସ୍ତୁତଃ ନିଜେ ହିଁ ଯେ ଖୋଜିବାକୁ ହୁଏ, ନିଜେ ହିଁ ଭେଟିବାକୁ ହୁଏ ଏବଂ ନିଜେ ଆପଣା ଭିତରେ ଅଭିନବ ବୋଲି କୁହାଯାଇ ପାରିବାଭଳି ସମ୍ପଦଟିଏ, ଶକ୍ତିଟିଏ ଆବିଷ୍କାର କରି ସେହି ଅନୁସାରେ ବାଟଟିଏ ବଛିବାକୁ ହୁଏ ଏବଂ ତା'ପରେ ସତେଅବା କେଉଁ ପରମବନ୍ଧୁର ନିର୍ଦ୍ଦେଶଟିଏ ଲାଭ କରି ନିମିତ୍ତବତ୍ ଏହି ସଂସାର ମଧ୍ୟକୁ ଅବତରଣ କରି ଆସିଲେ ଯାଇ ପୃଥିବୀରେ କିଛି ଅନ୍ୟଭଳି ପ୍ରତ୍ୟକ୍ଷ ହୋଇ ଆସୁଥିବା ଭଳି ପ୍ରତ୍ୟକ୍ଷ ହୁଏ, ସେହି ମୂଳ ଧର୍ମଟି ହାତଛଡ଼ା ହୋଇଯାଏ । ପରିଣାମଗୁଡ଼ିକୁ ହାବୁଡ଼ି କ୍ରମେ ମନେ ହେଉଥାଏ, ସତେ ଯେପରି ଆକାଙ୍କ୍ଷିତ ପ୍ରକାଶଟିକୁ ପଛକୁ, ଉଢୁଆଳକୁ ଠେଲି ଦେଇ ଏହି ଗୁରୁମାନେ ତଥା ଏହି ଗୁଳାଗୁଡ଼ିକ ଏତେ ଏତେ ଛଦ୍ମ ସହିତ ତୁଚ୍ଛା କୋଳାହଳଟାଏ ହିଁ କରିବାରେ ଲାଗିଥିଲେ। ଏହି ସନ୍ଦର୍ଭଟି ଉପରେ ଦେଖିବାକୁ ଆରମ୍ଭ କଲେ, ତା'ପରେ ମୋଟେ ଆଚମ୍ବିତ ଲାଗିବ ନାହିଁ ଯେ, ଅସୁମାରି ସଂଖ୍ୟାର ଏହି ଗୁଳାମାନେ, ଧର୍ମମାନେ ଯୁଗେ ଯୁଗେ ରାଷ୍ଟ୍ରପଟେ, କ୍ଷମତା ପଟେ ଅର୍ଥାତ୍ ଅନ୍ଧାରମାନଙ୍କ ପଟେ ହିଁ ରହି ଆସିଛନ୍ତି। ସତେଅବା ଆପେ ବଞ୍ଚି ରହିଛନ୍ତି ବୋଲି ପରସ୍ପର ସହିତ ନାନା ବିବାଦ ଭିତରେ ଜଡ଼ିତ ହୋଇ ପଡ଼ିଛନ୍ତି ତଥା ଆକୁଳ ଜଗଦ୍‌ବାସୀ ମାନଙ୍କୁ ମଧ୍ୟ ବେଶ୍ ସେତିକିରେ ହିଁ ଖୁବ୍ ଉତ୍ତେଜିତ କରି ରଖିଛନ୍ତି।

ଅଧ୍ୟାତ୍ମ କହ, ସତ୍ୟ କହ, ପରମେଶ୍ୱର କହ ଅଥବା ପୃଥିବୀ କହ, – ଏହି ସବୁକିଛି ହେଉଛନ୍ତି ଆମେ କଳନା କରି ପାରୁଥିବା ବୃହତ୍‌ରୁ ଆହୁରି ବୃହତ୍ ଯାବତୀୟ ଏକତାର ଦ୍ୟୋତନା ଆଣି ଦେଉଥିବା ଗୋଟିଏ ଗୋଟିଏ ଶବ୍ଦ। ବିବର୍ତ୍ତନ ନାମକ ଆମେ ବୁଝିଥିବା ସେହି ସମଗ୍ର ପ୍ରକ୍ରିୟାଟି ମଧ୍ୟ ସେହି ଏକତା ଅଭିମୁଖେ ଆମ ସମସ୍ତଙ୍କର ଜୀବନକୁ ପରିଚାଳିତ କରି ନେଉଛି। ଆମେ ସହଯୋଗ କଲେ ଗତି ତ୍ୱରାନ୍ୱିତ ହେଉଛି ଏବଂ ନାନାବିଧ କାରଣରୁ ସହଯୋଗ ଊଣା ହୋଇଗଲେ କିମ୍ବା ବାଧାପ୍ରାପ୍ତ ହେଲେ ସେହି ଗତି ମନ୍ଥର ହୋଇ ଯାଉଛି। ଏକତା ହିଁ ଜୀବନର ଅନୁକୂଳ, ଯାବତୀୟ ଉନ୍ମୋଚନ ତଥା ଉଦ୍‌ଘାଟନର ଅନୁକୂଳ, ଅଧ୍ୟାତ୍ମର ଅନୁକୂଳ। ଅଧିକରୁ ଅଧିକ ଏକତା, – ତାହାହିଁ ଅଧିକରୁ ଅଧିକ ଦିବ୍ୟତା ଆଡ଼କୁ ଆମେ ଚାଲିଛୁ ବୋଲି ଆମ ସମସ୍ତଙ୍କ ଲାଗି ସବାବଡ଼ ପ୍ରତ୍ୟୟ। ପୃଥିବୀରେ ବର୍ତ୍ତମାନ ସେହି ଏକତାର ହିଁ ଅଭାବ ରହିଛି। ପୃଥିବୀରେ ସମ୍ପଦ ଭର୍ତ୍ତି ହୋଇ ରହିଛି ଅଥଚ ପୃଥିବୀଟା ଏଡ଼େ ଅଲକ୍ଷଣା ହୋଇ ପଡ଼ିଛି କାହିଁକି ? ଯାହା ପାଖରେ ଲକ୍ଷ୍ମୀ ନାହାନ୍ତି, ସିଏ ତ ଅଲକ୍ଷଣା ହେବ ହିଁ ହେବ; କିନ୍ତୁ ଯାହାପାଖରେ ସେହି ଲକ୍ଷ୍ମୀଟା ଥାକ ଥାକ ହୋଇ କୁଢ଼ ମରା

ହୋଇ ରହିଛି, ସବୁ ଠିକ୍ ଠିକ୍ ରହିଥିଲେ ସିଏ କାହିଁକି ଅଲକ୍ଷଣା ହୋଇ ରହିଥାଆନ୍ତା ? ମଣିଷର ମଥାଟା ହିଁ ତ ବହୁ ଅଭୂତପୂର୍ବ କଦର ଓ କୌଶଳରେ ଏତେ ଏତେ ଜ୍ଞାନ ଏବଂ ବିଜ୍ଞାନର ପ୍ରୟୋଗ କରି ଅପରିମିତ ଧନସମ୍ପଦର ସୃଜନ ଦ୍ୱାରା ଆମର ପୃଥିବୀଟାକୁ ଏତେ ସାହସ ଏବଂ ସମ୍ଭାବନା ନିମନ୍ତେ ସମର୍ଥ କରି ଗଢ଼ି ଆଣିବାରେ ଲାଗିଛି। ତେବେ, ତଥାପି କେଉଁଠି କ'ଣ ଅଭାବ ରହିଛି ଯେ ଏତେ ଏତେ ଅଲକ୍ଷଣାପଣ ଦ୍ୱାରା ନିତ୍ୟ-କାରବାର ଅର୍ଥାତ୍ ନିତ୍ୟ-ପାରସ୍ପରିକତାର ଆମର ଏହି ମନୁଷ୍ୟସଂସାରଟା ଏପରି ହତଲକ୍ଷ୍ମୀ ହୋଇ ରହିଛି ? ସେହି ହୃତ ଉତ୍ତରଟିକୁ ବା ଉତ୍ତରଗୁଡ଼ିକୁ ବାହାର କରିବା ନିମନ୍ତେ ହିଁ ଏଠି ଏହି ଉପସ୍ଥିତ ସମୟଟିର ଯାବତୀୟ ତପସ୍ୟା ଏକ ମହାବତରଣ ନିମନ୍ତେ ଅନୁକୂଳ ଭୂମିଟିଏ ହୋଇ ତିଆରି ହୋଇ ପାରୁଥିବାର ତପସ୍ୟା। ଆମଭିତରୁ ନିର୍ଧୂମ ବୋକାଟିଏ ମଧ୍ୟ କେବେହେଲେ କହିବ ନାହିଁ ଯେ ଆମେ ମନୁଷ୍ୟମାନେ, ସମୂହମାନେ, ଦେଶମାନେ, ଧର୍ମମାନେ ଅଥବା ସ୍ଥାନୀୟତାମାନେ ଏପରି ଏକ ଆରେକଠାରୁ ଡ଼ୋର ଛିଣ୍ଡାଇ ରହିଥାଆନ୍ତୁ ବୋଲି କୌଣସି ବିଧାତା ଆଦୌ କୌଣସି ଇଚ୍ଛା ହିଁ କରୁଥିବେ। ତେଣୁ ଏକତାର ସକଳ ଉପାଦାନ ଏବଂ ଅନୁକୂଳତା ମହଜୁଦ ହୋଇ ରହିଥିଲେ ମଧ୍ୟ ମନୁଷ୍ୟମାନେ ଯେ ତଥାପି ପରସ୍ପର ବିଷୟରେ ଏତେ ଉଦାସୀନ ହୋଇ ରହିଛନ୍ତି, ସମ୍ମତ ମନୁଷ୍ୟମାନେ ସ୍ୱୟଂ ସେଥିଲାଗି ନିଶ୍ଚୟ ଏକ ବୃହତ୍ ଭୂମିକାରେ ଅବତୀର୍ଣ୍ଣ ହୋଇଛନ୍ତି। ଏକତା ଲାଗି ମନ କରିବାକୁ ଏବଂ ପୃଥିବୀନାମକ ଏହି ଘରଟିକୁ ଯଥାର୍ଥ ସଚେତନତାରେ ଫେରି ଆସିବାକୁ ହିଁ ସଂପ୍ରତି ସବାଆଗ ତପସ୍ୟା। ଏକ ସମଗ୍ର ପୃଥ୍ୱୀବୋଧର ତପସ୍ୟା। ପୂର୍ଣ୍ଣ ଯୋଗ। ପୂର୍ଣ୍ଣ ଏକତାର ଯୋଗ। ସେହି ଯୋଗସ୍ଥତାର ପ୍ରତିଷ୍ଠା ନିମନ୍ତେ ଅଙ୍ଗୀକାରବଦ୍ଧ ସନ୍ତାନରୂପେ ନିଜକୁ ନିର୍ମିତ ଓ ସମ୍ମତ କରି ନେବାର ଯୋଗ ଅର୍ଥାତ୍ ତପସ୍ୟା। ଏକ ବୃହତ୍ ପରିବର୍ତ୍ତନ ଲାଗି ବ୍ୟବହୃତ ହୋଇ ପାରିବାର ଯୋଗ ଓ ତପସ୍ୟା ।

ତେଣୁ, ସେହି ତପସ୍ୟା ହେଉଛି ଏକ ତିଆରି ହେବାର ତପସ୍ୟା। ଏଥିପାଇଁ ସର୍ବପ୍ରଥମେ ଏକ ଦୃଢ଼ ବିଶ୍ୱାସରୁ ସବୁକିଛି ଆରମ୍ଭ ହେବ ଯେ ଏହି ପୃଥିବୀ ନରଖର ଏବଂ ଅସୁନ୍ଦର ହୋଇ ରହିବାଟା ବିଶ୍ୱନିୟନ୍ତାଙ୍କର ଆଦୌ ଇଚ୍ଛା ନୁହେଁ । ସେହି ସର୍ବନିୟନ୍ତା ମୋ' ଭିତରେ ମଧ୍ୟ ବିଦ୍ୟମାନ ରହିଛନ୍ତି ବୋଲି ଯଦି ମୁଁ ଆବିଷ୍କାର କରିଥିବି, ତେବେ ବିଶ୍ୱାସଶିଳାଟିକୁ ନିଜ ଭିତରୁ ହିଁ ପାଇଯିବି। ତା'ପରେ ତାଙ୍କରି ପଟେ ରହିବି ବୋଲି ନିଷ୍ପତ୍ତିଟିଏ କରିବା ପ୍ରକୃତରେ ଅତ୍ୟନ୍ତ ସହଜ ହୋଇଯିବ। ବାଧ୍ୟ ହୋଇ ଅର୍ଥାତ୍ ନିଜ ଭିତରେ ଅମଙ୍ଗ ହେଉଥିବା କୌଣସି ଉପାଦାନକୁ ନାନା

କୃଚ୍ଛ୍ର ଦ୍ୱାରା ସାଧ୍ୟ କରି ତାଙ୍କ ନିମନ୍ତେ ପ୍ରସ୍ତୁତ ହେବାକୁ କେବେହେଲେ ପଡ଼ିବନାହିଁ। ତାଙ୍କରି ପାଇଁ ସମ୍ମତ ହୋଇ ବାହାରି ପାରିଲେ ସେଥିଲାଗି ଆବଶ୍ୟକ ସକଳ ବଳ ମୋତେ ନିଜ ଭିତରୁ ହିଁ ମିଳିଯିବ, ଏହି ପୃଥିବୀ ଭିତରୁ ମିଳିଯିବ ଏବଂ, ସର୍ବୋପରି, ମୋ'ର ଚତୁର୍ଦ୍ଦିଗରେ ମୋତେ ସଚଳ କରି ରଖିଥିବା ଏହି ଯାବତୀୟ ମେଳରେ ସମ୍ପର୍କରେ ଆସୁଥିବା ସକଳ ମନୁଷ୍ୟଙ୍କୁ ମୁଁ ଯେତିକି ନିବିଡ଼ ଓ ନିକଟ ଭାବରେ ବୁଝୁଥିବି, ସେମାନଙ୍କ ଠାରୁ ମଧ୍ୟ ମିଳି ଯିବାରେ ଲାଗିଥିବ। ସେହି କୁଣ୍ଠା ହେଉଛି ଆମର ଅତୀତ, ଆମର ଯାବତୀୟ ତଥାକଥିତ ସଂସ୍କାର ଏବଂ ଅଭ୍ୟସ୍ତତା, –ସେହିଗୁଡ଼ିକ ସହିତ ଆମର ଲଢ଼େଇ। ଆମଭିତରେ ଆସ୍ପୃହା ରୂପେ, ସତେଅବା ଜଣେ ଜନନୀଙ୍କର ନିତ୍ୟ-ଆଶୀର୍ବାଦ ରୂପେ ଯାହାକିଛି ରହିଛି ଏବଂ ପ୍ରାୟ ଚାକ୍ଷୁଷ ହୋଇ ଅନୁଭୂତ ହେବାରେ ଲାଗିଛି ଓ ନୂଆ ନୂଆ ଆଖି ଯୋଗାଇ ଦେଉଛି, ଅତୀତ ସହିତ ତାହାରି ଲଢ଼େଇ। ଆମ ଭିତରେ ଲଢ଼େଇ ଏବଂ ଆମ ବାହାରେ ଏହି ପଛ ସହିତ ବାନ୍ଧି ରଖିଥିବା ଆନୁଷ୍ଠାନିକ ଅଭ୍ୟସ୍ତତାଗୁଡ଼ିକ ସହିତ ଲଢ଼େଇ। ସେଇଟି ହେଉଛି ଅତ୍ୟନ୍ତ ଅଳ୍ପ କଥାରେ ଆମର ତପସ୍ୟା। ଯେତିକି ଅଛି, ଯେପରି ରହିଛି ଏବଂ ଏତିକି ହିଁ ସବୁକିଛି ତଥା ବିଭୁଇଚ୍ଛା ବୋଲି ଆମକୁ କେତେ ନା କେତେ ବିଚକ୍ଷଣତା ସହିତ ପ୍ରସୀମିତ କରି ରଖିଛି, ଏହାର ସେପାଖକୁ ମଧ୍ୟ ଯାଇହେବ, ଏକ ପରିବର୍ତ୍ତନକୁ ଅବଶ୍ୟ ସମ୍ଭବ କରିହେବ, – ନ୍ୟାୟତଃ ସବାଆଗ ମୋ' ଜୀବନରେ ଏବଂ ତାହାର ଅନୁପୂରକ ଭାବେ ଏହି ସଂସାରର ବହୁବିଧ ମେଳର ମାଧ୍ୟମରେ।

ହଁ, ମୋ'ର ବୁଝିବା ସକାଶେ ସେହି ତପସ୍ୟା ଚତୁର୍ବିଧ। ଚାରି ଥାକର ମୋ'ର ଜୀବନ ଏବଂ ନ୍ୟାୟତଃ ସେହି ଚାରିଥାକରେ ମୋ'ର ତପସ୍ୟା। ସବାଆଗ ଦୃଶ୍ୟମାନ୍ ମୋ'ର ଏହି ଦେହ ଏବଂ ସେହି ଦେହକୁ ଆଶ୍ରୟ କରି ମୋ'ର ପ୍ରାଣଶକ୍ତି, ମୋ'ର ମନୋମୟତା ଏବଂ ମୋ'ର ଚୈତ୍ୟ-ବାସନା। କେଉଁ ତପସ୍ୟାଟି ସବାଆଗ, ତା'ପରେ କେଉଁଟି, ତା'ପରେ କେଉଁଟି ଓ ପୁଣି ସବାଶେଷରେ କେଉଁଟି? କେଉଁଟି ସବୁଠାରୁ ଅଧିକ ମହତ୍ତ୍ୱପୂର୍ଣ୍ଣ ଏବଂ ତେଣୁ ସର୍ବାଧିକ ଜରୁରୀ? କୋଉଟି କାହାର ଅଧୀନ? ଯେପର୍ଯ୍ୟନ୍ତ ତପସ୍ୟାଟି ଭିତରକୁ ଆମେ ଗୋଡ଼ଟିକୁ ପକାଇ ନଥିବା, ସେପର୍ଯ୍ୟନ୍ତ ଏଇଟିକୁ ନେଇ ସଙ୍କଟରେ ପଡ଼ି ରହିଥିବା। ପୁନଶ୍ଚ, ଯେଉଁ ତଥାକଥିତ ସ୍ଥାନୀୟ ସଂସ୍କୃତିର ଛାଞ୍ଚଗୁଡ଼ିକ ଭିତରେ ଆମର ଲାଳନପାଳନ ହୋଇଛି, ତାହାରି ପରାମର୍ଶଟିକୁ ହୁଏତ ସତ୍‌ପରାମର୍ଶବତ୍ ମାନି ନେଇ ଆମେ ଆହୁରି କେତେ ଜଟିଳତା ଭିତରେ ନିଜକୁ ପକାଇ ମଧ୍ୟ ରଖିଥିବା। ଅଥବା, ପରିଚିତ ଆମ ନିଜ ଛାଞ୍ଚଟିକୁ ଏପରି ଏକନେତ୍ର ଭାବରେ ଯାବୁଡ଼ି ଧରିଥିବା ଯେ ଅନ୍ୟ ପରାମର୍ଶ ଓ ବ୍ୟାଖ୍ୟାଗୁଡ଼ିକୁ

ଅବର ବୋଲି ବିଚାରୁଥିବା ଏବଂ ଆପଣାକୁ ସେହି ଉତ୍ତେଜନାଟି ମଧ୍ୟରେ ବେଶ୍ ବଣା କରି ରଖିଥିବା। ଏହି ଢଙ୍ଗର ତାମସାଟା ଆମ ପୃଥିବୀରେ ମନୁଷ୍ୟସମୂହ ଗୁଡ଼ିକର ପ୍ରାୟ ହେତୁ ହେବା ବେଳୁଁ ହିଁ ଚାଲି ଆସିଛି। ଏବେ ତ ଅଧିକତର ରାଜକୀୟତା ସହକାରେ ଚାଲିଛି। ମନୁଷ୍ୟମାନଙ୍କର ଅଧ୍ୟାତ୍ମ-ଆସ୍ପୃହାକୁ କେତେ କେତେ ପ୍ରକାରେ ବାଉଳା କରି ଦିଆଯାଇଛି। ଏବଂ, ଯୁଗେ ଯୁଗେ ରାଜାମାନେ ହିଁ ଏଥିରୁ ସର୍ବାଧିକ ପରିମାଣରେ ଫାଇଦାମାନ ଉଠାଇ ପାରିଛନ୍ତି। ପ୍ରାପ୍ତ ଇତିହାସଟା ମଧ୍ୟ କହୁଛି ଯେ ସର୍ବାଧିକ ସଂଖ୍ୟାର ଗୁରୁ ପ୍ରାୟ ସଚରାଚର ଏଇଟିକୁ ହିଁ ପ୍ରଶ୍ରୟ ଓ ପ୍ରୋତ୍ସାହନ ଦେଇଛନ୍ତି। ସାହସୀ ବ୍ୟତିକ୍ରମ ସ୍ୱରୂପ ସତ ଆଲୋକଗୁଡ଼ିକର ପ୍ରତିନିଧିତ୍ୱ କରି କେତେ ହୁଏତ ବାହାରିଛନ୍ତି ଏବଂ ତୁଣ୍ଡ ବି ଖୋଲିଛନ୍ତି ସତ, ମାତ୍ର ସେମାନଙ୍କୁ ବହୁତ ଗଞ୍ଜଣା ସହିବାକୁ ପଡ଼ିଛି। ରାଜମାର୍ଗରୁ ବହୁଦୂରରେ ସେମାନେ ନିଜ ସମାନ୍ତର ସତ୍ୟଟିର ପ୍ରଚାର କରିଛନ୍ତି ସତ, କିନ୍ତୁ ତା'ପରେ ସେମାନଙ୍କ ଅନ୍ତେ ସେମାନଙ୍କର ଅନୁଗାମୀମାନେ କ'ଣ ପାଇଁ ଭାରି ତରତର ହୋଇ ପୁରୁଣା ମୁଖ୍ୟ ଦାଣ୍ଡିଟିର ଅନୁସରଣ କରିବାକୁ ହିଁ ନିରାପଦ ମଣିଛନ୍ତି। ଭାରତବର୍ଷରେ ବୁଦ୍ଧଦେବଙ୍କ ଠାରୁ ଆମ ଓଡ଼ିଶାର ଅରକ୍ଷିତ ଦାସ ଏବଂ ଭୀମଭୋଇଙ୍କ ପର୍ଯ୍ୟନ୍ତ ତାହାର ଅଗଣିତ ଦୃଷ୍ଟାନ୍ତମାନ ରହିଛି। ସେହିପରି ପୃଥିବୀଯାକ ରହିଛି। ନୂଆଟି ପୁରୁଣା ପରିଚ୍ଛଦରେ ଆସକ୍ତମାନଙ୍କୁ କେଡ଼େ ଶୁଚୀବନ୍ତ ହୋଇ ଦେଖାଯାଇଛି। ତଥାପି ବିକଳ୍ପ ବାଣୀଟିର ସେହି ଆବିର୍ଭାବଗୁଡ଼ିକ ଆଦୌ ଥମି ଯାଇନାହିଁ। ମନୁଷ୍ୟମାନଙ୍କୁ ବାରମ୍ବାର ସ୍ମରଣ କରାଇ ଦେବାକୁ ବିଶ୍ୱଧାତା ଏପରି କରି ଆସିଛନ୍ତି କି ?

ସବୁ ଇନ୍ଦ୍ରିୟକୁ ଏକାଠି ସମ୍ଭାରି ଆମର ଏହି ଯେଉଁ ତଥାକଥିତ ସ୍ଥୁଳ ଶରୀରଟି, ମୂଳତଃ ସେଇଟିରୁ ତ ଅନ୍ୟ ମନୁଷ୍ୟମାନେ ଆମକୁ ଚିହ୍ନୁଛନ୍ତି ଓ ଆମେ ମଧ୍ୟ ଅନ୍ୟ ମନୁଷ୍ୟମାନଙ୍କୁ ଚିହ୍ନିପାରୁଛୁ। ସେଇଟି ଉପରେ ଭରା ଦେଇ ଆମର ସଂସାରନାମକ ଏହି ଯାବତୀୟ ଜୀବନଲୀଳା। ଶରୀରଟାରେ ବାସ ପାଇ ପାରିଛି ବୋଲି ସିନା ଆଖିଦିଓଟି ରହିଛନ୍ତି ଏବଂ ଆମର ଏତେ ଏତେ କାମରେ ଲାଗି ପାରୁଛନ୍ତି। ସେହିପରି କାନ, ଜିହ୍ୱା ଏବଂ ଚମଟା। ମୁକୁଟ ପରି ରହିଥିବା ଆମର ମଥା ଓ ତାହାକୁ ଆମର ସକଳ ଅବୟବ ସହିତ ସଂଯୁକ୍ତ କରିଥିବା ଆମ ସ୍ନାୟୁସର୍ଜନାଟି। ପାଦଦେଶ ଭଳି ଶରୀରଟିଏ ସହଯୋଗ କରୁଛି ବୋଲି ଆମେ ଶିଖରଟାକୁ ଅନ୍ଦାଜ କରିପାରୁଛୁ। ଜୀବନ ନାମକ ଏହି ଅଭିନବ ସମଗ୍ରଟି ପାଦଦେଶରୁ ହିଁ ଶିଖରଯାଏ ପ୍ରସାରିତ ହୋଇ ରହିଛି। ଶରୀର ହାଲୁକା ଲାଗୁଥିଲେ କେଡ଼େ ସ୍ୱାଭାବିକ ଭାବରେ ପୃଥିବୀଟା ବି ହାଲୁକା ଲାଗୁଛି, ଅନ୍ୟ ମନୁଷ୍ୟମାନେ ମଧ୍ୟ କେଡ଼େ ହାଲୁକା ଲାଗୁଛନ୍ତି। ହୁଏତ, ଶରୀର

ହାଲୁକା ଲାଗୁଛି ବୋଲି ହିଁ ଏଡ଼େ ସୁନ୍ଦର ଦେଖାଯାଉଛି । ଶରୀରରେ ଲାଗିଥିବା ଆମ ଗୋଡ଼ହାତମାନେ ଆମପାଇଁ କେତେ ଅପହଞ୍ଚକୁ ମଧ୍ୟ ପହଞ୍ଚ କରି ରଖିଛନ୍ତି ! ତେଣୁ ଭାରି ବିଡ଼ମ୍ବନା ପରି ଲାଗେ ଯେ, କେତେ ସଂସ୍କୃତିରେ ଶରୀରକୁ କେଡ଼େ ହୀନ କରି ଦର୍ଶାଇବାର ଭଳି ଭଳି ଚେଷ୍ଟା କରା ଯାଇଥାଏ। ସେହି ମନୋଭାବଟିକୁ କେତେକ ସ୍ଥଳରେ ଏକ ଆଧ୍ୟାତ୍ମିକ ଦର୍ଶନର ଚଳଣି ବୋଲି ବି କୁହାଯାଇ ଆସିଥିବାର ଦୃଷ୍ଟାନ୍ତ ଦେଖିବାକୁ ମିଳିଯାଏ । ପ୍ରାୟ ଦୁଇହଜାର ବର୍ଷ ପୂର୍ବେ ଗ୍ରୀସ୍ ଦେଶର ଦାର୍ଶନିକ ପ୍ଲୋଟିନସ୍ ଆତ୍ମା ଭଳି ଏଡ଼େ ପବିତ୍ର ଦ୍ରବ୍ୟଟିଏ ଶରୀର ଭଳି ଏପରି ଏକ ହୀନ ଆବାସଟାକୁ ଅବଲମ୍ବନ କରି କାହିଁକି ରହିଛି ବୋଲି ବୁଝି ନପାରି ଦୁଃଖ ପ୍ରକାଶ କରିଥିବାର ଉଲ୍ଲେଖଟିଏ ରହିଥିବାର ଦେଖିବାକୁ ମିଳୁଛି। ଭାରତବର୍ଷରେ ବେଦାନ୍ତ-ଦର୍ଶନର ଯେଉଁ ଚେତନାଟାକୁ ମାୟାବାଦ ବୋଲି କୁହାଯାଇ ଆସିଛି, ତାହା ବ୍ରହ୍ମନାମକ ଆପଣାର ବର୍ଣ୍ଣନାଟିକୁ ପରିପୂର୍ଣ୍ଣ ନ୍ୟାୟରେ ପ୍ରମାଣିତ କରିବାର ତାତ୍ତ୍ୱିକ ଉତ୍ସାହରେ ଜଗତକୁ ମିଥ୍ୟା ବୋଲି ଘୋଷଣା କରିଛି। ଏବଂ ସ୍ଥୁଳ ଜଗତର ମିଥ୍ୟା-ପ୍ରତିଭାସଟି ମଧ୍ୟରେ ଏହି ଶରୀରଠାରୁ ବଳି ଅଧିକ ସ୍ଥୁଳ ଆଉ ପ୍ରକୃତରେ କ'ଣ ଥାଇପାରେ ବୋଲି ସତେଅବା ସବୁଯାକ ଭଗବତ୍‌ସତ୍ୟକୁ ଘ୍ରାଣ କରି ପାରୁଥିବାର ଏକ ନିଶ୍ଚୟତାରେ ଏଡ଼େ ପାଟିରେ କହିବାକୁ ଉଚିତ ମନେ କରିଛି। ଭାରତୀୟ ଜୀବନଦୃଷ୍ଟିରେ ପ୍ରଧାନତଃ ତାହାରି ସକାଶେ ଏକ ଉଦାସୀନତା-ପ୍ରଧାନ ଖର ବୁଦ୍ଧି ପ୍ରବେଶ କରିବାଲାଗି ଖୁବ୍ ମୁହଁ ପାଇ ଯାଇଛି କି ?

ଆମ ଦର୍ଶନ-ପରମ୍ପରାର ତୁଙ୍ଗତମ ପଣ୍ଡିତମାନଙ୍କର ଗୋଟିଏ ନିର୍ଦ୍ଦିଷ୍ଟ ଉଚ୍ଚ ପଂକ୍ତି ମାୟାବାଦର ମୁଖପାତ୍ରରୂପେ ଏବେ ମଧ୍ୟ ଆମର ଯାବତୀୟ ଜୀବନାବଲୋକନରେ ପ୍ରବୀଣ ହୋଇ ରହିଛନ୍ତି। ସେମାନେ ପ୍ରାୟ ସମସ୍ତେ ସନ୍ନ୍ୟାସୀ, ସଂସାର-ବିରାଗୀ, ତେଣୁ ସଂସାରତ୍ୟାଗୀ। ସଂସାର କ୍ଷଣିକ, ସଂସାର ନଶ୍ୱର, ଏବଂ ତେଣୁ ଈଶ୍ୱରବର୍ଜିତ, – ଏହିପରି ଏକ ନିତାନ୍ତ ମୂଳଭୂତ ନକାରାତ୍ମକତା ଦ୍ୱାରା ତାଡ଼ିତପ୍ରାୟ ହୋଇ ସେମାନେ କ'ଣ ଭାବି ଆମ ସଂସାରସ୍ଥମାନଙ୍କ ନିମିତ୍ତ ଶାସ୍ତ୍ରଦର୍ଶନରେ ଏତେ ମନୋନିବେଶ କରିଛନ୍ତି କେଜାଣି ? ଭାରତୀୟ ଇହ-ସାଂସାରିକ ଜୀବନରେ ସେମାନେ କ'ଣ ସବୁ ପାଞ୍ଚନାଦ୍ୱାରା ପରିଚାଳିତ ହୋଇ ଏତେ ଏତେ ନକାରାତ୍ମକତା ଆଣି ଯେ ପୂରାଇ ଦେଇଛନ୍ତି, ତାହା କାଳେ କାଳେ ସଂସାରସ୍ଥମାନଙ୍କୁ ଖୁବ୍ ବିସ୍ମିତ ହିଁ ଅବଶ୍ୟ କରିଥିବ। ଭାରତୀୟ ସାମୂହିକ ଜୀବନକୁ ଏହାଦ୍ୱାରା ସମ୍ଭବତଃ ପ୍ରାୟ ପଥର ପରି ଅମଙ୍ଗ, ପରିବର୍ତ୍ତନକାତର ଏବଂ ଅଧ୍ୟାତ୍ମଭୀରୁ ହୋଇ ରହିବା ନିମନ୍ତେ ଏକାଧିକ ଉପାଦାନ ଆଣି ଯୋଗାଇ ଦେଇଛି। ପାରସ୍ପରିକତାର ବହୁ

ସମ୍ଭାବନାକୁ ପଣ୍ଡ କରି ରଖିଛି। ଏବଂ, ସେହି ଅଘଟଣଟି ହେତୁ, ସମ୍ଭବତଃ ପରୋକ୍ଷ ଭାବରେ ଏହି ଭୂମିରେ ମନୁଷ୍ୟମାନେ ପରସ୍ପର-ବିମୁଖ ହୋଇ ରହିବାଲାଗି କିଞ୍ଚିତ୍ ଉତ୍ସାହ ମଧ୍ୟ ପାଇଛନ୍ତି କି ? ପ୍ରତ୍ୟେକେ ତଥାକଥିତ ନିଜର ମୁକ୍ତି ନିମନ୍ତେ ଆତୁର ଏବଂ ଉଦ୍‌ଗ୍ରୀବ ହୋଇ ରହିବାରୁ ଅନ୍ୟ, ଠିକ୍ ସେହିମାନଙ୍କ ଭଳି କୋଟି କୋଟି ମନୁଷ୍ୟମାନେ ଯେ ତା'ର ସହଯାତ୍ରୀ, ସହଭାଗୀ ତଥା ସାଥୀ ହୋଇ ରହି ପାରନ୍ତେ ଏବଂ ଏକାଠି ବାଟ ଚାଲି ପାରନ୍ତେ, ସେହି ବୃହତ୍ ସତ୍ୟଟିକୁ ପାସୋରି ପକାଇଛନ୍ତି କି ? ସଂସାରରେ ଅଛନ୍ତି ଯେତେବେଳେ, ସେତେବେଳେ ସତେଅବା ବାଧ୍ୟ ହୋଇ ଏଠାରେ ନିଜର କର୍ତ୍ତବ୍ୟ କରିଛନ୍ତି। ପୁନଶ୍ଚ, ଅସଲ ସତ୍ୟ, ଅସଲ ନିୟତିଗୁଡ଼ିକ ତଥା ଅସଲ ଈଶ୍ୱର-ସାହଚର୍ଯ୍ୟଟି ଏହି ସଂସାର ଭିତରେ କେବେହେଲେ ପ୍ରାପ୍ତ ହେବନାହିଁ ବୋଲି ସ୍ଥିରନିଶ୍ଚିତ ଭାବରେ ଉପଲବ୍ଧି କରି ତଥାପି ମନଟାକୁ କିଛି ଖେଳନା ଧରାଇ ଦେବାକୁ ବହୁବିଧ ପିତୁଳା ଗଢ଼ି ହୃଦୟଗୁଡ଼ିକୁ କାଳକ୍ରମେ ଅତ୍ୟନ୍ତ ସ୍ଥୂଳ ବି କରି ପକାଇଛନ୍ତି କି ? ଅସଲ ଅଧ୍ୟାତ୍ମ ଅର୍ଥାତ୍ ଅସଲ ଆହ୍ୱାନଗୁଡ଼ିକରୁ ବଞ୍ଚିତ ସଂସାରର ମଣିଷମାନଙ୍କୁ ଅତ୍ୟନ୍ତ ଅଳପ ଭିତରେ ମଜ୍ଜାଇ ରଖିବା ନିମନ୍ତେ ଅନୁରୂପ ଗୁରୁମାନଙ୍କର ଆବିର୍ଭାବ ହୋଇଛି ଏବଂ ସେମାନେ ସଂପ୍ରଦାୟମାନ ଗଢ଼ି ଏଠି ଆଗ୍ରହଗୁଡ଼ିକୁ ବହୁବିଭାଜିତ କରି ପକାଇଛନ୍ତି। ମାର୍ଗଗୁଡ଼ିକ ମଧ୍ୟରେ ଝଗଡ଼ା ଲଗାଇ ଦେଇଛନ୍ତି ଏବଂ ତେଣେ ବିଚରା ଅନୁଗାମୀମାନେ କେବଳ ସେହିମାନଙ୍କର ଗୁରୁ ହିଁ ସର୍ବୋତ୍ତମ ବୋଲି ପ୍ରଚାର କରିବାରେ ମନ ଦେଇଛନ୍ତି। ନିଜ ଇଷ୍ଟଦେବ ମାନଙ୍କୁ ଅବତାରୀ ବୋଲି କହି ସଂପୃକ୍ତ ସମସ୍ତେ ଅପାର ହୃଷ୍ଟତା ଲାଭ କରିଛନ୍ତି। ତା'ପରେ, ଯାହା ଅବଶ୍ୟମ୍ଭାବୀ, ତାହାହିଁ ଘଟିଛି; ଧର୍ମମାନେ, ଖୁଆଡ଼ମାନେ କେଢ଼େ ଅଲିଅଳରେ ଯାଇ ନ୍ୟସ୍ତସ୍ୱାର୍ଥ ମାନଙ୍କର କବଳରେ ଯାଇ ପଡ଼ି ଯାଇଛନ୍ତି ଏବଂ ମହିମା ହରାଇଛନ୍ତି। ମନୁଷ୍ୟ, ପ୍ରତ୍ୟେକ ମନୁଷ୍ୟ ଭିତରେ ଯେଉଁ ଆତ୍ମାଟି ରହିଛି, ପ୍ରତ୍ୟେକ କଢ଼ ମଧ୍ୟରେ ଯେଉଁ ଫୁଲଟି ଫୁଟିବ ବୋଲି ଅପେକ୍ଷା କରି ରହିଛି, ସେଇଟି ବଡ଼ ନିର୍ମମ ଭାବରେ ଅବହେଳିତ ହୋଇ ରହିଯାଇଛି। ଏହି ଦେହ ଯେ ଏକ ଦେବାଳୟର ଯୋଗ୍ୟତା ଅର୍ଜନ କରିପାରେ, ସେହି କଥାଟି ଆଉ କାହିଁକି କାହାର ମନେ ରହିବ ?

ଦେହପ୍ରତି ହେୟଜ୍ଞାନ, ତେଣୁ ଦେହକୁ ନେଇ ନାନାବିଧ ଲଜ୍ଜା। ଦେହକୁ ଲୁଚାଇ ରଖିବାର ଯାବତୀୟ ଅସହାୟ ଚେଷ୍ଟା। ଦେହର ଯେ ଏକ ସ୍ୱକୀୟ ମହିମା ରହିଛି, ସେତିକି ଉପଲବ୍ଧି ସମ୍ଭବ ହେବା ମଧ୍ୟ ଆମ ସାମାଜିକ ଆଚାରମଣ୍ଡନର ଏହି ପୃଥିବୀରେ ଅନେକଙ୍କର ଜୀବନରେ ମୋଟେ ଘଟେନାହିଁ। ଦେହ ବିଷୟରେ ବହୁ ବହୁ ସଙ୍କୋଚ ଆମକୁ ବ୍ୟକ୍ତିଗତ ଓ ସାମାଜିକ ଆଚାରକ୍ଷେତ୍ରରେ ଭାରି ସଙ୍କୁଚିତ କରି

ରଖିଥାଏ ଏବଂ ଆମକୁ ବହୁତ ଅକାରଣ କଷ୍ଟ ହେଉଥାଏ। ଦେହର ଏକ ସ୍ୱକୀୟ ସ୍ୱଭାବ ମଧ୍ୟ ରହିଛି। ଦେହକୁ ଅନେକ ସମୟରେ ଏକ ଯନ୍ତ୍ର ବୋଲି କୁହା ଯାଉଥିଲେ ମଧ୍ୟ ତାହାକୁ ଆମେ ତୁଚ୍ଛା ଗୋଟିଏ ଯନ୍ତ୍ର ପରି ବିଚାରୁଥିଲେ ପ୍ରକୃତରେ ଏକାଧିକ ପ୍ରମାଦରେ ଯାଇ ପଡ଼ି ରହିଥାଉ। ଦେହଗତ ବହୁତ ବିକୃତି ମଧ୍ୟ ସହିବାରେ ଲାଗିଥାଉ । ଯେତେ ଯାହା ଯନ୍ତ୍ରବତ୍ ହୋଇଥିଲେ ମଧ୍ୟ ଆମ ଦେହଟିର ସର୍ବଦା ଏକ ସ୍ୱାତନ୍ତ୍ର୍ୟ ରହିଥାଏ। ସେଇଟିକୁ ଠଉରାଇବାରୁ ହିଁ ଦେହକୁ ଯଥାର୍ଥ ଭାବରେ ବୁଝି ହୁଏ। ଦେହକୁ ସମଗ୍ର ଭାବରେ ବୁଝିବାକୁ ହେଲେ ତାହାର ସେହି ସ୍ୱତନ୍ତ୍ର ସ୍ୱଭାବଟିକୁ ବୁଝିବା ସମ୍ଭବ ହୁଏ। ତେଣୁ, ଦେହପ୍ରତି ଏକ ସହାନୁଭୂତିର ଭାବ ହିଁ ସବାଆଗ ରହିଥିବା ଦରକାର ହୁଏ। ଦେହରେ ନାନା ବ୍ୟବସ୍ଥା। ପାକସ୍ଥଳୀରେ ଖାଦ୍ୟ ହଜମ ହୁଏ, ହୃଦ୍‌ଯନ୍ତ୍ରରେ ରକ୍ତର ପରିଷ୍କରଣ ଲାଗି ରହିଥାଏ। ସେହିପରି ଫୁସ୍‌ଫୁସ୍, ମଳମୂତ୍ର-ତ୍ୟାଗର ପ୍ରକ୍ରିୟା, ମାଂସପେଶୀ, ସ୍ନାୟୁଗୁଡ଼ିକର ନିଜସ୍ୱ କର୍ମଚୟ, – ଇତ୍ୟାଦି, ଇତ୍ୟାଦି। ଏହି ସବୁଯାକ ମିଶି ଯେଉଁ କ୍ରିୟାଶୀଳତାଟି ସମ୍ଭବ ହୁଏ, ତାହାହିଁ ଦେହ। ଏକ ସମଷ୍ଟି, ତଥାପି ଏକ ସମଗ୍ର ତଥା ଅନନ୍ୟ କ'ଣଟିଏ। ତେଣୁ ଏକ ସହାନୁଭୂତିପୂର୍ଣ୍ଣ ବୁଝିବାରୁ ହିଁ ଦେହର ଶୁଶ୍ରୂଷା ଏବଂ ପରିଚର୍ଯ୍ୟା । ସେଥିରେ ଅଭାବ ହେଲେ ଦେହ ପ୍ରତିବାଦ ବ୍ୟକ୍ତ କରେ, ତାହାର ସାବଲୀଳ ସମ-ଅବସ୍ଥାଟି ଚହଲିଯାଏ, ବେଳେ ବେଳେ ପୂରା ଭାଙ୍ଗି ମଧ୍ୟ ଯାଏ। ସେହି ସମଅବସ୍ଥା ତଥା ସମସଂସ୍ଥାନ, – ଆମେ ତାହାକୁ ହୁଏତ ସ୍ୱାସ୍ଥ୍ୟ ବୋଲି କହିପାରିବା। ସ୍ୱାସ୍ଥ୍ୟ ସେହି ଅର୍ଥରେ କେବଳ ରୋଗମୁକ୍ତ ହୋଇ ରହିଥିବାର ବାହ୍ୟ ଅବସ୍ଥାଟିଏ ନୁହେଁ, ସ୍ୱାସ୍ଥ୍ୟ ଏକ ଅନୁଭବ। ଗୋଟିଏ ସହଯୋଗପୂର୍ଣ୍ଣ ସହଜତାର ଅନୁଭୂତି। ଉପରେ କୌଣସି ରୋଗ ନଥିଲେ ମଧ୍ୟ ବହୁ ବ୍ୟକ୍ତିଙ୍କର ଦେହ ଭାରି ଅଯୋଗ୍ୟ ହୋଇ ରହିଥାଆନ୍ତି, ଅତ୍ୟନ୍ତ ଉଦାସୀନ ଭାବରେ ଖାଲି ଅସମ୍ମତି ଜଣାଇବାରେ ଲାଗିଥାଆନ୍ତି, – ପ୍ରାୟ ଗୋଟିଏ ପ୍ରକାରର ଉଲ୍ଲାସ ଅନୁଭବ କରୁଥାନ୍ତି, ଆଦୌ କଥା ମାନନ୍ତି ନାହିଁ, ନାନା ଯାଉସାଉ କାରଣ ଦେଖାଇ ସତେଅବା ଲୁଚି ବୁଲୁଥାନ୍ତି। ମୋଟେ ସାଙ୍ଗରେ ନଥାନ୍ତି।

ଦେହକୁ ମୁଁ ସ୍ୱୀକାର କରିବି, ତାକୁ ମୋ' ଦେହ ବୋଲି ଜାଣିବି ଏବଂ ତା'ସହିତ ସର୍ବଦା ସେହିପରି ବ୍ୟବହାର କରିବି। ସେହିପରି ମୋ'ର ବୋଲି ସ୍ୱୀକୃତ ହୋଇ ନଥିବା ଦେହମାନଙ୍କୁ ସାନ ଓ ବଡ଼ ଏକାଧିକ କ୍ଷେତ୍ରରେ ପ୍ରାୟ ବାଧ୍ୟ ହିଁ କରିବାକୁ ପଡୁଥାଏ। ବାଧ୍ୟ ହୋଇ ଶୁଆଇବାକୁ ପଡ଼େ ଏବଂ ସେହିଭଳି ବାଧ୍ୟ କରି ଉଠାଇବାକୁ ପଡ଼େ । ସତେଅବା କୌଣସି ଅଯୋଗ୍ୟ ବାପାମାଆ କିମ୍ବା ଇସ୍କୁଲମାଷ୍ଟର ନିଜର ପିଲାଟିକୁ ବାଧ୍ୟ କରି ବୋଲ ମନାଇବାରେ ଲାଗିଥିବା ପରି। ସେହିସବୁ

କ୍ଷେତ୍ରରେ ଖାଲି ପିଲାଟା ଯେ ଦୁଃଖୀ ହୁଏ ତା' ନୁହେଁ, ଅନ୍ୟ ପକ୍ଷଟା ମଧ୍ୟ କଷଣ ପାଇବାରେ ଲାଗିଥାଏ। ତେଣୁ ମୋ'ର ଦେହ ଯାବତୀୟ ଅର୍ଥରେ ମୋ'ର ଦେହ; ସିଏ ମୋ'ର ସାଙ୍ଗରେ ହିଁ ରହିଛି। ଏପରି ହୋଇପାରିଲେ ଆମ ଦେହ ଆମକୁ କେବେହେଲେ ଫାଙ୍କି ଦେବନାହିଁ, ନିଜର ସତେଅବା ଗୋଟାଏ ଅଲଗା ବେଢ଼ା ବୁଲାଇ ତାହାରି ମଧ୍ୟରେ ନିରଙ୍କୁଶ ଏବଂ ଅରାଜକ ହୋଇ ରହିବାକୁ ତାକୁ ଆଦୌ ଭଲ ଲାଗିବନାହିଁ । ସଦା ହସହସ ଏବଂ ସଦା ହାଲୁକା ହୋଇ ରହିଥିବ। ଖୁସୀ ହୋଇ ସବୁ ସ୍ୱୀକାର କରି ନେଉଥିବ, ମୋଟେ ଆତ୍ମଦ୍ରୋହୀ ହେବନାହିଁ। ହଁ, ସେହି ଦେହଟି ସବୁ ସହି ପାରିବ, ଖୁସୀ ହୋଇ ସହିବ, – ଖରାକୁ ସହିବ, ବର୍ଷାକୁ ସହିବ, ଶୀତକୁ ସହିବ। ଖୁବ୍‌ସମ୍ଭବ ରୋଗକୁ ମଧ୍ୟ ଡରିବ ନାହିଁ। ଅଧିକକୁ ସାହସ କରି ପାରୁଥିବ। ସତେଯେପରି ତା' ଭିତରେ ପରମବନ୍ଧୁ ପରି ରହି ବୃହତ୍ତର କେହି ଜଣେ ତାକୁ ଚଳାଇ ନେଉଛି, ନିରନ୍ତର ସେହିପରି ଅନୁଭବ କରୁଥିବ। ଆପେ ଆପେ ଆସି ଧରା ଦେଉଥିବ। ଏହିପରି ଗୋଟିଏ ଦେହକୁ ଭୁବନଯାକ ସବୁ ସୁନ୍ଦର ହିଁ ଦେଖା ଯାଉଥିବ। ବାରଣ ପ୍ରାୟ ନଥିବ। ମେଘଦ୍ୱାରା ଆଚ୍ଛାଦିତ ଆକାଶ ଭଲ ଲାଗିବ ଅର୍ଥାତ୍ ସୁନ୍ଦର ଦିଶିବ ଓ ମେଘମୁକ୍ତ ଆକାଶ ମଧ୍ୟ ଭଲ ଲାଗିବ, ସୁନ୍ଦର ଦିଶିବ। ପୃଥିବୀଯାକ ତୁମେ ଯେଉଁଠାକୁ ଯିବ, ତୁମ ଦେହ ସେଠାରେ ଘର ପରି ହିଁ ଅନୁଭବ କରିବ। ଭଳି ଭଳି ଖାଦ୍ୟ, ଭଳି ଭଳି ପରିଚ୍ଛଦ ଏବଂ ଭଳିଭଳି ଗୃହସଂସ୍ଥାନ, – ଦେହ ସେତେବେଳେ ମୋଟେ ନାକ ଟେକିବ ନାହିଁ, ନିଜର ତଥାକଥିତ ଘରଟିକୁ ମୋଟେ ଝୁରି ହେବନାହିଁ। ଏହିଭଳି ଦେହକୁ ଆମେ ଏକ ସଚେତନ ଦେହ ବୋଲି କହି ପାରିବା କି? ଏକ ସଚେତନ ଦେହ ନିଜ ସହିତ ଯେଉଁଭଳି ପୂର୍ଣ୍ଣ ବୁଝାମଣା ସହିତ ଅବସ୍ଥାନ କରିପାରୁଛି, ଅନ୍ୟମାନଙ୍କର ଦେହକୁ ମଧ୍ୟ ଠିକ୍ ସେତିକି ସ୍ୱାଭାବିକ ଭାବରେ ବୁଝିବାକୁ ସମର୍ଥ ହେବ, – ଅନ୍ୟର ଭୋକକୁ ବୁଝିବ, ଦେହଦୁଃଖ ଗୁଡ଼ିକୁ ବି ଜାଣି ପାରିବ। ସତେଅବା ଜଣେ ବନ୍ଧୁ ପରି ତଥା ଜନନୀ ପରି ଜାଣିପାରିବ । ଦେହ ଭିତରେ, ମୋ'ର ଏହି ସାତଚାଖଣ୍ଡର ତଥାକଥିତ ବାହ୍ୟଟା ଭିତରେ ଏତେ ଏତେ ସମ୍ଭାବନା ଯେ ପ୍ରଚ୍ଛନ୍ନ ହୋଇ ରହିଛି, ସେତିକି ଅନୁଭବ କରିବାର ସାହସରୁ ହିଁ ଦେହର ତପସ୍ୟାଟି ଆରମ୍ଭ ହେବ। ଏବଂ, ଏହି ପାଦଦେଶରୁ ଶିଖରଯାଏ ଆଉ ଆଉ ତପସ୍ୟାର ଥାକମାନେ ଯେ ଅପେକ୍ଷା କରି ରହିଛନ୍ତି, ଦେହର ତପସ୍ୟାଟି ହିଁ ସତେଅବା କେଡ଼େ ସହଜ ଭାବରେ ତୁମକୁ ସେହି ବାରତାଟିକୁ ଆଣି ଦେଇଯିବ।

ତେଣୁ, ମୋ' ଶରୀର ହେଉଛି ମୋ' ଜୀବନର ଭୂମି, ମୋ'ର ସକଳ ଆସ୍ପୃହାର ଭୂମି । ମୋ'ର ସକଳ ଆରୋହଣ ଏହିଠାରୁ ହିଁ ଆରମ୍ଭ ହେବ ଏବଂ

ଯାବତୀୟ ଆରୋହଣର ଉପଲବ୍ଧିର ପରଖ ବାଧ୍ୟ ଏହିଠାରେ ହେବ। ତେଣୁ, ଯଦି ଯାବତୀୟ ଆରୋହଣ ଏହି ଭୂମିକୁ ହିଁ ଅବତରଣ କରିବାଲାଗି ଅଭିପ୍ରେତ ହୋଇ ରହିଛି, ତେବେ ମୋ'ର ସବୁଯାକ ଆରୋହଣ ଏହି ଭୂମି ଲାଗି ବୋଲି ମଧ୍ୟ କାହିଁକି କୁହାଯାଇ ନପାରିବ? ମୋ' ବ୍ୟକ୍ତିଗତ ଜୀବନର ଭୂମିଟି, ମୋ' ସାମୂହିକ ନାନାଖିଅଯୁକ୍ତ ସାମୂହିକ ଜୀବନଗୁଡ଼ିକର ଭୂମି; ତଥା ଏହି ଖିଳ ବିଶ୍ୱର ଭୂମିଟି। ସେହି ଭୂମିଟି ଉପଯୁକ୍ତ ହୋଇ ତିଆରି ହୋଇ ପାରିନଥିଲେ ମୋ'ର ସକଳ ଆରୋହଣ ଓ ଅବରୋହଣ ନିଷ୍ଫଳ ହିଁ ହୋଇଯିବ! ତେଣୁ, ସବାଆଗ ମୁଁ ନିଜ ଶରୀରକୁ ଯଥାସମ୍ଭବ ମୋ' ତପସ୍ୟାଚୟର ସହଯୋଗୀ କରି ତିଆରି କରିବି, ଯେପରିକି ପରବର୍ତ୍ତୀ ଉପଲବ୍ଧି ଗୁଡ଼ିକର ଭାଜନ ହୋଇ ପାରୁଥିବା ସହିତ ସେଗୁଡ଼ିକର ହାତଗୋଡ଼ ମୋ' ଭୂମିଟିକୁ ଆସି ସ୍ପର୍ଶ କରୁଥିବା ପରି ପ୍ରାୟ ଏକ ପ୍ରତ୍ୟକ୍ଷ ଅନୁଭବ ହୋଇ ମଧ୍ୟ ପାରୁଥିବ। ଏକ ଭାରସାମ୍ୟଯୁକ୍ତ ଶରୀର, ତାହାହିଁ ଏକ ସୁନ୍ଦର ଶରୀର । ଏକ ପରିପୂର୍ଣ୍ଣ ଆସ୍ପୃହାମୟ ଜୀବନର ଆଖର ସୌନ୍ଦର୍ଯ୍ୟ ହିଁ ସକଳ କ୍ରିୟାଶୀଳତାର ଯଦି ଲକ୍ଷ୍ୟ ହୋଇ ରହିଥାଏ, ତେବେ ତାହା ମୋ'ର ଶରୀରରୁ ହିଁ ତାହାର ପ୍ରତିଫଳିତ ହେଉଥିବାର ଲକ୍ଷଣଗୁଡ଼ିକୁ ଅନୁଭବ କରି ହେଉଥିବ। ଭାରସାମ୍ୟ ଅର୍ଥାତ୍ ପ୍ରଶାନ୍ତି: ବାହାରେ ପ୍ରଶାନ୍ତି ତଥା ଭିତରେ ପ୍ରଶାନ୍ତି। ଏକ ସମ୍ପୂର୍ଣ୍ଣ ଜୀବନର ନିରନ୍ତର ଅର୍ଥାତ୍ ଅବିଚ୍ଛିନ୍ନ ଅନୁଭୂତି, ଗୋଟିଏ ଶବ୍ଦରେ କହିଲେ ଖୁସୀ। କେହି ମୋତେ ବାଧ୍ୟ କରୁନାହିଁ, ବଳଦ ପରି ମୋତେ କେହି ଗୋଟାଏ ପାଞ୍ଚଣ ଦେଖାଇ ଅଡ଼ାଇ ନେଉନାହିଁ, – ମୁଁ କାହାର କଥା ମାନି ଯେ ଚାଲୁଛି, ସେହି କଥାଟିକୁ କେତେକ ଶବ୍ଦ ସାହାଯ୍ୟରେ କହି ନପାରୁଥିଲେ ମଧ୍ୟ ତଥାପି ଏହି ସବୁକିଛି ଚାଲିବା ପଛରେ ନିର୍ଦ୍ଦେଶଟିଏ ଯେ ଅବଶ୍ୟ ରହିଛି, ତାହାରି ଏକ ସାତତ୍ୟଯୁକ୍ତ ଅନୁଭବ, – ମୋ' ଶରୀର ମଧ୍ୟ ମୁଁ ମନ କଲେ ସେହି ଖୁସୀଟିର ଭାଜନ ହୋଇପାରିବ ଏବଂ ମୋତେ ସର୍ବବିଧ ତ୍ରସ୍ତତା ତଥା ଅକ୍ଷତାବୋଧରୁ ମୁକ୍ତ କରି ରଖିଥିବ। ମୋ'ର ଶରୀର ମୋଟେ କୌଣସି ଅଭ୍ୟାସର ଦାସ ହୋଇନଥିବ ଏବଂ ତଥାପି ମୁଁ କେତୋଟି ଅଭ୍ୟାସଦ୍ୱାରା ପରିଚାଳିତ ହେଉଥିବି। ଶୃଙ୍ଖଳା ଥିବ, ବହୁତ ଥିବ, – ତଥାପି ସେଗୁଡ଼ିକ ଶୃଙ୍ଖଳବତ୍ ମୋତେ କଦାପି ବାନ୍ଧି ରଖିନଥିବ। ମୁଁ ଅଭ୍ୟାସର ଦାସ ହୋଇନଥିବି ଏବଂ ଆବଶ୍ୟକତା ଅନୁସାରେ ପୁରୁଣା ଅଭ୍ୟାସଗୁଡ଼ିକୁ ବଦଳାଇ ନୂଆ ଅଭ୍ୟାସଗୁଡ଼ିକୁ ଗ୍ରହଣ କରି ବି ପାରୁଥିବି। ଅଭ୍ୟାସର କ୍ଷେତ୍ରରେ ଆଦୌ କୌଣସି ଅନୁକରଣର ସ୍ଥାନ ନଥିବ।

ମୋ'ର ଦୈନନ୍ଦିନ କର୍ମ, ଭୋଜନ, ବିଶ୍ରାମଗ୍ରହଣ, – ଏହି ସବୁଥିରେ ଅବଶ୍ୟ ଏକ ନିୟମନ ରହିଥିବ। ଶରୀରସ୍ଥ ଅଙ୍ଗପ୍ରତ୍ୟଙ୍ଗ ଗୁଡ଼ିକର ଉତ୍ତମ ସଞ୍ଚାଳନ

ନିମନ୍ତେ ମୁଁ କିଛି ବ୍ୟାୟାମ କରୁଥିବି ଏବଂ କିଛି ଶାରୀରିକ ଶ୍ରମରେ ମଧ୍ୟ ଅବଶ୍ୟ ସମୟ ଦେଇ ପାରୁଥିବି। ଏବଂ, ଶ୍ରମ କରିବାର କ୍ଷେତ୍ରରେ ମଧ୍ୟ କୌଣସି ପ୍ରକାର ସାମାଜିକ ପୂର୍ବଅଭ୍ୟସ୍ତତାଗତ ସଂସ୍କାର ମୋତେ ପ୍ରଦୂଷିତ କରିନଥିବ। ଜାତି ଅନୁସାରେ ଏକ ଉଚ୍ଚନୀଚ ଅହେତୁକତାରେ ବାନ୍ଧି ଦେଇ ଏକ ଅପସାଂସ୍କୃତିକ ପରମ୍ପରା ଭାରତବର୍ଷରେ ଦୁର୍ଯୋଗବଶତଃ ମନୁଷ୍ୟମାନଙ୍କୁ ଯେପରି ଅବିବେକୀ ଭାବରେ ଅସୁନ୍ଦର କରି ରଖିଛି, ଜଣେ ତପୋରତ ବ୍ୟକ୍ତି ତଥା ଗୋଷ୍ଠୀ ସେଥିରୁ ଆପଣାକୁ ମୁକ୍ତ ହିଁ ରଖିଥିବ। ଅସଲ ଆସ୍ପୃହାଗତ ଶରୀର ସେହିସବୁ ନିର୍ବୋଧତା ମଧ୍ୟକୁ ଭଟକିଯାଇ କେବେହେଲେ ଆପଣାର ଯଥାର୍ଥ ମର୍ଯ୍ୟାଦାକୁ ହରାଇବାର ମନ୍ଦ ବୁଦ୍ଧିକୁ ମନ କରିବନାହିଁ। ସେପରି କରିବା ତା'ର ପରିପୂର୍ଣ୍ଣତା ଆଡ଼କୁ ଅଗ୍ରସର ହେବାର ପଥରେ ବାଧକ ହିଁ ହେଉଥିବ। ଶରୀରର ତପସ୍ୟାରେ ଏଭଳି ବାଛବିଚାରର ଆଦୌ କୌଣସି ଅବକାଶ ହିଁ ରହିବନାହିଁ। ତା' ନହେଲେ ନିଜକୁ ଯୋଗ୍ୟ କରି ନେବାର ତପୋଯାତ୍ରାର ପରବର୍ତ୍ତୀ ସୋପାନମାନଙ୍କରେ ଆମକୁ ହୁଏତ ଅଧିକ ଅପଦସ୍ଥ ହେବାକୁ ପଡୁଥିବ। ପୁନଶ୍ଚ, ଏହି କଥାଟି ମଧ୍ୟ ଅବଶ୍ୟ ସ୍ମରଣରେ ରହିଥିବା ଉଚିତ ଯେ, ଯଦି ଗୋଟିଏ ଗୋଷ୍ଠୀ ଏକତ୍ର ଆଦୌ କୌଣସି ସାଧନା ଅର୍ଥାତ୍ ତପଶ୍ଚାରଣାର ଆଗ୍ରହ ନେଇ ଏକାଠି ଜୀବନ ଯାପନ କରୁଥିବେ, ସେଠାରେ ପ୍ରାୟ ଏକ ସର୍ବପ୍ରଥମ ଶୃଙ୍ଖଳା ହିସାବରେ ସକଳବିଧ କର୍ମ ସମସ୍ତଙ୍କର ହିଁ କର୍ମନିର୍ଘଣ୍ଟ ଭିତରେ ଅବଶ୍ୟ ରହିବ, – ତା' ନହେଲେ ପ୍ରମାଦ ଘଟିବ। ଏବଂ, କୌଣସି ଛଳନାର ଦ୍ୱାହି ଦେଇ ଆଦୌ କୌଣସି କପଟ ନଥିବ, ପାରସ୍ପରିକ ଜୀବନରେ ପ୍ରତ୍ୟେକେ ପ୍ରତ୍ୟେକ ନିମନ୍ତେ ସଂପୂର୍ଣ୍ଣ ଭାବରେ ଫର୍ଚ୍ଚା ହୋଇ ରହିଥିବେ। ଯାହା ଯେଉଁପରି ରହିଛି, ସେତିକିରେ ରହିବା ନିମନ୍ତେ ଯେଉଁମାନେ ଅହରହ ବହୁ ମିହନ୍ତ କରିବାରେ ଲାଗିଥାଆନ୍ତି, ସେମାନଙ୍କର ଶରୀର ସାଧାରଣତଃ ସୁଖ ଚାହେ, ଭୋଗ ଚାହେ, ନିଜ ଜୀବନର ତଥାକଥିତ ସକଳ ଆସ୍ପୃହାକୁ ସିଏ ସେହିଠାରେ ହିଁ ସମର୍ପଣ କରି ଦେଇଥାଏ। ଆପଣାର ଠାକୁରମାନଙ୍କୁ ବହୁତ ବିକଳ ହୋଇ ସେହିଗୁଡ଼ିକୁ ମାଗେ। ସେମାନଙ୍କର ଶରୀର ସେଥିଲାଗି ମଧ୍ୟ ଏବେ ଯୋଗର ସାହାଯ୍ୟ ନେବାକୁ ବେଶ୍ ଉତ୍ସାହୀ ହେଲାଣି ଏବଂ ସେମାନଙ୍କୁ ସେତିକି ନିମନ୍ତେ ପୂର୍ଣ୍ଣ ପ୍ରତ୍ୟୟରେ ସହାୟତା କରିବା ସକାଶେ ଅନୁରୂପ ଗୁରୁମାନେ ମଧ୍ୟ ହାଟଯାକ ଖୁବ୍ ହାଉହାଉ ହେଉଛନ୍ତି। ସେମାନଙ୍କର ଏହି ବ୍ୟସ୍ତତାକୁ କ'ଣ ଆମେ ତପସ୍ୟା ବୋଲି କହିବା ? ଆମେ ନିଜେ ନିଜ ଲାଗି, ଏହି ପୃଥିବୀ ଲାଗି କ'ଣ ଚାହୁଁଛୁ ଏବଂ ସେହି ଅନୁସାରେ କିଭଳି ମାର୍ଗଟିଏ ବାଛିଛୁ, ଆମର ଉତ୍ତରମାନେ ସର୍ବଦା ତାହାରି ଉପରେ ହିଁ ନିର୍ଭର କରିବେ । ପାରମ୍ପରିକ ଅତୀତଟାର ଅଧିକାଂଶ

ତପସ୍ୟା ଏବଂ ଯୋଗଚାରଣା ମଧ୍ୟ ଅଳ୍ପବହୁତ ସେତିକି ମଧ୍ୟରେ ଗାରଗୁଡ଼ିକୁ କାଟି ରହିଯାଇଛି। ରଚିତ ଶାସ୍ତ୍ରମାନଙ୍କରେ ଉଚ୍ଚ ଉଚ୍ଚ କଥାମାନଙ୍କର ବୟାନ କରାଯାଇଛି ଏବଂ ଏବେ ମଧ୍ୟ ତାହା ସର୍ବକ୍ଷେତ୍ରର ଅମଙ୍ଗମାନଙ୍କୁ ଢ଼େର ସାନ୍ତ୍ୱନା ପ୍ରଦାନ କରୁଛି। ଅନ୍ୟ ପକ୍ଷରେ, ଇପ୍ସିତ କଳ୍ପନାଗୁଡ଼ିକ ଏହି ପୃଥିବୀପୃଷ୍ଠରେ ମଧ୍ୟ ସମ୍ଭବ ହେବ ବୋଲି ଯେଉଁମାନେ ନିଜ ଭିତରେ ତଥା ପରସ୍ପରର ମେଳ ଭିତରେ ବସି ଭରସାମାନ କରୁଛନ୍ତି, ସେମାନେ ଅନ୍ୟପ୍ରକାରେ ଅବଶ୍ୟ ଖୋଜିବେ ଏବଂ ଅନୁକୂଳ ଭୂମିଟିଏ ହିଁ ତିଆରି କରିବାରେ ନିଶ୍ଚୟ ଆଗ୍ରହୀ ହେବେ।

ଦେହର, ଶରୀରର ତପସ୍ୟା, ଏବଂ ସେହିପରି ପ୍ରାଣର ତପସ୍ୟା। ଶକ୍ତି ଲାଗି ତପସ୍ୟା। ସୌନ୍ଦର୍ଯ୍ୟ ଏବଂ ଶକ୍ତି ପରସ୍ପର ସହିତ ଯୋଡ଼ା ହୋଇ ରହିଛନ୍ତି। ଶକ୍ତିର ଅପଚୟ ଦ୍ୱାରା ପୃଥିବୀର ସମଗ୍ର ଜୀବନଟାକୁ କେତେ ପ୍ରକାରେ ଭାରି ଅସୁନ୍ଦର କରି ଦିଆଯାଇଛି ଏବଂ ଆମ ସମସ୍ତଙ୍କର ଜୀବନ ଉପରେ ବହୁ ଅନାବଶ୍ୟକ କଷଣକୁ ଆଣି ଲଦି ଦିଆ ଯାଇଛି ସିନା, ମାତ୍ର ସେଥିଲାଗି ଆମେ ଶକ୍ତିକୁ ଆଦୌ ଦାୟୀ କରିବା ନାହିଁ ଟି ! ଶକ୍ତି ହେଉଛି ଇଚ୍ଛାର ଶକ୍ତି, ଉତ୍ସାହର ଶକ୍ତି। ଆମ ଜୀବନରେ କେଉଁଠି କ'ଣ ବ୍ୟତିକ୍ରମ ଅଥବା ଅଭାବ ଫଳରେ ଆମେ ନାନା ପ୍ରବଳ ବାସନା ଦ୍ୱାରା ବିଦ୍ଧ ହୋଇ ରହିଥାଉ, ପୃଥିବୀରେ ବହୁ ପ୍ରମାଦ ତଥା ବିଚ୍ୟୁତିର କାରଣ ମଧ୍ୟ ହେଉ। ତେଣୁ, ସେହି ଶକ୍ତିକୁ ସାଧମତେ ଉପବାସୀ କରି ରଖିବା ନିମନ୍ତେ ଆମ ବିଜ୍ଞମାନେ ଯୁଗେ ଯୁଗେ ଆମକୁ ପରାମର୍ଶ ଦେଇ ଆସିଛନ୍ତି। ଆମ ଜୀବନର ଆସ୍ପୃହାଗୁଡ଼ିକ ନିର୍ଦ୍ଦିଷ୍ଟ ହୋଇ ନଥିଲେ ତଥା ସେଗୁଡ଼ିକ ପ୍ରତି ଆମର ଅନୁରାଗ ସୁପ୍ରତିଷ୍ଠ ହୋଇ ନଥିଲେ ଆମର ବାସନାମାନେ ଯେ ଆମକୁ ଖେଳନା ପରି ବ୍ୟବହାର କରିବେ, ସେଥିରେ ଆଦୌ କୌଣସି ସନ୍ଦେହ ନାହିଁ। ତେଣୁ, ପ୍ରାଣସ୍ତରର ଉଚିତ ଶିକ୍ଷାଦ୍ୱାରା ହିଁ ଆମେ ନିଜର ସେହି ଅତି ଦୟନୀୟ କ୍ରୀଡ଼ନକ-ଦଶାରୁ ନିଜକୁ ମୁକ୍ତ କରି ଆଣିପାରିବା। ସେହି ଅତ୍ୟାବଶ୍ୟକ ଶିକ୍ଷା, ତାହା ହେଉଛି ପ୍ରାଣର ତପସ୍ୟା। କ୍ଷୁଦ୍ର ଅହଂଟା ଦ୍ୱାରା ପରିଚାଳିତ ହେଉଥିବା ଯାଏ ଆମର ବାସନାମାନେ ହିଁ ଆମକୁ ଯାବତୀୟ ପ୍ରକାରେ ହୁଡ଼ାଇ ନେଇ ଯାଆନ୍ତି ଏବଂ ଆମର ଜୀବନ ମଧ୍ୟକୁ ଅଭାବନୀୟ ନାନା ବୈକଲ୍ୟକୁ ଡାକି ଆଣୁଥାଆନ୍ତି। ତେଣୁ, ଆମ ଇନ୍ଦ୍ରିୟମାନେ ସହି ଶିଖିବେ, ତଥାକଥିତ ତୁଚ୍ଛା ନିଜସୁଖ ଭିତରେ ବାନ୍ଧିହୋଇ ରହୁନଥିବେ, ସଦାପ୍ରସାରିତ ହୋଇ ପାରୁଥିବେ, ଅଧିକଟିକୁ ବୁଝିବେ ଅର୍ଥାତ୍ ଅନୁଭବ କରିବେ ଓ ତଦ୍ଦ୍ୱାରା ପ୍ରାୟ ଅଣନିଃଶ୍ୱାସୀ କରି ରଖିଥିବା ନିଜର ଉତ୍ତେଜନା ଏବଂ ଦୁରାଗ୍ରହମାନଙ୍କୁ ଅତିକ୍ରମ କରିପାରିବେ। ଆମର ପ୍ରାଣଅଂଶଟି ବଳହୀନ ହୋଇ ପଡ଼ି ରହିନଥିବ, ବରଂ ଆପଣାକୁ ଅଧିକରୁ ଅଧିକ

ଶୁଦ୍ଧ ଅର୍ଥାତ୍ ବୋଧକ୍ଷମ କରି ପାରିବ, ଯାହାଦ୍ୱାରା କି ଆପଣାକୁ ସେହି ବୃହତ୍ତର ବିଶ୍ୱପ୍ରାଣଟି ସହିତ ସଂଲଗ୍ନ କରି ରଖିପାରିବ। ସନ୍ଦୀପିତ ହେବ, ଗୁହାମୁକ୍ତ ଭାବରେ ଆପଣାକୁ ତଥା ବୃହତ୍ତର ଏକ ପରିଧି ମଧ୍ୟରେ ଆତଯାତ ହେଉଥିବା ବ୍ରହ୍ମାଣ୍ଡ ଯାକକୁ ମଧ୍ୟ ଅନୁଭବ କରିବାରେ ଅଧିକରୁ ଅଧିକ ସମର୍ଥତା ଅର୍ଜନ କରୁଥିବ। ନିଜ ଗ୍ରହଣସମର୍ଥ ବିବେକ ଦ୍ୱାରା ଆମେ ଆପଣାର ଭାବଜଗତଟିର ନିକଟବର୍ତ୍ତୀ ହେବାର ସେହି ସହଜତାଟିକୁ ଅର୍ଜନ କରି ପାରୁଥିବାର ଧାରାଟିକୁ ଶିକ୍ଷା କରି ପାରିଲେ ପ୍ରାଣ ତା'ପରେ ମୋଟେ କୌଣସି ହିଂସ୍ରତା ଓ ପଶୁଧର୍ମୀ ଅନାଚାରିତା ଆଡ଼କୁ ମନ ହିଁ ବଳାଇବ ନାହିଁ। ଉତ୍ତମ ରୁଚି, ଉତ୍ତମ ନୈକଟ୍ୟ ତଥା ଉତ୍ତମ ନାନାବିଧ ସମ୍ପର୍କଦ୍ୱାରା ଧନାଢ୍ୟ ହୋଇ ରହିବାକୁ ଆପେ ଆପେ ମନ ବଳାଇବ। ଆଦୌ କାହା ଉପରେ ବିଜୟ ହାସଲ କରିପାରିଲା ବୋଲି ଅନୁଭବ ନକରି ସଂସାର ଭିତରେ ଜଣେ ବିଜୟୀ ପରି ଅନୁଭବ କରୁଥିବ।

ବର୍ତ୍ତମାନ ତ ସ୍ଥିତାବସ୍ଥାଟାକୁ ଅନାଇଦେବା ମାତ୍ରକେ ପ୍ରାଣିକ କେତେ କେତେ ସ୍ଥାନୀୟ ଏବଂ ବିଶ୍ୱଜାଗତିକ ଥାନମାନଙ୍କରେ କ୍ଷମତାମାନେ ଉଲଗ୍ନ ହୋଇ ନୃତ୍ୟ କରୁଥିବା ଭଳି ଦେଖାଯାଉଛି, କେତେ ଭଳି ଭଳି ଅଶିଷ୍ଟତା ବ୍ୟକ୍ତି ଏବଂ ସମୂହଗୁଡ଼ିକୁ ଭାରି ଗରମ କରି ରଖିଛି, ହାସ୍ୟାସ୍ପଦ ନାନା ଅହଙ୍କାରିତା ନାନାବିଧ ମତିହୀନତାରେ ପୃଥିବୀଟାକୁ ଧମକାଇବାରେ ଲାଗିଛି। କ୍ଷମତାମାନେ ବଳୀୟାର ହୋଇଛନ୍ତି, – ଯାବତୀୟ ତଥାକଥିତ ଶିକ୍ଷା ସେହି କ୍ଷମତାଧାରୀ ଏକଆଖିଆ ମାନଙ୍କର ବୋଲ ମାନିବାକୁ ବାଧ୍ୟ ହେଉଛି । ସମ୍ଭବତଃ ସେହି କାରଣରୁ ପ୍ରାୟ ପୃଥିବୀଟା ଯାକ ପ୍ରାଣଶକ୍ତିର ଏକ ସକାରାତ୍ମକ ଉଜ୍ଜ୍ୱଳ ଦିଗ ରହିଛି ବୋଲି ବିଶ୍ୱାସ କରିବାକୁ ହିଁ କୁଣ୍ଠିତ ହେଉଛନ୍ତି। ମିଛ ପରାକ୍ରମ ଏବଂ ପ୍ରତାପଗୁଡ଼ାକୁ ଦେଖି ଦେଖି କୋଟି କୋଟି ମନୁଷ୍ୟ ତ୍ରସ୍ତପ୍ରାୟ ହୋଇ ରହିଛନ୍ତି ଏବଂ ଯେକୌଣସି ପ୍ରକାରେ ତିଷ୍ଠି ରହିବା ନିମନ୍ତେ ଚେଷ୍ଟା କରୁଛନ୍ତି। ବଡ଼ ଭୀତ, ବଡ଼ ବକ୍ର ଏବଂ ଅତିରିକ୍ତ ପରିମାଣରେ ବିଶ୍ୱାସବର୍ଜିତ। ଏଥିରେ ବିକଳ୍ପଟିଏ ସମ୍ଭବ କରିବାକୁ ହେଲେ ସତକୁ ସତ ଯେଉଁ ସାହସ ଆବଶ୍ୟକ, ତାହାରି ଅପେକ୍ଷା ହିଁ ରହିଛି। ପ୍ରାଣଶକ୍ତି ଉପରେ କେତେ ବିଶ୍ୱାସ ରଖି ଅର୍ଥାତ୍ ଖିଳ ମନୁଷ୍ୟମାନଙ୍କ ଭିତରେ ପ୍ରଚ୍ଛନ୍ନ ହୋଇ ରହିଥିବା ଭଲ ଉପରେ, ସ୍ୱଭାବଧର୍ମଗୁଡ଼ିକ ଉପରେ ଆସ୍ଥା ରଖିଥିବା ପୂର୍ଣ୍ଣ ପ୍ରାଣସଚେତନ ବୀରମାନଙ୍କ ପାଇଁ ଅପେକ୍ଷା ଅଛି। ଚତୁର୍ଦ୍ଦିଗର ଯାବତୀୟ ଅଜ୍ଞତା ସତ୍ତ୍ୱେ ଏକ ବିପୁଳତା ଉପରେ ବିଶ୍ୱାସ, ସର୍ବବିଧ ଅନ୍ଧକାର ସତ୍ତ୍ୱେ ଆଲୋକ ଉପରେ ଆସ୍ଥା, ସକଳ ଅସତ୍ୟର ଏହି ଯାବତୀୟ ପରାକ୍ରମ ସତ୍ତ୍ୱେ ତଥାପି ଯେ ଆମ ସମସ୍ତଙ୍କ ଲାଗି ଆଉକିଛି ଅପେକ୍ଷା କରି ରହିଛି, ସେହି ଅନୁଭବଟି ପ୍ରଥମେ ନିଜ ଭିତରୁ ଲାଭ

କରିବାକୁ ହେବ, ଏକ ଶକ୍ତିମନ୍ତ ନିଶ୍ଚୟତା ସହିତ ଅତ୍ୟନ୍ତ ସ୍ପଷ୍ଟ ଭାବରେ ସତେଅବା ଏକ ଆହ୍ୱାନର, ଏକ ଆମନ୍ତ୍ରଣର ବାର୍ତ୍ତା ଅତ୍ୟନ୍ତ ସ୍ପଷ୍ଟ ଭାବରେ ଶୁଣାଯିବ, – ତା'ପରେ ସେହି ବ୍ୟକ୍ତିମାନେ ପରସ୍ପର ଭିତରେ ମଧ୍ୟ ତାହାକୁ ଶୁଣିପାରିବେ, ପରସ୍ପରକୁ ଲୋଡ଼ିବେ, – ଆମ ପ୍ରତ୍ୟେକଙ୍କ ମଧ୍ୟରେ ଏକ ପରମାତ୍ମୀୟ ଶକ୍ତିମନ୍ତ ଅପେକ୍ଷା କରି ରହିଥିବାର ଅନୁଭବ କରିବେ। ଯେଉଁ ଶକ୍ତିଟିର ଅପେକ୍ଷା ରହିଛି, ସେମାନେ ତାହାକୁ ଜାଗ୍ରତ କରି ଆଣିବେ। ପରସ୍ପର ମଧ୍ୟରେ ପ୍ରାଣର ସେହି ମହିମାଟିକୁ ଅନୁଭବ କରିବାକୁ ଆରମ୍ଭ କଲେ ଆଉ କେହି ତୁଚ୍ଛ ବୋଲି ଆଦୌ ବୋଧ ହେବେ ନାହିଁ। ସମସ୍ତେ ସତକୁ ସତ ସଙ୍ଗୀ ବୋଲି ହିଁ ଲାଗିବେ। ସେଥିପାଇଁ ସବୁଯାକ ମତକୁ ଯେ ବାଡ଼ି ଉଞ୍ଚାଇ ଗୋଟିଏ ମତରେ ପରିଣତ କରିବାକୁ ପଡ଼ିବ, ସବୁଯାକ ଠାକୁରଙ୍କୁ ଭାଙ୍ଗି ପକାଇ ମୁଇଁ ଚିହ୍ନିଥିବା ଏହି ଗୋଟିଏ ଠାକୁରଙ୍କର ନାମରେ ଯେ ନେତଟିଏ ଉଡ଼ାଇବାକୁ ହେବ ଅଥବା ମୋ'ର ଚିହ୍ନା ଢ଼ଙ୍ଗର ମନ୍ଦିରଟିକୁ ଏକମାତ୍ର ମନ୍ଦିର ବୋଲି ଅଜଟ ଧରିବାକୁ ହେବ, ସେକଥା ମୋଟେ ନୁହେଁ। ପ୍ରାଣର ଶକ୍ତି ହେଉଛି ଏକ ବିଶ୍ୱଶକ୍ତି। ସେହି ଶକ୍ତିଟି ସହିତ ପରିଚିତ ପ୍ରତ୍ୟେକ ମନୁଷ୍ୟ ଏବଂ ପ୍ରତ୍ୟେକ ସମୂହ ଶ୍ରଦ୍ଧାଦ୍ୱାରା ହିଁ ବ୍ରହ୍ମାଣ୍ଡଟା ସହିତ, ବ୍ରହ୍ମାଣ୍ଡକର୍ତ୍ତାଙ୍କ ସହିତ ଆପଣାକୁ ସଂଲଗ୍ନ କରି ରଖିବାକୁ ହିଁ ତା'ର ପ୍ରାଣନାମକ ତପସ୍ୟାର ସର୍ବମୂଳ ତଥା ସର୍ବଶେଷ ଶକ୍ତିମନ୍ତତା ବୋଲି ଗ୍ରହଣ କରିବାକୁ ସମର୍ଥ ହେବ। ଏହି ସବୁକିଛିକୁ ଏକ ରୂପାନ୍ତର ବ୍ୟତୀତ ଆମେ ଆଉ କ'ଣ ବୋଲି କହିବା ? ତେଣୁ, ସେହି ରୂପାନ୍ତର ଲାଗି ଆସ୍ପୃହା, – ଦୁର୍ବଳର ନୁହେଁ, ସବଳର ତଥା ସବଳମାନଙ୍କର ଆସ୍ପୃହା, – ତାହାହିଁ ଅସଲ ପ୍ରାଣର ଆସ୍ପୃହା। ଆମ ସମସ୍ତଙ୍କର ତପସ୍ୟା, ସମଗ୍ର ପୃଥିବୀର ତପସ୍ୟା - ପୃଥିବୀର ରୂପାନ୍ତର ନିମନ୍ତେ ତପସ୍ୟା। ଏକ ଏକାବେଳେକେ ଅନ୍ୟ ଉଦ୍‌ଘାଟନର ତପସ୍ୟା। ଏକ ପରବର୍ତ୍ତୀ ଭବିଷ୍ୟ ନିମନ୍ତେ ପୂର୍ବସମ୍ମତ ଭାବରେ ନିଜକୁ ମଣ କରିନେବାର ତପସ୍ୟା।

ଦେହର ପ୍ରତିବେଶୀ ପ୍ରାଣ ଓ ପ୍ରାଣର ପ୍ରତିବେଶୀ ମନ। ପ୍ରତ୍ୟେକର ପରିଚିତିରେ ପ୍ରତ୍ୟେକେ ଅନନ୍ୟ, ବହୁତ ଅର୍ଥରେ ଆପଣାର ଧର୍ମ ତଥା ଆଚରଣର କ୍ଷେତ୍ରରେ ବେଶ୍ ଅଲଗା ଅଲଗା। ତଥାପି, ଆମ ଜ୍ଞାନଜିଜ୍ଞାସାର ପାଣି ଏବଂ ପାଦଗୁଡ଼ିକ ଯେତିକି ଯେତିକି ଆମର ଚିହ୍ନା ହୋଇ ଆସୁଛନ୍ତି, ସେତିକି ସେତିକି ଏହି ତିନୋଟି ମଧ୍ୟରେ ସମ୍ଭବତଃ ଏକାଧିକ ସେତୁ ରହିଥିବା ଭଳି ପ୍ରତୀତ ବି ହେଲାଣି। ପ୍ରାଚୀନ ଭାରତବର୍ଷର ଶାସ୍ତ୍ରମାନଙ୍କରେ, ଯେହେତୁ ଏକ ନିର୍ଦ୍ଦିଷ୍ଟ ପରମ୍ପରାକୁ ସ୍ୱୀକୃତି ଦେଇ ସେମାନେ ଦେହ ଏବଂ ପ୍ରାଣକୁ ମନୁଷ୍ୟ ତଥା ଇତରପ୍ରାଣୀ ଉଭୟଙ୍କର ସମ୍ପଦ ବୋଲି ଘୋଷଣା କରିଛନ୍ତି, ମନକୁ ହିଁ ଦେହ ତଥା ପ୍ରାଣର ନେତା ବୋଲି ଘୋଷଣା କରାଯାଇଛି।

ସେପରି ଏକ ଅନୁମାନକୁ ଗୋଟାସୁଦ୍ଧା ଗ୍ରହଣ କରିନେଲେ ଆମକୁ ହୁଏତ ତତ୍‌କ୍ଷଣାତ୍ ଖୁବ୍ ଭଲ ଲାଗିପାରେ, କିନ୍ତୁ ତା'ପରେ ଆହୁରି ଆଗକୁ ଆଗକୁ ଗଲେ ଏପରି ବହୁତ ଅଡୁଆ ଭିତରେ ଯାଇ ପଶି ପଶି ଯାଉଥିବା ପରି ଲାଗେ, ଯେଉଁଥିରୁ କି କେବଳ ଏହି ମନଟାର ପରାମର୍ଶ ଦ୍ୱାରା ବେଶୀ କିଛି ନିସ୍ତାର କେବେହେଲେ ମିଳେନାହିଁ ଏବଂ ବହୁତ ସମୟରେ ଦେହ ଏବଂ ପ୍ରାଣକୁ ମଧ୍ୟ ଲୋଡ଼ିବାକୁ ହୋଇଥାଏ। ମନନାମକ ଏହି ବିଶେଷ ସାମର୍ଥ୍ୟଟିକୁ ଲାଭ କରିବା ଦ୍ୱାରା ମନୋମୟ ମନୁଷ୍ୟର ଜୀବନ ଦେହ ତଥା ପ୍ରାଣର ବୃତ୍ତଦୁଇଟିକୁ କେତେ କେତେ ପ୍ରକାରେ ନିଜ ଅକ୍ତିଆରକୁ ଆଣିପାରିଛି: ଅଧିକରୁ ଅଧିକ ସଭ୍ୟ ହୋଇଛି, ଅଭୂତପୂର୍ବ କୁଶଳତା ସହିତ ପୃଥିବୀରେ କେତେ କ'ଣ ନୂତନ ସମ୍ଭାବନାର ହର୍ମ୍ୟମାନ ଗଢ଼ି ଥୋଇଦେଇଛି। ପ୍ରବାସକୁ ମନ କରିଛି, କେତେ କୁଆଡ଼େ ପ୍ରସାରିତ ହୋଇ ପାରିବାଲାଗି ସାହସ କରିପାରୁଛି, – ଏହି ସବୁକିଛିକୁ ମିଶାଇ ମଣିଷର ଆକଳନ କଲେ କାହିଁକି କୁହାନଯିବ ଯେ ମନର ସହାୟତା ବଳରେ ହିଁ ସିଏ ନିଜ ଭିତରୁ ତଥା ପରସ୍ପର ଭିତରୁ ଭଳି ଭଳି ସୃଜନଶୀଳତାର ପରିଚୟ ପାଇଛି। ଅନ୍ୟ ଅନେକଙ୍କୁ ନିଜ ଘରକୁ ଡାକିଆଣି ପାରିଛି ଏବଂ କେତେ ଆହ୍ଲାଦରେ ଏହି ସମ୍ପୂର୍ଣ୍ଣ ପୃଥିବୀକୁ ଏକାଧିକ ଅର୍ଥରେ ଗୋଟିଏ ନୀଡ଼ ବୋଲି ହୃଦୟଙ୍ଗମ ବି କରିଛି। ସର୍ବୋପରି, ବହିର୍ବିଶ୍ୱର ଅଧିକରୁ ଅଧିକ ମର୍ମଭେଦ କରି ସିଏ ନିଜ ଭିତରକୁ ଅନାଇ ଆହୁରି କେତେ କେତେ ରହସ୍ୟର ଅନୁମାନ କରିପାରିଛି। ଏହି ତଥାକଥିତ ବାହାର ଏବଂ ଭିତର ମଧ୍ୟରେ ନିୟତ ଲାଗି ରହିଥିବା ସୂତ୍ରଗୁଡ଼ିକର ଉଦ୍‌ଘାଟନ କରି ସେ ନାନାବିଧ ପ୍ରକାରେ ସମ୍ପଦବାନ୍ ହୋଇଛି।

ଅନ୍ତର୍ମନ ଓ ବହିର୍ମନ, – ଏହି ଉଭୟେ କ'ଣ ଦୁଇଟା ଅଲଗା ଅଲଗା ତତ୍ତ୍ୱ? ଅଥବା, ଆମର ଏହି ମନକୁ ହିଁ ଆମେ ଗୋଟିଏ ସେତୁ ବୋଲି କହିପାରିବା, ଯାହାକି ବାହାର ସହିତ ଭିତରକୁ ଯୋଡ଼ି କରି ରଖିଛି ଏବଂ ଆମକୁ ଆମ ଜୀବନର ବଡ଼ ସାନ ସକଳ ଅବସରରେ ଏକ ମୂଳଭୂତ ଏକତ୍ୱର ଅନ୍ଦାଜ ଦେଇପାରୁଛି । ବସ୍ତୁତଃ ଦେହ ଓ ପ୍ରାଣ ଯଦି ନଥାନ୍ତେ, ତେବେ ମନଟା ମଧ୍ୟ କ'ଣ କରନ୍ତା, କାହା ସହିତ କାହାକୁ ଯୋଡ଼ନ୍ତା ଓ ଆପଣାର ସତକୁ ସତ କେଉଁ ଧର୍ମଟିର ପାଳନ ମଧ୍ୟ କରିପାରନ୍ତା? ଏକାଧିକ ଅପରିପକ୍ୱତା ହେତୁ ଯେତେବେଳେ ମନ ସତେଅବା ଧର୍ମ ହୁଡ଼ିଯାଏ, ସତେଅବା ଆଉ କାହାର କ୍ରୀଡ଼ାନକ ହୋଇ ନିଜର କେନ୍ଦ୍ରଗୁଡ଼ିକୁ ହରାଇବସେ, ସେତିକିବେଳେ ସିନା ସିଏ ହିଂସ୍ର ହୁଏ, ଖାଲି ଭାଙ୍ଗି ପକାଏ, – ଏବଂ ବୃହତ୍ତର ପୃଥିବୀ ନିମନ୍ତେ ବହୁ ଆପଦକୁ ଯାଇ ଡାକିଆଣେ। ଏବଂ, ସେଇଥିଲାଗି ହିଁ ମନର ତପସ୍ୟାଟି ବିଷୟରେ ଯୁଗେ ଯୁଗେ ନାନା କଥା କୁହାଯାଇ ଆସିଛି।

ଅଧିକସଂଖ୍ୟକ ମଣିଷ ଲଗାମଗୁଡ଼ିକୁ ଥୟ କରି ରଖି ପାରନ୍ତିନାହିଁ ବୋଲି ଭିତରଟାକୁ ସତେଅବା ଗୋଟାଏ ଅରାଜକ ହାଟରେ ପରିଣତ କରି ରଖିଥାନ୍ତି । ବାହାରେ ମଧ୍ୟ ଏହି ସଂସାରର ହାଟଟାରେ ଅତ୍ୟନ୍ତ ଅମୁହାଁ ହେଲାପରି ଏଣେତେଣେ ଧାଇଁବାରେ ଲାଗିଥାନ୍ତି । ସେମାନେ ବହୁତକିଛିକୁ ବିଗାଡ଼ି ଦିଅନ୍ତି । ନିଜର ମନକୁ, ବୁଦ୍ଧିକୁ ତଥା ବିଚାରଶକ୍ତିକୁ ନାନା ନିର୍ବୋଧତା ମଧ୍ୟରେ ହିଂସ୍ର ତଥା ଭୟାକୁଳ କରି ରହିଥାଆନ୍ତି । ଆମର ଏହି ସାମ୍ପ୍ରତିକ ସମୟଟାରେ ମନୁଷ୍ୟମାନେ ଯେ କାରଣ ଏବଂ ଅକାରଣରେ ଗୁଡ଼ାଏ ରଡ଼ି କରି ପୃଥିବୀଟାକୁ ଅଶାନ୍ତ କରି ରଖିଛନ୍ତି, ଏହା ସେମାନଙ୍କର ମାନସିକ ପରିପକ୍ୱତା ବିଷୟରେ ପ୍ରକୃତରେ କିପରି ପରିଚୟ ଦେଉଛି ? ତେଣୁ, ସତେଅବା କୌଣସି ଦୁଷ୍ଟ ବିହିର ବିଦ୍ରୂପ ଫଳରେ ନିତାନ୍ତ ଅଶାନ୍ତମାନେ ହିଁ ଆମ ପୃଥିବୀର କ୍ଷମତାସ୍ଥାନ ଗୁଡ଼ିକୁ ମାଡ଼ି ବସିଛନ୍ତି, ମନୁଷ୍ୟ ଉପରେ ବିଶ୍ୱାସ ରଖି ପାରୁନାହାନ୍ତି ବୋଲି ସେମାନେ ଅସ୍ତ୍ରଶକ୍ତି ଉପରେ ସମ୍ଭବତଃ ଅଧିକ ଭରସା କରୁଛନ୍ତି, ଠେଙ୍ଗାଦ୍ୱାରା ପୃଥିବୀଟାକୁ ବାଟକୁ ଆଣିବେ ଓ ବାଟରେ ରଖିପାରିବେ ବୋଲି ଦିବାସ୍ୱପ୍ନମାନ ଦେଖିବାରେ ଲାଗିଛନ୍ତି । ଧର୍ମମାନେ, ଆଦର୍ଶବାଦୀମାନେ ସଂତ୍ରାସଦ୍ୱାରା ହିଁ ଏହି ପୃଥିବୀର ଆନୁଗତ୍ୟଗୁଡ଼ିକୁ ହାସଲ କରିହେବ ବୋଲି ମଧ୍ୟ ଖୁବ୍ ଉତ୍ସାହର ସହିତ ବିଶ୍ୱାସ କରିବାକୁ ଆରମ୍ଭ କଲେଣି । ଏହି ତପସ୍ୟା କଥା କହିବାଲାଗି ସମ୍ଭବତଃ ଆଉ କାହାର ସାହସ ହିଁ ହେଉନାହିଁ । ଗଦା ଗଦା ଜ୍ଞାନ ତେଣେ ଥାକ ମରା ହୋଇ ରହିଛି, ମସ୍ତିଷ୍କମାନେ ଅନ୍ତରୀକ୍ଷରେ ଘର କରି ରହିବେ ବୋଲି ଅଙ୍କ କଷି ଥୋଇଦେଲେଣି । ଏହି ଚିହ୍ନା ପୃଥିବୀଟା ଉପରୁ ସେମାନଙ୍କର ସକଳ ଭରସା ତୁଟି ତୁଟି ଯିବାରେ ଲାଗିଛି କି ?

ମନରୁ ମୁନି, ମନରୁ ମୌନ । ମୁନିମାନେ ସମ୍ଭବତଃ ମନର ଅରାଜକ ସ୍ୱଭାବଟାକୁ ଦେଖି ଖୁବ୍ ବିବ୍ରତ ହୋଇ ପଡ଼ିଛନ୍ତି ଏବଂ ପ୍ରତିକାର ହିସାବରେ ମୌନ ରହିବାକୁ ପରାମର୍ଶ ଦେଇ ଯାଇଛନ୍ତି । ଥରେ ପାଟି ଖୋଲିଲେ ସତେଅବା ଆଉ ମୋଟେ ସମ୍ଭାଳି ହେଉନାହିଁ ଏବଂ କଥା ପରେ କଥା କହି ମନ ଆମକୁ ପ୍ରବଳ ପରାକ୍ରମରେ କୁଆଡ଼େ ମନ କୁଆଡ଼େ ଉଡ଼ାଇ ନେଇଯାଉଛି । ତେଣୁ ସାଧାରଣତଃ ଅନୁମାନ କରାଯାଇଛି ଯେ ସେଇଥିରୁ ହିଁ ସର୍ବବିଧ ସ୍ଖଳନ ଘଟିବାରେ ଲାଗିଛି । ଏପରି ଖିଅଟିଏ ଲଗାଇ ମନୁଷ୍ୟମାନେ ଚିନ୍ତା କରିବାରେ ଏତେ ଅଭ୍ୟସ୍ତ ହୋଇ ପଡ଼ିଛନ୍ତି ଯେ ସେମାନଙ୍କର ଗୁରୁମାନେ ସେମାନଙ୍କୁ ପୂରା ମୌନ ରହିବାର ଉପଦେଶ ଦେଇଛନ୍ତି । ଜଣେ ବ୍ୟକ୍ତି ଯଦି ଭୋଜନ ବିଷୟରେ ଟକଳା ହେଲା, ଶାସ୍ତି ଦେବାପରି ତା'ର ଭୋଜନକୁ ବନ୍ଦ କରିଦେଲେ ଟକଳାପଣଟା ସତକୁ ସତ ଛାଡ଼ି ଚାଲିଯିବ କି ?

ଅନେକ ସମୟରେ କେତେ ଲୋକ କ'ଣ ଗୋଟାଏ ଅପରାଧର ପ୍ରାୟଶ୍ଚିତ୍ତ କଲା ପରି ଉପବାସ କରନ୍ତି। ଓଷାପରବ ମାନଙ୍କରେ ଉପବାସ କଲେ ମନ ଶୁଦ୍ଧ ରହେ ବୋଲି ଯେଉଁ ଅପବାଦଟି ରହିଛି, ତା' ପଶ୍ଚାତରେ ହୁଏତ ସେହିପରି କିଛି ବ୍ୟାଧିତ ବୋଧ ହୁଏତ ଲୁଚି ବି ରହିଥିବ। ସେହିପରି କିଛି ସମୟ ମୌନ ଅବଲମ୍ବନ କରିବା ପରେ ଯେତେବେଳେ ପୁନର୍ବାର କଥା କହିବାକୁ ଆମେ ଆପଣାକୁ ଅନୁମତି ଦେଉଥିବା, ସେତେବେଳେ ଖୁବ୍‌ସମ୍ଭବ ଟକଲାଙ୍କ ପରି ଖୁବ୍ ଅନୁଭବ କରୁଥିବା। ତେଣୁ, ଭୋଜନ ବିଷୟରେ ଯେପରି ଏକ ଅନୁପାତ ରହିବା ଆବଶ୍ୟକ, କଥା କହିବାର କ୍ଷେତ୍ରରେ ମଧ୍ୟ ସେହିପରି ଅନୁପାତଟିଏ ରହିଥିଲେ ତାହା ସର୍ବଦା ବହୁତ ସାହାଯ୍ୟ କରିଥାଏ। ନିଜର ଅନୁପାତଟିକୁ ମୁଁ ଆପେ ନିର୍ଣ୍ଣୟ କରିବି। ଅର୍ଥାତ୍ ନିଜର ମୁଖରପଣଟା ଉପରେ କୌଣସି କ୍ରୋଧ ନକରି ଆପଣାକୁ ବୁଝିବି, ପୂର୍ଣ୍ଣ ସହାନୁଭୂତି ସହିତ ବୁଝିବି ଏବଂ ଆପଣାର ବିବେକ ଅନୁସାରେ ମୁହଁ ଖୋଲିବାର ଅବସରଗୁଡ଼ିକୁ ହ୍ରାସ କରି ଆଣିବି। ତାହାହିଁ ସମାଧାନ। ଆମର ଭାବିବା ଶକ୍ତି, ମନନ ଶକ୍ତି ପୋଖତ ହେବାପାଇଁ ସମ୍ଭବତଃ ତାହାହିଁ ଏକ ସର୍ବୋତ୍ତମ ସମାଧାନ ଏବଂ ଆମେ ଥରେ ଅନୁପାତ ରକ୍ଷା କରିବାକୁ ଏକ ପ୍ରୟୋଜନ ବୋଲି ଆପଣା ପାଖରେ ସ୍ୱୀକାର କରିନେଲେ ସେଇଟି ମଧ୍ୟ ମାନସିକ ଭୂମିଟି ପୋଖତ ହୋଇ ଆସିବାରେ ଖୁବ୍ ସହାୟକ ହେବ। ଏବଂ, ମନ ମଧ୍ୟ କ୍ରମଶଃ ଆପଣାର ମର୍ଯ୍ୟାଦାଟିକୁ ବୁଝିବ। ମସ୍ତିଷ୍କଟା ତ ଯାବତୀୟ ଅର୍ଥରେ ଗୋଟିଏ ଯନ୍ତ୍ର, ତେଣୁ ସିଏ ଆମେ ନଚାହୁଥିଲେ ଆଉ କ'ଣପାଇଁ ଭଡ଼ର ଭଡ଼ର ହେବ !

ପୃଥିବୀରେ, ମଣିଷମାନଙ୍କ ସହିତ ମଣିଷମାନଙ୍କର ଭେଟ ହେବାର ସର୍ବବିଧ କ୍ଷେତ୍ରରେ ଖାଲି ଶବ୍ଦମାନେ ହିଁ କାନ ଅତଡ଼ା ପକାଇବାରେ ଲାଗିଛନ୍ତି। ସେହି ଶବ୍ଦଗୁଡ଼ିକୁ ଏକାବେଳେକେ ଅନେକ କାନ ବି ଶୁଣିପାରିବେ ବୋଲି ଆମର ଏକାଳଟାରେ ତ ଅଭିନବ ଯନ୍ତ୍ରମାନ ଖଞ୍ଜା ହେଲାଣି। ସଭାରେ ବକ୍ତାମାନେ କେତେ କେତେ କଥା କହି ଯାଉଛନ୍ତି। ସେହି କଥାଗୁଡ଼ିକର ଓଜନ ଆଦୌ ଅଛି କି ନାହିଁ, ସେକଥା ପରଖି ଦେଖିବାକୁ ଆମର ଆନୁଷ୍ଠାନିକ ହାଟମାନଙ୍କର ସତେଅବା କାହାରି ବେଳ ନାହିଁ। ଅନେକ ଶିକ୍ଷକ ଅଛନ୍ତି, ଯେଉଁମାନେ କି ବଡ଼ପାଟିରେ କଥା ନକହିଲେ ପିଲାମାନଙ୍କୁ ମୋଟେ ପଢ଼ାଇ ପାରନ୍ତିନାହିଁ। ମନର ଅଧ୍ୟୟନ କରୁଥିବା ବିଶେଷ ସୂତ୍ରଗୁଡ଼ିକ ନାନା ଉଦାହରଣ ସହିତ କହି ଆସିଛନ୍ତି ଯେ, ଯାହାର ମନଃଶକ୍ତି ଯେତେ ଅଧିକ ଦୁର୍ବଳ, ସିଏ ସେତିକି ଅଧିକ କଥା କହିବାକୁ ଭଲ ପାଏ। ଅଧିକରୁ ଅଧିକ କଥା କହିଲେ ଯଦି ସେହି ଦୁର୍ବଳତାଟି ମେଣ୍ଟି ଯାଉଥାଆନ୍ତା, ତେବେ କୌଣସି ଆପତ୍ତି କରିବାର ତ

କୌଣସି କାରଣ ନଥାନ୍ତା। ବରଂ, ମନର ବଳ ବଢ଼ିଲେ ହୁଏତ ପ୍ରାୟ ତାହାରିଦ୍ୱାରା ଏକ ସଚେତନତା ଆସେ ଯାହାଦ୍ୱାରା କଥା କହିବାର କ୍ଷେତ୍ରରେ ଏକ ଅନୁପାତବୋଧ ମଧ୍ୟ ହାସଲ କରିହୁଏ। ଅର୍ଥାତ୍, ନିଜର କଥାକୁ ନିଜ ନିୟନ୍ତ୍ରଣରେ, ଆୟତ୍ତରେ ରଖିବା, ସେଇଟିକୁ ଆମେ ଆମ ମନର ସର୍ବପ୍ରଥମ ତପସ୍ୟା ବୋଲି ଅବଶ୍ୟ ଜାଣିବା। କିଛି ମନୁଷ୍ୟ ଥାଆନ୍ତି, ଯେଉଁମାନେ କି ରାସ୍ତାରେ ଏକାକୀ ଚାଲି ଯାଉଥିବା ସମୟରେ ମଧ୍ୟ ବଡ଼ ପାଟିରେ କଥା କହି ଯାଉଥାନ୍ତି। କେହି ତ ନଥାନ୍ତି, ତେବେ ସେମାନେ କାହା ସାଙ୍ଗରେ କଥା ହୁଅନ୍ତି ? ପ୍ରକୃତରେ ଗୋଟାସୁଦ୍ଧା ନିଜ ସାଙ୍ଗରେ। ନିଜର କଥାକୁ ନିଜ କାନରେ ନଶୁଣିଲେ ସେମାନେ ଆଦୌ କିଛି ଭାବୁଛନ୍ତି ବୋଲି ବିଶ୍ୱାସ କରି ପାରନ୍ତି ନାହିଁ। ଆପଣାର ମନନାମକ ସେହି ସମ୍ପଦ-ଘରଟିଏ ବସ୍ତୁତଃ କେତେ ଅଧିକ ପରିମାଣରେ ନିଃସ୍ୱ ହୋଇ ଯାଇଥିଲେ ଯେ ଜଣେ ମନୁଷ୍ୟ ଆପେ କିଛି ଭାବୁଛି ବୋଲି ଆଦୌ ପରତେ ଯାଇ ପାରୁନଥାଏ, ଆମେ ସେହି କଥାଟିକୁ ଭାବି ହୁଏତ ଭାରି ବିସ୍ମିତ ହେଉଥିବା।

ତୁଣ୍ଡ ବଜାଇବାର ସମ୍ଭବତଃ ସବୁଠାରୁ ଅଧିକ ମିଠା ଲାଗୁଥିବା ଉଦାହରଣଟି ହେଉଛି ପରଚର୍ଚ୍ଚା। ଜଣେ ଉପସ୍ଥିତ ନାହିଁ ଏବଂ ଆପଣାର ଗୋଟିଏ ସାନ ମେଳରେ ତାହାରି ବିଷୟରେ କଥାବାର୍ତ୍ତା ହେବା। ଯେତେବେଳେ ମନୁଷ୍ୟମାନଙ୍କର ଚର୍ଚ୍ଚା କରିବା ସକାଶେ ହୁଏତ କିଛି ନଥାଏ, ସେତେବେଳେ ସେହି ପରଚର୍ଚ୍ଚାଟି ହିଁ ଅଧିକ ଜମେ। ଏକ ଭୟଙ୍କର କ୍ଷତିପୂରଣର ଉଦ୍ଦେଶ୍ୟସାଧନ କରେ। ଯେଉଁମାନେ ଆପଣାକୁ ନାନାଭଳି କାରଣରୁ ଲୁଚାଇ ରଖିବାକୁ ଇଚ୍ଛା କରୁଥାନ୍ତି ଅର୍ଥାତ୍ ମୁହଁ ଖୋଲି କିଛି କହିଲେ ଆପେ ହିଁ ଧରା ପଡ଼ିଯିବେ ବୋଲି କନକନ ହେଉଥାନ୍ତି, ସେହିମାନେ ହିଁ ପରଚର୍ଚ୍ଚାକୁ ଏକ ଢ଼ାଲଭଳି ବ୍ୟବହାର କରିବାକୁ ଭାରି ଭଲ ପାଆନ୍ତି। ବୁଝିବାରେ ଆଦୌ କଷ୍ଟ ହେବନାହିଁ ଯେ ଏହିସବୁ ଚର୍ଚ୍ଚା ଆମ ତୁଣ୍ଡର ମାଧ୍ୟମଟିକୁ ବ୍ୟବହାର କରି ଅଭିବ୍ୟକ୍ତ ହେବାର ପ୍ରକ୍ରିୟାଟାରେ ପ୍ରାୟ ନିୟମତଃ ନାନା ଭାବପ୍ରବଣତା ଏବଂ ଅତିରଞ୍ଜନ ଆସି ପଶି ଯାଇଥାଏ ଏବଂ ତାହା ସତେଅବା ଏକ ପ୍ରୟୋଜନବଶତଃ ପ୍ରକୃତ କଥାମାନଙ୍କୁ ଛାଡ଼ି କେତେ କେଉଁ ଆଡ଼େ ଚାଲି ଯାଇଥାଏ। ଜଗତଯାକର ବିଭ୍ରାଟ ତାହାରିଦ୍ୱାରା ଘଟେ। ଏବଂ, ଆମକୁ ସଚରାଚର କେଡ଼େ ଖୁସୀ ନଲାଗେ ! ଅତିରଞ୍ଜିତ ନିନ୍ଦାରୁ ଯେତିକି ଖୁସୀ, ଅତିରଞ୍ଜିତ ପ୍ରଶଂସାରୁ ବି ସେତିକି ଖୁସୀ। ସେହି ମାର୍ଗର ଅନୁଗତମାନଙ୍କୁ ତାହା ପ୍ରାୟ ଏକ ସଂସାରଧର୍ମ ପରି ଯାବୁଡ଼ି ଧରିଥାଏ। ମାଆ ତ ସମ୍ଭବତଃ ସେଇଥିପାଇଁ ସତର୍କ କରାଇଦେଇ ଠାଏ କହିଛନ୍ତି ଯେ, କାହାର ନିନ୍ଦା କଲାବେଳେ ନୁହେଁ କି କାହାର ପ୍ରଶସ୍ତିଗାନ କରୁଥିବା ସମୟରେ ନୁହେଁ, ଏହି ପରଚର୍ଚ୍ଚା ନାମକ କୁବୁଦ୍ଧିଙ୍କୁ

ପରିତ୍ୟାଗ ହିଁ କରିବାକୁ ପଡ଼ିବ। ତା' ନହୋଇଥିଲେ ଆମ ଜୀବନରେ ଆଉ କେଉଁଠାରେ କ'ଣ ରହିଥିବ ଯାହାକୁ କି ବସ୍ତୁତଃ ତପସ୍ୟା ବୋଲି କୁହାଯିବ? ପୁନଶ୍ଚ, ଏପରି ମଧ୍ୟ ହୋଇପାରେ ଯେ, ପ୍ରଶଂସା ତଥା ନିନ୍ଦାର ଉଭୟ କ୍ଷେତ୍ରରେ ଅତିରଞ୍ଜନର ଅଭ୍ୟାସଟାରୁ ଆମକୁ ଯେଉଁ ତାତ୍କାଳିକ ହୃଷ୍ଟତା ଜାତୀୟ କିଛି ପଦାର୍ଥ ମିଳି ଯାଉଥିବ, ତାହାରି ଖଳ ଉଲ୍ଲାସଟାର କୁପ୍ରଭାବ ପଡ଼ି ଆମେ ଆପେ ବି କ୍ରମଶଃ ପ୍ରାୟ ଯାବତୀୟ ଅନୁପାତବୋଧର କ୍ଷେତ୍ରରେ ନିତାନ୍ତ ଅସମର୍ଥ ହେବାରେ ଲାଗିଥିବା। ବାହାରକୁ ଯେତେ ଗଡ଼ଜୟ କରୁଥିବାର ଅନୁଭୂତିମାନ ହେଉଥିଲେ ମଧ୍ୟ ନିଜପାଖରେ ନିତାନ୍ତ ଅପରିଚିତପ୍ରାୟ ହୋଇ ରହି ଯାଉଥିବା। ନିଜେ ଆପଣାକୁ ଭାରି ବଙ୍କା ହୋଇ ଦିଶିବାକୁ ଇଚ୍ଛା କରୁଥିବା ଏବଂ ନାନାମତେ ଆତ୍ମଘାତୀ ହୋଇ ରହିଥିବା। ପୁନଶ୍ଚ, ଆମ ସମସ୍ତଙ୍କୁ କେତେ ନିକଟରୁ ଠଉରାଇ ପାରିଥିବା ପରି ମାଆ କହି ଦେଇଛନ୍ତି ଯେ, ଆମେ ପ୍ରତ୍ୟେକେ ଆପଣାକୁ ମଧ୍ୟ କେତେ ଠିକ୍ ଭାବରେ ଜାଣିଛୁ ଯେ ଅନ୍ୟମାନଙ୍କର ଭିତରଟାକୁ, ପ୍ରକୃତିଟିକୁ ସତକୁ ସତ ଜାଣି ପାରିବା? ତେଣୁ, ଅସଲ ତପସ୍ୟାନୁରାଗୀ ମନୁଷ୍ୟଟିଏ ସାଧାରଣତଃ କେବେହେଲେ ପରଚର୍ଚ୍ଚାକୁ ମନ କରିବନାହିଁ। ଏବଂ, ଆରଆଡୁ ମଧ୍ୟ ଆମେ କାହିଁକି କହିବାଲାଗି ମନ ନକରିବା ଯେ, ଯଦି ଜଣେ ବ୍ୟକ୍ତି ପରଚର୍ଚ୍ଚା କରି ପୁଲକ ଅନୁଭବ କରୁଛି, ତେବେ ସିଏ ବାହାରେ ଯେତେ ତପସ୍ୱୀର ଆଚରଣାଦି ଭିତରେ ମଜ୍ଜି ରହିଥିଲେ ମଧ୍ୟ ସିଏ ଆଦୌ ତପସ୍ୟା ନିମନ୍ତେ କୌଣସି ଅନୁରାଗ ରଖିଛି ବୋଲି କ'ଣ ପାଇଁ କୁହାଯିବ?

ସାହିତ୍ୟନାମକ ଆଗ୍ରହକ୍ଷେତ୍ରଟିର ମାଧ୍ୟମରେ କାଳେ କାଳେ କେତେ କଥା କୁହା ନଯାଇଛି ! କାବ୍ୟ କବିତାର କୁଢ଼ କୁଢ଼ ପ୍ରଣୟନ କରାଯାଇଛି, ଦର୍ଶନ ଏବଂ ବିଶଦ ଅଧ୍ୟୟନ ବୋଲି କୁହାଯାଇ ଆସିଥିବା କେତେ କେତେ ଅବସରରେ କେତେ କେତେ ମଞ୍ଜ ଭେଦ କରି ବହୁ ଅସାଧାରଣ କଥା କହି ବିଶ୍ୱାସୀଙ୍କୁ ବିସ୍ମିତ ବି କରାଯାଇଛି। ହୁଏତ ସେଇଥି ନିମନ୍ତେ ଆମର ଏଯୁଗଟିକୁ ବୁଦ୍ଧିଜୀବୀ ବା ବୁଦ୍ଧିମାନ୍ ମାନଙ୍କର ଯୁଗ ବୋଲି କୁହାଯାଉଛି। ପୃଥିବୀର ଅଧିକାଂଶ ମନୁଷ୍ୟ ଏହିସବୁ ବିରଳ କ୍ଷେତ୍ରରୁ ବାହାରେ ରହିଥିବାରୁ ଏବଂ ଅଳପ ମନୁଷ୍ୟ ହିଁ ଏହି ମାର୍ଗରେ ରହିଥିବାରୁ ହୁଏତ ଖୁବ୍ ମନେହେଉଛି ଯେ ଏସବୁଥିରେ ବିବେକ ମଧ୍ୟ ଆଗେ ଆଗେ ରହି ସେହି ବିଶେଷମାନଙ୍କୁ ପରିଚାଳିତ କରିନେଉଛି ଏବଂ ସେହିସବୁ ଅଳିନ୍ଦରେ ଆପଣାକୁ କ୍ରିୟାଶୀଳ କରି ରଖିଥିବା ସେମାନେ ନିଶ୍ଚୟ କାମ୍ୟ ନିୟନ୍ତ୍ରଣରେଖା ଗୁଡ଼ିକ ମଧ୍ୟରେ ରହିଥିବେ ଏବଂ ଅଲୋଡ଼ା ହେଲା ଭଳି ଆଦୌ କିଛି ଉଚ୍ଚାରଣ କରୁନଥିବେ ବୋଲି ତୁମେ ଆମେ ସାଧାରଣ ମନୁଷ୍ୟ ଅନୁମାନ କରିବା ଅତ୍ୟନ୍ତ ସ୍ୱାଭାବିକ; –ସେଠାରେ

ଅବଶ୍ୟ ସ୍ୱଭାବତପସ୍ୱୀମାନେ ହିଁ ରହିଥିବେ ଏବଂ ସାଧନା କରୁଥିବେ। ମାଆ କହିବେ, ନାଇଁ, ଆମେ କଦାପି ସେଭଳି କୌଣସି ଭ୍ରମ କରିବାନାହିଁ। କାରଣ, ଏହିସବୁ ବିଚାର ତଥା ଜ୍ଞାନକର୍ଷଣର ଉଦାତ୍ତ ଉଚ୍ଚମଞ୍ଚ ମାନଙ୍କରେ ମଧ୍ୟ କ'ଣ କମ୍ ଅତିରଞ୍ଜନ ଏବଂ ଭାବପ୍ରବଣତା ଭର୍ତ୍ତି ହୋଇ ରହିଥାଏ ? ତାହାରି ଭିତରେ କେତେ ହିଂସ୍ରତା, ଅସହିଷ୍ଣୁତା ଏବଂ ଅତିକୋପନ ରହିଥାଏ, ଯାହାକି ପାଠକ ଏବଂ ଶ୍ରୋତାମାନଙ୍କୁ କୁପିତ କରି ପକାଏ, କେତେ ନୂଆ ନୂଆ ଘୃଣାକୁ ପୃଥ୍ୱୀପୃଷ୍ଠକୁ ଡ଼ାକିଆଣେ, ସରଳକୁ ଜଟିଳ କରି ଦେଖାଇବାର ଖୁବ୍ ମତଲବ ରଖିଥାଏ। ବିଭାଜନର କରଣ ହୁଏ, ସାଦୃଶ୍ୟଗୁଡ଼ିକୁ ଅସ୍ୱୀକାର କରେ ଓ ନିତାନ୍ତ କାରଣହୀନ ଭାବରେ କନ୍ଦଳ ଲଗାଇଦିଏ। ଯେତିକି ଜାଣିଛି, ସେତିକିକୁ ସବୁଯାକ ବୋଲି ଦାବୀ କରେ। ବହୁ ସାଂପ୍ରଦାୟିକ ଦୂରତାକୁ ପ୍ରଶ୍ରୟ ଦିଏ। ବେଳେ ବେଳେ ତଥାକଥିତ ଆଦର୍ଶବାଦର ଦ୍ୱାହି ଦେଇ ଏବଂ ଦରବାରମାନଙ୍କ ଠାରୁ ଦମ୍ଭ ପାଇ ଏଗୁଡ଼ିକର କ'ଣ ପୃଥିବୀରେ କମ୍ ଅଭିନୟ ହୋଇଛି ଓ ଏବେ ମଧ୍ୟ ହେବାରେ ଲାଗିଛି ? ଏବଂ, ନିଜଭିତରେ ସବାମୂଳରେ ତପସ୍ୟାକାମୀ ଚେତନାଟିଏ ନଥିଲେ ଏହି ତଥାକଥିତ ବିଶେଷ କ୍ଷେତ୍ରମାନଙ୍କରେ ମଧ୍ୟ ତପସ୍ୟାର ଆବଶ୍ୟକତା ରହିଛି ବୋଲି କିଏ କାହିଁକି ସାହସ କରି କହିବାକୁ ମନ କରିବ ?

ତେଣୁ ଏହି ସାହିତ୍ୟ, ସାରସ୍ୱତ ଯାବତୀୟ ଉତ୍ସାହ ପଛରେ ଉଚିତ ତପସ୍ୟାର ପରିପ୍ରେରଣାଟିଏ ରହିଥିଲେ ତଦ୍ୱାରା ପୃଥିବୀରେ ବିବାଦମାନେ କ'ଣ ପାଇଁ ବଢ଼ନ୍ତେ, ମତମାନେ ବହୁ ବୈମନସ୍ୟରେ ଜଡ଼ିତ ହୋଇ ପୃଥିବୀରେ ଏକମାତ୍ର ମତ ବୋଲି ପ୍ରମାଣିତ ହେବାପାଇଁ ଖଡ୍ଗ ଉତ୍ତୋଳନ କରନ୍ତେ, ଧର୍ମଶ୍ରଦ୍ଧାମାନେ ମଧ୍ୟ କାହିଁକି ଧର୍ମଯୁଦ୍ଧ ନିମନ୍ତେ ଉସ୍‌କାଇବାରେ ବି ଲାଗିଥାଆନ୍ତେ ? ମନ ଭିତରେ କେଉଁଠି ବୁଢ଼ିଆଣୀଟିଏ ଜାଲଟିଏ ଫାନ୍ଦି ଦର୍ପଭରେ ବସି ରହିଥାଏ କେଜାଣି, ଆଉ ଦ୍ୱିତୀୟ କାହାକୁ ବି ସ୍ୱୀକାର କରିବାକୁ ହେଲେ ପ୍ରବାଦ ଗଣିବାକୁ ଆରମ୍ଭ କରେ। ମନର ତପସ୍ୟା ସବାଆଗ ଆମ ବୁଝିବାର ଆଖିଗୁଡ଼ିକୁ ପ୍ରଶସ୍ତ ହିଁ କରିଥାଏ, ନାନା ଅଭ୍ୟସ୍ତ ସଂକୀର୍ଣ୍ଣତାକୁ ଅତିକ୍ରମ କରାଇନିଏ; ତା'ପରେ ଏପରି ଗୋଟିଏ ଭୂମିର ଗୋଚର ହେବା ସମ୍ଭବ ହୁଏ, ଯେଉଁଠାରେ ସମସ୍ତଙ୍କ ସକାଶେ ସ୍ଥାନ ରହିଥାଏ। ସମସ୍ତଙ୍କୁ ସ୍ୱୀକାର କରିହୁଏ ମାତ୍ର ତଦ୍ୱାରା ନିଜଟି ପ୍ରତି ରହିଥିବା ଅନୁରାଗଟି କୌଣସି ପ୍ରକାରେ ଆଦୌ କ୍ଷୁଣ୍ଣ ହୋଇଗଲା ପରି କେବେହେଲେ ଅନୁଭବ ହୁଏନାହିଁ। ଖୁବ୍ ସହଜରେ ସତେଅବା ସ୍ପଷ୍ଟ ଦେଖି ହେଉଥିଲା ପରି ଉପଲବ୍ଧି ହେବାକୁ ଆରମ୍ଭ କରେ ଯେ, ସବୁଯାକ ବିଚାର ସଂପୂର୍ଣ୍ଣ ସତ୍ୟଟିର କେବଳ ଗୋଟିଏ ଦିଗକୁ ହିଁ ଅଭିବ୍ୟକ୍ତ କରୁଛି ଏବଂ ସେଥିପାଇଁ ଅନ୍ୟ ଦିଗ ବା ବିଭାବଗୁଡ଼ିକ ତାକୁ ଆପାତତଃ ଗୌଣ ହୋଇ ଦେଖାଯାଉଛି। ଏହି ଆପେକ୍ଷିକ

ଦୃଷ୍ଟିଟି ଅର୍ଥାତ୍ ଯାବତୀୟ ଦ୍ୱାରର ମେଳଟି ଭିତରେ ମୁଁ ମଧ୍ୟ ଗୋଟିଏ, ଏକମାତ୍ର ଦ୍ୱାର ଆଦୌ ନୁହେଁ, – ଏହିପରି ଏକ ସହଜ ସ୍ୱୀକୃତିରୁ ମନର ତପସ୍ୟା ନିଜକୁ ସଚଳ କରି ରଖିପାରିଲେ ତାହା ମୋ'ଲାଗି ଆଗକୁ ରହିଥିବା ଆହୁରି କେତେ କେତେ ଦ୍ୱାରକୁ ଉନ୍ମୋଚନରେ ସହାୟତା କରିବ ଏବଂ ମୋ' ଚାରିପାଖର ଏହି ପୃଥିବୀଟି ନିମନ୍ତେ ମଧ୍ୟ ଶୁଭକର ହେବ। ତେବେ ନିଜ ଭିତରର ମନୋଭୂମି ଉପରେ ଆମେ କ୍ରମେ ଏକ ସୁସ୍ଥ ଆନୁପାତିକତାବୋଧର ଭାଜନ ମଧ୍ୟ ହୋଇ ପାରୁଥିବା। ତା'ପରେ ଆମର ମୁଖନିଃସୃତ ବାକ୍ୟ ମଧ୍ୟ ଆମକୁ ଧୋକା ଦେଇ ମୋଟେ ବାହାରକୁ ଢ଼େଇଁ ପଡ଼ିବନାହିଁ। ଆଗକାଳର ମୁନିମାନେ ସମ୍ଭବତଃ ସଂସାର ଭିତରେ ରହୁନଥିଲେ ବୋଲି ମୌନ ହୋଇଯିବାଟା ସେମାନଙ୍କୁ କିଞ୍ଚିତ୍ ମାତ୍ରାରେ ପୋଷାଇଥିବ, – ମାତ୍ର ଆମେ ସେମାନଙ୍କୁ ତେବେ କାହିଁକି ଅନୁକରଣ କରିବା ?

ସର୍ବଶେଷରେ, ଶିକ୍ଷକମାନଙ୍କର କଥା। ଶିକ୍ଷକମାନେ ଛାତ୍ରମାନଙ୍କୁ ଶିକ୍ଷା ଦିଅନ୍ତି; ପ୍ରଧାନତଃ ତୁଣ୍ଡରୁ ବାହାରୁଥିବା ଶବ୍ଦଗୁଡ଼ିକ ସାହାଯ୍ୟରେ ହିଁ ସେମାନେ ଆପଣାର ସେହି କର୍ତ୍ତବ୍ୟଟିର ସମ୍ପାଦନ କରି ଥାଆନ୍ତି । ନିତାନ୍ତ ଶିଶୁବୟସ ପିଲା ଏବଂ ଆହୁରି ଆଗକୁ ଯାଇ ଯାଇ ବିଶ୍ୱବିଦ୍ୟାଳୟ ମାନଙ୍କରେ ଅଧ୍ୟୟନ କରୁଥିବା ଛାତ୍ରବର୍ଗ। ଏଥିସହିତ କଳାକୃତି ତଥା ସଂଗୀତ ମାଧ୍ୟମରେ ପ୍ରସାରିତ ହେଉଥିବା କେତେ କ'ଣ ଗ୍ରହଣଯୋଗ୍ୟ ସାମଗ୍ରୀ ଏବଂ ଉପାଦାନ। ଏମାନେ ମନୋରଞ୍ଜନ କରନ୍ତି, ଶିକ୍ଷା ମଧ୍ୟ ଦିଅନ୍ତି। ସବୁକିଛି ନିର୍ଭର କରୁଥାଏ, ସିଏ ବା ଯେଉଁମାନେ ଶିକ୍ଷା ହେଉଛନ୍ତି, ସେମାନେ ସ୍ୱୟଂ କେତେ ପରିମାଣରେ କିଭଳି ମାନସିକ ଓ କଳ୍ପନାଗତ ପରିପକ୍ୱତା ହାସଲ କରିଛନ୍ତି: ଯାହା ବିତରଣ କରୁଛନ୍ତି, ତାହାର ପ୍ରକୃତରେ କେତେଦୂର କ'ଣ ଶକ୍ତିମତ୍ତା ରହିଛି। ସଂପ୍ରତି ଆମ ପୃଥିବୀରେ ଶିକ୍ଷା କିପରି ହେବା ଅଥବା ନହେବା ବିଷୟରେ ଗହନ କେତେ କେତେ ବିଚାର କରାଯାଉଛି ଏବଂ ଚିନ୍ତା ପ୍ରକଟ କରାଯାଉଛି। ନୂଆ ନୂଆ ପଦ୍ଧତିମାନେ ଆବିଷ୍କୃତ ହେବାରେ ଲାଗିଛନ୍ତି ଓ ଅଧ୍ୟାପନାର ନୂଆ ନୂଆ ନାନା ପ୍ରସ୍ଥର ଠାବ କରି ସେଗୁଡ଼ିକର ଖୁବ୍ ପ୍ରଶଂସାଯୋଗ୍ୟ ପ୍ରୟୋଗ ମଧ୍ୟ ହେଉଛି। ତଥାପି, ଏହି କ୍ଷେତ୍ରରେ ମଧ୍ୟ ଏକ ସମୁଚିତ ତପଶ୍ଚାରଣାକୁ ହିଁ ସର୍ବମୂଳ ପ୍ରସଙ୍ଗ ବୋଲି ଗ୍ରହଣ କରାଯାଇ ପାରିବ। ଅନେକେ ମତ ଦିଅନ୍ତି ଯେ, ଶିକ୍ଷାଦାନକୁ ଆଗ୍ରହୋଦ୍ଦୀପକ କରିବା ଅର୍ଥାତ୍ ଯଥାସମ୍ଭବ ହାଲୁକା କରିପାରିବା ନିମନ୍ତେ ପ୍ରୟାସ କରିବା ହିଁ ଶିକ୍ଷକର ସବାଆଗ କାର୍ଯ୍ୟ ହୋଇ ରହିବା ଉଚିତ। ଶିକ୍ଷାର୍ଥୀମାନଙ୍କୁ ଯାହାକିଛି ବିତରିତ ହେବ, ସେମାନଙ୍କର ମୁଣ୍ଡକୁ ତାହା ଆଦୌ ଏକ ଭାରି ବୋଝ ପରି ଲାଗିବନାହିଁ ଏବଂ ତାହାକୁ ଗ୍ରହଣ କରିବାରେ କମ୍ ଚେଷ୍ଟା କରିବାକୁ ପଡ଼ିବ। ଏହି ଉକ୍ତିରେ ଏକ ସତ୍ୟ ଅବଶ୍ୟ ରହିଛି

ସତ, ମାତ୍ର ସେହି ବ୍ୟାପାରଟିର ଦ୍ୱାହି ଦେଇ ଅନେକ ସମୟରେ ଶିକ୍ଷାଦାତାମାନଙ୍କ ତରଫରୁ ଯାହା ନିବେଦନ କରାଯାଏ, ସେଥିରେ ଓଜନ ବୋଲି ପ୍ରାୟ କିଛିହେଲେ ନଥାଏ, ପିଲାମାନେ କେଡ଼େ ଉପରଠାଉରିଆ ଭାବରେ ଶ୍ରୁତ ସାମଗ୍ରୀଗୁଡ଼ିକୁ ଯନ୍ତ୍ରବତ୍ ପଇଟି ରଖନ୍ତି ଏବଂ ପରୀକ୍ଷାଦିର ଅବସରରେ ସେଗୁଡ଼ିକୁ ଆଣି ଅଜାଡ଼ି ଦେଇ ଖୁବ୍ ଉଶ୍ୱାସ ଅନୁଭବ କରନ୍ତି। ଭିତରେ ସ୍ଥାୟୀ ସମ୍ପଦ ବୋଲି ସମ୍ଭବତଃ ପ୍ରାୟ କିଛିହେଲେ ରହେନାହିଁ। ଏହିପରି ହସି ଖେଳି ଗୁଡ଼ିଏ ସାମଗ୍ରୀକୁ ଠୁଳ କରି ଆଣି ପୁନର୍ବାର ନିଷ୍କାଶିତ କରିଦେଇ ଉଶ୍ୱାସ ଅନୁଭବ କରିବାଦ୍ୱାରା ଶିକ୍ଷାଦାନ ଏବଂ ଶିକ୍ଷାଗ୍ରହଣର ଉଦ୍ଦେଶ୍ୟଗୁଡ଼ିକ ପ୍ରଧାନତଃ ପଣ୍ଡ ହିଁ ହୋଇ ଯାଉଥାଏ ସିନା ! ସେଥିରେ ତପସ୍ୟା ଲାଗି କୌଣସି ଆକାଂକ୍ଷା ହିଁ ନଥାଏ। ପ୍ରାୟ ଏକ ଯାନ୍ତ୍ରିକ ଶ୍ରବଣ ହୁଏତ ରହିଥାଏ, – ମନନ କିମ୍ବା ପରିପାଚନର କୌଣସି ପ୍ରଶ୍ନ ହିଁ ନଥାଏ।

ମୁଁ ପୃଥିବୀରେ ସବୁକିଛିକୁ ମୁଖ୍ୟତଃ ଏକ ବିନୋଦନ ଭଳି ଗ୍ରହଣ କରିବି, ଦୁଇ ପକ୍ଷରୁ ପ୍ରୟାସ ବୋଲି ବସ୍ତୁତଃ କିଛିହେଲେ ନଥିବ, ନିଜ ଜୀବନର ଆଦୌ କୌଣସି ଉଦ୍ଦେଶ୍ୟ ରହିଛି କି ନାହିଁ, ସେ ବିଷୟରେ କୌଣସି ଚିନ୍ତା ନଥିବ – ଏଗୁଡ଼ିକୁ ମାଆ ଗୋଟିଏ ଗୋଟିଏ ଦୁର୍ବଳତା ବୋଲି କହିଛନ୍ତି। ସେହି କ୍ଷେତ୍ରରେ କୌଣସି କିଛି ହେବାଲାଗି, ଆପଣାକୁ ଆପଣା ଅନ୍ତର୍ସତ୍ୟର ଏବଂ ବିଶ୍ୱସତ୍ୟର ଯୋଗ୍ୟ କରି ଗଠନ କରିବା ନିମନ୍ତେ ପ୍ରାୟ କୌଣସି ଶ୍ରଦ୍ଧାବୁଦ୍ଧି ହିଁ ନଥାଏ। ବାହ୍ୟ ଜୀବନର ସକଳ ଭୂଷା ଏବଂ ମେଦଯୁକ୍ତତା ସତ୍ତ୍ୱେ ଜୀବନଟା ବଡ଼ ଶୋଚନୀୟ ଭାବରେ ନିଷ୍କରୁଣ ହୋଇ ରହିବା ହିଁ ସାର ହୁଏ। ଇଚ୍ଛାଶକ୍ତି ବୋଲି ନିଜର ସାଥୀରୂପେ ଆଦୌ କିଛି ନଥାଏ। ଘୋର ଅଜ୍ଞାନ ଘୋଟି ରହିଥାଏ, ଆଳସ୍ୟର ପ୍ରକୋପଗୁଡ଼ିକ ଇଚ୍ଛାର ଆକାଶଟାକୁ ବଡ଼ ଆଚ୍ଛନ୍ନ କରି ରଖିଥାଆନ୍ତି। ଭିତରେ କେତେ ପ୍ରକାରର ବିଭାଜନ ଯାବତୀୟ ଜୀବନଦୃଷ୍ଟିକୁ ବଡ଼ ବିକଳ କରି ରଖନ୍ତି ଏବଂ ଏପରି ବ୍ୟକ୍ତିମାନେ ଆମ ପୃଥିବୀ ନିମନ୍ତେ ମଧ୍ୟ କାଳ ହୁଅନ୍ତି। ଯେତେବେଳେ ସତକୁ ସତ ନିଦ ଭାଙ୍ଗେ, ସେତେବେଳେ ନିଜକୁ ଅନାଇ ଦେଇ ପ୍ରକୃତରେ ଖୁବ୍ ଲଜ୍ଜା ମଧ୍ୟ ଲାଗୁଥିବ।

ପୁନଶ୍ଚ, ଆମେ ବାହ୍ୟତଃ କେଉଁ ବିଷୟରେ କଥା ହେଉଛୁ, ସେହି ଅନୁସାରେ ଆମ କଥୋପକଥନର ଯଥାର୍ଥ ମୂଲ୍ୟାୟନ ଆଦୌ କରି ହେବନାହିଁ। ଅନେକ ସମୟରେ ତଥାକଥିତ ଆଧ୍ୟାତ୍ମିକ ପ୍ରସଙ୍ଗଗୁଡ଼ିକୁ ନେଇ ମଧ୍ୟ କେତେ ହାସ୍ୟାସ୍ପଦ ଭାବରେ କଥାମାନ କହୁ ! ଜାଣିନଥିବା କଥାମାନଙ୍କୁ ଜାଣିଛୁ ବୋଲି ବହୁତ ବାହାଦୁରୀ କରି ପ୍ରସନ୍ନତା ଅନୁଭବ କରୁ ଏବଂ ଆଦୌ ଅଙ୍ଗେ ନିଭାଇ ନଥିବା କଥାମାନଙ୍କୁ ଅଙ୍ଗେ ନିଭାଇ ଥିବାର ବାଚାଳତା ଦେଖାଇ କେଡ଼େ ଖୁସୀ ବି ହେଉଥାଉ।

ପାଣ୍ଡିତ୍ୟବଳରେ ସତେଅବା ଅବର ସର୍ବଜନଙ୍କୁ ଗୋଟାସୁଦ୍ଧା ପୋତି ପକାଇବାକୁ ଇଚ୍ଛା ମଧ୍ୟ କରୁ। ନିତାନ୍ତ ଶିଶୁଟିଏ ପ୍ରଥମେ ଏଣୁତେଣୁ କେତେ କ'ଣ କହିବାରେ ଖୁବ୍ ଉତ୍ସାହ ଅନୁଭବ କରୁଥାଏ; ମାତ୍ର ବୟସରେ, ବୁଝିବାରେ ତଥା ଅଧିକରୁ ଅଧିକ ଏଠି ପୃଥ୍ୱୀସଂସର୍ଗଟି ମଧ୍ୟରେ ପ୍ରବେଶ କରିବା ପରେ ସିଏ ସତେଅବା ଆପଣାର ଅଜ୍ଞତାଗୁଡ଼ିକ ବିଷୟରେ ସଚେତନ ହୁଏ ଏବଂ ପରିପକ୍ୱତା ହାସଲ କରେ। ପ୍ରକୃତରେ ନିଦା କଥାଟିଏ କହିପାରିବା ନିମନ୍ତେ ଯେ ଏକ ଦୀର୍ଘ ପ୍ରସ୍ତୁତି ଆବଶ୍ୟକ, ସିଏ ସୁସ୍ଥ ଭାବରେ ସେହି କଥାଟିକୁ ହୃଦୟଙ୍ଗମ ମଧ୍ୟ କରିପାରେ। କିନ୍ତୁ ବହୁତ ବୟସ୍କ କାହିଁକି ବୟସବୃଦ୍ଧି ସତ୍ତ୍ୱେ ତଥାପି ପିଲା ହୋଇ ରହିଯାଆନ୍ତି ଏବଂ ସେପରି କରିବାଦ୍ୱାରା ଖୁବ୍ ପ୍ରମୋଦିତ ବି ଅନୁଭବ କରନ୍ତି। ଆମ ସାମୂହିକ ଜୀବନଟି ଏହି ପ୍ରକାରର ବ୍ୟକ୍ତିମାନଙ୍କର କାରଣରୁ ଭାରି ଦୁଃଖ ପାଏ। ମାଆ କହିଛନ୍ତି, ଯେଉଁ ମନୁଷ୍ୟମାନେ ତଥା ସେମାନେ ଗଢ଼ିଥିବା ମେଳଗୁଡ଼ିକ ଏକ ନିର୍ଦ୍ଦିଷ୍ଟ ଆସ୍ପୃହା ସହିତ ଏକ ଅନ୍ତର୍ଜୀବନ ତଥା ଆଧ୍ୟାତ୍ମିକ ଅଭିବୃଦ୍ଧି ନିମନ୍ତେ ନିଜକୁ ସଚଳ କରି ରଖି ଥାଆନ୍ତି, ଏହି କ୍ଷେତ୍ରଟିରେ ସେମାନଙ୍କୁ ଅତ୍ୟନ୍ତ ସାବଧାନତା ଅବଲମ୍ବନ କରିବାକୁ ପଡ଼ିବ ହିଁ ପଡ଼ିବ। ନିଜକୁ ଅପେକ୍ଷାକୃତ ଅଧିକ ଶୃଙ୍ଖଳା ମଧ୍ୟରେ ରଖିବାକୁ ହେବ ଏବଂ ସର୍ବୋପରି ସହଗାମୀ ଆଉମାନଙ୍କୁ ମଧ୍ୟ ଅଧିକରୁ ଅଧିକ ସଂଶ୍ଲିଷ୍ଟ ଭାବରେ ସେହି ଶୃଙ୍ଖଳାରେ ପରସ୍ପର ବାନ୍ଧିହୋଇ ରହିବାରେ ସହାୟତା ବି କରିବାକୁ ହେବ।

ହାୟ ସେହି ଅଜ୍ଞଭାଗ୍ୟ ଶିକ୍ଷକଗୋଷ୍ଠୀ, ଯେଉଁମାନେ କି ସେମାନେ ସତକୁ ସତ ଅକଳ ଜ୍ଞାନର ଗନ୍ତାଘର ବୋଲି ଏକ ଧାରଣା ଦେଇ ଛାତ୍ରମାନଙ୍କୁ ଭ୍ରମରେ ପକାଇ ଦେଇଥାନ୍ତି ! ହାୟ ସେହି ଅନ୍ୟକାମୀ ଗୁରୁଗୋଷ୍ଠୀ, ଯେଉଁମାନେ କି ସେହିମାନେ ହିଁ ସକଳ ମାର୍ଗଚାରଣାର କ୍ଷେତ୍ରରେ ପ୍ରାୟ ଜଣେ ଜଣେ ଅପ୍ରତିଦ୍ୱନ୍ଦ୍ୱୀ ଚକ୍ରବର୍ତ୍ତୀ ବୋଲି ବିଶ୍ୱାସ କରିବା ନିମନ୍ତେ ଶିଷ୍ୟମାନଙ୍କୁ ଘୁଂଗଳାଇ ରଖିବାରେ ଆନନ୍ଦ ପାଆନ୍ତି। କେଡ଼େ ସରାଗରେ ସେହିମାନେ ହିଁ ବ୍ରହ୍ମା, ବିଷ୍ଣୁ ତଥା ମହେଶ୍ୱରଙ୍କଠାରୁ ଅଧିକ ତଥା ସାକ୍ଷାତ ମହେଶ୍ୱର ବୋଲି କହି ସେମାନଙ୍କୁ ତଥା ପ୍ରାୟ ସକଳ ସାଧନାକୁ ଭୂତାଇ ରଖିଥାଆନ୍ତି। ସେମାନେ ସମ୍ଭବତଃ ଆଦୌ କୌଣସି ତପଶ୍ଚାରଣାରେ ଚିତ୍ତନିବେଶ କରିନଥାନ୍ତି। କାରଣ, ଯିଏ ସତକୁ ସତ ସେହି ଭୂମିକୁ କିଞ୍ଚିତ୍ ପରିମାଣରେ ମଧ୍ୟ ମନ କରିବ, ସିଏ କଦାପି ଏପରି ଏକ ମାୟାଜାଲ ରଚନା କରି ରଖିବା ସକାଶେ ମନ କରିବନାହିଁ। ସିଏ ବାଟରେ ଥିବ, ଶୃଙ୍ଗପରେ ଶୃଙ୍ଗ ଅତିକ୍ରମ କରୁଥିବ ଏବଂ ମୂଳତଃ ତାହାରି ମାଧ୍ୟମରେ ହିଁ ଛାତ୍ର ଅଥବା ଶିଷ୍ୟର ଆସ୍ପୃହାକ୍ଷେତ୍ରରେ ଏକ ପ୍ରେରଣାର ସଂକ୍ରମଣ କରାଇ ପାରୁଥିବ। ବାଟରେ ଚାଲୁଥିବା ଜଣେ ଗୁରୁ ହିଁ ବାଟ ଆଡ଼କୁ ଗୋଡ଼

କଢ଼ାଇନେଇ ପାରିବ। ସମ୍ମୁଖର ଶିଖରଗୁଡ଼ିକ ନିମନ୍ତେ ଯଥାର୍ଥ ପ୍ରସ୍ତୁତି ଅର୍ଥାତ୍ ପ୍ରୀତିଗୁଡ଼ିକୁ ସେଇ ଜାଗୃତ କରାଇ ଆଣି ପାରିବ। କିନ୍ତୁ, ଏପରି କେଉଁସବୁ ପ୍ରତିବନ୍ଧକ ଛିଡ଼ା ହୋଇ ରହି ଶିକ୍ଷାଦାନ ତଥା ଶିକ୍ଷାଲାଭର ପ୍ରକ୍ରିୟାଗୁଡ଼ିକୁ ଏପରି ଗ୍ରନ୍ଥିଳ କରି ପକାଇଛି ଯେ ଅସଲ ସଂକ୍ରମଣମାନେ ଆଉ ସ୍ୱଚ୍ଛନ୍ଦ ଭାବରେ ଘଟି ପାରୁନାହାନ୍ତି। ଗୁରୁ ଏବଂ ଶିକ୍ଷକମାନେ ଖୁବ୍ ଅସହଜ ଭାବରେ ପିଠି ଉପରେ ଆସି ଲଦିହୋଇ ରହିଛନ୍ତି, ଅଥଚ ତେଣେ ନିଜକୁ ନିଃସ୍ୱବତ୍ ଲାଗୁଛି। ନିତାନ୍ତ କତିରେ ଆପଣାର ନିତ୍ୟଜୀବନର ପ୍ରତ୍ୟକ୍ଷ ସ୍ପର୍ଶଗୁଡ଼ିକରେ ଅନୁଭୂତ ହେବାଲାଗି ଉଦ୍ଦିଷ୍ଟ ହୋଇ ଅପେକ୍ଷା କରି ରହିଥିବା ସତ୍ୟସାକ୍ଷାତ୍କାରଗୁଡ଼ିକ ସତେଅବା ଅପହଞ୍ଚ ବହୁଦୂରରେ ଯାଇ ରହିଛି। ଶାସ୍ତ୍ର ରଟିବାରେ ହିଁ ହୁଏତ ପ୍ରାୟ ବାଧ୍ୟ ହୋଇ ସବୁ ମିଳିଗଲା ବୋଲି କହିବାକୁ ପଡୁଛି ଏବଂ କେତେଟା ବାହ୍ୟ ବିଧିର ପାଳନ କରି ଏବଂ କେତେଟା ଭେକ ଧାରଣ କରି ଆମକୁ ଈଶ୍ୱରକୃପା ପ୍ରାପ୍ତ ହୋଇଗଲା ବୋଲି ବି ଭାଣ ବି କରିବାକୁ ପଡୁଛି।

ତେଣୁ, ଗୁରୁ ଓ ଶିଷ୍ୟ, ଶିକ୍ଷକ ଓ ଛାତ୍ର, ପ୍ରବୀଣ ଓ ନବୀନ ଉଭୟେ ମାର୍ଗରେ ଥିବେ। ସେହି ମାର୍ଗଟି ଶିଖର ଆଡ଼କୁ ସତେଅବା ହାତ ଧରି ଜନନୀ ପରି ଅଗ୍ରସର କରାଇ ନେଉଥିବ। ମାର୍ଗ ମୋଟେ ସରିବନାହିଁ। ଶିକ୍ଷକ ଲାଗି ନୁହେଁ, ଗୁରୁଲାଗି ବି ନୁହେଁ। ଶିଖରଟିଏ ସରିଯିବା ପରେ ଆଉଗୋଟିଏ ଆସି ଛିଡ଼ା ହୋଇଯିବ ଏବଂ ତଥାପି ଆହୁରି ବାକୀ ବି ରହିଛି ବୋଲି ଯେ ହତାଶ କରି ପକାଉଥିବ, ସେକଥା ମୋଟେ ନୁହେଁ, ଶିଖର ବନ୍ଧୁ ପରି ଆକର୍ଷିତ କରିବ। ପାଦଗୁଡ଼ିକ ଆପେ ଆପେ ଆଗକୁ ପାଇଯିବେ ଏବଂ ଆଖିମାନେ ଆପେ ଆପେ ଦିଗ୍‌ବଳୟଟାକୁ ଡେ଼ଇଁଯାଇ ଅଧିକ ପ୍ରତ୍ୟକ୍ଷ କରି ପାରୁଥିବେ। ସେହି ବନ୍ଧୁଟିକୁ, ଶିଖରଟିକୁ ଗୋଟିଏ ଗା'ର ଦେଇ ଏଇଟି ସର୍ବୋଚ୍ଚ ବୋଲି ଚିହ୍ନଟ କରି ଆଶ୍ୱସ୍ତ ହୋଇ ଅଟକିଯିବା, ଏଇଟିକୁ ଆମର କେବଳ ଏକ ଧୃଷ୍ଟତା ବୋଲି କୁହାଯିବ। ଏବଂ, ଯେଉଁ ଗୁରୁ ଓ ଯେଉଁ ଶିକ୍ଷକ ସେପରି କରନ୍ତି, ସିଏ ଯେ କେବଳ ଶିଷ୍ୟର ବା ଛାତ୍ରର କ୍ଷତି କରନ୍ତି ତା' ନୁହେଁ, ସିଏ ଆମ ପୃଥିବୀର ସନ୍ତାପକୁ ମଧ୍ୟ ଅନ୍ୟନ୍ତ ନିଦାରୁଣ ଭାବରେ ବଢ଼ାଇ ଦିଅନ୍ତି। ପୃଥିବୀ ନିମନ୍ତେ ଅଭିପ୍ରେତ ହୋଇ ରହିଥିବା ପରମ ପ୍ରତିଶ୍ରୁତିଗୁଡ଼ିକୁ କନ୍ଦାଇବାରେ ଲାଗିଥାନ୍ତି ଏବଂ ଆମର ସନ୍ତାପ ବଢ଼ାନ୍ତି। ତେଣୁ, କୌଣସି ଗୁରୁ ଆପଣାର ସାମର୍ଥ୍ୟଗୁଡ଼ିକୁ ଅତିରଞ୍ଜିତ କରି ଦର୍ଶାଇବାକୁ କେବେହେଲେ ଇଚ୍ଛା କରିବନାହିଁ। କୌଣସି ଶିକ୍ଷକ ମଧ୍ୟ ଛାତ୍ରମାନଙ୍କ ପାଖରେ ନିଜର ଆୟତ୍ତ ଏତେ ଏତେଗୁଡ଼ାକୁ ବଖାଣି କହିବାରେ କୌଣସି ଉତ୍ସାହ ଦେଖାଇବ ନାହିଁ। ଏପରି ମନ୍ଦୋତ୍ସାହ ଦେଖାଉଥିବା ଜଣେ ଗୁରୁଙ୍କୁ ବରଂ ଜଣେ impostor ବୋଲି କହିବା ଉଚିତ ବୋଲି ମାଆ ପରାମର୍ଶ ଦେଇଛନ୍ତି।

ମାଆଙ୍କ ମତରେ, ମନର ତପସ୍ୟା ନିମନ୍ତେ ସର୍ବୋତ୍ତମ ଅନୁକୂଳତାର ଏକ ପରିବେଶ ସମ୍ଭବ କରିବାକୁ ହେଲେ ଏକ ଅନ୍ତର୍ଗତ ନୀରବତା ହିଁ ସବାଦୌ ଆବଶ୍ୟକ। ଏକ ପରମଶିଖର ଉପରେ ଲକ୍ଷ୍ୟ ରଖି ସତତ ଯାତ୍ରା - ପହଞ୍ଚିବି କି ନାହିଁ, କାଳେ ଅଟକିଯିବି, କାଳେ ଅନ୍ୟମାନେ ମୋଟେ ଟପି ଆଗକୁ ଚାଲିଯିବେ, କାଳେ ମୋ'ର କୌଣସି ଦୁର୍ଭାଗ୍ୟ ହେତୁ ମୋ' ଲାଗି କୃପା ଊଣା ହୋଇଯିବ, – ଏହି ସର୍ବବିଧି ଭାବନାର ଗ୍ଲାନିଗ୍ରସ୍ତତାରୁ ମୁକ୍ତ ରହି ଖୁସୀ ହୋଇ ଅର୍ଥାତ୍ ଏହି ଯାତ୍ରାଟି ମୋ' ପାଇଁ ମୂଳରୁ ହିଁ ନିରୂପିତ ହୋଇଛି ବୋଲି ସତତ ଅନୁଭବ କରି ସମଗ୍ର ପୃଥିବୀପ୍ରତି ଏକ ଶ୍ରଦ୍ଧାନୁଭର ସହିତ ସହଜ ହୋଇ ରହି ଅଗ୍ରସର ହୋଇ ପାରିବା, – ଆମର ମନର ତପସ୍ୟା ସମୁଚିତ ଭାବରେ ଅବ୍ୟାହତ ରହିଛି ବୋଲି ସେଥିରୁ ଆମକୁ ଅନୁକ୍ଷଣ ହିଁ ପ୍ରତ୍ୟୟ ମିଳି ଯାଉଥିବ। ତପୋରତ ସେହି ମନ ଶାସ୍ତ୍ରର ଉକ୍ତିଟି ଅନୁସାରେ କେବଳ ପ୍ରାଣ ଏବଂ ଶରୀରର ନେତା ହୋଇ ସେମାନଙ୍କୁ ବୋଲ ବତାଇବ ନାହିଁ ବା ସେମାନେ ବୋଲ ନମାନିଲେ କାନ ଧରି ମୋଟେ ବସ୍‌ଉଠ୍ ବି କରାଇବ ନାହିଁ। ସିଏ ମୂଳତଃ ସେମାନଙ୍କ ପାଇଁ ଆପଣାକୁ ଦାୟୀ କରି ରଖିବ, ଖୁସୀ ହୋଇ ସତେଅବା କୌଣସି ଏକ ମେଳ ଭିତରେ ହିଁ ନିଜ ସହିତ ସେମାନଙ୍କର ଗଣନା କରି ସେମାନଙ୍କୁ ଆଦରି ନେବ ଏବଂ ସେମାନଙ୍କୁ ସେମାନଙ୍କ ଲାଗି ସଚରାଚର ଅଗୋଚରପ୍ରାୟ ହୋଇ ରହିଥିବା ପରବର୍ତ୍ତୀ ଆଉସବୁ କ'ଣ ପାଇଁ ପ୍ରସ୍ତୁତ ଏବଂ ଟାଣ କରି ନେଉଥିବ। ତେବେ ସେମାନେ ଆଉ ହୁଡ଼ି ଯିବାର ଆଉ କୌଣସି ଅବକାଶ ନଥିବ। ସେହିପରି ଏକ ମନ ପାଖରେ ଶରୀର ଓ ପ୍ରାଣ ସର୍ବଦା ଭୟମୁକ୍ତ ହୋଇ ରହିଥିବେ, ତା'ପାଖରେ ସତେଅବା ଆପେ ଆପେ ଆସି ଧରା ଦେଇ ଶିଖିବେ । ସବୁଯାକ କଥାକୁ ଏକାଠି କରି କହିଲେ, ଏହାରି ଦ୍ୱାରା ମୂଳଦୁଆରୁ ହିଁ ଆମେ ଆମ ଜୀବନ ଟାଣ ହୋଇ ଗଠିତ ହୋଇ ଆସିବାର ଏକ ସ୍ୱାଭାବିକତା ହାସଲ କରିପାରିବା । ଏବଂ, ଯାହାଙ୍କର ଇଙ୍ଗିତରେ ଏମାନେ ସମସ୍ତେ ଏହି ପୃଥିବୀ ନିମନ୍ତେ ବ୍ୟବହୃତ ହେବେ ବୋଲି ଏଠାକୁ ଆସିଛନ୍ତି, ସିଏ ଆମର କେଉଁ ଅପରାଧ ସକାଶେ ଆମ ପ୍ରତି ବିମୁଖ ହେଲେ ବୋଲି ହୁଏତ ଆଦୌ ରୋଦନ କରିବାକୁ ପଡ଼ିବନାହିଁ।

ତପଶ୍ଚାରଣାର ଏହି କ୍ରମରେ ମାଆ ସତେଅବା ମୁଣ୍ଡି ମାରିବାପରି ପ୍ରେମର ତପସ୍ୟା ବିଷୟରେ ଚର୍ଚ୍ଚା କରିଛନ୍ତି। ଶରୀର ସ୍ତରରେ ସୌନ୍ଦର୍ଯ୍ୟର ତପସ୍ୟା, ପ୍ରାଣ ସ୍ତରରେ ଶକ୍ତିର ତପସ୍ୟା, ମନ ସ୍ତରରେ ଜ୍ଞାନର ତପସ୍ୟା ଏବଂ ମୁଣ୍ଡି ମାରିଲା ପରି ପ୍ରେମର ତପସ୍ୟା । ଶରୀର ଅର୍ଥାତ୍ ଆମର ଦେହ। ଦେଖି ହେଉଛି, ଛୁଇଁ ହେଉଛି, ସଂଚାଳିତ କରି ହେଉଛି। ପ୍ରାଣ ମଧ୍ୟ ଆମେ ଅଙ୍ଗେ ନିଭାଉଥିବା ଜୀବନରେ ପ୍ରାୟ

ପ୍ରତ୍ୟେକ କ୍ଷଣରେ ପୁଞ୍ଜି ସଦୃଶ କାମ ଦେଉଛି। ଅଳପ ଶକ୍ତି ଓ ଅଧିକ ଶକ୍ତି ମଧ୍ୟରେ ତୁଳନା କରି ହେଉଛି, ଅଳପ ଶକ୍ତିକୁ ଅଧିକ ଶକ୍ତିରେ ପରିଣତ କରିବା ସକାଶେ ଆବଶ୍ୟକ ଉପଚାରଗୁଡ଼ିକୁ ମଧ୍ୟ ଖୁବ୍ ବାରି ହେଉଛି। ଏବଂ, ମନର ଯାବତୀୟ କାର୍ଯ୍ୟକାରିତା ନିମନ୍ତେ ଯେ ମଥାଟାଏ ରହିଛି, ସେକଥାଟି ନିତାନ୍ତ ଜଣେ ଅର୍ବାଚୀନକୁ ମଧ୍ୟ ଉତ୍ତମ ପ୍ରକାରେ ଜଣା ଅଛି। କିନ୍ତୁ ପ୍ରେମର ଆସ୍ଥାନଟି କେଉଁଠାରେ? ଆମ ଜୀବନନକ୍ସାଟି ଭିତରେ କ'ଣ କେଉଁଠାରେ ଗନ୍ତାଘର ବୋଲି କିଛି ରହିଛି, ଯେଉଁଠାକୁ ପ୍ରୟୋଜନ ଅନୁସାରେ ଯାଇ ଆମେ ପୋଷେ ବା ବେତାଏ ନେଇଆସି ପାରିବା? ଅନେକଙ୍କର ମତରେ ପ୍ରେମର ସ୍ଥାନ ହୃଦୟରେ। ସେହି ହୃଦୟ ପୁଣି କେଉଁଠାରେ ? ଛାତିଭିତରେ କେତେ ସହଜରେ ଜାଣିହେବା ଭଳି ହୃଦ୍‌ଯନ୍ତ୍ରଟିଏ ଅବଶ୍ୟ ରହିଛି ଏବଂ ଶରୀରଟିକୁ ସୁସ୍ଥ ଓ ସୁରକ୍ଷିତ କରି ରଖିବାକୁ ହୃଦ୍‌ଯନ୍ତ୍ରର କିଛି କାର୍ଯ୍ୟକ୍ରମ ଇତ୍ୟାଦି ମଧ୍ୟ ରହିଛି। ପୂରା ଜଣାପଡ଼ି ସାରିଛି ଯେ ସମଗ୍ର ପୃଥିବୀରେ ସବୁ ମଣିଷଙ୍କର ହୃଦ୍‌ଯନ୍ତ୍ର ସର୍ବଦା ଏକାଭଳି ପଦ୍ଧତିରେ ହିଁ କାମ କରୁଛି। ପ୍ରେମ ଯେ ହୃଦ୍‌ଯନ୍ତ୍ରର ନିୟମ ଭିତରେ ବାନ୍ଧି ହୋଇ ମୋଟେ କେଉଁଠି ହେଲେ ନାହିଁ, ଜୀବନରେ ପ୍ରେମ କ'ଣ ବୋଲି ମୋଟେ ଜାଣି ନଥିବା ଜଣେ ଯେକୌଣସି ବ୍ୟକ୍ତି ମଧ୍ୟ ସେହି କଥାଟିକୁ କହିଦେଇ ପାରିବ। ପ୍ରେମକୁ ନେଇ ପ୍ରେମୀ ଓ ଅପ୍ରେମୀ ଉଭୟେ ଯୁଗେ ଯୁଗେ ଭରଣ ଭରଣ କଥା କହିଛନ୍ତି। ସାହିତ୍ୟରେ ତ ସବୁଠାରୁ ଅଧିକ ପରିମାଣରେ ସେହି ପ୍ରେମର ଚର୍ଚ୍ଚା ହୋଇଛି। ପ୍ରେମକୁ ନେଇ କେତେ ଗ୍ରନ୍ଥ ଲେଖା ବି ଯାଇଛି। ପୁନଶ୍ଚ, ପଶୁଜଗତରେ ପ୍ରେମ, ମନୁଷ୍ୟମାନଙ୍କର ସମାଜ ଓ ସଂସ୍କୃତି ଭିତରେ ତାହାର ଭଳି କି ଭଳି ଗାଥା। ହଁ, କେବଳ ମନୁଷ୍ୟମାନେ ନୁହନ୍ତି, – ଦେବତାମାନେ ପ୍ରେମ କରନ୍ତି ଏବଂ ରାକ୍ଷସମାନେ କ'ଣ କମ୍ ପ୍ରେମ କରିଛନ୍ତି ! ପ୍ରେମର ଅନୁଶୀଳନ ଦ୍ୱାରା ମନୁଷ୍ୟ ନାନା ଉତ୍ତୋଳନ ତଥା ଉଦ୍‌ଘାଟନର ଅଧିକାରୀ ହୋଇଥାଏ। ପୁନଶ୍ଚ, କ'ଣ ହୁଏତ କେଉଁଠାରେ ବିଗିଡ଼ିଯାଏ ଯେ ପ୍ରେମ ଭାରି ହୁଡ଼ାଇ ନିଏ, ନାନା ମହତୀ ବିନଷ୍ଟିର କାରଣ ମଧ୍ୟ ହୁଏ। ସନ୍ଥମାନେ ତ କ'ଣସବୁ କଳ୍ପନା କରି ଭଗବାନଙ୍କୁ ପ୍ରେମ କରିବା କଥା ମଧ୍ୟ କହି ଯାଇଛନ୍ତି।

ପ୍ରେମର ରାଜ୍ୟ ହେଉଛି ଭାବର ରାଜ୍ୟ, ନିଜକୁ ପ୍ରସାରିତ କରି ପାରିବାର ରାଜ୍ୟ, ଡ଼ୋର ଲଗାଇବାର ରାଜ୍ୟ; କାହା ପାଖରେ ଅଥବା କାହାପାଇଁ ଆପଣାକୁ ଉତ୍ସର୍ଗ କରିଦେବାର ଏକ ପ୍ରେରଣା, ଏକ ନିଷ୍ପତ୍ତି, ଏକ ଉଦ୍ୟମ, ଗୋଟିଏ ସଂକଳ୍ପ। ପ୍ରେମର ବୃତ୍ତଟି ସଦାବର୍ଦ୍ଧମାନ; ଆମେ ଯେଉଁଠାରେ ଇଚ୍ଛା କରିବା, ସେହିଠାରେ ହିଁ ଅଟକି ରହିଯାଇ ମଧ୍ୟ ପାରିବା। ଭାରତବର୍ଷର ପ୍ରାଚୀନ କଥାମାନଙ୍କରେ ପ୍ରେମର

ପ୍ରତୀକରୂପେ ଜଣେ ଦେବତା ମଧ୍ୟ ଅଛନ୍ତି। ସିଏ ମନ କଲେ ମହା ମହା ଦେବତାଙ୍କୁ ମଧ୍ୟ ଶର ପେଷି ଧରାଶାୟୀ କରିଦେଇ ପାରନ୍ତି, ଦେବ ଦେବ ମହାଦେବଙ୍କ ଯାଏ ସାହସ କରିବାକୁ ମଧ୍ୟ ମନ କରି ପାରନ୍ତି। ଏତେ ଏତେ ମହିମାମୟ ବର୍ଣ୍ଣାଢ଼୍ୟତା ଦ୍ୱାରା ବର୍ଣ୍ଣିତ ହୋଇଥିବା ସେହି ପ୍ରେମ, ତଥାପି ତାହାକୁ ମୋଟେ ମୁହଁ ନଦେବା ନିମନ୍ତେ ବିଭିନ୍ନ ସମାଜରେ କେତେ କେତେ ଆକଟ କରାଯାଇ ଆସିଛି। ଗୁଳାମାନ ନିରୂପିତ କରି ରଖାଯାଇଛି ଏବଂ ସେହି ଗୁଳା ଭିତରେ ରହି ବ୍ୟକ୍ତିମାନେ ହୁଏତ ପ୍ରେମ ବୋଲି ଯାହାକିଛି କରିପାରିବେ ବୋଲି ନୀତିବାକ୍ୟମାନ ଧାର୍ଯ୍ୟ କରାଯାଇଛି। ନୀତିବାଗୀଶମାନେ କାଳେ କାଳେ ପ୍ରେମୀମାନଙ୍କ ପ୍ରତି ଏତେ ଅସହିଷ୍ଣୁତା କାହିଁକି ଦେଖାଇ ଆସିଛନ୍ତି କେଜାଣି ? ପାରମ୍ପରିକମାନେ ପ୍ରେମୀମାନଙ୍କୁ ସମ୍ଭବତଃ ଈର୍ଷା କରିଛନ୍ତି କି ? ତଥାପି ଇତିହାସର ହିସାବ ସର୍ବତ୍ର କହୁଛି ଯେ ସତେଅବା ସମୟ ଅନୁସାରେ ନୀତି ବଦଳି ଯାଇଛି, କିନ୍ତୁ ପ୍ରେମ ବଞ୍ଚି ରହିଛି। ହୁଏତ ଅନେକ ସମୟରେ ସେହି କ୍ରୋଧରେ ସେହି ଆସୀନ ମାନନୀୟମାନେ ଆହୁରି ଅଧିକ ନିଦାରୁଣ ହେବାଲାଗି ଖୁବ୍ ଉତ୍ସାହ ବି ପାଇଛନ୍ତି। ନିୟମଦ୍ୱାରା ଯେ ଏହି ମନୁଷ୍ୟମାନଙ୍କର ପୃଥିବୀକୁ ସାଧ୍ୟ କରାଯାଇ ପାରିବନାହିଁ, ସେହି କଥାଟି ପ୍ରମାଣିତ ହୋଇଛି। ବାବୁ, ତୁମେ ନିୟମ ଜାରି କରି ଏଠି ସବୁ ମଣିଷ ଭିତରେ ସୁନିଶ୍ଚିତ ଭାବରେ ରହିଥିବା ପ୍ରେମୀଟିକୁ ଆଦୌ ଜବତ କରି ପାରିବନାହିଁ।

ପ୍ରେମୀମାନେ ହିଁ ପୃଥିବୀରେ ଚିରକାଳ ଅଧିକ ସହିଛନ୍ତି। ଏବଂ ସମ୍ଭବତଃ ଅଧିକ ସହିଛନ୍ତି ବୋଲି ଜିତିଛନ୍ତି। ଏବଂ, ଚାଲ ଏପରି ମଧ୍ୟ କହିବା ଯେ, ଅଧିକ ବୁଝିଛନ୍ତି ବୋଲି ଅଧିକ ସହି ପାରିଛନ୍ତି। ଏବେ ମଧ୍ୟ ପାରୁଛନ୍ତି। ପ୍ରେମ ହିଁ ଆବଶ୍ୟକ ସନ୍ଦୀପନଟିକୁ ଆଣି ଯୋଗାଇଦେବ ଏବଂ କୌଣସି କାରଣରୁ ହୁଡ଼ି ଯାଇଥିବା ପ୍ରେମକୁ ପୁନର୍ବାର ମାର୍ଗକୁ ଆଣିପାରିବ। ପ୍ରେମ ଦ୍ୱାରା ହିଁ ହିଂସ୍ରତା ଯିବ, ଦ୍ୱେଷର ଅବସାନ ହେବ। ହୀନମନ୍ୟତା ଯିବ ଏବଂ ଉଗ୍ରମନ୍ୟତାର ଅନ୍ତ ହେବ। ଉତ୍ପୀଡ଼ନ ଦ୍ୱାରା ପ୍ରତିଉତ୍ପୀଡ଼ନ ବଢ଼ିବ, ହିଂସା ଦ୍ୱାରା ପ୍ରତିହିଂସା ବୃଦ୍ଧିପାପ୍ତ ହେବ। ସେଇଥି ନିମନ୍ତେ ପ୍ରେମର ତପସ୍ୟା। ସମ୍ଭବତଃ ସବାମୂଳର ତପସ୍ୟା। ଜ୍ଞାନ ବଢୁ, ଶକ୍ତି ବଢୁ ଏବଂ ଶରୀରଟା ବି ଶତବଳ ହେଉ ପଛକେ, ଅର୍ଥସାମର୍ଥ୍ୟ ବହୁଗୁଣ ହେଉ ଏବଂ ବିଜ୍ଞାନର ଚରମ ଫିସାଦମାନଙ୍କୁ ଖଟାଇ ଅସ୍ତ୍ରର ପର୍ବତଟାକୁ ଉଚ୍ଚ ଓ ଆହୁରି ଉଚ୍ଚ କରି ରଖାଯାଉ ପଛକେ, – ଏହାଦ୍ୱାରା ଭୟ ହିଁ ବଢ଼ିବ, ଅବିଶ୍ୱାସ ଏବଂ ଅମଣିଷପଣିଆ ଗୁଡ଼ାକ ବୈଜ୍ଞାନିକ ଚାକଚକ୍ୟରେ କେତେ କ'ଣ ହୋଇ ଦିଶିବାରେ ଲାଗିଥିବେ ପଛକେ, ପ୍ରେମ ହିଁ ଆମ ସମସ୍ତଙ୍କର ସଦନ ଏହି ପୃଥିବୀର ମର୍ଯ୍ୟାଦାକୁ ରକ୍ଷା କରି ପାରିବ। ପ୍ରେମ ଦ୍ୱାରା ଯଥାର୍ଥ ବୁଝାମଣାର ସୁସ୍ଥ ଭୂମିଗୁଡ଼ିକ ଗଠିତ ହୋଇ ଆସିବ, – ଆମେ

ସମସ୍ତେ ପରସ୍ପର ପାଖରେ ସେତେବେଳେ କେଡ଼େ ସୁନ୍ଦର ଦିଶିବା, ପରସ୍ପର ଲାଗି ଅପରିହାର୍ଯ୍ୟ ହୋଇ ରହିବା। ପ୍ରେମ ଚାଲିଗଲେ ସର୍ବବିଧ ସମ୍ପନ୍ନତା ସତ୍ତ୍ୱେ ତୁଚ୍ଛା ଅରାଜକତା ହିଁ ରାଜତ୍ୱ କରିବ। ବହୁ ଭାଗ୍ୟର କଥା ଯେ ପୃଥିବୀର ମନୁଷ୍ୟମାନେ ପରସ୍ପର ବିଷୟରେ ଅଧିକ ସଚେତନ ହୋଇ ଆସୁଥିବା ସଙ୍ଗେ ସଙ୍ଗେ ଏହି ଅସଲ ଅକଲଟିକୁ ଅଧିକରୁ ଅଧିକ ମଣିଷ ବୁଝି ପାରୁଛନ୍ତି।

ପ୍ରେମ କ'ଣ ବୋଲି ସଂଜ୍ଞାମାନ ଦେଇ କାଳେ କାଳେ କେତେ କଥା କୁହାଯାଇ ଆସିଛି। ପ୍ରେମର ନାନାବିଧ ଶ୍ରେଣୀବିଭାଗ କରି ଦେଖାଇ ଦିଆଯାଇଛି। ଖାଲି ପ୍ରେମର କୌଣସି ଖାସ୍ ଅନୁଭବ ରହିଥିବା ବ୍ୟକ୍ତିମାନେ ନୁହନ୍ତି, ପ୍ରେମରେ ବହୁତ ବହୁତ ପ୍ରମାଦ ରହିଛି ବୋଲି ସଂସାରରୁ ପ୍ରମାଣ ପାଇ ସାତଚାଖଣ୍ଡ ଦୂରରେ ସାବଧାନ ହୋଇ ବାଟ ଚାଲୁଥିବା ବରଂ ଉଚିତ ବୋଲି ଅନୁମାନ କରି ଏଠି ହାଟ କରିଥିବା ଅନ୍ୟମାନେ ମଧ୍ୟ କାରଣ ତଥା ଅକାରଣରେ ବହୁ ଓଜନିଆ କଥା କାଳେ କାଳେ କହିଛନ୍ତି। ପ୍ରେମରେ ବିଫଳମାନେ କହିଛନ୍ତି, ତଥାକଥିତ ସଫଳମାନେ ମଧ୍ୟ କହିଛନ୍ତି। ଶାସ୍ତ୍ରୀମାନେ ଶାସ୍ତ୍ର ଲେଖି ଥୋଇ ଦେଇଛନ୍ତି। କବିମାନଙ୍କର କବିତା ଓ ଉପନ୍ୟାସକାର ମାନଙ୍କର ଉପନ୍ୟାସରେ ପ୍ରେମ ବ୍ୟତୀତ ଆଉ କ'ଣ କୋଉଠି ରହିଛି ? ପ୍ରେମକୁ ପ୍ରକୃତରେ ଧନ୍ୟ ଧନ୍ୟ ବୋଲି କହିବାକୁ ହେବ ଯେ, ପ୍ରେମ କ'ଣ ବୋଲି ପୂରା ହେତୁ କରିପାରିବା ଆଗରୁ ହିଁ ମନୁଷ୍ୟମାନେ ପ୍ରେମର ବେଢ଼ାଟା ଭିତରେ ଯାଇ ପଶି ଯାଇଛନ୍ତି ଏବଂ ପୁନଶ୍ଚ, ଗୋଟାଏ ପ୍ରେମରେ ପରାଭବ ମାନି ଆଉ ମୋଟେ ଏସବୁ ଅଳିଆ ଭିତରେ ପଶିବିନାହିଁ ବୋଲି ଯେତେ ପଣ କଲେ ମଧ୍ୟ ତଥାପି ପୁନର୍ବାର ସେହିଟାର ଫାଶରେ ଯେ ସେମାନେ ବାନ୍ଧିହୋଇ ଯାଉଛନ୍ତି, ସେକଥା ନିଜେ ବି ଠଉରାଇ ପାରୁନାହାନ୍ତି। ଆଧୁନିକ ଯୁଗରେ ପୁଣି ନୂଆ ନୂଆ ପ୍ରକାରର ପ୍ରେମ; କେବଳ ପତ୍ନୀପ୍ରେମ ନୁହେଁ ବା ସନ୍ତାନପ୍ରେମ ନୁହେଁ, କେବଳ ପ୍ରକୃତିପ୍ରେମ ନୁହେଁ ବା କେବଳ ବିଭୁପ୍ରେମ ମଧ୍ୟ ନୁହେଁ, – ଏବେ ତ ଲୋକମାନେ ବିଶ୍ୱପ୍ରେମ ବୋଲି କହିଲେଣି । ଅକାରଣରେ ଅର୍ଥାତ୍ ସ୍ୱାର୍ଥପ୍ରଣୋଦିତ ହୋଇ କୌଣସି ନିର୍ଦ୍ଦିଷ୍ଟ ଥାନରେ ଅଟକି ନଯାଇ ତଥାପି ଏହି ଚରାଚରକୁ ପ୍ରେମ କରିବା ବା ଭଲ ପାଇବାର କଥା ବି କୁହାଗଲାଣି। ଭଲ ପାଇବାର ବିପରୀତ ରୀତିଟା ହେଉଛି ଘୃଣା କରିବା। ଆମ ଅବଚେତନର ଅଳିନ୍ଦ ଗୁଡ଼ିକରେ ଆମେ ପ୍ରକୃତରେ କାହାକୁ ଅଥବା କିଛିକୁ ନିଜର କରି ପାଇବୁ ବୋଲି ସରାଗ ରଖିଥାଉ ଅଥଚ କୌଣସି ଅଘଟଣ ହେତୁ ସେଥିରେ ସଫଳ ହୋଇ ପାରିଲୁନାହିଁ ବୋଲି ପ୍ରାୟ ଏକ ହତାଶା-ଉତ୍ପୀଡ଼ିତ ଉତ୍ତପ୍ତତାରେ ତାହାକୁ ଘୃଣା କରିବାର ଓଲଟରତିଟାରେ ପଡ଼ିଯାଉ ବୋଲି ବି ଏବେ ଖୁବ୍ ଅନୁମାନ କରାଯାଇ

ପାରିଲାଣି। ପୃଥିବୀରେ କେତେ କେତେ ନୀତି ଓ ନିଷେଧର ଉଦ୍‌ଭାବନ ଲାଗି ରହିଛି ଏବଂ ହୁଏତ ସୁବିଧାଜନକ ହେବ ବୋଲି ସେଗୁଡ଼ିକୁ ଧର୍ମ ସହିତ ଖୁବ୍ ଯୋଖି ବି ଦିଆ ଯାଉଛି। ତଥାପି ପ୍ରେମଟା ମୋଟେ ଯାଉନାହିଁ।

ସମ୍ମିଳିତ ହେବାର ଆନନ୍ଦ, କତିରୁ ଆହୁରି କତି ହୋଇ ଆସୁଥିବାର ଏକ ଅପ୍ରତିରୋଧ ପ୍ରତ୍ୟୟ, କାହାର ହୋଇଯିବାର ଏବଂ କାହାକୁ ନିଜର କରିନେବାର ସେହି ଶକ୍ତିଶାଳୀ ଅନ୍ତର୍ବୃତ୍ତିଟି, – ଏକାତ୍ମତା, ନିତ୍ୟ ଏହି କ୍ଷଣକ୍ଷଣର ଯାବତୀୟ ତାତ୍କାଳିକ ଅବସରରୁ ଆରମ୍ଭ କରି ମହାଜୀବନ ଏବଂ ବିଶ୍ୱବିଧାନର ସେହି ପରମ ବୃହତ୍ତାର ସର୍ବବିଧ କଳ୍ପନୀୟତା ଯାଏ ଏକାତ୍ମ ହେବାର ଯେଉଁ ଅଭୀପ୍ସାଟି, ତାହାହିଁ ପ୍ରେମ, ଭଲ ପାଇବା। ଦେବାର ଇଚ୍ଛା ଏବଂ ନେବାର ଇଚ୍ଛା ଏବଂ ତାହାରି ଏକ ସଦାସକାରାତ୍ମକତାଯୁକ୍ତ ପ୍ରକ୍ରିୟାରେ କେତେ ସହଜ ସମ୍ମତି ସହିତ ସତତ ହିଁ ଏକ ଅନମନୀୟ ହେବାର ଓ ହେଉଥିବାର ଅନୁଭବ, - ଆମେ, ଅଧିକ ନିର୍ଭୁଲ ଭାବରେ କହିଲେ ଆମ ଭିତରର ପ୍ରେମୀଟି, ପଥିକଟି, ସନ୍ତାନଟି କଥାଟିକୁ ଅବଶ୍ୟ ବୁଝିପାରିବ। ଶ୍ରୀଅରବିନ୍ଦ କୌଣସି ଅବକାଶରେ କହିଛନ୍ତି ଯେ, ସାଧାରଣତଃ ଗୋଟିଏ ମନୁଷ୍ୟକୁ ଭଲ ପାଇବାରୁ ହିଁ ଆକାଙ୍କ୍ଷାଟି ଆରମ୍ଭ ହୁଏ ଏବଂ ଅଧିକରୁ ଅଧିକ ପ୍ରସ୍ଥ ତଥା ପ୍ରସାରଯୁକ୍ତ ହୋଇ କ୍ରମେ ପୃଥିବୀଯାକକୁ ସମ୍ଭାରି ଧରିବାକୁ ସମର୍ଥ ହୁଏ। ଭଲ ପାଇବାରେ ବଞ୍ଚେ, ଆପଣାର ଅସଲ ଧର୍ମଟିକୁ ବଞ୍ଚେ । ସଂପୃକ୍ତ ଉଭୟ ପକ୍ଷ ମାଗୁଥାନ୍ତି ଏବଂ ଉଭୟ ପକ୍ଷ ହିଁ ଦେଉଥାନ୍ତି। ସେଇଥିରୁ ପୂର୍ଣ୍ଣ ଅଭୟ ପ୍ରାପ୍ତ ହୁଏ। ପ୍ରେମ ଆମକୁ ଭୟମୁକ୍ତ କରିଥାଏ; ଏବଂ, ସେହି ପ୍ରେମ ହିଁ ଦିନେ ଏହି ପୃଥିବୀକୁ ଭୟମୁକ୍ତ କରିବ।

ପ୍ରସାରିତ ହୋଇଯିବା, ବ୍ୟାପ୍ତ ହେବା, ବାଡ଼ ନବସାଇବା – ଏଗୁଡ଼ିକ ପ୍ରେମର ଧର୍ମ। ପୃଥିବୀର ବହୁସଂଖ୍ୟକ ମନୁଷ୍ୟ ପ୍ରେମକୁ ନିଜର ସାନ ବ୍ୟକ୍ତିଗତ ଜୀବନର ଘେରଟି ଭିତରେ ସୀମାବଦ୍ଧ କରି ରଖିଥାନ୍ତି। ସେମାନେ ଭାରି ଅନ୍ୟକାତର ହୁଅନ୍ତି। ନିଜର ତଥାକଥିତ ଅଳପ ଓ ଏକାନ୍ତଟି ମଧ୍ୟରେ କେତେ ନା କେତେ ସନ୍ତୋଷ ଲାଭ କରୁଥାନ୍ତି। ପୁଣି, ପରମେଶ୍ୱର ସେମାନଙ୍କୁ କେଡ଼େ ଭଲରେ ରଖିଛନ୍ତି ବୋଲି ବହୁତ ଖୁସୀ ହୋଇ ଜୀବନ ଯାପନ କରନ୍ତି। ସେମାନେ ଆଉ କ'ଣ ପାଇଁ ଆଉ ଅଧିକ କିଛିକୁ ମନ କରିବେ? ସେମାନେ ସକଳ ଅବସରରେ ଏବଂ ସକଳ କ୍ରିୟାଶୀଳତାରେ ଗୋଟା ପୃଥିବୀଟା ଭିତରେ ଯଥାସମ୍ଭବ ନିଜକୁ ହିଁ ନିଠ କରି ଦେଖିବାକୁ ହିଁ ପରମ ନୈପୁଣ୍ୟବତ୍ ଅନୁଭବ କରନ୍ତି। ଭଗବାନ ଯେ ସମଗ୍ର ସଂସାରଟିର ହିଁ ସମ୍ପଦ, ସେହି ସତ୍ୟଟିରୁ ହୁଡ଼ି ଯାଆନ୍ତି। ପରିଣାମରେ, ମାଆଙ୍କର ବ୍ୟାଖ୍ୟାଟି ଅନୁସାରେ କହିଲେ, ଅନ୍ୟ ମନୁଷ୍ୟମାନଙ୍କର ଦୁଃଖ ତଥା ଦୁଃସ୍ଥିତିଗୁଡ଼ିକ ବିଷୟରେ ଆଦୌ କୌଣସି

ଚିନ୍ତା ଏମାନେ କରନ୍ତିନାହିଁ। ପୃଥିବୀକୁ ଖଣ୍ଡିଆ କରି ଦେଖନ୍ତି, ତେଣୁ ଭଗବାନଙ୍କୁ ଖଣ୍ଡିଆ କରି ଦେଖନ୍ତି । ପ୍ରେମଟା ସେମାନଙ୍କର ମୁଗ୍ଧ ଅହଂବାଡ଼ ଗୁଡ଼ିକ ଭିତରେ ଅଟକି ରହିଥାଏ। ତେଣୁ, ପ୍ରେମର ଯଥାର୍ଥ ତପସ୍ୟା ଏହି ଅହଂଗତ ଗାରଗୁଡ଼ିକ ପାଖରେ ମୋଟେ ଅଟକି ରହି ଯିବନାହିଁ। ଏଇଠି ଠିଆ ହୋଇ ସିଏ ସାରା ପୃଥିବୀକୁ ଦେଖି ପାରିବାର ଆସ୍ପୃହାଟିକୁ ପାଥେୟ କରି ରଖିଥିବ। ଆମର ଏହି ସ୍ୱଚ୍ଛ ଖଣ୍ଡକାମନାର ପୃଥିବୀଟି ଆମରି ତପସ୍ୟାକୁ ପୁଞ୍ଜି କରି ପୃଥ୍ୱୀଜୀବନର ଅଭିପ୍ରେତ ବୃହତ୍ତାଗୁଡ଼ିକୁ ସ୍ପର୍ଶ କରିବା ସକାଶେ ବାସନା ରଖିଛି ବୋଲି ଆମ ଭିତରର ତପସ୍ୟାରତ ସନ୍ତାନଟି ସତକୁ ସତ ଉପଲବ୍ଧି କରିପାରିଲେ ଯାଇ ଆମେ ବିଶ୍ୱବିବର୍ତ୍ତନର ଚେତନାଭିସାରରେ ଯାଇ ସାମିଲ୍ ହୋଇ ପାରିବା। ପୃଥିବୀର ଅଧିକସଂଖ୍ୟକ ଗୁରୁ ସେମାନଙ୍କ ଅନୁଗାମୀମାନଙ୍କୁ ଏହି ଅସଲ କଥାଟି କହିବାକୁ କାହିଁକି ଆବଶ୍ୟକ ମନେ କରିନାହାନ୍ତି କେଜାଣି ? ତଥାପି ସତତ ଏକ ଈଶ୍ୱରୀୟ ସଂପୂର୍ଣ୍ଣ ନକ୍ସା ଅନୁସାରେ ପଟ ପରେ ପଟ ବଦଳାଇ ଆସିଥିବା ଏହି ପୃଥିବୀଟି ସକଳ ଅର୍ଥରେ ସେହିପରି ଏକ ବରାଦ ଅନୁସାରେ ହିଁ କ୍ରମୋଦ୍‌ଘାଟିତ ହୋଇ ଆସିଛି। ଯେଉଁମାନେ ସେହି କଥାଟିକୁ ବୁଝିବେ ଏବଂ ସେଥିରେ କିଛି କାମରେ ଲାଗିପାରିବେ ବୋଲି ନିଜ ଅନ୍ତର୍ସାକ୍ଷାତ୍‌କାର ଗୁଡ଼ିକରୁ ନିର୍ଦ୍ଦେଶଟିଏ ପାଇ ପାରିବେ, ସେମାନଙ୍କର ତପସ୍ୟା ଉକ୍ତ ବିଶ୍ୱପ୍ରକ୍ରିୟାଟିକୁ ନିଶ୍ଚୟ ତ୍ୱରାନ୍ୱିତ କରିଦେବ। ଖାଲି ବାହାରେ ଆମ ପାଇଁ ଅପେକ୍ଷା ରଖିଥିବା ବିଧାତା ନୁହନ୍ତି, ଆମ ଭିତରେ ଥାଇ ସତେଅବା ଜଣେ ପରମସୁହୃତ୍ ମଧ୍ୟ କେଡ଼େ ଖୁସୀ ହୋଇଯିବ ଓ ଆମକୁ ଅଗ୍ରସର କରାଇ ନେବାଲାଗି ଆପେ ବାହାରି ଆସିବ।

ଏକ ଦୁଇ ତିନି ଚାରି କରି ମାଆ ଏହି ଚାରି ତପସ୍ୟାର କ୍ରମଟିଏ ପ୍ରଦାନ କରିଛନ୍ତି: ପ୍ରେମର ତପସ୍ୟା, ଜ୍ଞାନର ତପସ୍ୟା, ଶକ୍ତିର ତପସ୍ୟା ଓ ସୌନ୍ଦର୍ଯ୍ୟର ତପସ୍ୟା । କେଉଁଟି ଆଗ ଏବଂ ପୁଣି କେଉଁଟି ପଛ ? କେଉଁଟି କାହାପରେ। କେଉଁଟି ସବୁଠାରୁ ଅଧିକ ମହତ୍ତ୍ୱପୂର୍ଣ୍ଣ ଏବଂ କେଉଁଟି ଅପେକ୍ଷାକୃତ କମ୍ ? କେଉଁଟି କେଉଁଟି ଠାରୁ ନିଷ୍ପନ୍ନ ହୋଇଥାଏ ? କେଉଁଟି ସହଜ ଏବଂ ପୁଣି କେଉଁଟି କଷ୍ଟ ? ମୂଳରେ ହିଁ ଯେଉଁଭଳି କୁହାଯାଇଛି, ତପସ୍ୟା ଚାରୋଟି ନୁହେଁ, ଗୋଟିଏ ଏବଂ ଆମେ ବୁଝିବା ସକାଶେ ଏପରି ଭଳି ଭଳି କୁହାଯାଇଛି। ସୌନ୍ଦର୍ଯ୍ୟ କ'ଣ ଖାଲି ଦେହର ନା ଜ୍ଞାନ କେବଳ ମନଃସ୍ତରର ? ଦେହ ସୌନ୍ଦର୍ଯ୍ୟରେ ଝଟିକି ଉଠୁଥିବ ଏବଂ ତେଣେ ମୁଁ ଶକ୍ତିହୀନ ହୋଇ ରହିଥିବି, ମାନସିକ ପକ୍ୱତାର କ୍ଷେତ୍ରରେ ନିତାନ୍ତ ଦରିଦ୍ର ହୋଇ ରହିଥିବି କିମ୍ବା କେବଳ ନାନାବିଧ ଘୃଣାରେ, ନକାରାତ୍ମକତାରେ ଉତ୍ତପ୍ତ ହୋଇ ରହିଥିବି, – ତୁଚ୍ଛା ନିଜଟାକୁ ଏତେ ଏକଆଖିଆ ଭାବରେ ଦେଖିବାରେ ପ୍ରମତ୍ତ ହୋଇ ରହିଥିବି ଯେ ପୃଥିବୀରେ

ଆଉ କେଉଁମାନେ ରହିଛନ୍ତି ବୋଲି ଅନୁଭବ କରି ପାରୁନଥିବି, – ଇଏ ପୁଣି କେଉଁ ତପସ୍ୟା ମଧ୍ୟରେ ଗୋଟାଏ ଫମ୍ପାସ୍ୟା ବୋଲି କୁହାଯାଇ ପାରିବ ? ପୁନଶ୍ଚ, ଶରୀରର ତପସ୍ୟା କହିଲେ କ'ଣ କେବଳ ନିଜ ଶରୀରଟାର ଅତିନିଷ୍ଠ ଚର୍ଯ୍ୟା ତଥା ଶୁଶ୍ରୁଷାଗୁଡ଼ିକୁ ବୁଝାଇବ ? ନାହିଁ, ପୃଥିବୀର ଏହି ସଂପୂର୍ଣ୍ଣ ବିସ୍ତୃତିଟି ମଧ୍ୟ ମୋତେ ଭଲ ଲାଗିବ : ପର୍ବତ, ନଦୀ, ଅରଣ୍ୟ, ଆକାଶ ସତେଅବା କୌଣସି ଅଭିନ୍ନ ଅବିଚ୍ଛିନ୍ନତାର ଅନୁଭବରେ ମୋତେ ଭଲ ଲାଗିବେ। ସବୁ ମଣିଷଙ୍କୁ ଏକତ୍ର ଗଣନା କରି ଯାଇ ମୋତେ ଏହି ପୃଥିବୀ ଭଲ ଲାଗିବ। ଆପେ ଏହି ସବୁକିଛିକୁ ଅତ୍ୟନ୍ତ ଆପଣାର ବୋଲି ଗ୍ରହଣ କରି ପାରୁନଥିଲେ ମୁଁ କାହାକୁ କିପରି ଭଲ ପାଇ ମଧ୍ୟ ପାରିବି ? ମୁଁ କେବଳ ନିଜଟାକୁ ହିଁ ଦେଖୁଥିବି, ନିଜର ତଥାକଥିତ ମଙ୍ଗଳ ତଥା ଆହୁରି ମଙ୍ଗଳ ନିମନ୍ତେ ମୁଁ ମୋ'ର ଭଗବାନ ବୋଲି ମାନୁଥିବା ଅଭ୍ୟସ୍ତ ପିତୁଳା ତଥା ପ୍ରତୀକମାନଙ୍କୁ ଜଣାଇବାରେ ଲାଗିଥିବି, – ତେବେ ସତକୁ ସତ କେଉଁ ଈଶ୍ୱରସତ୍ତାର ସୁସ୍ଥ ସ୍ପର୍ଶଟିଏ ପାଇପାରିବି ? ଆମେ ଅନେକେ ତ କେତେ ନା କେତେ ଅଲିଅଳରେ ପୃଥିବୀକୁ, ପୃଥିବୀ ସହିତ ଏଠାରେ ଆମେ ଲଗାଇ ରଖିଥିବା ସୂତ୍ର ତଥା ସମ୍ପର୍କଗୁଡ଼ିକୁ କଳା ଧଳା ଏବଂ ନିଜ ଏବଂ ଅନ୍ୟ କରି ଦେଖିବାରେ ହିଁ ଲାଗିଥିବୁ ଏବଂ ସେପର୍ଯ୍ୟନ୍ତ ଆଦୌ କୌଣସି ତପସ୍ୟାକୁ ପ୍ରକୃତରେ କ'ଣ ବା ବୁଝିବୁ ! ମୁଁ ଆଗ ତୁଚ୍ଛା ମୋତେ ହିଁ ଦେଖୁଥିବି ଏବଂ ପ୍ରାୟ ଏକ ବ୍ୟାଧିତ ସଦାସତର୍କ ପ୍ରକୋପରେ ଏଠି ଅନ୍ୟମାନଙ୍କୁ ସତେଅବା ଜାଣିଶୁଣି ହିଁ ମୋଟେ ଦେଖି ପାରୁନଥିବା, – ଏହାଦ୍ୱାରା ପୃଥିବୀରେ ଧର୍ମର ଗ୍ଳାନି ହେବାରେ ଲାଗିଥିବ ଏବଂ ମୋ'ର ତଥାକଥିତ କେବଳ ନିଜର ଅମୁକ ଅଥବା ଅମୁକ ତପସ୍ୟାମାନେ ତାହାରି ଭିତରେ ହିଁ ଯାବତୀୟ ମହତ୍ତ୍ୱକୁ ହରାଇ ପୃଥ୍ୱୀବିଧାତାଙ୍କର ଅଭିପ୍ରାୟଗୁଡ଼ିକୁ ବସ୍ତୁତଃ ନିନ୍ଦିତ କରି ରଖିଥିବେ। ଏବଂ, ସେହି ବିଧାତା ମୋ' ଭିତରେ ମଧ୍ୟ ମିତ୍ରବତ୍ ବିଦ୍ୟମାନ୍ ରହି ମୋତେ ଉଚିତ ଉନ୍ମୋଚନଗୁଡ଼ିକରେ ଅଧିକ ବଳ ତଥା ବିଶ୍ୱାସ ଯୋଗାଇ ଦେବାକୁ ଅପେକ୍ଷା କରି ରହିଥାଆନ୍ତି ବୋଲି ମୋତେ ମୋ'ର ଅଧ୍ୟାତ୍ମ ପକ୍ଷଟାକୁ ଯଦି ମୁଁ ଇସାରା ପାଇଲା ଭଳି ଏତେ ଟିକିଏ ମାତ୍ରାରେ ବି ଘ୍ରାଣ କରି ପାରୁଥିବି, ତେଣୁ ମୁଁ ଆପେ ମଧ୍ୟ ମୋ'ର ଅସଲ ଅନ୍ତରାଳଗୁଡ଼ିକରେ କେଡ଼େ ଦୁଃଖୀ ହୋଇ ରହିନଥିବି !

ଏବଂ, ଏହି ଯାବତୀୟ ତପଶ୍ଚାରଣାର ଯାତ୍ରାପଥରେ ସିଦ୍ଧି ବୋଲି କହିଲେ ମୁଁ କ'ଣ ସବୁକୁ ବୁଝିବି ? ମୋ'ର ଏହି ମହାର୍ଘ ଜ୍ଞାନ-ଉପାର୍ଜନଗୁଡ଼ିକ ସତକୁ ସତ କ'ଣ ପାଇଁ ? ଏହି ଶକ୍ତି ତଥା ସୌଧର୍ଯ୍ୟ ମଧ୍ୟ କ'ଣ ପାଇଁ ? ଏବଂ, ତପସ୍ୱୀମାନଙ୍କର ପ୍ରେମଧନଗୁଡ଼ିକ ଯଦି ସତକୁ ସତ କ୍ରିୟାଶୀଳ ଭାବରେ ମୋ'ର କୌଣସି କାମରେ ଲାଗୁଥାଆନ୍ତେ, ତେବେ ଚତୁର୍ଦ୍ଦିଗରେ ମୁଁ ଏତେ ଘୃଣା ଏବଂ ତଜ୍ଜନିତ ପ୍ରକୋପନ

ଗୁଡ଼ିକୁ କ'ଣପାଇଁ ଦେଖିବାକୁ ବାଧ୍ୟ ହେଉଥାନ୍ତି ଏବଂ ଅନ୍ତତଃ ମୁଁ ଏକୁଟିଆ ତାଙ୍କର କୌଣସି ବିଶେଷ କୃପାଦ୍ୱାରା ଏସବୁରୁ ସୁରକ୍ଷିତ ହୋଇ ରହିଥାଏ ବୋଲି ମୋ'ର ଠାକୁରମାନଙ୍କୁ କ'ଣପାଇଁ ଏତେ ବିକଳ ହୋଇ କହୁଥାଆନ୍ତି ? ବଡ଼ ବିଡ଼ମ୍ବନାର କଥା ଯେ ପୃଥିବୀଯାକର ପ୍ରାୟ ଖୁଆଡ଼ଯାକର ଗୁରୁ ଯୁଗେ ଯୁଗେ କେବଳ ସେତିକି ଯାଏ ଅନୁଗତବର୍ଗଙ୍କୁ ଉପକୃତ କରିବାର କିଞ୍ଚିତ୍ ପ୍ରୟାସ କରି ଆସିଛନ୍ତି। ସେମାନେ ଅଧିକରୁ ଅଧିକ ସୁରକ୍ଷିତ ଭଳି ଭଳି ଗୁହାର ଯାବତୀୟ ଉଦ୍‌ଭାବନ କରିଛନ୍ତି ଓ ତାହାରିଦ୍ୱାରା ହିଁ ସେମାନଙ୍କର ବିଶ୍ୱାସଭାଜନ ହେବାକୁ ଚେଷ୍ଟା କରିଛନ୍ତି। ପୁନଶ୍ଚ, ସେତିକି କରି ସେହି ଗୁରୁମାନେ ନିଜର ଗ୍ରାସାଚ୍ଛାଦନ ନିମନ୍ତେ କିଛି ଆସ୍ଥାନ ତଥା ସଂସ୍ଥାନର ବ୍ୟବସ୍ଥା ହୁଏତ କରି ବି ପାରିଛନ୍ତି। ଯାବତୀୟ ତପସ୍ୟା ଆଦୌ କୌଣସି ନୂଆ ପରି ମନେ ହେଉଥିବା ଗୁହାମଧ୍ୟରେ ଯାଇ ଶରଣ ଲାଭ କରି ରହିଯିବା ସକାଶେ ମୋଟେ ନୁହେଁ। ସକଳ ଅସଲ ତପସ୍ୟା ଗୁହାମୁକ୍ତି ପାଇଁ। ଯାବତୀୟ ଅଧ୍ୟାତ୍ମ ସର୍ବକାଳରେ ସକଳ ପୃଥ୍ୱୀଯୋଜନାରେ ସେହି ଗୁହାମୁକ୍ତି ନିମନ୍ତେ। କ୍ଷୁଦ୍ର ତାତ୍କାଳିକତାର ମୁଗ୍ଧତା ମଧ୍ୟରୁ ଖସିଳ ପୃଥିବୀ ନିମନ୍ତେ ଯୋଗ୍ୟ ହେବା ନିମନ୍ତେ। ଏହି ପୃଥିବୀର ପରବର୍ତ୍ତୀ ଭବିଷ୍ୟଗୁଡ଼ିକ ନିମନ୍ତେ ଗଢ଼ି ହୋଇ କାମରେ ଲାଗିପାରିବା ସକାଶେ । ତେଣୁ, ପାରମ୍ପରିକ ଅର୍ଥରେ ଏହି ତପସ୍ୟାରେ ଆଦୌ କୌଣସି ସିଦ୍ଧି ହିଁ ନାହିଁ। ମୁଁ ଆହୁରି ସୁନ୍ଦର ହେବି, ଶକ୍ତିମାନ୍ ହେବି, ଜ୍ଞାନସନ୍ଦୀପିତ ହେବି ଏବଂ ଭଲ ପାଇବାର ଭାଜନ ବି ହେବି ଏହି ପୃଥିବୀ ପାଇଁ। କୌଣସି ସ୍ୱର୍ଗପ୍ରତିଶ୍ରୁତି ଦ୍ୱାରା ଆକର୍ଷିତ ହୋଇ ଏଠାରେ ନାକ ଟେକି ଆପଣାକୁ ଅଧିକ ପବିତ୍ର ମଣି ନୂଆ ନୂଆ କୋଳାହଳ ଭିତରେ ମଜ୍ଜି ରହିବାପାଇଁ ଆଦୌ ନୁହେଁ। ମୁଁ ପଳାଇବି ନାହିଁ, ସିଏ ଆସିବେ, – ଏହି ପୃଥିବୀରେ ତାଙ୍କର ଅବତରଣ ହେବ ଏବଂ ସିଏ ଆମରି ଯାବତୀୟ ଦୈନନ୍ଦିନତା ଭିତରେ ବିଚ୍ଛୁରିତ ହୋଇ ରହିଥିବେ। ଆମେ ପରସ୍ପର ଭିତରେ ତାଙ୍କରି ଉପସ୍ଥିତିକୁ ଅନୁଭବ କରି ପାରୁଥିବା। ପରସ୍ପର ପାଖରେ ଏକ ପବିତ୍ରତମ ପରିଚୟରେ ନୂଆ ହୋଇ ପ୍ରତ୍ୟକ୍ଷ ହୋଇ ପାରିବା । ପୃଥିବୀ ଲାଗି ଆହୁରି ଶକ୍ତି ମାଗିବା, ଆହୁରି ଭାବ ଓ ଜ୍ଞାନ ମାଗିବା, ସୌନ୍ଦର୍ଯ୍ୟ ମାଗିବା। ସୁନ୍ଦର ହେବା ଏବଂ ସୁନ୍ଦର ଦେଖିବା । ସତକୁ ସତ ତାଙ୍କୁ ହିଁ ଦେଖୁଥିବା ଏବଂ ପରସ୍ପରର ମେଳରେ ସଂପୃକ୍ତ, ପୂର୍ଣ୍ଣସଂପୃକ୍ତ ହୋଇ ରହିଥିବା। ଏଥି ନିମନ୍ତେ କେଉଁଟି ଠିକ୍ ମାର୍ଗ ଏବଂ କେଉଁଟି ଠିକ୍ ମାର୍ଗ ନୁହେଁ, ସେହି ଅପ୍ରସଙ୍ଗଟାକୁ ନେଇ ଆମ ଭିତରେ ତାଙ୍କର ଉପସ୍ଥିତିଗୁଡ଼ିକୁ ଆଦୌ ଚହଲାଇ ଦେବାନାହିଁ। ଏହି ଯାବତୀୟ କରୁଣାର ଭାଜନ ହେବା, – ସନ୍ତାନବତ୍।

ଦ୍ୱିତୀୟ ଅଧ୍ୟାୟ

ପୂର୍ଣ୍ଣ ଏକତାର ଯୋଗ

ତପସ୍ୟା ଅଛି, ସିଦ୍ଧିଲାଭର କୌଣସି ଆକୁଳତା ନାହିଁ । କାହାଣୀମାନଙ୍କରେ ବର୍ଣ୍ଣିତ ତପସ୍ୟାମାନଙ୍କରେ ସିଦ୍ଧିର ପ୍ରକରଣଟିଏ ସର୍ବଥା ରହିଆସିଛି। ଏକ ବିଶେଷ ସିଦ୍ଧି ଲାଭ କରିବାର ଅଭିପ୍ରାୟରେ ଯେତେବେଳେ କେହି ତପସ୍ୟାର ଆସନ ଉପରେ ଯାଇ ବସି ଯାଇଥାଏ, ସେତେବେଳେ ସମ୍ଭବତଃ ଅସଲ ମନଟି ତପସ୍ୟା ଅପେକ୍ଷା ସିଦ୍ଧିଟା ଉପରେ ଯାଇ ଲାଖି ରହିଥାଏ। ଧ୍ରୁବର ତପସ୍ୟା, ବିଶ୍ୱାମିତ୍ର ମୁନିରାଜଙ୍କର ସେହି ଘୋର ଘୋର ତପସ୍ୟାମାନ ଓ ଏପରିକି ରାବଣକୁ ନିପାତ କରିବା ସକାଶେ ମହାପ୍ରଭୁ ରାମଚନ୍ଦ୍ରଙ୍କର ମହାଦେବୀଙ୍କ ଉଦ୍ଦେଶ୍ୟରେ ତପସ୍ୟା, – ଏହି ସବୁକିଛି ସବାଆଗ ସିଦ୍ଧିର କୌଣସି ଭାବନାଦ୍ୱାରା ହିଁ ଯେ ଉତ୍‌ପ୍ରେରିତ ହୋଇ ରହିଥିଲା, ସେହି କଥାଟିକୁ ଗୋଟାଏ ଜଡ଼ା ନିତାନ୍ତ ଉପରବୁଦ୍ଧିଆ ମନୁଷ୍ୟ ମଧ୍ୟ ଅତି ସହଜରେ କହି ଦେଇପାରିବ। ନିଜପାଇଁ କୌଣସି ସିଦ୍ଧିଲାଭର ଲୋଭ ରଖି କରା ଯାଇଥିବା ତପସ୍ୟାକୁ ତତ୍ତ୍ୱଦରଦୀମାନେ ରାକ୍ଷସର ତପସ୍ୟା ବୋଲି କହିଛନ୍ତି। ମାତ୍ର, ରାକ୍ଷସମାନେ କ'ଣ ଖାଲି ଲଙ୍କପତିଙ୍କର ସେହି ଗୋଟିଏ ରାଜ୍ୟରେ ବାସ କରୁଥାଆନ୍ତି ? ଆମ ଏକାଳରେ ମଧ୍ୟ ରେଜେଷ୍ଟ୍ରୀଭୁକ୍ତ ସଜ୍ଜନଗଡ଼ ମାନଙ୍କରେ ମଧ୍ୟ କମ୍ ମଣିଷ ରାକ୍ଷସର ତପସ୍ୟାରେ କ'ଣ କମ୍ ମାତି ରହିଛନ୍ତି ! ମାଆ ସିଦ୍ଧି ବିଷୟରେ କହିନାହାନ୍ତି, ବିମୋଚନ କଥା କହିଛନ୍ତି। ଚତୁର୍ବିଧ ତପସ୍ୟା ତଥା ଚତୁର୍ବିଧ ମୁକ୍ତି, – ବିମୋଚନ, liberation, – ଜୀବନକୁ ସଂପୂର୍ଣ୍ଣ ଅନ୍ଦାଜରେ ଯଦି ଅଧିକ ଅର୍ଥବାଚକ ହୋଇପାରିବ ବୋଲି ଆମେ ଚତୁର୍ବିଧ ତପସ୍ୟାକୁ ବସ୍ତୁତଃ ଗୋଟିଏ ତପସ୍ୟା ବୋଲି କହିବା, ତେବେ ମୁକ୍ତି ବା ବିମୋଚନ ମଧ୍ୟ ସେହିପରି ଗୋଟିଏ। ପୃଥିବୀ ନିମନ୍ତେ ତପସ୍ୟା ଓ

ପୃଥିବୀ ନିମନ୍ତେ ବିମୋଚନ। ଗୁରୁ ତଥା ଶିଷ୍ୟ ଯଦି ଗୋଟିଏ ତପସ୍ୟା ପାଇଁ ଅଧିକରୁ ଅଧିକ ସଜହୋଇ ପାରିବାର ବାଟଟିଏ ଚାଲୁଛନ୍ତି, – ତେବେ ସେହି ଉଭୟଙ୍କ ପାଇଁ ମଧ୍ୟ ଯଥାର୍ଥ ବିମୋଚନ ସେହି ଗୋଟିଏ। ଅର୍ଥାତ୍, ଗୁରୁ କେବଳ ତଥାକଥିତ ଏକ ପଥର ହିଁ ପ୍ରଦର୍ଶନ କରୁନଥିବ, ସିଏ ମଧ୍ୟ ବାଟ ଚାଲୁଥିବ, ସଙ୍ଗୀ କରି ନେଉଥିବ। ଏବଂ, ଅପର ପକ୍ଷରେ, ଶିଷ୍ୟ ମଧ୍ୟ ଗୁରୁଙ୍କର ପ୍ରେରଣା ଦ୍ୱାରା ଅଭୂତପୂର୍ବ ନାନାପ୍ରକାରେ ଉଦ୍‌ବୁଦ୍ଧ ହୋଇ ବାଟଟିଏ ଚାଲିବାର ମାଧ୍ୟମରେ ଗୁରୁଙ୍କୁ ଆହୁରି ଅଧିକ ନେତ୍ରଯୁକ୍ତ ତଥା ପ୍ରସ୍ଥଯୁକ୍ତ ହେବାରେ ଏକ ସ୍ୱାଭାବିକ ଅନୁକୂଳତାର ସୃଷ୍ଟି ହେବାରେ ସହାୟତା କରୁଥିବ। ଏବଂ, ବିଚାର କରି କହନ୍ତୁ ତ, ଏହାଦ୍ୱାରା ଆମ, ଗୁରୁ ଏବଂ ଶିଷ୍ୟ ଉଭୟଙ୍କର ଏହି ପୃଥିବୀଟି କ୍ରମଶଃ ଅଧିକରୁ ଅଧିକ ବିମୋଚିତ ଅର୍ଥାତ୍ ସୌଷ୍ଠବଯୁକ୍ତ ହେବା ବ୍ୟତୀତ ଆଉ କ'ଣ ବା ହୋଇପାରିବ ?

ଆସ୍ପୃହାରୁ ଆରମ୍ଭ। ଏହି ପରିଚିତ ଅର୍ଥାତ୍ ଅଭ୍ୟସ୍ତଗୁଡ଼ିକ ମୋତେ ଯେତିକି ପରି ଦେଖା ଯାଉଛନ୍ତି, ଏମାନେ ଆଦୌ ସେତିକି ନୁହନ୍ତି। ଦେଖିବାର ଆସ୍ପୃହା, ବାସନା ପାଇବାର ଆସ୍ପୃହା ଏବଂ ଭଲ ପାଇବାର ଆସ୍ପୃହାଗୁଡ଼ିକୁ ପ୍ରସାରିତ କରିଦେଇ ପାରିଲେ ମୋତେ ଆହୁରି କେତେ କ'ଣ ଦିଶିବ, – ନିଜ ଭିତରେ ଦିଶିବ, ଏହି ପୃଥିବୀରେ ମଧ୍ୟ ଦିଶିବ। ତା'ପରେ ପୃଥିବୀଟା ସତେଅବା ମୋ'ର କେତେ କତିରେ ରହିଛି ବୋଲି ସଂପୂର୍ଣ୍ଣ ଜଳଜଳ ହୋଇ ଦେଖାଯିବ, ମୁଁ ମଧ୍ୟ ପୃଥିବୀର କେତେ କତି ହୋଇ ରହିଛି ବୋଲି କାହିଁକି ବା ଦେଖା ବି ନଯିବି ! ଆସ୍ପୃହାରୁ ତପସ୍ୟା, – ବିମୋଚନ ହେଉଛି ସେହି ମାଧ୍ୟମ, ଯାହାକି ମୋତେ ଏକ ଅନ୍ୟ ସାତୀର୍ଥ୍ୟର ଅଭୂତପୂର୍ବ ମହୁରତ୍ ମଧ୍ୟକୁ ଡାକି ନେଇଯିବ। ଏବଂ, ସର୍ବୋପରି, ସେତେବେଳେ ନାହିଁ ବୋଲି କହିବାର କୌଣସି ଜୁ' ହିଁ ନଥିବ। ଏସବୁ ମୋଟେ କଳ୍ପନା ନୁହେଁ, ଏସବୁ ଘଟଣା। ଏବଂ, ଏହି ଯାବତୀୟ ପ୍ରକ୍ରିୟାକୁ ଗୋଟିଏ ସହଜ ଶବ୍ଦ ଦେଇ କହିଲେ ତାହା ହେଉଛି ଯୋଗ। ଯୋଗ ସମଗ୍ର ପୃଥିବୀଲାଗି, – ତାହାରି ଲାଗି ମୋତେ ସମ୍ମତ କରି ନେବାଲାଗି ଅସଲ ଥାନଟିରୁ ଆସୁଥିବା ଆମନ୍ତ୍ରଣଟିଏ। ସମ୍ଭବତଃ, ସେହିଭଳି କୌଣସି ଶ୍ରଦ୍ଧାରେ ଶ୍ରୀଅରବିନ୍ଦ ତାଙ୍କରି ଗୋଟିଏ କବିତାକୁ 'ଆମନ୍ତ୍ରଣ' ବୋଲି ନାମିତ କରିଛନ୍ତି। ଯୋଗସମ୍ପର୍କିତ ଆପଣାର ବିଶେଷ ପୁସ୍ତକଟିକୁ ସିଏ 'ଯୋଗ-ସମନ୍ୱୟ' ବୋଲି କହିଛନ୍ତି। ସମନ୍ୱୟ କହିଲେ ପାରମ୍ପରିକ ଭାବରେ କୌଣସି ନା କୌଣସି ପ୍ରକାରର ଏକ ମିଶ୍ରଣକୁ ବୁଝାଇ ଆସିଛି। ତଥାପି ବିଶେଷ ବିଶେଷ ସାଧନାସଂସାରୀୟ ଧାତୁ ଅନୁସାରେ ପ୍ରତ୍ୟେକଟି ମାର୍ଗକୁ ଭିନ୍ନ ଭିନ୍ନ ନାଆଁ ବି ଦିଆଯାଇଛି। ଯଥା, – ଜ୍ଞାନଯୋଗ, କର୍ମଯୋଗ ଇତ୍ୟାଦି ଭଳି ଭଳି। ମାର୍ଗ ମାର୍ଗ ଭିତରେ ମଠ, ପୀଠ, ଭେକ, ଶାସ୍ତ୍ର,

ସନ୍ତକ ତଥା ଅଗ୍ରାଧିକାରର ଆରୋପ ମୁତାବକ କେତେ ଭେଦଧର୍ମୀ ମସ୍ତିଷ୍କକର୍ଷଣମାନ ବି କରାଯାଉଛି । ଶ୍ରୀ ଅରବିନ୍ଦ ମଧ୍ୟ ଆପଣାର ଉକ୍ତ ଗ୍ରନ୍ଥଟିରେ ପ୍ରଥମେ ଭିନ୍ନ ଭିନ୍ନ ଅଧ୍ୟାୟରେ ସେହି ମାର୍ଗଗୁଡ଼ିକର ଚର୍ଚ୍ଚା କରିଛନ୍ତି ଓ ଆପଣାର ବିଶ୍ୱଦୃଷ୍ଟିଟିକୁ ପାଠକ ନିମନ୍ତେ ପରିଷ୍କାର କରି ଦେଇଛନ୍ତି । ପୁସ୍ତକର ସବା ଶେଷ ଭାଗଟି, ଯେଉଁଟିରେ ସିଏ ନିଜର ବିଶେଷ ସାଧନାନକ୍ସାଟିକୁ ପାଠକମାନଙ୍କ ପାଇଁ ଯଥାସମ୍ଭବ ସମଗ୍ର ଭାବରେ ଆଙ୍କି ଦେଇଛନ୍ତି, ସେଇଟିକୁ ସେ The Yoga of Self-Perfection, – ଆତ୍ମ୍-ପରିପୂର୍ଣ୍ଣତାର ଯୋଗ ବୋଲି ପରିଚିତ କରାଇ ଦେଇଛନ୍ତି ।

ଗ୍ରନ୍ଥର ପ୍ରଥମ ଅଧ୍ୟାୟଟି ହେଉଛି ଗ୍ରନ୍ଥର ଭୂମିକା । ସେଇଟିକୁ ଆଦୌ କୌଣସି ଅନ୍ୟାୟ ନକରି ଆମେ ସମଗ୍ର ପୁସ୍ତକଟିର ସାରାଂଶ ବୋଲି କହିପାରିବା । ହୁଏତ, ଶ୍ରୀଅରବିନ୍ଦଙ୍କର ସ୍ୱତନ୍ତ୍ର ବିଶ୍ୱତପସ୍ୟାଟି ସହିତ ଆମକୁ ଏକ ପ୍ରମାଦମୁକ୍ତ ଧାରଣା ଯୋଗାଇ ଦେବା ନିମନ୍ତେ ସେଥିରେ ଆବଶ୍ୟକ ସକଳ ଗବାକ୍ଷ ପ୍ରକୃତରେ ମହଜୁଦ ରହିଛନ୍ତି । ପ୍ରସ୍ତୁତ ଉଦ୍ୟମଟିରେ ଆମେ ଏହି ଅଧ୍ୟାୟରେ ସେହିଗୁଡ଼ିକୁ ଚିହ୍ନିପାରିବା ସକାଶେ ସାଧ୍ୟମତେ ଏକ ହସ୍ତାମଳକ ଯୋଗାଇ ଦେବାର ପ୍ରୟାସଟିଏ କରାଯାଇଛି । ବିଚାର-ନିର୍ଦ୍ଦେଶନା ତଥା ପ୍ରେରଣାଗୁଡ଼ିକୁ ଅଧିକ ପ୍ରାଞ୍ଜଳ କରିବାକୁ ଅଭିପ୍ରାୟ ରଖି ସ୍ଥାନବିଶେଷରେ କିଛି ସରଳତର ବାକ୍ୟ ଆଣି ଅବଶ୍ୟ ଯୋଡ଼ି ଦିଆଯାଇଛି । କିନ୍ତୁ ତଦ୍ଦ୍ୱାରା ମୂଳ ସତ୍ୟମହତ୍ତ୍ୱଗୁଡ଼ିକୁ ବୁଝିବାରେ ଆଦୌ ବ୍ୟାଘାତ ସୃଷ୍ଟି କରା ହୋଇନାହିଁ । ଆମରି ଶବ୍ଦଗୁଡ଼ିକରେ ଶ୍ରୀ ଅରବିନ୍ଦଙ୍କୁ ଯଥାସମ୍ଭବ ଅଧିକ ସ୍ୱଷ୍ଟ କରି ବୁଝିବା, ସେତିକି କ'ଣ କମ୍ କଥା ?

– ୧ –

ଜୀବନ ଓ ଯୋଗ

ମନୁଷ୍ୟ ହିସାବରେ ଆମର ଏହି ପୃଥିବୀସ୍ଥ ଜୀବନରେ ପ୍ରକୃତି ସର୍ବଦା ଦୁଇପ୍ରକାରେ ହସ୍ତକ୍ଷେପ କରିଥାଏ । ଏପରି ଘଟିବା ଆବଶ୍ୟକ ହୁଏ ବୋଲି ସେପରି ଘଟେ । କୌଣସି କାଳପର୍ଯ୍ୟାୟରେ ଯାବତୀୟ ଉଦ୍ୟମ ଓ ଉଦ୍‌ବେଳନ ସତେଅବା ଗୋଟିଏ ପୂର୍ଣ୍ଣତାରେ ଯାଇ ପହଞ୍ଚିବା ସକାଶେ କାର୍ଯ୍ୟ କରୁଥାଏ । କିନ୍ତୁ ସେପରି ଏକ ପୂର୍ଣ୍ଣତା ଆପାତତଃ ହାସଲ ହୋଇଗଲା ବୋଲି ଗୋଟିଏ ଧାରଣା ହେଉ ହେଉ ପ୍ରକୃତି ଆସି ହସ୍ତକ୍ଷେପ କରେ ଓ ସେଇଟିକୁ ଭାଙ୍ଗିଦିଏ । ତା'ପରେ ପୁନର୍ବାର ଏକତ୍ର ହୋଇ

ଆଉ ପ୍ରକାରେ ଆକାରଟିଏ ଗଠିତ ହୋଇ ଆସିବ ବୋଲି ବେଶ୍ ବିଶେଷ ଉଦ୍ୟମମାନ ଆରମ୍ଭ ହୋଇଯାଏ। ଏବଂ ପୁଣି ସବୁ ଭାଙ୍ଗେ ଓ ଗଠିତ ହୋଇ ଯାଉଥାଏ। ଏବଂ, ଯେଉଁ ସବୁଠାରୁ ଅଧିକ ମହତ୍ତ୍ୱପୂର୍ଣ୍ଣ କଥାଟିକୁ ଆମେ ଅବଶ୍ୟ ମନେ ରଖିବା, ସେହି ଭାଙ୍ଗିବା, ଗଢ଼ିହେବା, ପୁଣି ଭାଙ୍ଗିବା ଓ ପୁଣି ଗଢ଼ା ହେବାର ପ୍ରକ୍ରିୟାଟି ଭିତରେ ତଥାପି ଏକ ଉତ୍ତୋଳନ ମଧ୍ୟ ଅନୁକ୍ଷଣ ହେଉଥାଏ। ଦ୍ୱିତୀୟ ଘଟଣାଟି ହେଉଛି, ସେଥିରେ ସକ୍ରିୟ ହୋଇ ରହିଥିବା ସତ୍ୟ ଏବଂ ବିଧାନଗୁଡ଼ିକ ମଧ୍ୟ କ୍ରମେ ପୁରୁଣା ହୋଇ ଯାଉଥାନ୍ତି ଏବଂ ଅକାମୀ ବୋଲି ପ୍ରମାଣିତ ହୁଅନ୍ତି ଓ ସେଥିଲାଗି ଅବିଚ୍ଛିନ୍ନ ଭାବରେ ଏକ ପଙ୍କୋଦ୍ଧାର ବି ଆବଶ୍ୟକ ହୁଏ। ଏକ ପରିବର୍ତ୍ତନ ଆଣିବାକୁ ହୁଏ ଏବଂ ନୂତନ ଜୀବନବେଗର ସଞ୍ଚାର କରାଇବା ଆବଶ୍ୟକ ହୁଏ। ହଁ, ଏହାପରେ ଅଶେଷ ପ୍ରଣାଳୀଟିଏ ସଂପୃକ୍ତ କ୍ଷେତ୍ରଟିରେ ନବଜୀବନ ଆଣି ଦିଏ; ଆଦୌ କିଛି ବିଲୁପ୍ତ ହୋଇ ଗଲାନାହିଁ ବୋଲି ଅନୁଭବ ହୁଏ। ସତେଅବା ଅମରତ୍ୱର ଏକ ସ୍ୱାଦ ଆଣି ଦେଉଥାଏ।

ଏବେ ଆମ ପୃଥିବୀଟି ତ ଏପରି ଏକ ଅବସ୍ଥା ମଧ୍ୟଦେଇ ଯାଉଛି, ଯେତେବେଳେ କି ଭଳି ଭଳି ଭାବନା ତଥା କର୍ମସାରଣୀ ସତେଅବା ପୁରୁଣା ହୋଇଯାଉଛି, ଗୋଟିଏ ବୃହତ୍ କଡ଼େଇ ଭିତରେ ପଡ଼ି ଆଉଟା ହେଉଛି। ଭଳି ଭଳି ପ୍ରୟୋଗ ହେଉଛି, ମିଶୁଛି ଓ ପୁଣି ଅଲଗା ହୋଇଯାଉଛି। ସବୁ ଚାଲିଗଲା ପରି ଲାଗୁଛି ଏବଂ ତଥାପି କିଛି ଏକାବେଳେକେ ଜନ୍ମଲାଭ କରୁଥିବା ପରି ପ୍ରତ୍ୟୟ ହେଉଛି। କାଳକାଳରୁ କେତେ ପ୍ରତିଶ୍ରୁତିରେ କାଳକାଳରୁ ସମୃଦ୍ଧ ହୋଇ ରହିଥିବା ଭାରତବର୍ଷୀୟ ଯୋଗମାର୍ଗ, – ଏବେ ମଧ୍ୟ ମନୁଷ୍ୟମାନଙ୍କୁ ମାର୍ଗଦର୍ଶନ କରିବାର ବହୁ ବହୁ ସାମଗ୍ରୀ ତା' ଭିତରେ ଭରପୂର ହୋଇ ରହିଛି। ଆଗର ସେହି ଗୋପ୍ୟ ରହସ୍ୟ-ଘେରଗୁଡ଼ିକ ମଧ୍ୟ କ୍ରମେ ବୃହତ୍ତର ପୃଥିବୀଟି ନିମନ୍ତେ ବି ତାହାର ଏକାଧିକ ସନ୍ଦେଶ ଦେବାକୁ ରହିଛି ବୋଲି ମୁହୂର୍ତ୍ତଟିଏ ଉପନୀତ ହୋଇଥିବା ପରି ବାହାରି ଆସିବାକୁ ଆହ୍ୱାନମାନ ପାଇଯାଉଛି। ଅପେକ୍ଷା କରିଥିବା ଭବିଷ୍ୟତଟି ଲାଗି ତାହାର ବହୁତ କିଛି ଅବଦାନ ରହିଛି ବୋଲି ବୃହତ୍ତର ପୃଥ୍ୱୀମଞ୍ଚଟି କ୍ରମେ ଉପଲବ୍ଧି ବି କରୁଛି। ମାତ୍ର, ତାହାର ଯଥାଭାଜନ ହେବାକୁ ହେଲେ ତାହାକୁ ପ୍ରଥମେ ଏକ ପୁନଃଆବିଷ୍କାରର ପ୍ରକ୍ରିୟା ଦେଇ ଯିବାକୁ ହିଁ ପଡ଼ିବ, ଆପଣାକୁ ପୁନର୍ଗଠିତ ମଧ୍ୟ କରିବାକୁ ପଡ଼ିବ। ତେବେଯାଇ ବୃହତ୍ତର ସାମୂହିକ ଜୀବନରେ ତାହାର ନିଶ୍ଚୟ ଏକ ପ୍ରାସଙ୍ଗିକତା ରହିଛି ବୋଲି ହୃଦୟଙ୍ଗମ କରିହେବ। ଆମକୁ ଏହି ଭାରତବର୍ଷରେ ମଧ୍ୟ ଏକ ନୂତନ ଜୀବନ୍ୟାସର ପ୍ରଜ୍ଞା ପ୍ରଦାନ କରି ପାରିବ।

ଆମେ ବଞ୍ଚୁଥିବା ଆମର ଏହି ଜୀବନଟି, – ସେଇଟି ମଧ୍ୟ ଏକ ଯୋଗ। ଆମ ଭିତରେ ନିହିତ ହୋଇ ରହିଥିବା ଆମର ସକଳ ସମ୍ଭାବନା, ସେଗୁଡ଼ିକ ମଧ୍ୟ ସଚେତନ ଏବଂ ଅର୍ଦ୍ଧଚେତନ ଭାବରେ ସକଳ ପୃଥିବୀକୁ ସମ୍ଭାରି ଧରିଥିବା ପରମ ବିଧାନଟି ଆଡ଼କୁ ଗତି କରିବାରେ ଲାଗିଛି। ବସ୍ତୁତଃ, ଏହି ସମଗ୍ର ପ୍ରକୃତି ହିଁ ଯୋଗସ୍ଥ ହୋଇ ରହିଛି। ମନୁଷ୍ୟନାମକ ଏହି ସଚେତନ ଜୀବନସୋପାନଟିକୁ ଆସି ସେହି ପ୍ରକ୍ରିୟାଟି ଅବଶ୍ୟ ଅଧିକ ତ୍ୱରାନ୍ୱିତ ହେବ ହିଁ ହେବ; ତାହା ମନୁଷ୍ୟମାନଙ୍କ ଠାରୁ ବସ୍ତୁତଃ ଅଧିକ ସହଯୋଗ ହିଁ ପାଇବ। ଅର୍ଥାତ୍, ଏଣିକି ଯୋଗର ମାର୍ଗଟି କେବଳ କତିପୟ ବିଶେଷ ଆକାଙ୍କ୍ଷୀଙ୍କ ଲାଗି ସତେଅବା ଏକ ଗମ୍ଭୀରିଘରର ଗୋପନୀୟ କାର୍ଯ୍ୟ ହୋଇ ଆଦୌ ରହିବନାହିଁ। ପୃଥ୍ୱୀଚେତନାର ବିବର୍ତ୍ତନ-ପଥରେ ତାହା ବରଂ ଅଧିକ ସ୍ୱାଭାବିକ ଭାବରେ ବ୍ୟବହୃତ ହେବ। ପୃଥିବୀର ତଥାକଥିତ ଭିତରର ଜୀବନଟାକୁ ନୁହେଁ, ବାହାରର ଜୀବନକୁ ମଧ୍ୟ ସ୍ପର୍ଶ କରିବ, ପୂର୍ଣ୍ଣତର ସଂପୃକ୍ତିଟିଏ ଲୋଡ଼ିବ, ଅବଶ୍ୟ ଲୋଡ଼ିବ। ଯାବତୀୟ ବିଜ୍ଞାନର କ୍ଷେତ୍ର ପରି ଯୋଗର ଅନୁଶୀଳନ-କ୍ଷେତ୍ରରେ ମଧ୍ୟ ବହୁତ ପରୀକ୍ଷା ତଥା ପ୍ରୟୋଗ ଚାଲିବ ଏବଂ ସେଥିରେ ସଂସାରଯାକ ଉପକୃତ ହେବ। ନୂତନ ଅପେକ୍ଷା ତଥା ଆବଶ୍ୟକତା ଗୁଡ଼ିକୁ ଘ୍ରାଣ କରି ଭିନ୍ନ ଭିନ୍ନ ଯୋଗମାର୍ଗରେ ସମନ୍ୱୟମାନେ ମଧ୍ୟ ସମ୍ଭବ ହୋଇ ଆସିବେ ଏବଂ ସୁତରାଂ ମାର୍ଗ ମାର୍ଗ ମଧ୍ୟରେ ପାରମ୍ପରିକ ଭାବରେ ରହି ଆସିଥିବା ଦୂରତାମାନେ ମଧ୍ୟ କ୍ରମଶଃ ହ୍ରାସ ହୋଇ ଆସିବେ।

କିନ୍ତୁ, ପୁନଶ୍ଚ, ଭୌତିକ ବିଜ୍ଞାନର ତନ୍ନ ତନ୍ନ ଏବଂ ବେଳେ ବେଳେ ପ୍ରାୟ ଅତିରିକ୍ତ ଗବେଷଣା ଫଳରେ ଆମର ଜାଗତିକ ଜୀବନର ବହୁ ସହଜତା ତଥା ସ୍ୱାଭାବିକତା ଏକାଧିକ କ୍ଷେତ୍ରରେ ସତେଅବା ହଜି ହଜି ଯାଉଥିବା ପରି ମନେ ହେଉଛି ଏବଂ ବହୁ କୃତ୍ରିମତା ଆମର ଯୌଥ ଜୀବନର ଶୋଭାଗୁଡ଼ିକୁ ନଷ୍ଟ କରି ପକାଉଛି; ମନୁଷ୍ୟମାନେ ଯେପରି ଅଧିକରୁ ଅଧିକ ଏଠାରେ ସ୍ୱାମିତ୍ୱ ବିସ୍ତାର କରି ରହିବେ ବୋଲି ନାନାବିଧ ଦାସତାକୁ ଆଦରି ନେଉଛନ୍ତି, ସେହିପରି ଯୋଗର ଫଳଦାୟକତା ଗୁଡ଼ିକ ବିଷୟରେ ଅତ୍ୟନ୍ତ ଲିପ୍ତ ହୋଇ ରହି ଆମେ ନାନା ବିଚ୍ୟୁତି ମଧ୍ୟରେ ଯାଇ ପଶିଯିବା ନାହିଁ ତ ? ନିଜ ମାର୍ଗର ଅତ୍ୟାନୁଗତ୍ୟ ହୁଏତ ବିଶେଷ ଭାବରେ ସଂପୃକ୍ତମାନଙ୍କୁ ଏହି ସାଧାରଣ ଜାଗତିକ ଜୀବନରୁ ନିଜକୁ ପ୍ରତ୍ୟାହୃତ କରି ରଖିବାର ଅପପ୍ରେରଣାମାନ ଆଣିଦେବ। ପୃଥିବୀସହିତ ଯୋଗୀର ସୂତ୍ରଗୁଡ଼ିକ ଛିନ୍ନ ହୋଇ ରହିଯିବ ଏବଂ ପୃଥିବୀ ବିଷୟରେ ଯୋଗୀର ସତେଯେପରି କୌଣସି କଳ ପାଉନଥିବ। ତଥାକଥିତ ଆଧ୍ୟାତ୍ମିକ ସମ୍ପଦମାନଙ୍କର ଅଧିକାରୀ ହୋଇ ରହିବାର ଲୋଭରେ ସିଏ ହୁଏତ ଜଣେ ମନୁଷ୍ୟ

ହିସାବରେ ଆପଣାର କର୍ମଚୟକୁ ଭାରି ଦରିଦ୍ର କରି ଦେଉଥିବ, ଆପଣାର ଅନ୍ତର୍ରାଜ୍ୟରେ ସ୍ୱାଧୀନ ହୋଇ ରହିବ ବୋଲି ବାହ୍ୟ ଜୀବନରେ ପ୍ରାୟ ମୃତ୍ୟୁବରଣ କରିବ, ଅର୍ଥାତ୍ ପ୍ରତିକ୍ରିୟାହୀନ ହୋଇ ରହିଥିବ। ଅଥବା, ଅନ୍ୟ ପକ୍ଷରେ ମଧ୍ୟ, ଯଦି ସିଏ ବାହାରର ଜୀବନଉପରେ ଜୟଲାଭ କରିବାର ଅତିଶୟତା ମଧ୍ୟରେ ପଡ଼ିଯାଏ, ତେବେ ତେଣେ ପରମେଶ୍ୱରଙ୍କ ପାଖରୁ ମଧ୍ୟ ହୁଡ଼ି ଯିବାରେ ଲାଗିଥିବ।

ତେଣୁ, ଭାରତବର୍ଷରେ ଆମେ ପ୍ରାୟ ଏହିପରି ଗୋଟିଏ ସ୍ଥିତି ଦେଖିବାକୁ ହିଁ ପାଉ: ଗୋଟାଏ ପାଖରେ ଲୋକମାନେ ପୃଥିବୀ ଭିତରେ ବଞ୍ଚୁଥିବା ସେମାନଙ୍କର ବାସ୍ତବ ଜୀବନଟି ଏବଂ ଅପର ପକ୍ଷରେ ଆଧାତ୍ମିକ ବୃଦ୍ଧି ତଥା ଅଧ୍ୟାତ୍ମସ୍ତରୀୟ ଯାବତୀୟ ପୂର୍ଣ୍ଣତାପ୍ରାପ୍ତି। ଦୁଇଟି ଭିତରେ କୌଣସି ସଙ୍ଗତି ନାହିଁ; ସହଚର୍ଯ୍ୟା ବି ନାହିଁ। ଏବଂ, ଦୁଇଟ ମଧ୍ୟରେ ସର୍ବଦା ଏକ ସୌଷମ୍ୟ ରକ୍ଷା କରିବାକୁ ଆଦର୍ଶ ବୋଲି ଘୋଷଣା କରା ଯାଉଥିଲେ ମଧ୍ୟ ପ୍ରକୃତ ଜୀବନକ୍ଷେତ୍ରରେ ତାହାର ପ୍ରାୟ କୌଣସି ଦୃଷ୍ଟାନ୍ତ ହିଁ ନଥାଏ। ବରଂ, ଅଧିକତଃ ଏପରି ହୋଇଥାଏ ଯେ ନିଜ ଭିତରୁ ଆହ୍ୱାନଟିଏ ପାଇ ତଥା ଆକର୍ଷଣ ଅନୁଭବ କରି କେହି ଯୋଗର ମାର୍ଗକୁ ମନ କଲେ, ସିଏ ସତେଅବା ସକଳ ଅର୍ଥରେ ଆମର ସାମୂହିକ ଜୀବନ ଏବଂ ସଂସାରସ୍ଥ ମନୁଷ୍ୟର ସକଳ ଉଦ୍ୟମ ମଧ୍ୟରୁ ନିଜକୁ ଅପସାରିତ କରି ନେଇଗଲା ବୋଲି ବିଚାର କରା ଯାଇଥାଏ। ଏହି ଭାବନାଟି କାଳକାଳରୁ ଏଠାରେ ଏପରି ବଦ୍ଧମୂଳ ହୋଇ ରହିଆସିଛି ଏବଂ କାଳେ କାଳେ ଦାର୍ଶନିକ ମତ ଓ ଧର୍ମସବୁ ସେଇଟି ଉପରେ ଏତେ ଅଧିକ ଗୁରୁତ୍ୱ ମଧ୍ୟ ଦେଇଛନ୍ତି ଯେ, ଯୋଗ ଲାଗି ବାସନା କଲେ ତୁମକୁ ଅବଶ୍ୟ ଜୀବନ ଭିତରୁ ଅପସରି ଚାଲିଯିବାକୁ ହେବ ବୋଲି ବିଚାର କରାଯାଉଛି। ସତେ ଯେପରି ଯୋଗସାଧନାର ଦ୍ୱିତୀୟ କୌଣସି ସାଧାରଣ ଲକ୍ଷ୍ୟ ହିଁ ନାହିଁ ! ସୁତରାଂ, ଯୋଗର କ୍ଷେତ୍ରରେ ଏକ ସମନ୍ୱୟ ସମ୍ଭବ କରିବାର ଯାବତୀୟ ପ୍ରୟାସକୁ ସର୍ବପ୍ରଥମେ ସେହି ପରମ ଈଶ୍ୱରରୂପୀ ଊର୍ଦ୍ଧ୍ୱ ସହିତ ଏହି ପ୍ରକୃତିନାମକ ଏଠା ସ୍ତରଟିକୁ ପୁନର୍ବାର ଏକତ୍ର ଯୋଡ଼ିବାକୁ ହିଁ ହେବ। ଏହି ପୃଥିବୀସ୍ଥ ମାନବ-ଜୀବନରେ ଏକ ବିମୋଚନ ତଥା ପୂର୍ଣ୍ଣତା ଲାଭ ସମ୍ଭବ ହେବ ଏବଂ, ଆମର ବାହ୍ୟ ତଥା ଅନ୍ତଃକ୍ଷେତ୍ରୀୟ ଜୀବନରେ ଯେପରି ସର୍ବଦା ଏକ ମୂଳଭୂତ ସଙ୍ଗତି ରହିପାରିବ, ସେଥିପାଇଁ ଏକ ଅନୁକୂଳତା ସମ୍ଭବ କରିବା ନିମନ୍ତେ ଆମର ଯାବତୀୟ କ୍ରିୟାଶୀଳତା ନିର୍ଦ୍ଦେଶିତ ହୋଇ ରହିଥିବ। ଏହି ପୃଥ୍ୱୀଜୀବନଟିକୁ ବଞ୍ଚୁଥିବା ମନୁଷ୍ୟମାନଙ୍କର ସକଳ ବିଚରଣକ୍ଷେତ୍ରରେ ଦିବ୍ୟତା ହିଁ ପ୍ରଧାନତମ ଦ୍ୟୋତକ ହୋଇ ରହି ପାରୁଥିବ।

କାରଣ, ମନୁଷ୍ୟ ତା'ର ଜୀବନରେ ଏଠି ଏକ ଇହଭୂମିରେ ଜୀବନ ବଞ୍ଚୁଛି

ସିନା, ମାତ୍ର ସିଏ ଯୁଗପତ୍ ଭାବରେ ଏକ ପରବର୍ତ୍ତୀ ଉଚ୍ଚତର ଜୀବନର ମଧ୍ୟ ପ୍ରତୀକ ହୋଇ ରହିଛି। ଏବଂ, ଏହି ବାସ୍ତବ ପୃଥିବୀ ହିଁ ନିଜ ସାଧନାର ପ୍ରୟାସଦ୍ୱାରା ଆପଣାକୁ ଉଚ୍ଚତର ପ୍ରକୃତି ମଧ୍ୟକୁ ଉତ୍ତୋଳିତ କରିନେବ। ତେଣୁ, ସେହି ମହନୀୟ କାର୍ଯ୍ୟଟିର ପୂର୍ଣ୍ଣପୂର୍ତ୍ତି ନିମନ୍ତେ ବର୍ତ୍ତମାନର ମନୁଷ୍ୟକୁ ଯେଉଁ ଜୀବନଟି ପ୍ରଦତ୍ତ ହୋଇଛି, ଯଦି ତାହାକୁ ଏକ ବା ଏକାଧିକ କାରଣ ଦେଖାଇ ଏଡ଼ି ଦେଇ ଆମେ ଆଉ କୁଆଡ଼େ ପଳାଇ ଯିବାକୁ ମନ କରୁଥିବା, ତେବେ ତାହାକୁ କେବେହେଲେ ଏକ ଫଳପ୍ରଦାନକାରୀ ମାର୍ଗ ବୋଲି ଦାବୀ କରାଯାଇ ପାରିବନାହିଁ। ତଦ୍ଧ୍ୱାରା ଆମେ ତଥା ଆମର ପୃଥିବୀ ଉଭୟେ ଖଣ୍ଡିଆ ହୋଇ ରହିଥିବେ, ଭ୍ରାନ୍ତି ଭିତରେ ପଡ଼ି ହନ୍ତସନ୍ତ ହେଉଥିବେ ଏବଂ ଉତ୍ତରୋତ୍ତର ବିକାଶ ଲାଗି ଅଭିପ୍ରେତ ହୋଇ ରହିଥିବା ଏହି ପୃଥିବୀକୁ ବଡ଼ ବିକାରଗ୍ରସ୍ତ କରି ରଖିବେ। ଅର୍ଥାତ୍, ଅସଲ ବିଶ୍ୱାସଗୁଡ଼ିକ ଲାଗି ଅଭିପ୍ରେତ ହୋଇ ରହିଥିବା ଏହି ପୃଥିବୀକୁ ବଡ଼ ବିକାରଗ୍ରସ୍ତ କରି ରଖିବେ। ଅର୍ଥାତ୍, ଅସଲ ବିଶ୍ୱାସଗୁଡ଼ିକ ତଥା ଅସଲ ପ୍ରୟାସଗୁଡ଼ିକ ହାତଛଡ଼ା ହୋଇ ରହିଥିବେ। ହଁ, ସାମୟିକ ଭାବରେ ହୁଏତ କୌଣସି ବିଶେଷ ଆବଶ୍ୟକତା ହେତୁ ଆମେ କିଛି ସମୟ ନିମନ୍ତେ ବାହାରକୁ ଅପସରି ଯାଉଥିବା, କିନ୍ତୁ କେବଳ ପୁନର୍ବାର ଫେରି ଆସିବା ନିମନ୍ତେ ହିଁ ତାହା କରୁଥିବା। ସେତେବେଳେ ମଧ୍ୟ ବ୍ୟକ୍ତି ତଥାକଥିତ କୌଣସି ନିଜ ସିଦ୍ଧି ସକାଶେ ଯେ ଏଠୁ ଅପସରି ଯିବ, ସେକଥା ଆଦୌ ନୁହେଁ। ମନୁଷ୍ୟମାନେ ବଞ୍ଚୁଥିବା ଏହି ବୃହତ୍ତର ସାମୂହିକ ଜୀବନର ବିମୋଚନ-ପ୍ରକ୍ରିୟାଟିରେ ଅଧିକ ସତ୍ୱରତା ଆଣିଦେବା ସକାଶେ ହିଁ ସେହିଭଳି ପଦକ୍ଷେପଟିଏ ଗ୍ରହଣ କରାଯାଇ ପାରିବ।

ଅର୍ଥାତ୍, ଉପସଂହାର କରି କହିଲେ, ମନୁଷ୍ୟର ସଚେତନ ଯୋଗସାଧନା ତାହାର ଯାବତୀୟ ଶ୍ରଦ୍ଧା ତଥା କ୍ରିୟାଶୀଳତା ଦ୍ୱାରା ଏହି ତଥାକଥିତ ପ୍ରତ୍ୟକ୍ଷ ପୃଥିବୀଟିର ବାସ୍ତବ ଜୀବନରୂପେ ହିଁ ପ୍ରକଟ ହୋଇ ଆସିବ; ଏହି ସମୁଦାୟ ଜୀବନ ଯେତେଯାଏ ଅର୍ଥାତ୍ ଯେତେ ଯେତେ ସମ୍ବନ୍ଧ ମଧ୍ୟକୁ ପ୍ରସାରିତ ଓ ପ୍ରଲମ୍ବିତ ହୋଇ ରହିଛି, ସେଗୁଡ଼ିକ ମଧ୍ୟ ଆମ ଯୋଗର ପରିଧିଟି ମଧ୍ୟକୁ ଅନ୍ତର୍ଭୁକ୍ତ ହୋଇ ଆସିବ। ଭଗବତ୍ ସାଧନା ଲାଗି ପୃଥିବୀର ବାହାରେ, ପୃଥିବୀଟାକୁ ସତେଅବା ଏକ ଅଯୋଗ୍ୟ ସ୍ଥାନ ବୋଲି ଧରିନେଇ, ଜଣେ ଯୋଗୀ ପ୍ରାୟ ଏକ ନାସ୍ତିକର ଦମ୍ଭ ସହିତ ଏଠାରୁ ପଳାଇ ଯିବନାହିଁ। ଆପଣାକୁ ପୃଥିବୀଠାରୁ କିଛି ଉର୍ଦ୍ଧ୍ୱରେ ଥିଲା ପରି ବିଚାର କଲେ ସମ୍ଭବତଃ ପୃଥିବୀଟା ପ୍ରାୟ ସେହି କାରଣରୁ ଭଗବାନଙ୍କ ଲାଗି ଅଯୋଗ୍ୟ ବୋଲି ମନେ ହୋଇଥାଏ କି? ପୃଥିବୀର ମନୁଷ୍ୟମାନଙ୍କୁ ମଧ୍ୟ ନାକ ଟେକି ଦୂରଛଡ଼ା କରି ରଖିବାକୁ ଆମ ଭିତରର ଖଳ ମନ୍ଦତା ଖୁବ୍ ଖୋରାକ ମଧ୍ୟ ପାଇ ଯାଉଥିବ। ତେଣୁ, ସମୁଚିତ ସାଧନାଦୃଷ୍ଟିଟି

ହେଉଛି, ଜଣେ ଯୋଗୀ ଆପଣାକୁ ସକଳ ଅର୍ଥରେ ମାର୍ଗସ୍ଥ ବୋଲି ଅନୁଭବ କରିବ ଏବଂ ଏହି ସମୁଦାୟ ପୃଥିବୀକୁ ମଧ୍ୟ ମାର୍ଗସ୍ଥ ବୋଲି ଦେଖି ପାରୁଥିବ। ଆପଣାକୁ ସିଏ ପୃଥିବୀନାମକ ପରିଧିଟି ମଧ୍ୟରେ ଅନ୍ତର୍ଗତ କରି ରଖିଥିବ, ଆପଣାର ଯାବତୀୟ ଉପଲବ୍ଧିକୁ ସମଗ୍ର ପୃଥିବୀର ସମ୍ପଦ ବୋଲି ଖୁବ୍ ସହଜରେ ସ୍ୱୀକାର ବି କରି ନେଉଥିବ। ତେବେଯାଇ ସିଏ All Life is Yoga ବୋଲି ସଂପୂର୍ଣ୍ଣ ଦ୍ୱନ୍ଦ୍ୱରହିତ ଭାବରେ ସ୍ୱୀକାର କରିନେଇ ପାରିବ। ଦ୍ୱନ୍ଦ୍ୱରହିତ ଭାବରେ ବଞ୍ଚିପାରିବ, ଅଧ୍ୟାତ୍ମ ଏବଂ ପୃଥ୍ୱୀନାମକ ବାସ୍ତବଟି ମଧ୍ୟରେ ଯେଉଁ ନାନାବିଧ ବ୍ୟବଧାନ ଦୀର୍ଘ କାଳକରୁ ପ୍ରୋତ୍ସାହନ ଲାଭ କରି ପୃଥିବୀର ଉଦୟକୁ ବହୁବିଡ଼ମ୍ବିତ କରି ରଖିଛି, ସେତେବେଳେ ତାହାର କୌଣସି ଅବକାଶ ହିଁ ନଥିବ।

ସେହି କାରଣରୁ ଏଇଟି ହେଉଛି ଏକ ପୂର୍ଣ୍ଣ ଏକତାର ମାର୍ଗ, ଯୋଡ଼ି ଆଣିବାର ମାର୍ଗ, ଦିବ୍ୟତାନାମକ ଏକ ପରିପୂର୍ଣ୍ଣ ବୃତ୍ତ ଭିତରେ ସବୁଟିକୁ ଦେଖି ପାରିବାର ତଥା ବଞ୍ଚି ପାରିବାର ମାର୍ଗ। ତଥାକଥିତ ସକଳ ମାର୍ଗକୁ ତଥାପି ସକଳ ଅର୍ଥରେ ଗୋଟିଏ ମାର୍ଗ ଅର୍ଥାତ୍ ଶ୍ରଦ୍ଧାର ବେଢ଼ ଭିତରେ ଦେଖି ପାରିବାର ଏବଂ ବଞ୍ଚି ପାରିବାର ମାର୍ଗ। ବାହାର ଏବଂ ଭିତର ମଧ୍ୟରେ କୌଣସି ପାତ୍ରାନ୍ତରଭେଦ ନାହିଁ, ବ୍ୟକ୍ତିଗତ ଓ ସାମୂହିକ ମଧ୍ୟରେ କୌଣସି କଳହ ନାହିଁ, କୌଣସି ଗୋଟିଏ ମାର୍କାକୁ ଏକମାତ୍ର ବୋଲି ଏଡ଼େ ପାଟି କରି ଘୋଷଣା କରିବାର କୌଣସି ଜ୍ୱର ମଧ୍ୟ ନାହିଁ। ଯାବତୀୟ ଭେକର ସେପାଖକୁ ହୃଦୟଟିଏ ରହିଛି ଏବଂ ଯାବତୀୟ ଉପାସନାଗତ ଭେଦ ପଛରେ ସନ୍ତାନଟିଏ ଛିଡ଼ା ହୋଇଛି। ଏକ ଆକର୍ଷଣ ଅନୁଭବ କରୁଛି, ଏକ ଆହ୍ୱାନକୁ ଠଉରାଇ ନେଇ ପାରୁଛି, ପଳାଇ ଯିବାକୁ ମୋଟେ ଇଚ୍ଛା କରୁନାହିଁ। ଯୋଗର ମାର୍ଗଟି ଭଲ ଲାଗୁଛି, ତେଣୁ ପୃଥିବୀଟାଯାକ ସବୁ କିଛି ଭଲ ଲାଗୁଛି।

– ୨ –

ପ୍ରକୃତିର ତିନି ପାଦ

ଅତୀତର ଯୋଗସାଧନାର ଇତିହାସରେ ଆମେ କେତୋଟି ଭିନ୍ନ ଭିନ୍ନ ମାର୍ଗ ବିକଶିତ ହୋଇ ଆସିଥିବାର ଲକ୍ଷ୍ୟ କରିପାରିବା। ପ୍ରତ୍ୟେକ ମାର୍ଗ ଗୋଟିଏ ଗୋଟିଏ ନିର୍ଦ୍ଦିଷ୍ଟ ପ୍ରକାରର ଅନୁଶୀଳନ ଉପରେ ସର୍ବାଧିକ ମହତ୍ତ୍ୱ ଦେଇ ଆସିଛି ଏବଂ ସେହି ଅନୁସାରେ ପରସ୍ପର ଠାରୁ ଅଲଗା ହୋଇ ଯାଇଛି। ସେହି ଅନୁସାରେ ଅନୁଗାମୀମାନେ

ମଧ୍ୟ ଭିନ୍ନ ଭିନ୍ନ ଏବଂ ସେମାନେ ବହୁ ଅବସରରେ ନିଜକୁ ଗୋଟିଏ ଗୋଟିଏ ଅଲଗା ସଂପ୍ରଦାୟର ବୋଲି ଅନ୍ଦାଜ କରି ନେଇଛନ୍ତି। ସେହି ମୁତାବକ ପ୍ରତ୍ୟେକର ଲକ୍ଷ୍ୟ ଓ ପଦ୍ଧତିଗୁଡ଼ିକ ମଧ୍ୟ ଭିନ୍ନ ଭିନ୍ନ ଭଳି ପ୍ରତ୍ୟୟ କରି ନିଆଯାଇଛି। ଏପରି ଭିନ୍ନ ଭିନ୍ନ ହୋଇଥିବା ପଛରେ ସେପରି କାରଣମାନ ମଧ୍ୟ ରହିଛନ୍ତି କି? ଏଇଟିର ଅବଧାରଣା କରି ପାରିବାକୁ ହେଲେ ଆମକୁ ପ୍ରକୃତିକୁ କ୍ରମାଗ୍ରସର କରି ଆଣିଥିବା ପ୍ରବୃତ୍ତିଗୁଡ଼ିକର ମଧ୍ୟ ଅନୁସନ୍ଧାନ କରିବାକୁ ପଡ଼ିବ। ପ୍ରକୃତରେ ଏକ ମୂଳ ତତ୍ତ୍ୱରୂପେ ଏକ ବିବର୍ତ୍ତନ-ଧାରା ଲାଗି ରହିଛି। ଏହି ଯାବତୀୟ ଦୃଶ୍ୟପଟଟିକୁ ଏକ ମାୟା ବୋଲି କହି ଆଦୌ ଏଡ଼ି ଦେଇ ହେବନାହିଁ। ବରଂ, ଅପର ପକ୍ଷରେ , ସମଗ୍ର ପ୍ରକ୍ରିୟାଟିରେ ଏକ ବିଭୁଇଚ୍ଛା ସତତ କାର୍ଯ୍ୟକାରୀ ହୋଇ ରହିଛି, ଏକ ପରମ ପ୍ରଜ୍ଞାନ ହିଁ କାର୍ଯ୍ୟ କରୁଛି, – ଆବହମାନ କାଳରୁ ଲାଗି ରହିଛି। ଏହି ସତ୍ୟପ୍ରତ୍ୟୟର ସମଗ୍ର ଭୂମିଟିଏ ଉପରେ ହିଁ ଆମେ ପ୍ରଚଳିତ ହୋଇ ଆସିଥିବା ଯୋଗମାର୍ଗ ଗୁଡ଼ିକର ଉପଯୋଗିତା ଗୁଡ଼ିକୁ ହୃଦୟଙ୍ଗମ କରିପାରିବା। ସେଗୁଡ଼ିକ ଯୋଗଚାରଣାର ଭିନ୍ନ ଭିନ୍ନ ଆବଶ୍ୟକତାଗୁଡ଼ିକୁ ଯେଉଁପରି ଭାବରେ ପୁଷ୍ଟ କରି ଆସିଛନ୍ତି, ତାହାରି ପୃଷ୍ଠଭୂମି ଉପରେ ଆମେ ଅଧିକ ସହଜରେ ସେଗୁଡ଼ିକର ଔଚିତ୍ୟକୁ ଅବଶ୍ୟ ବୁଝିପାରିବା। ତା'ରେ ଯାଇ ସେମାନେ ପୂରଣ କରୁଥିବା ପ୍ରୟୋଜନଗୁଡ଼ିକୁ ଏକତ୍ର ବିଚାର କରି ଆମେ ସେମାନଙ୍କର କ୍ରିୟାଶୀଳତା ଭିତରେ ତଥାପି ରହିଥିବା ସମାନତାଗୁଡ଼ିକୁ ଜାଣି ପାରିବା ଏବଂ ଏକ ସଂଗତିଯୁକ୍ତ ସମନ୍ୱୟରେ ଉପନୀତ ହୋଇପାରିବା । ଏହି ଭିନ୍ନ ଭିନ୍ନ ମାର୍ଗମାନେ ଗୋଟିଏ ଗୋଟିଏ ଭିନ୍ନ ପ୍ରୟୋଜନର ପୂରଣ କରିବାରେ ବ୍ୟବହୃତ ହେଉଥିଲେ ମଧ୍ୟ ଆମକୁ ତଥାପି ସବୁଗୁଡ଼ିକର ସମନ୍ୱିତ ଧର୍ମଟିଏ ମିଳିଯାଇ ପାରିବ ଏବଂ ତଦ୍ଦ୍ୱାରା ସଚେତନ ଭାବରେ ସେଗୁଡ଼ିକୁ ଗୋଟିଏ ପରି ଗଚ୍ଛାଇ ଆଣିବାର ବାଟମାନେ ମଧ୍ୟ ମିଳିଯିବେ।

ବିବର୍ତ୍ତନର ନିତ୍ୟ ଧାରାରେ ସୋପାନ ପରେ ସୋପାନ ଅତିକ୍ରମ କରି ପ୍ରକୃତି ସଂପ୍ରତି ମନୁଷ୍ୟଯାଏ ଆସି ପହଞ୍ଚି ଯାଇଛି। ଧାରାଟିକୁ ଆମେ ବର୍ତ୍ତମାନ ତିନୋଟି ଉପାଦାନର ସତ୍ୟ ଉପରେ ଅଧିଗମି ଦେଖିବାକୁ ପ୍ରୟାସଟିଏ କରି ହିଁ ଆମର ଅଧ୍ୟୟନଟିକୁ ଆରମ୍ଭ କରିବା। ସେହି ତିନୋଟି ପର୍ଯ୍ୟାୟ ବା ଥାକ ହେଉଛନ୍ତି : ଯେଉଁଟି ବିବର୍ତ୍ତିତ ହୋଇ ସାରିଲାଣି, ଯେଉଁଟି ବର୍ତ୍ତମାନ ବିବର୍ତ୍ତନର ପ୍ରକ୍ରିୟାଟି ମଧ୍ୟରେ ରହିଛି ଏବଂ ଆଉ ଯେଉଁଟି ବିବର୍ତ୍ତିତ ହୋଇ ଆସିବ ବୋଲି ଅପେକ୍ଷା କରି ରହିଛି। ଏହି ଶେଷଟି ମଧ୍ୟ ସମ୍ଭବତଃ ସ୍ଥଳବିଶେଷରେ ବେଶ୍ ସୂଚିତ ହେବାକୁ ଆରମ୍ଭ କଲାଣି ଏବଂ ଜଣଜଣକର ଜୀବନଚେତନାର ଭୂମି ଉପରେ ବେଶ୍ ପ୍ରାଞ୍ଜଳ ହୋଇ

ଦେଖାଗଲାଣି । କାରଣ, ପ୍ରକୃତିର ବିବର୍ତ୍ତନ ଆଦୌ ଏକ ଯାନ୍ତ୍ରିକ ଗାଣିତିକ ଧାରାରେ ସମସ୍ତଙ୍କର ଜୀବନରେ ସେହି ଗୋଟିଏ ଗତିବେଗରେ ସକ୍ରିୟ ହୋଇ ରହିନାହିଁ । ପ୍ରକୃତି କେଉଁଠାରେ ଦ୍ରୁତ, ପୁଣି ଆଉ କେଉଁଠି ଅତ୍ୟନ୍ତ ବିଳମ୍ବିତ, ଅନିଚ୍ଛୁକ ଏବଂ ଜଡ଼ତାଗ୍ରସ୍ତ । ବେଳେ ବେଳେ ଏକ ତୋଫାନ ଭଳି ଏକାବେଳେକେ ଉଡ଼ାଇ ନେଇ ପଳାଉଛି, ପୁଣି କେତେବେଳେ ପ୍ରାୟ ଏକ ସରୀସୃପ ପରି ଯେଉଁଠି ସେଇଠି ପଡ଼ି ରହିଛି । କେତେବେଳେ ଶାନ୍ତ, ଆମ ସମସ୍ତଙ୍କର ବୋଧଗମ୍ୟ, ପୁଣି କେତେବେଳେ ଲାଗୁଛି, ମନୁଷ୍ୟମାନେ ସେମାନଙ୍କର ବୁଝିବା ଅନୁସାରେ ପୂର୍ଣ୍ଣପ୍ରସ୍ତୁତ ହୋଇନଥିଲେ ମଧ୍ୟ ସିଏ ଆସି ଗୋଟାସୁଦ୍ଧା ଏଠୁ ନେଇ ସେଠାରେ କଚାଡ଼ି ଦେଉଛି । ହିଂସା ଅହିଂସାର ବିଚାର ନାହିଁ । ଆପଣାକୁ ଅତିକ୍ରମ କରିବାର ଏହି ଯେଉଁ ନିୟତ ଧର୍ମଟି ତାକୁ ଗତିଶୀଳ କରି ରଖିଛି, ସଂପୃକ୍ତ ସମସ୍ତଙ୍କୁ ଅବାକ୍ ଏବଂ ଚକିତ କରି ସେଇଟି ହିଁ ଆଖର ବିଜୟୀ ହେବାରେ ଲାଗିଛି । ପ୍ରକୃତିର ଅନ୍ତର ଭିତରେ ସେହି ଦିବ୍ୟ ପରମ ସତ୍ତ୍ୱ ତଥା ସମ୍ଭାବନାଟି ଉଦ୍‌ଘାଟିତ ହୋଇ ଆସିବ ବୋଲି ଯେଉଁ ବିବର୍ତ୍ତନ ଚାଲିଛି, ବାହାରକୁ ଯେତେ କ୍ରୂର ବୋଲି ମନେ ହେଉଥିଲେ ମଧ୍ୟ ତାହାରି ପ୍ରୟୋଜନଟିକୁ ଅଗ୍ରାଧିକାର ଦେଇ ଏହି ଲୀଳାଟି ଲାଗିରହିଛି ।

ବିବର୍ତ୍ତନର ସେହି ଗତିଶୀଳତାର ବାହନ ଉପରେ ଆମେ ଯେଉଁ ସୋପାନଟିକୁ ପାର ହୋଇ ଏଠାରେ ଆସି ପହଞ୍ଚିଲୁଣି, ସେଇଟି ହେଉଛି ଆମର ଦେହଗତ ଜୀବନ । ଦୁଇଟି ମୂଳ ତତ୍ତ୍ୱକୁ ନେଇ ଯେଉଁ ସର୍ବପ୍ରଥମ ସମତାବସ୍ଥାଟିର ଅଧିକାର ମନୁଷ୍ୟମାତ୍ରକେ ଆମ ସମସ୍ତଙ୍କ ଲାଗି ପ୍ରଦତ୍ତ ହୋଇଛି, ସେଇଟି ଆମର ଦେହଗତ ଜୀବନ । ହଁ, ପ୍ରଥମ ତତ୍ତ୍ୱଟି ଜଡ଼ ଏବଂ ଦ୍ୱିତୀୟଟି ପ୍ରାଣ । ଏକ ଏକାନ୍ତ ଅଧ୍ୟାତ୍ମ ତତ୍ତ୍ୱାନୁମାନ ମଧ୍ୟରେ ଯିଏ ଯେତେ ଜଡ଼ିତ ହୋଇ ରହିବାର ଅଭିପ୍ରାୟରେ ଏହି ଦେହର ସ୍ତରଟିକୁ ଅଗ୍ରାହ୍ୟ କରି ରଖିଥାଉ ପଛକେ ଏବଂ ଦେହପ୍ରତି ଯେତେ ଯାହା ଘୃଣା ପ୍ରକଟ କରୁଥାଉ ପଛକେ, ଏହି ଦେହ ହେଉଛି ମୂଳଦୁଆ, ସର୍ବପ୍ରଥମ ଅସ୍ତିତ୍ୱର ବୋଧଗୁଡ଼ିକୁ ସମ୍ଭବ କରୁଥିବା ଆମର ଏହି ପରିଚୟଟି । ଆମର ସକଳ ଶକ୍ତି ତଥା ଉପଲବ୍ଧିର ଉତ୍ସଟି ହେଉଛି ଆମର ପ୍ରାଣ । ପ୍ରାଣ ରହିଛି ବୋଲି ଦେହନାମକ ଏହି ବେଢ଼ାଟିରେ ଆମ ଜୀବନଧାରଣର ସକଳ ସାଧନ ମିଳିଯାଉଛି । ସେହି ପ୍ରାଣଶକ୍ତି ହିଁ ଦେହର ଏହି ଅସ୍ତିତ୍ୱଟି ଭିତରେ ଆମର ସର୍ବବିଧ ମାନସିକ ଓ ଆଧ୍ୟାତ୍ମିକ କ୍ରିୟାଶୀଳତା ଲାଗି ସଂଗତ ଭୂମିଟିକୁ ସମ୍ଭବ କରି ଆଣିପାରୁଛି । କେତେ ସଫଳ ଭାବରେ ପୃଥିବୀ ଉପରେ ଆମେ ବଞ୍ଚୁଥିବା ଏହି ସମୁଦାୟ ଜୀବନଟିକୁ ଅତ୍ୟାବଶ୍ୟକ ଏକ ସ୍ଥାୟିତ୍ୱର ବୋଧ ଆଣି ଯୋଗାଇ ଦେଉଛି । ତଥାପି ସର୍ବଦା ଏକ ନମନୀୟତାକୁ ମଧ୍ୟ ସମ୍ଭବ କରି ପାରିଛି ।

ଏବଂ ସେଇଥିପାଇଁ ତ ଆମ ଭାଷାରେ ଆମେ କହୁଥିବା ଏହି ଶାରୀରିକ ଜୀବନଟି ମନୁଷ୍ୟମାତ୍ରଙ୍କେ ସମସ୍ତଙ୍କ ଭିତରୁ ପ୍ରକଟ ହୋଇ ଆସୁଥିବା ଈଶ୍ୱରଙ୍କ ନିମନ୍ତେ ଗୋଟିଏ ସଦନ ରୂପେ ଅବସ୍ଥିତ ରହିଛି ତଥା ଯୁଗପତ୍ ଭାବରେ ଗୋଟିଏ ନିମିତ୍ତରୂପେ ବି କାର୍ଯ୍ୟ କରିପାରୁଛି ! ଉପନିଷଦରେ ସେହି ମୂଳ ପୀଠଟିକୁ ଅନ୍ନମୟ କୋଷ ବୋଲି ଘୋଷଣା କରାଯାଇଛି । ଅନ୍ନମୟ କୋଷକୁ ସତେଅବା ଏକ ବିବର୍ତ୍ତନଗତ ପରିପୂରକତା ଯୋଗାଇ ଦେବାକୁ ପ୍ରାଣର ଅବଦାନକ୍ଷେତ୍ରଟି ହେଉଛି ଆମର ପ୍ରାଣମୟ କୋଷ । ଏକ ସମଗ୍ର ଅବଧାରଣାରେ ଦୁଇଟିଯାକକୁ ମେଳ କରି ବିଚାର କଲେ ଆମ ପୃଥିବୀସାଧନାରେ ସେହି ସର୍ବପ୍ରଥମ ସାଂସାରିକ ଭୂମିଟି ।

ଏହି ଭୂମିଟି ଆମ ଭିତରେ ପରିପ୍ରକାଶ ନିମନ୍ତେ ଅପେକ୍ଷା କରୁଥିବା ଅଧ୍ୟାତ୍ମର ପାଦତଳେ ରହିଥିବା ସେହି ସର୍ବମୂଳ ପ୍ରାସଙ୍ଗିକତାଟି । ଆମେ ଯଦି ସବାଆଗ ମାତ୍ର ଏତିକିକୁ ମଧ୍ୟ ସ୍ୱୀକାର କରିବା, ତେଣୁ ତୁଚ୍ଛ ଜଡ଼ଟାଏ ଏବଂ ନଶ୍ୱରଟାଏ ବୋଲି କହି ସେଇଟି ପାଖରୁ ହୁଗୁଳି ଯାଇ ଏବଂ ପଳାଇ ଯାଇ କଦାପି ସମୁଦାୟ ପୃଥିବୀର ମର୍ମଭଳି ସକ୍ରିୟ ହେବାରେ ରତ ହୋଇ ରହିଥିବା ପରମ ପ୍ରଜ୍ଞାଟିକୁ ଅସ୍ୱୀକାର କରିବା ନିମନ୍ତେ ମୋଟେ ମନ କରିବାନାହିଁ । ଏହି ପୃଥିବୀ ଲାଗି ନିର୍ଦ୍ଦେଶିତ ହୋଇ ରହିଥିବା ସେହି ପରମ ସତ୍ୟୋନ୍ମୋଚନର ପଥରେ ବାଧକ ହେବାର ମନ୍ଦ ବୁଦ୍ଧି କରିବାନାହିଁ । ତେଣୁ, ଯେଉଁ ଯୋଗ ଶରୀରକୁ ବର୍ଜନ କରିବ କିମ୍ବା ତଥାକଥିତ ଆଧ୍ୟାତ୍ମିକ ପୂର୍ଣ୍ଣତା ହାସଲ କରିବ ବୋଲି ଜଡ଼ସଂସାରକୁ ପରିହାର କରିବା ଅପରିହାର୍ଯ୍ୟ ବୋଲି ଭାବୁଥିବ, ତାହାକୁ କେବେହେଲେ ପୂର୍ଣ୍ଣାଙ୍ଗ ଯୋଗ ବୋଲି କୁହା ଯିବନାହିଁ । ବରଂ, ଯଥାସମ୍ଭବ ପରିପୂର୍ଣ୍ଣ ଭାବରେ ନିର୍ମାଣକୁ ହିଁ ପରମ ଦିବ୍ୟ ସତ୍ୟ ଅର୍ଥାତ୍ ପରମ ପୃଥ୍ୱୀ-ସତ୍ୟର ସର୍ବଶେଷ ବିଜୟ ବୋଲି ସ୍ୱୀକାର କରିନେବା ଉଚିତ ହିଁ ହେବ । ହଁ, ଶରୀର ନାନାପ୍ରକାରେ ଆମର ଆଧ୍ୟାତ୍ମିକ ସାଧନାରେ ପ୍ରତିବନ୍ଧକ ସୃଷ୍ଟି କରିଥାଏ ସତ, କିନ୍ତୁ ସେଇଟି ସକାଶେ ଶାରୀର ସ୍ତରଟିର ବର୍ଜନ ଆମେ କରୁଥିବା କୌଣସି ପ୍ରୟାସ ହୋଇ ରହିବା ଆଦୌ ବିଧେୟ ହେବ ନାହିଁ । ଏବଂ, ସର୍ବୋପରି, ପରମ ବିଧାତାଙ୍କର ଅଦୃଶ୍ୟ ନିର୍ଦ୍ଦେଶନାଗୁଡ଼ିକ ଅନୁସାରେ ଆମ ଜୀବନରେ ଆସୁଥିବା ବୃହତ୍ ବାଧାଗୁଡ଼ିକ ହିଁ ତ ଆଖର ଆମର ବୃହତ୍ ବହୁ ସୁଯୋଗରୂପେ ରୂପାନ୍ତରିତ ହୋଇ ଯାଇଥାଆନ୍ତି !

ସେହିପରି, ଆମ ଭିତରେ କ୍ରିୟାଶୀଳ ହୋଇ ରହିଥିବା ପ୍ରାଣଗତ ତଥା ସ୍ନାୟବିକ ଶକ୍ତିଚୟ ମଧ୍ୟ ଆମକୁ କେତେ ମନ୍ତେ ସହାୟକତା ପ୍ରଦାନ କରନ୍ତି ! ଆମ ଜୀବନର ସର୍ବୋଚ୍ଚ ଉପଲବ୍ଧିଗୁଡ଼ିକ ଲାଗି ସେମାନେ ସାଧନରୂପେ କାର୍ଯ୍ୟରତ ହୋଇ ରହିଥାଆନ୍ତି । ତେଣୁ, ଯଦି ଆମେ ପୂର୍ଣ୍ଣାଙ୍ଗ ଯୋଗକୁ ଆସ୍ପୃହା କରିବା, ତେବେ କଦାପି

୫୨ | ଚିତ୍ତରଞ୍ଜନ ଦାସ

ସେମାନଙ୍କୁ ହତବଳ କରି ରଖିବାର କୌଣସି ବୁଦ୍ଧିହୀନତାର ପରିଚୟ ଦେବାନାହିଁ। ସେଗୁଡ଼ିକୁ ଆମେ ଶୁଦ୍ଧରୁ ଅଧିକ ଶୁଦ୍ଧ କରିବାପାଇଁ ନିଶ୍ଚୟ ପ୍ରୟାସ କରୁଥିବା। ସେମାନଙ୍କର କ୍ରିୟାତ୍ମକତାରେ ଏକ ରୂପାନ୍ତର ଘଟାଇବା, ସେଗୁଡ଼ିକୁ ନିୟନ୍ତ୍ରଣକୁ ଆଣିବା ଓ ସେଗୁଡ଼ିକ ଠାରୁ ଅଧିକରୁ ଅଧିକ କାମ ନେବା । ଏବଂ, ସେଇଥିଲାଗି ତ ଏମାନେ ଆମକୁ ଗୋଟିଏ ଗୋଟିଏ ସମ୍ପଦରୂପେ ପ୍ରଦତ୍ତ ହୋଇ ରହିଛନ୍ତି ! ତେଣୁ, ନିଷ୍କର୍ଷ ହେଉଛି, ଦେହ ଏବଂ ପ୍ରାଣ ଏହି ଦୁଇଟିଯାକକୁ ପ୍ରକୃତି ଆପଣାର ବିବର୍ତ୍ତନ-କ୍ରମରେ ବର୍ତ୍ତମାନ ମହଜୁଦ କରି ରଖିଛି ଅର୍ଥାତ୍ ଆମକୁ ଟାଣ ମୂଳଦୁଆଟିଏ ଯୋଗାଇ ଦେଇଛି। ଏବଂ, ଆପଣାର ଦ୍ୱିତୀୟ ପାବଚ୍ଛରୂପେ ତାହା ଆମର ମାନସକ୍ଷେତ୍ରଟିକୁ କ୍ରମଶଃ ଗଠିତ ଏବଂ ଉନ୍ମୋଚିତ କରି ଆଣୁଛି। ସେହି ପ୍ରୟାସଟିରେ ଯେତେ ଯେଉଁଠି ଆମର ମନ ଦେହ ତଥା ପ୍ରାଣର ଖାସ୍ କବଳମାନଙ୍କରୁ ନିଜକୁ ବିମୋଚିତ କରି ଆଣିପାରୁଛି, ସେଠାରେ ତାହା ନାନା ଅଭୂତପୂର୍ବ ନବୀନତାରେ ନିଜକୁ ପରିଚିତ ଏବଂ ସ୍ୱୀକୃତ କରାଇ ନେଇପାରୁଛି। ମନୁଷ୍ୟର ଏହି ମନୋମୟ ଇଲାକାଟି ଭିତରେ ଏକାବେଳେକେ କେତେ କେତେ ପ୍ରକାର ମଧ୍ୟ ରାଜତ୍ୱ କରିବାରେ ଲାଗିଛି : ତାହା କେଉଁଠି ଶରୀର ଅଥବା ପ୍ରାଣର ଗାରଗୁଡ଼ିକ ମଧ୍ୟରେ ଆବଦ୍ଧ ହୋଇ ରହିଛି, କେଉଁଠି ପ୍ରାୟ ଗୋଟାସୁଦ୍ଧା ବୁଦ୍ଧିର ନାନା ବିସ୍ତାର ମଧ୍ୟରେ ବିହରଣ କରିବାରେ ନିଜକୁ ବାଉଳା କରି ରଖିଛି। ହଁ, ପୁଣି ଏକ ଦିବ୍ୟ ମନ ବି ରହିଛି। କିଞ୍ଚିତ୍ ଅଧିକ ଲକ୍ଷ୍ୟ କରି ଦେଖିଲେ, ସର୍ବପ୍ରଥମ ସ୍ତରଟାରେ ମନୁଷ୍ୟର ମନ ସତେଅବା ଏକ ସଂପୂର୍ଣ୍ଣ ନିବେଶିତ ନିଷ୍ଠାରେ ଦେହ ଓ ପ୍ରାଣ ସହିତ ଆପଣାକୁ ବାନ୍ଧି କରି ରଖିଛି। ତାହାକୁ ହିଁ ଚତୁର୍ବର୍ଗ ସବୁକିଛି ବୋଲି କି ଚାତୁର୍ଯ୍ୟମାନଙ୍କ ସହିତ ମାନି ବି ନେଉଛି ! କିନ୍ତୁ, ପ୍ରକୃତ କଥାଟି ହେଉଛି ଯେ, ମନୁଷ୍ୟଜୀବନର ଏହି ଶରୀରବେଷ୍ଟିତ ଜୀବନଟି, – ଏଇଟି ହେଉଛି କେବଳ ଭୂମି, ମୋଟେ ତା'ର ଲକ୍ଷ୍ୟ ନୁହେଁ। ଏବଂ, ମନର ସ୍ତରକୁ ଆସିଥିବା ମନୁଷ୍ୟ ମଧ୍ୟରେ ହିଁ ସେହି ଅସଲ ବିବେକଟିକୁ ବୁଝିବାକୁ ସମର୍ଥତାଟି ଯାଇ ସମ୍ଭବ ହୋଇଛି।

ମନର ତତ୍ତ୍ୱଟି ହେଉଛି ଏକ ମୁକ୍ତ ଅବସ୍ଥାରେ ଯାବତୀୟ ନିଷ୍ପତ୍ତି ଗ୍ରହଣ କରିବାର ତତ୍ତ୍ୱ। ଯନ୍ତ୍ରପରି ବାହାରର କାହାଦ୍ୱାରା ଚାଳିତ ହୋଇ ମାନି ନେବାର ଯାବତୀୟ ଫନ୍ଦି କେବଳ ମନର ବଳକୁ, ନିଜବୋଧକୁ ଅର୍ଥାତ୍ ପ୍ରତ୍ୟୟକୁ କ୍ଷତିଗ୍ରସ୍ତ ହିଁ କରାଇବାରେ ଲାଗିଥାଏ। ମାତ୍ର, ସବୁ ମନୁଷ୍ୟ ସିନା ମନର ଅଧିକାରୀ ହୋଇ ପାରିଛନ୍ତି ଏବଂ ସମସ୍ତଙ୍କର ଗୋଟିଏ ଗୋଟିଏ ମସ୍ତିଷ୍କ ମଧ୍ୟ ରହିଛି; ମାତ୍ର, ଚାହିଁଦେଲା ମାତ୍ରକେ ମନେ ହେବାକୁ ଲାଗିବ ଯେ, ଖୁବ୍ ଅଳ୍ପସଂଖ୍ୟକ ମନୁଷ୍ୟ ଆପଣା ମନର ମହତ୍ତ୍ୱକୁ ଉପଲବ୍ଧି କରିଛନ୍ତି ଏବଂ ସାବାଳକ ପରି ନିଜର ମନୋମୟ ଜୀବନକୁ ବଞ୍ଚି ପାରୁଛନ୍ତି।

ଅର୍ଥାତ୍, ପୃଥ୍ୱୀ-ବିବର୍ତ୍ତନର ଏକ ତତ୍ତ୍ୱ ନେଇ ଏବେ ମଧ୍ୟ ବିଧାତା ବହୁତ ପରୀକ୍ଷା ଓ ନିରୀକ୍ଷା କରି ଚାଲିଛନ୍ତି। ପୃଥିବୀରେ ଅଧିକ ସଭ୍ୟ ଓ ଆଲୋକପ୍ରାପ୍ତ ବୋଲି ଗଣ୍ୟ ହେଉଥିବା ମନୁଷ୍ୟଗଣଙ୍କ ଜୀବନରେ ମଧ୍ୟ ଦେହଗତ ଓ ମନୋଗତ ପାବଚ୍ଛ ଦୁଇଟି ମଧ୍ୟରେ କୌଣସି ସୁସ୍ଥ ସମଞ୍ଜସତା ଏବେ ମଧ୍ୟ ହୁଏତ ଆସି ପାରିନାହିଁ। ଆଧୁନିକ ଭଳି ଭଳି ପ୍ରଶସ୍ତତା ଏବଂ ଅନୁକୂଳତାର ସୁଯୋଗ ଲାଭ କରି ବହୁ କାଳରୁ ବର୍ବର ଅଥବା ନିତାନ୍ତ ଅବିକଶିତ ବୋଲି ବିବେଚିତ ହୋଇ ଆସିଥିବା ସମୂହମାନଙ୍କରେ ମଧ୍ୟ ଅଭାବନୀୟ ପ୍ରତିଭାମାନଙ୍କର ପରିଚୟମାନ ମିଳିଯିବାରେ ଲାଗିଛି। ମନୋବିକାଶର ପ୍ରୟାସଗୁଡ଼ିକର ସମୂହସ୍ତରୀୟ ସୁଯୋଗମାନେ କ୍ରମେ ଅଧିକରୁ ଅଧିକ ପରିମାଣରେ ପହୁଞ୍ଚ ଭିତରକୁ ଆସି ଯାଉଥିବା ସଙ୍ଗେ ସଙ୍ଗେ ମନେ ହେଉଛି, ପୃଥିବୀର କୌଣସି ଗୋଷ୍ଠୀ କଦାପି ଆପଣାର ପୂର୍ବ ଅଜ୍ଞତାଗୁଡ଼ିକର ପ୍ରସୀମନ ମଧ୍ୟରେ ଆଦୌ ଅଟକି ରହିବନାହିଁ। ମନର ଏହି ମହାନ୍ ଯାତ୍ରାରେ ପୃଥିବୀଯାକର ମଣିଷ ସାମିଲ୍ ହୋଇ ଆସିବେ। କୌଣସି ନଶ୍ୱରତାର ପରାଜୟବୋଧ ମନୁଷ୍ୟମାନଙ୍କୁ ଆଦୌ ବୋଲ ମନାଇ ରଖି ପାରିବେନାହିଁ। ଏବଂ, ସମୁଦାୟ ପୃଥିବୀଟା ସେଇଥିରୁ ସାହସ ଏବଂ ବିଶ୍ୱାସ ପାଇ ପୂର୍ବର ଅପାରଗତା ଗୁଡ଼ିକୁ ପାର ହୋଇ ଆଉକିଛି ଲାଗି ତିଆରି ବି ହୋଇ ଆସିବ। ପରବର୍ତ୍ତୀ ଉଚ୍ଚତାଟିକୁ ହାତ ପାଇଗଲା ପରି ଖୁବ୍ ମନେ ହେବାରେ ଲାଗିଥିବ। ବିବର୍ତ୍ତନର ସେହି ତୃତୀୟ ପାଦଟିକୁ।

ମନର ବହୁବିଧ ପ୍ରୟୋଗ ଦ୍ୱାରା ଆପଣାର ପୃଥିବୀଟିକୁ ଅଧିକରୁ ଅଧିକ ବୁଝି ଓ ଆୟତ୍ତ ମଧ୍ୟକୁ ଆଣି ଜାଗରୂକ ମନୁଷ୍ୟ କିପରି ନିଜ ଇହଜୀବନର ସଂପୂର୍ଣ୍ଣ ପରିମଳଟିକୁ ନିଜର ଅନୁକୂଳ କରି ଆଣିଛି, ଅନ୍ୟ ମନୁଷ୍ୟମାନଙ୍କ ସହିତ ନିଜର ସାଧାରଣ ନିୟତିଗୁଡ଼ିକୁ ଅଧିକ ନିପୁଣ ଭାବରେ ଆବିଷ୍କାର କରିଛି ଏବଂ ସାମୂହିକ ଆହ୍ୱାନଗୁଡ଼ିକ ଅଧିକରୁ ଅଧିକ ଦୂରପ୍ରସାରୀ ଭାବରେ ହୃଦୟଙ୍ଗମ କରି ସଭ୍ୟତା ତଥା ବୃହତ୍ତର ନାନା ନିର୍ଭରଶୀଳତା ଆଡ଼କୁ ଅଗ୍ରସର ହୋଇଛି, ଶ୍ରୀଅରବିନ୍ଦ କେତେ ନା କେତେ ସେହି କାହାଣୀଟିର ପ୍ରଶସ୍ତ ପ୍ରସଙ୍ଗଟିକୁ ଆମ ସମସ୍ତଙ୍କ ସକାଶେ ଆଣି ବାଢ଼ି ଦେଇଛନ୍ତି। ଏହି ଯାବତୀୟ ନବ ନବ ପ୍ରୟାସରୁ ଆଧୁନିକ ବିଚାରଜଗତ ତଥା ଆଧୁନିକ ଜୀବନୋଦ୍ୟମ ଗୁଡ଼ିକ ସତେଅବା ଏକ ବିଶ୍ୱପ୍ରୟାସର ପୂର୍ଣ୍ଣ ପର୍ଯ୍ୟାୟଟିକୁ କ୍ରମଶଃ ଆମର ଏହି ପୃଥ୍ୱୀଜୀବନ ମଧ୍ୟକୁ ଆବାହନ କରି ଆଣିଛି, – ମନେ ହୋଇଛି, ଆପଣାର କୌଣସି ଚରମ ଅଧ୍ୟାତ୍ମ-ଆକାଙ୍କ୍ଷାର ପୂର୍ତ୍ତି ନିମନ୍ତେ ପ୍ରକୃତି ହିଁ ମନୁଷ୍ୟବୁଦ୍ଧିକୁ ସାଧନରୂପେ ବ୍ୟବହାର କରି ଏକ ଅତ୍ୟାବଶ୍ୟକ ବାସ୍ତବ ମୂଳଦୁଆକୁ ଗଢ଼ିବାର ପ୍ରସ୍ତୁତି-ପର୍ବଟିଏ ଆରମ୍ଭ କରିଦେଇଛି। ଏକ ଆଧୁନିକ ସଭ୍ୟତାର ସୁଯୋଗଗୁଡ଼ିକୁ

ସାର୍ବଜନୀନ କରିନେବାର ଅଭିପ୍ରାୟରେ ମନୁଷ୍ୟର ବୁଦ୍ଧି ଅଗଣିତ ଅଭିନବ ମାର୍ଗରେ ଦ୍ୱାରଗୁଡ଼ିକୁ ଆଣି ଯୋଗାଇ ଦେବାପାଇଁ ତତ୍ପର ହୋଇଯାଇଛି। ଏଥିରେ ଇଉରୋପର ବୁଦ୍ଧି ବସ୍ତୁତଃ ଅଗ୍ରଣୀ ହୋଇ ବାହାରିଛି, – ବାହ୍ୟ ଜୀବନର ଗଢ଼ଣମାନେ ସତେଅବା କିମିଆସବୁ ଘଟୁଥିବା ପରି ବଦଳି ଯାଇଛନ୍ତି । ବାହ୍ୟ ପରିବେଶ ଦ୍ୱାରା ସେହି ନିତ୍ୟନୈମିତ୍ତିକ ପ୍ରକାରେ ମନୁଷ୍ୟ ବାଧ୍ୟ ହୋଇ ନରହି ନିଜର ଉଦ୍‌ଭାବନଶକ୍ତିକୁ ପ୍ରୟୋଗ କରି ବରଂ ସେହି ପରିବେଶକୁ ହିଁ ନୂଆ ନୂଆ ପ୍ରୟୋଜନର ନକ୍ସା ମୁତାବକ ବଦଳାଇ ଦେବାଟା ଅଧିକ ଉଚିତ ବୋଲି ବିବେଚିତ ହୋଇଛି। ଉପଲବ୍ଧି କରାଯାଇଛି ଯେ, ଜଡ଼ଗତ ଆବଶ୍ୟକତାର ସ୍ତରରେ ଏକ ପର୍ଯ୍ୟାପ୍ତ ଭୂମି ହିଁ ମଣିଷ ନିମନ୍ତେ ସୁନିଶ୍ଚିତ ହୋଇ ରହିବା ଦରକାର, – ଯେପରିକି ପୂର୍ବପରି ଏତେ ଏତେ ବାଧାର ସମ୍ମୁଖୀନ ନହୋଇ ମନୁଷ୍ୟର ଅନ୍ତର୍ନିହିତ ସମ୍ଭାବନାଗୁଡ଼ିକ ପୂର୍ଣ୍ଣ ବିକଶିତ ହୋଇ ଆସିପାରିବ। ହଁ, ଯଥାସମ୍ଭବ ଅଧିକରୁ ଅଧିକ ମନୁଷ୍ୟଙ୍କ ପାଇଁ, ନ୍ୟାୟତଃ ସବୁ ମଣିଷଙ୍କ ପାଇଁ।

ଶିକ୍ଷାର ପ୍ରସାର ହୋଇଛି; ପଛରେ ପଡ଼ି ରହି ଯାଇଥିବା ଶ୍ରେଣୀଗୁଡ଼ିକର ସତ୍ୱରତର ଅଗ୍ରଗତି ନିମନ୍ତେ ସକଳବିଧ ଅନୁକୂଳତା ଯୋଗାଇ ଦେଇ, ନିମ୍ନସ୍ତରର ବୋଲି ଭର୍ତ୍ସିତ ଏବଂ ପରିତ୍ୟକ୍ତପ୍ରାୟ ହୋଇ ରହି ଆସିଥିବା ସମ୍ବଳହୀନ ଭାଗ୍ୟହୀନମାନଙ୍କୁ ଆଗେଇ ନେଇ, ସମୟ ବଞ୍ଚାଇ ପାରୁଥିବା ନୂଆ ନୂଆ ଯନ୍ତ୍ରକୌଶଳର ପ୍ରଚଳନ କରାଇ ଏବଂ, ଏକ ଆଦର୍ଶ ସାମାଜିକ, ଆର୍ଥିକ ବ୍ୟବସ୍ଥାର ପ୍ରଣୟନ କରାଇ, ବିଜ୍ଞାନର ସହଯୋଗରେ ଦୀର୍ଘ ଆୟୁଷ, ଉନ୍ନତ ସ୍ୱାସ୍ଥ୍ୟ ଏବଂ ସମର୍ଥ ଶରୀରମାନଙ୍କର ସମ୍ଭାବନାକୁ ବହୁଗୁଣିତ କରି ଏକ ପ୍ରକୃତ ସଭ୍ୟତାନୁରାଗୀ ସମାଜର ରଚନା କରିବାର ବହୁ ପ୍ରୟାସମାନ କ୍ରମୋପଲବ୍ଧ ହୋଇ ଆସିଛି, – ଅଧିକରୁ ଅଧିକ ମନୁଷ୍ୟଙ୍କର ଜୀବନପରିଧି ମଧ୍ୟକୁ ସୁବୋଧ ତଥା ସତକୁ ସତ ସହଜ ହୋଇ ଆସିଛି। ଆଖିମାନେ ଅଧିକ ଦୂରକୁ ଦେଖିବା ସକାଶେ ସମର୍ଥ ହୋଇଛନ୍ତି। ସ୍ଥାନୀୟତା ଅର୍ଥାତ୍ ଅଜ୍ଞତାର ଅଭ୍ୟାସଗୁଡ଼ିକର ଇତି ହୋଇ ଆସିଛି। ଅନୁମେୟ ଲକ୍ଷ୍ୟଟି ହେଉଛି, କେବଳ କୌଣସି ବିଶେଷ ଭାଗ୍ୟ ଦ୍ୱାରା ଅନୁଗୃହୀତ କେତେକ ବର୍ଗପାଇଁ ନୁହେଁ କିମ୍ବା ନିର୍ବାଚିତ କେତେଜଣ ବ୍ୟକ୍ତିମାତ୍ରଙ୍କ ନିମନ୍ତେ ମଧ୍ୟ ନୁହେଁ, ସମଗ୍ର ମନୁଷ୍ୟସମଷ୍ଟି ଲାଗି ହିଁ ଏପରି ଏକ ବାସ୍ତବଭୂମି ସମ୍ଭବ କରିବା, ଯେଉଁଥିରେ ସମସ୍ତେ ନିମ୍ନତମ ସୁଖ ଏବଂ ସୁବିଧା ମଧ୍ୟରେ ଜୀବନଯାପନ କରିପାରିବେ, ସବୁରି ପାଖରେ ଯଥେଷ୍ଟ ଅବସରସମୟ ରହିଥିବ, – ସମସ୍ତଙ୍କ ସକାଶେ ସମାନ ସୁଯୋଗମାନ ପ୍ରାପ୍ତ ହେବ, – ଅର୍ଥାତ୍ ବ୍ୟକ୍ତିଗତ ଏବଂ ସାମୂହିକ ଜୀବନଟି ଦୃଢ଼ ଅର୍ଥାତ୍ ଭରସାଯୋଗ୍ୟ ହୋଇ ରହିଥିବ।

ସବୁ ମନୁଷ୍ୟ ମୁକ୍ତ ଭାବରେ ଯଥାସମ୍ଭବ ପରିପୂର୍ଣ୍ଣତା ସହିତ ଆପଣାର ବୁଦ୍ଧି ତଥା ଭାବଗତ ଜୀବନଟିର ବିକାଶ କରି ପାରୁଥିବେ।

ଏହି କଥାମାନ ପ୍ରାୟ କଣ୍ଟାକଣ୍ଟି ନବେ ବର୍ଷ ତଳେ କୁହା ଯାଇଥିଲା। ଏବେ ମଧ୍ୟ ସେହି ପ୍ରୟାସଟି ବଳବତ୍ତର ରହିଛି। ଇଉରୋପ ମଧ୍ୟ ପରିସ୍ଥିତି ଦ୍ୱାରା ସଚେତ ହୋଇ କେବଳ ନିଜପାଇଁ ନୁହେଁ, ସମଗ୍ର ପୃଥିବୀକ୍ଷେତ୍ରଟିକୁ ସମ୍ମୁଖରେ ସ୍ଥାପନ କରି ସମସ୍ତଙ୍କର ସହିତ ସେହି ପ୍ରକ୍ରିୟାଟି ମଧ୍ୟରେ ସଂପୃକ୍ତ ହୋଇ ରହିଛି। ଶ୍ରୀଅରବିନ୍ଦ ନବେବର୍ଷ ତଳେ ଯେପରି କହିଥିଲେ, ଏଥିରେ ସର୍ବଦା ଯେ ନିର୍ଭୁଲ ଅଥବା ସବୁଠାରୁ ଅଧିକ ଉଚିତ ବାଟଗୁଡ଼ିକୁ ଗ୍ରହଣ କରାଯାଇଛି (ବା ଯାଉଛି), ସେକଥା ମଧ୍ୟ ନୁହେଁ, – ମାତ୍ର ମୌଳିକ ଉଦ୍ଦେଶ୍ୟଟି ଏକ ସର୍ବପ୍ରାଥମିକ ଲକ୍ଷ୍ୟରୂପେ ଅବଶ୍ୟ ଠିକ୍ ରହିଛି। ସେ ଏକଥା ମଧ୍ୟ କହିଛନ୍ତି ଯେ, ଉପସ୍ଥିତ ପର୍ଯ୍ୟାୟଟିରେ ଅଧିକାଂଶ କ୍ଷେତ୍ରରେ ତୁଚ୍ଛା ଜଡ଼ଗତ ଏବଂ ଅର୍ଥନୈତିକ ଲକ୍ଷ୍ୟଗୁଡ଼ିକର ପରିପୂରଣ ହିଁ ହୁଏତ ପ୍ରାୟ ସବୁକିଛିର ମୀମାଂସା କରିବାରେ ଲାଗିଛି, କିନ୍ତୁ ଉପରେ ଯେତେ ଯାହା ବ୍ୟତିକ୍ରମ ଘଟୁ ଓ ବହୁତ କିଛି ବିଗିଡ଼ି ଯାଉଥିବା ପରି ମନେ ହେଉଥାଉ ପଛକେ, ସର୍ବଦା ହିଁ, ଏଗୁଡ଼ିକର ପଶ୍ଚାତରେ ସେହି ଉଚ୍ଚତର ତଥା ବୃହତ୍ତର ଆକାଙ୍କ୍ଷାଟି କାର୍ଯ୍ୟ କରୁଛି, ଅଥବା ଅପେକ୍ଷା କରିଛି। ଏହି ସର୍ବପ୍ରାଥମିକ ପୂର୍ତ୍ତିଟି କେବେ ସମଗ୍ର ପୃଥିବୀଟିକୁ, ଅର୍ଥାତ୍ ଏଠାରେ ବାସ କରୁଥିବା ବହୁକୋଟି ମନୁଷ୍ୟଙ୍କୁ ଏଥର ପରବର୍ତ୍ତୀ ପାବଚ୍ଛଟି ଆସି ପହଞ୍ଚିଲା ବୋଲି ପ୍ରତ୍ୟୟ ଆଣି ଦେଇପାରିବ। ଏପର୍ଯ୍ୟନ୍ତ ତ ଖୁବ୍ ଅଳ୍ପସଂଖ୍ୟକ ବିଶେଷ କେତେଜଣ ହିଁ ପରବର୍ତ୍ତୀ ସମ୍ଭାବନାଗୁଡ଼ିକର ମୁଖପାତ୍ର ହୋଇ ଯାହାକିଛି କହୁଛନ୍ତି, – ଏବଂ, କେବେଯାଇ ଅଧିକାଂଶ ମନୁଷ୍ୟ ପ୍ରକୃତରେ ସେଥିସହିତ ସଂପୃକ୍ତ ହେବାର ଇଚ୍ଛା ପ୍ରକଟ କରି ପ୍ରାୟ ଆପେ ଆପେ ଆସି ପହଞ୍ଚିଯିବେ ? ପୃଥ୍ୱୀ-ଶାସନର ରଜ୍ଜୁଗୁଡ଼ିକୁ ହାତରେ ରଖି ଯେଉଁ କ୍ଷମତାପକ୍ଷମାନେ ଏଠି ବର୍ତ୍ତମାନ ସବୁକିଛିର ନିଷ୍ପତ୍ତି କରୁଛନ୍ତି, କ'ଣସବୁ ଅନ୍ୟସ୍ଥିତି ସମ୍ଭବ ହେଲେ ସେମାନେ ମଧ୍ୟ ବୁଝିବେ ଏବଂ ବାଟ ଛାଡ଼ିଦେବେ ? ଏବଂ ସର୍ବୋପରି ଏହି କଥାଟିର ନିଷ୍ପତ୍ତି ସେହି କ୍ଷମତାପାଖଟି କରିବ ନା ପୃଥ୍ୱୀଜୀବନକୁ ଅବାକ୍ କରି ଆଉକିଛି ଆସି ହସ୍ତକ୍ଷେପ କରିବ ଓ ଏକ ଅନୁକୂଳ ଆଲୋଡ଼ନର କାରଣ ହେବ ? ଆମେ ଯେଉଁଠି ସତକୁ ସତ ଥିବା, ଆମର ଉତ୍ତରଗୁଡ଼ିକ ମଧ୍ୟ ସେହି ଅନୁରୂପ ଅବଶ୍ୟ ହେବେ। ଆମ ପରିଚିତିଗୁଡ଼ିକୁ ଅଧିକ ସ୍ପଷ୍ଟ କରି ଦେଉଥିବେ।

ତା'ପରେ ଶ୍ରୀଅରବିନ୍ଦ ଆଗକୁ ଯାଇ କହିଛନ୍ତି: ଏବଂ ସର୍ବପ୍ରାଥମିକ ଆବଶ୍ୟକତା ଗୁଡ଼ିକର ସନ୍ତୋଷ ଦେଇ ପାରୁଥିବା ଭଳି ଏକ ପରିପୂରଣ ହାସଲ

ହୋଇଗଲେ, ଜୀବନଧାରଣର ପଶ୍ଚାତରେ ରହିଥିବା ବୃହତ୍ ଲକ୍ଷ୍ୟଟି ନିମନ୍ତେ ଭୂମିଟିଏ ସମ୍ଭବ ହୋଇଗଲା ବୋଲି ପ୍ରତ୍ୟୟଟିଏ ମିଳିଗଲା ପରେ, ମନର କ୍ଷେତ୍ରଟି ତେଣିକି ଆଉ କାହାର ପରିଚର୍ଯ୍ୟା କରିବାରେ ନିଜକୁ ସମର୍ପିତ କରି ରଖିବାର ବିଚାର କରିବ ? ଯଦି ମନଯାଏ ଆସି ହିଁ ଉଚ୍ଚତମ ଶିଖରଟି ସତକୁ ସତ ପ୍ରାପ୍ତ ହୋଇ ଯାଉଥାଆନ୍ତା, ତେବେ ଏତିକିଦ୍ୱାରା ହିଁ ଅବଶ୍ୟ ମୁଣ୍ଡି ମରି ବି ପାରନ୍ତା। ମାତ୍ର, ଯଦି ତଥାପି ଆହୁରି ଉଚ୍ଚ ହୋଇ ଲକ୍ଷ୍ୟରୂପେ ଆଉକିଛି ରହିଥାଏ, ଯଦି ବିବର୍ତ୍ତନର ପରବର୍ତ୍ତୀ ସୋପାନଗୁଡ଼ିକ ମନୁଷ୍ୟଲାଗି ଅପେକ୍ଷା କରି ରହିଥାନ୍ତି, ତେବେ ଜୀବନନାମକ ପ୍ରୟାସଟି ବର୍ତ୍ତମାନ ସେଇଟି ଲାଗି ହିଁ ଆପଣାକୁ ଅବଶ୍ୟ କ୍ରିୟାଶୀଳ କରି ରଖିବ। ଏକ ଉଚ୍ଚତର ଜୀବନ ଏବଂ ତାହାରି ମୁତାବକ ଅଧିକ ଶକ୍ତିଶାଳୀ ନାନା ସାମର୍ଥ୍ୟ, – ଏହିଗୁଡ଼ିକ ମନୁଷ୍ୟର ଆସ୍ପୃହାକ୍ଷେତ୍ରଟିର ନେତୃତ୍ୱ ଗ୍ରହଣ କରିବ। ସତେଅବା ଏକ ପରବର୍ତ୍ତୀ ଉପନୟନ ନିମନ୍ତେ ମନ ପୂର୍ଣ୍ଣ ପ୍ରସନ୍ନ ଭାବରେ ରାଜୀ ହୋଇଯିବ: ଏକଦା ସିଏ ଆପେ ଆସି ଦେହ ତଥା ପ୍ରାଣଠାରୁ ଯେପରି ରଜ୍ଜୁଗୁଡ଼ିକର ଦାୟିତ୍ୱ ଗ୍ରହଣ କରିଥିଲା, ଏହି ବିନ୍ଦୁଟିକୁ ଆସି ମନ ସମ୍ମୁଖରେ ରହି ଆକର୍ଷିତ କରୁଥିବା ସେହି ଉଚ୍ଚତରଟି ଲାଗି ପରିକର ହିଁ ହେବ। ବିବର୍ତ୍ତନର ସେହିଟି ହିଁ ତୃତୀୟ ପାଦ। ସେଇଟିକୁ ଆଗ ନିଜ ଭିତରେ ଅନୁଭବ କରିବାକୁ ଆରମ୍ଭ କଲେ ସମସ୍ତ ପ୍ରକୃତି ଅର୍ଥାତ୍ ପୃଥିବୀରେ ମଧ୍ୟ ତାହାରି ବାରତାଟିଏ ଆସି ପହଞ୍ଚିଗଲାଣି ବୋଲି ବି ଅନୁଭବ ହେବ, ଏବଂ ସେଇଟି ଆଗ ପୃଥିବୀ ସ୍ତରରେ ଅନୁଭୂତ ହେଲାଣି ବୋଲି ଘ୍ରାଣ କରି ପାରିଲେ, ଆମ ନିଜଭିତରେ ମଧ୍ୟ ତାହାରି ସ୍ପର୍ଶଟିଏ ଅବଶ୍ୟ ମିଳିଯିବ।

ତେବେ ସେହି ଉଚ୍ଚତର ପାବଚ୍ଛଟି ପୁଣି କିପରି ହୋଇଥିବ ? ଭାରତୀୟ ଅଧ୍ୟାତ୍ମର କେତୋଟି ଶବ୍ଦକଳ୍ପନା ଦେଇ ଆମେ ହୁଏତ ସେଇଟିର ଆଭାସ ପାଇପାରିବା, ଏପରିକି ସେଗୁଡ଼ିକୁ କେତେ ପରିମାଣରେ ଏକ ରେଖାଙ୍କନ ଦେଇ ବର୍ଣ୍ଣନା କରିପାରିବା। ଅନ୍ନମୟ ଏବଂ ପ୍ରାଣମୟ କୋଷ ପରେ ମନର ସ୍ତରଟି ହେଉଛି ମନୋମୟ କୋଷ ଏବଂ ସେଇଟିକୁ ଅତିକ୍ରମ କରିଗଲେ ବିଜ୍ଞାନମୟ କୋଷ ଏବଂ ଆନନ୍ଦମୟ କୋଷ। ଆନନ୍ଦମୟ ଅର୍ଥାତ୍ ସଚ୍ଚିଦାନନ୍ଦର ସ୍ତରଟି। ଯାବତୀୟ ଅହଂଭାବନା ଅର୍ଥାତ୍ ବିଚ୍ଛିନ୍ନତାବୋଧକୁ ଏକ ଉତ୍ତରୋତ୍ତର ତପସ୍ୟା ଦ୍ୱାରା ପାର ହୋଇଗଲେ ସେହି ଆନନ୍ଦମୟର ଅପରୋକ୍ଷ ନିତ୍ୟ-ଅନୁଭବଟି। ଆତ୍ମା ସହିତ ସାକ୍ଷାତ୍କାର ଅର୍ଥାତ୍ ଜୀବନର ଅସଲ ସତ୍ୟଟିକୁ ଏକ ସଂଶୟରହିତ ସହଜ ପ୍ରସାର ଦ୍ୱାରା ସତକୁ ସତ ବଞ୍ଚିବା। ପଳାୟନର ପ୍ରଶ୍ନ ହିଁ ନାହିଁ, ଜୀବନକୁ ସତେଅବା ନାନା ପ୍ରହରରେ ବାଣ୍ଟି ଦେଇ ଏକ ତଥାକଥିତ କ୍ରମର ମିଛବୁଦ୍ଧି ଦେଇ ବଞ୍ଚିବାର କୌଣସି ଅବକାଶ ହିଁ ନାହିଁ। ଏକ

ଔପଚାରିକତାମୁକ୍ତ ନିତ୍ୟ ତପସ୍ୟା ଅର୍ଥାତ୍ ନିତ୍ୟସଂଶ୍ଳିଷ୍ଟତାର ଏକ ଜୀବନ। ଦେହ, ପ୍ରାଣ ତଥା ମନର ସନ୍ତକ ହୋଇ ରହି ଆସିଥିବା ସେହି ପାରମ୍ପରିକ ବିଭାଜନମୟ ଆଦୌ କୌଣସି ସନ୍ତାପ ନିମନ୍ତେ ଏଇଟିରେ କୌଣସି ସ୍ଥାନ ନାହିଁ। ଏକ ଅନ୍ୟ ଚେତନାର ତପସ୍ୟା, ଯାହାକି ପରିପୂର୍ଣ୍ଣ ସାକାରତାରେ ସେହି ତଥାକଥିତ ଊର୍ଦ୍ଧ୍ୱଗୁଡ଼ିକୁ ଏହି ତଥାକଥିତ ଅଧଃଗୁଡ଼ିକର ଭୂମିରେ ନାନା ଅଭାବନୀୟ ସାହଚର୍ଯ୍ୟରେ ଏକତ୍ର କରି ବାନ୍ଧି ରଖିଥିବ, – ସେଇଟିକୁ ବଞ୍ଚି ପାରୁଥିବ। ଅଦିବ୍ୟ ବୋଲି କିଛି ବି ନଥିବ। ଏବଂ, ସେହି ଚେତନାଟିକୁ ଆମଯାଏ, ଏହି ପୃଥିବୀଯାଏ ଓହ୍ଲାଇ ଆଣି ଏକ ସହଜ ସାତୀର୍ଥ୍ୟରେ ବଞ୍ଚି ମଧ୍ୟ ହେଉଥିବ।

ଯାହା ଶିଖରଟିଏ ହୋଇ ଦିଶୁଛି ଏବଂ ଆମକୁ ଆମର ସର୍ବସମ୍ପୂର୍ଣ୍ଣ ନିୟତି ସ୍ୱରୂପ ତପସ୍ୟାରତ ଆମ ସକଳ ମନୁଷ୍ୟଙ୍କୁ ଆକର୍ଷିତ କରିନେଉଛି, ସତେଅବା ଆମର ଅସଲ ନିଜଘରେ ଯାଇ ପହଞ୍ଚିବା ନିମନ୍ତେ ଆମକୁ ଆହ୍ୱାନ ଦେବାରେ ଲାଗିଛି, ତାହା ଏଇଠି ଏହି ଭୂମିରେ ମଧ୍ୟ ରହିଛି। ଗାର ସେପାଖରେ ଥାଇ ଗାରମାନଙ୍କୁ ଡ଼େଇଁଯିବା ଲାଗି ଉଚ୍ଚାଟିତ କରିଛି ଏବଂ ଗାର ଏପାଖରେ ରହି ଆମକୁ ସେଇଟି ନିମନ୍ତେ ପ୍ରସ୍ତୁତ କରୁଛି, ପୋଖତ କରି ନେଉଛି। ଠିକ୍ ଏକ ବୃକ୍ଷଭଳି, – ଉପରକୁ ଅନାଇ ଦେଖିବା ମାତ୍ରକେ ହସି ଉଠୁଥିବା କେତେ ଶାଖା ପ୍ରଶାଖା ଏବଂ କେତେ କେତେ ପ୍ରତିଶ୍ରୁତିର ଫୁଲ ଏବଂ ଫଳ; ଏବଂ ଏହି ଭୂମି ଭିତରେ ମୂଳଟି, ଯାବତୀୟ ଅଙ୍କୁରୋଦ୍‌ଗମ ଏହିଠାରେ। ଆମର ଏହି ଶରୀରକୁ ପ୍ରସ୍ତୁତ କରୁଛି, ପ୍ରାଣକୁ ପ୍ରସ୍ତୁତ କରୁଛି ଏବଂ ମନକୁ ପ୍ରସ୍ତୁତ କରିନେବାରେ ଲାଗିଛି। ଆମେ ସଚେତନ ଭାବରେ କିଛି ଜାଣୁନଥିଲେ ମଧ୍ୟ ଆମ ଗଭୀରତମ ଆସ୍ପୃହାର କେନାଗୁଡ଼ିକୁ ଆବିଷ୍କାର କରି ସେଗୁଡ଼ିକରେ ସତେଅବା ପାହାଚମାନଙ୍କୁ ଅତିକ୍ରମ କରିଯିବା ନିମନ୍ତେ ପ୍ରୟାସଗୁଡ଼ିକୁ ଦେଇଯାଉଛି। ଆମଠାରୁ କେବଳ ଆମର ସମ୍ମତିଟିକୁ ହିଁ ଦାବୀ କରୁଛି। ଆମେ ସମ୍ମତି ଦେବା ଅର୍ଥାତ୍ ସହଯୋଗ କରିବା। ଏକ ପାଦଦେଶ ଉପରେ ହିଁ ଶିଖରଟି ବିଦ୍ୟମାନ ରହିଛି ଏବଂ ଆପଣାର ସକଳ କଳନା ତଥା ଜଳ୍ପନାରେ ପାଦଦେଶକୁ କଦାପି ବାଦ୍ ଦେଉନାହିଁ ବୋଲି ଆମେ ବିଶ୍ୱାସ କରିବା। ଆପେ ଆପେ ଆସି ଧରା ଦେବା। ତାହାରି ଏହି ଯୋଜନାଟି ମଧ୍ୟରେ ଧରା ଦେବା। ତାହାରି ଏହି ବ୍ରହ୍ମାଣ୍ଡଟି ହାତରେ ଧରା ଦେବା, ଅର୍ଥାତ୍ ଆମ ଭିତରର ସର୍ବୋତ୍ତମ ହାତରେ ଧରା ହେବା। ଜନନୀଟି ହାତରେ ଧରାଦେଇ ପାରିଲେ ସିନା ଆମେ ସଚେତନ ଭାବରେ ଆପଣା ଭିତରେ ସନ୍ତାନବତ୍ ବଞ୍ଚୁଥିବାର ଗୌରବଟିକୁ ମଧ୍ୟ ବଞ୍ଚି ପାରିବା !

ତେଣୁ, ଶିଖରଟିଏ ନିଶ୍ଚୟ ଅଛି, – ସିଏ ମୋ' ଭିତରେ ରହି ମୋତେ

ଆରୋହଣ ନିମନ୍ତେ, ଉନ୍ମୋଚନ ନିମନ୍ତେ ଅନୁକ୍ଷଣ ପ୍ରସ୍ତୁତ କରି ନେଉଛି, – ଏହି ଦେହ, ପ୍ରାଣ ଏବଂ ମନର ଅଭ୍ୟସ୍ତ ଗାଆଁଟିରେ କେବଳ ଏତିକି ହୋଇ ରହିବା ସକାଶେ ମୁଁ କଦାପି ଏହି ପୃଥିବୀକୁ ଆସିନାହିଁ, – ମୋ' ପଛରେ ଏକ ଯୋଜନା, ଏକ ବିଶ୍ୱଯୋଜନା ରହିଛି ଏବଂ ମୋତେ ଯାବତୀୟ ଅର୍ଥରେ ଅନ୍ତର୍ଭୁକ୍ତ କରି କାର୍ଯ୍ୟ କରୁଛି, – ଏତିକି କ'ଣ କମ୍ ଉପଲବ୍ଧି ? ଏକ ତୃତୀୟ ଜନ୍ମଲାଗି ମୁଁ ଯେ ନିୟତି ଦ୍ୱାରା ନିର୍ଦ୍ଦେଶିତ ହୋଇ ଏଠାରେ ଜୀବନ ବଞ୍ଚୁଛି, ଏତିକି ଏହି ଆରମ୍ଭରୁ ହିଁ ଏକ ସୁନିଶ୍ଚିତ ପୁଞ୍ଜି ଭଳି କାମ କରିବ, – ଯାହାକି ମୋତେ ଏକାଧିକ କୁଣ୍ଠାରୁ ଖୁବ୍ ସହଜରେ ମୁକ୍ତ କରି ଆଣିବ। ଯାବତୀୟ ପୃଥ୍ୱୀକାତରତା ତଥା ଆତ୍ମକାତରତାରୁ ମୁକ୍ତି ଦେବ। ମୋ' କ୍ଷଣକ୍ଷଣର ଏହି ଜୀବନକୁ ଏକ ଅର୍ଥ ପରି ଅର୍ଥ ଆଣି ଦେଇ ଯାଉଥିବ। ବିଶ୍ୱାତୀତ ନାମକ ମୋ' କଳ୍ପନା ଭିତରେ ମୋତେ ଭୀତପ୍ରାୟ କରି ରଖିଥିବା ଚିନ୍ତାଟି ମୋତେ ଆଉ ମୋଟେ ଆକୁଳ କରି ପାରିବନାହିଁ। ମୋ'ର ଯାବତୀୟ ବିଶ୍ୱାତୀତର ମୂଳଗୁଡ଼ିକୁ ମୁଁ ମୋ'ର ଏହି ବିଶ୍ୱଟି ମଧ୍ୟରେ ଅଲବତ ପାଇ ଯାଉଥିବି ଏବଂ ତା'ପରେ ଏଠାରୁ ସେଯାଏ ଯିବାଲାଗି ସେତୁଗୁଡ଼ିକ ମଧ୍ୟ ମୋତେ ମିଳି ଯାଉଥିବେ। ଏହି ସଂସାରଯାକ ସହଯାତ୍ରୀ ପରି ଲାଗିବ। ଈଶ୍ୱର contemporary ହୋଇ ଆସିବେ।

ସିଏ ଯେପରି ଏକ ସଂପୂର୍ଣ୍ଣ ନୂଆ ନେତ୍ରରେ ଦେଖି ପାରୁଥିବାର ଅନୁଭବଟିଏ। କେବଳ ଏହି ଶରୀରରେ ରହିଥିବା ନିତ୍ୟନୈମିତ୍ତିକ ଦୁଇଟା ନେତ୍ର ନୁହେଁ, ସକଳ ଅର୍ଥରେ ଆମର ଜୀବନଟିକୁ ବଞ୍ଚିବାରେ ଆମକୁ ବାଟ ଦେଖାଇ ଦେଖାଇ ନେଇ ଯାଉଥିବା ନେତ୍ରଟି। କେବଳ ତଥାକଥିତ ପରମ ବିଶ୍ୱସତ୍ୟଟିକୁ ନୂତନ ଭାବରେ ଦେଖିବା ନୁହେଁ, ତା ସହିତ ବିଶ୍ୱକୁ ମଧ୍ୟ ଏକ ନୂତନ ଉଜ୍ଜ୍ୱଳତା ଦେଇ ଦେଖିବା, ଆପଣାର କେତେ ନା କେତେ ଉଜ୍ଜ୍ୱଳତାର ଆବିଷ୍କାର କରି ଆପଣାକୁ ଦେଖିବା। ଶାସ୍ତ୍ରମାନଙ୍କରେ ତାହାକୁ ହିଁ ଯୋଗର ନେତ୍ର ବୋଲି କୁହାଯାଇଛି କି ? ଶ୍ରୀଅରବିନ୍ଦଙ୍କର ଭାଷାରେ ସେହି କଥାଟିର କିଞ୍ଚିତ୍ ଧାସ ଦେଇ କହିଲେ, ସେହି ପରମ ସମଗ୍ରତାର କେବଳ ଏକ ନିତାନ୍ତ କ୍ଷୁଦ୍ର ଝଲକର ପରିଚୟ ପାଇପାରିବା ସଙ୍ଗେ ସଙ୍ଗେ ଆମ ଜୀବନର ଅନୁଭବଗୁଡ଼ିକ ଏପରି ସତେଅବା କାହାଦ୍ୱାରା ବଶୀଭୂତ ହୋଇଯିବା ପରି ଲାଗିବ ଯେ, ଆମର ସକଳ ଲୟ ସଂପୂର୍ଣ୍ଣ ଭାବରେ ସେଇଟି ମଧ୍ୟରେ ହିଁ ସମ୍ମୁଗ୍ଧ ହୋଇ ରହିଗଲା ପରି ବୋଧ ହେଉଥିବ ଏବଂ ଥରେ ସେଇଟି ନେତ୍ରପଥରେ ଆସି ଧରାଦେବା ପରେ ଇହ-ଅନୁଭବର ଆଉ ସବୁକିଛିକୁ ଛାଡ଼ି ଦେଇ, ଅବହେଳିତ କରି ତାହାର ଅନୁଧାବନ କରିବାକୁ ପ୍ରବଳ ଇଚ୍ଛା ହେବ। ହୁଏତ ଆଗରୁ ଯେପରି ଆମର ମନଟା ହିଁ ଯାବତୀୟ ସବୁକିଛି ବୋଲି ପରିଲକ୍ଷିତ ହେଉଥିଲା, ଠିକ୍ ସେହିପରି ଏହାପରେ

ମନ କେବଳ ଏକ ବିକୃତି-ସୃଷ୍ଟିକାରୀ ଭ୍ରମ, ନିତାନ୍ତ ଅଯୋଗ୍ୟ ଓ ଅସମର୍ଥ ସଦୃଶ ବୋଧ ହେବ। ଲାଗିବ, ଆମର ସର୍ବବିଧ ଅଗ୍ରଗତି ଏବଂ ସତ୍ୟବୋଧର ପଥରେ ସେହି ମନଟା ସତେଅବା ସବାବଡ଼ ପ୍ରତିବନ୍ଧକ ହୋଇ ରହିଛି, – ଏହି ବିଶ୍ୱସ୍ଥ ଜୀବନରେ ସବୁକିଛିକୁ ମାୟାଦ୍ୱାରା ଘୋଡ଼ାଇ ରଖିଛି - ପରମସତ୍ୟକୁ ଅପହଞ୍ଚ କରିଛି। ଏବଂ ତେଣୁ, ଯଦି ଆମେ ପ୍ରକୃତରେ ଯଥାର୍ଥ ବିମୋଚନ ନିମନ୍ତେ ଆଦୌ କୌଣସି ବାସନା ରଖିଥିବା, ତେବେ ସର୍ବପ୍ରଥମେ ଏହି ମନର ବନ୍ଧନକୁ କାଟି ହିଁ ବାହାରି ଯିବାକୁ ପଡ଼ିବ। କିନ୍ତୁ, ଏହି ଉତ୍ସାହଟିକୁ ମଧ୍ୟ କେବଳ ଗୋଟିଏ ଅର୍ଦ୍ଧସତ୍ୟ ବୋଲି କୁହାଯିବ, – କାରଣ ଏହା ଆମ ମନର କେବଳ ସୀମାଗୁଡ଼ିକୁ ହିଁ ଦେଖୁଛି ଏବଂ ମନ ଭିତରେ ଯେଉଁ ଭାଗବତ ଇଚ୍ଛାଟି ମଧ୍ୟ ଅବଶ୍ୟ କ୍ରିୟାଶୀଳ ହୋଇ ରହିଛି, ସେଇଟିକୁ ଆଦୌ ଜାଣି ପାରୁନାହିଁ। ଅସଲ ଓ ଯଥାର୍ଥ ଜ୍ଞାନ ତ ସର୍ବଦା ତାହାକୁ ହିଁ କୁହାଯିବ, ଯାହା ପରମ ଈଶ୍ୱରସତ୍ତାଙ୍କୁ ଏହି ବିଶ୍ୱାୟତନରେ ମଧ୍ୟ ଅନୁଭବ ତଥା ସ୍ୱୀକାର କରିବାକୁ ସମର୍ଥ ହୁଏ ଏବଂ ତାଙ୍କୁ ବିଶ୍ୱାତୀତ ବୋଲି ଉପଲବ୍ଧି କରିବ ବୋଲି ବିଶ୍ୱରୁ ଆଦୌ ବହିଷ୍କୃତ କରି ରଖେନାହିଁ। ଏବଂ, ଆମେ ଯାହାକୁ ପୂର୍ଣ୍ଣାଙ୍ଗ ଯୋଗ ବୋଲି ଜାଣିବା, ତାହା ବିଶ୍ୱାତୀତ ଈଶ୍ୱରସତ୍ୟଟିର ପରିଚୟ ଲାଭ କରି ତା'ପରେ ଏହି ବିଶ୍ୱକୁ ହିଁ ପ୍ରତ୍ୟାବର୍ତ୍ତନ କରେ, ତାହାକୁ ହିଁ ଆପଣାର ବିଚରଣକ୍ଷେତ୍ର ରୂପେ ଗ୍ରହଣ କରିନିଏ। ଅବଲୀଳା କ୍ରମେ ଉର୍ଦ୍ଧ୍ୱକୁ ଆରୋହଣ କରିପାରେ ଏବଂ ଓହ୍ଲାଇ ମଧ୍ୟ ଆସି ପାରୁଥାଏ। କାରଣ, ଯଦି ପରମପ୍ରଜ୍ଞା ବୋଲି ଆଦୌ କିଛି ପ୍ରକୃତରେ ଥାଏ, ତେବେ ଏହି ମନପାଇଁ ମଧ୍ୟ ଏକ ଉଚ୍ଚତର କାର୍ଯ୍ୟସାଧନରେ ବ୍ୟବହୃତ ହେବାର ନିୟତିଟିଏ ଅବଶ୍ୟ ନିର୍ଦ୍ଦେଶିତ ହୋଇ ରହିଥିବ। ଏବଂ, ଆମର ମନ ବସ୍ତୁତଃ କିପରି ଆରୋହଣ ତଥା ଅବରୋହଣ ଉଭୟର ହିଁ ସମର୍ଥ ହୋଇ ପାରିଛି, ସବୁକିଛି ତାହାରି ଉପରେ ନିର୍ଭରଶୀଳ ହୋଇ ରହିବ। ଅର୍ଥାତ୍, ଆପଣାର ସେହି ନିୟତିଟିର ବୋଲ ମାନି ମନ ମଧ୍ୟ ଆପଣାର ପରିପୂର୍ଣ୍ଣତା ହାସଲ କରିବ, ଆପଣାର ଏକ ରୂପାନ୍ତର ସମ୍ଭବ କରି ଆଣିବ। ତେଣୁ, ତାହାକୁ ଉତ୍ପାଟନ ଅଥବା ବିଲୋପସାଧନର ଏହି କ୍ଷେତ୍ରରେ ଆଦୌ ଅବକାଶ ବା କାହିଁକି ରହିବ ?

ତେଣୁ, ପ୍ରକୃତିର ଏହି ତିନୋଟି ପାଦ ବିଷୟରେ ଆମେ ଅବହିତ ରହିବା। ପ୍ରଥମଟି ହେଉଛି ଆମର ଏହି ଶରୀରଗତ ଜୀବନ, – ଯାହା ଏହି ଜଡ଼ର ପୃଥିବୀ ମଧ୍ୟରେ ଆମ ଜୀବନର ଭୂମିରୂପେ ରହିଛି ଏବଂ ଏକ ଭୂମିର କାର୍ଯ୍ୟସାଧନ କରୁଛି। ଦ୍ୱିତୀୟ ପାଦଟି ହେଉଛି ଆମର ମାନସିକ ଜୀବନ, ଆମେ ସଂପ୍ରତି ଯେଉଁଟି ମଧ୍ୟରେ ପ୍ରବିଷ୍ଟ ହୋଇ ରହିଛୁ। ଏଠାରେ ପ୍ରବେଶ କରି ଆମ ଶରୀରସ୍ଥ ଜୀବନଗ୍ରାମଟି ଉଚ୍ଚତର

ଅଧିକ କାମରେ ନିୟୋଜିତ ହୋଇପାରୁଛି ଏବଂ ଏକ ବୃହତ୍ତର ସମଗ୍ର ମଧ୍ୟକୁ ଉନ୍ନୀତ ହୋଇଯାଉଛି। ଏବଂ, ଆମର ଦିବ୍ୟ ବିଭାବଯୁକ୍ତ ଜୀବନ, – ଯେଉଁଟି ଆସୁଛି, ତାହା ଆମ ଶରୀରସ୍ଥ ତଥା ମାନସିକ ଉଭୟ ଜୀବନର ହିଁ ଲକ୍ଷ୍ୟ ହୋଇ ରହିଛି: ସେହି ଜୀବନ ଏଗୁଡ଼ିକ ମଧ୍ୟକୁ ଯେ ପ୍ରତ୍ୟାବର୍ତ୍ତନ କରିବ ଏବଂ ସେମାନଙ୍କୁ ସେମାନଙ୍କର ଉଚ୍ଚତମ ସମ୍ଭାବନାଗୁଡ଼ିକ ମଧ୍ୟକୁ ବିମୋଚିତ କରିନେବ, ତାହା ନିଶ୍ଚୟ ହୋଇ ରହିଛି। ଏହି ତିନୋଟିଯାକରୁ କୌଣସି ଗୋଟିଏକୁ ଆମେ ଆମ ସକାଶେ ଅପହଞ୍ଚ ବୋଲି ଆଦୌ ଅନୁଭବ କରିନେବା ନାହିଁ, କୌଣସିଟିକୁ ଆମର ପ୍ରକୃତି ଅନୁସାରେ ଏକ ନିମ୍ନ ସ୍ତରର ବୋଲି ମଧ୍ୟ ଗ୍ରହଣ କରି ନେବାନାହିଁ। ଏବଂ, ଆମର ଚରମ ଉପଲବ୍ଧିଟି ନିମନ୍ତେ କୌଣସିଟିର ବିଲୋପ ଘଟାଇବାର ପ୍ରୟୋଜନ ରହିଛି ବୋଲି ଆଦୌ ବିଚାରିବା ନାହିଁ। ଏହି ବିମୋଚନ ତଥା ଏହି ପରିପୂର୍ଣ୍ଣତାକୁ ହିଁ ଆମେ ଯୋଗର ଏକ ବୃହତ୍ ଏବଂ ମହତ୍ତ୍ୱପୂର୍ଣ୍ଣ ଅଂଶ ବୋଲି ସର୍ବଥା ସ୍ୱୀକାର କରିବା।

ପୂର୍ବର ସାଧନା - ପରମ୍ପରାମାନେ ଏତେ ସମଗ୍ର କରି ଯୋଗର ବିଚାର କରିନଥିଲେ। ଅଧିକାଂଶତଃ ଏହି ପୃଥ୍ୱୀଜୀବନକୁ କେବଳ ଗୋଟିଏ ଫାଶ ବୋଲି କହି ସେମାନେ ଯଥାଶୀଘ୍ର ଏଥିରୁ ମୁକ୍ତ ହୋଇ ଚାଲିଯିବାକୁ ହିଁ ମୁଖ୍ୟ ଉଦ୍ଦେଶ୍ୟରୂପେ ଧରି ନେଉଥିଲେ। ଅସଲ ସତ୍ୟ ଆଉ କେଉଁଠି ସେଠାରେ ଯାଇ ରହିଛି ଏବଂ ଏହି ଜଗତକୁ ପରମ ଦିବ୍ୟସତ୍ତା ମାୟାରେ ପଡ଼ି ଯାଇଥିବା ମନୁଷ୍ୟମାନଙ୍କର ସତେଅବା ଶାସ୍ତି ଭୋଗ କରୁଥିବାର ଗୋଟିଏ ସ୍ଥାନବତ୍ ଦେଖି ଆସିଛନ୍ତି। ମୁକ୍ତିର ସମ୍ଭବଧାମଗୁଡ଼ିକୁ ସେମାନେ ସତେଅବା ଜଗତର ବାହାରେ ବୋଲି କହି ହୁଏତ ଉଶ୍ୱାସ ଅନୁଭବ କରିଛନ୍ତି। ଏହି ଜଗତରେ ମଧ୍ୟ ଜଗତବିମୁଖ ବିଶେଷମାନଙ୍କ ନିମନ୍ତେ ବିକଳ୍ପ ସଂସାରଗୁଡ଼ିକୁ ନିର୍ଣ୍ଣିତ ବି କରି ଦେଇଛନ୍ତି। ଏହାଦ୍ୱାରା ପୃଥିବୀ ଅତ୍ୟନ୍ତ ଅବହେଳା ମଧ୍ୟରେ ପଡ଼ି ରହିବାକୁ ବାଧ୍ୟ ହୋଇଛି ! ପୃଥିବୀରେ ସବୁକାଳେ ବାସ କରି ଆସିଥିବା ମନୁଷ୍ୟମାନଙ୍କୁ ଏହି ସବୁକିଛି ଦ୍ୱାରା ଅନ୍ୟମନସ୍କ କରି ଦେବାର ପ୍ରୟାସଗୁଡ଼ିକୁ ହିଁ କରାଯାଇଛି। ପୂର୍ଣ୍ଣ ଯୋଗ ଏକାବେଳେକେ ଏକ ଅନ୍ୟ ଆଖିରେ ପୃଥିବୀକୁ ଦେଖିଛି, – ଭାଗବତ ସତ୍ୟଗୁଡ଼ିକ ଏହି ପୃଥିବୀରେ ନାନା ଅଭିନବ ପାରସ୍ପରିକତା ଓ ପରସ୍ପର ଶ୍ରଦ୍ଧାର ମାଧ୍ୟମରେ ସାକାର ହୋଇ ଆସିବ ବୋଲି ସାହସ କରିଛି। ପୂର୍ଣ୍ଣାଙ୍ଗ ଯୋଗର ସାଧନା ହେଉଛି ସେହି ସାହସର ସାଧନା, - ପୃଥିବୀ ମଧ୍ୟକୁ ଭଗବାନଙ୍କୁ ଅବତୀର୍ଣ୍ଣ କରାଇ ଆଣିବାର ସାଧନା। ଅଧିକ ନିର୍ଭୁଲ ଭାବରେ କହିଲେ, ଯାହାକିଛିକୁ ଯେତେ ଯେଉଁଠି ପରମ ଈଶ୍ୱରସତ୍ୟ ବୋଲି କହି ସାଧନାଦି ବ୍ୟାପାରରେ ସତେଅବା ବିଶେଷ ଅଧିକାରପ୍ରାପ୍ତମାନେ ପୃଥିବୀ ବାହାରେ ଠାବ କରି ରଖି ଅଧିକ ଲାଭବାନ୍ ହେବେ

ବୋଲି ହୁଏତ ଅଭିପ୍ରାୟ ରଖିଛନ୍ତି, ତାହା ଏହିଠାରେ ହିଁ ଅପେକ୍ଷା କରି ସର୍ବଦା ରହିଆସିଛି, ଏକ ଅନୁରୂପ ଚେତନା ତଥା ଅନୁରୂପ ସ୍ୱୀକୃତିବୋଧ ଦ୍ୱାରା ପରିଚାଳିତ ହୋଇ ବିବର୍ତ୍ତନର ପରବର୍ତ୍ତୀ ପାବଛଟିରେ ତାହାର ଆବିଷ୍କାର କରିବେ ଏବଂ ତାହାରି ନିର୍ଦ୍ଦେଶରେ ବଞ୍ଚିବେ ବୋଲି ମୁଖ୍ୟତଃ ଅପେକ୍ଷା ରହିଛି ।

– ୩ –

ତ୍ରିବିଧ ଜୀବନ

ଆମେ ଜାଣିବା ଯେ, ଯାହାକୁ ଆମେ ପ୍ରକୃତି ବୋଲି କହୁଛୁ, ସେଇଟି ହେଉଛି ଏକ ବିବର୍ତ୍ତନର ପ୍ରକ୍ରିୟା, ଏକ ଉନ୍ମୋଚନର ଏବଂ ରହସ୍ୟ-ଉଦ୍‌ଘାଟନର ପ୍ରକ୍ରିୟା । ଆମେ ତାହାକୁ ଏହି ସବାତଳେ ଠିଆ ହୋଇ ଗୋଟିଏ ଆରୋହଣର କ୍ରମପ୍ରକ୍ରିୟା ବୋଲି ମଧ୍ୟ ବେଶ୍ କହିପାରିବା । ସେହି ପ୍ରକ୍ରିୟାଟି ତିନୋଟି ପାଦରେ ଏହି ଧରଣୀପୃଷ୍ଠରେ ଆପଣାକୁ ପ୍ରକଟ କରିବାରେ ତତ୍ପର ରହି ଆସିଛି । ପ୍ରଥମେ ଆମର ଦେହଗତ ଜୀବନଟି, ତା'ପରେ ମନ, – ମାନସିକ ସ୍ତର, ଏବଂ ତୃତୀୟଟି ହେଉଛି ଏକ ଆଧ୍ୟାତ୍ମିକ ସୋପାନ । ପ୍ରଥମଟିର ବିବର୍ତ୍ତନ ସ୍ଥୂଳତଃ ସରିଛି, ମାନସ ସ୍ତରର ଯାତ୍ରାଟି ଚାଲିଛି ଏବଂ ଅଧ୍ୟାତ୍ମର ପାହାଚଟିରେ, ଯାହା ଆସୁଛି, ତାହାରି କ୍ରମପ୍ରସ୍ତୁତି ହେଉଛି । ମୂଳରୁ ଏଯାଏ ସେଇ ଗୋଟିଏ ତତ୍ତ୍ୱ ବା ସତ୍ୟ ଜନନୀ ପରି ପଶ୍ଚାତରେ ରହିଛି ଓ ତୃତୀୟଟି ପ୍ରକଟ ହୋଇଗଲେ ଆମର ଏହି ପୃଥ୍ୱୀଜୀବନରେ ସେହି ଅଧ୍ୟାତ୍ମ ହିଁ ସର୍ବତ୍ର ମୀମାଂସକ ହୋଇ ରହିବ ବୋଲି ହିଁ ନିର୍ଦ୍ଧାରିତ ହୋଇଛି । ଏବଂ, ସେହି ସୋପାନଟିରେ ଶରୀର, ପ୍ରାଣ, ଏବଂ ମନର ପ୍ରାଥମିକ ସ୍ତରମାନେ ମଧ୍ୟ ନିଜନିଜର ପୂର୍ଣ୍ଣତା ଲାଭ କରିବେ ଏବଂ ଅସଲ ଏକତାଟିକୁ ପୂର୍ଣ୍ଣରୂପେ ପ୍ରତିଷ୍ଠିତ କରିଦେବେ । ପୁନଶ୍ଚ, ମାନସିକଟି ଆସିବା ସକାଶେ ଯେ ଦେହ ଓ ପ୍ରାଣକୁ ଅଲୋଡ଼ା ବୋଲି କହି ଛାଡ଼ି ଆସିବାକୁ ପଡ଼ିଲା ସେ କଥା ଆଦୌ ନୁହେଁ, ବରଂ ମନ ଆସିବାଦ୍ୱାରା ତ ସେମାନେ ଅଧିକ କ୍ରିୟାଶୀଳ ତଥା ନିର୍ଭରଯୋଗ୍ୟ ହୋଇ ପାରିଲେ; ଠିକ୍ ସେହିପରି ଏଥର ଅଧ୍ୟାତ୍ମର ମୁହୂର୍ତ୍ତଟି ଆସି ପହଞ୍ଚିଲେ ପୂର୍ବବର୍ତ୍ତୀ ତିନୋଟିଯାକ ମୋଟେ ପରିତ୍ୟକ୍ତ ହୋଇ ସେହି ପଛରେ ହିଁ ରହି ଯିବେନାହିଁ, – ସେଗୁଡ଼ିକ ପ୍ରକୃତରେ ଏକ ରୂପାନ୍ତର ଦ୍ୱାରା ବହୁଗୁଣ ଅଧିକ କାର୍ଯ୍ୟରେ ଲାଗିପାରିବେ, ବର୍ତ୍ତମାନ ଭଳି ଆଦୌ ଏପରି ଅଳ୍ପସମର୍ଥ ହୋଇ ରହିବେନାହିଁ ।

ଏବଂ, ପୂର୍ଣ୍ଣତର ହେବାର ସେହି ପୂର୍ବନିର୍ଦ୍ଦିଷ୍ଟ ଯାତ୍ରା-ପ୍ରକ୍ରିୟାରେ ମନୁଷ୍ୟ ସବାଆଗରେ ରହିଛି। ସତକୁ ସତ ଆମ ନିଜକୁ ସଂଶ୍ଳିଷ୍ଟ କରି ନିଜକୁ ଅନୁଭବ କରିପାରିଲେ ଆମେ କ'ଣ ପାଇଁ କହି ନପାରିବା ଯେ ଆମେ ଏହି ବିଭୁବରାଦର ଯାତ୍ରାରେ ସବାଆଗରେ ରହିଛୁ? ଆମକୁ ହିଁ ଭୂମି କରି, ପୂର୍ଣ୍ଣ ନିମିତ୍ତବତ୍ କରି ସେହି ବିବର୍ତ୍ତନ ଆପଣାର ଯଥାନିର୍ଦ୍ଦେଶିତ ବିନ୍ଦୁରେ ଉପନୀତ ହୋଇ ପାରିବ ବୋଲି ଆମେ ଆସ୍ପୃହାଟିର ଯୋଗ୍ୟ ହେବାରେ ଲାଗିପାରିଲେ ଆମେ ଗୌରବର ସହିତ ଅବଶ୍ୟ କହିପାରିବା ଯେ ଆମକୁ ଏଥିସକାଶେ ତିନୋଟି ଜନ୍ମର ମଧ୍ୟଦେଇ ନିଜେ ଭାଜନ ହୋଇ ପାରୁଛୁ ବୋଲି ନିଜକୁ ତଥା ଆମ ଭିତରେ ଆମକୁ ତିଆରି କରି ଆଣୁଥିବା ବିଧାତାଙ୍କୁ ମଧ୍ୟ ସମୁଚିତ ଭରସାଟିଏ ଅବଶ୍ୟ ଦେଇପାରିବା। ସବା ପ୍ରଥମ ପାହାଚଟି ରୂପେ ତ ଆମର ଶରୀର ତଥା ପ୍ରାଣ ମହଜୁଦ ହୋଇ ରହିଛନ୍ତି। ଆମ ମନଟି ମଧ୍ୟ ସେଥିଲାଗି ଆପଣାକୁ ଯୋଗ୍ୟରୁ ଯୋଗ୍ୟତର ହୋଇ ଗଠିତ ହେବାରେ ସହଯୋଗ କରିବ ବୋଲି ମହଜୁଦ ରହିଛି। ଏଇଟି ସତକୁ ସତ ଏକ ଆତ୍ମ-ଉପଲବ୍ଧିର ଆହ୍ୱାନ, ଏକ ଉତ୍ତରୋତ୍ତର ଆତ୍ମ-ଉନ୍ମୋଚନ ଏବଂ ସଚେତନ ଜାଗରଣ। ତେବେ ଯାଇ ଆମେ ଆପଣାର ପରିଚିତି-ମାର୍ଗରେ ନିଜର ଅସଲ ସଦନଟିକୁ ବାହୁଡ଼ି ଆସିବା, – ସେଠାରେ ତାଙ୍କୁ ପୂର୍ଣ୍ଣ ପରିଚୟରେ ଭେଟିଲୁ ବୋଲି ଏକ ପ୍ରତ୍ୟୟ ଲାଭ କରିପାରିବା ଏବଂ, ସେହି ଅନୁସାରେ ଜୀବନଟିଏ ବଞ୍ଚିବା।

ତିନି ସୋପାନର ତିନୋଟି ଜନ୍ମ ଏବଂ ତେଣୁ ସେହି ଅନୁସାରେ କାର୍ଯ୍ୟତଃ ଭିନ୍ନ ଭିନ୍ନ ହୋଇ ରହିଥିବା ତିନି ସ୍ୱଭାବର ଜୀବନ ମଧ୍ୟରୁ ଆମର ଉପଯୋଗୀ ଗୋଟିଏ ପ୍ରକାରକୁ ଗ୍ରହଣ କରିନେବା ନିମନ୍ତେ ଆହ୍ୱାନ। ପ୍ରଥମତଃ ଏକ ନିତ୍ୟନୈମିତ୍ତିକ ମାମୁଲି ଜଡ଼ପ୍ରସ୍ଥଗତ ଜୀବନ, ଦ୍ୱିତୀୟତଃ ମାନସିକ ସର୍ବବିଧ କ୍ରିୟାସଚଳତାକୁ ମୂଳ କରି ବୁଦ୍ଧିପ୍ରେରିତ ଅନୁକ୍ଷଣ ଅଗ୍ରଗତି କରୁଥିବା ଜୀବନ ଓ ତୃତୀୟତଃ ଏକ ବିପୁଳ ଆଧ୍ୟାତ୍ମିକ ଜୀବନର ପୂର୍ଣ୍ଣାନନ୍ଦମୟ ଅବିଚ୍ଛିନ୍ନତା। ଅବଶ୍ୟ, ସମୁଚିତ ଚେତନାର ପୂର୍ଣ୍ଣ ସକାରାତ୍ମକତା ସହିତ ଅଗ୍ରସର ହେଉଥିବା ସଙ୍ଗେ ସଙ୍ଗେ ମନୁଷ୍ୟ ସେହି ତିନୋଟିଯାକକୁ ପରସ୍ପର-ପରିପୂରକ ଗୋଟିଏ ରୂପେ ବି ବଞ୍ଚିପାରିବ, ସେଗୁଡ଼ିକ ମଧ୍ୟରେ ରହିଥିବା ପରି ପ୍ରତୀତ ହେଉଥିବା ପୃଥକ୍‌ତାଗୁଡ଼ିକୁ ନିଶ୍ଚୟ ଦୂରୀଭୂତ କରିଦେଇ ପାରିବ ଏବଂ ଏକ ସମଗ୍ର ସମଞ୍ଜସତା ସହିତ ଆପଣା ଭିତରେ ସେହି ପରିପୂର୍ଣ୍ଣ ମହିମାଯୁକ୍ତ ସତ୍ୟମନୁଷ୍ୟଟିକୁ ସମ୍ଭବ କରି ଆଣୁଥିବ।

ଜଣେ ସାଧାରଣ ମନୁଷ୍ୟର ଜୀବନକଳ୍ପନାର ବୁଝିବା ଲାଗି ସେହି ସ୍ତରଗୁଡ଼ିକର ଭିନ୍ନ ଭିନ୍ନ ରୀତିଧର୍ମ ସର୍ବଦା ଅବଶ୍ୟ ରହିଛି। ଶରୀର ସୋପାନଟି ସବାଆଗ

ତିଷ୍ଠି ରହିବାକୁ ଚାହେ; ଅଗ୍ରଗତି କରୁନଥାଉ ପଛକେ, ତଥାପି ତିଷ୍ଠି ରହିବା ନିମନ୍ତେ ହିଁ ଅଧିକ ଘାରି ହୋଇ ରହିଥାଏ। ମୁଖ୍ୟତଃ ପୁନରାବୃତ୍ତିର ପ୍ରକ୍ରିୟାଟି ଉପରେ ଅଧିକ ନିବେଶ ରଖୁଥାଏ। ବଂଶବୃଦ୍ଧି ନିମନ୍ତେ ତାହାର ଅଧିକ ପ୍ରୟାସ ଲାଗି ହିଁ ରହିଥାଏ। ପ୍ରାଣଶକ୍ତି ତ ସର୍ବଦା ଅମରତ୍ୱ ଇଚ୍ଛା କରେ, ମାତ୍ର ଶାରୀରିକ ଛାଞ୍ଚଟା ମାତ୍ର ସୀମାବଦ୍ଧ କିଛି କାଳପାଇଁ ପୂର୍ବରୁ ଉଦ୍ଦିଷ୍ଟ ହୋଇ ଆସିଥିବାରୁ, ବଂଶବୃଦ୍ଧି କରିବା ବ୍ୟତୀତ ସତେଅବା ଆଉ କୌଣସି ବିକଳ୍ପ ନଥାଏ। ଆତ୍ମ-ରକ୍ଷଣ, ବଂଶର ବୃଦ୍ଧିସାଧନ, – ଏହିଗୁଡ଼ିକ ପ୍ରାୟ ଧର୍ମତଃ ଶାରୀରିକ ଜୀବନସ୍ତରର ସହଜାତ ରୀତିପ୍ରାୟ ହୋଇ ରହିଥାଏ। ପରିବର୍ତ୍ତିତ ହେବା, ପରିବର୍ତ୍ତିତ ହେବାରେ ଲାଗିଥିବା ହେଉଛି ମନର ସ୍ୱଭାବ ଓ ମନର ଧର୍ମ। ମନ ଯେତିକି ଯେତିକି ଉପରକୁ ପହଞ୍ଚି ପାରୁଥାଏ ଓ ଆପଣାକୁ ଯେତିକି ଅଧିକ ପରିମାଣରେ ସଂଗଠିତ କରିନେବାରେ ସମର୍ଥ ହୁଏ, ସେତିକି ସେତିକି ଏହି ସତତ ପରିବର୍ତ୍ତନର ପ୍ରବୃତ୍ତିଟିଏ ମଧ୍ୟ ବୃଦ୍ଧି ପାଇବାରେ ଲାଗିଥାଏ। ଅଧିକରୁ ଅଧିକ ବୃହତ୍ତା, ଅଧିକରୁ ଅଧିକ ଉନ୍ନତିର ଅବସ୍ଥା, ପ୍ରାପ୍ତ ସମ୍ପଦ ତଥା ଅର୍ଜନଗୁଡ଼ିକୁ ଅଧିକରୁ ଅଧିକ ନିପୁଣ ଭାବରେ ବ୍ୟବସ୍ଥାଦ୍ୱାରା ବାନ୍ଧି ରଖିବା, – ଗୋଟିଏ କଥାରେ କହିଲେ କ୍ଷୁଦ୍ର ଏବଂ ସରଳ ମାର୍ଗଗୁଡ଼ିକୁ ପରିହାର କରି ଅଧିକ ବୃହତ୍ତାଯୁକ୍ତ ଏବଂ ବହୁମୁଖୀ ହେବାରେ ଲାଗିଥିବା । ଶରୀରର ତୁଳନାରେ ମନ ହେଉଛି ଅଧିକ ଅସୀମ, ପ୍ରସାରିତ ହେବାର କ୍ଷେତ୍ରମାନଙ୍କରେ ଅଧିକ ସ୍ଥିତିସ୍ଥାପକ, ନିଜ ଗଢ଼ଣଗୁଡ଼ିକରେ ଅଲଗା ଅଲଗା ପରିଚୟରେ ପ୍ରକଟ ହେବାଲାଗି ସର୍ବଦା ତତ୍ପର। ଅର୍ଥାତ୍ ମନର ଲୋକଟା ଯେତିକିରେ ଥାଏ, ଯେତିକି ପାଇଛି ବୋଲି କୌଣସି ହିସାବର ସାହାଯ୍ୟ ନେଇ ଜାଣି ପାରୁଥାଏ, ସେତିକିରେ ଆଦୌ ଥୟ ହୋଇ ରହି ପାରେନାହିଁ। ସଦାଚଞ୍ଚଳ ରହିଥାଏ। ଅଧିକ, ଆହୁରି ଅଧିକକୁ ଧାଇଁବାରେ ରହିଥାଏ।

ପୂର୍ଣ୍ଣ ପରିଚିତି ଏବଂ ସ୍ଥିର ନୈକଟ୍ୟର ଯେଉଁ ସ୍ଥିତିଟି, ସେଇଟି ହେଉଛି ଅଧ୍ୟାତ୍ମ ନାମକ ଆମ ତୃତୀୟ ଜୀବନ-ଭୂମିଟିର ଲକ୍ଷଣ। ହରାଇବାର ଭୀତି ନାହିଁ କି ହାସଲ କରିଛି ବୋଲି କୌଣସି ଅତିପ୍ରୀତି ମଧ୍ୟ ନାହିଁ। ଅନ୍ୱେଷଣ ରହିଛି, କିନ୍ତୁ ଆଦୌ କୌଣସି ବିକଳ କରି ପକାଉଥିବାର ଜ୍ୱରବିକାର ନାହିଁ। ସକଳ ବସ୍ତୁକୁ ଆବୋରି ଧରି ତଥା ସକଳ ବସ୍ତୁକୁ ଅତିକ୍ରମ କରି ଯାହା ଏକ ପରମ ବିଶ୍ୱସତ୍ୟ ରୂପେ ଏହି ସବୁକିଛିକୁ ଅନୁସେଚିତ କରି ରଖିଛି, ତାହାହିଁ ପୂର୍ଣ୍ଣ ନିର୍ଭରର ସହିତ ମୋତେ ଏକ ସହଜତା ତଥା ସମ୍ପନ୍ନତା ମଧ୍ୟରେ ପ୍ରେରିତ କରାଇ ରଖିଛି, – ସେହି ଉପଲବ୍ଧି। କୃଚ୍ଛଲବ୍ଧ ମାତ୍ର କେତେକ ମୁହୂର୍ତ୍ତ ନିମନ୍ତେ ମୋତେ ମଜ୍ଜିତ କରି ରଖି ତା'ପରେ ଅଚାନକ ମୋତେ ଯେଉଁପରି ସେହିପରି ଯେଉଁଠି ସେଇଠି ପକାଇ ଦେଇ ଚାଲି ଯିବା

ପାଇଁ ନୁହେଁ, – ଏକ ସର୍ବମୁହୂର୍ତ୍ତର ସକାରାତ୍ମକତା ପ୍ରଦାନ କରି ମୋତେ ଯାବତୀୟ ଅର୍ଥରେ ମୋ'ର ଅସଲ ଘରଟି ମଧ୍ୟରେ ଥାନଟିଏ ଦେଇ ରଖିଛି। ତାହା ହିଁ ମୋତେ ଏଠାରେ ସବୁକିଛି ସହିତ ଯୁକ୍ତ କରି ରଖିଛି, ମୋ'ର ଯାବତୀୟ ଆନନ୍ଦର ନିତ୍ୟକାରଣ ହୋଇ ରହିଛି। କୌଣସି ଅଜ୍ଞତା ନାହିଁ, ଆଦୌ କୌଣସି ସୀମା ଭିତରେ କିଳି ହୋଇ, ବାଧ୍ୟ ହୋଇ, ବଞ୍ଚିତ ହୋଇ ରହିଥିବାର କୌଣସି ବେଦନାଦାୟକ ଅନୁଭବ ମଧ୍ୟ ନାହିଁ।

ଏହି ତିନୋଟିଯାକ ଭୂମିରେ ପ୍ରକୃତି ବ୍ୟକ୍ତି ମଧ୍ୟରେ କାର୍ଯ୍ୟ କରୁଛି, ସମୂହ ମଧ୍ୟରେ ବି କାର୍ଯ୍ୟ କରୁଛି। ପରିବାର, ବଂଶସମୁଦାୟ, ଜାତୀୟତାର ସେହି ବୃହତ୍ତର ମେଳଟି ଏବଂ ଆମେ ଏକ ଅବିଭାଜ୍ୟ ଏକକ ଭଳି କଳ୍ପନା କରି ପାରୁଥିବା ଏହି ସମଗ୍ର ମାନବଜାତି, – ସବୁକିଛି ମଧ୍ୟରେ। ମନୁଷ୍ୟ ମନ କଲେ କେବଳ ଜଣେ ବ୍ୟକ୍ତିରୂପେ ଏହି ତିନୋଟିଯାକ ଭୂମିରେ କେବଳ ନିଜ-ହିତଗତ ସ୍ୱାର୍ଥନିମନ୍ତେ ଜୀବନଯାପନ କରିପାରେ କିମ୍ବା ଆପଣାର ଅନ୍ଦାଜ ମୁତାବକ ନିଜକୁ କୌଣସି ଏକ ସାମୂହିକତା ସହିତ ଗଅଁଠାଇ ରଖି ମଧ୍ୟ ବଞ୍ଚିପାରେ; ଆପଣାର ଉପଲବ୍ଧିକୁ ମାଧ୍ୟମ କରି ସେ ସାମୂହିକ ଜୀବନର ଲକ୍ଷ୍ୟଚୟକୁ ମଧ୍ୟ ତଥାପି ସଂପୁଷ୍ଟ କରିପାରେ। କାରଣ, ଅସଲ ସଂଗତିଗୁଡ଼ିକର ସ୍ତରରେ ସର୍ବଥା ହିଁ କାମ୍ୟ ବୋଲି ଅବଶ୍ୟ କୁହାଯିବ ଯେ, ଜଣେ ବ୍ୟକ୍ତି ସମୂହଟି ସହିତ ଉଚିତ ପ୍ରକାରେ ସମ୍ବନ୍ଧିତ ହୋଇ ରହିବ, ତୁଚ୍ଛା ଅହଂଟା ଦ୍ୱାରା ପ୍ରେରିତ ହୋଇ ସମୂହର ସ୍ୱାର୍ଥକୁ ମାଡ଼ି ଦଳି ଦେବନାହିଁ, ବହୁତଙ୍କୁ ବାଦ୍ ଦେଇ ନିଜକୁ ବାହ୍ୟ ଧନସମ୍ପତ୍ତି ଅଥବା ମନର ସ୍ତରରେ କେବଳ ନିଜର ଅଗ୍ରଗତି ନିମନ୍ତେ ତତ୍ପର ରହିବନାହିଁ କିମ୍ବା ଆପଣାର ସହମନୁଷ୍ୟମାନଙ୍କୁ ବାଦ୍‌ଦେଇ ନିଜର ତଥାକଥିତ ହିତସାଧନ ପାଇଁ ଆପଣାର ବିକାଶକୁ ମଧ୍ୟ ଦାବି ରଖି ଆପଣାକୁ ଆଦୌ କ୍ଷତିଗ୍ରସ୍ତ କରିବନାହିଁ। ବରଂ, ସିଏ ନିଜ ଭିତରେ ରହିଥିବା ସକଳ ସମ୍ଭାବନାର ସମ୍ୟକ୍ ବିକାଶ ସାଧନ କରିବ ତଥା ନିଜର ବିଚାର, କର୍ମ ଏବଂ ଆଉ ସବୁକିଛିର ମାଧ୍ୟମରେ ନିଜର ଚତୁର୍ଦ୍ଦିଗସ୍ଥ ସମାଜ ନିମନ୍ତେ ନେଇ ଅର୍ପଣ କରିଦେବ, ଯେପରିକି ସମଗ୍ର ସମଷ୍ଟିର ହିଁ ଉଚ୍ଚତମ ବିକାଶଗୁଡ଼ିକ ଲାଗି ମାର୍ଗ ସୁଗମ ହୋଇ ଯାଉଥିବ।

ଅର୍ଥାତ୍, ଆମର ଏହି ପୃଥିବୀପୃଷ୍ଠର ଜଡ଼ପ୍ରୟୋଜନଗତ ଜୀବନଟି ଆପଣାର ସର୍ବୋଚ୍ଚ ଲକ୍ଷ୍ୟ ରୂପେ ବିଶ୍ୱପ୍ରକୃତିର ପ୍ରାଣଗତ ଉଦ୍ଦେଶ୍ୟପୂରଣକୁ ହିଁ ଆପଣାର ଧ୍ୟେୟ କରି ରଖିବ। ଏହି ଜୀବନରେ ଅଧିକ ସୁଖ, ଅଧିକ ଆରାମ, – ସମାଜ ନିମନ୍ତେ, ଜାତିଟି ସକାଶେ ଅଧିକରୁ ଅଧିକ ସୁଖ ଏବଂ ସୁଯୋଗ। ଏହି ଉଦ୍ୟମଟି ଆମ ପୃଥ୍ୱୀଜୀବନର ବାହ୍ୟ ନିରାପତ୍ତାଗୁଡ଼ିକୁ ନିଶ୍ଚୟ ସୁରକ୍ଷିତ କରି ରଖି ପାରୁଥିବ ସତ,

କିନ୍ତୁ କେବଳ ସେତିକି ହିଁ ସମସ୍ତ ଧ୍ୟେୟ ହୋଇ ରହିଲେ ତାହା ନିତାନ୍ତ ଅଳ୍ପସୀମିତ ଏବଂ ନିର୍ବୋଧ ଭାବରେ କେବଳ ଏହି ମାଟିଟାକୁ କାମୁଡ଼ି ରହିବାର ପ୍ରମାଦ ଭିତରେ ପକାଇ ଦେବାର ଭୟଙ୍କର ଆଶଙ୍କାମାନ ରହିଥିବ। ସବୁକିଛି ଗୋଟାଏ ରୁଟିନ୍ ଭିତରେ ଯାଇ ପଡ଼ିଯିବ, ପ୍ରାଚୀନ ଗଢ଼ଣମାନେ ଯେମିତି ସେମିତି ହୋଇ ରହିଥିବେ, ଭାବନା ଓ ବିଚାରମାନେ ବି ଆଦୌ ସ୍ୱୀକୃତ ଛାଞ୍ଚଗୁଡ଼ିକ ମଧ୍ୟରୁ ବାହାରୁ ନଥିବେ। ସମସ୍ତେ କେବଳ ପୁରାତନ ବିଚାରଗୁଡ଼ିକୁ ଯାବୁଡ଼ି ଧରିଥିବେ ଓ ପୂର୍ଣ୍ଣ ଉତ୍ସାହର ସହିତ ନୂଆ ନୂଆ ବିଚାର ସହିତ ଲଢ଼େଇ ମଧ୍ୟ କରୁଥିବେ। ସକଳବିଧ ପରିବର୍ତ୍ତନର ପ୍ରତିରୋଧ ହିଁ କରିବାରେ ଲାଗିଥିବେ। କାରଣ, ବସ୍ତୁସୁଖକୁ ହିଁ ସବୁକିଛି ବୋଲି ବଞ୍ଚୁଥିବା ମଣିଷ ନୂଆ କୌଣସି ବିଚାର ନିମନ୍ତେ ବାଟ ଛାଡ଼ି ଦିଆଯାଉ ବୋଲି ଇଚ୍ଛା କରୁଥିବା ସମସ୍ତଙ୍କୁ ଅବାସ୍ତବ ଆଦର୍ଶବାଦୀ, ସ୍ୱପ୍ନଚାରୀ ତଥା ଏପରିକି ପାଗଳ ବୋଲି କହି ନିନ୍ଦିତ କରିବାରେ ଲାଗିଥିବ। ପ୍ରାଚୀନ ଭାରତବର୍ଷରେ ଅଦ୍ୱିଜ ଏବଂ ଦ୍ୱିଜ – ଏହି ଦୁଇ କିସମର ମନୁଷ୍ୟଙ୍କ ଭିତରେ ବହୁ ଗୋଳ ଲାଗି ରହିଥିବାର ଏକାଧିକ ଦୃଷ୍ଟାନ୍ତ ମିଳିଯାଇ ପାରିବ। ଏହି କେବଳ ବସ୍ତୁବାଦୀ ଓ ଇହସୁଖକାମୀମାନେ ସମଷ୍ଟିର ସବାତଳ ଅବର ଭୂମିଟିକୁ ଖୁବ୍ ଜବର କରି ହୁଏତ ରଖି ଆସିଛନ୍ତି ସିନା, କିନ୍ତୁ ପରବର୍ତ୍ତୀ ଦ୍ୱିଜତ୍ୱର ଭୂମିଟିରେ ଯେଉଁ ଗୌରବପୂର୍ଣ୍ଣ ପ୍ରତିଶ୍ରୁତିଟି ମନୁଷ୍ୟ ଲାଗି ଅପେକ୍ଷା କରି ରହିଥାଏ, ସେମାନେ ଆଦୌ ସେଇଟିର ଭାଜନ ହୋଇ ପାରିନାହାନ୍ତି। ସତେଅବା ନିଜେ ରଚନା କରି ରଖିଥିବା ଗୋଟିଏ କାରାଗାର ମଧ୍ୟରେ ହିଁ ରହିଛନ୍ତି।

ତଥାପି, ସେହି ବସ୍ତୁସର୍ବସ୍ୱ ତଥାକଥିତ ସଂସାରୀ ମଣିଷଟି ଗତାନୁଗତିକ ଗାରଗୁଡ଼ିକ ମଧ୍ୟରେ ବାନ୍ଧି ହୋଇ ରହିଥିବା ସମୟରେ ମଧ୍ୟ ଅତୀତରେ ତାହାକୁ ଭୟଙ୍କର ଭାବରେ ଚକିତ କରି ଧର୍ମଗତ ଉଦ୍‌ବେଳନମାନ ଆସି ପହଞ୍ଚି ଯାଇଛନ୍ତି ଏବଂ ସିଏ ମଧ୍ୟ ସେମାନଙ୍କୁ ଆପଣାର ସମାଜରେ ଏକ ତଥାକଥିତ ସ୍ଥାନ ଅବଶ୍ୟ ଛାଡ଼ିଦେଇଛି, ସେଗୁଡ଼ିକ ପ୍ରତି ଢ଼େର ସମ୍ମାନ ପ୍ରଦର୍ଶନ କରିଛି। ଏହି ଆନ୍ଦୋଳନମାନେ ଅବଶ୍ୟ ତା'ର ଜୀବନରେ ଅଧିକାଂଶ ସମୟରେ ସେପରି କୌଣସି ଉଲ୍ଲେଖଯୋଗ୍ୟ ପ୍ରଭାବ ପକାଇ ପାରିନାହାନ୍ତି। ପୁରୋହିତମାନଙ୍କୁ, ତାଙ୍କୁ ଈଶ୍ୱରଙ୍କ ବିଷୟରେ ଗମ୍ଭୀର ତତ୍ତ୍ୱକଥା ସବୁ କହୁଥିବା ବିଜ୍ଞମାନଙ୍କୁ ସିଏ ବହୁତ ସ୍ୱୀକୃତି ଦେଇଛି ଏବଂ ସିଏ ସେମାନଙ୍କ ଠାରୁ କିଛି ଆପଦଶୂନ୍ୟ ମାମୁଲି ଆଧ୍ୟାତ୍ମିକ ଖୋରାକ ଅବଶ୍ୟ ପାଇପାରିବ ବୋଲି ବେଶ୍ ବିଶ୍ୱାସ କରିଛି, କିନ୍ତୁ ସିଏ ଆଦରି ରହିଥିବା ସଂସାରର ବନ୍ଧନ ଭିତରୁ ବାହାରିଯାଇ ଯିଏ ଅଧ୍ୟାତ୍ମ ଅନୁଭବ ଓ ଆଧ୍ୟାତ୍ମିକ ଜୀବନକୁ ବରିନେଉଛି, ସିଏ ତାକୁ ମୋଟେ ନିରାପଦ ବୋଲି ବିଚାର କରିନାହିଁ, ତାକୁ ନିଜର ଗୃହପୁରୋହିତ ହେବାର

ଦାୟିତ୍ୱ ଦେବାକୁ ଦେବାପାଇଁ ଇଚ୍ଛା କରିନାହିଁ, ବରଂ ସିଏ ଜଣେ ସନ୍ନ୍ୟାସୀର ପରିଚ୍ଛଦ ପିନ୍ଧି ବାହାରେ ବାହାରେ ରହିଥାଉ ବୋଲି ଇଚ୍ଛା କରିଛି। ହଁ, ଆପଣାର ଆଧ୍ୟାତ୍ମିକ ସ୍ୱାଧୀନତାର ଜୀବନଟିକୁ ସେହି ସନ୍ନ୍ୟାସୀ ସମାଜର ବାହାରେ ଯାଇ ବଞ୍ଚୁ ସିନା, ମାତ୍ର ତା'ର ଏହି ସମାଜଟାକୁ ଆଦୌ ବିପନ୍ନ ନକରୁ। ହଁ, ସିଏ ସର୍ବଦା ସମ୍ଭବତଃ ଏହିପରି ଇଚ୍ଛା କରୁଛି ଯେ ସିଏ ସମାଜର ଅଟ୍ଟାଳିକାଟାକୁ ଅଧ୍ୟାତ୍ମର ବିଦ୍ୟୁତ୍‌ପାତର ପ୍ରମାଦରୁ ରକ୍ଷା କରିଥିବା ଏକ ମନୁଷ୍ୟରୂପୀ ଲୌହଦଣ୍ଡ ରୂପେ ବରଂ ପୋତା ହୋଇ ରହିଥାଉ ! ସଂସାରୀ ମନୁଷ୍ୟଟିଏ ସମ୍ଭବତଃ ଖୁବ୍ ବେଶୀଯାଏ ଯାଇ ସନ୍ନ୍ୟାସୀର ଏତିକି ଭୂମିକା ରହୁବୋଲି ରାଜୀ ହୋଇ ପାରୁଛି।

ଅଧ୍ୟାତ୍ମକୁ ବାଦ୍ ଦେଇ ପୃଥିବୀର ଜଡ଼ଗତ ସଂସ୍ଥାନଟି ମଧ୍ୟରେ ଆବଦ୍ଧ ହୋଇ ରହିଥିବା ମଣିଷଟି ବେଶ୍ ସୁଖ ଏବଂ ସନ୍ତୋଷ ସହିତ ବଞ୍ଚି ପାରିବନାହିଁ କାହିଁକି ବୋଲି ଭାବି ପୃଥିବୀ ତା'ର କେଡ଼େ ଅଭ୍ୟସ୍ତ ସେହି ସ୍ତରଟିରେ ମଧ୍ୟ ଅଗ୍ରଗତିର କେତେ କେତେ ବୃହତ୍ ପ୍ରୟାସମାନ କରିବାରେ ଲାଗିଛି ! ନୂଆ ନୂଆ ପଦାର୍ଥମାନଙ୍କର ଉଦ୍‌ଭାବନ ଲାଗି ରହିଛି, ପରିବର୍ତ୍ତନ ପରେ ପରିବର୍ତ୍ତନର ଘୋଡ଼ା ଛୁଟୁଛି – ଅତ୍ୟନ୍ତ ସଚେତନ ଭାବରେ ଏଗୁଡ଼ିକୁ ସମ୍ପନ୍ନ କରାଯାଉଛି ଏବଂ ଅବଶ୍ୟ ଜୀବନଟା ଆଗକୁ ଚାଲିଛି ବୋଲି ପ୍ରତିଶ୍ରୁତି ଦିଆଯାଉଛି। ପରିବର୍ତ୍ତନ ହି ପ୍ରଗତି ବୋଲି ପାଠଟାଏ ପଢ଼ାଇ ଦିଆଯାଉଛି । ଏଥିରୁ ସମ୍ଭବ ହେଉଥିବା ସାମଗ୍ରୀବହୁଳତାକୁ ଜଡ଼ଉପରେ ମନୁଷ୍ୟମନର ଏକ ବିରାଟ ବିଜୟ ବୋଲି ଧାରଣା ଦିଆଯାଉଛି। ଏବଂ, ଏଣେ ଜଡ଼ ପ୍ରକୃତି ମଧ୍ୟ ପ୍ରତିଶୋଧ ନନେଇ ସତେଅବା ଆଦୌ ଛାଡ଼ି ଦେବନାହିଁ ବୋଲି ପଣ କରି ବସିଛି। କାରଣ, ଏହି ସର୍ବବିଧ ଅଗ୍ରଗତି କ୍ରମେ ଅଧିକରୁ ଅଧିକ ସ୍ଥୁଳ ତଥା ରୁଚିହୀନ ହେବାରେ ଲାଗିଛି, – ତୁଚ୍ଛା ବାହ୍ୟ ସ୍ତରଟାକୁ କାମୁଡ଼ି ଧରିଛି। ଯେତିକି ଯେତିକି ବେଗମାନେ ବଢ଼ୁଛନ୍ତି, ସେତିକି ସେତିକି ଅଶାନ୍ତତା ବଢ଼ୁଛି, କ୍ଳାନ୍ତି ବୃଦ୍ଧି ପାଉଛି, ସତେଅବା ବହୁତ କିଛି ଆୟତ୍ତର ବାହାରକୁ ଚାଲିଯାଉଛି।

ଜଡ଼ର ଜଙ୍ଗଲରେ ପୃଥୁଳ ହେବାରେ ଲାଗିଥିବା ଏହି ବିଚରା ମନୁଷ୍ୟଟିର ଜୀବନରେ କିଞ୍ଚିତ୍ ଆଧ୍ୟାତ୍ମିକବତ୍ ଆସ୍ୱାଦନ ଆଣି ଦେବାକୁ କେତେ କିସମରେ ଧର୍ମୀୟ ଭାବନା ଆଣି ପୂରାଇବାର ପ୍ରୟାସ ମଧ୍ୟ କରାଯାଉଛି। ଏହିପରି ସାନ ସାନ ଅଧ୍ୟାତ୍ମ-ସମାଜ ମଧ୍ୟ ଗଢ଼ି ହେବାରେ ଲାଗିଛନ୍ତି। ତାହାକୁ ହିଁ ଜଡ଼ଉପରେ ଅଧ୍ୟାତ୍ମର ବିଜୟ ବୋଲି ଧରି ନିଆଯାଉଛି। ମାତ୍ର ଏଥିରେ ମଧ୍ୟ ଦାରୁଣ ଅଭାବଟିଏ ରହିଯାଉଛି: ଉପରକୁ ସାଧାରଣତଃ ଏକ ଧର୍ମୀୟ ହାବଭାବ ଯାହା ସୃଷ୍ଟି କରାଯାଉଛି – ପ୍ରାୟ ସବୁକିଛି ନବୀକରଣ ତୁଚ୍ଛା ବାହ୍ୟଟା ଭିତରେ ହିଁ ରହିଯାଉଛି। ଏବଂ, ଏସବୁର

ଉତ୍ସାହସୁଅର ପ୍ରକୋପରେ କେବଳ ଆଉକିଛି ଅଧିକ ସଂଖ୍ୟାର ମନୁଷ୍ୟାତ୍ମା ମୁଖ୍ୟ ସମାଜସ୍ଥ ଜୀବନଟି ଭିତରୁ ବେଶ୍ ଅଲଗା ହୋଇ ଚାଲି ଯାଉଛନ୍ତି। ବେଶ୍ କିଛି ସମୟ ଚେଇଁ ଉଠିଲାପରି ମନେ ହେଉଛି, କିନ୍ତୁ କିଛିଦିନ ପାଇଁ କିଞ୍ଚିତ୍ ହଲଚଲ ସୃଷ୍ଟି ହେଉଥିଲେ ମଧ୍ୟ ସମାଜ କ୍ରମେ ଅଧିକ ଦରିଦ୍ର ହୋଇ ଯାଉଛି। କାରଣ, ପ୍ରକୃତ କଥାଟି ହେଉଛି ଯେ, ପରସ୍ପର ଠାରୁ ଅଲଗା ହୋଇ ରହି କେବଳ ମନର ପ୍ରଚେଷ୍ଟା କିମ୍ବା କେବଳ ଆଧ୍ୟାତ୍ମିକ ଭାବୋତ୍ସାହ ଦ୍ୱାରା ଜଡ଼ସ୍ଥ ପ୍ରକୃତିର ପରାକ୍ରମୀ ପ୍ରତିରୋଧକୁ ରୋକିବାରେ କେହି ଆଦୌ ସମର୍ଥ ହେବେନାହିଁ। ତେଣୁ, ଦୁଇଟିଯାକକୁ ଏକତ୍ର ସମ୍ମିଳିତ ହେବାକୁ ପଡ଼ିବ, ଏକ ସମ୍ମିଳିତ ପୂର୍ଣ୍ଣ ଉଦ୍ୟମ ଦ୍ୱାରା ହିଁ ସେମାନେ ମନୁଷ୍ୟମାନଙ୍କର ଏହି ପୃଥିବୀନାମକ ନିବାସଟିରେ ଆଦୌ କୌଣସି ପୂର୍ଣ୍ଣ ପରିବର୍ତ୍ତନ ସମ୍ଭବ କରି ପାରିବେ। କିନ୍ତୁ, ସାଧାରଣ ଯାହା ହୋଇଥାଏ, ଏମାନେ ଉଭୟେ ପରସ୍ପରକୁ କିଛିହେଲେ ବାଟ ଛାଡ଼ି ଦେବାକୁ ମଧ୍ୟ ରାଜୀ ହୁଅନ୍ତି ନାହିଁ। ତେଣୁ, ପ୍ରତ୍ୟେକେ କେତେ କେତେ ବଳର ଅଧିକାରୀ ହୋଇଥିଲେ ମଧ୍ୟ ପୃଥିବୀରେ ପ୍ରତ୍ୟାଶାମାନଙ୍କୁ ପୂରଣ କଲାଭଳି ସେପରି କିଛି କରି ପାରନ୍ତିନାହିଁ ।

ମାନସ ସ୍ତରର ଜୀବନ ମଧ୍ୟ କେତେ ଅବସରରେ ସୌନ୍ଦର୍ଯ୍ୟର କଥା କହିଥାଏ, ନୈତିକତାର ଉପସ୍ଥାପନମାନ କରିବାରେ ଉତ୍ସାହ ଦେଖାଏ, – ଶୁଦ୍ଧ ବୁଦ୍ଧିର ଭଳି ଭଳି କ୍ରିୟାଶୀଳତାର ପ୍ରସଙ୍ଗ ମଧ୍ୟ ଉଠାଇଥାଏ। ମନ ନିଜ ସମ୍ମୁଖରେ ଆଦର୍ଶଟିଏ ଥାପିଥାଏ, – ଏପରି କିଛି ସାଧ୍ୟ କରିବାରେ ଆଗ୍ରହ ରଖିଥାଏ, ଯାହାଭିତରେ କି ଅପୂର୍ଣ୍ଣତାର ଆଦୌ କୌଣସି ଗନ୍ଧ ହିଁ ନଥିବ। ଆତ୍ମା ସ୍ୱପ୍ନ ଦେଖୁଥାଏ, – ପୂର୍ଣ୍ଣ ସୌନ୍ଦର୍ଯ୍ୟ, ପୂର୍ଣ୍ଣ ଭାବରେ ଯାବତୀୟ ଦୋଷରୁ ମୁକ୍ତ ଆଚରଣ, ପରିପୂର୍ଣ୍ଣ ପରମ ସତ୍ୟ, – ଶୁଦ୍ଧ ମନଟି ଏହିପରି ଗୁଡ଼ିଏ ସ୍ଥିତିର ସନ୍ଧାନ କରିବାରେ ଲାଗିଥାଏ। ମାତ୍ର, ଜଡ଼ର ପ୍ରତିରୋଧଟିକୁ କିପରି ପ୍ରତିହତ କରା ଯାଇପାରେ, ସେଇଟି ତାକୁ ଆଦୌ ଜଣା ନଥାଏ। ବଡ଼ ବାଧାପ୍ରାପ୍ତ ଏବଂ ଅସମର୍ଥ ହୋଇ ରହିଥାଏ, ଅତ୍ୟନ୍ତ ବାଉଳାଚାଉଳା ଭାବରେ କିଛି ପ୍ରୟୋଗ କରୁଥାଏ, ଏବଂ ଶେଷକୁ ଛତ୍ରଭଙ୍ଗ ଦେଇ ପଳାଇ ଆସେ ଅଥବା ଉପସ୍ଥିତ ଅସ୍ପଷ୍ଟ ବାସ୍ତବତାଗୁଡ଼ିକୁ ସ୍ୱୀକାର କରିନିଏ। ବା, ସିଏ ଜଡ଼କୁ ଅଧ୍ୟୟନ କରେ, ସାମୟିକ ଭାବରେ କିଛି ଉପଚାର ବାହାର କରେ ଓ ତାହାକୁ ସମାଧାନ ବୋଲି ବିଚାର କରୁଥାଏ। ଏବଂ ଏହିପରି ଭାବରେ ବାସ୍ତବ ଏବଂ ମାନସିକ ଜୀବନ ମଧ୍ୟରେ ଦିଶୁଥିବା ବ୍ୟବଧାନଗୁଡ଼ିକ ବଢ଼ିବାରେ ହିଁ ଲାଗିଥାଏ ଏବଂ ଯେତେବେଳେ ଅତିରିକ୍ତ ହୋଇଯାଏ, ତାହାର ପରିଣାମ ସ୍ୱରୂପ ଦେଖିବାକୁ ମଧ୍ୟ ମିଳିଥାଏ ଯେ, ମନ ଜୀବନର ଭୂମିଟି ଉପରୁ ନିଜକୁ ପ୍ରତ୍ୟାହୃତ କରି ନେଇ ଆସେ

ଏବଂ ଆପଣାର ସାନ କ୍ଷେତ୍ରଟିଏ ବାହାର କରି ସେହିଠାରେ ହିଁ ନିଜକୁ ଆବଦ୍ଧ କରି ରଖେ, ଯେପରିକି ହୁଏତ ଅଧିକ ସ୍ୱାଧୀନ ଭାବରେ ସିଏ ଆପଣାକୁ ସକ୍ରିୟ କରି ରଖିପାରିବ। ଜଣେ କବି ତା' ନିଜ କଳ୍ପନାର ଚମତ୍କାରିତା ଭିତରେ ବିହରଣ କରିବାରେ ଲାଗିଯାଏ, କଳାକାର ଆପଣାର ସୃଜନ ମଧ୍ୟରେ ବୁଡ଼ି ରହିଥାଏ, ଜଣେ ଦାର୍ଶନିକ ତା' ନିଜ ପ୍ରକୋଷ୍ଠର ନିକାଞ୍ଚନ ଭିତରେ ତା' ବୁଦ୍ଧିଆକାଶର ସମସ୍ୟାଗୁଡ଼ିକର ସମାଧାନରେ ଲାଗି ଯାଇଥାଏ, ବୈଜ୍ଞାନିକ ତଥା ଜଣେ ଜଣେ ବିଦ୍ୱାନ୍, – ଏମାନେ ମଧ୍ୟ କେବଳ ଆପଣା ଆପଣାର ମୂଲବାନ୍ ଗମ୍ଭୀର ଅଧ୍ୟୟନ ଏବଂ ପ୍ରୟୋଗଗୁଡ଼ିକୁ ନେଇ ତତ୍ପର ରହିଥାନ୍ତି, ଏହି ବିଶେଷ-ସମର୍ପିତମାନଙ୍କୁ ଏକ ପ୍ରାଚୀନ ପରିଭାଷାର ସହାୟତାନେଇ ଆମେ ବୁଦ୍ଧିରାଜ୍ୟର ସନ୍ନ୍ୟାସୀଗଣ ବୋଲି ଖୁବ୍ କହିପାରିବା। ସେମାନଙ୍କର ମନୁଷ୍ୟଜାତି ପାଇଁ ବସ୍ତୁତଃ ବହୁତ ବହୁତ ମୂଲ୍ୟବାନ୍ ଅବଦାନ ନିଶ୍ଚୟ ରହିଛି।

ତଥାପି, ଏହିପରି ଭାବରେ ଏକ ଏକାକୀ ଜୀବନ ମଧ୍ୟରେ ପ୍ରାୟ ପୂର୍ଣ୍ଣଆବଦ୍ଧ ହୋଇ ରହିବା, ଏହାଦ୍ୱାରା ଆମର ସେହି ତଥାକଥିତ ଏକକ ଅନୁଧାବନଟି ମଧ୍ୟ ସମ୍ଭବତଃ ଆପଣାର ପୂର୍ଣ୍ଣ ଉପଲବ୍ଧି ହାସଲ କରି ପାରିବ ନାହିଁ ଏବଂ ପ୍ରାୟ ଏକ ଅଳ୍ପତା ମଧ୍ୟରେ ଅତ୍ୟନ୍ତ କୃଶ ହୋଇ ରହିଯିବ। ଜଡ଼ଜଗତର ନାନାବିଧ ପ୍ରତିକୂଳତା ସହିତ ଯୁଝି ପାରିଲେ ସିନା ଜଣେ ବ୍ୟକ୍ତିର ନୈତିକ ବିକାଶ କୌଣସି ଦୃଢ଼ ସାକାରତା ଲାଭ କରି ପାରିବ, ବାସ୍ତବ ଜୀବନର ସମ୍ପର୍କରେ ଆସିଲେ ସିନା କଳା ପୂର୍ଣ୍ଣରୂପେ ପ୍ରାଣବନ୍ତ ହେବ, ବିଚାର ଆପଣାର ସର୍ବବିଧ ତତ୍ତ୍ୱାନୁମାନ ବିଷୟରେ ସୁନିଶ୍ଚିତ ହେବ, ଜଣେ ଦାର୍ଶନିକର ସାଧାରଣ ନିଷ୍କର୍ଷଗୁଡ଼ିକ ଅଧିକ ନିର୍ଭରଯୋଗ୍ୟ ଭାବରେ ବିଜ୍ଞାନ ଏବଂ ପ୍ରକୃତ ଅନୁଭବ ଉପରେ ଠିଆ ମଧ୍ୟ ହୋଇପାରିବେ।

ବ୍ୟକ୍ତିର ମନ ହୁଏତ ମୂଳତଃ ନିଜ ପାଇଁ ପ୍ରାଣଦ୍ୱାରା ସେଚିତ ଏହି ପୃଥ୍ୱୀଜୀବନ ସହିତ ଆପଣାକୁ ଯୋଡ଼ି ବି ରଖୁଥିବ ମାତ୍ର ତଥାପି, ସିଏ ଯେଉଁ ସମୂହ ମଧ୍ୟରେ ବାସ କରୁଛି, ତାହାର ବାସ୍ତବ ଜୀବନ ଅଥବା ଉନ୍ନୟନ ବିଷୟରେ ଏକାବେଳେକେ ଉଦାସୀନ ହୋଇ ରହିଥିବ। ସୁଖବାଦୀମାନଙ୍କ ଭିତରେ ହିଁ ସଚରାଚର ଏହି ଉଦାସୀନତାଟି ଖୁବ୍ ଅଧିକ ପରିମାଣରେ ଦୃଷ୍ଟିଗୋଚର ହୋଇଥାଏ । ଏବଂ ଅନ୍ୟକୁ ସାହାଯ୍ୟ କରିବାକୁ ଇଚ୍ଛା କରୁଥିବା ତଥାକଥିତ ଉଦାରତା ମଧ୍ୟ ସହାନୁଭୂତିବଶ ହୋଇ ଅଧିକତଃ ନିଜର ଚରିତାର୍ଥତା ପାଇଁ ପରୋପକାର କରୁଥିବ ଏବଂ ପୃଥିବୀଟି ସମ୍ପର୍କରେ କିଛି ଚିନ୍ତା କରୁନଥିବ। ମାତ୍ର, ସତକୁ ସତ ସମ୍ମୁଖକାମୀ ଏକ ମନ ଆପଣାର ସର୍ବୋତ୍ତମ ଆସ୍ପୃହାଗୁଡ଼ିକର ସ୍ତରରେ ବସ୍ତୁତଃ ସମଗ୍ର ସମୂହଟିକୁ ହିଁ ନିଜେ ଅବସ୍ଥାନ

କରୁଥିବା ସ୍ତରକୁ ଉନ୍ନୀତ କରିଆଣିବା ନିମନ୍ତେ ଚେଷ୍ଟା କରିବ, – ଆପଣାର ବିଚାର ତଥା ପ୍ରାପ୍ତିଗୁଡ଼ିକୁ ବହୁଜନଙ୍କ ଲାଗି ପ୍ରସାରିତ କରିଦେଇ ଅଥବା ସାମୂହିକ ବାସ୍ତବ ଜୀବନର ଧର୍ମୀୟ, ବୌଦ୍ଧିକ, ସାମାଜିକ ଏବଂ ରାଜନୀତିକ ଗଢ଼ଣଗୁଡ଼ିକୁ ନୂତନ ନାନା ଛାଞ୍ଚ ଓ ଗଢ଼ଣଦ୍ୱାରା ବଦଳାଇ ଦେଇ ସିଏ ସେଇଟିକୁ କରିବାରେ ବ୍ରତୀ ହୋଇଥିବ। ଏହାଦ୍ୱାରା ସିଏ ଆପେ ଅନୁପ୍ରେରିତ ହୋଇ ରହିଥିବ ଏବଂ ସତ୍ୟ, ସୌନ୍ଦର୍ଯ୍ୟ, ନ୍ୟାୟ, ସଦାଚାରର ଆଦର୍ଶଟିକୁ ତଦ୍ଦ୍ୱାରା ସଂପୃକ୍ତ ଅନ୍ୟମାନଙ୍କର ମଧ୍ୟ ନିକଟବର୍ତ୍ତୀ କରି ଆଣୁଥିବ। ଏହି ମାର୍ଗରେ ବିଫଳତାର ସମ୍ମୁଖୀନ ହେବା ମଧ୍ୟ ଆଦୌ ଏକ ବଡ଼ କଥା ନୁହେଁ, କାରଣ ଏଭଳି ସେହି ଉଦ୍ୟମଟି ମଧ୍ୟରେ ହିଁ ଗତିଶୀଳତା ତଥା ସୃଜନାତ୍ମକତା ସର୍ବଦା ହିଁ ଭରି ରହିଥିବ। ଜୀବନର ସ୍ତରରେ ଏକ ଉତ୍ତୋଳନ ଆଣି ଦେବାଲାଗି ମନର ସଂଗ୍ରାମ, – ମନଠାରୁ ଆହୁରି ଅଧିକ ଉଚ୍ଚ ଆଉ ଏକ ସମ୍ପଦ ଦ୍ୱାରା ଜୀବନ ଉପରେ ଯେଉଁ ବିଜୟଲାଭ ନିମନ୍ତେ ଅପେକ୍ଷା ରହିଛି, ତାହା ସେଥିଲାଗି ଏକ ଉଚିତ ପ୍ରତିଶ୍ରୁତି ଆଣି ଦେବ, ଏକ ଅନୁକୂଳ କ୍ଷେତ୍ର ମଧ୍ୟ ତିଆରି କରିବ।

ଯେଉଁ ଅଧ୍ୟାତ୍ମସ୍ତରୀୟ ଜୀବନକୁ ଆମେ ଉଚ୍ଚତମ ଧ୍ୟେୟ ବୋଲି କହୁଛୁ, ତାହା ଶାଶ୍ୱତ ଓ ଚିରନ୍ତନଗୁଡ଼ିକୁ ନେଇ ଅବଶ୍ୟ ସଂପୃକ୍ତ ରହିଛି ଓ ରହିବ, ମାତ୍ର ତା'ବୋଲି ଏହି କ୍ଷଣକ୍ଷଣର ନଶ୍ୱରଟି ବିଷୟରେ କଦାପି ସଂପୂର୍ଣ୍ଣ ଭାବରେ ବିମୁଖ ହୋଇ କଦାପି ରହିବନାହିଁ। ପୁନଶ୍ଚ, ଏହି ନୀରସ ଏବଂ ପ୍ରତିରୋଧପୂର୍ଣ୍ଣ ଜଡ଼ ପୃଥିବୀର କ୍ରିୟାଶୀଳତା ସହିତ ନିଜକୁ ଖାପ ଖୁଆଇ ରଖିପାରିବା ଯଦି ଆମର ମାନସିକ ଜୀବନ ସକାଶେ ଅନେକ ସମୟରେ ଏତେ ଆୟାସସାଧ୍ୟ ହୋଇ ରହିଛି, ତେବେ, ଆମର ଇପ୍ସିତ ସେହି ପରମସତ୍ୟ ଦ୍ୱାରା ନୁହେଁ, ମାତ୍ର ଯାବତ୍ ମିଥ୍ୟା ତଥା ଭ୍ରମଦ୍ୱାରା ପୂର୍ଣ୍ଣ ହୋଇ ରହିଥିବା ଏକ ଜଗତରେ ସେହି ଇପ୍ସିତ ଆଧ୍ୟାତ୍ମିକ ଜୀବନଟି ତିଷ୍ଠି ରହିବାଟା ପ୍ରକୃତରେ କେତେ କଷ୍ଟସାପେକ୍ଷ ହୋଇଥିବା ପରି ବୋଧ ନହେବ? ଏଠି ପ୍ରେମ ନାହିଁ, ସୌନ୍ଦର୍ଯ୍ୟ ମଧ୍ୟ ନାହିଁ, ମାତ୍ର କେଡ଼େ ବହଳ ହୋଇ କେବଳ ବିସଙ୍ଗତି ଓ ଅସୁନ୍ଦରତା ପୂରି ରହିଛି; ସତ୍ୟର ବିଧାନ ବିଦ୍ୟମାନ ନାହିଁ, ମାତ୍ର ତୁଚ୍ଛା ସ୍ୱାର୍ଥପରତା ଏବଂ ପାପର ହିଁ ଜୟଜୟକାର ଲାଗିରହିଛି। ସେହି କାରଣରୁ ତ ଜଣେ ସନ୍ଥ ଏବଂ ସନ୍ନ୍ୟାସୀର ଜୀବନରେ ସକ୍ରିୟ ରହିଥିବା ଆଧ୍ୟାତ୍ମିକ ଜୀବନଟି କେଡ଼େ ସହଜରେ ଏହି ବାସ୍ତବ ସାଂସାରିକତା ମଧ୍ୟରୁ ନିଜକୁ ପ୍ରତ୍ୟାହାର କରି ନେବାପାଇଁ ଏତେ ବେଶୀ ଇଚ୍ଛା କରୁଛି : ସମ୍ପୂର୍ଣ୍ଣ ଭାବରେ, ବାହ୍ୟ ଜୀବନର କ୍ଷେତ୍ରରେ ଅଥବା ଅନ୍ତର୍ଗତ ଭାବରେ ତାହାକୁ ପ୍ରତ୍ୟାଖାନ କରିବାକୁ ଇଚ୍ଛା କରୁଛି। ତା' ଆଖିରେ ଏହି ପୃଥିବୀଟା ମନ୍ଦ ଏବଂ

ଅଜ୍ଞାନର ଏକ ରାଜତ୍ୱ ସଦୃଶ ଦେଖାଯାଉଛି, – ଏବଂ, ତା' ଧାରଣାରେ ସେହି ଅଲଗା ଅନ୍ୟଟି, ଶାଶ୍ୱତ ତଥା ଦିବ୍ୟ ରାଜ୍ୟଟି ଦୂରରେ ସତେଅବା କୌଣସି ସ୍ୱର୍ଗରାଜ୍ୟରେ ଅବସ୍ଥିତ ରହିଛି। ତେଣୁ ସେ ସେହି ଇହଜଗତର ଅଶୁଦ୍ଧତାଠାରୁ ଆପଣାକୁ ଅଲଗା କରି ରଖୁଛି, ସଂପୂର୍ଣ୍ଣ ଭାବରେ ଦୋଷମୁକ୍ତ ଅଲଗା ଜୀବନର ଘେରାଟିଏ ଭିତରେ ସେ ସେହି ଆଧ୍ୟାତ୍ମିକ ସତ୍ୟଟିକୁ ଅବଶ୍ୟ ଭେଟିବ ବୋଲି ଅନୁମାନ କରିନେଇଛି। ତାହାର ଏହିପରି ପ୍ରତ୍ୟାହୃତ ହୋଇ ରହିବାଦ୍ୱାରା ସିଏ ଛାଡ଼ି ଯିବାକୁ ନିଷ୍ପତ୍ତି ନେଇଥିବା ସେହି ଜଡ଼ସ୍ଥ ବାସ୍ତବ ଜୀବନର ହିଁ କେତେ ନା କେତେ ଉପକାର କରିବାରେ ଲାଗିଛି – ତାହାର ସତେଅବା ଏହି ସ୍ଥିତିଟି ଫଳରେ କେବଳ ନାନା ଦୁର୍ଗନ୍ଧପୂର୍ଣ୍ଣ ବାସନା-ଚିନ୍ତା ଏବଂ ଆତ୍ମସନ୍ତୋଷ ଭିତରେ ଯାଇ ମଜ୍ଜି ରହି ପାରୁଛି।

ମାତ୍ର, ଆଧ୍ୟାତ୍ମିକ ଶକ୍ତିର ସେହି ସର୍ବୋଚ୍ଚ ବିଶ୍ୱ-କ୍ରିୟାତ୍ମକତାକୁ ଆମେ କେବେହେଲେ ଏତେ ଅଳପ ସୀମା ଭିତରେ ସୀମାବଦ୍ଧ କରି ପ୍ରକୃତରେ ରଖି ପାରିବା କି ? ଆଧ୍ୟାତ୍ମିକ ଜୀବନ ଏହି ପୃଥିବୀକୁ ମଧ୍ୟ ଅବଶ୍ୟ ପ୍ରତ୍ୟାବର୍ତ୍ତନ କରିପାରିବ ଏବଂ ଏହି ଜଡ଼ର କ୍ଷେତ୍ରକୁ ଭୂମିରୂପେ ବ୍ୟବହାର କରି ଏହାକୁ ତାହାରି ହିଁ ଏକ ବୃହତ୍ତର ପରିପୂର୍ଣ୍ଣତା ନିମନ୍ତେ ଅବଶ୍ୟ ବ୍ୟବହାର କରିପାରିବ। ସିଏ ଏହି ପୃଥିବୀର ଦ୍ୱୈତତାଗୁଡ଼ିକୁ ସ୍ୱୀକାର କରିନେବାକୁ ସିଧା ମନା କରିବ, ପ୍ରତିଭାସଗୁଡ଼ିକୁ ବର୍ଜନ କରିବ, – ଅର୍ଥାତ୍ ଯେକୌଣସି ବାହ୍ୟ ପଦାର୍ଥ ଭିତରେ ମଧ୍ୟ ସେହି ଏକମାତ୍ର ପରମ କର୍ତ୍ତାଙ୍କୁ ଦେଖିବାରେ ସମର୍ଥ ହେବ; ସେହି ପରମସତ୍ୟ, ପରମ ସୌନ୍ଦର୍ଯ୍ୟ, ପରମ ପ୍ରେମ ଏବଂ ପରମ ଆନନ୍ଦ ମଧ୍ୟରେ ସବୁକିଛିକୁ ଦେଖିବ। ବେଦାନ୍ତର ସେହି ସୂତ୍ରଟି ଅନୁସାରେ ସକଳ ବସ୍ତୁରେ ନିଜକୁ ଦେଖିବ ତଥା ନିଜର ଆତ୍ମା ଭିତରେ ମଧ୍ୟ ସକଳ ବସ୍ତୁକୁ ଦେଖିବ। ଏହି ସମ୍ପୂର୍ଣ୍ଣ ତଥା ସମୃଦ୍ଧତର ଯୋଗର ମାର୍ଗରେ ପ୍ରବେଶ କରିବା ନିମନ୍ତେ ତାହାହିଁ ଦ୍ୱାରୋନ୍ମୋଚନକାରୀ ଚାବିକାଠି ହୋଇ ରହିବ।

ତଥାପି, ଏହି ଆଧ୍ୟାତ୍ମିକ ଜୀବନଟି, ମାନସିକ ସ୍ତରଟି ପରି ଏହି ବାହ୍ୟ ଜୀବନଟିକୁ କେବଳ ବ୍ୟକ୍ତିର ମଙ୍ଗଳ ଓ ହିତ ସକାଶେ ବ୍ୟବହାର କରିବାକୁ ଆଗ୍ରହୀ ହେବ ଏବଂ ସମୂହର ଜୀବନର ଯାବତୀୟ ଉନ୍ନୟନ ବିଷୟରେ ବୀତସ୍ପୃହ ହୋଇ ରହିଯିବ। ହୁଏତ ନିଜର ଲକ୍ଷ୍ୟଟି ହାସଲ ହୋଇଗଲା ବୋଲି ଅନୁଭବ କରିବା ପରେ ସେ ଉଦାସୀନତା ଭିତରେ ଯାଇ ବିଶ୍ରାମ ଗ୍ରହଣ କରିବ। ଗୀତାର ଆଦର୍ଶଟିକୁ ଅନେକେ ପ୍ରାୟ ଏହିପରି ଏକ ଅର୍ଥରେ ହିଁ ବୁଝିଥାନ୍ତି। କିମ୍ବା, ଭିତରେ ପୂରି ରହିଥିବା ପ୍ରେମ ଏବଂ ଆନନ୍ଦକୁ ଯଦି ଉତ୍ତମ ବହୁ କାର୍ଯ୍ୟର ମାଧ୍ୟମରେ ପୃଥିବୀଟା ଉପରେ ହୁଏତ ଅଜାଡ଼ି ବି ଦିଆଯାଇ ପାରେ, ଅନୁକମ୍ପା ତଥା ଜ୍ଞାନର, ସେବା ଏବଂ ଭଲି ଭଲି

ଦରଦର ମଧ୍ୟ ବିତରଣ ଖୁବ୍ ହୋଇପାରେ, – କିନ୍ତୁ ପୃଥିବୀର ମୋଟେ କୌଣସି ବ୍ୟବସ୍ଥାଗତ ପରିବର୍ତ୍ତନ ସକାଶେ କୌଣସି ଉଦ୍ୟମ ନକରି ମଧ୍ୟ ସେଗୁଡ଼ିକ ଖୁବ୍ ସମ୍ଭବ ହୋଇପାରେ; ପୃଥିବୀରେ ସେହି କେତେ ଚିହ୍ନା ଦ୍ୱୈତତାମାନଙ୍କ ଭିତରେ ଟଣାଓଟରା ଲାଗି ବି ରହିପାରେ; ପାପ ଏବଂ ପୁଣ୍ୟ, ସତ୍ୟ ଓ ମିଥ୍ୟା, ଆନନ୍ଦ ଏବଂ କଷଣଭୋଗ ବଳବତ୍ତର ବି ରହିପାରେ।

କିନ୍ତୁ, ଯଦି ଅଗ୍ରଗତି, ଆଗକୁ ଓ ଆହୁରି ଆଗକୁ ଯିବା ହିଁ ଆମ ପୃଥିବୀର ଜୀବନୋଦ୍ଦେଶ୍ୟ ହୋଇଥାଏ, ଯଦି ଦିବ୍ୟ ସତ୍ୟର ପରିପ୍ରକାଶ ପ୍ରକୃତିର ଉଚ୍ଚତମ ଲକ୍ଷ୍ୟ ହୋଇ ରହିଥାଏ; ତେବେ ଏଠାରେ ସବୁକିଛି କ'ଣ ପାଇଁ ଖାଲି ଏତିକି ପାଖରେ ଅଟକି ରହିଯିବ ? ଜଡ଼ସ୍ଥ ପୃଥ୍ୱୀଜୀବନକୁ ଆପଣାର ଅନୁରୂପ କରି ଏକ ଅନ୍ୟ ପ୍ରତିଷ୍ଠାରେ ଆଣି ପହଞ୍ଚାଇବା, – ଆଧ୍ୟାତ୍ମିକ ଜୀବନର ସାମର୍ଥ୍ୟ ଭିତରେ ତାହାହିଁ ପ୍ରକୃତ ଅଭିପ୍ରାୟ ହୋଇ ନିଶ୍ଚୟ ରହିଛି। ତେଣୁ, ସେହି ମହାନ୍ ଯେଉଁ ତପସ୍ୱୀମାନେ ବସ୍ତୁତଃ ନିଜର ମୁକ୍ତିଲାଭ ପାଇଁ ପ୍ରୟାସୀ ହୋଇଛନ୍ତି, ସେମାନଙ୍କ ବ୍ୟତୀତ ଆହୁରି କତିପୟ ମହାନ୍ ମଧ୍ୟ ଆବିର୍ଭୂତ ହୋଇଛନ୍ତି, ଯେଉଁମାନେ କି ଅନ୍ୟମାନଙ୍କୁ ମୁକ୍ତିର ପଥ ଦେଖାଇବାରେ ବ୍ରତୀ ହୋଇଛନ୍ତି; ତଥାପି, ସବୁଠାରୁ ମହତ୍ତ୍ୱପୂର୍ଣ୍ଣ ଭୂମିକା ତ ସେହିମାନେ ଆଦରି ନେଇଛନ୍ତି, ପୂର୍ଣ୍ଣ ଗତିଶୀଳତା ସହିତ, ଯେଉଁମାନେ କି ଜଡ଼ସ୍ଥ ଜୀବନର ଏକତ୍ରୀକୃତ ଶକ୍ତିଠାରୁ ମଧ୍ୟ ଆପଣାକୁ ଆହୁରି ଅଧିକ ଶକ୍ତିଶାଳୀ ଅନୁଭବ କରିଛନ୍ତି, ସତେ ଅବା ଏକ ପ୍ରେମଦ୍ୱାରା ପ୍ରେରିତ କୁସ୍ତିରେ ଅବତୀର୍ଣ୍ଣ ହୋଇ ତାହାର ସମ୍ମୁଖୀନ ହେବାକୁ ଆଗଭର ହୋଇ ଯାଇଛନ୍ତି ଏବଂ ସେହି ଜଗତଟିର ଏକ କଳେବରବଦଳା ଲାଗି ତାହାକୁ ବାଧ୍ୟ ହିଁ କରିଛନ୍ତି। ସାଧାରଣତଃ ସେହି ଉଦ୍ୟମଟି ମନୁଷ୍ୟଜାତିର ମାନସିକ ତଥା ନୈତିକ କ୍ଷେତ୍ରରେ ସୀମାବଦ୍ଧ ହୋଇ ଅବଶ୍ୟ ରହିଛି ସତ, ମାତ୍ର ତାହାକୁ ଆମର ଏହି ପୃଥିବୀପୃଷ୍ଠର ଜୀବନ ତଥା ଅନୁଷ୍ଠାନଗତ ଗଢ଼ଣଗୁଡ଼ିକ ଆଡ଼କୁ ପ୍ରସାରିତ ବି କରା ଯାଇପାରିବ, ଯାହାଫଳରେ କି ଅଧ୍ୟାତ୍ମର ନାନାବିଧ ଉତ୍ସାରଣ ନିମନ୍ତେ ସେମାନେ ଅଧିକ ଉପଯୁକ୍ତ କେତେ କେତେ ଛାଞ୍ଚ ଆଣି ଯୋଗାଇଦେଇ ପାରିବେ । ମାନବୀୟ ଆଦର୍ଶଚୟର ବିକାଶମାର୍ଗରେ ସେହିଗୁଡ଼ିକ ହିଁ ବିଶେଷ ଦିଗବାରେଣିମାନ ସମ୍ଭବ କରି ଆଣିଛି ଏବଂ ସମଗ୍ର ମାନବଜାତିକୁ ଦିବ୍ୟତା ଅଭିମୁଖରେ ପ୍ରସ୍ତୁତ କରି ନେଇଛି। ତାହାରି, ସେହି ପ୍ରତ୍ୟେକଟିର ଉଦ୍ୟମଦ୍ୱାରା ପୃଥିବୀ କ୍ରମଶଃ ଯାବତୀୟ ସ୍ୱର୍ଗତୁଲ୍ୟତା ନିମନ୍ତେ ଅଧିକରୁ ଅଧିକ ସମର୍ଥ ହୋଇଛି ତଥା, ଆପଣାର ଗତିଧର୍ମର ଭୂମିରେ ଯେତେ ବେଶୀ କୁଣ୍ଠାଗ୍ରସ୍ତ ପ୍ରାୟ ହୋଇ ରହିଥିଲେ ହେଁ ପ୍ରକୃତି ତଦ୍ଦ୍ୱାରା ତାହାକୁ ଅଧିକ ଦ୍ରୁତ କରିଦେଇ ପାରିଛି।

ଭାରତରେ, ବିଗତ ଏକହଜାର ଅଥବା ଆହୁରି ଅଧିକ ବର୍ଷ ହେଲା ଆଧାତ୍ମିକ ତଥା ଜଡ଼ସ୍ଥ ଜୀବନ ଦୁହେଁ ପ୍ରାୟ ଦୁଇ ସମାନ୍ତର ରେଖା ହୋଇ ଅବସ୍ଥାନ କରି ଆସିଛନ୍ତି। ଆପଣା ଭିତରୁ ସେମାନେ ଅଗ୍ରଗତିକାମୀ ମନକୁ ସତେଅବା ବହିଷ୍କୃତ କରି ରଖିଛନ୍ତି। ଜଡ଼ର ପୃଥିବୀଟି ସହିତ ପ୍ରାୟ ଗୋଟିଏ ଆପୋଷ ଇଚ୍ଛା କରୁଥିବା ପରି ଅଧାତ୍ମ ସାଧାରଣ ଲୋକଜୀବନର କ୍ଷେତ୍ରରେ ଆଦୌ କୌଣସି ପ୍ରୟାସରେ ଭାଗ ନେବାରୁ ଆପଣାକୁ ମୁକ୍ତ ରଖି ଆସିଛି। ଏବଂ, ସତେଅବା ତାହାରି ବଦଳରେ ସମାଜଠାରୁ ହାସଲ କରିଥିବା ଅନୁମତି-ପତ୍ରଟି ବଳରେ, ଯେଉଁମାନେ ସ୍ୱତନ୍ତ୍ର ବୋଲି ବାରି ହୋଇ ପଡ଼ିବାଭଳି ସନ୍ନ୍ୟାସୀର ବସନ ଆଦି କୌଣସି ପ୍ରତୀକକୁ ଗ୍ରହଣ କରି ନେଇଛନ୍ତି, ଏକ ମୁକ୍ତ ଆଧ୍ୟାତ୍ମିକ ବିକାଶ ନିମନ୍ତେ ସେମାନେ ଅଧିକାରଟିଏ ଲାଭ କରି ନିଜକୁ ଦାୟିତ୍ୱମୁକ୍ତ ବୋଲି ଧରିନେଇଛନ୍ତି। ସେମାନେ ସେହି ଆଧାତ୍ମିକ ଜୀବନକୁ ହିଁ ଏକମାତ୍ର ଲକ୍ଷ୍ୟ ଭଳି ମାନି ନେଇଛନ୍ତି। ସେହିଭଳି ବ୍ୟକ୍ତିମାନଙ୍କୁ ଆମର ଏହି ଜଡ଼ସ୍ଥ ପୃଥିବୀର ମନୁଷ୍ୟମାନେ ଏକ ସମ୍ପୂର୍ଣ୍ଣ ଭକ୍ତିଭାବ ପ୍ରଦର୍ଶନ ମଧ୍ୟ କରିବେ ବୋଲି ବୁଝାମଣା ହୋଇଯାଇଛି। ଏବଂ, ସାଧାରଣ ସମାଜଟା ଏପରି ଗୋଟିଏ ଧର୍ମସରସର ଛାଞ୍ଚ ଭିତରେ ଯାଇ ପଡ଼ିଛି, ଯାହାର ଅଭ୍ୟାସଗତ ଯାବତୀୟ କ୍ରିୟାକର୍ମ ନିତାନ୍ତ ଔପଚାରିକ ଭାବରେ କିଛି କିଛି ଆଧାତ୍ମିକ ପ୍ରତୀକର ସୂଚନା ମଧ୍ୟ ପ୍ରଦାନ କରି ପାରୁଛି। ଏବଂ, ସତେଅବା ଏକ ପରିପୂର୍ଣ୍ଣ ଅଧିକାର ପାଇଥିବା ପରି ସମାଜ ଜଡ଼ବତ୍ ପଡ଼ିରହିଛି, ଯେଉଁପରି ସେହିପରି ହୋଇ ରହିଛି। ଧର୍ମର ଛାଞ୍ଚମାନେ ମଧ୍ୟ କେଉଁଠି କ'ଣ ବଦଳୁଛନ୍ତି ଏବଂ ତେଣୁ କ୍ରମେ ଏକ ରୁଟିନ୍‌ରେ ହିଁ ପରିଣତ ହୋଇ ଯାଉଛନ୍ତି, – ଯେତେ ଯାହା ସଂସ୍କାର ନିମନ୍ତେ ଯଦି କିଛି ଉଦ୍‌ବେଳନ ହେଉଛି, ସେଥିରୁ ପ୍ରାୟ ସର୍ବତ୍ର ନୂଆ ଶାଖା ଓ ସମ୍ପ୍ରଦାୟମାନେ ହିଁ ଜନ୍ମଲାଭ କରୁଛନ୍ତି। ସ୍ୱାଧୀନ ସଚେତନ ବିକାଶର କୌଣସି ଅବକାଶ ହିଁ ରହୁନାହିଁ। ଏବଂ, ତେଣେ ପୃଥିବୀର ଯାବତୀୟ ସମ୍ବନ୍ଧଗତ ଲୋକଜୀବନଟି ମଧ୍ୟ ଅଜ୍ଞାନ ଭିତରେ ଜର୍ଜର ହୋଇ ରହିଯାଉଛି, – ସତେଅବା କାନ୍ଧ ଉପରେ ଯୁଆଳି ପରି ଲଦା ହୋଇ ରହିଛି। ଏବଂ, ଯେତେଦୂର ଲାଗୁଛି, ପ୍ରଧାନତଃ ସେହି କାରଣରୁ ଯୁଗେ ଯୁଗେ ଏତେ ଏତେ ବ୍ୟକ୍ତି ପଳାୟନ କରିବା ବ୍ୟତୀତ ଏଥିରୁ ଉଦ୍ଧାର ପାଇବାକୁ ସତେଅବା କୌଣସି ଦ୍ୱିତୀୟ ଗତ୍ୟନ୍ତର ମଧ୍ୟ ଦେଖି ପାରିନାହାନ୍ତି।

ଭାରତୀୟ ଯୋଗମାର୍ଗଗୁଡ଼ିକ ଏହି କ୍ଷେତ୍ରରେ ଏକ ସାଲିଶ୍ କରିବା ନିମନ୍ତେ ରାଜୀ ହୋଇ ଯାଇଛନ୍ତି। ବ୍ୟକ୍ତି ହିଁ ମୁକ୍ତି ଲାଭ କରିବ, ଯାବତୀୟ ପରିପୂର୍ଣ୍ଣତା କେବଳ ବ୍ୟକ୍ତି ପାଇଁ; ସାଧାରଣ ଜୀବନଚର୍ଯ୍ୟା ଗୁଡ଼ିକରୁ ସେଥିପାଇଁ ତାକୁ ଅପସରି ଯିବାକୁ ହେବ। ପୂର୍ଣ୍ଣ ସିଦ୍ଧି କହିଲେ ଏହି ପରିଚିତ ପୃଥ୍ୱୀଜୀବନକୁ ପରିତ୍ୟାଗ କରିବାକୁ ହିଁ

ବୁଝାଇବ। ଗୁରୁ ମାତ୍ର ଅଳପଙ୍କୁ ବାଛି ସେହିମାନଙ୍କୁ ଅଧ୍ୟାତ୍ମଶିକ୍ଷା ଦେବ। ମଝିରେ ମଝିରେ ଏହି କ୍ଷେତ୍ରରେ ବୃହତ୍ତର କେତେକ ଆନ୍ଦୋଳନ ମଧ୍ୟ ହୋଇଛି, ମାତ୍ର ତଥାପି ବ୍ୟକ୍ତି-ଆତ୍ମାର ମୁକ୍ତି ହିଁ ସର୍ବଦା ଲକ୍ଷ୍ୟ ହୋଇ ରହି ଆସିଛି। ଚଳମାନ୍ ପୃଥିବୀଟି ସହିତ ଏହି ଯେଉଁ ସାଲିଶଟିଏ ହୋଇଥିଲା, ତାହା ଅବଶ୍ୟ ନାନା କାମରେ ଲାଗି ମଧ୍ୟ ପାରିଛି। ଭାରତବର୍ଷରେ ତାହା ଫଳରେ ଏପରି ଗୋଟିଏ ସମାଜ ବେଶ୍ ଟାଣ ହୋଇ ତିଆରି ହୋଇ ଆସିଲା, ଯାହାକି ପ୍ରଚୁର ନିଷ୍ଠାସହିତ ଆଧ୍ୟାତ୍ମିକତାର ପୂଜା କଲା। ଅନନ୍ୟପ୍ରାୟ ଏହି ଦେଶରେ ଉଚ୍ଚତମ ଆଧ୍ୟାତ୍ମିକ ଲକ୍ଷ୍ୟଟି ପୂର୍ଣ୍ଣଶୁଦ୍ଧ ଭାବରେ ସତେଅବା ଏକ ଦୁର୍ଗ ଭିତରେ ଦୃଢ଼ସୁରକ୍ଷିତ ହୋଇ ରହିପାରିଲା। କିନ୍ତୁ ଏହାକୁ ତଥାପି ଗୋଟିଏ ପୂର୍ଣ୍ଣ ବିଜୟ ବୋଲି ନକହି ସାଲିଶ୍ ବୋଲି ହିଁ କୁହାଯିବ। ଜଡ଼ ଜୀବନଭୂମିଟି ଅଭିବୃଦ୍ଧି ଲାଭ କରିବାର ଦିବ୍ୟ ପ୍ରଚୋଦନାଟିକୁ ହରାଇ ବସିଲା। ଏବଂ, ଅଧ୍ୟାତ୍ମ ମଧ୍ୟ ଏତେ ଉଚ୍ଚରେ ଏପରି ଶୁଦ୍ଧ ହୋଇ ରହିଲା ଯେ, ପୃଥିବୀ ଉପରେ ତାହାର ପ୍ରାୟ କୌଣସି ବଳ ହିଁ ରହିଲାନାହିଁ; ଆଧ୍ୟାତ୍ମିକତା ପୃଥିବୀର କୌଣସି କାମରେ ଲାଗିଲାନାହିଁ। ପରିଣାମ ସ୍ୱରୂପ, ଯୋଗୀ ତଥା ସନ୍ନ୍ୟାସୀମାନଙ୍କର ଏହି ଦେଶ ସତେଅବା କୌଣସି ଦିବ୍ୟ ବିଧାନର ନିର୍ଦ୍ଦେଶରେ ପୁନର୍ବାର ବାଧ୍ୟ ହୋଇ ମନର ଆଶ୍ରୟ ଭିତରକୁ ଏବେ ଲେଉଟି ଆସିବାକୁ ବାଧ୍ୟ ହେଲାଣି; –ହଁ, ପ୍ରଗତିକାମୀ ମନଟାକୁ ସିଏ ଏକଦା ପ୍ରତ୍ୟାଖ୍ୟାନ କରିଥିଲା ଏବଂ ସମ୍ଭବତଃ ଆଶା କରିଛି ଯେ ଏହାରିଦ୍ୱାରା ସିଏ ଆପଣାର ହୃଦ ସମ୍ପଦଟିକୁ ପୁନର୍ବାର ଫେରି ପାଇପାରିବ।

ତେଣୁ, ପୁନର୍ବାର ସ୍ମରଣ ରଖିବା ଉଚିତ ହେବ ଯେ, ପୃଥିବୀରେ କୌଣସି ବ୍ୟକ୍ତି ଏକାକୀ ତା' ନିଜ ପାଇଁ ଆଦୌ ଜୀବନଧାରଣ କରିନାହିଁ। ସିଏ ସମସ୍ତଙ୍କ ସହିତ ସବୁମନ୍ତେ ଗୋଟିଏ ସମଷ୍ଟି ମଧ୍ୟରେ ରହିଛି ଏବଂ ତେଣୁ, ବ୍ୟକ୍ତିଗତ ପୂର୍ଣ୍ଣତାର ଉପଲବ୍ଧି ଓ ବ୍ୟକ୍ତିଗତ ମୁକ୍ତି ଏହି ପୃଥିବୀରେ ପରମେଶ୍ୱରଙ୍କର ସମଗ୍ର ଅଭିଳାଷକୁ କଦାପି ବୁଝାଇବା ଉଚିତ ନୁହେଁ। ଆମ ଆପଣା ମୁକ୍ତିକୁ ବସ୍ତୁତଃ ପାଶମୁକ୍ତି ଭାବରେ ବ୍ୟବହାର କରିବାର ଅର୍ଥ ହେଉଛି ଯେ ତା' ମଧ୍ୟରେ ଅନ୍ୟମାନଙ୍କର ତଥା ମନୁଷ୍ୟଜାତିର ମୁକ୍ତି ମଧ୍ୟ ଅବଶ୍ୟ ଅନ୍ତର୍ଭୁକ୍ତ ହୋଇ ରହିବ ହିଁ ରହିବ। ପୁନଶ୍ଚ, ଆପଣା ଭିତରେ ସେହି ପ୍ରତୀକୀଭୂତ ଭଗବାନଙ୍କୁ ଉପଲବ୍ଧି କରିବା ପରେ ଆମେ ତାଙ୍କୁ ଅନ୍ୟ ଅନେକଙ୍କ ମଧ୍ୟକୁ ବି ପ୍ରସାରିତ କରି ଦେଖିବାଲାଗି ସମର୍ଥ ହେବା, ତାଙ୍କୁ ଅନେକଙ୍କ ଭିତରେ ବିଶ୍ୱମୟ କରି ଉପଲବ୍ଧି କରିବା, ତେବେଯାଇ ଆମର ପରିପୂର୍ଣ୍ଣତା ସର୍ବୋତ୍ତମ ଭାବରେ ସାର୍ଥକ ହେଲା ବୋଲି କୁହାଯାଇ ପାରିବ। ତେଣୁ, ମନୁଷ୍ୟଜୀବନକୁ ତାହାର ତ୍ରିବିଧ ସମ୍ଭାବନାର ଭିତ୍ତିଭୂମି ଅନୁସାରେ ଏକ ବାସ୍ତବ

ବିବେକ ସହିତ ଦୃଷ୍ଟିପାତ କଲେ, ପ୍ରକୃତି-ବିବର୍ତ୍ତନକୁ ତିନି ପାଦର ପରିପ୍ରେକ୍ଷୀ ଉପରେ ଆଲୋଚନା କରିବା ସମୟରେ ଆମେ ଯେପରି ଉପସଂହାର କରିଥିଲେ, ଏଠାରେ ମଧ୍ୟ ଠିକ୍ ସେହିଭଳି ଏକ ସିଦ୍ଧାନ୍ତରେ ହିଁ ଉପନୀତ ହୋଇ ପାରିବା :

ପୃଥ୍ୱୀଜୀବନର ଶୀର୍ଷସ୍ଥାନରେ ଅଧ୍ୟାତ୍ମସତ୍ୟଟି ହିଁ ମୁକୁଟ ସଦୃଶ ବିଦ୍ୟମାନ ରହିଛି; ଜଡ଼ ହେଉଛି ତାହାର ଭୂମି, ପାଦଦେଶ ଏବଂ ଦୁହିଁଙ୍କ ମଧ୍ୟରେ ମନ ସେତୁ ପରି ରହିଛି ଓ ସେହି ଦୁହିଁଙ୍କୁ ଯୋଡ଼ି କରି ରଖିଛି। ଅଧ୍ୟାତ୍ମ ସତ୍ୟ ହେଉଛି ଚିରନ୍ତନ ଓ ଶାଶ୍ୱତ, ମନ ତଥା ଜଡ଼ ହେଉଛନ୍ତି ତାହାର କର୍ମଭୂମି। ଅଧ୍ୟାତ୍ମସତ୍ୟ ପ୍ରଚ୍ଛନ୍ନ ହୋଇ ରହିଛି,– ତାହାକୁ ପ୍ରତ୍ୟକ୍ଷ କରି ଆଣିବାକୁ ହେବ; ମନ ଏବଂ ଶରୀର ହେଉଛନ୍ତି ସେହି ଦୁଇଟି ସାଧନ, ଯାହାର ମାଧ୍ୟମରେ ହିଁ ସେହି ସତ୍ୟ ଆପଣାକୁ ଉଦ୍‌ଘାଟିତ କରି ଆଣିବାକୁ ଇଚ୍ଛା କରୁଛି। ଅଧ୍ୟାତ୍ମସତ୍ୟକୁ ଆମେ ପରମ ଯୋଗେଶ୍ୱରଙ୍କର ସେହି ମୂର୍ତ୍ତ ପ୍ରତିରୂପ ବୋଲି ଜାଣିବା, ଉଭୟ ମନ ତଥା ଶରୀର ହେଉଛନ୍ତି ସେହି ମୂର୍ତ୍ତ କରି ଆଣିବାର ପ୍ରକ୍ରିୟାରେ ଗୋଟିଏ ଗୋଟିଏ ସାଧନ। ଏହି ଉଭୟେ, – ମନ ତଥା ଶରୀର – ଏହିଭଳି ଏହି ବାସ୍ତବ ପୃଥ୍ୱୀରୂପୀ ଭୂମିରେ ସେହି ମୂର୍ତ୍ତିଟି ପ୍ରକଟ ହେବ ବୋଲି ସେହି ପରମସତ୍ୟ ହିଁ ସେମାନଙ୍କୁ ସୃଷ୍ଟି କରିଛନ୍ତି। ପ୍ରଚ୍ଛନ୍ନ ହୋଇ ରହିଥିବା ସେହି ପରମସତ୍ୟକୁ ଉତ୍ତରୋତ୍ତର ଭାବରେ ରୂପାୟିତ କରି ଆଣିବାର ଯେଉଁ ପୃଥ୍ୱୀପ୍ରୟାସ, ତାହାରି ନାମ ପ୍ରକୃତି। ଅର୍ଥାତ୍, ସେହି ପ୍ରକୃତିର ମଞ୍ଚଟି ଉପରେ ହିଁ ଅଧିକରୁ ଅଧିକ ସଫଳ ଭାବରେ ତାହା ପ୍ରକାଶିତ ହେବାରେ ଲାଗିଛି।

କିନ୍ତୁ, ପ୍ରକୃତିର ସବୁଯାକ ଗତି ଅତ୍ୟନ୍ତ ମନ୍ଥର ଏବଂ ତେଣୁ ତାହାର ଏହି ବିବର୍ତ୍ତନଟି ମଧ୍ୟ ଖୁବ୍ ମନ୍ଥର ଗତିରେ ହିଁ ହୋଇପାରୁଛି। ଏବଂ, ଜଣେ ବ୍ୟକ୍ତି ନିମନ୍ତେ ଅଧିକତର ବେଗ ସହିତ ଯୋଗ ତାହାକୁ ସମ୍ଭବ କରି ପାରିବ ବୋଲି ଉଦ୍ଦିଷ୍ଟ ହୋଇ ରହିଛି। କ୍ରିୟାଶୀଳ ସକଳ ଶକ୍ତିକୁ ଯୋଗ ଅଧିକ ବେଗଯୁକ୍ତ କରିଦେବାର ସାମର୍ଥ୍ୟ ଅବଶ୍ୟ ବହନ କରୁଛି। ପ୍ରକୃତିର ସର୍ବବିଧ ସାମର୍ଥ୍ୟକୁ ତାହା ଯଥୋଚିତ ମାର୍ଗରେ ପରିଚାଳିତ କରିଦେବାର ଶକ୍ତିକୁ ମଧ୍ୟ ଧାରଣ କରି ରହିଛି। ଆଧ୍ୟାତ୍ମିକ ଜୀବନର ବିକାଶ କରାଇ ନେବାର ପ୍ରକ୍ରିୟାରେ ପ୍ରକୃତିକୁ ବହୁ ଆୟାସ ସହିତ ଆଦୌ କିଛି ବୋଧ୍ୟ ପରିଣତିକୁ ଦର୍ଶାଇ ପାରୁଛି, – ନିମ୍ନ ସ୍ତରଗୁଡ଼ିକ ତାହାକୁ ବାରମ୍ବାର ପଛକୁ ମଧ୍ୟ ଟାଣି ଆଣୁଛନ୍ତି; କିନ୍ତୁ ଯୋଗସାଧନାର ସମୁଚିତ ମାର୍ଗରେ ସଚଳ ହୋଇ ପାରୁଥିବା ସର୍ବବିଧ ଶକ୍ତି ତଥା ଏକସଂହତ ପଦ୍ଧତିଗୁଡ଼ିକ ଅନ୍ୟ ପକ୍ଷରେ ସିଧା ହିଁ କାର୍ଯ୍ୟ କରି ପାରୁଛନ୍ତି ଏବଂ ମନକୁ ତଥା ଏପରିକି ଶରୀରକୁ ମଧ୍ୟ ପରିପୂର୍ଣ୍ଣ ସମର୍ଥତା ଆଣି ଦେଇ ପାରୁଛନ୍ତି। ପ୍ରକୃତି ତା'ର ଚିରାଚରିତ ଧର୍ମଟି ଅନୁସାରେ କେବଳ ତା'ର

ନିଜ ପ୍ରତୀକ ଗୁଡ଼ିକର ସୀମା ମଧ୍ୟରେ ହିଁ ପରମ ଦିବ୍ୟସମ୍ଭାବନାର ଅନ୍ୱେଷଣ କରି ପାରୁଛି: କିନ୍ତୁ ଯୋଗ ପ୍ରକୃତିର ସୀମାତିକ୍ରମ କରି ପ୍ରକୃତିରାଜ୍ୟର ଅଧୀଶ୍ୱରଙ୍କ ଯାଏ ମଧ୍ୟ ଯାଇ ପାରୁଛି, ବିଶ୍ୱସୀମାକୁ ଡ଼େଇଁ ବିଶ୍ୱାତୀତର ଅବଧାରଣାକୁ ସ୍ପର୍ଶ ବି କରିପାରୁଛି। ଏବଂ, ଆହୁରି ଅସଲ କଥାଟି ହେଉଛି ଯେ, ସେହି ବିଶ୍ୱାତୀତ ଆଲୋକ ଏବଂ ଶକ୍ତିକୁ ବହନ କର ବାହୁଡ଼ି ଆସି ପାରୁଛି, – ସେହି ପରମ ସର୍ବଶକ୍ତିମାନଙ୍କର ଆଦେଶଟିକୁ ବହନ କରି ଫେରି ଆସିପାରୁଛି।

ମାତ୍ର, ପ୍ରକୃତି ତଥା ଯୋଗ, – ଉଭୟଙ୍କର ଆଖର ସେହି ଗୋଟିଏ ଉଦ୍ଦେଶ୍ୟ। ସମୁଦାୟ ମନୁଷ୍ୟଭୂମିଟିରେ ଯୋଗ ସକଳ ଅର୍ଥରେ ଏକ ସମ୍ପଦ ହୋଇ ରହିବ, – ଏହା ହିଁ ଆପଣାର ସକଳ ବିଳମ୍ବ ଓ ସଂଗୋପନ ଉପରେ ପ୍ରକୃତିର ଅନ୍ତିମ ବିଜୟରୂପେ ପ୍ରତିଷ୍ଠିତ ହେବ। ଯେପରି ବର୍ତ୍ତମାନ ବିଜ୍ଞାନର କ୍ଷେତ୍ରରେ ବହୁଭାବେ ତତ୍ପର ହୋଇ ରହିଥିବା ଅଗ୍ରଗତିକାମୀ ମନର ସହାୟତା ନେଇ ପ୍ରକୃତି ସମୁଦାୟ ମନୁଷ୍ୟସମୂହକୁ ତାହାର ମାନସ ଜୀବନଭୂମିଟିକୁ ସଂପୂର୍ଣ୍ଣରୂପେ ବିକଶିତ କରି ଆଣିବାକୁ ବାଟ କାଢ଼ି ଆଣିବାରେ ଚେଷ୍ଟିତ ହୋଇ ରହିଛି, ସେହିଭଳି ଯୋଗ ସାହାଯ୍ୟରେ ମଧ୍ୟ ଅନିବାର୍ଯ୍ୟ ଭାବରେ ସିଏ ସମୁଦାୟ ମାନବସମାଜକୁ ବିବର୍ତ୍ତନର ପରବର୍ତ୍ତୀ ଉଚ୍ଚତର ସ୍ଥିତି, – ତାହାର ଦ୍ୱିତୀୟ ଜନ୍ମସ୍ୱରୂପ ସେହି ଅଧ୍ୟାତ୍ମପ୍ରେରିତ ଜୀବନ ଲାଗି ଯୋଗ୍ୟ କରିନେବା ନିମନ୍ତେ ତତ୍ପର ରହିବ, ପଥଗୁଡ଼ିକର ଅନ୍ୱେଷଣ କରିବ। ପୁନଶ୍ଚ, ମାନସିକ ଜୀବନଟି ଯେପରି ଜଡ଼ସ୍ଥ ଜୀବନକୁ ନିଜ କାମରେ ବ୍ୟବହାର କରୁଛି ତଥା ସେହି ପ୍ରକ୍ରିୟାଟିର ମାଧ୍ୟମରେ ତାହାକୁ ଅଧିକରୁ ଅଧିକ ଯୋଗ୍ୟ ମଧ୍ୟ କରିନେଉଛି, ଠିକ୍ ସେହିପରି ଅଧ୍ୟାତ୍ମଟି ମଧ୍ୟ ଉଭୟ ଜଡ଼ ଓ ମନଃସ୍ତରକୁ ନିଜର କାମରେ ଲଗାଇବ ଏବଂ ତାହାରି ଦ୍ୱାରା ହିଁ ସେଗୁଡ଼ିକୁ ଅଧିକରୁ ଅଧିକ ଯୋଗ୍ୟ ମଧ୍ୟ କରିନେବ। ସେଗୁଡ଼ିକୁ ସେହି ଇପ୍ସିତ ଦିବ୍ୟ ଆତ୍ମ-ଅଭିବ୍ୟକ୍ତି ନିମନ୍ତେ ନିମିତ୍ତରୂପେ ବ୍ୟବହାର କରିବ। ସେତେବେଳେ ସେହି କୃତଯୁଗରେ ପରମସତ୍ୟର ଏହି ପୃଥିବୀପୃଷ୍ଠରେ ପ୍ରକାଶ ଘଟିବ ଏବଂ ମନୁଷ୍ୟମାନଙ୍କର ଜୀବନଭୂମିରେ ପ୍ରକୃତି ପୂର୍ଣ୍ଣ ସନ୍ଦୀପିତ, ପରିତୃପ୍ତ ତଥା ପୂର୍ଣ୍ଣପ୍ରସନ୍ନ ଭାବରେ ସ୍ୱଉଦ୍ୟମର ପରାକାଷ୍ଠାଟିକୁ ଲାଭ କରି ପାରିବ।

ତେଣୁ, ମନୁଷ୍ୟ ଏଥର ସେହି ବିଶ୍ୱମୟୀ ପରମାଜନନୀଙ୍କୁ ଜାଣୁ, ତାଙ୍କୁ ଆଦୌ ଭୁଲ ନବୁଝୁ, ଆଦୌ ଭର୍ତ୍ସନା ନକରୁ ଅଥବା ତାଙ୍କର ଦୁରୁପଯୋଗ ମଧ୍ୟ ନକରୁ। ତାଙ୍କରି ଅଧିକରୁ ଅଧିକ ଶକ୍ତିଶାଳୀ ସାଧନଗୁଡ଼ିକର ସର୍ବଦା ସହାୟତା ଗ୍ରହଣ କରି ତାଙ୍କର ସର୍ବୋଚ୍ଚ ଆଦର୍ଶଟିରେ ଯାଇ ଉପନୀତ ହେବାଲାଗି ସିଏ ଆସ୍ପୃହା କରିବାରେ ଲାଗିଥାଉ !

- ୪ -

ଯୋଗର ମାର୍ଗଚୟ

ବିବର୍ତ୍ତନର ଏକ ବିଶ୍ୱମୟ ଗତିଶୀଳତା ମଧ୍ୟରେ ବିବର୍ତ୍ତିତ ହେଉଥିବା ପ୍ରକୃତିର ତିନୋଟି ପାଦ ଏବଂ ଆମ ଜୀବନର ତିନୋଟି ସୋପାନ। ଯୋଗସାଧନାର କଳାଟି ତାହାକୁ ଖୁବ୍ ଗଭୀର ଭାବରେ ସମଝି ପାରିଥିବା ପରି ସେଥିରେ ମଧ୍ୟ ମୁଖ୍ୟତଃ ପ୍ରାଥମିକତା। ତାହାକୁ ଭିତ୍ତି କରି ଯୋଗ ଅନ୍ତର୍ଗତ ମାର୍ଗଗୁଡ଼ିକର କ୍ରମାବିଷ୍କାର ନିଶ୍ଚୟ ହୋଇଥିବ। ଗୋଟିକୁ ସତେଅବା ଆମ ଜୀବନରେ ଗୋଟିଏ ଗୋଟିଏ ଖାସ୍ ପ୍ରବଣତାକୁ ସବାଆଗ ଏବଂ ତେଣୁ ସବୁଗୁଡ଼ିକ ମଧ୍ୟରେ ତଥାପି ଅଧିକ ମହତ୍ତ୍ୱପୂର୍ଣ୍ଣ ବୋଲି ବିଚାର କରି ମାର୍ଗମାନେ ତଥା ମାର୍ଗଚାରୀମାନେ ଆଖର ସେହିଟି ହିଁ ଆଚରଣୀୟ ଏକମାତ୍ର ମାର୍ଗ ବୋଲି ଅନୁଭବ କରିବାକୁ ଆରମ୍ଭ କରିଥିବେ ଏବଂ ସେହି ଅନୁସାରେ ନିଜଟିକୁ ପୂର୍ଣ୍ଣ ନିଷ୍ଠାରେ ସମ୍ଭବତଃ ଏକମାତ୍ର ଫଳଦାୟକ ମାର୍ଗ ବୋଲି ଘୋଷଣା ମଧ୍ୟ କରିଥିବେ।

ସାଧନାର ଯାବତୀୟ କ୍ଷେତ୍ରରେ ସର୍ବପ୍ରଥମେ ତିନୋଟି ମୂଳକଳ୍ପନା, – ଈଶ୍ୱର, ପ୍ରକୃତି ଏବଂ ବ୍ୟକ୍ତିର, ସାଧକର ଆତ୍ମା; ଆଉଟିକିଏ ତତ୍ତ୍ୱ ମିଶାଇ କହିଲେ, ବିଶ୍ୱାତୀତ, ବିଶ୍ୱମୟ ଏବଂ ବ୍ୟକ୍ତିଗତ। ବ୍ୟକ୍ତି ବିଶ୍ୱକୁ ଲୋଡ଼ିବ, ବ୍ୟକ୍ତି ଓ ବିଶ୍ୱ ଯାହା ତଥାପି ଅଧିକ ବୃହତ୍ ହୋଇ ସେମାନଙ୍କୁ ଆବୋରି ରହିଛି, ସେହି ବିଶ୍ୱାତୀତକୁ ଲୋଡ଼ିବେ। ଏହିପରି ଭାବରେ ଯାବତୀୟ ଯୋଗ ହେଉଛି ଏକ ଆରୋହଣର ପ୍ରକ୍ରିୟା। ନିମ୍ନ ଉର୍ଦ୍ଧ୍ୱକୁ ଲୋଡ଼ିବ, କ୍ଷୁଦ୍ର ବୃହତ୍‌କୁ ଲୋଡ଼ିବ, ବୃହତ୍ ଅଧିକ ବୃହତ୍‌କୁ। ଏହି ଲୋଡ଼ିବାର ପ୍ରକ୍ରିୟାଟି, – ସେଥିରେ ଶରୀର, ପ୍ରାଣ ଅଥବା ମନ ପ୍ରତ୍ୟେକେ ହିଁ କ୍ଷେତ୍ରରୂପେ ଗ୍ରହଣ ବି କରାଯାଇ ପାରିବେ। କେତେବେଳେ ଜୀବନସ୍ଥ ସର୍ବବିଧ କର୍ମ, କେତେବେଳେ ମନର ନୈପୁଣ୍ୟ ଦ୍ୱାରା ଉପଲବ୍ଧ ଜ୍ଞାନ ତଥା ଆଉ କେତେବେଳେ ହୃଦୟାୟତନର ପରିପୂର୍ଣ୍ଣ ଭକ୍ତିର ନୈବେଦ୍ୟଟି, – ଏମାନେ ପ୍ରତ୍ୟେକେ ନିମିତ୍ତରୂପେ ବ୍ୟବହାର ହୋଇ ପାରିବେ। ପ୍ରତ୍ୟେକ ପ୍ରକାରର ମାର୍ଗରେ ଆମ ଭିତରର ବହୁକାତର ଅହଂଟିକୁ ଅତିକ୍ରମ କରିଯାଇ ଏକ ବୃହତ୍ତରର ଅଭୟଲାଭ କରିବାକୁ ଏକ ସତତ ଉଦ୍ୟମ କରା ମଧ୍ୟ ଯାଉଥିବ। ଏହିପରି ଭାବରେ ଆମକୁ ଆମର କାମ୍ୟତର ଆଶୟଟି ସହିତ ନେଇ ଯୋଡ଼ି ଦେଉଥିବା ଦ୍ୱାରା ବା ଗବାକ୍ଷଟିର ମାଧ୍ୟମରେ ହିଁ ଆମେ ପ୍ରତ୍ୟେକେ ନିଜନିଜର ସ୍ୱତନ୍ତ୍ର ମାର୍ଗଗୁଡ଼ିକର ପରିଚୟ ପାଇବାରେ ଲାଗିଥିବା

ଏବଂ ସେହି ଅନୁସାରେ ଆମେ ନିଜର ମାର୍ଗଟିକୁ ପାଇପାରିଲୁ ବୋଲି ଅନୁଭବ ବି କରିବା।

ଅର୍ଥାତ୍, ଯୋଗଚାରଣାର ପ୍ରତ୍ୟେକ ମାର୍ଗଗତ ଟିକିନିଖି ଗୁଡ଼ିକୁ ନିଖାରି ଦେଖିଲେ ତ ଆମେ ହୁଏତ କେତେ କେତେ ଜଟିଳତାର ଅଡୁଆ ଭିତରେ ଯାଇ ପଡ଼ି ଯାଉଥିବା, କିନ୍ତୁ ସେଗୁଡ଼ିକର ଉତ୍ସଗୁଡ଼ିକ ଅନୁସାରେ ସେମାନଙ୍କୁ ବୁଝି ବାହାରିଲେ ଭାରତରେ ପ୍ରଚାରିତ ମାର୍ଗମାନଙ୍କ ବିଷୟରେ ଆମର ନିଶ୍ଚୟ ଏକ ସମଗ୍ର ଧାରଣା ହୋଇ ପାରିବ। ଏହି ମାର୍ଗଗୁଡ଼ିକ ପ୍ରତ୍ୟେକେ ଶରୀରର ଏହି ହାତପାଆନ୍ତା ଜୀବନସ୍ତରରୁ ଆରମ୍ଭ କରିଛନ୍ତି ଏବଂ ବ୍ୟକ୍ତିର ସର୍ବୋଚ୍ଚ ପରିଚୟର କ୍ଷେତ୍ରରେ କଳନା କରା ଯାଇଥିବା ଏକ ବିଶ୍ୱାତୀତ ପରମବୋଧ ସହିତ ସ୍ପର୍ଶ ଘଟାଇ ଦେବାର ଶ୍ରଦ୍ଧା ତଥା ଉତ୍ସାହ ପୋଷଣ କରିଛନ୍ତି। ହଠଯୋଗର ମାର୍ଗଟି ଶରୀରକୁ ନିଜର ଭୂମିରୂପେ ବାଛିଛି, – ପ୍ରାଣର କ୍ରିୟାଶୀଳତାକୁ ଉପଲବ୍ଧିର ସାଧନରୂପେ ଗ୍ରହଣ କରିଛି: ସ୍ଥୁଳ ଶରୀରର ବ୍ୟାପାର ତଥା ସମ୍ଭାବନାଗୁଡ଼ିକୁ ନେଇ କେତେ ଦୂରକୁ କେତେ ଅନୁମାନ କରିପାରିଛି। ରାଜଯୋଗ ଆମର ମନକୁ ଆପଣାର କ୍ଷେତ୍ରରୂପେ ଗ୍ରହଣ କରିଛି, ଆମ ସୂକ୍ଷ୍ମ ଶାରୀରିକ ସାମର୍ଥ୍ୟଗୁଡ଼ିକ ସମ୍ବନ୍ଧରେ ଚିନ୍ତା କରିଛି। ସେହିପରି କର୍ମଯୋଗ, ଭକ୍ତି ବା ପ୍ରେମର ଯୋଗ ଏବଂ ଜ୍ଞାନଯୋଗ ସେହି ମାନସସତ୍ତାର ଭିନ୍ନ ଭିନ୍ନ କେତୋଟି ଦିଗ, – ଆମର ଇଚ୍ଛାଶକ୍ତି, ଆମ ହୃଦୟ ଓ ଆମର ବୁଦ୍ଧିର କ୍ଷେତ୍ରରୁ ଆରମ୍ଭ କରିଛି ଏବଂ ଆପଣାର ମାର୍ଗକଳନା ଗୁଡ଼ିକୁ ଗ୍ରହଣ କରି ଆମକୁ ସେହି ପରମସତ୍ୟ ଯାଏ ପରିଚାଳିତ କରିନେବାର ଅଭିପ୍ରାୟ ପୋଷଣ ମଧ୍ୟ କରିଛି। ଆମକୁ ଏକ ଉପଲବ୍ଧ ଅଧ୍ୟାତ୍ମର ପହୁଞ୍ଚ ମଧ୍ୟକୁ ନେଇଯିବାର ଉଦ୍ଦେଶ୍ୟ ରଖିଛି। ପ୍ରଣାଳୀ ହେଉଛି ବ୍ୟକ୍ତିଜୀବନର ମଧ୍ୟରେ ପ୍ରଚ୍ଛନ୍ନ ରହିଥିବା ପୁରୁଷ ଓ ସବୁଟି ମଧ୍ୟରେ ରହିଥିବା ପୁରୁଷଙ୍କ ମଧ୍ୟରେ ଏକ ଯୋଗସୂତ୍ର ସ୍ଥାପନ କରି ରଖିବା। ଏହି ନାମ ଓ ନାନା ରୂପର ପୃଥିବୀଟି ସହିତ ନାମ ତଥା ରୂପର ଅତିରିକ୍ତ ସେହି ପରମ ବିରାଟର ସମ୍ପର୍କଟିଏ ସମ୍ଭବ କରି ଆଣିବା।

ଆମର ଏହି ଶରୀରିକ ଜୀବନସଂସ୍ଥା – ଆମର ଦେହ ଓ ପ୍ରାଣର ସ୍ତରଟି ଉପରେ ବିଜୟଲାଭ କରିବା ହଠଯୋଗର ବିଶେଷ ଉଦ୍ଦେଶ୍ୟ। ଏହି ସଂସ୍ଥାନଟି ଅନ୍ନମୟ ଏବଂ ପ୍ରାଣମୟ ଉଭୟଙ୍କର ଅବଦାନ ଦ୍ୱାରା ହିଁ ଗଠିତ ହୋଇଛି। ସେହି ସ୍ତରରେ ଏକ ଅନୁରୂପ ସମତାବସ୍ଥା ରହିଛି ବୋଲି ପ୍ରକୃତି ଆମକୁ କ୍ରିୟାଶୀଳ କରି ରଖିଛି। କେବଳ ଅହଂଦ୍ୱାରା ପରିଚାଳିତ ଜୀବନ ପାଇଁ ଏତିକି ହିଁ ଯଥେଷ୍ଟ ହେଲେ ମଧ୍ୟ ହଠଯୋଗୀ କେବଳ ସେତିକିରେ ଆଦୌ ପରିତୁଷ୍ଟ ରହେନାହିଁ। ତେଣୁ, ସିଏ ଏହି ଶରୀରଦ୍ୱାରା ଆହୁରି ଅନେକ କିଛି ସମ୍ଭବ ହେଉ ବୋଲି ଲକ୍ଷ୍ୟ ରଖି ଏହି ଯୋଗରେ

ପ୍ରବେଶ କରିଥାଏ। ତା'ର ଯାବତୀୟ ପ୍ରସୀମନକୁ ଅତିକ୍ରମ କରିବା ନିମନ୍ତେ ଆସ୍ପୃହା ରଖେ। ତେଣୁ, ଅଧିକ ସଘନ ଭାବରେ ପ୍ରାଣଶକ୍ତିର ବିନିଯୋଗ କରିବ ବୋଲି ପ୍ରୟାସ କରେ। ହଠଯୋଗରେ ସେଥିଲାଗି ଆସନ ଏବଂ ପ୍ରାଣାୟାମର ପଦ୍ଧତିଦ୍ୱୟର ଉଦ୍‌ଭାବନ ହୋଇଛି। ଆସନ ଶରୀରକୁ ସ୍ଥିରତା ଦିଏ, ପରିପୂର୍ଣ୍ଣତର ସ୍ୱାସ୍ଥ୍ୟ ପ୍ରଦାନ କରେ, ଶକ୍ତି ଦିଏ ଏବଂ ଅଭୂତପୂର୍ବ ନମନୀୟତା ପ୍ରଦାନ କରିଥାଏ। ଏହାରି ଦ୍ୱାରା ଶରୀର ଆପଣାର ସଂସ୍କାରଗତ ବହୁ ଅଭ୍ୟସ୍ତତା ମଧ୍ୟରୁ ମୁକ୍ତି ପାଏ। ପ୍ରାଣାୟାମ ଅର୍ଥାତ୍ ଆମ ଶରୀରସ୍ଥ ପ୍ରାଣବାୟୁର ସଂଚଳନ ଏବଂ ନିୟନ୍ତ୍ରଣ। ଏହାଦ୍ୱାରା ପ୍ରଥମତଃ ଶରୀର ଶୁଦ୍ଧ ହୁଏ, ସ୍ୱାସ୍ଥ୍ୟ ଆଣିଦିଏ, ତାରୁଣ୍ୟକୁ ଦୀର୍ଘତର କରେ, ଆୟୁଷ ବଢ଼ାଏ। ପୁନଶ୍ଚ, ପ୍ରାଣାୟାମ ଦ୍ୱାରା କୁଣ୍ଡଳିନୀର ଜାଗୃତି ଘଟେ । ନାନା ନୂତନ ଚେତନାର ଅବବୋଧ ନିମନ୍ତେ ଆବଶ୍ୟକ ଦ୍ୱାରଗୁଡ଼ିକ ଖୋଲି ଯାଉଥିବା ପରି ମଧ୍ୟ ଅନୁଭବ ହେଉଥାଏ। ଅନୁଭୂତିର କ୍ଷେତ୍ରମାନେ ଅଧିକ ପ୍ରସାର ଲାଭ କରନ୍ତି।

ହଠଯୋଗ ଅର୍ଥାତ୍ ହଠାତ୍ ବହୁ ବହୁ ଉପଲବ୍ଧିକୁ ସମ୍ଭବ କରି ଆଣୁଥିବାର ଯୋଗ। ଭାରି ଆଖିଦୃଶିଆ; ମାପି ହେବ, ତୁଳନା ମଧ୍ୟ କରିହେବ। ତେଣୁ, ବାହାର ଆଖିରେ ତଉଲୁଥିବା ଯାଏ ଖୁବ୍ ପ୍ରଭାବଶାଳୀ ପରି ମନେ ହେବ। ତଥାପି ଆମେ ଏପରି ବି ପଚାରି ପାରିବା: ଏତେ ଏତେ ଚର୍ଯ୍ୟା କରି ଶେଷକୁ ଆମକୁ ତଦ୍ଦ୍ୱାରା କିପରି କ'ଣ ପ୍ରାପ୍ତ ହୋଇ ପାରିଲା ! ହଁ, ଦେହ ବଳଯୁକ୍ତ ଅବଶ୍ୟ ହେଲା, ଅପେକ୍ଷାକୃତ ଅଧିକ ସେହି ଦେହସୀମାଟି ମଧ୍ୟରେ ରହିଥିବା ଜୀବନଟିର ଖୁବ୍ ଚମତ୍କାର ପ୍ରକାରେ ସୁରକ୍ଷା ହୋଇପାରିଲା, ଏପରିକି ବାହ୍ୟ ଜୀବନଟିକୁ ଆନନ୍ଦପୂର୍ଣ୍ଣ ଭାବରେ ବଞ୍ଚି ପାରିବାକୁ ଅଧିକ ସାମର୍ଥ୍ୟ ମଧ୍ୟ ସମ୍ଭବ ହେଲା। ତଥାପି, ହଠଯୋଗରେ ଅଭାବଭାଗଟି ମଧ୍ୟ ହେଉଛି ଯେ, ଏହାର ଏତେ ପରିଶ୍ରମସାପେକ୍ଷ ଏବଂ କଷ୍ଟକର ସକଳ ଅଭ୍ୟାସ ସାଧକର ପ୍ରକୃତରେ ଅତ୍ୟଧିକ ସମୟ ଦାବୀ କରେ, ବହୁତ ଶାରୀରିକ ବଳ ମଧ୍ୟ ଦାବୀ କରୁଥାଏ ଏବଂ ମନୁଷ୍ୟସଂସାରର ସାଧାରଣ ଜୀବନଠାରୁ ସେଥିପାଇଁ ପ୍ରାୟ ସମ୍ପୂର୍ଣ୍ଣ ଏକ ଭିନ୍ନ ଗୁଳାରେ ହିଁ ରହିବାକୁ ପଡ଼େ ଏବଂ ସେହି ଯୋଗାଭ୍ୟାସରୁ ଆମକୁ ଯେଉଁସବୁ ଲାଭ ବି ମିଳେ, ତାହାର ସେତେବେଶୀ ବାସ୍ତବ ଉପଯୋଗିତା ନଥାଏ ଅଥବା ଅତିରିକ୍ତ ପରିମାଣରେ ଅଳପ ହୋଇ ରହିଥାଏ। ଏପରିକି, ଏହିସବୁ କ୍ଷତିର ଏକ ପୂରଣ କରିପାରିବା ଭଳି ଯଦି ଆମେ ମାନସିକ ଅନ୍ତର୍ଜଗତଟିରେ ଆଉ ପ୍ରକାରେ ଜୀବନର ସ୍ୱାଦ ଲାଭ କରୁଥାଉ, ତେବେ ଆମେ ଅବଶ୍ୟ ଜାଣିରଖିବା ଯେ ଅନ୍ୟାନ୍ୟ ଏକାଧିକ ମାର୍ଗରେ ମଧ୍ୟ ସେଗୁଡ଼ିକ ସର୍ବଦା ହାସଲ କରାଯାଇ ପାରିବ। ଏବଂ, ସେହି ଅନ୍ୟ ପ୍ରଣାଳୀଗୁଡ଼ିକରେ ମୋଟେ ଏତେ ଏତେ ଶ୍ରମ କରିବାକୁ ପଡ଼ିବନାହିଁ,

ସେଗୁଡ଼ିକ ଆମଠାରୁ କଦାପି ଏତେ ଏତେ ସର୍ତ୍ତ ମଧ୍ୟ ଦାବୀ କରିବେନାହିଁ। ପୁନଶ୍ଚ, ପ୍ରାଣଶକ୍ତିର ଅଭିବୃଦ୍ଧି, ଦୀର୍ଘତର ତାରୁଣ୍ୟ, ଉତ୍ତମ ସ୍ୱାସ୍ଥ୍ୟ ତଥା ଲମ୍ବ ଆୟୁଷ ଆଦି ଶାରୀରିକ ଲାଭମାନେ ମଧ୍ୟ ସତକୁ ସତ କେତେ ଅଳପ କୀମତର ବି ହେବେ, ଯଦି ଆମେ ସେସବୁକୁ କୃପଣଙ୍କ ଭଳି କେବଳ ନିଜର ସମ୍ପତ୍ତିରୂପେ ହିଁ ଧାରଣ କରି ରଖିଥିବା, – ଏବଂ ସାଧାରଣ ଜୀବନଟି ଠାରୁ ସେଗୁଡ଼ିକ ସତେଅବା ସଂପୂର୍ଣ୍ଣ ଅଲଗା ହୋଇ ରହିଥିବେ! କେବଳ ନିଜପାଇଁ ହିଁ କେଡ଼େ ମୂଲ୍ୟବାନ୍ ବୋଧ ହେଉଥିବେ ଏବଂ କାମରେ ଲାଗୁନଥିବେ ଅର୍ଥାତ୍ ଏହି ପୃଥିବୀର କର୍ମମୁଖରତା ମଧ୍ୟରେ ସେଗୁଡ଼ିକର କୌଣସି ଯୋଗଦାନ ନଥିବ। ଗୋଟିଏ କଥାରେ କହିଲେ, ହଠଯୋଗରେ ଏକାଧିକ ବଡ଼ ବଡ଼ ଉପକାର ଅବଶ୍ୟ ମିଳେ; ମାତ୍ର ସେଥିଲାଗି ଅତ୍ୟଧିକ ମୂଲ୍ୟ ଦେବାକୁ ପଡ଼େ ଏବଂ ତାହା ଖୁବ୍ ଅଳ୍ପ ଆବଶ୍ୟକତା ମଧ୍ୟ ପୂରଣ କରିଥାଏ।

ରାଜଯୋଗ ହଠଯୋଗର କ୍ଷେତ୍ରଠାରୁ ଟିକିଏ ଅଧିକ ଉଚ୍ଚଯାଏ ନେଇଯିବାର କଳ୍ପନା କରିଥାଏ। ଏହି ମାର୍ଗ ଆମର ମାନସିକ ସତ୍ତାର ବିମୋଚନକୁ ଆପଣାର ଲକ୍ଷ୍ୟ ବୋଲି ମାନେ, – ଆମର ଭାବ ତଥା ଇନ୍ଦ୍ରିୟବୋଧର ସଂସାରଟିକୁ ନିୟନ୍ତ୍ରଣ ମଧ୍ୟରେ ରଖିବାର ଅଭିଳାଷ ରଖିଥାଏ। ଆମର ଭାବନା ଏବଂ ଚେତନାକୁ ଏକ ନିର୍ଦ୍ଦିଷ୍ଟ ଶୃଙ୍ଖଳା ମଧ୍ୟରେ ସଂଚାଳିତ କରିବ ବୋଲି ଉପାୟମାନ ଦେଖାଏ। ଆମର ଚିତ୍ତ ମଧ୍ୟରେ ରହିଥିବା ସକଳ ଗତିବିଧିକୁ ଗୋଟିଏ ନିର୍ଦ୍ଧାରିତ ନିୟମରେ ଗଚ୍ଛାଇ ରଖେ। ପ୍ରଥମେ ମନକୁ ଶୁଦ୍ଧ କରେ ଏବଂ ତା'ପରେ ଶାନ୍ତ କରି ଆଣେ। ହଠଯୋଗ ଆମ ଶରୀରକୁ ନେଇ କାର୍ଯ୍ୟତଃ ଯାହା କରେ, ରାଜଯୋଗ ମନର କ୍ଷେତ୍ରରେ ପ୍ରାୟ ତାହାହିଁ କରୁଥାଏ। ମନୁଷ୍ୟଚିତ୍ତର ସାଧାରଣ ଅବସ୍ଥାରେ ସେଥିରେ କେତେ ସମସ୍ୟା ତଥା ବିଶୃଙ୍ଖଳା ହିଁ ଭରି ରହିଥାଏ,– ପ୍ରାୟ ସର୍ବଦା ନିଜ ସହିତ ଯୁଦ୍ଧରତ ହୋଇ ରହିଥାଏ, ତାହାର ଶାସିତ ହେବାର କ୍ଷେତ୍ରରେ ଅକାମ୍ୟ କେତେ କ'ଣ ଆସି ପ୍ରବେଶ କରିଥାଏ। ମନର ଅନ୍ତଃପୁରୁଷ ଅନୁକ୍ଷଣ ନାନା ଆବେଗ, ଅବବୋଧ, କର୍ମ ତଥା ଉପଭୋଗ ମଧ୍ୟରେ ପ୍ରାୟ ଅଣଆୟତ୍ତ ହୋଇ ରହିଥାନ୍ତି। ଏଗୁଡ଼ିକର ଅପସାରଣ କରି ଏକ ସ୍ୱାୟତ୍ତତା ହିଁ ପ୍ରତିଷ୍ଠା କରିବାକୁ ପଡୁଥାଏ। ସର୍ବପ୍ରଥମେ ଶୃଙ୍ଖଳାର ଶକ୍ତିମାନଙ୍କୁ ସହାୟତା ପ୍ରଦାନ କରିବାକୁ ପଡ଼େ, ଯେପରିକି ସେମାନେ ବିଶୃଙ୍ଖଳାର ଶକ୍ତିଗୁଡ଼ିକ ଉପରେ ବିଜୟ ହାସଲ କରିପାରିବେ। ତେଣୁ, ରାଜଯୋଗ ସର୍ବପ୍ରଥମେ ଏକ ଆତ୍ମଶୃଙ୍ଖଳା ଉପରେ ମନୋନିବେଶ ହିଁ କରେ, ଯାହା ସାହାଯ୍ୟରେ କି ମାନସିକ ଉତ୍ତମ ଅଭ୍ୟାସମାନଙ୍କ ଦ୍ୱାରା ନିମ୍ନସ୍ତରର ଶୃଙ୍ଖଳାହୀନ କ୍ରିୟାଶୀଳତା ମାନଙ୍କୁ ହଟାଇ ଦିଆଯାଇ ପାରିବ। ସତ୍ୟର ଅଭ୍ୟାସ କରିବାକୁ ହେବ, ଅହଂଗତ ସକଳ ଅବଧାବନ ପରିତ୍ୟାଗ କରିବାକୁ

ପଡ଼ିବ, ଅପରକୁ ଆଘାତ ଦେବାରୁ କ୍ଷାନ୍ତ ରହିବ, ଶୁଦ୍ଧ ହେବ, ଅବିଚ୍ଛିନ୍ନ ଭାବରେ ଧ୍ୟାନରତ ରହିବ, ମନୋରାଜ୍ୟର ଯଥାର୍ଥ ଅଧୀଶ୍ୱର ସେହି ବିରାଟ ପୁରୁଷଙ୍କ ପ୍ରତି ଅନୁରକ୍ତ ଥିବ, – ତେବେଯାଇ ମନ ତଥା ହୃଦୟ ଦୁଇଟିଯାକ ରାଜ୍ୟରେ ଏକ ଶୁଦ୍ଧ ଏବଂ ପ୍ରସନ୍ନ ମାନସିକତାର ପ୍ରତିଷ୍ଠା ସମ୍ଭବ ହୋଇ ମଧ୍ୟ ଆସିବ।

ଏଇଟି ହେଉଛି କେବଳ ପ୍ରଥମ ଚର୍ଯ୍ୟା। ତା'ପରେ ମନ ଏବଂ ଇନ୍ଦ୍ରୀୟମାନଙ୍କର ଯାବତୀୟ କ୍ରିୟାଶୀଳତାକୁ ଶାନ୍ତ କରି ଆଣିବାକୁ ହେବ, ଯେପରିକି ଅନ୍ତରସ୍ଥ ଆତ୍ମସତ୍ତାଟି ଉଚ୍ଚତର ଚେତନାର ସ୍ତରଗୁଡ଼ିକୁ ଆରୋହଣ କରି ପାରିବ, – ଏକ ପରିପୂର୍ଣ୍ଣ ମୁକ୍ତିର ଅବସ୍ଥା ତଥା ଆତ୍ମପ୍ରଭୁତ୍ୱକୁ ସମ୍ଭବ କରି ଆଣୁଥିବ। ରାଜଯୋଗ ତ କଦାପି ଭୁଲି ଯାଇ ନଥାଏ ଯେ, ଶରୀର ତଥା ସ୍ନାୟୁଜଗତର ପ୍ରତିକ୍ରିୟାର ଅଧୀନ ହୋଇ ରହୁଥିବାରୁ ହିଁ ଆମର ମନ ମୁଖ୍ୟତଃ ଆପଣାର ଯାବତୀୟ ଅସମର୍ଥତା ମଧ୍ୟରେ ବାନ୍ଧି ହୋଇ ରହିବାକୁ ବାଧ୍ୟ ହେଉଛି। ତେଣୁ, ତାହାର ପ୍ରତିକାର ସ୍ୱରୂପ ରାଜଯୋଗ ହଠଯୋଗ ମଧ୍ୟରେ ଥିବା ଆସନ ଏବଂ ପ୍ରାଣାୟାମର ମଧ୍ୟ କିଛି ସାହାଯ୍ୟ ଗ୍ରହଣ କରିଥାଏ। ମୁଖ୍ୟତଃ ଏହି ପର୍ଯ୍ୟାୟରେ ତାହା କୁଣ୍ଡଳିନୀ-ସାଧନାର ପ୍ରକ୍ରିୟାଟିକୁ ବି ଗ୍ରହଣ କରିଥାଏ। ଏହା ଫଳରେ ମନର ଭୂମିରେ ଏକ ପରିପୂର୍ଣ୍ଣ ସ୍ଥିରତା ସମ୍ଭବ ହୋଇଆସେ। ଆହୁରି ଆହୁରି ଉଚ୍ଚତାରେ ପହଞ୍ଚିବା ନିମନ୍ତେ ତାହା ଧ୍ୟାନର ସହାୟତା ଗ୍ରହଣ କରେ ଏବଂ ଧ୍ୟେୟ ଅସଲ ଅବସ୍ଥା ଅର୍ଥାତ୍ ସମାଧିର ନିକଟବର୍ତ୍ତୀ ହେବାରେ ଲାଗିଥାଏ।

ସମାଧିର ଅବସ୍ଥା, ଅର୍ଥାତ୍ ଏକ ପୂର୍ଣ୍ଣ ପ୍ରତ୍ୟାହାରର ଅବସ୍ଥା, ସଂପୂର୍ଣ୍ଣ ଭାବନାରହିତ ଭାବରେ ସ୍ୱ-ସ୍ଥ, ଆତ୍ମସ୍ଥ ତଥା ବିମୁଖ ହୋଇ ରହିବାର ଅବସ୍ଥା, – ଏପରି ଏକ ଗଭୀରତା, ଯେଉଁଥିରେ କି ନିମଗ୍ନ ହୋଇ ରହିପାରିବ, – ଗଭୀର ସମୁଦ୍ରବତ୍ ଏକ ଅବସ୍ଥିତି ଥିବ, ଅଥଚ ତରଙ୍ଗ ବୋଲି କିଛି ନଥିବ। ଏକ ଖାସ୍ ପ୍ରସନ୍ନତାର ପୁଟ ଦେଇ ତାହାକୁ ରାଜଯୋଗୀମାନେ ସ୍ୱରାଟର ଅବସ୍ଥା ବୋଲି ମଧ୍ୟ କହିବାକୁ ମନ କରିଛନ୍ତି। ଏଇଠି ଥିବ, ତଥାପି ଚେତନାଟି ଏଠି କେଉଁଠାରେ ହେଲେ ଲାଖି ରହିନଥିବ; ଇନ୍ଦ୍ରିୟସକଳ ଜାଗ୍ରତ ଥିବେ, ତଥାପି ନିର୍ଦ୍ଦିଷ୍ଟ ଭାବରେ ନିଠ କରି କିଛି ବି ଦେଖୁନଥିବେ, ଶୁଣୁନଥିବେ, ସ୍ପର୍ଶ କରୁନଥିବେ ଇତ୍ୟାଦି, ଇତ୍ୟାଦି। ଏହି ସ୍ଥିତିଟି ସାଧକକୁ ଶାସ୍ତ୍ରରେ ବର୍ଣ୍ଣିତ ହୋଇଥିବା ସେହି ଅପରୋକ୍ଷ ଅନୁଭବର ସାମର୍ଥ୍ୟଟିଏ ଆଣି ଦିଏ ବୋଲି କଳ୍ପନା କରାଯାଇଛି କି? ସ୍ଥିର ଭାବରେ ଚିନ୍ତା କଲେ ଆମେ ଅବଶ୍ୟ ଦେଖିପାରିବା ଯେ, ପ୍ରାଣ ତଥା ଶରୀରର ଉପରେ ଗୁରୁତ୍ୱ ଦେଇ ଯେପରି ହଠଯୋଗ ଜଡ଼ପୃଥିବୀଗତ ଜୀବନର କ୍ଷେତ୍ରରେ ଅସାଧାରଣ ପରିପୂର୍ଣ୍ଣତା ଲାଭ କରି

ମାନସିକ ଜୀବନଟି ଆଡ଼କୁ ଅଙ୍ଗୁଳିନିର୍ଦ୍ଦେଶ କରି ଦେଉଥିଲା, ସେହିପରି ରାଜଯୋଗ ମଧ୍ୟ ଆମ ମନର ସ୍ତରରେ କ୍ରିୟାଶୀଳ ରହି ମାନସିକ ଜୀବନରେ ଏକ ଅସାଧାରଣ ପୂର୍ଣ୍ଣସମର୍ଥତା ହାସଲ କରିବା ନିମନ୍ତେ ଉଦ୍ୟମ କରୁଥାଏ ଏବଂ ଏହିପରି ଗୋଟିଏ ବିଶେଷ ମୁହୂର୍ତ୍ତରେ ଆଧ୍ୟାତ୍ମିକ ଜୀବନର ରାଜ୍ୟ ଭିତରକୁ ମଧ୍ୟ ପ୍ରାଥମିକ ପ୍ରବେଶଦ୍ୱାର ଗୁଡ଼ିକୁ ଘ୍ରାଣ କରିବାକୁ ଆରମ୍ଭ ମଧ୍ୟ କରେ। କିନ୍ତୁ, ଏହି ସାଧନାମାର୍ଗର ଗୋଟିଏ ଦୁର୍ବଳତା ହେଉଛି ଯେ ତାହା ଭାବାବେଶର ଅସ୍ୱାଭାବିକ ସ୍ଥିତିଗୁଡ଼ିକ ଉପରେ ଅତିବେଶୀ ଆସ୍ଥା ରଖେ। ଏହାଦ୍ୱାରା ଏହି ପୃଥିବୀର ବାସ୍ତବ ଜୀବନଟି ଠାରୁ ରାଜଯୋଗୀ ପ୍ରାୟ ଅଲଗା ହୋଇ ରହେ, – ଅର୍ଥାତ୍, ଆମ ଯାବତୀୟ ଐଶ ସମ୍ଭାବନାର ସେହି ସର୍ବପ୍ରଥମ ମୂଳଦୁଆଟି ସହିତ ତା'ର ପ୍ରାୟ କୌଣସି ସମ୍ପର୍କ ରହେନାହିଁ। ପୁନଶ୍ଚ, ଏହି ମାର୍ଗରେ ଆଧ୍ୟାତ୍ମିକ ଜୀବନ କହିଲେ ହିଁ ଅନେକେ କେବଳ ସମାଧିରେ ଅବସ୍ଥାନ କରିବାର ସ୍ଥିତିଟିକୁ ହିଁ ବୁଝନ୍ତି। ମାତ୍ର, ଆମେ ତ ଆମର ଆଧ୍ୟାତ୍ମିକ ଜୀବନ ଏବଂ ସେଥିରୁ ଲବ୍ଧ ଅନୁଭୂତିଚୟକୁ ଆମେ ବଞ୍ଚୁଥିବା ଜୀବନର ଜାଗ୍ରତ ଅବସ୍ଥାରେ, ଏବଂ ଏପରିକି ତାହାର ସାଧାରଣ କ୍ରିୟାଶୀଳତାର କ୍ଷେତ୍ରରେ ମଧ୍ୟ ସମ୍ପୂର୍ଣ୍ଣ ଭାବରେ ସକ୍ରିୟ କରି ରଖି ଯାବତୀୟ ବାସ୍ତବ ପ୍ରୟୋଜନରେ ମଧ୍ୟ କାମରେ ଲଗାଇବା ସକାଶେ ଇଚ୍ଛା କରି ରହିଛୁ। କିନ୍ତୁ ରାଜଯୋଗରେ ସେଗୁଡ଼ିକ ସତେଅବା ପ୍ରାୟ ଏକ ଅପ୍ରଧାନ ଭୂମିରେ ଆମ ସାଧାରଣ ଅନୁଭବଗୁଡ଼ିକର ଅନ୍ତରାଳରେ ଯାଇ ରହି ଯାଉଛନ୍ତି, ଆଦୌ ଏଠାଯାଏ ଓହ୍ଲାଇ ଆସି ଆମର ସମୁଦାୟ ଜୀବନର ଦାୟିତ୍ୱ ଗ୍ରହଣ ମଧ୍ୟ କରୁନାହାନ୍ତି।

ଏହାପରେ, ଯୋଗର ସେହି ତ୍ରିବିଧ ମାର୍ଗ, ଚଳନ୍ତି ସାଧନାର ଭାଷାରେ ଭକ୍ତି, ଜ୍ଞାନ ଓ କର୍ମର ମାର୍ଗ ବୋଲି କୁହାହୋଇ ଆସିଥିବା ପ୍ରଣାଳୀମାନେ, – ରାଜଯୋଗ ଯେଉଁଗୁଡ଼ିକ ବିଷୟରେ ନିଜକୁ ପ୍ରାୟ ଅସଂପୃକ୍ତ କରି ରଖିଛି, ସେହିଗୁଡ଼ିକୁ ହିଁ ନିଜର କ୍ଷେତ୍ରରୂପେ ଗ୍ରହଣ କରିଛି। ଏହି ତିନିମାର୍ଗ ସମୁଦାୟ ମନୋଗତ କ୍ଷେତ୍ରଟିକୁ ସାଧନାର ସାରଣୀ ମଧ୍ୟକୁ ନଆଣି, ବୁଦ୍ଧି, ହୃଦୟ ଏବଂ ଆମର ଇଚ୍ଛାଶକ୍ତି ପ୍ରଭୃତି କେତୋଟି ମୁଖ୍ୟ ବିଭାବର ବିଷୟକୁ ହିଁ ପ୍ରସଙ୍ଗରୂପେ ଗ୍ରହଣ କରିଛି ଏବଂ ସେଗୁଡ଼ିକୁ ବାହ୍ୟ ଜୀବନର ଦୈନନ୍ଦିନତା ଭିତରୁ ଅପସରାଇ ନେଇ ଈଶ୍ୱରନିବିଷ୍ଟ କରି ରଖିବା ଲାଗି ଚେଷ୍ଟା କରିଛି। ପୂର୍ଣ୍ଣଯୋଗର ଭୂମିଟି ଉପରେ ରହି ବିଚାର କଲେ ଏହିଠାରେ ହିଁ ଏଭଳି ଗୋଟିଏ ପ୍ରୟାସ ମଧ୍ୟରେ ଅଭାବଟିଏ ରହିଯିବା ପରି ବୋଧ ହେଉଛି; – ସେହି ଅଭାବଟି ହେଉଛି ଯେ ଏମାନେ ମାନସିକ ଓ ଶରୀରିକ ପରିପୂର୍ଣ୍ଣତା ବିଷୟରେ ଉଦାସୀନ ରହି ଏଗୁଡ଼ିକର ଶୁଦ୍ଧତା ଉପରେ ଅଧିକ ମହତ୍ତ୍ୱ ଦେଇଛନ୍ତି ଏବଂ ତାହାକୁ ହିଁ ଦିବ୍ୟ ଉପଲବ୍ଧିର ଏକ ସର୍ତ୍ତରୂପେ ଗ୍ରହଣ କରିଛନ୍ତି। ସେଗୁଡ଼ିକର ଦ୍ୱିତୀୟ ଅସୁବିଧାଟି

ହେଉଛି ଯେ, ସାଧନାର ବାସ୍ତବ ଇତିହାସଟିରୁ ଯେପରି ଜଣାଯାଉଛି, ସେମାନେ କୌଣସି ଗୋଟିଏ ଚିତ୍ତବୃତ୍ତିକୁ ନିଜର କ୍ଷେତ୍ରରୂପେ ଗ୍ରହଣ କରି ବେଳେ ବେଳେ ଅନ୍ୟଗୁଡ଼ିକୁ ସତେଅବା ବାଧା ବୋଲି ଧରି ନେଇଛନ୍ତି, – ବୁଦ୍ଧି, ହୃଦୟ, ଇଚ୍ଛାଶକ୍ତି ଏହି ତିନୋଟିଯାକକୁ କୌଣସି ପୂର୍ଣ୍ଣାଙ୍ଗ ଉପଲବ୍ଧିର ଆସ୍ପୃହା ମଧ୍ୟରେ ସମନ୍ୱିତ କରି ଆଣିନାହାନ୍ତି ।

ଜ୍ଞାନର ମାର୍ଗଟି ବିଚାରର ପଥଟିକୁ ଗ୍ରହଣ କରି ପରମ ଦିବ୍ୟ ଆତ୍ମାର ଉପଲବ୍ଧିକୁ ଲକ୍ଷ୍ୟ ବୋଲି ଘୋଷଣା କରିଛି । ତାହାର ଦ୍ୱିତୀୟ ପ୍ରଣାଳୀଟି ହେଉଛି ବିବେକ । ଆମର ଏହି ସଂସାରସ୍ଥ ଜୀବନର ଚିତ୍ତବୃତ୍ତି ଗୁଡ଼ିକୁ ବିଶ୍ଳେଷଣ କରି ସେଗୁଡ଼ିକୁ ପ୍ରକୃତିର ପରିଣାମ ବୋଲି କହି ଏହି ସବୁଯାକ କେବଳ ଏକ ମାୟା ବୋଲି କହି ବର୍ଜିତପ୍ରାୟ କରି ରଖିଛି । ଏହିପରି ବିବେକର ସହାୟତାରେ ସିଏ ଶୁଦ୍ଧ ବିଚାରଟିକୁ ଚିହ୍ନି ଶୁଦ୍ଧ ତଥା ଅନନ୍ୟ ସ୍ୱ-ଆତ୍ମାଟି ପାଖକୁ ଆସି ସେଇଟି ସହିତ ଅଭେଦ ଭାବରେ ଯୁକ୍ତ ହୋଇ ରହିବ ବୋଲି ଚିନ୍ତା ମଧ୍ୟ କରିଛି । ସେହି ଆତ୍ମା ହିଁ ଅକ୍ଷୟ ଏବଂ ଏହି ପୃଥିବୀର ବାସ୍ତବତା ଦ୍ୱାରା ତାହାର କେବେହେଲେ ଉପଲବ୍ଧି ସମ୍ଭବ ହେବନାହିଁ । ଏବଂ, ସାଧାରଣ ସାଧନାଟି ଯେଉଁପରି ଭାବରେ ହୋଇ ଆସିଛି, ଏଥିରେ ଏହି ବାସ୍ତବ ସତ୍ୟର ପୃଥିବୀଟିକୁ ଚେତନା ମଧ୍ୟରୁ ବହିଷ୍କୃତ କରି ରଖିବାକୁ ହିଁ ଆମ ଚେତନାକୁ ମାୟାମୁକ୍ତ କରି ରଖିବାର ଉପାୟ ହିସାବରେ ବତାଇ ଦିଆଯାଇଛି । କୁହାଯାଇଛି ଯେ, ଏହି ସାଧନାଚାର୍ଯ୍ୟାଟି ଦ୍ୱାରା ହିଁ ଆମେ ମନୁଷ୍ୟମାନେ ଏହି ବନ୍ଧନ ଭିତରୁ ମୁକ୍ତିଲାଭ କରିପାରିବା, ଆମର ବ୍ୟକ୍ତିଆତ୍ମାଟି ପରମାତ୍ମାଙ୍କ ମଧ୍ୟରେ ଯାଇ ବିଲୀନ ହୋଇଯିବ ଏବଂ ଆଖର ଏହି ପୃଥିବୀକୁ ଆଉ ମୋଟେ ଆସିବାକୁ ପଡ଼ିବନାହିଁ । ପୃଥିବୀକୁ ମାୟା ବୋଲି କହି ପୃଥିବୀ ଭିତରେ ତଥାପି ରହିଥିବା ଭାରତର କୋଟି କୋଟି ମନୁଷ୍ୟ କେଉଁ ପ୍ରକାରେ କାହିଁକି ଯେ ଏହି ପୃଥିବୀରେ ସେମାନେ ବଞ୍ଚୁଥିବା ଜୀବନଟିକୁ ପ୍ରାୟ ନାକ ଟେକି ଆସିଛନ୍ତି, ଯେତେ ଅଧିକ ସହାନୁଭୂତି ସହିତ ବୁଝିବାକୁ ଚେଷ୍ଟା କଲେ ମଧ୍ୟ ତଥାପି ସେହି କଥାଟିକୁ ସଫା କରି ମୋଟେ ବୁଝି ହୁଏନାହିଁ ।

ଏହି ରୀତିରେ ଦ୍ୱିତୀୟଟି ହେଉଛି ଭକ୍ତିର ମାର୍ଗ, ପ୍ରେମର ଯୋଗମାର୍ଗ । ପରମ ଭଗବାନ ହେଉଛନ୍ତି ଜଣେ ପରମ ପ୍ରେମିକ ଏବଂ ଏହି ଇହସୃଷ୍ଟି ହେଉଛି ତାଙ୍କର ଲୀଳା । ସେହି ଲୀଳା କେତେବେଳେ ପରୋକ୍ଷ ଏବଂ ପୁଣି କେତେବେଳେ ପ୍ରତ୍ୟକ୍ଷ । ଭକ୍ତି ଦ୍ୱାରା ପରିପ୍ରେରିତ ସାଧକ ଏହି ଯାବତୀୟ ଅନିତ୍ୟ ସ୍ତରର ଜାଗତିକ ପ୍ରେମ ଭିତରେ ଭୁଲି ନରହି କେବଳ ସେହି ନିତ୍ୟପ୍ରେମୀଙ୍କୁ ହିଁ ପ୍ରେମର ଆସ୍ୱାଦରୂପେ ଗ୍ରହଣ କରିବ । ଉପାସନା, ଅର୍ଚ୍ଚନା ଓ ଧ୍ୟାନ, – ଏଗୁଡ଼ିକ ଭକ୍ତିମାଗର ପଦ୍ଧତି, ପୂର୍ଣ୍ଣ

ପ୍ରସ୍ତୁତି ନିମନ୍ତେ ଭକ୍ତକୁ ସେହି ଈଶ୍ୱରପ୍ରେମର ଯଥାର୍ଥ ପ୍ରଗାଢ଼ତା ଆଡ଼କୁ ପରିଚାଳିତ କରି ନେଉଥିବ। ସାଧାରଣ ସାଧନାର ସ୍ତରରେ ଯେପରି ହୋଇଥାଏ, ଏହି ମାର୍ଗଟି ମଧ୍ୟ ସାଧକକୁ ବାସ୍ତବ ପୃଥିବୀର ଜୀବନ ମଧ୍ୟରୁ ଅନ୍ୟମନସ୍କ କରାଇ ନେଇ ଯାଇଥାଏ, – ତଥାକଥିତ ତୁଚ୍ଛା ବିଶ୍ୱାତୀତ ଅତିଜାଗତିକ ଲୋକରେ ମଜ୍ଜାଇ ରଖିଥାଏ। ଅବଶ୍ୟ ଆମେ ସେହିପରି ଅଭିଳାଷଟିଏ ରଖିପାରିଲେ ଆମ ମନୁଷ୍ୟସଂସାରରେ ରହିଥିବା ଶ୍ରଦ୍ଧାର ସମ୍ବନ୍ଧଗୁଡ଼ିକୁ ଭକ୍ତିଯୋଗର ପ୍ରେରଣାରେ ଏକ ନିର୍ଦ୍ଦିଷ୍ଟ ପ୍ରସାରଣ ସମ୍ଭବ କରି ସମଗ୍ର ଆମ ମାନବସମଷ୍ଟି ଭିତରକୁ ମଧ୍ୟ ନିର୍ଦ୍ଦେଶିତ କରି ଆଣିପାରିବା।

ଏହାପରେ କର୍ମଯୋଗ, ଅର୍ଥାତ୍ ଏହି ମାନବସ୍ତରର ସକଳ କର୍ମଗତ ତତ୍ପରତାକୁ ସେହି ପରମ ଭଗବତ୍‌ଇଚ୍ଛା ମଧ୍ୟକୁ ଉତ୍ସର୍ଗୀକୃତ କରି ରଖିବା। ଅର୍ଥାତ୍ ଆମର କର୍ମମୟତାକୁ ବାନ୍ଧି ରଖିଥିବା ଯାବତୀୟ ଅହଂଗତ ଅଭିପ୍ରାୟକୁ ପରିହାର କରିବା। କୌଣସି ଅତିସଂକୀର୍ଣ୍ଣ ତାତ୍କାଳିକ ଲାଭ ନିମନ୍ତେ ଆଦୌ କୌଣସି କର୍ମରେ ପ୍ରବୃତ୍ତ ହୋଇ ରହିବାନାହିଁ। ଏହାଦ୍ୱାରା ଆମର ମନ ତଥା ଇଚ୍ଛାଶକ୍ତିର କ୍ଷେତ୍ରରେ ଏକ ଶୁଦ୍ଧୀକରଣ ସମ୍ଭବ ହୋଇ ଆସିବ ଏବଂ ଆମେ ଏକ ବିଶ୍ୱମୟ ପରମ ଶକ୍ତି ହିଁ ପୃଥିବୀରେ ଏହି ସବୁକିଛି କର୍ମର ଅଧୀଶ୍ୱର ହୋଇ ରହିଛନ୍ତି, ସେଇ ବସ୍ତୁତଃ ସବୁକିଛି କରୁଛନ୍ତି ବୋଲି ଅନୁକ୍ଷଣ ଅନୁଭବ କରିବା। ମୋ' ଭିତରେ ମଧ୍ୟ ସିଏ ଅନୁମନ୍ତା ହୋଇ ରହିଛନ୍ତି, ତାଙ୍କରି ଯନ୍ତ୍ରବତ୍ ତାଙ୍କରି ନିର୍ଦ୍ଦେଶରେ ମୁଁ ତାଙ୍କରି କାର୍ଯ୍ୟଗୁଡ଼ିକୁ କରୁଛି। ସିଏ କର୍ତ୍ତା ଏବଂ ମୁଁ ହେଉଛି ତାଙ୍କର ନିମିତ୍ତ। ଏଠାରେ ଯାବତୀୟ କର୍ମ ସେହି ବିଶ୍ୱମୟ ଇଚ୍ଛାର ନିର୍ଦ୍ଦେଶରେ ତଥା ସେହି କର୍ମଗୁଡ଼ିକର ଫଳରେ କେବଳ ତାଙ୍କରି ଅଧିକାର ରହିଛି, ସକଳ ଅର୍ଥରେ ତାଙ୍କରି ଇଚ୍ଛା ହିଁ ପୂର୍ଣ୍ଣ ହେବାରେ ଲାଗିଛି। ଏହାରି ଦ୍ୱାରା ଆତ୍ମା ଏହି ପୃଥିବୀ ନାମକ କ୍ଷେତ୍ରରେ ସକଳ ବନ୍ଧନରୁ ମୁକ୍ତ ହୋଇ ଆସିବ। ନିଷ୍କର୍ଷ ହେଉଛି, ଅନ୍ୟ ମାର୍ଗଗୁଡ଼ିକ ପରି ଏହି କର୍ମଯୋଗର ମାର୍ଗଟି ମଧ୍ୟ ଏହି ପୃଥ୍ୱୀଜୀବନର ପାଶଟି ମଧ୍ୟରୁ ମୁକ୍ତିଲାଭ କରି ପରମ ଦିବ୍ୟସତ୍ତାଙ୍କର ଆଶ୍ରୟ ଭିତରକୁ ଚାଲିଯାଇ ପାରିବାର ଗୋଟିଏ ପ୍ରତିଶ୍ରୁତି ଆଣିଦେବାର ଚେଷ୍ଟା କରିଛି। ହୁଏତ କର୍ମକୁ ଆପଣାର ଜୀବନଗତ ଗୋଟିଏ ପ୍ରଧାନ ଅଭିରୁଚି ସଦୃଶ ଅନୁଭବ କରୁଥିବା ମନୁଷ୍ୟମାନଙ୍କୁ ତଦନୁରୂପ ମାର୍ଗଟିଏ ଦେଖାଇବାକୁ ଚେଷ୍ଟା କରିଛି।

ଏକ ପୂର୍ଣ୍ଣାଙ୍ଗ ଏବଂ ପରିପୂର୍ଣ୍ଣ ଦୃଷ୍ଟି ଦେଇ ଅବଲୋକନ କରିପାରିଲେ ଏହି ତିନୋଟିଯାକ ମାର୍ଗ ବସ୍ତୁତଃ ଗୋଟିଏ ବାଟ। ଭକ୍ତିର ମାର୍ଗ ଆମକୁ ପରିପୂର୍ଣ୍ଣ ଅନ୍ତରଙ୍ଗତା ଦ୍ୱାରା ସେହି ପରମ ପ୍ରେମିକଙ୍କ ସହିତ ଆମ ଲାଗି ଏକ ପୂର୍ଣ୍ଣ ପରିଚୟ ଆଣିଦେବାର ଉଦ୍ୟମ କରିଛି, ଅର୍ଥାତ୍ ନିଜକୁ ଏକ ଜ୍ଞାନର ମାର୍ଗରେ ପରିଣତ କରି ଆଣିଛି; ପରିପୂର୍ଣ୍ଣ

ଜ୍ଞାନ ମଧ୍ୟ ଆମକୁ ପରିପୂର୍ଣ୍ଣ ପ୍ରେମ ତଥା ଆନନ୍ଦ ମଧ୍ୟକୁ ବହନ କରି ନେଇଯିବ। ପରମ ଆସ୍ପଦଙ୍କ ସହିତ ପ୍ରୀତି ଦ୍ଵାରା ସମ୍ବନ୍ଧିତ ହୋଇ ଆମେ ତାଙ୍କର ସବୁମନ୍ତେ ପରିଚର୍ଯ୍ୟା କରିବା ନିମନ୍ତେ ମଧ୍ୟ ଅବଶ୍ୟ ସମ୍ମତ ହୋଇ ଆସିବା – ଅର୍ଥାତ୍ ଏକ କର୍ମମାର୍ଗରେ ପ୍ରବିଷ୍ଟ ହେବା। ଏବଂ, ପରମ ଯଜ୍ଞେଶ୍ଵରଙ୍କ ନିମନ୍ତେ ଆମର ସକଳ କର୍ମକୁ ଉତ୍ସର୍ଗ କରିଦେଇ ଆମେ ତାଙ୍କର ରୀତିଟି ବିଷୟରେ ମଧ୍ୟ ଅଧିକ ଜ୍ଞାନ ଅର୍ଜନ କରିବାଲାଗି ଅବଶ୍ୟ ଆକର୍ଷିତ ହେବାକୁ ଆରମ୍ଭ କରିବା । ଏହିପରି ଭାବରେ ଯେଉଁଟିରୁ ଆରମ୍ଭ କରୁଥିଲେ ମଧ୍ୟ ଆମର ଯୋଗସାଧନା କ୍ରମଶଃ ପୂର୍ଣ୍ଣତର ହୋଇ ତିନୋଟିଯାକ ମାର୍ଗକୁ ହିଁ ଏକ ସ୍ଵାଭାବିକ ସମ୍ମତି ସହିତ ଗ୍ରହଣ କରିନେବ। ଏବଂ, ଏହିପରି ଭାବରେ ଆମେ କ୍ରମପରିଣତ ହୋଇ ସକଳ ସତ୍ତାରେ ତଥା ତାଙ୍କର ସର୍ବବିଧ ପ୍ରକାଶ ମଧ୍ୟରେ ସର୍ବଥା ସେହି ଅଦ୍ଵିତୀୟ ପରମଙ୍କୁ ହିଁ ଜାଣିବା, ଭଲ ପାଇବା ଏବଂ ତାଙ୍କରି ସେବାରେ ହିଁ ସବୁକିଛି କରିବାକୁ ସମର୍ଥ ହେବା। ତେଣୁ, କେଉଁମାର୍ଗର ମହତ୍ତ୍ଵ ଅଧିକ ଏବଂ ପୁଣି କେଉଁଟିର ସେହି ଆରଟିର ତୁଳନାରେ ଅଳପ? ତେବେ, ଏହି ବିଭିନ୍ନ ମାର୍ଗର ସାଧକମାନଙ୍କ ଭିତରେ ଉପାଦେୟତାଗୁଡ଼ିକୁ ନେଇ ଏତେ କଳହ ମଧ୍ୟ କାହିଁକି ଲାଗିବ !

ଏହି ଯାବତୀୟ କଳହ ପଛରେ କେଉଁଠି ସତେଅବା କେଡ଼େ ଫିନ୍ ଫିନ୍ ଅହଂଟିଏ ଆତ୍ମଗୋପନ କରି ରହିଥାଏ କି ଯାହା ସମଗ୍ର ସାଧନାଟିର ମହିମାକୁ ନଷ୍ଟ କରି ଦିଏ? ସମ୍ଭବତଃ, ଅଧିକ ସତ ବ୍ୟାପାରଟି ହେଉଛି ଯେ, ଏହିସବୁ କ୍ଷେତ୍ରରେ ଅସଲ ସାଧନାଟି ମୁଖ୍ୟ ହୋଇ ରହେନାହିଁ ଏବଂ ଏକାଧିକ କାରଣରୁ ହିଁ ଏଭଳି ହୋଇଥାଏ। ଏବଂ, ଏହିପରି ଅନ୍ୟମନସ୍କ କରିଦେଇ ପଥ ଏବଂ ସମ୍ପ୍ରଦାୟକୁ ନେଇ ଉତ୍ତେଜନାମାନେ ଖୁବ୍ ବଢ଼ନ୍ତି, ଅଭାବନୀୟ ଭେକ ଓ ସନ୍ତକମାନେ କ୍ଷେତ୍ର ମାଡ଼ି ବସିବାର ପ୍ରଶ୍ରୟ ପାଆନ୍ତି। ମୋ'ର ସନ୍ତକମାନେ ହିଁ ପ୍ରକୃତ ସତ୍ୟଟିର ଅଧିକ ନିକଟ ଏବଂ ଅନ୍ୟମାର୍ଗର ସନ୍ତକମାନେ କେବଳ ସନ୍ତକ, – ସେତେବେଳେ ଏହି କାଟର ବଚନିକାମାନ ଖୁବ୍ ହେବାରେ ଲାଗିଥାଏ। ଗୁରୁ ଗୁରୁକୁ ନେଇ ମଧ୍ୟ ଦୈର୍ଘ୍ୟପ୍ରସ୍ଥର ଅତ୍ୟୁତ୍ସାହପୂର୍ଣ୍ଣ ନାନା ବିତର୍କ ତଥା ବ୍ୟାଖ୍ୟା ହେବାରେ ଲାଗିଥାଏ। ଅର୍ଥାତ୍, ତଥାକଥିତ ସେହି ଗୋଟିଏ ମାର୍ଗରେ ବ୍ୟକ୍ତି ବ୍ୟକ୍ତି ତଥା ସାଧକ ଓ ସାଧକ ଅନୁସାରେ ସ୍ଵଭାବ ଭିନ୍ନ ଭିନ୍ନ ହୁଏ ଏବଂ ତେଣୁ ସମସ୍ତେ ଏକାଭଳି ଭେକ ଏବଂ ସନ୍ତକ ଧାରଣ କରି ଏକା ଅନ୍ଦାଜର ପରି ଦୃଶ୍ୟ ହେଉଥିଲେ ମଧ୍ୟ ଜଗତର ଏବଂ ସ୍ଵଶିଷ୍ୟର ପ୍ରକୃତ ହିତ ଅର୍ଥାତ୍ ଅଗ୍ରଗତି ଇଚ୍ଛା କରୁଥିବା ଗୁରୁ ପ୍ରତ୍ୟେକର ସେହି ସ୍ଵଭାବକୁ ଦୃଷ୍ଟିରେ ରଖି ମାର୍ଗର ନିର୍ଦ୍ଦେଶନା ଦେବାକୁ ସମୁଚିତ ବୋଲି ବିଚାର କରୁଥାଏ। ପ୍ରକୃତ ଗୁରୁ,

ଅର୍ଥାତ୍ ସାଧନାର ପୃଥିବୀରେ ସର୍ବଦା ସବାଆଗ ଅଧ୍ୟାତ୍ମର ହିଁ ଅଭିବୃଦ୍ଧି ହେଉଥାଉ ବୋଲି କାମନା କରୁଥିବା ଜଣେ ଗୁରୁ ଜ୍ଞାନ, କର୍ମ ଓ ଭକ୍ତି ଭିତରେ ହୁଏତ କୌଣସି ପାର୍ଥକ୍ୟ ଦେଖେ ନାହିଁ। ଗୋଟିଏ ସତକୁ ସତ ରହିଥିଲେ ଅନ୍ୟ ଦୁଇଟି ମଧ୍ୟ ଅବଶ୍ୟ ରହିଥିବେ ବୋଲି ସିଏ ଅତ୍ୟନ୍ତ ଅନାୟାସରେ ଘ୍ରାଣ କରିପାରେ। ଔପଚାରିକ ଯୋଗସାଧନାର ବାହାରେ ଆମର ଏହି ସାଧାରଣ ସଂସାରଯାତ୍ରାର ଅଙ୍ଗେନିଭା କାହାଣୀଟିରେ ବି ତିନିହେଁ ଯଦି ଅନୁକ୍ଷଣ ଏକତ୍ର ଗୋଟିଏ ବେଣୀରେ ରହି ପାରୁଛନ୍ତି, ତେବେ ପୃଥିବୀ ନିମନ୍ତେ ପୃଥିବୀରେ ରହି ତା'ର ଯାବତୀୟ ଯୋଗାନୁଶୀଳନରେ ତତ୍ପର ହୋଇ ରହିଥିବା ସାଧକମାନେ ମଧ୍ୟ ସେକଥା ନକରିପାରିବେ କାହିଁକି ?

ସମନ୍ୱୟ

ମନୁଷ୍ୟନାମକ ଆମ ଜୀବନର ଗଠନଗତ ସ୍ୱଭାବ ଅନୁସାରେ ଯେଉଁସବୁ ଗୋଟିଏ ଗୋଟିଏ ବିଭାବ କ୍ରିୟାଶୀଳ ହୋଇ ରହିଛନ୍ତି, ସେଗୁଡ଼ିକର ସ୍ୱତନ୍ତ୍ରତାଗୁଡ଼ିକୁ ଦୃଷ୍ଟିରେ ରଖି ସେଗୁଡ଼ିକ ସହିତ ଆରୋପିତ ସାମର୍ଥ୍ୟସମ୍ଭାବନାକୁ ବିଚାରରେ ରଖି ଭିନ୍ନ ଭିନ୍ନ ଯୋଗମାର୍ଗ ବିକଶିତ ଯେ ହୋଇଛନ୍ତି, ଆମେ ସେହି ଧାରଣାଟିକୁ ନିଶ୍ଚୟ କରି ପାରୁଥିବା। ତେବେ, ହୁଏତ ସେଇଥିରୁ ତା'ପରେ ଏପରି ଧାରଣାଟିଏ ମଧ୍ୟ କରିହେବ ଯେ, ସେହିଗୁଡ଼ିକ ମଧ୍ୟରୁ ଏଇଟିକୁ ବା ସେଇଟିକୁ ଅସଲ ଅର୍ଥାତ୍ ସବୁଠାରୁ ଅଧିକ ମହତ୍ତ୍ୱପୂର୍ଣ୍ଣ ବୋଲି ଚିହ୍ନି ସେଗୁଡ଼ିକୁ ଏକତ୍ର ଗୋଟିଏ କେରାରେ ବାନ୍ଧି ଆଣି ପାରିଲେ ନିଶ୍ଚୟ ତାହାରି ଦ୍ୱାରା ହିଁ ଏକ ସମନ୍ୱୟ ସମ୍ଭବ ନିଶ୍ଚୟ ହୋଇଯିବ ବୋଲି ହଠାତ୍ ବହୁତଙ୍କର ଧାରଣା ହୋଇ ଯାଇପାରେ। ଏବଂ, ସେମାନେ ତାହାକୁ ଏକ ପୂର୍ଣ୍ଣାଙ୍ଗ ଯୋଗ ବୋଲି କହିବା ଲାଗି ମଧ୍ୟ ସମ୍ଭବତଃ ପ୍ରସ୍ତୁତ ହୋଇଯିବେ। କିନ୍ତୁ, ବସ୍ତୁତଃ ଏହି ମାର୍ଗସବୁର ବୃତ୍ତି ଏବଂ ପ୍ରବୃତ୍ତି ଏତେ ବହୁପ୍ରକାରେ ପରସ୍ପରଠାରୁ ଅଲଗା ଅଲଗା, ସେଗୁଡ଼ିକର ବାହ୍ୟ ପଦ୍ଧତିମାନେ ପରସ୍ପର ଠାରୁ ଏତେ ବେଶୀ ସ୍ୱତନ୍ତ୍ର ଏବଂ ଟିକିନିଖି ଗୁଡ଼ିକର କ୍ଷେତ୍ରରେ ଏତେ ସଚେତନ ଯେ, ସେଗୁଡ଼ିକ ମଧ୍ୟରେ କୌଣସି ସମନ୍ୱୟ ଆଣିବା ଆଦୌ ସେତେ ସମ୍ଭବ ହେବନାହିଁ। ଦୀର୍ଘ ପରମ୍ପରାଟା ମଧ୍ୟ ପ୍ରମାଣ କରିଦେଉଛି ଯେ, ନିଜ ନିଜ ଧାରଣା ତଥା ପ୍ରଣାଳୀଗୁଡ଼ିକର କ୍ଷେତ୍ରରେ ସେମାନେ ମୁଖ୍ୟତଃ ପରସ୍ପରର ବିରୋଧ ହିଁ କରି ଆସିଛନ୍ତି। କୌଣସି ସମନ୍ୱୟର ବିଚାରରୁ ଅତ୍ୟନ୍ତ ଦୂର ହୋଇ ରହିଛନ୍ତି।

ଭିନ୍ନ ଭିନ୍ନ ଧାରାରୁ ଆଖି ବୁଜି ଫୁଲାଏ ଫୁଲାଏ ଆଣି ଯୋଡ଼ିଦେଲେ ମଧ୍ୟ ତାହା ସମନ୍ୱୟ ହୋଇ ଯିବନାହିଁ। କିମ୍ବା, ଗୋଟିକପରେ ଗୋଟିକର ଅଭ୍ୟାସ କଲେ ଆମର ଏହି ଅତିସଂକ୍ଷିପ୍ତ ଜୀବନକାଳଟି ମଧ୍ୟରେ ତାହା ସହଜ ମଧ୍ୟ ହେବନାହିଁ। ଏଥିଲାଗି ମଧ୍ୟ ଆମର ଶକ୍ତି ହୁଏତ କୁଳାଇବ ନାହିଁ। ଅନେକ କ୍ଷେତ୍ରରେ ହଠଯୋଗ ଏବଂ ରାଜଯୋଗକୁ ଏକତ୍ର ଅବଶ୍ୟ ଅଭ୍ୟାସ କରା ଯାଇଥାଏ। କିନ୍ତୁ ପୃଥିବୀର ଏହି ସାଂପ୍ରତିକ ବିଶେଷ ସ୍ଥିତିଟିରେ ଆମର ଯେଉଁ ସମନ୍ୱୟଟି ସତକୁ ସତ ଲୋଡ଼ା ହେବ, ସେଇଟି ଭିନ୍ନ ଭିନ୍ନ ମାର୍ଗରୁ କେରାଏ କେରାଏ ଆଣି ଏକାଠି ଗୋଟିଏ କେରାରେ ବାନ୍ଧିଦେଲେ ଆଦୌ ସମ୍ଭବ ହେବନାହିଁ କିମ୍ବା ସେଗୁଡ଼ିକୁ ଗୋଟିକ ପରେ ଗୋଟିଏ କରି ଅଭ୍ୟାସ କରି ବସିଲେ ମଧ୍ୟ ହେବନାହିଁ। ହଁ, ଯଦି ଆମେ ପ୍ରତ୍ୟେକ ମାର୍ଗରେ ରହିଥିବା ବାହ୍ୟ ଏବଂ ନିଠ ଆକାରଗୁଡ଼ିକୁ ଗୌଣ କରି ଦେଖିପାରିବା ଏବଂ ସବୁଯାକ ମାର୍ଗରେ ମଞ୍ଜି ପରି ହୋଇ ରହିଥିବା ସତ୍ୟଗୁଡ଼ିକୁ ଠାବ କରିଆଣି ପାରିବା, ଯାବତୀୟ ବାହ୍ୟସ୍ତରୀୟ ଅଭ୍ୟାସଚୟ ପଛରେ ରହିଥିବା କେତେକ ମୌଳିକ ସତ୍ୟରହସ୍ୟକୁ ଚିହ୍ନିପାରିବା, ତେବେ ସେଇଗୁଡ଼ିକୁ ବାଛି ପରସ୍ପରର ପୂରକଭାବେ ଗ୍ରହଣ କରିପାରିଲେ ହୁଏତ ସେହି ଦିଗରେ ଏକ ଉଚିତ ଅଗ୍ରଗତି ସମ୍ଭବ ହେବ। ସେହି ଉଦ୍ଦେଶ୍ୟଟିକୁ ଆଗରେ ରଖି ହିଁ ଏହି ଆଲୋଚନାରେ ବିଭିନ୍ନ ମାର୍ଗଗୁଡ଼ିକ ସହିତ ସମଗ୍ର ଭାବେ କିଞ୍ଚିତ୍ ପରିଚୟ କରାଇ ଦିଆଯାଇଛି। ଏବଂ, ତାହାରି ସାହାଯ୍ୟରେ ଏକ ଅଗ୍ରଗତିର ଅବକାଶକୁ ମଧ୍ୟ ସମ୍ଭବ କରି ଅଣାଯାଇଛି।

ଏଠାରେ ଆମେ ଭାରତୀୟ ସାଧନାର କ୍ଷେତ୍ରରେ ବହୁକାଳରୁ ରହିଥିବା ତନ୍ତ୍ରର ସେହି ପରମ୍ପରା ବିଷୟରେ କିଛି ଆଲୋକପାତ କରିବା। କେତେକ ଦୁଃପରିସ୍ଥିତି ହେତୁ ତନ୍ତ୍ରର ମାର୍ଗଟି ଲୋକଆକଳନର କ୍ଷେତ୍ରରେ ଆପଣାର ବହୁତ ସମ୍ମାନ ହରାଇଛି ସତ, ତଥାପି ଏକଦା ତନ୍ତ୍ରରେ ମଧ୍ୟ ବହୁ ପରିମାଣରେ ଏକ ସୁସ୍ଥ ତଥା ଆଲୋକସମର୍ଥ ବାର୍ତ୍ତା ନିହିତ ହୋଇ ଅବଶ୍ୟ ରହିଥିଲା। ଯୋଗର ଅନ୍ୟାନ୍ୟ ମାର୍ଗ ଆପଣାର ପ୍ରେରଣା-କ୍ଷେତ୍ରରେ ବେଦାନ୍ତର ମୂଳସତ୍ୟଟି ଦ୍ୱାରା ପ୍ରଭାବିତ ହୋଇଥିଲେ ଏବଂ ସବାମୂଳରେ ଏକ ସର୍ବଭୂତ ପୁରୁଷଙ୍କର କଳ୍ପନାରୁ ହିଁ ଆପଣାର ଅନୁମାନ ତଥା ଅଭ୍ୟାସଗୁଡ଼ିକର କ୍ଷେତ୍ରରେ ଅଗ୍ରସର ହୋଇଥିଲେ। ଏମାନେ ପ୍ରକୃତିକୁ ମାୟା ବୋଲି ଘୋଷଣା ମଧ୍ୟ କରିଥିଲେ। ତନ୍ତ୍ର ପ୍ରକୃତିକୁ, ସମଗ୍ର ସୃଷ୍ଟିକୁ ବେଗଯୁକ୍ତ କରି ରଖିଥିବା ଶକ୍ତିକୁ ସମାନ ଭାବରେ ଏକ ଉପାସ୍ୟ ସତ୍ୟ ବୋଲି ଗ୍ରହଣ କରିନେଇଛି । ସେହି ଶକ୍ତିର ଜାଗରଣକୁ ସାଧନାର ମୂଳ ଧାରାରୂପେ ସ୍ୱୀକାର କରିନେଇଛି। ତେଣୁ, ନିଜକୁ ପ୍ରତ୍ୟାହାର କରିନେବାର କୌଣସି ଆହ୍ୱାନ ଦେଇନାହିଁ; ବରଂ ଅଧିକରୁ ଅଧିକ ଶକ୍ତିମନ୍ତ ଭାବରେ

ତନ୍ତ୍ରର ସାଧନାରେ ସମ୍ମୁଖୀନ ହେବା, ସଂପୃକ୍ତ ହେବା ଓ ବିଜୟ ହାସଲ କରିବାର ବହୁ ଉଦ୍‌ବୋଧନ ପ୍ରଦାନ କରିଛି । ମାତ୍ର, ଦୁର୍ଭାଗ୍ୟବଶତଃ, ତନ୍ତ୍ରର ସେହି ସାଧନାଟି ଆପଣାର ନାନା ଯାନ୍ତ୍ରିକ ସୂତ୍ରଜାଲ ମଧ୍ୟରେ ଯାଇ ପଡ଼ିଯାଇଛି, – ବହୁ ଗୂହ୍ୟତାକୁ ନିଜ ଭିତରକୁ ଡାକିଆଣିଛି ଏବଂ ଫଳରେ ନିଜର ମୂଳ ଉଦ୍ଦେଶ୍ୟଟିକୁ ହାତଛଡ଼ା କରି ପକାଇଛି ।

ତନ୍ତ୍ରମାର୍ଗରେ ଶକ୍ତିର ଉପାସନା ଲାଗି ପରାମର୍ଶ ଦିଆଯାଇଛି, – ସତେଅବା ପ୍ରାୟ ନିତାନ୍ତ ଏକପାଖିଆ ଭାବରେ ପରାମର୍ଶଟିକୁ ପ୍ରଦାନ କରାଯାଇଛି, ଠିକ୍ ସେହିପରି ଯେଉଁଭଳି ବେଦାନ୍ତରେ ଏକାପାଖିଆ ଭାବେ ମାୟାର ଆଲୋଚନା କରାଯାଇଛି । ଏହି ଯାବତୀୟ ସାଂସାରିକ କ୍ରିୟାଶୀଳତାର ପ୍ରତାରଣାରୁ ମୁକ୍ତି ପାଇବା ନିମନ୍ତେ ପୂର୍ଣ୍ଣଶାନ୍ତି କ୍ରିୟାରହିତ ଏକ ପରମ ପୁରୁଷଙ୍କର ସନ୍ଧାନ କରିବାକୁ କୁହାଯାଇଛି । ମାତ୍ର, ଏହି କ୍ଷେତ୍ରରେ ସର୍ବବିଧ ପୂର୍ଣ୍ଣାଙ୍ଗ ସତ୍ୟକଳନାରେ ପରମପୁରୁଷ ହେଉଛନ୍ତି ଏକ ଚେତନାଯୁକ୍ତ ଆତ୍ମା ଏବଂ ପ୍ରକୃତି ହେଉଛି ସେହି ପୁରୁଷଙ୍କର କ୍ରିୟାତ୍ମିକା ପରମା ଶକ୍ତି । ପୁରୁଷ ହେଉଛନ୍ତି ସତ୍, ସଚେତନ, ସ୍ୱୟଂପ୍ରତିଷ୍ଠ, ଶୁଦ୍ଧ ଓ ଅନନ୍ତ; ଶକ୍ତି ବା ପ୍ରକୃତି ହେଉଛି ଚିତ୍‌ସ୍ୱରୂପା, ସେହି ପୁରୁଷଙ୍କର ହିଁ ସଚେତନ ସ୍ୱୟଂପ୍ରତିଷ୍ଠ ଅବସ୍ଥା । ଗୋଟିଏ ପାଖରେ ସିଏ ପୂର୍ଣ୍ଣ ବିଶ୍ରାମ ଏବଂ ଅନ୍ୟ ପାଖଟିରେ ପରିପୂର୍ଣ୍ଣ କର୍ମମୟତା । ସେହି କର୍ମମୟତା ତଥା ପ୍ରକାଶରୂପ ହେଉଛି ଏହି ସୃଷ୍ଟି, ଆମର ପୃଥିବୀଟି, ଯାବତୀୟ ତପଃଶକ୍ତିକୁ ସେହି ପରମ ବିଶ୍ୱାସ ତଥା ପରମ କର୍ମମୟତା ମଧ୍ୟରେ ସର୍ବଦା ପ୍ରଚ୍ଛନ୍ନ ହୋଇ ରହିଥିବା ପାରସ୍ପରିକ ସୂତ୍ରଟିର ଆବିଷ୍କାର କରିବାର ପ୍ରୟାସରୂପେ ତେବେ କାହିଁକି ସ୍ୱୀକାର କରାଯାଇ ନପାରିବ ?

ଆମର ମନୋଗତ କ୍ଷେତ୍ରଟିର ଏକ ବିଜ୍ଞାନସମ୍ମତ ଅନୁଶୀଳନ, ଯଦି ତାହାକୁ ମନୋବିଜ୍ଞାନ ବୋଲି କୁହାଯାଏ, ତେବେ ଜୀବନର କ୍ଷେତ୍ରଟିରେ ସେହି ମନୋବିଜ୍ଞାନର ପ୍ରୟୋଗ, – ଯୋଗ କହିଲେ ସମଗ୍ର ଭାବରେ ସେହି କଥାଟିକୁ ନିଶ୍ଚୟ ବୁଝାଇବ । ସେହି ଦୃଷ୍ଟିରୁ, ଆମକୁ, ପ୍ରକୃତି ବିଷୟରେ ଆମର ଯେଉଁ ବୋଧଟି ରହିଛି, ସେଇଟିରୁ ହିଁ ଆରମ୍ଭ କରିବାକୁ ହେବ । ପରମ ପୁରୁଷ ଆପଣାର ଶକ୍ତିକୁ ମାଧ୍ୟମରୂପେ ବ୍ୟବହାର କରି ଆପଣାକୁ ପ୍ରକୃତିରୂପେ ହିଁ ପ୍ରକାଶିତ କରି ରଖିଛନ୍ତି । ମାତ୍ର, ସେହି ପ୍ରକୃତିର କ୍ରିୟାରେ ଦୁଇଟି ସ୍ତର ରହିଛି : ଗୋଟିଏ ଉଚ୍ଚତର ଏବଂ ଆଉଗୋଟିଏ ନିମ୍ନତର । ଅର୍ଥାତ୍, ଗୋଟିଏ ଦିବ୍ୟ ଓ ଆଉ ଗୋଟିଏ ଅଦିବ୍ୟ । ଅବଶ୍ୟ, କେବଳ ଆମ ବ୍ୟାବହାରିକ ସ୍ତରରେ ହିଁ ଏହି ବିଭାଜନ କରାଯାଇ ପାରିବ: କାରଣ, ଅସଲ ସତ୍ୟର ଦୃଷ୍ଟିରୁ ବିଚାର କଲେ ସବୁକିଛି ହିଁ ଦିବ୍ୟ; କେଉଁଠାରେ ଅଦିବ୍ୟ

ବୋଲି ଆଦୌ କିଛି ନାହିଁ। ଏକ ଉଚ୍ଚତର ଅବଲୋକନ ଆଗରେ ପ୍ରକୃତିର ଅଧୀନ ତଥା ପ୍ରକୃତିର ଅତୀତ ବୋଲି ମଧ୍ୟ କିଛିହେଲେ କେଉଁଠି ନାହିଁ। ସକଳ ବସ୍ତୁ ପ୍ରକୃତି ମଧ୍ୟରେ ରହିଛି, ସକଳ ବସ୍ତୁ ପରମ ଐଶ୍ୱରିକତା ମଧ୍ୟରେ ମଧ୍ୟ ରହିଛି। ମାତ୍ର, ବ୍ୟାବହାରିକ ଜୀବନରେ ଏକ ପାର୍ଥକ୍ୟ ରହିଛି। ନିମ୍ନ ପ୍ରକୃତିଟି ଆମର ଜ୍ଞାତ ସୀମା ମଧ୍ୟରେ ଅଛି, ଆମେ ତାହାରି ଗାର ମଧ୍ୟରେ ଜୀବନ ବଞ୍ଚୁଛୁ ଏବଂ, ଆମ ଭିତରର ବିଶ୍ୱାସ ନବଦଳି ଯେପରି ଅଛି ସେହିଭଳି ରହିଥିବା ପର୍ଯ୍ୟନ୍ତ ସେହି ଗାରଭିତରେ ହିଁ ଥିବ। ଆମେ ସେତିକି ପରିମିତି ଭିତରେ କାର୍ଯ୍ୟରତ ହୋଇ ରହିଛୁ। ଏଇଟି ଅଜ୍ଞାନ ଦ୍ୱାରା ପରିଚାଳିତ ହେଉଥିବା ପ୍ରକୃତି, – ଆମର ଅହଂର ଅଧୀନ ହୋଇ ରହିଥିବା ଜୀବନ; କିନ୍ତୁ ଆମେ ଏକ ଉଚ୍ଚତର ପ୍ରକୃତିର ଆସ୍ପୃହା ରଖିଛୁ। ସେଇଟି ଏକତାର ତତ୍ତ୍ୱଟି ଦ୍ୱାରା କାର୍ଯ୍ୟ କରୁଛି, ଗାରଗୁଡ଼ିକୁ ଅତିକ୍ରମ କରି ଯାଇଛି। ତାହା ଜ୍ଞାନରେ ଅବସ୍ଥାନ କରୁଛି ଏବଂ ଏକ ଦିବ୍ୟ ଜୀବନରେ ଯାଇ ପରିପୂର୍ଣ୍ଣତା ଲାଭ କରୁଛି। ନିମ୍ନତର ପ୍ରକୃତିରୁ ନିଜକୁ ଉଚ୍ଚତର ପ୍ରକୃତିକୁ ପରିଚାଳିତ କରିନେବା, ସେଇଟି ହେଉଛି ଯୋଗର ଲକ୍ଷ୍ୟ। ନିମ୍ନସ୍ଥ ଏଇଟିକୁ ବର୍ଜନ କରି ଉଚ୍ଚତରଟି ମଧ୍ୟକୁ ପଳାଇଯିବା, – ସାଧାରଣତଃ ଏହି ରୀତିଟି ଉପରେ ହିଁ ପୃଥିବୀରେ ବିଶ୍ୱାସ ରହିଥାଏ। ଅଥବା, ଏହି ନିମ୍ନର ଏକ ରୂପାନ୍ତର ଘଟାଇ ତଥା ତାହାକୁ ଉତ୍ତୋଳିତ କରିନେଇ ମଧ୍ୟ ତାହା ସମ୍ଭବ ହୋଇପାରେ। ଏହି ଦ୍ୱିତୀୟଟିକୁ ହିଁ ପୂର୍ଣ୍ଣାଙ୍ଗ ଯୋଗ ଆପଣାର ଲକ୍ଷ୍ୟରୂପେ ଗ୍ରହଣ କରିବ।

ଯେଉଁଟି ଦ୍ୱାରା ହେଉ ପଛକେ, ଏହି ନିମ୍ନତରର କୌଣସି କିଛିର ମଧ୍ୟଦେଇ ଆମକୁ ଉଚ୍ଚତରଟି ଭିତରକୁ ଉଠିଯିବାକୁ ପଡ଼ିବ। ଏବଂ, ପ୍ରତ୍ୟେକ ଯୋଗର ଧାରା ସେହି ଆରୋହଣ ଅଥବା ସେହି ପଳାୟନ ସକାଶେ ଆପଣା ଆପଣାର ନିଜ ମାର୍ଗ ବାଛି ନେଇଛନ୍ତି। କିନ୍ତୁ ଆମର ପ୍ରକୃତି ତ ସର୍ବଦା ଗୋଟିଏ ସମଗ୍ରରୂପେ ହିଁ କ୍ରିୟାଶୀଳ ହୋଇ ରହିଥାଏ। ତେଣୁ ଆମ ପ୍ରକୃତିର ସମଗ୍ରକ୍ଷେତ୍ରକୁ ନେଇ ହିଁ ସର୍ବବିଧ ଯୋଗସାଧନା ଆପଣାକୁ ନିର୍ଦ୍ଦେଶିତ କରି ଅବଶ୍ୟ ରହିବ। କିନ୍ତୁ, ଯଦି ଏହି ପୃଥିବୀରୁ ଈଶ୍ୱରଙ୍କ ପାଖକୁ ପଳାୟନ କରିବା ହିଁ ଆମର ଲକ୍ଷ୍ୟ ହୋଇଥାଏ, ତେବେ ଆଦୌ କୌଣସି ସମନ୍ୱୟର କୌଣସି ଆବଶ୍ୟକତା ହିଁ କାହିଁକି ରହିବ। କେବଳ ସମୟ ହିଁ ନଷ୍ଟ ହେବ; କାରଣ ଈଶ୍ୱରଙ୍କ ପାଖେ ଯାଇ ପହଞ୍ଚିବାର ଶୀଘ୍ରତମ ବାଟଟିଏ ଠିକ୍ କରିନେଇ ତ ଆମେ ସେଠାରେ ଯାଇ ପହଞ୍ଚିବାର ପ୍ରୟାସଟିକୁ ଆରମ୍ଭ କରିଦେବା ଏବଂ ଏତେ ଏତେ ବାଟକୁ ପରଖି ଦେଖିବାକୁ କାହିଁକି ମନ କରିବା? କିନ୍ତୁ ଯଦି ଏକ ଈଶ୍ୱରୀୟ ସତ୍ୟର ସନ୍ଦର୍ଭ ଉପରେ ଲୟ ରଖି ନିଜର ସମଗ୍ର ଜୀବନର

ରୂପାନ୍ତରସାଧନ ହିଁ ଲକ୍ଷ୍ୟ ବୋଲି ଗ୍ରହଣ କରାଯାଏ, ତେବେ ଯାଇ ଏକ ସମନ୍ୱୟର ପ୍ରୟୋଜନ ଅବଶ୍ୟ ରହିବ।

ତାହାର ଅନୁରୂପ ପଦ୍ଧତିଟି ଅନୁସାରେ ଆମେ ଆମର ସଚେତନ ସମଗ୍ର ଜୀବନକୁ ହିଁ ପରମ ଦିବ୍ୟସତ୍ତାଙ୍କ ସହିତ ସମ୍ବନ୍ଧିତ ତଥା ସଂଯୁକ୍ତ କରି ରଖିବା, ଆମର ଏହି ସମଗ୍ର ସତ୍ତାଟିକୁ ରୂପାନ୍ତରିତ କରିନେବା ସକାଶେ ତାଙ୍କୁ ଆବାହନ କରିବା, ଯେପରିକି ସ୍ୱୟଂ ସେଇ ଆମ ଭିତରର ସାଧକ ହୋଇଯିବେ ଏବଂ ଯୁଗପତ୍ ଭାବରେ ଯାବତୀୟ ସାଧନାର ଅଧୀଶ୍ୱର ରୂପେ ମଧ୍ୟ ପ୍ରତିଷ୍ଠିତ ରହିଥିବେ। ଆମର ଏହି ନିମ୍ନତର ବ୍ୟକ୍ତିଜୀବନଟି ସେହି ପ୍ରକ୍ରିୟାରେ ଭୂମି ଏବଂ ନିମିତ୍ତରୂପେ ବ୍ୟବହୃତ ହେବ। ଆମ ଭିତରେ ରହିଥିବା ଆମର ତପଃଶକ୍ତି ହିଁ ଆମକୁ ଆମର ଅଭିଳଷିତ ଉପଲବ୍ଧି-ମାର୍ଗରେ ହିଁ ଅଗ୍ରସର କରାଇ ନେଉଥିବ। ଉପରୁ ସେଇ ତାଙ୍କରି ହିଁ ଆମ ଭିତରକୁ ଏକ ଅବତରଣ ଘଟିବ, ଆଲୋକିତ କରିବ, ଶକ୍ତିମନ୍ତ କରୁଥିବ, –ଆମ ନିମ୍ନତର ପ୍ରକୃତିର ଭୂମିଟି ଉପରେ ଆପଣାର କାର୍ଯ୍ୟଟିକୁ କରି ନେଉଥିବ। ଆପଣାର ଯାବତୀୟ ସାମର୍ଥ୍ୟ ଏବଂ ଅସାମର୍ଥ୍ୟ ସହିତ ଆମର ଅହଂନାମକ ଉପାଦାନଟି ସେହି ଅହଂର ଅତୀତ ବୃହତ୍ତର ପାଖରେ ଉତ୍ତରୋତ୍ତର ଭାବରେ ଆପଣାକୁ ସମର୍ପିତ କରିଦେବାରେ ଲାଗିଥିବ। କୌଣସି ସନ୍ଦେହ ରହିବା ଉଚିତ ନୁହେଁ ଯେ ଏହି ସାଧନାର ପଥଟି ଅପେକ୍ଷାକୃତ କମ୍ ଦୀର୍ଘ ପଡ଼ିବ। ଏଥିନିମନ୍ତେ ଏକ ପର୍ବତାକୃତି ବିଶ୍ୱାସ ପ୍ରୟୋଜନ ହେବ, ଅଦମ୍ୟ ସାହସ ଏବଂ ଅବିଳଚିତ ଧୈର୍ଯ୍ୟ ଆବଶ୍ୟକ ହେବ। ପ୍ରଥମ ଚରଣରେ ଆମର ଅହଂ ସେହି ପରମ ଦିବ୍ୟସତ୍ତାଟିର ସଂସ୍ପର୍ଶ ଲାଭ କରିବ, ଦ୍ୱିତୀୟତଃ ଆମ ନିମ୍ନତର ଏହି ପ୍ରକୃତିଟି ସକଳବିଧ ପ୍ରକ୍ରିୟାଦ୍ୱାରା ଆପଣାକୁ ପ୍ରଶସ୍ତ ତଥା ପ୍ରସ୍ତୁତ କରି ନେଉଥିବ ଏବଂ ତା'ପରେ ଯାଇ ଏକ ରୂପାନ୍ତର ସମ୍ଭବ ହେବ। ଅବଶ୍ୟ, ସେହି ପ୍ରସ୍ତୁତିର ଅବକାଶଟିରେ ଏକ ଦିବ୍ୟ ପରମବଳ ପ୍ରଚ୍ଛନ୍ନ ହୋଇ ରହି ଆମର ଯାବତୀୟ ଦୁର୍ବଳତାକୁ ହରଣ କରି ନେଉଥିବ, – ଆମର ସର୍ବବିଧ ବିଫଳତାରେ ଆମକୁ ସହାୟତା ମଧ୍ୟ ବଢ଼ାଇ ଦେବାରେ ଲାଗିଥିବ। ଆମର ବୁଦ୍ଧି ଏକ ପରମ ବିଧାନ ବିଷୟରେ ସଜ୍ଞାନ ହୋଇ ଆସିବ, ଏକ ସହାୟତା ଆମକୁ ଖୁବ୍ ଟାଣ କରି ରଖିଥିବ; ଆମର ହୃଦୟଟି ମଧ୍ୟ ସକଳ ବସ୍ତୁର ସେହି ପରମ ନିୟନ୍ତା, ମନୁଷ୍ୟମାନଙ୍କର ପରମ ବନ୍ଧୁ ଅଥବା ଖିଳ ବିଶ୍ୱର ଜନନୀଙ୍କର ଏକ ପରିଚୟ ମଧ୍ୟ ଦେଇ ଯାଉଥିବ, ଯିଏକି ଆମକୁ ଆମର ଯାବତୀୟ ପଥଝୁଣ୍ଟିବାରେ ପ୍ରକୃତରେ ଟେକି ହିଁ ଧରିଥିବେ। ତେଣୁ, ଏହି ମାର୍ଗଟିକୁ ଅକଳ୍ପନୀୟ ଭାବରେ କଷ୍ଟପୂର୍ଣ୍ଣ ଯେପରି କହିହେବ, ସେହିପରି ଏଇଟିର ପ୍ରୟାସ ପଶ୍ଚାତରେ

ରହିଥିବା ମହତ୍ତା ଓ ପୂର୍ଣ୍ଣଲକ୍ଷ୍ୟଟି ଦୃଷ୍ଟିରୁ ତାହାକୁ ସବୁଠାରୁ ଅଧିକ ସହଜ ତଥା ସୁନିଶ୍ଚିତ ବୋଲି ମଧ୍ୟ କାହିଁକି କୁହା ନଯିବ !

ଉଚ୍ଚତର ଆମର ସେହି ପ୍ରକୃତିଟି ଯେତେବେଳେ ନିମ୍ନତରଟି ମଧ୍ୟରେ ସର୍ବାଙ୍ଗୀନ ଭାବରେ କାର୍ଯ୍ୟ କରିବ, ସେତେବେଳେ ସେଥିରେ ପ୍ରଧାନତଃ ତିନୋଟି ଲକ୍ଷଣ ପରିଲକ୍ଷିତ ହେଉଥିବ: ପ୍ରଥମତଃ, ସେତେବେଳେ ତାହା କୌଣସି ରୁଟିନ୍‌ରେ ବନ୍ଧା ହୋଇ ରହିଥିବା ନିୟମସୂତ୍ର ଅନୁସାରେ ଆଦୌ କାର୍ଯ୍ୟ କରିବନାହିଁ, ଅନ୍ୟାନ୍ୟ ବିଶେଷମାର୍ଗୀ ଯୋଗଧାରା ଗୁଡ଼ିକ ପରି କୌଣସି ନିର୍ଦ୍ଦିଷ୍ଟ କ୍ରମରେ ମଧ୍ୟ କ୍ରିୟାଶୀଳ ହେଉନଥିବ। ସେଥିରେ ବରଂ ଏକ ମୁକ୍ତ ତଥା ପ୍ରସାରଯୁକ୍ତ ଧାରା କାର୍ଯ୍ୟ କରୁଥିବ, ଏବଂ ତାହା କ୍ରମଶଃ ଅଧିକ ପ୍ରସାରିତ ହୋଇ ଯାଉଥିବ, ଏକ ନିର୍ଦ୍ଦିଷ୍ଟ ଦିଗ୍‌ନିର୍ଦ୍ଦେଶ ସହିତ ଅଗ୍ରସର ହେଉଥିବ। ସଂପୃକ୍ତ ବ୍ୟକ୍ତିଟିର ସ୍ୱଭାବ ଅନୁସାରେ ଆପଣାକୁ କାର୍ଯ୍ୟକାରୀ କରୁଥିବ। ତଥା, ସେହି ବ୍ୟକ୍ତିର ଅନ୍ତଃପ୍ରକୃତି ଯେଉଁସବୁ ସହାୟକ ଉପାଦାନ ଆଣି ଯୋଗାଇ ଦେଉଥିବ ଏବଂ ପୂର୍ଣ୍ଣ ଶୁଦ୍ଧୀକରଣ ଓ ପରିପୂର୍ଣ୍ଣତାର ମାର୍ଗରେ ଯେଉଁସବୁ ପ୍ରତିବନ୍ଧକ ଆସି ହୁଏତ ପହଞ୍ଚୁଥିବ, ସେହି ଅନୁସାରେ ଆପଣାକୁ ଅନୁକୂଳିତ କରି ପାରୁଥିବ। ତେଣୁ, ବସ୍ତୁତଃ ଏହି ପରିପ୍ରେକ୍ଷୀଟି ଉପରେ ବିଚାର କଲେ, ଏହି ମାର୍ଗରେ ଯାଉଥିବା ପ୍ରତ୍ୟେକ ବ୍ୟକ୍ତିର ଯୋଗସାଧନାରେ ଏକ ସ୍ୱକୀୟ ପଦ୍ଧତି ଅବଶ୍ୟ କିଛି ଅର୍ଥରେ ରହିବ। ତଥାପି ଅନ୍ୟ ସାଧନାମାନଙ୍କର ମାର୍ଗ ସହିତ ସାଦୃଶ୍ୟ ରଖିଥିବା କିଛି ଉପାଦାନ ମଧ୍ୟ ଥିବ ଏବଂ ତେଣୁ ଏଠାରେ ଆଲୋଚିତ ହେଉଥିବା ସମନ୍ୱିତ ଯୋଗସାଧନାର ଅନ୍ତର୍ଗତ ହୋଇ କିଛି ସାଧାରଣ ଶାସ୍ତ୍ର ବା ସଂହିତା ଅବଶ୍ୟ ରହିଥିବ, ତାହାକୁ ରୁଟିନ୍ କୁହା ନଗଲେ ମଧ୍ୟ ଥିବ।

ଦ୍ୱିତୀୟତଃ, ପ୍ରକ୍ରିୟାଟି ସର୍ବାଙ୍ଗୀନ ହୋଇଥିବାରୁ ତାହା ଆମ ପ୍ରକୃତି ବସ୍ତୁତଃ ଯେଉଁଭଳି ଯେଉଁ ସ୍ଥିତିରେ ରହିଛି, ସିଏ ତାହାକୁ ସେହିପରି ସ୍ୱୀକାର କରିନେଇ ହିଁ ଆପଣାର କ୍ରିୟାଟି ଆରମ୍ଭ କରିଥାଏ; ଆମର ଏଯାବତ୍ ବିବର୍ତ୍ତନଟି ଆମକୁ ଯେଉଁଯାଏ ଆଣି ପହଞ୍ଚାଇ ଥାଏ, ସେହିଭଳି। ଆଦୌ କୌଣସି ମୌଳିକ ଉପାଦାନକୁ ପ୍ରତ୍ୟାଖ୍ୟାନ କରେନାହିଁ ଏବଂ ସେଗୁଡ଼ିକୁ ଏକ ଦିବ୍ୟ-ଅଭିମୁଖୀ ପରିବର୍ତ୍ତନ ନିମନ୍ତେ ମଣ କରି ନେଇଯାଏ। ସେହି ପରମ ଶକ୍ତିମାନ୍ କାରିଗର ଆମ ଭିତରେ ରହିଥିବା ସବୁକିଛିକୁ ଅକ୍ତିଆର କରି ନିଅନ୍ତି ଏବଂ ଆଉ ଏକ ପ୍ରତିରୂପ ଅନୁସାରେ ରୂପାୟିତ କରନ୍ତି। ଆମର ଅନୁଭୂତିସକଳ ମଧ୍ୟ ଉତ୍ତରୋତ୍ତର ପରିପକ୍ୱ ହେବାରେ ଲାଗିଥାନ୍ତି ଏବଂ, ଆମର ଏହି ନିମ୍ନତର ଜୀବନପ୍ରକାରଟି ପୂର୍ବରୁ ହୁଏତ ଯେପରି ବିକାରଯୁକ୍ତ ଅଥବା ଅପରିପୂର୍ଣ୍ଣ ହୋଇ ରହି ଆସିଥିଲେ ମଧ୍ୟ ଏହି ନୂତନ ପ୍ରକ୍ରିୟାଟି ଦ୍ୱାରା କିପରି ଏକ ଦିବ୍ୟ

ପ୍ରକୃତିର ସୁସାମଞ୍ଜସ୍ୟ ମଧ୍ୟକୁ ଉନ୍ନୀତ ହୋଇ ଯିବ ବୋଲି ସତେଅବା ଅନୁକୂଳ ଭୂମିଟିଏ ପରି ଅପେକ୍ଷା କରି ରହିଥିଲା, କ୍ରମେ ସେହି କଥାଟି ଖୁବ୍ ସ୍ପଷ୍ଟ ହୋଇ ଯାଉଥାଏ।

ତୃତୀୟତଃ, ଆମ ଭିତରେ ବିଦ୍ୟମାନ ରହିଥିବା ଦିବ୍ୟ ପରମଶକ୍ତି ଆମର ଏହି ସମ୍ପୂର୍ଣ୍ଣ ଜୀବନକ୍ଷେତ୍ରଟିକୁ ପୂର୍ଣ୍ଣ ଯୋଗର ସାଧନରୂପେ ବ୍ୟବହାର କରିବାକୁ ଆରମ୍ଭ କରେ। ଏହି ବାହାରର ପୃଥ୍ୱୀପରିବେଶଟି ସହିତ ଆମେ ଯେତେପ୍ରକାରେ ସଂପୃକ୍ତ ଏବଂ ସଂଯୁକ୍ତ ହୋଇ ରହିଥାଉ, ସେଗୁଡ଼ିକ ଯେତେ ମାମୁଲି ଓ ଏପରିକି ଅନିଷ୍ଟକାରୀ ହୋଇଥିଲେ ମଧ୍ୟ, ସେମାନେ ସମସ୍ତେ ବର୍ତ୍ତମାନର କ୍ରିୟାଟି ମଧ୍ୟରେ ବ୍ୟବହୃତ ହୁଅନ୍ତି ଏବଂ, ଆମର ଅନ୍ତର୍ଗତ ସକଳ ଅନୁଭବ, ଏପରିକି ନିତାନ୍ତ ଅପମାନପୂର୍ଣ୍ଣ ପତନ ତଥା ଘୃଣାବ୍ୟଞ୍ଜିତ କଷଣଭୋଗ ମଧ୍ୟ ସେତେବେଳେ ପରିପୂର୍ଣ୍ଣତା ଆଡ଼କୁ ଆମର ଅଗ୍ରସର ହୋଇଯିବାରେ ସୋପାନ ସଦୃଶ କାର୍ଯ୍ୟ କରୁଥାନ୍ତି। ଏବଂ, ପରମ ଭଗବାନ୍ ଯେ ଏହି ସଂସାରରେ କିଭଳି ଧାରାରେ କାର୍ଯ୍ୟ କରନ୍ତି, ସେତେବେଳେ ଆମେ ନିଜ ଭିତରେ ସତେଅବା ଖୋଲା ରହିଥିବା କେଡ଼େ କେଡ଼େ ଆଖିରେ ତାହାକୁ ଦେଖିବା ନିମନ୍ତେ ସମର୍ଥ ବି ହୋଇ ଯାଉ। ଅସ୍ପଷ୍ଟଗୁଡ଼ିକ ମଧ୍ୟକୁ ସେ କିପରି ରୀତିରେ ଆଲୋକର ସଞ୍ଚାରଣ କରାଇ ଆଣନ୍ତି, ବଳହୀନ ଏବଂ ପତିତ ମଧ୍ୟରେ କିପରି ବଳ ଆଣି ଦିଅନ୍ତି, ଦୁଃଖଜର୍ଜର ତଥା ଦୟନୀୟ ମଧ୍ୟରେ କିପରି ଆନନ୍ଦ ବି ଭରି ଦିଅନ୍ତି, ଏସବୁକୁ ଅତ୍ୟନ୍ତ ପରିଷ୍କାର ଭାବରେ ଦେଖିପାରୁ। ଖୁବ୍ ଦେଖିବାକୁ ସମର୍ଥ ହେଉ ଯେ, ସେହି ଦିବ୍ୟ ପଦ୍ଧତିଟି ନିମ୍ନତର ଓ ଉଚ୍ଚତର କ୍ଷେତ୍ରରେ ଆପଣାର କାର୍ଯ୍ୟ କଲାବେଳେ ଆଦୌ ଭିନ୍ନ ଭିନ୍ନ ହେଉନାହିଁ; କେବଳ ଏତିକି ଫରକ ରହୁଛି ଯେ ପ୍ରଥମଟିରେ ଏକ ଅବଚେତନ ପ୍ରକୃତିର କ୍ଷେତ୍ରରେ ତାହାର ଗତିଟି ମନ୍ଦ ହୋଇଯାଉଛି ଏବଂ କ'ଣ ସବୁ ଘଟୁଛି, ବ୍ୟକ୍ତିଟି ସେସବୁ ବିଷୟରେ ସ୍ପଷ୍ଟ ଭାବରେ କିଛି ବୁଝି ପାରୁନଥାଏ। ଅପର ପକ୍ଷରେ ଅନ୍ୟ କ୍ଷେତ୍ରଟିରେ ତାହାର ଗତି ତ୍ୱରାଯୁକ୍ତ ହୋଇଥାଏ, ସଚେତନ ଭାବରେ ଚାଲିଥାଏ ଏବଂ ସଂପୃକ୍ତ ନିମିତ୍ତଟି ଯାବତୀୟ କାର୍ଯ୍ୟାବଳୀର ନିୟନ୍ତାଙ୍କର ହାତଟିକୁ ସ୍ୱୀକାର ମଧ୍ୟ କରି ନେଇପାରେ। ସମଗ୍ର ପ୍ରକୃତି ହେଉଛି ଏକ ଯୋଗର ନିତ୍ୟ ସାଧନା ଏବଂ ତାହାରି ବଳରେ ସିଏ ଆପଣା ଭିତରେ ସେହି ପରମ ଭଗବାନଙ୍କୁ ପ୍ରକଟ କରି ଆଣିବା ନିମନ୍ତେ ହିଁ ପ୍ରୟାସରତ ହୋଇ ରହିଛି। ଏବଂ, ବ୍ୟକ୍ତିର ଜୀବନ ମଧ୍ୟକୁ ପ୍ରବେଶ କରି ଯୋଗର ଉକ୍ତ ପ୍ରକ୍ରିୟାଟି ଆତ୍ମଚେତନ ହେବାର ସାମର୍ଥ୍ୟ ଲାଭ କରିଥାଏ। ଏବଂ, ତେଣୁ ସମୁଚିତ ପ୍ରକାରେ ଏକ ପୂର୍ଣ୍ଣତାଲାଭର ଭାଜନ ହୋଇଥାଏ। ନିମ୍ନତର ବିବର୍ତ୍ତନର ସ୍ତରରେ ସକଳ କ୍ରିୟା ସର୍ବଦା ବିକ୍ଷିପ୍ତପ୍ରାୟ

ରହିଥାଏ, ଅତ୍ୟନ୍ତ ଶିଥିଳ ଭାବରେ ହିଁ ଗୋଟିଏ ସମଗ୍ର ଲକ୍ଷ୍ୟ ନିମନ୍ତେ କାର୍ଯ୍ୟ କରୁଥାଏ। ମାତ୍ର ଉଚ୍ଚତର ସ୍ତରଟିରେ ଉପନୀତ ହୋଇ ତାହା ସଂଗୃହୀତ ଓ ସଂକେନ୍ଦ୍ରିତ ହୋଇ ଆସେ।

ପଦ୍ଧତି ସର୍ବାଙ୍ଗୀନ ଏବଂ ତେଣୁ ପ୍ରାପ୍ତ ହେଉଥିବା ଫଳ ମଧ୍ୟ ସର୍ବାଙ୍ଗୀନ। ପ୍ରଥମେ, ଦିବ୍ୟ ପରମସତ୍ତାଙ୍କର ଏକ ପୂର୍ଣ୍ଣାଙ୍ଗ ଉପଲବ୍ଧି; କେବଳ ଏକ ଅଦ୍ୱିତୀୟ ପରମ ଏକ ହିସାବରେ ନୁହେଁ, ଯେଉଁଠାରେ କି ବିସ୍ତାରଟିର, ପ୍ରସାରଟିର କୌଣସି ବୋଧ ହିଁ ନଥାଏ। ମାତ୍ର, ସର୍ବବିଧ ବିଭାବର ବହୁବିପୁଳତାରୂପେ ମଧ୍ୟ ତାଙ୍କୁ ଉପଲବ୍ଧି କରିହୁଏ, – କାରଣ, ଆମର ଆପେକ୍ଷିକ ଚେତନାବଳୟଟି ତେବେ ସିନା ତାଙ୍କର ପରିପୂର୍ଣ୍ଣ ପରିଚୟ ପାଇବାରେ ସମର୍ଥ ହୁଏ। କେବଳ ଆମର ଆତ୍ମାର କ୍ଷେତ୍ରରେ ତାଙ୍କୁ ପରମ ଏକରୂପେ ଦେଖିବାର ଉପଲବ୍ଧି ନୁହେଁ, ମାତ୍ର ଗଣନାତୀତ ଯାବତୀୟ ବିବିଧ କ୍ରିୟାତ୍ମକତା ମଧ୍ୟରେ ସକଳ ପୃଥିବୀଗୁଡ଼ିକରେ ଓ ଜୀବପ୍ରାଣୀଙ୍କ ମଧ୍ୟରେ ତାଙ୍କୁ ଉପଲବ୍ଧି କରିହୁଏ। ତେଣୁ, ଏକ ପୂର୍ଣ୍ଣାଙ୍ଗ ମୁକ୍ତିଲାଭ ମଧ୍ୟ। ବ୍ୟକ୍ତିଜୀବନର କେବଳ ଏକ ସାଯୁଜ୍ୟମୁକ୍ତି ନୁହେଁ, ଯାହାଫଳରେ ସିଏ ଦୂରବର୍ତ୍ତୀ ହୋଇଥିଲେ ମଧ୍ୟ ତଥା ଏହି ଦ୍ୱୈତତାପୂର୍ଣ୍ଣ ପୃଥିବୀରେ ବାସ କରୁଥିଲେ ମଧ୍ୟ ମୁକ୍ତ ହୋଇ ରହିଥାଏ; କେବଳ ସାଲୋକ୍ୟମୁକ୍ତି ନୁହେଁ, ଯାହାଦ୍ୱାରା ବ୍ୟକ୍ତିର ସଚେତନ ସମୁଦାୟ ଜୀବନ ପରମ ଦିବ୍ୟ ସତ୍ତା ଅର୍ଥାତ୍ ସଚ୍ଚିଦାନନ୍ଦଙ୍କର ଭୂମିରେ ହିଁ ଅବସ୍ଥିତ ରହିଥାଏ; କିନ୍ତୁ ତା'ର ସମଗ୍ର ଏହି ନିମ୍ନସ୍ତରର ପ୍ରକୃତିଟି ମଧ୍ୟ ଏକ ସାଧର୍ମ୍ୟମୁକ୍ତିର ଅବସ୍ଥା, ଯାହାଦ୍ୱାରା ସେ ଦିବ୍ୟତାର ଏକ ମାନବରୂପକୁ ରୂପାୟିତ ହୋଇ ଯାଇଥାଏ। ସେହି ପରିପୂର୍ଣ୍ଣ ତଥା ଚରମ ବିମୋଚନଟି ମଧ୍ୟ ଅବଶ୍ୟ ସମ୍ଭବ ହୁଏ, ଅର୍ଥାତ୍ ଅହଂସତ୍ତାର କ୍ଷଣକ୍ଷଣର ଅଧୀନ ହୋଇ ରହିଥିବା ତା'ର ଚେତନା ମଧ୍ୟ ମୁକ୍ତ ହୋଇଯାଏ। ସେହି ଚେତନା ସେହି କେବଳୈକ ପରମସତ୍ତାଙ୍କ ସହିତ ଯୁକ୍ତ ହୋଇ ରହିଥାଏ, ଏହି ପୃଥିବୀ ତଥା ବ୍ୟକ୍ତିଜୀବନରେ ବିଶ୍ୱପ୍ରସାରିତ ରହିଥାଏ ତଥା ପୃଥିବୀ ସହିତ ପୃଥିବୀର ଆହୁରି ସେପାଖକୁ ମଧ୍ୟ ଅଭିନ୍ନ ହୋଇ ରହିଥାଏ।

ଏହି ପୂର୍ଣ୍ଣାଙ୍ଗ ଉପଲବ୍ଧି ଓ ବିମୋଚନ ହେତୁ ସେତେବେଳେ ପରମ ଜ୍ଞାନ, ପରମ ପ୍ରେମ ଏବଂ ପରମ କର୍ମମୟତାର ଯାବତୀୟ ଫଳ ପରିପୂର୍ଣ୍ଣ ଭାବରେ ସମଞ୍ଜସ ହୋଇ ରହିବା ମଧ୍ୟ ଅବଶ୍ୟ ସମ୍ଭବ ହୁଏ। କାରଣ, ଏକାତ୍ମକ ହୋଇ ରହିବାର ପ୍ରତିଷ୍ଠାଟି ମଧ୍ୟ ସମ୍ଭବ ହୁଏ। ପୁନଶ୍ଚ, ଏହିସବୁ ଉପଲବ୍ଧିକୁ ଲାଭ କରୁଥିବା ଚେତନାଟି ଆପଣାର ଉପଲବ୍ଧିଗୁଡ଼ିକ ମଧ୍ୟରେ ଆଦୌ ସୀମାବଦ୍ଧ ହୋଇ ରହି ନଥିବାରୁ ପରମ ପ୍ରେମର ଉପଲବ୍ଧିକ୍ଷେତ୍ରରେ ଆମେ ଏକ ପରମ ଆନନ୍ଦମୟତା ତଥା ବିବିଧତାର ମଧ୍ୟ

ଅଧିକାର ଲାଭ କରିପାରୁ। ଫଳରେ, ସକଳ ଲୀଳାର ସବୁଯାକ ସମ୍ବନ୍ଧ ମଧ୍ୟ ଆମପାଇଁ ସମ୍ଭବ ହୋଇଯାଏ, – ଏପରିକି ସ୍ୱସତ୍ତାର ଶିଖରରେ ଯାଇ ଅବସ୍ଥାନ କରୁଥିବା ସମୟରେ ମଧ୍ୟ ଆମେ ପରମ ପ୍ରେମାସ୍ପଦଙ୍କ ସହିତ ଏକଯୁକ୍ତ ହୋଇ ବାସ କରିପାରୁ। ସେହି ପ୍ରକାରର ଏକ ପ୍ରସାର ହେତୁ ଆମେ ଏପରି ଗୋଟିଏ ମୁକ୍ତ ସ୍ଥିତିର ସମର୍ଥ ହେଉ, ଯାହାକି ଜୀବନ ସହିତ ପୂର୍ଣ୍ଣଯୁକ୍ତ ହୋଇ ରହିଥାଏ। ଜୀବନ ମଧ୍ୟରୁ ନିଜକୁ ପ୍ରତ୍ୟାହାର କରି ନେବାର କୌଣସି ଆବଶ୍ୟକତା ନଥାଏ; ଆଦୌ କୌଣସି ଅହଂମୟତା, ବନ୍ଧନ ଏବଂ ପ୍ରତିକ୍ରିୟାରୁ ମୁକ୍ତ ହୋଇ ଆପଣାର ମନୋଗତ ତଥା ଶରୀରର ଭୂମିରେ ଆମେ ଏକ ଦିବ୍ୟ କର୍ମର ମାଧ୍ୟମ ହୋଇ ରହିଥାଉ, ଯାହାକି ପୂର୍ଣ୍ଣ ଅକୁଣ୍ଠ ଭାବରେ ଆପଣାକୁ ପୃଥିବୀ ଉପରେ ଅଜାଡ଼ି ଦେଇ ପାରୁଥାଏ।

ଦିବ୍ୟତା ଦ୍ୱାରା ପୂର୍ଣ୍ଣ ଭାବରେ ଅନୁସିକ୍ତ ଗୋଟିଏ ଜୀବନ କେବଳ ମୁକ୍ତ ହୋଇ ରହିନଥାଏ, ତାହା ଶୁଦ୍ଧ ହୋଇ ମଧ୍ୟ ରହିଥାଏ। ଆନନ୍ଦମୟ ଓ ପରିପୂର୍ଣ୍ଣତାଯୁକ୍ତ ହୋଇ ରହିଥାଏ। ଏପରି ଏକ ସର୍ବାଙ୍ଗୀନ ଶୁଦ୍ଧତା, ଯାହାକି ଏକ ପକ୍ଷରେ ଆପଣା ଭିତରେ ସମ୍ପୂର୍ଣ୍ଣ ଭାବରେ ଦିବ୍ୟ ପରମସତ୍ତାଙ୍କୁ ପ୍ରତିଫଳିତ କରି ରଖିବାରେ ସମର୍ଥ କରି ଆଣିବ ତଥା ଅପର ପକ୍ଷରେ ନିଜ ଭିତରେ ରହିଥିବା ପରମ ସତ୍ୟ ଏବଂ ପରମ ବିଧାନକୁ ଏହି ଜୀବନର ଭୂମିଟି ଉପରେ ସଂପୂର୍ଣ୍ଣ ଅଜାଡ଼ି ବି ଦେଉଥିବ। ନିମିତ୍ତଟି ବହୁମୁଖୀ ଭାବରେ ଏକ ଯନ୍ତ୍ର ହୋଇ ସମୁଚିତ ପ୍ରକାରେ ଆପଣାକୁ କ୍ରିୟାଶୀଳ କରି ରଖିବ। ଆମେ ତାହାକୁ ହିଁ ପ୍ରକୃତରେ ପରିପୂର୍ଣ୍ଣ ବିମୋଚନର ଏକ ଅବସ୍ଥା ବୋଲି ହିଁ କହିବା। ଫଳସ୍ୱରୂପ ଏକ ପରିପୂର୍ଣ୍ଣ ସଦାଉଲ୍ଲାସର ସ୍ଥିତି ସମ୍ଭବ ହୋଇ ଆସିବ, ଯେତେବେଳେ କି ଏକାଧାରରେ ପରମ ଦିବ୍ୟସତ୍ତାଙ୍କର ପ୍ରତୀକ ହୋଇ ଦୃଷ୍ଟିଗୋଚର ହେଉଥିବା ଏହି ପୃଥିବୀର ସମୁଦାୟ ସବୁକିଛି ଆମକୁ ସେହି ପରମ ଆନନ୍ଦକୁ ଆଣି ଦେଇ ଯାଉଥିବେ ତଥା ବିଶ୍ୱର ଅତିରିକ୍ତ ଆନନ୍ଦଟି ମଧ୍ୟ ପ୍ରାପ୍ତ ହେବ। ଏବଂ, ଏହି ଅନୁଭବ ଆମକୁ ଆମ ମନୁଷ୍ୟଧର୍ମସ୍ଥ ଜୀବନରେ ମଧ୍ୟ ଏକ ସର୍ବାଙ୍ଗୀନ ପରିପୂର୍ଣ୍ଣତାକୁ ପ୍ରସ୍ତୁତ କରି ଆଣିବ, ଯାହାକି ମନୁଷ୍ୟରୂପୀ ଯାବତୀୟ ଅଭିବ୍ୟକ୍ତିର ଏହି ଭୂମିରେ ପରମ ଦିବ୍ୟସତ୍ତାର ଏକ ପ୍ରରୂପରୂପେ ହିଁ ପ୍ରକଟ ହୋଇ ଆସିବ। ଏପରି ଏକ ପୂର୍ଣ୍ଣତାକୁ ସମ୍ଭବ କରି ଆଣିବ, ଯାହା ସତ୍ତା, ପ୍ରେମ ଓ ଆନନ୍ଦର ମୁକ୍ତ ବିଶ୍ୱମୟତା ଉପରେ ହିଁ ଛିଡ଼ା ହୋଇ ପାରୁଥିବ – ଜ୍ଞାନ ତଥା ଇଚ୍ଛାଶକ୍ତିର ଏକ ଲୀଳାରୂପେ ପ୍ରଭିଭାତ ହୋଇ ଆସିବ – ଏକ ଅହଙ୍କାରମୁକ୍ତ କ୍ରିୟାଶୀଳତା ରୂପେ ଆପଣାକୁ ଗତିଶୀଳ କରି ରଖିବ। ପୂର୍ଣ୍ଣାଙ୍ଗ ଯୋଗଦ୍ୱାରା ସେହି ପରିପୂର୍ଣ୍ଣତାକୁ ମଧ୍ୟ ଅର୍ଜନ କରାଯାଇ ପାରିବ।

ସେହି ପରିପୂର୍ଣ୍ଣତା ମଧ୍ୟରେ ମନ ଏବଂ ଶରୀରସ୍ତରର ପରିପୂର୍ଣ୍ଣତା ମଧ୍ୟ ଅନ୍ତର୍ଗତ ହୋଇ ରହିଛି, ଯାହା ଫଳରେ କି ରାଜଯୋଗ ଓ ହଠଯୋଗର ଫଳଚୟ ମଧ୍ୟ ଅବଶ୍ୟ ପ୍ରାପ୍ତ ହେବ। ଏବଂ ମନୁଷ୍ୟସମୂହର ଜୀବନ ମଧ୍ୟରେ ସେହି ସମନ୍ୱୟ ପୂର୍ଣ୍ଣପ୍ରଶସ୍ତ ଭାବରେ ପ୍ରତ୍ୟକ୍ଷ ବି ହେବ। ଅତ୍ୟନ୍ତ ସୁନିଶ୍ଚିତ ଭାବରେ ମନୁଷ୍ୟମାନେ ଆପଣାର ମାନସିକ ଏବଂ ଶାରୀରିକ ସାମର୍ଥ୍ୟ ଏବଂ ଅନୁଭବ ଗୁଡ଼ିକର ଭୂମିରେ ତାହାକୁ ପୂର୍ଣ୍ଣ ରୂପେ ବିକଶିତ କରି ଆଣିପାରିବେ । ଯୋଗର ପୂର୍ଣ୍ଣାଙ୍ଗ ପଦ୍ଧତିଟିରେ ଏହା ଅବଶ୍ୟ ଅନ୍ତର୍ଭୁକ୍ତ ହୋଇ ରହିବ। ପୁନଶ୍ଚ, ଏକ ପୂର୍ଣ୍ଣସମର୍ଥ ମାନସିକ ଏବଂ ଶରୀରଗତ ଜୀବନ ନିମନ୍ତେ ପ୍ରୟୋଗ କରା ନଗଲେ ଏଗୁଡ଼ିକର ବସ୍ତୁତଃ କୌଣସି ଔଚିତ୍ୟ ମଧ୍ୟ କଦାପି ରହିବନାହିଁ। ସେହିଭଳି ଗୋଟିଏ ମାନସିକ ଏବଂ ଶାରୀରିକ ଜୀବନ ନ୍ୟାୟତଃ ଏକ ଆଧାତ୍ମିକ ଜୀବନର ଯଥାର୍ଥ ମୂଲ୍ୟସଂବଳିତ ପ୍ରତିଫଳନରୂପେ ହିଁ ବ୍ୟକ୍ତ ହୋଇ ଆସିବ। ଏବଂ, ଏହିପରି ଭାବରେ ଆମେ ଏପରି ଏକ ସମନ୍ୱୟରେ ଆସି ଉପନୀତ ହେବା ଯାହାଭିତରେ କି ପ୍ରକୃତିବିବର୍ତ୍ତନର ତିନୋଟିଯାକ ଚରଣ ଏବଂ ମନୁଷ୍ୟଜୀବନର ବିବର୍ତ୍ତନରତ ତିନି ସାମର୍ଥ୍ୟର ମଧ୍ୟ ଗୋଟିଏ ସମନ୍ୱୟ ଅବଶ୍ୟ ସଂଘଟିତ ହେବ। ଆମର ସେହି ବିମୋଚନପ୍ରାପ୍ତ ଜୀବନସତ୍ତା ତଥା ପରିପୂର୍ଣ୍ଣତା ହାସଲ କରିଥିବା ସକଳ କ୍ରିୟାତ୍ମକତା ମଧ୍ୟରେ ଆମେ ଆମ ଜଡ଼ସ୍ତରର ଜୀବନକୁ ମଧ୍ୟ ଅନ୍ତର୍ଭୁକ୍ତ ଅବଶ୍ୟ କରିବା। ସେହି ସ୍ତରଟି ତ ହେଉଛି ଆମ ଜୀବନର ମୂଳଭୂମି। ହଁ, ମଧ୍ୟବର୍ତ୍ତୀ ଭାବରେ ରହିଥିବା ମନୋରୂପୀ ଆମର ସେହି ଅନ୍ୟ ଯନ୍ତ୍ରଟି, ଅର୍ଥାତ୍ ମନୋଗତ ଜୀବନଟି ମଧ୍ୟ ଠିକ୍ ସେହିଭଳି ଅନ୍ତର୍ଭୁକ୍ତ ହୋଇ ରହିବ।

ପୂର୍ଣ୍ଣାଙ୍ଗ ଯୋଗଗତ ଜୀବନ ବଳରେ ଆମେ ଆସ୍ପୃହା କରି ଧାରଣା କରିଥିବା ପରିପୂର୍ଣ୍ଣତାଟି ଯଦି ଆମ ବ୍ୟକ୍ତିଗତ ଜୀବନର ଉପଲବ୍ଧି-ସୀମାଟି ମଧ୍ୟରେ ବାଡ଼ ଦିଆହୋଇ ରହିଯିବ, ତେବେ ସେଥିରେ ପ୍ରକୃତରେ କୌଣସି ବାସ୍ତବିକତା ରହିବନାହିଁ ଅଥବା ତାହା ସମ୍ଭବ ମଧ୍ୟ ହେବନାହିଁ। ଆମ ଜୀବନର ପରିପୂର୍ଣ୍ଣତା କହିଲେ ଆମ ଆପଣା ସତ୍ତାଟିର ପୂର୍ଣ୍ଣବିକାଶ ସହିତ ଆମ ଚାରିପାଖରେ ରହିଥିବା ଜୀବନ ମଧ୍ୟକୁ ମଧ୍ୟ ସେହି ପରିପୂର୍ଣ୍ଣତା ମୂର୍ତ୍ତ ହୋଇ ଆସିବ, ଅନ୍ୟ ସକଳଙ୍କ ସହିତ ଆମକୁ ଡ଼ୋରରେ ବାନ୍ଧି ରଖିଥିବା ଆମ ଭଲ ପାଇବାରେ ମଧ୍ୟ ତାହାର ସଞ୍ଚାରଣ ହେବ, ଆମେ ସ୍ୱୟଂ ମଧ୍ୟ ସେହି ଭଲ ପାଇବାର ପ୍ରକ୍ରିୟାଟି ମଧ୍ୟକୁ ପ୍ରସାରିତ ହୋଇଯିବା । ଆମ ଜୀବନର ସକଳ ମୁକ୍ତି ତଥା ତାହାର ଶୁଭକାରୀ ପରିଣାମଚୟ ଅନ୍ୟମାନଙ୍କ ମଧ୍ୟରେ ମଧ୍ୟ ଅନୁଭୂତ ହେବ। ଅର୍ଥାତ୍, ଆମର ବିମୋଚନ ଓ ପରିପୂର୍ଣ୍ଣତାଲାଭ ଅନ୍ୟ ମନୁଷ୍ୟମାନଙ୍କୁ ମଧ୍ୟ ଅବଶ୍ୟ ସ୍ପର୍ଶ କରିବ, ଉପକୃତ କରୁଥିବ। ଏବଂ, ସେହି ସତତ ପ୍ରସାରଣ

ଫଳରେ ସମଗ୍ର ମାନବଜାତିର ବୃହତ୍ତମ ଜୀବନଭୂମିରେ ମଧ୍ୟ ତାହା ଆଖର ସମୃଦ୍ଧି ମଧ୍ୟ ଲାଭ କରୁଥିବ।

ସେହି ପ୍ରଶସ୍ତ ଅଧ୍ୟାତ୍ମ ଜୀବନଟି ଅଧିକରୁ ଅଧିକ ପ୍ରଶସ୍ତ ହୋଇ ଆସୁଥିବା ସଙ୍ଗେ ସଙ୍ଗେ ମନୁଷ୍ୟର ଏହି ସାଧାରଣ ଅଭ୍ୟସ୍ତ ଜଡ଼ସ୍ତରୀୟ ଜୀବନର କ୍ଷେତ୍ରଟି କ୍ରମେ ଅଧିକରୁ ଅଧିକ ତାତ୍ପର୍ଯ୍ୟଯୁକ୍ତ ଭାବରେ ଏକ ଦିବ୍ୟ ପ୍ରକ୍ରିୟାର ମହିମାକୁ ଉନ୍ନୀତ ହୋଇ ଯାଉଥିବ ଏବଂ ଆମର ବ୍ୟକ୍ତି ତଥା ସମଷ୍ଟି ଉଭୟ କ୍ଷେତ୍ରର ପ୍ରୟାସଦ୍ୱାରା ମାନସିକ ତଥା ନୈତିକ ଆତ୍ମକର୍ଷଣର ଭୂମିରେ ମନୁଷ୍ୟ କରି ଆସିଥିବା ଯାବତୀୟ ଇହସାଧନାର କ୍ଷେତ୍ରରେ ହୁଏତ ସର୍ବୋଚ୍ଚ ସୋପାନଟିର ଉପଲବ୍ଧି କ୍ରମେ ସମ୍ଭବ ହୋଇ ଆସିବ। ଅର୍ଥାତ୍, ଯେଉଁ ଆଦର୍ଶ ସ୍ୱର୍ଗରାଜ୍ୟଟି ଆମ ଭିତରେ ଅବସ୍ଥିତ ହୋଇ ରହିଛି ବୋଲି କାଳକାଳରୁ କଳ୍ପନା କରାଯାଇ ଆସିଛି, ଏହି ଉଚ୍ଚ ଶିଖରଟିରେ ଉପନୀତ ହୋଇ ଏହାଦ୍ୱାରା ବାହାରେ ଆମର ଏହି ପୃଥିବୀ ଉପରେ ତାହାର ପ୍ରତିଷ୍ଠା ହେବ ଏବଂ, ତଦ୍ଦ୍ୱାରା ପୃଥିବୀର ଧର୍ମଗୁଡ଼ିକ ଭିନ୍ନ ଭିନ୍ନ ପୃଷ୍ଠଭୂମିରେ ଯେଉଁ ବୃହତ୍ ସ୍ୱପ୍ନଟିକୁ ଦେଖି ଆସିଥିଲେ, ସେଇଟି ବାସ୍ତବରେ ପରିଣତ ହେବ।

ପରିପୂର୍ଣ୍ଣତା ବିଷୟରେ ମନୁଷ୍ୟର ଭାବନା ଯେଉଁ ପ୍ରଶସ୍ତତମ ସମନ୍ୱୟର କଳ୍ପନା କରିଆସିଛି, – ତାହାକୁ ବାସ୍ତବ ଜୀବନରୂପେ ମୂର୍ତ୍ତ କରି ଆଣିବା, – ତାହାହିଁ ଏହି ପୃଥିବୀସ୍ଥ ମନୁଷ୍ୟମାନଙ୍କର ସର୍ବବୃହତ୍ ଏକମାତ୍ର ଚେଷ୍ଟା ହୋଇ ଅବଶ୍ୟ ରହିବ ଏବଂ, ଯେଉଁମାନଙ୍କର ସମର୍ପିତ ଜୀବନଦୃଷ୍ଟିଟି ପରମ ଭଗବତ୍‌ସତ୍ତା ଏହିଠାରେ ଏହି ମନୁଷ୍ୟମାନଙ୍କର ଜୀବନଭୂମିରେ ପ୍ରଚ୍ଛନ୍ନ ହୋଇ ରହିଛନ୍ତି ବୋଲି ଅନୁଭବ କରିପାରୁଛି, କେବଳ ସେହିମାନେ ହିଁ ଉକ୍ତ ଚେଷ୍ଟାଟିକୁ କରିବା ନିମନ୍ତେ ଅବଶ୍ୟ ଭାଜନ ହେବେ।

ପରିଚିତ ଏବଂ ଶାସ୍ତ୍ରରେ ବର୍ଣ୍ଣିତ ଯୋଗମାର୍ଗ ଗୁଡ଼ିକର ତୁଳନାତ୍ମକ ସନ୍ଦର୍ଭ ଉପରେ ଶ୍ରୀଅରବିନ୍ଦଙ୍କର ଏହି ଆହ୍ୱାନଟିକୁ ଅନ୍ଦାଜ ଭିତରେ ଭରି ରଖି ଚତୁର୍ଦ୍ଦିଗକୁ ତଥା ଭବିଷ୍ୟତ ଆଡ଼କୁ ଅନାଇ ଦେଖିବାକୁ ଆରମ୍ଭ କଲେ, ସବାପ୍ରଥମେ ଯେଉଁ ଖୁସୀର ଅନୁଭବ ଦେଇଯାଏ, ଆମକୁ ତାହା ସତକୁ ସତ ଜଣେ ଜନନୀର ଭରସା ହିଁ ଦେଇଯାଏ। ଏକ ଅଭୂତପୂର୍ବ ସାହସର ଅନୁଭବ କରାଏ। ସେହି ସାହସ ପ୍ରତ୍ୟେକ ବ୍ୟକ୍ତି ଭିତରେ ରହିଛି, ଅପେକ୍ଷା କରି ରହିଛି। ଏହି ବୃହତ୍ତର ସଦାଚଳମାନ୍ ପୃଥିବୀଟି ସହିତ ସତେଅବା କାହାଠାରୁ କେତେ କ'ଣ ଉତ୍ସାହ ପାଇଥିବା ପରି କେତେ ଆତ୍ମୀୟତାର ଡ଼ୋରରେ ଆମେ ପ୍ରତ୍ୟେକେ ଯେ ବାନ୍ଧି ହୋଇ ରହିଛୁ, ଆମ ଭିତରେ ପୃଥିବୀସ୍ଥ ସକଳ ସର୍ବୋତ୍ତମର ପ୍ରତିଭୂ ହୋଇ ରହିଥିବା ପରମ ସଙ୍ଗୀଟିଏ ଆମକୁ ସେହି ବାରତାଟିକୁ ଆଣି ଦେଇ ଯାଉଥିବା ପରି ଲାଗୁଥାଏ। ଆଦୌ କିଛିହେଲେ

ଛାଡ଼ିବାକୁ ପଡ଼େନାହିଁ; ଅହଂଟାକୁ ଏକ ଅସଲ ପ୍ରୀତିଦ୍ୱାରା ପୋଷ ମନାଇ ନେଲେ ଏହି ଅଭିନବ ଯୋଗର ରାଜମାର୍ଗଟି ସତେଅବା ଏଇଠୁ ସେଯାଏ ପଡ଼ିଥିବା ପରି ଜଳଜଳ ହୋଇ ଦିଶେ, ଏକାବେଳେକେ ମୋ'ଠାରୁ ଏହି ପୃଥିବୀ ମଧ୍ୟଦେଇ ତାଙ୍କଯାଏ। ଏବଂ, ଯଦି ଏହି ପୃଥିବୀ ମଧ୍ୟଦେଇ ଯିବି, ତେବେ ଅହଂଟାକୁ ଲୁଚାଇବି ବା କେଉଁଠାରେ? ପୃଥିବୀଟାକୁ ଭଣ୍ଡାଇବା ନିମନ୍ତେ ମନ କରୁଥିବା ପର୍ଯ୍ୟନ୍ତ ସିନା ଅହଂଟାକୁ କେତେମନ୍ତେ ବେଶଦ୍ୱାରା ଭୂଷିତ କରି ନିଜକୁ ଭୁରୁଡ଼ାଇ ରଖିବା ସକାଶେ ଆଦୌ କୌଣସି ଉତ୍ସାହ ହୋଇଥାଏ। ତେଣୁ, ଚିତ୍ତର ନିରୋଧ ନୁହେଁ କମ୍ବା ଚିତ୍ତବୃତ୍ତି ଗୁଡ଼ିକର ମସ୍ତକଚ୍ଛେଦନ ବି ନୁହେଁ; ଯାହାକିଛି ଭିତରେ ରହିଛି, ତାହାକୁ ଏହି ବାହାରେ ପୃଥିବୀନାମକ ନିତ୍ୟମେଳଟିରେ ସବୁରି ସହିତ ସମ୍ମିଳିତ ଭାବରେ ମୂର୍ତ୍ତ କରି ଆଣିବା, – ଶ୍ରୀ ଅରବିନ୍ଦଙ୍କର କଥାରେ ଯଦି ତାହାହିଁ ନିୟତି ବୋଲି ପୂର୍ବନିର୍ଦ୍ଦିଷ୍ଟ ହୋଇ ରହିଥାଏ, ତେବେ ମୋ'ର ସାଧନା, ଯୋଗସାଧନା ସମେତ ସକଳ ସବୁକିଛି ମୂଳତଃ ପ୍ରୀତିଯୁକ୍ତ ହୋଇ ରହିଥିବା ଉଚିତ। ପ୍ରୀତି ଦ୍ୱାରା ହିଁ ଭୟର ବିଲୟ ଘଟିବ, ସଂସାରଟା ବାଧାବତ୍ ନଲାଗି ଅଧିକରୁ ଅଧିକ ସହଜ ଏବଂ ନିର୍ମଳ ହୋଇ ତାଙ୍କରି ନିକଟବର୍ତ୍ତୀ ହେବାରେ ଲାଗିଥିବା ପରି ଅନୁଭବ ହେବ। ସେହି ସାଧନାର ଆହ୍ୱାନଭୂମିଟି ମୋତେ ଅନ୍ୟମାନଙ୍କ ସହିତ ସତେଅବା କୌଣସି ବୈରୀପଣରେ ଛିନ୍ନ କରି ନେଇଯିବାର ଚଗଲାମି ମୋଟେ କରୁନଥିବ। ଆହ୍ୱାନମାନେ ପୃଥିବୀରେ ତଥାକଥିତ ଜଡ଼ସ୍ଥ ଭୂମିରେ ମଧ୍ୟ ଅଧିକ ପାରସ୍ପରିତା ଏବଂ ସହଭାଗିତା ସମ୍ଭବ କରି ଆଣୁଥିବେ। ମାୟାବାଦ ସେତେବେଳେ ମୋ'ର ଆଖିଗୁଡ଼ିକୁ ବର୍ତ୍ତମାନ ପରି ଅଯୋଗ୍ୟ କରି ରଖିବାଲାଗି କଦାପି ସାହସ କରିବନାହିଁ। ପୂର୍ଣ୍ଣାଙ୍ଗ ଯୋଗ ପୃଥିବୀଟାକୁ ସାଙ୍ଗରେ ନଧରିଲେ ତାହାକୁ ପୁଣି ପୂର୍ଣ୍ଣାଙ୍ଗ ବୋଲି କିଭଳି କୁହାଯାଇ ପାରିବ? ଯେଉଁମାନେ ପୃଥିବୀକୁ ହିଁ ଯାବତୀୟ ସତ୍ୟସାଧନାର ଅସଲ ଆୟତନ ବୋଲି ଗ୍ରହଣ କରି ନେଇଛନ୍ତି, ସେହିମାନେ ହିଁ ଏହି ଅଭିନବ ମାର୍ଗଟି ଆଡ଼କୁ ଆକୃଷ୍ଟ ହେବେ, ଆଦୌ କୌଣସି ନବ୍ୟ ନ୍ୟାୟର ଡ଼େଣା ଧରି କଦାପି ପଳାୟନ କରିବେ ନାହିଁ।

\+ + + +

ଯୋଗର ସାଧନାଦ୍ୱାରା ଆମର ଜୀବନରେ ଯେଉଁ ପରିପୂର୍ଣ୍ଣତା ସମ୍ଭବ ହୋଇ ଆସିବ, ଶ୍ରୀ ଅରବିନ୍ଦ ତାହାକୁ ଯୋଗସିଦ୍ଧି ବୋଲି କହିଛନ୍ତି। ଏଥିନିମନ୍ତେ ସେ ଚାରୋଟି ସହାୟକାରୀ ନିମିତ୍ତର ସୂଚନା ଦେଇଛନ୍ତି! ଏଗୁଡ଼ିକୁ ଆମେ ଚାରିପ୍ରକାରର ନୁହେଁ, ସର୍ବଦା ସଂଯୁକ୍ତ ଭାବରେ ହିଁ ବିଚାର ମଧ୍ୟ କରିବା। ପ୍ରଥମଟି ହେଉଛି, ସତ୍ୟଗୁଡ଼ିକ ବିଷୟରେ ପ୍ରକୃତ ଜ୍ଞାନ, ସେଗୁଡ଼ିକର ତତ୍ତ୍ୱ, ନାନା ସାମର୍ଥ୍ୟ ଏବଂ ନାନା ପ୍ରକ୍ରିୟା।

ଉପଲବ୍ଧିର ମାର୍ଗରେ ଏହାକୁ ଶ୍ରୀ ଅରବିନ୍ଦ ଶାସ୍ତ୍ର ବୋଲି କହିଛନ୍ତି । ଦ୍ୱିତୀୟରେ ଉତ୍ସାହ, – ପୂର୍ଣ୍ଣ ଧୈର୍ଯ୍ୟ, ସତତ ଅଧ୍ୟବସାୟ, ଜ୍ଞାନ ଏବଂ ତତ୍ତ୍ୱର ପରାମର୍ଶ ଅନୁସାରେ ଅଭ୍ୟାସ ଏବଂ ସେଥିରେ ନିଷ୍ଠା । ତୃତୀୟ ଆବଶ୍ୟକତାଟି ହେଉଛନ୍ତି ଆମର ଗୁରୁ, ଯିଏକି ଆମର ସକଳ ଜ୍ଞାନ ତଥା ପ୍ରୟାସକୁ ଏକ ଆଧ୍ୟାତ୍ମିକ ଅନୁଭୂତିର ସ୍ତରକୁ ଉତ୍ତୋଳିତ କରି ଦେଉଥିବେ, – ଆମ ଲାଗି ଦୃଷ୍ଟାନ୍ତ ହୋଇ ରହିଥିବେ ଏବଂ ଆମକୁ ପ୍ରଭାବିତ କରୁଥିବେ । ଶେଷଟି ହେଲା କାଳ, କାରଣ, ଆମ ଜୀବନର ସର୍ବବିଧ ପ୍ରୟାସରେ ଗୋଟିଏ କାଳଗତ ବିଭାବ ମଧ୍ୟ ରହିଛି ଏବଂ ଆମର ଯାବତୀୟ ପ୍ରାପ୍ତିକୁ ନିର୍ଣ୍ଣିତ କରିବାରେ ଲାଗିଛି ।

ଶ୍ରୀ ଅରବିନ୍ଦ ପ୍ରଥମରୁ ହିଁ ଆମକୁ ଚେତା କରି ଦେଇଛନ୍ତି ଯେ, ପୂର୍ଣ୍ଣ ଯୋଗର ସାଧନାରେ ସର୍ବୋଚ୍ଚ ଶାସ୍ତ୍ରଟି ହେଉଛି ସେହି ଶାଶ୍ୱତ ପରମବେଦ, ଯାହାକି ଭାବନାସମର୍ଥ ପ୍ରତ୍ୟେକ ଜୀବସତ୍ତାର ହୃଦୟରେ ଲିପିବଦ୍ଧ ହୋଇ ରହିଛି । ଜ୍ଞାନ ତଥା ପରିପୂର୍ଣ୍ଣତା ଆମ ଭିତରେ ଗୋଟିଏ କଢ଼ରୂପେ ରହିଛି, କେତେବେଳେ ଦ୍ରୁତ ଏବଂ ପୁଣି କେତେବେଳେ ଧୀର ବେଗରେ ପାଖୁଡ଼ା ପାଖୁଡ଼ା ହୋଇ ମେଲି ଆସୁଛି । ଆମର ମନ ସେହି ପରମ ଭଗବତ୍-ଚିରନ୍ତନ ସତ୍ୟଟି ନିମନ୍ତେ ବାସନା କରିବା ମାତ୍ରକେ ଏବଂ ଆମର ହୃଦୟ ଆଉ ଏକ କ୍ଷଣଭଙ୍ଗୁର ତତ୍କାଳ-ସଂସାର-ଲିପ୍ତତା ମଧ୍ୟରେ ଜଡ଼ିତ ହୋଇ ରହିବାରୁ ନିଜକୁ ମୁକୁଳାଇ ଆଣିବା ମାତ୍ରକେ ସେହି କଢ଼ଟି ସେହି ପରମ ଅନନ୍ତଙ୍କ ପାଇଁ ବ୍ୟାକୁଳ ହେବାକୁ ଆରମ୍ଭ କରୁଛି । ତା'ପରେ ସକଳ ଜୀବନ, ଭାବନା, ସାମର୍ଥ୍ୟ ଏବଂ ଶକ୍ତି ତଥା ଯାବତୀୟ ଅନୁଭୂତି ଫୁଟିଉଠିବା ସକାଶେ ବ୍ୟାକୁଳ ହେଉଛି । ଯିଏ ସେହିପରି ବ୍ୟାକୁଳ ହୋଇ ପରମ ଅନନ୍ତଙ୍କୁ ଆପଣାର ଅଭୀଷ୍ଟରୂପେ ବାଛି ନେଉଛି, ପରମ ଅନନ୍ତ ମଧ୍ୟ ବସ୍ତୁତଃ ତାହାକୁ ପୂର୍ବରୁ ହିଁ ବାଛି ରଖିଛନ୍ତି କି ?

ଆମର ଅନ୍ତର ମଧ୍ୟରେ ଯାହା ସମ୍ଭାବନାରୂପେ ନିର୍ଦ୍ଦେଶିତ ହୋଇ ରହିଛି ଏବଂ ପ୍ରଚ୍ଛନ୍ନ ରହିଛି, ଯାବତୀୟ ଅଧ୍ୟୟନ ତଥା ଜ୍ଞାନୋପାର୍ଜନ ଆମଭିତରୁ ନ୍ୟାୟତଃ ତାହାକୁ ହିଁ ଉଦ୍‌ଘାଟିତ କରି ଆଣିଥାଏ । ଯାବତୀୟ ଜ୍ଞାନ ହେଉଛି ସକଳ ଅର୍ଥରେ ଆତ୍ମଜ୍ଞାନ, – ଏବଂ ଯୁଗପତ୍ ଭାବରେ ଆମ ଚେତନାର ଏକ ସତତ ଅଭିବୃଦ୍ଧି । ଶାସ୍ତ୍ର ହେଉଛି ସେହି ଜ୍ଞାନୋଦ୍‌ଘାଟନର ମାଧ୍ୟମ । ଶାସ୍ତ୍ରମାନଙ୍କର ଅଧ୍ୟୟନ ଯେଉଁପରି ହୋଇଥାଉ ପଛକେ, ତଦ୍ଦ୍ୱାରା ଆମ ଭିତରେ ସଂଗୁପ୍ତ ହୋଇ ରହିଥିବା ଅଭୀପ୍ସା ପ୍ରକୃତରେ କ୍ରିୟାଶୀଳ ହେବାକୁ ଆରମ୍ଭ କରିଥାଏ । ତଥାପି, ଏହି ଆତ୍ମ-ଉନ୍ମୋଚନର ପ୍ରକ୍ରିୟାରେ ବାହାରର ଶାସ୍ତ୍ରମାନେ ମଧ୍ୟ ଏକ ସହାୟକ ହୋଇ ସର୍ବଦା କାର୍ଯ୍ୟ କରନ୍ତି । ସେହି ଶାସ୍ତ୍ର ପ୍ରାଚୀନ ଶାସ୍ତ୍ର ହୋଇପାରେ, ସମ୍ମୁଖରେ ବିଦ୍ୟମାନ ରହିଥିବା ଜଣେ

ଗୁରୁଙ୍କର ମୁଖନିଃସୃତ ବାକ୍ୟ ମଧ୍ୟ ହୋଇପାରେ। ଅଧୀତ ସକଳ ଶାସ୍ତ୍ରଜ୍ଞାନର ପରିପାଚନ ବସ୍ତୁତଃ ଧ୍ୟାନଦ୍ୱାରା ହିଁ ସମ୍ଭବ ହୁଏ। ପୂର୍ଣ୍ଣ ଯୋଗର ଜଣେ ସାଧକ ଏହି କଥାଟିକୁ ଅବଶ୍ୟ ସ୍ମରଣ ରଖିବ ଯେ, କୌଣସି ଲିପିବଦ୍ଧ ଶାସ୍ତ୍ର, ତାହା ଯେତେ ଅଧିକ ପରିମାଣରେ ପ୍ରାମାଣିକ ହୋଇଥାଉ ପଛକେ, କେବଳ ଆଂଶିକ ଭାବରେ ହିଁ ଶାଶ୍ୱତ ପରମଜ୍ଞାନକୁ ବ୍ୟକ୍ତ କରିପାରିବ। ତେଣୁ, ସିଏ ଲିଖିତ ଶାସ୍ତ୍ରଗୁଡ଼ିକର ଅବଶ୍ୟ ସାହାଯ୍ୟ ନେବ, ମାତ୍ର ସେଗୁଡ଼ିକରେ ଆଦୌ ବାନ୍ଧି ହୋଇ ପଡ଼ିବନାହିଁ। ପୂର୍ଣ୍ଣାଙ୍ଗ ଯୋଗର ପଥଯାତ୍ରୀ କେବଳ ଗୋଟିଏ ଶାସ୍ତ୍ରର ବଚନଗୁଡ଼ିକ ଦ୍ୱାରା ନୁହେଁ, ଏକାଧିକ ଶାସ୍ତ୍ରଦ୍ୱାରା ନିଜର ପଥରେ ଅବଶ୍ୟ ଉପକୃତ ହେବ ସତ, ମାତ୍ର ଶେଷରେ ଆପଣାର ସ୍ଥିତିଟିରେ ହିଁ ଦୃଢ଼ପ୍ରତିଷ୍ଠ ହେବାରେ ହିଁ ସମର୍ଥ ହେବ। କାରଣ ହେଉଛି, ସିଏ କେବଳ କୌଣସି ଏକ ଶାସ୍ତ୍ରପୁସ୍ତକ ଅଥବା ବହୁ ଶାସ୍ତ୍ରପୁସ୍ତକର ସାଧକ ନୁହେଁ, ସିଏ ସକଳ ଅର୍ଥରେ ଏବଂ ସକଳ ଭାବରେ ସେହି ପରମ ଅନନ୍ତ ଓ ପରମ ସୀମାତୀତଙ୍କର ସାଧକ।

ଆଉଏକ ପ୍ରକାରର ଗ୍ରନ୍ଥ ମଧ୍ୟ ରହିଛି, ଯାହାକି ଶାସ୍ତ୍ର ନୁହେଁ; ସେଇଟି ସେହି ବିଜ୍ଞାନ ଓ ପଦ୍ଧତିମାନଙ୍କର ଏକ ସଂହିତା, ଯେଉଁଟି ଅନୁସାରେ ସାଧକ ଆପଣାକୁ ପରିଚାଳିତ କରିବା ନିମନ୍ତେ ବାଛିଥିବ। ପ୍ରତ୍ୟେକ ମାର୍ଗର ତଦନୁରୂପ ଏକ ଶାସ୍ତ୍ର ଅବଶ୍ୟ ରହିଛି, ହୁଏତ ଲିଖିତ ଆକାରରେ ଅଛି କିମ୍ବା ଏକ ପରମ୍ପରା ରୂପେ ମୁହଁରୁ ମୁହଁକୁ ଆସିଛି ଓ ଆପଣାକୁ କାର୍ଯ୍ୟକାରୀ କରିଛି। ଭାରତବର୍ଷରେ ଗୋଟିଏ ଗୋଟିଏ ନିର୍ଦ୍ଦିଷ୍ଟ ମାର୍ଗର ଅନୁଗାମୀମାନେ ଶାସ୍ତ୍ର ଉପରେ ଅତ୍ୟନ୍ତ କଠୋର ଭାବରେ ଅତିଶୟ ଗୁରୁତ୍ୱ ଦେଇ ଆସିଛନ୍ତି ଏବଂ ସେଥିରେ ଯାବତୀୟ ବ୍ୟତିକ୍ରମକୁ ଏକ ବିଚ୍ୟୁତି ବୋଲି କହିଛନ୍ତି। ତଥାପି, ସର୍ବଦା ପରିବର୍ତ୍ତନ ଲାଗି ରହିଛି। ଏପରିକି ରାଜଯୋଗରେ ଯେ ସମସ୍ତେ ଖାଲି ପାତଞ୍ଜଳିଙ୍କ ଦ୍ୱାରା ପ୍ରଦର୍ଶିତ ମାର୍ଗଟିକୁ ଅନୁସରଣ କରୁଛନ୍ତି, ସେକଥା ନୁହେଁ। ମାର୍ଗଗୁଡ଼ିକର କେତେ କେତେ ଶାଖା ଓ ଉପଶାଖାମାନେ ମଧ୍ୟ ଉଦ୍‌ଭାବିତ ହୋଇ ଆସିଛନ୍ତି। ବ୍ୟକ୍ତିବିଶେଷଙ୍କର ଆବଶ୍ୟକତା ଏବଂ ରୁଚି ଅନୁସାରେ ଏକାଧିକ ଭାଙ୍ଗ ଏବଂ ବଦଳ ସବୁକାଳେ ହୋଇଛି। ନିୟମତଃ ଏକ ପୂର୍ଣ୍ଣାଙ୍ଗ ତଥା ସମନ୍ୱୟକାମୀ ଯୋଗ ଆଦୌ କୌଣସି ଲିଖିତ ଅଥବା ପରମ୍ପରାଗତ ପଦ୍ଧତି ମଧ୍ୟରେ ମୋଟେ ବାନ୍ଧିହୋଇ ରହିବନାହିଁ। ପୂର୍ବରୁ ପ୍ରଚଳିତ ହୋଇ ଆସିଥିବା ଧାରାଟିକୁ ଗ୍ରହଣ କରି ମଧ୍ୟ ତାହା ବର୍ତ୍ତମାନ ତଥା ଭବିଷ୍ୟତର ପ୍ରଚ୍ଛଦ ଉପରେ ସର୍ବଦା ତାହାକୁ ନୂଆ ନୂଆ ପ୍ରକାରେ ସଂଗଠିତ କରିବ। ତେଣୁ, ସର୍ବବିଧ ପୁନଃସଂଗଠନର ସେହି କ୍ଷେତ୍ରରେ ସମ୍ପୂର୍ଣ୍ଣ ସ୍ୱାଧୀନତା ନିଶ୍ଚୟ ରହିବ। ପୂର୍ଣ୍ଣାଙ୍ଗ ଯୋଗ ତ ସମୁଦାୟ ଜୀବନଟିକୁ ଆପଣା କ୍ରିୟାଶୀଳତାର କ୍ଷେତ୍ର ବୋଲି ଗ୍ରହଣ କରିଛି। ତେଣୁ, ଏହାକୁ ଆମେ ଆଦୌ ଜଣେ

ତୀର୍ଥଯାତ୍ରୀର ଅନ୍ଦାଜ ଅନୁସାରେ କଦାପି କଳ୍ପନା କରି ପାରିବାନାହିଁ, ଯିଏକି ଏକ ପ୍ରଶସ୍ତ ପରିଚିତ ପଥଟିଏ ଧରି ଆପଣାର ଲକ୍ଷ୍ୟସ୍ଥଳକୁ ଅଗ୍ରସର ହୋଇ ଚାଲିଛି; ସମ୍ଭବତଃ, ସେହି ତୁଳନାଟିର ପଟ ଉପରେ ଆମେ ତାକୁ ଜଣେ ପଥନିର୍ମାଣକାରୀ ସ୍କାଉଟ୍ ବୋଲି ଭାବିବା ଯିଏକି ଆଗରୁ କେହି ପ୍ରବେଶ କରିନଥିବା କୌଣସି ଗହନ ଅରଣ୍ୟମାର୍ଗରେ ଆପଣାର ନିଜର ପଥଟିକୁ ପ୍ରଥମ କରି ନିର୍ମାଣ କରି କରି ଚାଲିଛି। କାରଣ, ଦୀର୍ଘ କାଳରୁ ଯୋଗସାଧନା ଜୀବନର କ୍ଷେତ୍ରକୁ ବର୍ଜନ କରି ବାହାରି ଯାଇଛି, ତଥା ଏପରି ଛାଞ୍ଚଗୁଡ଼ିକ ଭିତରେ ଆସି ମଧ୍ୟ ପଡ଼ିଯାଇଛି, ଯେଉଁଗୁଡ଼ିକୁ କି ଆଦୌ ପ୍ରୟୋଗ କରାଯାଇ ପାରିବନାହିଁ। ତା'ପରେ ମନୁଷ୍ୟସମାଜ ତ ମହାକାଳର ସ୍ରୋତରେ ଆମ ଏକାଳଯାଏ ଆସି ପହଞ୍ଚି ଗଲାଣି ଏବଂ ତେଣୁ ସେହି ପୁରାତନ ଅସଲ ସମସ୍ୟାଟିର ସମ୍ପ୍ରତି ଗୋଟିଏ ନୂତନ ଆରମ୍ଭବିନ୍ଦୁରୁ ହିଁ ନିକଟବର୍ତ୍ତୀ ହେବାକୁ ପଡ଼ିବ।

ପୂର୍ଣ୍ଣାଙ୍ଗ ଯୋଗରେ ଆମେ କେବଳ ସେହି ପରମ ସୀମାତୀତ ସତ୍ତାଙ୍କର ପରିଚୟଲାଭକୁ ଇଚ୍ଛା କରୁ ନଥାଉ, ଏହି ମନୁଷ୍ୟର ଜୀବନଭୂମିରେ ସେ ନିଜକୁ ଉନ୍ମୋଚିତ କରନ୍ତୁ ବୋଲି ମଧ୍ୟ ଅମେ ତାଙ୍କୁ ଆବାହନ କରୁ। ତେଣୁ, ଆମ ଯୋଗର ଶାସ୍ତ୍ରଟି ଏପରି ହୋଇଥିବା ଉଚିତ, ଯେପରିକି ତାହା ଗ୍ରହଣଶୀଳ ମନୁଷ୍ୟାତ୍ମାଟି ପାଇଁ ଠିକ୍ ସେହି ଅନୁରୂପର ଏକ ଅସୁମାରି ସ୍ୱାଧୀନତା ମଧ୍ୟ ନିଶ୍ଚୟ ଯୋଗାଇ ଦେଇ ପାରୁଥିବ। ଏହି ମାର୍ଗରେ ସାଧକ ଆପଣା ମଧ୍ୟକୁ ସେହି ପରମ ବିଶ୍ୱାତୀତ ତଥା ବିଶ୍ୱବ୍ୟାପ୍ତ ସତ୍ତାଙ୍କୁ ଗ୍ରହଣ କରି ଆଣିବାର ଧାରାରେ ମଧ୍ୟ ସର୍ବଦା ଏକ ମୁକ୍ତ ଅନୁକୂଳନଶୀଳତା ଅବଶ୍ୟ ରହିବ, – କାରଣ କେବଳ ସେହିପ୍ରକାରେ ହିଁ ମନୁଷ୍ୟର ଜୀବନରେ ପୂର୍ଣ୍ଣ ଆଧ୍ୟାତ୍ମିକ ବିକାଶ ସକାଶେ ଉପଯୁକ୍ତ ଅନୁକୂଳତା ବିଦ୍ୟମାନ ରହିବ। ସ୍ୱାମୀ ବିବେକାନନ୍ଦ ଏକଦା କହିଥିଲେ ଯେ ଧର୍ମଗୁଡ଼ିକ ଭିତରେ ରହିଥିବା ଏକତାବୋଧ ସଂପୂର୍ଣ୍ଣ ଅବଶ୍ୟମ୍ଭାବୀ ଭାବରେ ବାହ୍ୟ ଆଚାର ଏବଂ ଆଚରଣଗୁଡ଼ିକର କ୍ଷେତ୍ରରେ ଅଧିକରୁ ଅଧିକ ବିବିଧତା ଆଣିଦେବ। ସେଥିସହିତ ସିଏ ଏକଥା ମଧ୍ୟ କହିଥିଲେ ଯେ, ଅସଲ ଏକତାବୋଧଟି ତ କର୍ମଜୀବନର କ୍ଷେତ୍ରରେ ସେତିକିବେଳେ ଆସିବ, ଯେତେବେଳେ କି ପ୍ରତ୍ୟେକ ବ୍ୟକ୍ତି ନିଜନିଜର ଧାରା ତଥା ଛନ୍ଦରେ ହିଁ ନିଜର ଧର୍ମଟିକୁ ବଞ୍ଚୁଥିବ: ସେତେବେଳେ ସିଏ କୌଣସି ନିର୍ଦ୍ଦିଷ୍ଟ ସମ୍ପ୍ରଦାୟ ଅଥବା ପାରମ୍ପରିକ ଛାଞ୍ଚଦ୍ୱାରା ଆଦୌ ବାନ୍ଧି ହୋଇ ରହିନଥିବ। ଆପଣାର ସ୍ୱଭାବ ଅନୁସାରେ ହିଁ ସେ ପରମ ସର୍ବୋଚ୍ଚ କର୍ତ୍ତାଙ୍କ ସହିତ ନିଜକୁ ସମ୍ବନ୍ଧିତ କରି ରଖିଥିବ। ଆମେ ମଧ୍ୟ ଠିକ୍ ସେହିପରି କହିପାରିବା ଯେ, ଯେତେବେଳେ ପ୍ରତ୍ୟେକ ବ୍ୟକ୍ତି ନିଜସ୍ୱ ଯୋଗମାର୍ଗଟିଏ ଅନୁସରଣ କରୁଥିବ, ସେତେବେଳେ ଯାଇ ପୂର୍ଣ୍ଣାଙ୍ଗ ଯୋଗରେ ତା'ର

ସାଧନାରେ ପରିପୂର୍ଣ୍ଣତା ହାସଲ କରିବା ସମ୍ଭବ ହେବ। ତା'ନିଜ ସ୍ୱଭାବର ଉତ୍ତରୋତ୍ତର ବିକାଶ ଲାଭ ଅନୁସାରେ ସିଏ ଆପଣାର ମାର୍ଗରେ ଯାତ୍ରା କରୁଥିବ। କାରଣ, ସ୍ୱାଧୀନତା ହିଁ ସର୍ବୋଚ୍ଚ ବିଧାନ ଏବଂ ସେହି ସ୍ୱାଧୀନତା ହେଉଛି ସର୍ବଶେଷ ପରିପୂର୍ତ୍ତି।

ତଥାପି, ସେଠାରେ ଯାଇ ପହଞ୍ଚିବାର ଏହି ମଧ୍ୟମାର୍ଗରେ କେତେକ ସାଧାରଣ ଗାର ନିଶ୍ଚୟ ରହିବ, ଯାହା ଜଣେ ସାଧକର ଭାବନା ଏବଂ ଅଭ୍ୟାସ ଉଚିତ ପଥରେ ପରିଚାଳିତ ହେବାରେ ସର୍ବଦା ସାହାଯ୍ୟ କରିବ। ମାତ୍ର, ସେଗୁଡ଼ିକ ମଧ୍ୟରେ କେବଳ କେତେଗୋଟି ସାଧାରଣ ସତ୍ୟ ହିଁ ରହିଥିବ, ପ୍ରୟାସ ତଥା ବିକାଶରେ କେତୋଟି ସାଧାରଣ ଦିଗ୍‌ନିର୍ଦ୍ଦେଶ କରି ଦିଆ ଯାଇଥିବ। ମାତ୍ର ଏପରି କିଛି କଠୋର ରୁଟିନ୍ ପରି କିଛି ନଥିବ, ଯାହାକୁ ମାନିବାକୁ ହିଁ ପଡ଼ିବ। ଯାବତୀୟ ଶାସ୍ତ୍ର କେବଳ କେତେକ ଅତୀତର ଅନୁଭବକୁ ନେଇ ଲେଖା ହୋଇଥାଏ ଏବଂ ଆମର ଲାଭ କରିବା ନିମନ୍ତେ ରହିଥିବା ଅନୁଭବଗୁଡ଼ିକୁ ଲାଭ କରିବାରେ ସହାୟକ ହୁଏ। ମାର୍ଗର ସୂଚନା ଦିଏ, ସଙ୍କେତ-ପ୍ରସ୍ତର ଭଳି କାର୍ଯ୍ୟ କରେ, ଯାହାର ସାହାଯ୍ୟରେ ସାଧକ କୁଆଡ଼େ ଯାଉଛି ଏବଂ କେଉଁଭଳି ମାର୍ଗ ଦେଇ ଯାଉଛି, ହୁଏତ ସେହି ବିଷୟରେ କିଞ୍ଚିତ୍ ଆଭାସ ପାଇଯିବାକୁ ସମର୍ଥ ହୁଏ।

ଏହାବ୍ୟତୀତ ଆଉ ଯାହା ରହିଲା, ତାହା ଆମର ପ୍ରଚେଷ୍ଟା ଓ ଅନୁଭୂତି ଉପରେ ନିର୍ଭର କରେ ଏବଂ ପରମ ମାର୍ଗପ୍ରଦର୍ଶକଙ୍କ ଉପରେ ନିର୍ଭରଶୀଳ ହୋଇ ରହିଥାଏ।

+ + + +

ଯୋଗଚର୍ଯ୍ୟାର ଗତିବେଗ, ସଘନତା, ପ୍ରାପ୍ତ ପରିଣାମ ଗୁଡ଼ିକର ସାମର୍ଥ୍ୟ, ଏହି ସବୁକିଛି ପ୍ରାଥମିକତଃ ଆରମ୍ଭରୁ ଦୀର୍ଘ ଅବଧିଯାଏ ସାଧକର ଆସ୍ପୃହା ଏବଂ ବ୍ୟକ୍ତିଗତ ପ୍ରୟାସ ଉପରେ ହିଁ ନିର୍ଭର କରିବ। ଯୋଗର ପ୍ରକ୍ରିୟାଟି ଆମକୁ ଚେତନାର ଅହଂଦ୍ୱାରା ଅଧିକୃତ ସୀମାପ୍ରାଚୀରଟି ଭିତରୁ ଏକ ଉଚ୍ଚତର ସ୍ତରକୁ ପରିପ୍ରେରିତ କରି ନେଇ ଯାଉଥାଏ। ବହୁ ପ୍ରତିଭାସର ଆକର୍ଷଣରୁ ମୁକ୍ତ କରି ନିଏ, ଏକ ସମୂଳ ରୂପାନ୍ତରର ଯୋଗ୍ୟ କରିନିଏ। ଆତ୍ମା ଅନ୍ତର୍ମୁଖୀ ହୁଏ; ହୃଦୟର ଆସ୍ପୃହା ଶକ୍ତିଶାଳୀ ହୁଏ, ଇଚ୍ଛାଶକ୍ତି ବଳଯୁକ୍ତ ହୁଏ, ମନ ମଧ୍ୟ ସଂକେନ୍ଦ୍ରିତ ହୋଇଆସେ, ସଂକଳ୍ପ ତଥା ଅଧିବସାୟ ବୃଦ୍ଧିପ୍ରାପ୍ତ ହେବାରେ ଲାଗେ। ଏକ ଅଭୂତପୂର୍ବ ଉତ୍ସାହ ଏବଂ ବ୍ୟାକୁଳତା, ପରମପ୍ରାପ୍ତି ନିମନ୍ତେ ହୃଦୟର ଉତ୍ସୁକତା, – ଏହିଗୁଡ଼ିକ ହିଁ ଆମଭିତରର ଅହଂଟିକୁ ଗିଳି ପକାନ୍ତି ଏବଂ ପୂର୍ବର ସେହି ଅତିକ୍ଷୁଦ୍ର ବେଢ଼ାଟାର ସକଳ ସୀମାକୁ ଖଣ୍ଡ ଖଣ୍ଡ କରି ଭାଙ୍ଗି ଦିଅନ୍ତି । ପରମ ଆସ୍ୱଦଙ୍କର ଏକ ଉପଯୁକ୍ତ ସ୍ୱାଗତ ନିମନ୍ତେ ଆମ ଭିତରେ ଥିବା ସବୁକିଛି ପ୍ରସ୍ତୁତ ହେବାରେ ଲାଗିଥାଏ।

କିନ୍ତୁ ଏହାକୁ ପରିପୂର୍ଣ୍ଣତା ନିମନ୍ତେ ଆମକୁ ପ୍ରସ୍ତୁତ କରି ନେଉଥିବା ସମୁଦାୟ ପ୍ରକ୍ରିୟାର କେବଳ ଗୋଟିଏ ପାର୍ଶ୍ୱ ବୋଲି ଜାଣି ରଖିବାକୁ ହେବ। ପୂର୍ଣ୍ଣାଙ୍ଗ ଯୋଗମାର୍ଗରେ ତିନୋଟି ସୋପାନ, – ସେମାନେ ପରସ୍ପର ଠାରୁ ଆଦୌ ଭିନ୍ନ ଅଥବା ବହୁଭାବେ ପୃଥକ୍ ନୁହନ୍ତି, – ତଥାପି, କେତେକ ଅର୍ଥରେ, ସେଗୁଡ଼ିକ ପରସ୍ପରର ଏକ ଅନୁକ୍ରମ ରକ୍ଷା କରି ସାଧାରଣତଃ ଦୃଷ୍ଟିଗୋଚର ହୁଅନ୍ତି। ପ୍ରଥମ ସୋପାନରେ ଆପଣାକୁ ସେହି ଦିବ୍ୟ ପରମସତ୍ତାଙ୍କ ଆଡ଼କୁ ଉତ୍ତୋଳିତ କରିନେବାକୁ ହୁଏ ଏବଂ ତାଙ୍କର ସଂସ୍ପର୍ଶ ଲାଭ କରାଯାଏ; ଦ୍ୱିତୀୟତଃ, ଦୂରରେ, ଉର୍ଦ୍ଧ୍ୱରେ ରହିଥିବା ସିଏ ସତେଅବା ରାସ୍ତା ପାଇ ଯାଉଥିବା ପରି ଆସି ପହଞ୍ଚି ଯାଆନ୍ତି ଓ ତାଙ୍କୁ ଆମେ ଆପଣା ଭିତରକୁ ସ୍ୱାଗତ କରିଆଣୁ। ଏଥିସହିତ ତାଙ୍କରି ଦ୍ୱାରା ଆମ ସମସ୍ତ ଚେତନସତ୍ତାର ଏକ ରୂପାନ୍ତରୀକରଣ ସତକୁ ସତ ଆରମ୍ଭ ହୁଏ। ତୃତୀୟତଃ, ସର୍ବଶେଷରେ, ଆମର ସେହି ରୂପାନ୍ତରିତ ମନୁଷ୍ୟସତ୍ତାକୁ ସେ ପୃଥିବୀର ଗୋଟିଏ ଦିବ୍ୟ କେନ୍ଦ୍ର ପରି କାର୍ଯ୍ୟରେ ଲଗାଇବାରେ ଲାଗିଯାଆନ୍ତି। ସାଧକ ତା'ଭିତରେ ଏପରି ଗୋଟିଏ ଶକ୍ତି କାର୍ଯ୍ୟ କରୁଥିବା ପରି ଅନୁଭବ କରେ, ଯାହା ପ୍ରକୃତରେ ତା'ର ନିଜ ଶକ୍ତି ନୁହେଁ, – ତା'ର ଅହଂଗତ ସଂପୂର୍ଣ୍ଣ ଜୀବନସୀମାଟିକୁ ଅତିକ୍ରମ କରି ସେଇଟି ତା'ଭିତରେ କାର୍ଯ୍ୟ କରୁଛି। ତା'ପରେ ସିଏ ଅଧିକରୁ ଅଧିକ ପରିମାଣରେ ଆପଣାକୁ ତାହାରି ହାତରେ ନେଇ ସମର୍ପଣ କରିଦିଏ ଏବଂ ତାଙ୍କୁ ହିଁ ତା' ନିଜ ଯୋଗସାଧନାର ପରମ ଅନୁମନ୍ତା କରି ନିଜ ଭିତରେ ପ୍ରତିଷ୍ଠିତ କରାଏ। ସେହି ପରମ-ଉପସ୍ଥିତି ହିଁ ସାଧକର ମାନସିକ, ତଥା ଶାରୀରିକ ସ୍ତରର ଆବଶ୍ୟକ ରୂପାନ୍ତର-ପ୍ରକ୍ରିୟାରେ ଅଧିଷ୍ଠାତା କର୍ତ୍ତା ହୋଇ ରହନ୍ତି। ସେତେବେଳେ ଅହଂଟାର ଆଉ କିଛି ହିଁ କରିବାକୁ ନଥାଏ। ଏପରିକି ତା'ର ବେଢ଼ାଟା ମଧ୍ୟରୁ ମୁକ୍ତିଲାଭ କରିବାପାଇଁ ଆଉ ତା' ସହିତ ଲଢ଼ାଇ ମଧ୍ୟ କରିବାକୁ ପଡ଼େନାହିଁ। ସେତେବେଳେ ଯାଇ ପୃଥିବୀରେ ଏହି ଦିବ୍ୟ କେନ୍ଦ୍ରଟି ପ୍ରସ୍ତୁତ ହୋଇ ପାରିଲା ବୋଲି କହିହୁଏ। ଶୁଦ୍ଧ, ମୁକ୍ତ, ସଂପୂର୍ଣ୍ଣ ସ୍ଥିତିସ୍ଥାପକ, ସନ୍ଦୀପନଯୁକ୍ତ ହୋଇ ସେ ବର୍ତ୍ତମାନ ପରମ ସର୍ବଶକ୍ତିମାନ୍‌ଙ୍କର କ୍ରିୟାଯୋଜନାରେ ପ୍ରତ୍ୟକ୍ଷ ଭାବରେ ଏକ ନିମିତ୍ତରୂପେ ଏତେବେଳେ ଯାଇ କାମରେ ଲାଗେ। ପୃଥିବୀର ଆଧ୍ୟାତ୍ମିକ ଅଗ୍ରଗତି ଅର୍ଥାତ୍ ତାହାର ରୂପାନ୍ତରିତ ହେବାର ଆଗାମୀ ମାନବ - ଅର୍ଥାତ୍ ଅତିମାନବ - ଯୋଗର ସେହି ପରମେଶ୍ୱରଙ୍କର ବୃହତ୍ତର ପ୍ରତ୍ୟକ୍ଷ କାର୍ଯ୍ୟଟିରେ ଗୋଟିଏ ସାଧନ ବା ନିମିତ୍ତ ହୋଇ ବ୍ୟବହୃତ ହେବାକୁ ଆରମ୍ଭ କରେ।

ବସ୍ତୁତଃ ଯାବତୀୟ ଅବସରରେ ସେହି ଉଚ୍ଚତର ପରମଶକ୍ତି ହିଁ କାର୍ଯ୍ୟ କରୁଥାଆନ୍ତି। ଉପସ୍ଥିତ ଏହି ପୃଥିବୀରେ ଆମେ ଯାହାକିଛି କରୁ, ସେଥିରେ ଏକ

ଅହଂଭାବନା ଆପଣାକୁ ଜଡ଼ିତ କରି ରଖିଥାଏ। ବିଶ୍ୱଶକ୍ତିଗୁଡ଼ିକୁ ଆମେ ଆପଣାର ଶକ୍ତି ବୋଲି ଦାବୀ କରୁଥାଉ। ସମୁଚିତ ସନ୍ଦୀପନଟିକୁ ଲାଭ କରିବା ପରେ ଯାଇ ଆମେ ଜାଣିପାରୁ ଯେ, ଏହି ଅହଂ ହେଉଛି କେବଳ ଏକ ଯନ୍ତ୍ର। ଅହଂଭାବନା ସହିତ କାର୍ଯ୍ୟ କରୁଥିବା ଯାଏ ଆମେ କେବଳ ଯାବତୀୟ ସୀମାବଦ୍ଧତା ଓ ବିକୃତିମାନ ଆଣି ପହୁଞ୍ଚାଇବାରେ ଲାଗିଥାଉ। ତେଣୁ, ଏହି ଅହଂ ଗୋଟିଏ ନିମିତ୍ତ ବୋଲି ଉପଲବ୍ଧି କରିପାରିଲେ ଯାଇ ମୋହଭଙ୍ଗ ହୁଏ। ଆମର ଅହଂ ନିଜକୁ ପରମ ଦିବ୍ୟସତ୍ୟ ମଧ୍ୟରେ ସମର୍ପିତ କରି ରଖିପାରିଲେ ଯାଇ ଆମ ନିମନ୍ତେ ସେହି ଆତ୍ମ-ପରିପୂର୍ଣ୍ଣତା ପ୍ରକୃତରେ ସମ୍ଭବ ହୋଇ ଆସିଥାଏ। ସକଳ ବନ୍ଧନରୁ ମୁକ୍ତି ମିଳେ, ପୂର୍ଣ୍ଣ ସ୍ୱାଧୀନତା ତାହାରିଦ୍ୱାରା ମିଳେ। ତେଣୁ, ସାଧକର ବ୍ୟକ୍ତିଗତ ଇଚ୍ଛାଟିର ସର୍ବପ୍ରଥମ କର୍ତ୍ତବ୍ୟ ହେଉଛି ଯେ, ତାହା ଆପଣାର ଅହଂଗତ ଶକ୍ତିଚୟକୁ ଆଲୋକ ଆଡ଼କୁ, ଉଚିତ ଆଡ଼କୁ ମୁହାଁଇ ନେବାକୁ ଚେଷ୍ଟା କରିବ, ସେମାନଙ୍କୁ କ୍ରମପ୍ରଶିକ୍ଷିତ କରିନେବ। ଏହିପରି ଅଗ୍ରସର ହେଉ ହେଉ ସେ ସେଗୁଡ଼ିକୁ ଉଚ୍ଚତର ଶକ୍ତିଟିର ପ୍ରତିନିଧି ରୂପେ ନିୟୋଜିତ କରିବ, ଯେପରିକି ସେମାନେ ସଚେତନ ଭାବରେ ସେହି ଉଚ୍ଚତର ପରମ ପ୍ରଭାବଟିର ବୋଲ ମାନିବାକୁ ସମର୍ଥ ହୋଇ ଆସୁଥିବେ। ଏହିପରି ଭାବରେ ଆହୁରି ଆଗକୁ ଯାଇ ସକଳ ଅହଂଭାବନା, ଅଶୁଦ୍ଧତା ଏବଂ ଅଜ୍ଞାନ ତିରୋହିତ ହେବ; – ବ୍ୟକ୍ତିର ସକଳ କାର୍ଯ୍ୟ ସମ୍ପୂର୍ଣ୍ଣ ଭାବରେ ଦିବ୍ୟ କର୍ମରେ ହିଁ ପରିଣତ ହୋଇଯିବ।

+ + + +

ପୂର୍ଣ୍ଣାଙ୍ଗ ଯୋଗରେ ଯେପରି ଅସଲ ଶାସ୍ତ୍ର ପ୍ରତ୍ୟେକ ମନୁଷ୍ୟର ହୃଦୟ ମଧ୍ୟରେ ହିଁ ପ୍ରଚ୍ଛନ୍ନ ହୋଇ ରହିଛି, ଠିକ୍ ସେହିପରି ଏଥିରେ ଅସଲ ଗୁରୁ ଯିଏ, ସିଏ ଭିତରେ ଅଛନ୍ତି। ସେହି ଜଗତ୍‌ଗୁରୁ ଆମ ଭିତରେ ବିଦ୍ୟମାନ ରହିଛନ୍ତି। ସିଏ ଯେତିକି ଯେତିକି ପ୍ରକାଶିତ ହୋଇ ଆସୁଥିବେ, ଆମକୁ ବେଷ୍ଟନ କରି ରହିଥିବା ସର୍ବବିଧ ଅନ୍ଧକାର ସେତିକି ଦୂରୀଭୂତ ହୋଇ ଯାଉଥିବ। ତା'ପରେ ସକଳ ସ୍ୱାଧୀନତା, ଆନନ୍ଦ, ପ୍ରେମ, ଶକ୍ତି ସବୁକିଛି ଆମର ନିତ୍ୟଜୀବନରେ ହିଁ ପରିଣତ ହେବାରେ ଲାଗିଥିବ। ଏହି ପ୍ରକ୍ରିୟାଟିର ପଦ୍ଧତିମାନେ ପ୍ରକୃତରେ କିଭଳି ହେବେ? ପ୍ରକୃତରେ ଏହାର କୌଣସି ପଦ୍ଧତି ନାହିଁ ଏବଂ ତଥାପି ପ୍ରତ୍ୟେକ ପଦ୍ଧତି ହେଉଛି ଏଥିରେ ଗୋଟିଏ ଗୋଟିଏ ପଦ୍ଧତି। ସେଗୁଡ଼ିକର କାର୍ଯ୍ୟକାରିତା ଜୀବନର ସକଳ କ୍ଷେତ୍ରରେ। ପୂର୍ଣ୍ଣାଙ୍ଗ ଯୋଗରେ କ୍ଷୁଦ୍ର ବୋଲି କିଛି ନାହିଁ, ବୃହତ୍ ବୋଲି ମଧ୍ୟ ଆଦୌ କିଛି ନାହିଁ। ଆପଣା ପ୍ରକୃତିର ଅଭାବଗୁଡ଼ିକ ନିମନ୍ତେ ପୂର୍ଣ୍ଣାଙ୍ଗ ମାର୍ଗର ସାଧକ ଲାଗି ଆଶା ହରାଇ ପକାଇବାର କୌଣସି କାରଣ ନାହିଁ କମ୍ବା ବାଟରେ ଝୁଣ୍ଟି ପଡ଼ିଲେ ମଧ୍ୟ ନିରାଶ ହେବାର କିଛି

ନାହିଁ। ତେଣୁ, ସର୍ବାଙ୍ଗୀନ ପରିପୂର୍ଣ୍ଣତାର ଏହି ସାଧନାରେ ଅନ୍ତର ଭିତରେ ବିରାଜିତ ହୋଇ ରହିଥିବା ସେହି ପରମ ଯୋଗେଶ୍ୱରଙ୍କୁ, ତାଙ୍କରି ଆଲୋକ ଏବଂ ପ୍ରୟାସକୁ ସ୍ୱୀକାର କରିନେବା ହେଉଛି ସବୁଠାରୁ ଅଧିକ ମହତ୍ତ୍ୱପୂର୍ଣ୍ଣ। ତାଙ୍କୁ ଆମେ ତତ୍ତ୍ୱତଃ ଠିକ୍ କେଉଁ ଅନୁସାରେ ଜାଣିବା ବା ଅନୁଭବ କରିବା, ସେଇଟିର ଆଦୌ କୌଣସି ମହତ୍ତ୍ୱ ନାହିଁ। ଶେଷକୁ ଏହି ଉପଲବ୍ଧିଟି ଅବଶ୍ୟ ହେବ ଯେ ସିଏ ଏକାଧାରରେ ଏହି ସବୁ କିଛି। ଆମର ପୂର୍ବ ବିବର୍ତ୍ତନ ଏବଂ ବର୍ତ୍ତମାନ ସ୍ୱଭାବଟି ଯେଉଁଭଳି ହୋଇ ରହିଥିବ, ଆମେ ସେହି ଅନୁସାରେ ସିନା ତାଙ୍କର କୌଣସି ତାତ୍ତ୍ୱିକ ଅଥବା ଠୁଳ କଳ୍ପନା ମଧ୍ୟ କରିପାରିବା !

ଆମର ସ୍ୱପ୍ରୟାସ ଗୁଡ଼ିକ ଏତେ ଅଧିକ ପରିମାଣରେ ତୀବ୍ର ଏବଂ ପ୍ରବଳ ହୋଇ ରହିଥାଏ ଓ ତେଣେ ଆମ ଅହଂଟା ମଧ୍ୟ ଏତେ ଅଧିକ ପରିମାଣରେ ଆପଣାକୁ ତଥା ଆପଣାର ଲକ୍ଷ୍ୟମାନଙ୍କୁ ନେଇ ବ୍ୟସ୍ତ ହୋଇ ରହିଥାଏ ଯେ, ଭିତରେ ଅବସ୍ଥିତ ସେହି ପରମଗୁରୁ ସତେଅବା ପରଦାଟିଏ ସେପାଖରେ ଉଢ୍ଚୁଆଳ ହୋଇ ଥାଆନ୍ତି। ମାତ୍ର, ସବୁକିଛି ଅଧିକରୁ ଅଧିକ ଫରଚା ହୋଇ ଆସିବା ସଙ୍ଗେ ସଙ୍ଗେ ଏବଂ ଅହଂର ପ୍ରତାପଗୁଡ଼ିକ ନିଷ୍ପ୍ରଭ ହେବାରେ ଲାଗିଥିବା ସଙ୍ଗେ ସଙ୍ଗେ ଆମ ଭିତରେ ଏକ ଶାନ୍ତ ବିକ୍ଷୋଭମୁକ୍ତ ଆତ୍ମଜ୍ଞାନର ଉଦୟ ହୁଏ ଏବଂ ଆମେ ଅଧିକରୁ ଅଧିକ ସଭ୍ୟ ଭାବରେ ଆମ ଭିତରର ବର୍ତ୍ତମାନ ଆଲୋକଟିକୁ ଅନୁଭବ କରିବାକୁ ଆରମ୍ଭ କରୁ। ଏତେବେଳେ ଯାଇ ଆମର ଯାବତୀୟ ସଂଗ୍ରାମ ତଥା ପ୍ରୟାସର ଅସଲ ଅର୍ଥଟିକୁ ବି ବୁଝିବାରେ ସମର୍ଥ ହେଉ। ସଫଳତା ଏବଂ ବିଫଳତାମାନଙ୍କୁ ବୁଝୁ। ସକଳବିଧ ନିହିତାର୍ଥଗୁଡ଼ିକ ପ୍ରକୃତରେ ସ୍ପଷ୍ଟ ହୋଇ ଆସନ୍ତି। ଆମର ସଂପୂର୍ଣ୍ଣ ଯାତ୍ରାପଥରେ ଯେ ସେହି ପରମ ପ୍ରଭୁ, ପରମ ବନ୍ଧୁ, ପ୍ରେମୀ, ତଥା ଶିକ୍ଷାଦାତା ଆମ ସହିତ ଅନୁକ୍ଷଣ ରହିଥିଲେ, ସେହି ସତ୍ୟଟିର ଉପଲବ୍ଧି ହୋଇଆସେ। ସେତେବେଳେ ସମ୍ପୂର୍ଣ୍ଣ ଭାବରେ ଜାଣି ହୋଇଯାଏ ଯେ, ଆମର ଏହି ଅଦ୍‌ଭୂତ ବିକାଶଲାଭଟି ଆମ ନିଜ ଚେଷ୍ଟାଦ୍ୱାରା ଆଦୌ ଘଟି ନାହିଁ, – ଏକ ଶାଶ୍ୱତ ପରମ ପରିପୂର୍ଣ୍ଣତାର ସତ୍ୟ ହିଁ ଆମକୁ ଆପଣାର ଅନୁକୃତିରେ ପ୍ରତ୍ୟେକ ମୁହୂର୍ତ୍ତରେ ଗଢ଼ି ଆଣିଛି। ଯୋଗଦର୍ଶନରେ ତାହାଙ୍କୁ ହିଁ ଈଶ୍ୱର ବୋଲି କୁହାଯାଇଛି, ସେଇ ହେଉଛନ୍ତି ଅନ୍ତର୍ଯ୍ୟାମୀ, ଚେତନ ଚୈତ୍ୟଭୂମିର ଗୁରୁ । ପରମ ଆତ୍ମା ଏବଂ ପରମା ଶକ୍ତି। ଭିନ୍ନ ଭିନ୍ନ ଧର୍ମରେ ବସ୍ତୁତଃ ତାହାଙ୍କୁ ହିଁ ଭିନ୍ନ ଭିନ୍ନ ନାମରେ ବର୍ଣ୍ଣନା କରାଯାଇଛି। ସେହି ପରମ ଅଦ୍ୱିତୀୟଙ୍କୁ ହିଁ ଆମେ ପ୍ରତ୍ୟକ୍ଷ କରିବା, ଜାଣିବା, ହେବା ଓ ପୂର୍ଣ୍ଣପ୍ରକଟ କରିବା, – କାଳେ କାଳେ ଏହାହିଁ ପୃଥ୍ୱୀବିବର୍ତ୍ତନର ପ୍ରଚ୍ଛନ୍ନ ଲକ୍ଷ୍ୟ ହୋଇ ରହି ଆସିଥିଲା ଏବଂ ବର୍ତ୍ତମାନ ତାହା ହିଁ ଆମ ଇହଜୀବନର

ସଚେତନ ଲକ୍ଷ୍ୟରେ ପରିଣତ ହେବ। ଆମେ ନିଜର ଅନ୍ତର୍ଗତ ତଥା ତଥାକଥିତ ବାହ୍ୟ ସକଳ ଭୂମିରେ ତାହାରି ବିଷୟରେ ହିଁ ସଚେତନ ହେବା, – ତାହାରିଦ୍ୱାରା ହିଁ ବ୍ୟକ୍ତିଚେତନା ଆପଣା ଉପଲବ୍ଧିର ପରାକାଷ୍ଠାରେ ଯାଇ ଉପନୀତ ହେବ।

ହଁ, ତାହାହିଁ ନିଶ୍ଚିତତମ ମାର୍ଗ। ମାତ୍ର, ଆମ ଚେତନାଟି ଅହଂର ଖୁଣ୍ଟରେ ବନ୍ଧା ହୋଇ ରହିଥିବା ପର୍ଯ୍ୟନ୍ତ ଲକ୍ଷ୍ୟଟିକୁ ହାସଲ କରିବା ପ୍ରକୃତରେ ଅତ୍ୟନ୍ତ କଷ୍ଟକର ହେବ ହିଁ ହେବ। ପ୍ରଥମ ଅବସ୍ଥାରେ ତ ଅସମ୍ଭବପ୍ରାୟ ବୋଧ ହେବ ଏବଂ, ଯାହିତାହି ଭାବରେ ଆରମ୍ଭ କରିଦେଲେ ମଧ୍ୟ ସଂପୂର୍ଣ୍ଣ ନ୍ୟାୟ ସହିତ ମୋଟେ କରି ହେବନାହିଁ ଓ ଆମ ପ୍ରକୃତିର ସକଳ ଭାଗକୁ ମୋଟେ ସ୍ପର୍ଶ କରି ହେଉନଥିବ। ଆମର ଭାବନା, ଇନ୍ଦ୍ରିୟାନୁଭୂତି ତଥା ଆବେଗଗତ ଜୀବନ ଯାବତୀୟ ଅହଂଗତ ଅଭ୍ୟାସ ଦ୍ୱାରା ଅସମର୍ଥ ହୋଇ ରହିଥିବେ ଏବଂ ଆମର ବୋଧଗୁଡ଼ିକୁ ବାଟ ଓଗାଳି ରଖିଥିବେ। ଅହଂର ମେଘଦ୍ୱାରା ଆଚ୍ଛନ୍ନ ହୋଇ ରହିଥିବା ଆମର ଆତ୍ମାକୁ ଆବଶ୍ୟକ ବିଶ୍ୱାସ, ସମର୍ପଣ ଲାଗି ସମ୍ମତି ବା ସାହସ ମଧ୍ୟ ମିଳିବେନାହିଁ। ଆମ ଭିତରେ ହେଉଥିବା ଦିବ୍ୟ ପ୍ରକ୍ରିୟାଟି ଅହଂଦ୍ୱାରା କବଳିତ ମନକୁ ଭଲ ବି ଲାଗିବନାହିଁ। ତାକୁ ଯେ କିଏ କେଉଁଆଡ଼କୁ ନେଇଯାଉଛି, ଅହଂଟା ତାହା ଆଦୌ ଦେଖି ପାରୁନଥିବ। ତେଣୁ ବିଦ୍ରୋହ କରୁଥିବ, ବିଶ୍ୱାସ ହରାଇ ପକାଉଥିବ, ସାହସ ହରାଇ ଦେଉ ବି ଥିବ। ତଥାପି, ଏହି ଯାବତୀୟ ବିଫଳତାର ପ୍ରକୃତରେ ଆଦୌ କୌଣସି ତାତ୍ପର୍ଯ୍ୟ ମଧ୍ୟ ନଥାଏ; କାରଣ, ଆମ ଭିତରେ ସଦାବିଦ୍ୟମାନ୍ ରହି ଯେଉଁ ଦିବ୍ୟ ମାର୍ଗଦର୍ଶନକାରୀ ମାର୍ଗଦର୍ଶନ କରାଇ ଆମକୁ ଅଗ୍ରସର କରାଇ ନେଉଥାଆନ୍ତି, ଆମର ବିଦ୍ରୋହ ଦ୍ୱାରା ସିଏ କେବେହେଲେ ଅପମାନିତ ବୋଧ କରନ୍ତିନାହିଁ; ଆମ ପାଖରେ ଯଥେଷ୍ଟ ବିଶ୍ୱାସ ନଥାଏ ବୋଲି ସିଏ ହତୋତ୍ସାହିତ ହୁଅନ୍ତିନାହିଁ କିମ୍ବା ଆମର ଦୁର୍ବଳତାରେ ହଟି ଯାଆନ୍ତିନାହିଁ। ଠିକ୍ ଜଣେ ଜନନୀ ପରି ସ୍ନେହଶୀଳ ହୋଇ ରହିଥାନ୍ତି, ଜଣେ ଗୁରୁ ପରି ପୂର୍ଣ୍ଣ ଧୈର୍ଯ୍ୟ ବି ରଖିଥାନ୍ତି। ଏହି ପୃଥିବୀରେ ଯେଉଁଭଳି ଘଟିଥାଏ, ସେହିପରି ଆମେ ନିଜଭିତରେ ମଧ୍ୟ ସେହି ପରମ ଈଶ୍ୱରସତ୍ୟଟିକୁ ମୋଟେ ଦେଖି ପାରୁନାହିଁ; କାରଣ ସେ ଆମ ପ୍ରକୃତିଟିକୁ ମାଧ୍ୟମରୂପେ ବ୍ୟବହାର କରି ହିଁ ଆମ ଭିତରେ କାମ କରୁଥାଆନ୍ତି, ତାଙ୍କ ହିସାବରେ ତୁହାକୁ ତୁହା ଏକପାଖିଆ ଅଲୌକିକ ଘଟଣାସବୁ ଘଟାଇ ଆଦୌ କିଛି କରନ୍ତିନାହିଁ। ଅଲୌକିକ ଘଟଣାମାନ ଦେଖିଲେ ଯାଇ ମଣିଷର ବିଶ୍ୱାସ ହୁଏ, – ଆଖିଟା ଆଗ ଝଲସି ନଗଲେ ସିଏ ସତେ ଅବା ମୋଟେ ଦେଖି ପାରେନାହିଁ। ଧୈର୍ଯ୍ୟ ହରାଇ ହୁଏତ ଈଶ୍ୱରଙ୍କ ବଦଳରେ ଆଉ କାହାକୁ ଅଥବା କ'ଣଟିଏକୁ ଆବାହନ କରି ଆଣିବାକୁ ବାହାରେ ଓ ତଦ୍ଦ୍ୱାରା ବହୁ ବିପଦକୁ ଡାକି ଆଣିଥାଏ।

ମାତ୍ର, ନିଜ ଭିତରେ ସତକୁ ସତ ନଦେଖିଥିବା ଯାଏ ଜଣେ ମନୁଷ୍ୟ ସିନା ସହଜରେ ବିଶ୍ୱାସ କରି ପାରେନାହିଁ, ନିଜ ବାହାରେ ତାହାର ଏକ ଠୁଳ ରୂପ ଗଢ଼ି ଥାପିଦେଇ ପାରିଲେ ବିଶ୍ୱାସ କରିବାର କ୍ଷେତ୍ରରେ ତା' ସକାଶେ ସବୁ ସହଜ ହୋଇଯାଏ। ତେଣୁ, ବାହାରେ କିଛି ରହୁ ବୋଲି ଅଧିକାଂଶ ମନୁଷ୍ୟ ଆପଣାର ଆଧ୍ୟାତ୍ମିକ ଅଗ୍ରଗତିର କ୍ଷେତ୍ରରେ ବେଶ୍ ଦାବୀ ମଧ୍ୟ କରିଥାନ୍ତି। ଭଗବାନଙ୍କର କୌଣସି ମୂର୍ତ୍ତି ଥାପି ଦିଅନ୍ତି, – ଅଥବା, ଏକ ମାନବୀୟ ପ୍ରତିନିଧି ଭଳି ଜଣେ ଅବତାର, ବିଭୁବାର୍ତ୍ତାବହ କିମ୍ବା ଗୁରୁଙ୍କୁ ମଧ୍ୟ ପ୍ରୟୋଜନ ମନେ କରନ୍ତି। ହିନ୍ଦୁ ଆଧ୍ୟାତ୍ମିକ ସାଧନାରେ ଏହିପରି ଭାବରେ ତଦନୁରୂପ ବୋଧମାନେ ରହି ଆସିଛନ୍ତି – ଇଷ୍ଟ ଦେବତା ନାମକ ଚଳଣିଟି ମଧ୍ୟ ବହୁ ନିଷ୍ଠାର ସହିତ ରହିଛି। ପ୍ରାୟ ସକଳ ଧର୍ମ ଏହିପରି ଭିନ୍ନ ଭିନ୍ନ ନାମ ତଥା ରୂପର ସାହାଯ୍ୟ ବି ନେଇଛନ୍ତି। ଏମାନେ ସମସ୍ତେ ଏକ ମଧ୍ୟବର୍ତ୍ତୀ ସେତୁରୂପେ ମନୁଷ୍ୟମାନଙ୍କୁ ସର୍ବଦା ସାହାଯ୍ୟ କରି ଆସିଛନ୍ତି। ତଥାପି, ଅନେକ ସମୟରେ ଜଣେ ଏପରି ବ୍ୟକ୍ତିଙ୍କୁ ସମ୍ମୁଖରେ ପାଇବା ମଧ୍ୟ ଆବଶ୍ୟକ ହୁଏ, ଯାହାଙ୍କୁ ନିଜର ଗୁରୁ ବୋଲି କୁହାଯାଏ। ପୂର୍ଣ୍ଣାଙ୍ଗ ଯୋଗର ସାଧକ ଆପଣାର ପ୍ରକୃତିଟି ଅନୁସାରେ ଏଭଳି ଗୁରୁମାନଙ୍କର ଅବଶ୍ୟ ସାହାଯ୍ୟ ନେଇପାରିବ; ମାତ୍ର, ଏକଥାଟି ମଧ୍ୟ ଏକାନ୍ତ ଆବଶ୍ୟକ ଯେ, ସେ ସେହି ଗୁରୁମାନଙ୍କର ସୀମାଗୁଡ଼ିକୁ କଦାପି ଗ୍ରହଣ କରି ନେବନାହିଁ। ଏବଂ, "ଇଏ ହେଉଛନ୍ତି ମୋ' ଗୁରୁ, ମୋ' ଅବତାର, ମୋ' ଭଗବାନ" ପ୍ରଭୃତି ତା'ର ଅହଂ ଦ୍ୱାରା ପରିଚାଳିତ ମନର ସେହି ଏକତରଫା ପ୍ରବୃତ୍ତିକୁ ମଧ୍ୟ ଅବଶ୍ୟ ବର୍ଜନ କରିବ। କୌଣସି ପ୍ରକାର ସାମ୍ପ୍ରଦାୟିକ କିମ୍ବା ଦୁରାଗ୍ରହ-ପ୍ରେରିତ ଅର୍ଥରେ ତାଙ୍କୁ ଅଲଗା ଓ ଅଧିକ କରି ଆଦୌ ଦର୍ଶାଇବ ନାହିଁ। ଏହି ଯାବତୀୟ ଦୁରାଗ୍ରହକୁ ପରିହାର କରିବାକୁ ହିଁ ହେବ, କାରଣ କୌଣସି ପ୍ରକାରର ଦିବ୍ୟ ଉପଲବ୍ଧି ସହିତ ତାହାର କେବେହେଲେ ଆଦୌ ସଂଗତି ନଥାଏ।

ବରଂ, ଅପର ପକ୍ଷରେ, ପୂର୍ଣ୍ଣାଙ୍ଗ ଯୋଗର ସାଧକ ତା' ନିଜ ଭଗବଦ୍‌ବୋଧଟି ମଧ୍ୟରେ ଯାବତୀୟ ନାମ ତଥା ରୂପକୁ ଅନ୍ତର୍ଗତ କରି ନରଖି ପାରିଥିବା ପର୍ଯ୍ୟନ୍ତ ମୋଟେ ତୃପ୍ତିଲାଭ ହିଁ କରିବନାହିଁ। ଆପଣାର ଇଷ୍ଟ ଦେବତାଙ୍କୁ ସିଏ ସବୁ ଇଷ୍ଟ ଦେବତାଙ୍କ ମଧ୍ୟରେ ଦେଖିବାକୁ ସମର୍ଥ ହେବ, ସକଳ ଅବତାରଙ୍କୁ ସେହି ଗୋଟିଏ ପରମକର୍ତ୍ତାଙ୍କ ପୃଥ୍ୱୀ-ଅବତରଣର ସମଗ୍ର ଏକତାଟି ମଧ୍ୟରେ ଅନୁଭବ କରି ପାରିବ। ସିଏ କଦାପି ଭୁଲିବ ନାହିଁ ଯେ, କାର୍ଯ୍ୟତଃ ତା' ନିଜଭିତରେ ବିଦ୍ୟମାନ୍ ରହିଥିବା ପରମ ଦିବ୍ୟକର୍ତ୍ତାଙ୍କୁ ଜାଗୃତ କରି ଆଣିବା ନିମନ୍ତେ ହିଁ ଏହି ଯାବତୀୟ ବାହ୍ୟ ସହାୟତାଗୁଡ଼ିକର କଳ୍ପନା କରାଯାଇ ଆସିଛି। ଏହି ଯଥାର୍ଥ ଉପଲବ୍ଧିଟି ହୋଇନଥିବା

ଯାଏ ସାଧନାରୁ ଆମକୁ ଆଦୌ କିଛି ପ୍ରାପ୍ତ ହୋଇଛି ବୋଲି କଦାପି କୁହାଯାଇ ପାରିବନାହିଁ। ବାହ୍ୟ ଭାବରେ କୃଷ୍ଣ, ଖ୍ରୀଷ୍ଟ କିମ୍ବା ବୁଦ୍ଧଙ୍କର ଉପାସନା ଦ୍ୱାରା କେବେ କିଛିହେଲେ ପ୍ରାପ୍ତ ହୋଇନାହିଁ। ଅସଲ କଥା ହେଉଛି, ଆମର ଅନ୍ତର ମଧ୍ୟରେ ହିଁ ସେମାନଙ୍କର ଏକ ଉଦ୍‌ଘାଟନ ହୋଇଥିବ ତଥା ସେହିଠାରେ ହିଁ ସେମାନେ ରୂପାୟିତ ହୋଇ ରହିଥିବେ। ଠିକ୍ ସେହିପରି, ଅନ୍ୟ ପ୍ରତ୍ୟେକଟି ସହାୟକ ମଧ୍ୟ ସେହି ଗୋଟିଏ ଉଦ୍ଦେଶ୍ୟର ହିଁ ସାଧନ କରୁଥିବ। ମନୁଷ୍ୟର ଏହି ଦୀକ୍ଷିତ ନହୋଇଥିବା ଅବସ୍ଥା ଏବଂ ତାହାର ଅନ୍ତର ମଧ୍ୟରେ ପରମ ଦିବ୍ୟସତ୍ତାଙ୍କର ପ୍ରତ୍ୟକ୍ଷ ପରିଚୟ ତଥା ଅନୁଭୂତି, – ଦୁଇଟି ମଧ୍ୟରେ ପ୍ରତ୍ୟେକଟି ସହାୟକ ଗୋଟିଏ ଗୋଟିଏ ସେତୁ ହୋଇ ହିଁ ରହିଥିବେ।

\+ + + +

ପୂର୍ଣ୍ଣାଙ୍ଗ ଯୋଗର ଗୁରୁ ଆପଣାର ସାମର୍ଥ୍ୟ ଅନୁସାରେ ଆମ ଭିତରେ ଅବସ୍ଥିତ ସେହି ପରମଗୁରୁଙ୍କର ପଦ୍ଧତିକୁ ହିଁ ଅନୁସରଣ କରିବେ। ଆପଣାର ଶିଷ୍ୟକୁ ସେ ସେହି ଶିଷ୍ୟର ପ୍ରକୃତି ମଧ୍ୟଦେଇ ହିଁ ପଥପ୍ରଦର୍ଶନ କରି ପାରୁଥିବେ। ଶିକ୍ଷାଦାନ, ଦୃଷ୍ଟାନ୍ତ, ପ୍ରଭାବ,– ଏହି ତିନୋଟି ହେଉଛି ଗୁରୁ ପ୍ରୟୋଗ କରୁଥିବା ଗୋଟିଏ ଗୋଟିଏ ମାର୍ଗ। କିନ୍ତୁ ଯଥାର୍ଥ ପ୍ରଜ୍ଞା ରହିଥିବା ଜଣେ ଗୁରୁ ନିଜକୁ ଅଥବା ନିଜର ମତମାନଙ୍କୁ କଦାପି ଶିଷ୍ୟ ଉପରେ ନେଇ ଲଦି ଦେବେ ନାହିଁ, ଏବଂ ଶିଷ୍ୟ ମଧ୍ୟ ସେଗୁଡ଼ିକୁ ନିତାନ୍ତ ନିଷ୍କ୍ରିୟ ଭାବରେ ଗ୍ରହଣ କରି ନେଉନଥିବ। ସିଏ କେବଳ ଗୁରୁଙ୍କର ସୃଜନକ୍ଷମ ଶିକ୍ଷାଗୁଡ଼ିକୁ ଗ୍ରହଣ କରି ପାରୁଥିବ ଯାହାକି ତା’ ନିଜ ଅନ୍ତର ମଧ୍ୟରେ ଇପ୍ସିତ ଦିବ୍ୟ ଅଭିବୃଦ୍ଧିର ପ୍ରକ୍ରିୟାରେ ବୀଜ ଭଳି କାର୍ଯ୍ୟ କରିବ। ଗୁରୁ ଯେତିକି ଶିକ୍ଷା ପ୍ରଦାନ କରିବେ, ତାହାଠାରୁ ଅନେକ ଅଧିକକୁ ଜାଗୃତ କରି ଆଣିବା ନିମନ୍ତେ ହିଁ ପ୍ରୟାସ କରିବ । ଏକ ସ୍ୱାଭାବିକ ରୀତି ଓ ମୁକ୍ତ ପ୍ରସାରଣ ଦ୍ୱାରା ଗୁରୁ ଶିଷ୍ୟର ସାମର୍ଥ୍ୟ ଏବଂ ଅନୁଭବ ଗୁଡ଼ିକର ସତତ ବୃଦ୍ଧି ଲାଭ କରିବାକୁ ଆପଣାର ଅଭିପ୍ରାୟ କରି ରଖିଥିବେ। ଗୁରୁର ସବୁକିଛି ପଦ୍ଧତି କେବଳ ସହାୟ କରିବ, କେବେହେଲେ ତାଙ୍କର ପରାମର୍ଶଗୁଡ଼ିକ ଗୋଟିଏ ଗୋଟିଏ ଅକାଟ୍ୟ ସୂତ୍ର କିମ୍ବା ଅଲଂଘ୍ୟ ରୁଟିନ୍ ପରି ବ୍ୟବହୃତ ହେଉନଥିବ। ଗୁରୁ ନିରନ୍ତର ସାବଧାନ ରହିଥିବେ, ଯେପରିକି ପ୍ରସ୍ତାବିତ ପ୍ରଣାଳୀଗୁଡ଼ିକ ଶିଷ୍ୟକୁ ଏକ ସୀମାଭିତରେ ବାନ୍ଧି ରଖିବାର ଚେଷ୍ଟା କରିବନାହିଁ ବା ତାଙ୍କର ଏହି ଶିକ୍ଷାପ୍ରଦାନର କ୍ଷେତ୍ରରେ କୌଣସି ଯାନ୍ତ୍ରିକତା ଆସି ପଶି ଯିବନାହିଁ। ଶିଷ୍ୟର ଅନ୍ତର୍ଜୀବନରେ ସେହି ଦିବ୍ୟ ଆଲୋକର ଜାଗରଣ ଘଟିବ ଏବଂ ଆପଣାକୁ କେବଳ ଏକ ସାଧନ ବା ଏକ ମାର୍ଗରୂପେ ବ୍ୟବହାର କରି ସେ ଦିବ୍ୟ ଶକ୍ତିଟିକୁ କ୍ରିୟାଶୀଳ ହିଁ କରି ଆଣିବ, ଜଣେ ଗୁରୁ ସର୍ବଦା ମାତ୍ର ଏତିକିକୁ ହିଁ ଆପଣାର ସବୁକିଛି କାର୍ଯ୍ୟ

ବୋଲି ଭଲଭାବେ ଜାଣିଥିବ। ପୁନଶ୍ଚ, ଶିକ୍ଷାଦାନ ଅପେକ୍ଷା ଦୃଷ୍ଟାନ୍ତ ହେଉଛି ଅଧିକ ଶକ୍ତିଶାଳୀ ଏବଂ ଅଧିକ ସମର୍ଥ। କିନ୍ତୁ ଦୃଷ୍ଟାନ୍ତ କହିଲେ ଏହି କ୍ଷେତ୍ରରେ ମୋଟେ ବାହ୍ୟ କର୍ମଗୁଡ଼ିକୁ ଅଥବା ବ୍ୟକ୍ତିଗତ ସ୍ୱଭାବଚରିତ୍ରଟିକୁ ବୁଝାଉ ନଥିବ, – ଏମାନେ ଆଦୌ ସବୁଠାରୁ ଅଧିକ ମହତ୍ତ୍ୱପୂର୍ଣ୍ଣ ନୁହନ୍ତି। ଏଗୁଡ଼ିକର ଏକ ସମୁଚିତ ସ୍ଥାନ ଅବଶ୍ୟ ରହିଛି, ପ୍ରୟୋଜନ ମଧ୍ୟ ରହିଛି। ମାତ୍ର, ଜଣେ ଗୁରୁଙ୍କର ଜୀବନରେ ଦିବ୍ୟ ଉପଲବ୍ଧିନାମକ ସେହି ଅସଲ କଥାଟି କେତେଦୂର ସମ୍ଭବ ହୋଇଛି, ତାହାହିଁ ଜଣେ ଶିଷ୍ୟର ଆସ୍ପୃହାକୁ ସର୍ବାଧିକ ପରିମାଣରେ ସଚଳ କରି ଆଣିବ। ସେହି ଉପଲବ୍ଧି ହିଁ ଗୁରୁଙ୍କର ସମୁଦାୟ ଜୀବନକୁ ପରିଚାଳିତ କରୁଥିବ, ଭିତରର ତଥା ବାହ୍ୟ ସକଳ କ୍ରିୟାର ଦ୍ୟୋତକ ହୋଇ ରହିଥିବ। ଏଇଟି ଅସଲ; ଆଉ ସବୁକିଛି ଜଣେ ବ୍ୟକ୍ତି ହିସାବରେ ଗୁରୁଙ୍କ ଉପରେ ତଥା ପରିସ୍ଥିତି ଉପରେ ନିର୍ଭର କରିବ। ଜଣେ ସାଧକ ସର୍ବୋପରି ଗୁରୁ ଭିତରର ସେଇଟିକୁ ଅନୁଭବ କରି ପାରୁଥିବ ଏବଂ ଆପଣାର ପ୍ରକୃତି ଅନୁସାରେ ସେଇଟିକୁ ହିଁ ପ୍ରକଟ କରିବ। ଏହି କ୍ଷେତ୍ରରେ ବାହାର ପଟୁ କିଛି ଅନୁକରଣ କରିବାର କୌଣସି ଅବକାଶ ଆଦୌ ନାହିଁ। ସେପରି ହେଲେ ସବୁକିଛି କେବଳ ନିଷ୍ଫଳ ହୋଇଯିବ, ସମୁଚିତ ଫଳଗୁଡ଼ିକୁ କଦାପି ଫଳାଇ ପାରିବନାହିଁ।

ପ୍ରଭାବ ହେଉଛି ଦୃଷ୍ଟାନ୍ତ ଅପେକ୍ଷା ଅଧିକ ମହତ୍ତ୍ୱପୂର୍ଣ୍ଣ। ପ୍ରଭାବ ପଡ଼ିବାର ଆଦୌ ଅର୍ଥ ନୁହେଁ ଯେ, ଜଣେ ଗୁରୁ ତା'ର ଶିଷ୍ୟ ଉପରେ ଆପଣାର କୌଣସି ବାହ୍ୟ ପ୍ରଭାବ ବିସ୍ତାର କରି ରହିବାକୁ ଇଚ୍ଛା କରୁଥିବ। ଗୁରୁଙ୍କ ସହିତ ସମ୍ପର୍କ, ଗୁରୁଙ୍କର ସମୀପବର୍ତ୍ତିତା, ଗୋଟିଏ ଆତ୍ମା ଆଉଗୋଟିଏ ଆତ୍ମାକୁ ନିକଟ ବୋଲି ଅନୁଭବ କରିବା – ଏହିଗୁଡ଼ିକ ଅସଲ କଥା। ଗୁରୁ ଆପେ ପ୍ରକୃତରେ ଯାହା ଏବଂ ଯାହାକିଛି ସମ୍ପଦର ଅଧିକାରୀ ହୋଇ ପାରିଛନ୍ତି, ପୂର୍ଣ୍ଣ ନୀରବତା ମଧ୍ୟରେ ଶିଷ୍ୟର ଜୀବନମଧ୍ୟକୁ ସେଇଟିକୁ ସଞ୍ଚାରିତ କରିନେବା। ଏହାହିଁ ଯଥାର୍ଥ ଜଣେ ଗୁରୁଙ୍କର ସବାବଡ଼ ଲକ୍ଷଣ। କାରଣ, ସିଏ ଆମ ମାମୁଲି ଅର୍ଥରେ ଜଣେ ଶିକ୍ଷାଦାତା ଯେତେ ନୁହନ୍ତି, ତା'ଠାରୁ ଅନେକ ପରିମାଣରେ ଏକ ଉପସ୍ଥିତି, ଯାହାକି ଆପଣାର ଦିବ୍ୟ ଚେତନା ଏବଂ ତନ୍ମଧ୍ୟସ୍ଥ ଆଲୋକ, ଶକ୍ତିମତ୍ତା, ଶୁଦ୍ଧତା ଓ ଆନନ୍ଦକୁ ଆପଣାର ଚତୁର୍ଦ୍ଦିଗସ୍ଥ ଗ୍ରହଣଶୀଳ ସବୁରି ଭିତରକୁ ଅଜାଡ଼ି ଦେବାରେ ଲାଗିଥାଏ।

ଏବଂ, ପୂର୍ଣ୍ଣାଙ୍ଗ ଯୋଗର ଜଣେ ଗୁରୁ ବା ଶିକ୍ଷକଙ୍କର କ୍ଷେତ୍ରରେ ଏଇଟି ମଧ୍ୟ ଏକ ଅନ୍ୟତମ ସନ୍ତକ ହୋଇ ରହିବ ଯେ, ସେ ଆପଣାର ଗୁରୁପଣକୁ କଦାପି ସାଧାରଣ ମଣିଷସ୍ତରର ଔଦ୍ଧତ୍ୟ ଓ ଆତ୍ମପ୍ରଦର୍ଶନପୂର୍ଣ୍ଣ ରୀତିରେ ଜାହିର୍ କରି ବୁଲିବନାହିଁ। ସିଏ ତ ଉର୍ଦ୍ଧ୍ୱରୁ ତାକୁ ଦିଆ ଯାଇଥିବା କେବଳ ଏକ ଭୂମିକାଟିଏ ଗ୍ରହଣ କରିଥିବ, ନିଜେ ସର୍ବତୋଭାବେ ଏକ ବାହକମାତ୍ର ପରି କାର୍ଯ୍ୟ କରିବ, –

ଗୋଟିଏ ପାତ୍ର ଅଥବା ପ୍ରତିନିଧି ସଦୃଶ ସବୁକିଛି କରୁଥିବ। ଆଖର, ସିଏ ଆଉ ଯାହାକିଛି ହୋଇଥାଉ ବା ନହୋଇଥାଉ ପଛକେ, ତଥାପି ଜଣେ ମଣିଷ, ଯିଏକି ତା'ର ସହୋଦର ଅନ୍ୟ ମନୁଷ୍ୟମାନଙ୍କୁ ସାହାଯ୍ୟ କରୁଛି; ଜଣେ ଶିଶୁ ଯିଏକି ଅନ୍ୟ ଶିଶୁମାନଙ୍କୁ ଚାଳି ନେଉଛି, ଗୋଟିଏ ଆଲୋକ ଯିଏକି ଅନ୍ୟ ଆଲୋକମାନଙ୍କୁ ପ୍ରଜ୍ୱଳିତ କରୁଛି; ସେ ଗୋଟିଏ ଜାଗ୍ରତ ଆତ୍ମା ଯିଏ ଅନ୍ୟ ଏକାଧିକ ଆତ୍ମାଙ୍କୁ ଜାଗରଣ ଆଣି ଦେଉଛି। ଏକାବେଳେକେ ଏକ ଉର୍ଦ୍ଧ୍ୱତମ କଳ୍ପନା ଅନୁସାରେ କହିଲେ ମଧ୍ୟ ସିଏ ହେଉଛି ଏକ ବିଶେଷ ସାମର୍ଥ୍ୟ ଥିବା ଗୋଟିଏ ଶକ୍ତି ବା ଉପସ୍ଥିତି, ସେହି ପରମ ଦିବ୍ୟ ଅଧିଷ୍ଠାତାଙ୍କର ହିଁ ଏକ ଶକ୍ତି, ଯିଏ କି ସେହି ପରମଙ୍କର ହିଁ ଅନ୍ୟ ଶକ୍ତିଧାରୀମାନଙ୍କୁ ନିଜ ଆଡ଼କୁ ଡାକି ଆଣିବାକୁ ଇଚ୍ଛା କରୁଛି।

\+ + + +

ଏହି ସବୁଯାକ ସୂତ୍ରରୁ ସହାୟତା ଲାଭ କରୁଥିବା ଜଣେ ସାଧକ ଆପଣାର ଲକ୍ଷ୍ୟ ବିଷୟରେ ସର୍ବଦା ହିଁ ସୁନିଶ୍ଚିତ ହୋଇ ରହିପାରିବ। ଏପରିକି, କେତେବେଳେ କିଛି ପତନ ଘଟିଲେ ମଧ୍ୟ ସେ ତାହାକୁ ପୁଣି ଉଠି ବାଟ ଚାଲିବାର ଏକ ସୁଯୋଗରୂପେ ଅନୁଭବ କରି ପାରିବ। ମୃତ୍ୟୁକୁ ମଧ୍ୟ ପରିପୂର୍ଣ୍ଣତା ନିମନ୍ତେ ଏକ ମଧ୍ୟବର୍ତ୍ତୀ ପଥ ବୋଲି ଅବଶ୍ୟ ବୁଝିବ। ଚତୁର୍ଥ ସହାୟକଟି କାଳ। ଯାବତୀୟ ମାନବୀୟ ପ୍ରୟାସର କ୍ଷେତ୍ରରେ କାଳ କେତେବେଳେ ଅନୁକୂଳ ଓ ପୁଣି କେତେବେଳେ ପ୍ରତିକୂଳ। କେତେବେଳେ ମିତ୍ର, ଏବଂ କେତେବେଳେ ଅମିତ୍ର; ଏକ ମାଧ୍ୟମ ବା ଏକ ନିମିତ୍ତ। ଯେତେବେଳେ ଯେପରି ହେଉ ପଛକେ, କାଳ ବସ୍ତୁତଃ ଆମର ଆତ୍ମା ନିମନ୍ତେ ଅବଶ୍ୟ ଗୋଟିଏ ନିମିତ୍ତ ସଦୃଶ କାର୍ଯ୍ୟ କରୁଥାଏ।

କାଳ ହେଉଛି ପରିସ୍ଥିତିର ତଥା ଶକ୍ତିଗୁଡ଼ିକର ଏକ ସମ୍ମିଳନକ୍ଷେତ୍ର ଯାହାକି ଆମ ଜୀବନରେ ଏକ ଅଗ୍ରଗତିକୁ ସମ୍ଭବ କରି ନେଉଥାଏ। ଅହଂଦ୍ୱାରା ପରିଚାଳିତ ହେଉଥିବା ମନୁଷ୍ୟମାନେ ତାହାକୁ ଏକ ନିର୍ମମ ବାଧାସୃଷ୍ଟିକାରୀ ଉପାଦାନ ରୂପେ ବିଚାର କରନ୍ତି। ପରମ ଦିବ୍ୟ ପୃଥିବୀକର୍ତ୍ତା ସେହି କାଳକୁ ଗୋଟିଏ ସାଧନରୂପେ ବ୍ୟବହାର କରନ୍ତି। ତେଣୁ, ଆମର ସକଳ ପ୍ରଚେଷ୍ଟା ବ୍ୟକ୍ତିଗତ ହୋଇ ରହିଥିବା ବେଳେ କାଳ ସତେଅବା ଏକ ପ୍ରତିରୋଧକାରୀ ଉପାଦାନ ଭଳି ହିଁ ପ୍ରତୀତ ହୋଇଥାଏ, ଆମ ସମ୍ମୁଖରେ ଆମର କେବଳ ସବୁଯାକ ବାଧାସୃଷ୍ଟିକାରୀ ଶକ୍ତିଗୁଡ଼ିକୁ ଆଣି ଠିଆ କରାଇ ଦେଉଥିବା ପରି ମନେ ହେଉଥାଏ। ଏବଂ, ସେହି ଶକ୍ତିଗୁଡ଼ିକ ସହିତ ଆମର ଏକ ଚିରନ୍ତନ ଦ୍ୱନ୍ଦ୍ୱ ଲାଗି ରହିଥାଏ। ମାତ୍ର, ଅନ୍ୟ ପକ୍ଷରେ ଯେତେବେଳେ ଦିବ୍ୟ ପଟଟିର ସକଳ କର୍ମଗତ ପ୍ରୟାସ ଓ ଆମର ବ୍ୟକ୍ତିଗତ କ୍ରିୟାଶୀଳତା ଆମ ଚେତନା

ମଧ୍ୟରେ ଏକତ୍ର ହୋଇ ଆସନ୍ତି, ସେତେବେଳେ ପ୍ରକୃତରେ ଏକ ଯଥାର୍ଥ ନିମିତ୍ତ ସମ୍ଭବ ହୋଇ ଆସିଥାଏ। ଯେତେବେଳେ ଦୁଇଟିଯାକ ଗୋଟିଏରେ ପରିଣତ ହୁଅନ୍ତି, ସେତେବେଳେ ତାହା ଏକ ଭୃତ୍ୟ ତଥା ନିମିତ୍ତରୂପେ କାର୍ଯ୍ୟ କରିବାକୁ ସମର୍ଥ ହୁଏ। ତେଣୁ, ଆଦର୍ଶ ସ୍ଥିତିଟି ହେଉଛି ଯେ, ସାଧକ ଭିତରେ ସର୍ବଦା ଅମାପ ଧୈର୍ଯ୍ୟ ମହଜୁଦ ରହିଥିବ। ସିଏ ପ୍ରକୃତରେ ଅନୁଭବ କରୁଥିବ, ନିଜର ପରିପୂର୍ଣ୍ଣତା ହାସଲ କରିବା ନିମନ୍ତେ ସତେଯେପରି ଶାଶ୍ୱତ କାଳଟି ହିଁ ପଡ଼ିରହିଛି। ସେହି ଭାବନାଟି ସହିତ ସେ ଆପଣାର ଶକ୍ତିକୁ ବିକଶିତ କରାଇନେବ। ତେବେ ଏହି ମୁହୂର୍ତ୍ତରୁ ସାଧକ ପରିପୂର୍ଣ୍ଣ ବେଗରେ ଅଧିକରୁ ଅଧିକ ସମର୍ଥତାର ଭାଜନ ହୋଇ ଅଗ୍ରସର ହେବ ତଥା ପରିଶେଷରେ ତା'ଲାଗି ଅପେକ୍ଷା କରିଥିବା ଦିବ୍ୟ ରୂପାନ୍ତରର ଅଭୂତପୂର୍ବ ଅଭିଳଷିତ ଭୂମିରେ ସତ୍ୱରତା ସହିତ ଯାଇ ପହଞ୍ଚିପାରିବ।

+ + + +

'ଯୋଗ-ସମନ୍ୱୟ' ନାମକ ଏକ ବୃହତ୍ ଗ୍ରନ୍ଥରେ ଏଇଟି ହେଉଛି ଶ୍ରୀ ଅରବିନ୍ଦଙ୍କର ଭୂମିକା। ସଂପୂର୍ଣ୍ଣ ଭାବରେ ଏକ ଅଲଗା ନକ୍ସା । ବାସନା ଅଲଗା, ତେଣୁ ଦୃଷ୍ଟିମାନେ ମଧ୍ୟ ଅଲଗା। ଭାରତବର୍ଷକୁ ଭାରତୀୟ ତଥା ବାହାରର ଆମେ ଯେଉଁମାନେ ଯୋଗର ଏବଂ ଯୋଗୀମାନଙ୍କର ଦେଶ ବୋଲି ପ୍ରାୟ ଏକ ବିଶେଷ ଚିତ୍ରରୂପ ଦେଇ ବର୍ଣ୍ଣନା କରିଥାଉ, ଶ୍ରୀଅରବିନ୍ଦଙ୍କୁ ମଧ୍ୟ ଆମେ କେତେଦୂର ଆମର ସେହି ଗୋଷ୍ଠୀଟି ମଧ୍ୟରେ ଗ୍ରହଣ କରିପାରିବା କେଜାଣି ? ଯୋଗର ତ ଏବେ ମଧ୍ୟ ବହୁତ ଚର୍ଚ୍ଚା ହେଲାଣି। ଯୋଗର ଆକର୍ଷଣସୀମାଟି ଭାରତବର୍ଷକୁ ଡେ଼ଇଁ ଯାଇ ସଭ୍ୟ ମନୁଷ୍ୟମାନଙ୍କର ଜଗତକୁ କେତେ କେତେ ଅଭିଳାଷ-କ୍ଷେତ୍ରରେ ସ୍ପର୍ଶ କରିବାକୁ ଆରମ୍ଭ ମଧ୍ୟ କଲାଣି। ଆଧୁନିକ ସୁଖବାଦୀମାନେ ନିଜ ସୁଖୋଦ୍ୟମର ମାନଚିତ୍ରଟି ମଧ୍ୟରେ ଯୋଗକୁ ଗୋଟିଏ ସୁଲଭ କାର୍ଯ୍ୟକ୍ରମ ରୂପେ ଗ୍ରହଣ କରିବା ପାଇଁ ଖୁବ୍ ଉତ୍ସାହ ପ୍ରକାଶ କଲେଣି। ସେହି ଆକାଙ୍କ୍ଷାର ପୂରଣ ନିମନ୍ତେ ଭାରତବର୍ଷରୁ କେତେ ନା କେତେ ଗୁରୁ ସେହି ସମ୍ପନ୍ନତର ଆମେରିକା ଓ ଇଉରୋପଯାଏ ଯାଇ ପହଞ୍ଚି ବି ଗଲେଣି। ଦେହର ସୁସ୍ଥତା ଆଦିକୁ ଏକ ବିଶେଷ ଉଜ୍ଜ୍ୱଳତା ପ୍ରଦାନ କରିବାକୁ ଲୋକମାଧ୍ୟମରେ ଯୋଗ ମଧ୍ୟ ଏକ ନିୟମିତ କାର୍ଯ୍ୟକ୍ରମରୂପେ ପ୍ରତିଷ୍ଠା ଲାଭ କଲାଣି। ଆଶ୍ରମ, ପୀଠ, ବିଶେଷ ବିଶେଷ ସମ୍ପ୍ରଦାୟ ତଥା ଗୁରୁମାନେ ଏହି କାର୍ଯ୍ୟରେ ପ୍ରାୟ ଗୋଟିଏ ମହୋତ୍ସବ ସଦୃଶ ଲାଗି ପଡ଼ିଛନ୍ତି। ଭାରତୀୟ ଯୋଗର ନିଶ୍ଚୟ ଏକ ଜଗତୀକରଣ ହୋଇ ଚାଲିଛି ବୋଲି ମଧ୍ୟ କ୍ରମେ ଅଧିକରୁ ଅଧିକ ଲୋକ କାହିଁକି ଯେ ନଭାବିବେ, ତାହାର ଆଦୌ କୌଣସି କାରଣ ନରହିବା ଉଚିତ।

ଆଗେ ଯୋଗର ଖାସ୍ ଆକାଙ୍କ୍ଷୀମାନେ ଭାରତବର୍ଷରେ ସଂସାର ତ୍ୟାଗ କରୁଥିଲେ। ଭାରତୀୟ ଯୋଗର ପ୍ରାମାଣିକ ପ୍ରାୟ ପ୍ରଥମ ପୋଥିଟିକୁ ସେହିପରି ଜଣେ ଋଷି ହିଁ ଲେଖିଛନ୍ତି। ଏହି ସଂସାରକୁ ପାରି ହେବନାହିଁ, ତେଣୁ ପ୍ରତିକାର ସ୍ୱରୂପ ଏଠୁ ବାହାରି ଯିବାକୁ ହିଁ ହେବ, ସେକାଳର ସାଧନାକାହାଣୀ ମାନଙ୍କରେ ଥିବା ଏହି ବାରତାଟିକୁ ହିଁ ଏବେ ମଧ୍ୟ ଅଧିକାଂଶ ମନୁଷ୍ୟ ସମାଧାନରୂପେ ଗ୍ରହଣ କରୁଛନ୍ତି। ସଂସାରତ୍ୟାଗୀଙ୍କର ଏକ ବିଶେଷ ଅନ୍ୟ-ଅନୁପ୍ରାଣିତ ବର୍ଗ ହିଁ ଅନେକତଃ ଯୋଗର ପ୍ରସାରରେ ନେତୃତ୍ୱ ଗ୍ରହଣ କରି ଆସିଛି। ଆମର ଏହି ଆଧୁନିକ କାଳରେ ମଧ୍ୟ, ଯେଉଁମାନେ ଅଧିକ ଭୁଞ୍ଜିବା ଏବଂ ଅଧିକ ହାସଲ କରିବାର ତରଫଟିରେ ଅଛନ୍ତି, ସେମାନଙ୍କର ସଂଖ୍ୟା ବହୁତ ଅଳପ ହୋଇଥିଲେ ମଧ୍ୟ ଯେଉଁମାନେ ଅତ୍ୟଧିକର ମାଲିକ ହୋଇ ରହିଛନ୍ତି, ସେହିମାନେ ହିଁ ଆହୁରି ଅଧିକ ଭୁଞ୍ଜିବେ ଏବଂ ପ୍ରାୟ ସବୁଯାକ ଭାଗ୍ୟର ଅଧିକାରୀ ହୋଇ ରହିବେ ବୋଲି ବୃହତ୍ତର ସଂସାରଟାକୁ ପରିତ୍ୟାଗ କରି କେତେ ଏକାଗ୍ରତା ସହିତ ଆପଣାର ଏକ ଖାସ୍ ସାଧନାରେ ଲାଗିଛନ୍ତି। କୋଟି କୋଟିଙ୍କ ଆଡ଼କୁ ଆଖି ବୁଜିଦେଇ ଉତ୍-ଆସୀନ ହୋଇ ରହିଥିବାର ଏକାଗ୍ର ଫନ୍ଦାଗୁଡ଼ିକୁ ଗ୍ରହଣ କରିଛନ୍ତି। ବ୍ୟାବହାରିକ ପ୍ରାୟ ଯାବତୀୟ ଜ୍ଞାନ, ବିଜ୍ଞାନ, ବିତ୍ତ ଏବଂ ବିଦ୍ୱତ୍ତା ସେହିମାନଙ୍କର ପ୍ରୀତ୍ୟର୍ଥେ ସେହିମାନଙ୍କ ତରଫରେ ସର୍ବବିଧ ଚଳନ୍ତି ଅର୍ଥରେ ନିୟୋଜିତ ହେଉଛି।

ପୂର୍ଣ୍ଣାଙ୍ଗ ଯୋଗ ମୋଟେ ପଳାଇ ଯିବାକୁ ମନ୍ତ୍ରଣା ଦେଇନାହିଁ। ଆଗକାଳର ଋଷିବର୍ଗଙ୍କ ସଦୃଶ କୌଣସି ନିକାଞ୍ଚନସ୍ଥ ଅରଣ୍ୟକୁ ନୁହେଁ କିମ୍ବା ଏହିଠାରେ ହିଁ ନିଜର ଗୋଟିଏ ଗୋଟିଏ ବହୁଲାଳସୀ ସାନ ସାନ ଟାପୁଗୁଡ଼ିକରେ ସତେଅବା ଏକ ବିଶେଷ ଆଶୀର୍ବାଦପ୍ରାପ୍ତ ଅଲଗା ଜୀବଯୂଥଙ୍କ ପରି ନୁହେଁ – ଏହି ପୃଥିବୀଯାକର ନିୟତି ସହିତ ଆପଣାକୁ ସଂପୂର୍ଣ୍ଣ ସହମତି ସହିତ ଗୁନ୍ଥି ରଖି। ଲକ୍ଷ୍ୟ, ସମଗ୍ର ପୃଥିବୀର, ସମଗ୍ର ମନୁଷ୍ୟ-ସମାଜର ଅଧ୍ୟାତ୍ମୀକରଣ । କାଳକାଳରୁ ଧର୍ମମାନଙ୍କରେ କଳ୍ପନା କରାଯାଇ ଆସିଥିବା ଭଗବତ୍‌ରାଜ୍ୟ ଅର୍ଥାତ୍ ଭାଗବତ ଜୀବନଟିର ସତକୁ ସତ ଅବତରଣ। ପୂର୍ଣ୍ଣାଙ୍ଗ ଯୋଗର ପଥଚାରୀ ସେହି ବିବର୍ତ୍ତନର ପ୍ରକ୍ରିୟାରେ ଆପଣାକୁ ସଂଯୋଜିତ କରି ରଖିବ ଏବଂ ସେହି ନିମନ୍ତେ ଆପଣାକୁ ଯାବତୀୟ ପ୍ରକାରେ ଯୋଗ୍ୟ କରି ନେବାଲାଗି ଏହି ପୃଥିବୀରେ ମୁହୂର୍ତ୍ତମୁହୂର୍ତ୍ତର ଜୀବନଟିରେ ନିଜକୁ ତିଆରି କରି ନେଉଥିବ। ଜ୍ଞାନରେ, କର୍ମରେ, ପ୍ରେମରେ, – ପାରସ୍ପରିକ ଲୋକଜୀବନର ଯାବତୀୟ ଆହ୍ୱାନକ୍ଷେତ୍ରରେ। ଗୋଟିଏ କଥାରେ କହିଲେ, ଏକ ଅନ୍ୟ ପାରସ୍ପରିକତା ନିମନ୍ତେ ଏବଂ ଏକ ଅନ୍ୟ ଚେତନା ଲାଗି ଆପଣାକୁ ଭାଜନ କରିନେଇ । ସେହି ଅନୁସାରେ

ଗୁରୁ, ସେହି ଅନୁସାରେ ସୂତ୍ରଗୁଡ଼ିକ ଏବଂ ସେହି ଅନୁସାରେ ଏକ ମାର୍ଗର ଯାବତୀୟ ପରିମଳ। ଆମେ ଯାହା ଖୋଜୁଛୁ, ଯାହାଙ୍କର ପ୍ରେରଣା ଲାଭ କରି ସର୍ବବିଧ ପଦକ୍ଷେପରେ ଅଗ୍ରସର ହେବୁ ବୋଲି ଉନ୍ମେଷଣାମାନ ଲାଭ କରୁଛୁ, ସେଇଟି ଆମ ଭିତରେ ହିଁ ବିଦ୍ୟମାନ ରହିଛି। ଏହି ଅନୁଭବଟି ହେଉଛି ଏକ ଆତ୍ମୀୟତାର ଅନୁଭବ, ନିକଟବର୍ତ୍ତୀ ହୋଇ ଆସୁଥିବାର ଏକ ସତତ ଅନୁଭବ। ଅର୍ଥାତ୍ ଆମର ଆସ୍ପୃହାମାନେ, ଲୋଡ଼ିବାମାନେ ପାର୍ଥକ୍ୟଗୁଡ଼ିକ ରହିଥିବା ସତ୍ତ୍ୱେ ଅଧିକ ପରିମାଣରେ ସାମଞ୍ଜସ୍ୟଗୁଡ଼ିକୁ ଅନୁଭବ କରିବେ। ହୁଏତ ସେହି ସାହସରେ ଏପରି ବି କୁହାଯାଇ ପାରିବ ଯେ, ଆଗ ଆମ ସାମଞ୍ଜସ୍ୟଗୁଡ଼ିକୁ, ଆମକୁ ଏକାଠି କରି ରଖିଥିବା ସୂତ୍ରରହସ୍ୟଟିକୁ ଅନୁଭବ କରିବା ହେଉଛି ସକଳ ଅର୍ଥରେ ପରସ୍ପର ମଧ୍ୟରେ ପରସ୍ପର ଲାଗି ଅପେକ୍ଷା କରି ରହିଥିବା ସେହି ପରମ ଦିବ୍ୟ ଜୀବନସତ୍ତାଟିକୁ ହିଁ ଅନୁଭବ କରିବା। ଆମର ମନ ବର୍ତ୍ତମାନ ଯେତିକି ଭିତରେ ରହିଛି, ସେଇଟି ଦ୍ୱାରା ଏତେଯାଏ ଆଦୌ ଯାଇ ହେବନାହିଁ, ତେଣୁ ଏକ ଉଚ୍ଚତର ସୋପାନକୁ ନିଜକୁ ଉତ୍ତୋଳିତ କରିନେବାର ପ୍ରୟୋଜନ ରହିଛି। ସେଇଥିଲାଗି ଯାବତୀୟ ତପସ୍ୟା, ଚେତନାର ସେହି ପ୍ରସାରଣ ସକାଶେ ତପସ୍ୟା। ଶ୍ରୀ ଅରବିନ୍ଦଙ୍କର ଭାଷାରେ ଏକ ରୂପାନ୍ତରର ତପସ୍ୟା। ବ୍ୟକ୍ତିର ରୂପାନ୍ତରୀକରଣ, ବିଶ୍ୱର ରୂପାନ୍ତରୀକରଣ, – ଏବଂ ତାହାରି ଏକ ପାବନନାମ ହେଉଛି ଭଗବାନ୍‌ଙ୍କର ଏହି ପୃଥିବୀକୁ ଅବତରଣ।

■

ତୃତୀୟ ଅଧ୍ୟାୟ

ଏକ ପୂର୍ଣ୍ଣାଙ୍ଗ ତପଶ୍ଚାରଣାର ଆହ୍ୱାନ

ମନୁଷ୍ୟର ଜୀବନ ହେଉଛି ଧର୍ମତଃ ଗୋଟିଏ ତପସ୍ୟା। ଏହି ଇହପୃଥିବୀରୁ କିଞ୍ଚିତ୍ ଦୂରକୁ ବାହାରିଯାଇ ଏକ ଭିନ୍ନ ରୀତିର ଜୀବନକୁ ଆଦରି ରହିଥିବା ତଥାକଥିତ ଋଷିମାନେ ହିଁ ତପସ୍ୟା କରୁଥାଆନ୍ତି ବୋଲି ଆମ ପୃଥିବୀରେ ପ୍ରାୟ କାଳେ କାଳେ କାହିଁକି କୁହାହୋଇ ଆସିଛି କେଜାଣି ? ପ୍ରତ୍ୟେକ ମନୁଷ୍ୟ ସକଳ ଅର୍ଥରେ ତପସ୍ୟାରତ ହୋଇ ରହିଛନ୍ତି। ସ୍ୱଭାବ ଅନୁସାରେ ତପସ୍ୟା। ଆପଣାର ସ୍ୱଭାବଟିକୁ ଯିଏ ଯେପରି ଭାବରେ ଚିହ୍ନିଛି, ଅର୍ଥାତ୍ ଯେପରି ପୂରା ଅଥବା ଖଣ୍ଡିଆ ଭାବରେ ଚିହ୍ନିଛି, ସେହି ଅନୁସାରେ ତା'ର ତପସ୍ୟା। ନିଜ ସାମୂହିକ ତଥା ବ୍ୟକ୍ତିଗତ ସଂସ୍କାରଚୟର କାରଣରୁ ଆମେ ଭଗବାନଙ୍କୁ ଯେଉଁଭଳି ତଥା ଯେତିକି ପରିଚୟରେ ଘ୍ରାଣ କରି ପାରିଛୁ, ସେହି ଅନୁସାରେ ହିଁ ଆମର ତପସ୍ୟା। ସେହି ଅନୁସାରେ ଆମ ତପସ୍ୟାର ପରିଧିସବୁ ମଧ୍ୟ ଅଳପ ଅଥବା ଅଧିକ। ଅନେକ ସମୟରେ କେବଳ ଆମକୁ ହିଁ ବେଷ୍ଟନ କରି ନଚେତ୍ ଆଉ ବେଳେବେଳେ ଆମକୁ ଅତିକ୍ରମ କରି । ମନ୍ଦିର ବା ପବିତ୍ର ସ୍ଥାନମାନଙ୍କରେ ବସିଥିବା ବେଳେ ଏକ କେଡ଼େ ସହଜ ଗାମ୍ଭୀର୍ଯ୍ୟରେ ଆମକୁ ଅତିକ୍ରମ କରି ଏବଂ ମନ୍ଦିର ଭିତରୁ ବାହାରି ବୃହତ୍ତର ସଂସାର ମଧ୍ୟରେ ପ୍ରବେଶ କରିବା ମାତ୍ରକେ ତୁଚ୍ଛା ସର୍ବବିଧ ସ୍ୱ ତାତ୍କାଳିକତା ଗୁଡ଼ିକ କେଡ଼େ ଚିନ୍ତାଶୂନ୍ୟ ଭାବରେ ଅଳପ। ସେହି ଅନୁସାରେ ଆମ ତପସ୍ୟାଗୁଡ଼ିକର ଦୈର୍ଘ୍ୟ ଓ ପ୍ରସ୍ଥ। ଶଙ୍କାଯୁକ୍ତ ଏବଂ ଶଙ୍କାମୁକ୍ତ। ଏବଂ, ତଦନୁରୂପ ଆମର ଦାୟିତ୍ୱ ଗ୍ରହଣ କରିଥିବା ଆମର ଗୁରୁମାନେ।

ଅଧ୍ୟାତ୍ମସତ୍ୟମାନେ ଯୁଗେ ଯୁଗେ ଯେଉଁମାନଙ୍କୁ ମାଧ୍ୟମ କରି ଆମ ପୃଥିବୀରେ ଅନୁଭୂତ କରାଇ ଆସିଛନ୍ତି, ସେମାନେ ପ୍ରତ୍ୟେକେ ସେହି ଅଧ୍ୟାତ୍ମର ହିଁ ଭଳି ଭଳି

ପ୍ରସାରର ପ୍ରତିଶ୍ରୁତିଗୁଡ଼ିକୁ ଏହି ପୃଥିବୀପୃଷ୍ଠରେ ହିଁ ଘୋଷଣା କରି ନିଜକୁ ପରିଚିତ କରାଇଛନ୍ତି। ଏହି ପୃଥିବୀନିମନ୍ତେ ସେମାନେ ଗୋଟିଏ ଗୋଟିଏ ଭଗବତ୍‌ସତ୍ୟର ବାର୍ତ୍ତାବହ ହୋଇ ଏଠାକୁ ଆସିଛନ୍ତି ବୋଲି ବହୁ ଉତ୍ସାହ ସହିତ ପ୍ରଚାର କରାଯାଇଛି। ମନୁଷ୍ୟମାନେ କେତେ ଆନନ୍ଦରେ ନାହିଁ ନଥିବା ବହୁ ତତ୍ପରତା ଦେଖାଇ ବି ସେଥିରେ ମାତିଛନ୍ତି। କିନ୍ତୁ ସେହି ମୂଳ ସନ୍ଦେଶବାହକ ମାନଙ୍କ ଅନ୍ତେ, ଅନେକ ସମୟରେ ସେମାନଙ୍କର ଜୀବଦ୍ଦଶାରେ ମଧ୍ୟ, ସତେ ଯେପରି ସବୁକିଛି ଦରବାରୀ ହୋଇଯାଇଛି; ଏବଂ, ଅସଲ ସମ୍ପଦଟି ମଉଳନ ପଡ଼ିଯାଇଛି। ଏହିପରି ଭାବରେ ଭଳି ଭଳି ଧର୍ମର ଆରମ୍ଭ ହୋଇଛି ଏବଂ ଶତାବ୍ଦୀ ଶତାବ୍ଦୀ ଅନ୍ତେ ଏବେ ମଧ୍ୟ ସେହିଗୁଡ଼ିକ ହିଁ ମହୋତ୍ସବ ସଦୃଶ ଲାଗି ରହିଛି। ଯଥାର୍ଥ ଅନ୍ୱେଷଣ, ଏପରିକି ଯଥାର୍ଥ ଜିଜ୍ଞାସାଗୁଡ଼ିକ ମଧ୍ୟ ସ୍ଥାନୀୟ ହୋଇଛି, ଲୟ ହରାଇଛି, ଅନ୍ୟମତି ହୋଇଛି। ପୁରୁଣା ପ୍ରତୀକମାନଙ୍କ ଥାନରେ ନୂଆ ପ୍ରତୀକମାନେ ଆସି ପହଞ୍ଚି ଯାଇଛନ୍ତି। ନିତାନ୍ତ ପ୍ରାଣୀୟ ସ୍ତରର ବହୁ ଆତ୍ୟାଗ୍ରହ ତପସ୍ୟାମାନଙ୍କୁ ଖୁବ୍ ଅନ୍ୟମନସ୍କ କରିଦେଇଛି। କୌଣସି ସ୍ଥିତିରେ ଅଧ୍ୟାତ୍ମଦ୍ରଷ୍ଟାମାନେ ମନୁଷ୍ୟର ପ୍ରକୃତ ସ୍ୱଭାବଗୁଡ଼ିକୁ ବୁଝିଲେ ନାହିଁ ଏବଂ ସେହିଗୁଡ଼ିକର କ୍ଷେତ୍ରରୁ ଆରମ୍ଭ କରି ତାକୁ କୌଣସି ସୁସ୍ଥ କ୍ରମରେ ସୋପାନ ସୋପାନ କରି ଉଠାଇ ଆଣିବାର ଧୈର୍ଯ୍ୟ ହରାଇ ଉପରୁ ପୂରା ସତେଅବା ପର୍ବତଟାକୁ ନେଇ ଲଦି ଦେଲେ ସବୁ ସମ୍ଭବ ହୋଇଯିବ ବୋଲି ଭାବି ଭ୍ରମରେ ଅଥବା ଏପରିକି ଏକ ମୋହରେ ଯାଇ ପଡ଼ିଗଲେ କି ? ଧର୍ମ ଆପଣାର ଉତ୍ସପ୍ରେରଣାକୁ ହରାଇ ବସିଲା ଏବଂ ଅଧ୍ୟାତ୍ମ ଆଣ୍ଠୁକୁଡ଼ା ହୋଇଗଲା।

ପୃଥିବୀରେ ପ୍ରତୀକର ବନ୍ୟା ମାଡ଼ିଗଲା; ଭଳି ଭଳି କାମନା ଏବଂ ତେଣୁ ଭଳି ଭଳି ପ୍ରତୀକ। ତେଣୁ, ମନ୍ଦିର, ମୂର୍ତ୍ତି, ଦେବତା ଏବଂ ସେମାନଙ୍କର ଭଳି ଭଳି ଭେଦରେ ବିଶେଷ ବିଶେଷ ସାମର୍ଥ୍ୟମାନ। ପୁରୋହିତକୁଳ ପ୍ରବଳ ହେଲେ। ସେମାନେ ପବନଗୁଡ଼ାକର ନାଡ଼ୀଟାକୁ ଚିହ୍ନି ପାରୁଥିଲା ପରି ରଜାମାନଙ୍କର ତରଫରେ ହିଁ ରହିଲେ। ତଦନୁରୂପ ଶାସ୍ତ୍ର ଲେଖାଗଲା। ତା'ପରେ ଶାଖା, ସଂପ୍ରଦାୟ, ଗୁରୁପ୍ରକରଣ ଏବଂ ତୁଳନାତ୍ମକ ଭଳି ଭଳି ବିଭାଗୀକରଣ। ଧର୍ମମାନେ ପୃଥିବୀର ପ୍ରାୟ ଧାତୁଟାକୁ ଖୁବ୍ ସୁହାଇଲେ। ପ୍ରତ୍ୟେକ ଧର୍ମରେ ନିୟମମାନେ ଖୁବ୍ ରହିଥିଲେ ସିନା, ମାତ୍ର ସର୍ବପ୍ରଥମେ ସେଗୁଡ଼ିକର ନିଷ୍ଠାଯୁକ୍ତ ଭାବରେ ପାଳନ ନକରି ଅନ୍ୟ ଶାଖା, ସମ୍ପ୍ରଦାୟ ଓ ଧର୍ମମାନେ ଯେ ମୋ'ଟି ତଥା ଆମଟି ଠାରୁ କମ୍ ପ୍ରଭାଯୁକ୍ତ, ସେଇଟି ମଧ୍ୟରେ ଲାଖି ରହି ଖାସ୍ ଉତ୍ସାହୀମାନେ ସମ୍ଭବତଃ ଅଧିକ ଆନନ୍ଦ ଲାଭ କଲେ। ପୃଥିବୀର ଏହି ବାସ୍ତବ ଭୂମିଟାରେ ମଧ୍ୟ ପ୍ରାୟ ସେଇଥିରୁ ପ୍ରେରଣା ନେଇ ଅନ୍ୟକାତରତା ବଢ଼ିଲା, –

ସାମଞ୍ଜସ୍ୟମାନଙ୍କୁ ନଦେଖି ପାର୍ଥକ୍ୟମାନଙ୍କୁ ଦେଖିବାରେ ଅଧିକ ସ୍ପୃହା ହେଲା। ଅର୍ଥାତ୍, ପୃଥିବୀଯାକ ପ୍ରଦୂଷଣ ଘୋଟିଗଲା। ଆମ ଭଗବାନ୍, ଆମ ଠାକୁର ଅର୍ଥାତ୍ ଆମ ପ୍ରତୀକମାନେ ଅଲବତ ଆମ ତରଫରେ ଯେ ସବୁବେଳେ ରହିଛନ୍ତି, ସେଇଟି ପ୍ରବଳ ହେଲା। ଶ୍ରୀ ଅରବିନ୍ଦ ମନୁଷ୍ୟଙ୍କୁ ହିଁ ପ୍ରତୀକ ବୋଲି ଘୋଷଣା କରିଛନ୍ତି। ସେହି ମନୁଷ୍ୟର ସ୍ୱଭାବ ହିଁ ବଦଳିବ। ତା'ର ଚେତନା ବଦଳିବ। ସେହି ଚେତନାଟି ବଦଳିବା ନିମନ୍ତେ ତାହାର ଯାବତୀୟ ଆସ୍ପୃହା। ସେଇଥି ନିମନ୍ତେ ସର୍ବବିଧ ତପଶ୍ଚାରଣା। ମଣିଷ ହେଉଛି ଭୂମି, ମଣିଷ ନିମିତ୍ତ ଏବଂ, ରୂପାନ୍ତର ବୋଲି ଏହି ପୃଥିବୀରେ ଯାହାଲାଗି ସବୁକିଛି ପ୍ରତିଶ୍ରୁତି ହୋଇ ରହିଛି, ସେଇ ଆଗ ସତକୁ ସତ ରାଜୀ ହେବ; କେବଳ ଜଣେ ତଥାକଥିତ ବ୍ୟକ୍ତି ହିସାବରେ ନୁହେଁ; ଏକ ସମଷ୍ଟିରୂପେ। ଶ୍ରୀ ଅରବିନ୍ଦ ସେହି ସମ୍ଭାବ୍ୟ ଏକକଗୁଡ଼ିକୁ 'ଦେବ-ସଂଘ' ବୋଲି କହିଛନ୍ତି। କେବଳ ଉପରେ ଉପରେ ଶାସ୍ତ୍ରରେ ବର୍ଣ୍ଣିତ କିମ୍ବା ଗୁରୁମୁଖରୁ ଉଚ୍ଚାରିତ କେତେଟା ବୋଲକୁ ମାନି ନେଇ ନୁହେଁ, ସତକୁ ସତ ବାଛି ନେଇ। ବାଧ୍ୟ ହୋଇ ନୁହେଁ, ରାଜୀ ହୋଇ। ପୃଥିବୀର ରେଜେଷ୍ଟ୍ରୀଭୁକ୍ତ ପ୍ରାୟ ସବୁ ବଡ଼ ଏବଂ ସାନ ଧର୍ମଚୟ ପ୍ରତ୍ୟାଖ୍ୟାନକୁ ହିଁ ସବାପ୍ରଥମ ମହତ୍ତ୍ୱସ୍ଥାନ ଦେଇଛନ୍ତି। ପ୍ରତ୍ୟାଖ୍ୟାନ ଅର୍ଥାତ୍ ବୈରାଗ୍ୟ। ଶ୍ରୀ ଅରବିନ୍ଦଙ୍କର ନିର୍ଦ୍ଦେଶନାରେ ସବାଆଗ ଆସ୍ପୃହା। ଆସ୍ପୃହା ଅନୁସାରେ ପ୍ରତ୍ୟାଖ୍ୟାନ। ଆସ୍ପୃହା ନଥାଇ ଯେଉଁ ପ୍ରତ୍ୟାଖ୍ୟାନ, ତାହା ନ୍ୟାୟତଃ ଉପରେ ଉପରେ। ତେଣୁ, ଆସ୍ପୃହା ବଦଳିବ, ବଦଳିବାରେ ଲାଗିଥିବ, ତେବେ ପ୍ରତ୍ୟାଖ୍ୟାନମାନେ ମଧ୍ୟ ବଦଳିବାରେ ଲାଗିଥିବେ। ପ୍ରକୃତରେ କିଛି ଛାଡ଼ି ଆସୁଥିବା ପରି ଲାଗିବନାହିଁ, ତଥାପି ଦ୍ୱିଜ ହେବାର ପ୍ରକ୍ରିୟାଟିଏ ଅନବରତ ଚାଲିଥିବ। ଶ୍ରୀ ଅରବିନ୍ଦ ଏଠାରେ ମଧ୍ୟ ପ୍ରକୃତରେ ବହୁତ ହିମ୍ମତ ଦେଇ କହିବେ ଯେ, ଆମେ ଏହିପରି ଆଗକୁ ଯାଇ ଯାହାଙ୍କର ସାମୀପ୍ୟ ଲାଭ କରିବା ନିମନ୍ତେ ଆସ୍ପୃହାଟିଏ ନେଇ ବାହାରିଛୁ, ସତକୁ ସତ ଆମ ଭିତରେ ମଧ୍ୟ ରହି ସେଇ ଆମକୁ ବାଟ ବତାଇ ଓ ବାଟ ଚଲାଇ ନେଉଥିବେ।

ତେଣୁ ସ୍ୱଭାବ। ସ୍ୱଭାବ ବଦଳିବା ନିମନ୍ତେ ତପସ୍ୟା। ଆମେ ସେହି ପରାତ୍ପରଙ୍କ ସହିତ ସହଯୋଗ କରିବୁ ବୋଲି ଏହି ତପସ୍ୟା। ଏକ ଅନ୍ୟ ଆୟାମର, ଅନ୍ୟ ସମ୍ମତିର, ଅନ୍ୟ ଖୁସୀର ଜୀବନ ନିମନ୍ତେ ତପସ୍ୟା। ହଁ, ଏକ ଦିବ୍ୟ ଜୀବନ ନିମନ୍ତେ ତପସ୍ୟା। ତାଙ୍କୁ ହିଁ ସମ୍ମୁଖରେ ରଖି ତଥା ଭୂମିରେ ମଧ୍ୟ ରଖି ତପସ୍ୟା। ଅର୍ଥାତ୍ ଏକ ମୂଳଭୂତ ବିଶ୍ୱାସ ଏବଂ ସେହି ବିଶ୍ୱାସର ପରମବଳ ସହିତ ଏକ ତପଶ୍ଚାରଣା। ତପଶ୍ଚାରଣା ଅର୍ଥାତ୍ ଜୀବନ ବଞ୍ଚିବା। ସେହି ବଞ୍ଚିବାର ଆଉଗୋଟିଏ ନାମ ହେଉଛି ପୂର୍ଣ୍ଣାଙ୍ଗ ଯୋଗ। ଜୀବନର କୌଣସି ଗୋଟିଏ ଭାବ ଅଥବା ବିଭାବକୁ

ବାଦ୍ ଦେଇ ନୁହେଁ, ସମସ୍ତ ଜୀବନକୁ ହିଁ ଉତ୍ତୋଳିତ କରି ଧରି। ଏବଂ, ଏହି ସମଗ୍ର ପୃଥିବୀ ଲାଗି ସାଧନା; ଆମ ସମସ୍ତଙ୍କୁ ନେଇ ଯେଉଁ ପୃଥିବୀ, ତାହାରି ରୂପାନ୍ତର ନିମନ୍ତେ ସାଧନା। ଶ୍ରୀ ଅରବିନ୍ଦ ଆପଣା ଜୀବନକାଳରେ ଯେଉଁ ବହୁସଂଖ୍ୟକ କବିତା ତଥା ନାଟକ ରଚନା କରିଛନ୍ତି, ସେଥିରେ ମଧ୍ୟ ସେହି ମୁଖ୍ୟ ଆବେଦନଟି ନାନାଭାବେ ପ୍ରାଞ୍ଜଳ ହୋଇ ଉଠିଛି। ପଣ୍ଡିଚେରୀଠାରେ ତପୋରତ ହେବାର ଅବଧିଟି ମଧ୍ୟ ସେ ଯେଉଁସବୁ ଗ୍ରନ୍ଥର ରଚନା କରିଛନ୍ତି, ସେଗୁଡ଼ିକ ମଧ୍ୟରେ ସେଇଟି ନାନାଭାବେ ଆମ ଭିତରେ, ପ୍ରତ୍ୟେକ ପାଠକର ଚିତ୍ତରେ ପ୍ରଚ୍ଛନ୍ନ ହୋଇ ରହିଥିବା ସେହି ଗୋଟିଏ ଆସ୍ପୃହାକୁ ଜାଗ୍ରତ କରି ଆଣିବାର ଅଭିଳାଷଟିକୁ ପୋଷଣ କରିଛି। ଆପଣାର ତପୋଦୃଷ୍ଟିର ସମଗ୍ର ପଟଟିକୁ ଶ୍ରୀ ଅରବିନ୍ଦ ସତେଅବା ଆମ ସମସ୍ତଙ୍କର ସମ୍ମୁଖରେ ଉତ୍ତୋଳିତ କରି ଧରିଛନ୍ତି। ଯାହାସବୁ ପ୍ରତିଶ୍ରୁତ ହୋଇ ରହିଛି, ସେଗୁଡ଼ିକୁ ସେ ସତେଅବା ଅତ୍ୟନ୍ତ ସ୍ପଷ୍ଟ ଭାବରେ ଦେଖି ପାରୁଛନ୍ତି; ପୁନଶ୍ଚ, ଯଦି ପୃଥିବୀର ବିବର୍ତ୍ତନକ୍ରମରେ ସେଇଟି ନିମନ୍ତେ ଅପେକ୍ଷା ରହିଛି, ତେବେ ପୃଥିବୀର ମନୁଷ୍ୟମାନେ ହିଁ ଆସ୍ପୃହା କଲେ ସେଇଟିଲାଗି ଅବଶ୍ୟ ନିମିତ୍ତ ହୋଇ ବାହାରିବେ ବୋଲି ସେ ଦୃଢ଼ ବିଶ୍ୱାସ ମଧ୍ୟ କରିଛନ୍ତି ଏବଂ ସେଥିଲାଗି ପ୍ରାୟ ଆମେ ବୁଝିବାର ଏକ ପ୍ରେରଣାମୟ ସଂହତି ସହିତ କଥାଗୁଡ଼ିକୁ ବ୍ୟକ୍ତ କରି ପାରିଛନ୍ତି। ଯାହା ଅବଶ୍ୟ ବିବର୍ତ୍ତିତ ହୋଇ ଆସୁଛି, ତାହାକୁ ବର୍ତ୍ତମାନ ଜୀବନର ସମଗ୍ର ଭୂମିଟି ଉପରେ ସମ୍ଭବ କରି ଆଣିବାକୁ ହେବ। ବିଶ୍ୱବର୍ତ୍ତମାନର ଶିଖର ଆଡ଼କୁ ମୁହଁ କରି ସେ ପୃଥିବୀବାସୀ ମନୁଷ୍ୟମାନଙ୍କୁ ସାଥୀଟିଏ ପରି ଆମନ୍ତ୍ରଣଟିଏ ଜଣାଉଛନ୍ତି: ବାଟଯାକ କର୍ଦ୍ଦମ, ବହୁ ବନ୍ଧୁର ପଥ, ଆସ କିଏ ମୋ' ସହିତ ଆସିବାକୁ ଇଚ୍ଛା କରୁଛ ଆସ, କିଏ ପର୍ବତଟିକୁ ଆରୋହଣ କରିବ ଆସ। Who will live more, who will be more , – ମୂଳ କବିତାଟିରେ ଏହା ହିଁ ହେଉଛି ଶ୍ରୀ ଅରବିନ୍ଦ ବ୍ୟବହାର କରିଥିବା ଭାଷାଟି ! ଏକ ପ୍ରାଚୁର୍ଯ୍ୟର ପୃଥିବୀ, ଏକ ବୈପୁଲ୍ୟର ପୃଥିବୀ, – ପୂର୍ଣ୍ଣ ସମ୍ବନ୍ଧିତତାର ପୃଥିବୀ, ସଚେତନ ଏକତାର ଅର୍ଥାତ୍ ଆତ୍ମୀୟତାର ପୃଥିବୀ। ସେହି ଆତ୍ମୀୟତାର ପୃଥିବୀଟିକୁ ଆମର ଏଯାଏ ଅବତୀର୍ଣ୍ଣ କରି ଆଣିବା, ତାହାହିଁ ଅଧ୍ୟାତ୍ମ କି ? – ଯଥାର୍ଥ 'ହଁ' ଉତ୍ତରଟିଏ ଦେବାକୁ ନିଷ୍ପତ୍ତି କରିବା ମାତ୍ରକେ ସେଇଟି ପ୍ରକୃତରେ କେଡ଼େ ପ୍ରାଞ୍ଜଳ ହୋଇ ଦିଶି ନଯାଉଛି, – ନିଜ ଭିତରେ ଦିଶିଯାଉଛି, ତେଣୁ ବାହାରେ ମଧ୍ୟ ଦିଶିଯାଉଛି; ବାହାରେ ଦିଶିଯାଉଛି, ତେଣୁ ଭିତରେ ମଧ୍ୟ ଦିଶିଯାଉଛି। ଶ୍ରୀ ଅରବିନ୍ଦ ବସ୍ତୁତଃ କେଡ଼େ କତି ହୋଇ ଆସୁଛନ୍ତି।

ଏକାଧିକ କାରଣରୁ 'ଦିବ୍ୟ ଜୀବନ'କୁ ଯାତ୍ରୀ ମାତ୍ରକେ ପ୍ରାୟ ସମସ୍ତେ ଶ୍ରୀ ଅରବିନ୍ଦଙ୍କର Magnum Opus- ତାଙ୍କ ତପୋଦର୍ଶନଟିର ପରିଚୟ ପ୍ରଦାନ କରିଥିବା

ମୁଖ୍ୟ ଗ୍ରନ୍ଥ ବୋଲି କହନ୍ତି । ଏହି ଗ୍ରନ୍ଥଟିରେ ଦୁଇଗୋଟି ଭାଗରେ ରହିଥିବା ଅଠେଇଶିଟି ଅଧ୍ୟାୟରେ ଉପାନ୍ତିମ ଅଧ୍ୟାୟଟିର ନାମ The Gnostic Being – ପ୍ରାଚୀନ ଶାସ୍ତ୍ରରୁ ପରିଭାଷା ଆଣି ଆମେ ତାହାକୁ ଓଡ଼ିଆରେ ବିଜ୍ଞାନମୟ ସତ୍ତା ବୋଲି କହିପାରିବା । ପ୍ରାୟ ପଚାଶ ପୃଷ୍ଠାର ଏକ ଦୀର୍ଘ ଅଧ୍ୟାୟ, ସମୁଦାୟ ଗ୍ରନ୍ଥରେ ଏଇଟି ଦୀର୍ଘତମ ଅଧ୍ୟାୟ। ସମୁଦାୟ ଗ୍ରନ୍ଥଟିର ସଂକ୍ଷିପ୍ତ ସାରଯାକ ସତେଅବା ଏହି ଗୋଟିଏ ଅଧ୍ୟାୟରେ ହିଁ ଅବଗତ କରାଇ ଦେବାଲାଗି ପ୍ରୟାସ କରାଯାଇଛି। ଭାଷା ମଧ୍ୟ ଅନ୍ୟ ଅଧ୍ୟାୟମାନଙ୍କର ତୁଳନାରେ ଅଧିକ ସହଜ ବୋଧ ହେଉଛି। ଏପରି ବୋଧ ହେବାରେ ହୁଏତ ପ୍ରଧାନ କାରଣଟିଏ ହେଉଛି ଯେ, ପୂର୍ବର ପ୍ରାୟ ଏକହଜାର ପୃଷ୍ଠାର ବ୍ୟାଖ୍ୟାଗୁଡ଼ିକୁ ପାଠ କରିବାପରେ ଶ୍ରୀ ଅରବିନ୍ଦଙ୍କର ମେଦିନୀଟିକୁ ବେଶ୍ ସୁସମଞ୍ଜସ ଭାବରେ ବୁଝି ହେବ ଏବଂ ତେଣୁ ବିଶେଷ କିଛି ଆୟାସକର ପରି ଲାଗିବନାହିଁ। ପାଠକର ନିଜ ଭୂମିଟି ମଧ୍ୟ ସମଗ୍ର ପ୍ରତିବେଦ୍ୟଟିକୁ ଗ୍ରହଣ କରିବା ସକାଶେ ରାଜୀ ହୋଇ ଆସିଥିବ। ଏହି ଅଧ୍ୟାୟଟିରେ ଆମେ ସେହି ଉପସ୍ଥାପନାଟି ସହିତ ପରିଚିତ ହେବାଲାଗି ଏକ ଅନୁକୂଳ ଅବକାଶ ଅବଶ୍ୟ ପାଇବା। ଆମ ଭିତରେ ମଧ୍ୟ ଆମର ଯେଉଁ ଆକାଂକ୍ଷାଟି ଦ୍ୱିଜତ୍ୱର ଆସ୍ପୃହାଟିଏ ସତକୁ ସତ କର୍ଷଣ କରି ଆଣୁଥିବ ଏବଂ ସମଗ୍ର ପୃଥିବୀ ଲାଗି ଏକ ତଦନୁରୂପ ଅନ୍ୟ ଚିତ୍ରଟିଏ ଅନୁମାନ କରିବାକୁ ସାହସୀ ହୋଇ ପାରୁଥିବ, ସେଇଟି ଏହି ଅଧ୍ୟାୟର ସନ୍ଦର୍ଭଟି ଦ୍ୱାରା ଅବଶ୍ୟ ବହୁ ପରିମାଣରେ ବହୁତ ଉପକୃତ ହେବ। ସିଏ ମଧ୍ୟ କୌଣସି ଏକ ବୃହତ୍ ବିଶ୍ୱପ୍ରକ୍ରିୟା ସହିତ ସଂପୃକ୍ତ ହେବାପାଇଁ ଏହି ପୃଥିବୀପୃଷ୍ଠକୁ ଆହୂତ ହୋଇ ଆସିଥିବା ସଦୃଶ କିଛି ଇଙ୍ଗିତ ପାଇଯିବ। ଏବଂ, ତା'ପରେ ସେ କଦାପ ନିରାଶ ହେବନାହିଁ। ଅନ୍ଧାର ଭିତରେ ତଥାପି ଆଲୋକର ଏକ ନିର୍ଭରଯୋଗ୍ୟ ଭରସା ପାଇପାରିବ। ଏହିପରି ଭାବରେ ତ ଆମେ ଆମ ପୃଥିବୀଲାଗି ତିଆରି ହେବା, ପୋଖତ ହେବାରେ ଲାଗିଥିବା। ପରିବର୍ତ୍ତନ ତଥା ପଟବଦଳାର ପ୍ରକ୍ରିୟାଟିରେ ମୋ'ର ତଥା ଆମ ସମସ୍ତଙ୍କର ଅବଶ୍ୟ ଏକ ଦାୟିତ୍ୱ ରହିଛି ବୋଲି ଅତ୍ୟନ୍ତ ସକାରାତ୍ମକ ଭାବରେ ଅନୁଭବ କରିବାକୁ ଆରମ୍ଭ କରିବା । ସେହିପରି ଏକ ଅନୁଭବ ସହିତ ଜୀବନଟିଏ ବଞ୍ଚିବା, – ଆମର ବ୍ୟକ୍ତିଗତ ସକଳ ଚାରଣାରେ ତଥା ଏହି ମେଳଗୁଡ଼ିକ ମଧ୍ୟରେ, – ସେତିକି ମଧ୍ୟ ଏକ ବିଭୁକୃପା। ବିଭୁକୃପା ଅର୍ଥାତ୍ ଆମଲାଗି ଏକ ପ୍ରତ୍ୟୟପତ୍ର। ତା'ପରେ ଆଉ କଦାପି ପଳାଇ ଯିବାକୁ ମନ ହେବନାହିଁ। ଆମ ଚାରିପାଖର ଉଚ୍ଛନ୍ନ ହୋଇ ଗଲାପରି ବହୁତ ସମୟରେ ବୋଧ ହେଉଥିବା ଏହି ପୃଥିବୀରେ ମନୁଷ୍ୟମାତ୍ରେ ସମସ୍ତଙ୍କର ଏକ ଭୂମିକା ରହିଛି ବୋଲି ଜଳଜଳ ହୋଇ ଦିଶିଯିବ। ଖାଲି ଭୀତ ହେଲେ, ଖାଲି ଚତୁର ହେଲେ ଏଠି ଭବିଷ୍ୟଟିଏ ନିର୍ମାଣ କରି

ଆଣୁଥିବା ବିଧାତାଙ୍କର ଆମକୁ ନେଇ ସିଏ ସତତ ଦେଖୁଥିବା ସ୍ୱପ୍ନ ଗୁଡ଼ିକର ପତ୍ତା ହିଁ ପାଇବାନାହିଁ । ଏଠି ଯାବତୀୟ କୋଳାହଳ ସତ୍ତ୍ୱେ ନାସ୍ତିକ ହୋଇ ରହିଯିବା। ଏବଂ, ଜଣେ ନାସ୍ତିକ କଦାପି ସନ୍ତାନ ହୋଇ ପାରିବନାହିଁ। ବିଶ୍ୱବରାଦର ସବୁଯାକ କ୍ରିୟା ଚାଲିଥିବ ଏବଂ ଆମେ କିଛି ଅନୁଭବ କରି ପାରିବାନାହିଁ। କାରଣ, ସର୍ବସାର କଥାଟି ହେଉଛି, ସଂପୃକ୍ତ ନହେଲେ ଆମେ ଦେଖି ବି କିପରି ପାରିବା ? ଏବଂ, ସବାଆଗର ସତ୍ୟଟି ହେଉଛି, 'ଦିବ୍ୟଜୀବନ' ଗ୍ରନ୍ଥଟିକୁ ଆମେ ଆଉ ଆଦୌ ଏଡ଼େ ବଡ଼ ଗ୍ରନ୍ଥଟିଏ ବୋଲି କହି ମୋଟେ ତା'ପାଖରୁ ଦୂରବର୍ତ୍ତୀ ହୋଇ ରହିବାନାହିଁ। ନିଜର ସୁଖବିଧାନ ଅଥବା ମୁକ୍ତିବିଧାନର ଅତ୍ୟାଶାରେ ଆମେ ଯେତେ ଯିଏ ନିଜନିଜର ତାତ୍କାଳିକ ବୁଦ୍ଧିଗୁଡ଼ିକ ମଧ୍ୟରେ ମଜ୍ଜି ରହିଛୁ, 'ଦିବ୍ୟଜୀବନ' ଗ୍ରନ୍ଥରେ ଆମ ପାଇଁ ମଧ୍ୟ ଅବଶ୍ୟ ସନ୍ଦେଶ ରହିଛି ବୋଲି ଅବଶ୍ୟ ଆବିଷ୍କାର କରିପାରିବା।

\+ + + +

ଏପଟେ ଥାଇ ଆମେ ସେପଟକୁ, ଅର୍ଥାତ୍ ଆହୁରି ସେପାଖକୁ, ଆହୁରି ଊର୍ଦ୍ଧ୍ୱକୁ ଓ ଆହୁରି ଗଭୀରକୁ ହାତ ବଢ଼ାଉଛୁ । ଏଠାରେ ଥାଇ ମଧ୍ୟ ସେଇଟିରେ ବାସ ପାଇପାରୁଛୁ, କେଡ଼େ ରାଜୀ ହୋଇ ପାରିଥିବା ପରି ସେଇଟିକୁ ଛୁଇଁ ପାରୁଛୁ, ଏତିକି କ'ଣ କମ୍ ଭାଗ୍ୟର କଥା ? ଆମର ଦେହ, ପ୍ରାଣ ଏବଂ ମନ ଏତିକି ଯାଏ ରାଜୀ ହୋଇ ପାରିବା, – ଏଇଥିପାଇଁ ତ ଆମର ପୃଥିବୀନାମକ ଚିହ୍ନା ଭୂଇଁଟିର ଯାହାକିଛି ସାଧନା। ସେମାନେ କେତେଦୂର ପୋଖତ ଅର୍ଥାତ୍ ନମନୀୟ ହୋଇ ପାରିଲେ ଯେ ଏଥିଲାଗି ରାଜୀ ହୋଇଯିବେ, ପ୍ରୟାସୀ ମାତ୍ରେ ହିଁ ସେକଥା ନିଶ୍ଚୟ ହୃଦୟଙ୍ଗମ କରିବେ । କାରଣ, ସତକୁ ସତ ରାଜୀ ନହୋଇ କେବଳ କୁହା ମାନି ବାଧ୍ୟ ହୋଇ ଯେଉଁ ଆନୁଗତ୍ୟଟି ସହିତ ଆମେ ସମସ୍ତେ ଏହି ସଂସାର ମଧ୍ୟରେ ପରିଚିତ ହୋଇଥାଉ, ତାହା ଆଉ ଯାହା ମନ ତାହା କରୁ ପଛକେ, ଫୁଲଟିଏ ଫୁଟି ଉଠିବାରେ ମୋଟେ ସେପରି କିଛି ସାହାଯ୍ୟ କରି ପାରିବନାହିଁ। ଶରୀର, ମନ ଅଥବା ପ୍ରାଣ, ସେମାନେ ଗୋଟିଏ ଗୋଟିଏ ଆଦୌ କମ୍ ଶକ୍ତିଶାଳୀ ଉପାଦାନ ନୁହନ୍ତି। କୌଣସି କାରଣରୁ ବିଗିଡ଼ିଗଲେ ଆମର ଅସଲ ଲକ୍ଷ୍ୟପୂରଣରେ ଆଦୌ ସାହାଯ୍ୟ କରିବେନାହିଁ ଓ ଆମକୁ କିଳି ରଖିଥିବେ। ସେଇ ଗୋଟିଏ ପାଚେରୀର ଘେରା ଭିତରେ କ'ଣପାଇଁ ସବୁକିଛି ଅବଶ୍ୟ ନମିଳିବ ବୋଲି ଆମକୁ ନୀତିସାର ଶୁଣାଇବେ। ସବୁଠାରୁ ବଡ଼ ଅସୁବିଧାଟି ହେଉଛି ଯେ, ମନର ଆହୁରି ସେପାଖକୁ ଯେଉଁ ଜୀବନଟି ରହିଛି ଏବଂ ଏହି ଆମରି ହିଁ ଏକ ସମ୍ଭାବନା ରୂପେ ଆମକୁ ଅନୁକ୍ଷଣ ଉଚ୍ଚାଟ କରିବାରେ ଲାଗିଛି, ମନର ଅଭ୍ୟସ୍ତ ଭାଷାରେ ଆମେ ତାହାକୁ ଆଦୌ ବୁଝି ପାରିବା ନାହିଁ। ଭାରତୀୟ

ପ୍ରାଚୀନ ଅଧ୍ୟାତ୍ମରେ ତାହାକୁ ବିଜ୍ଞାନର ସୋପାନ ବୋଲି କୁହାଯାଇଛି। ବିଜ୍ଞାନମୟ ସେହି ଚେତନା ଏବଂ ସେହି ଅନୁସାରେ ଏକ ବିଜ୍ଞାନମୟ ପୂର୍ଣ୍ଣ ଖୁସୀ ଦ୍ୱାରା ବଞ୍ଚି ହେଉଥିବା ଏକ ବିଜ୍ଞାନମୟ ଜୀବନ। ଶ୍ରୀ ଅରବିନ୍ଦ ତାହାକୁ ଅତିମାନସ ଚେତନା ବୋଲି କହିଛନ୍ତି। ବର୍ତ୍ତମାନ ମନୋମୟ ବିବେକରେ ଆମ ସଂସାରଗୁଡ଼ିକ ଚାଲିଛନ୍ତି। ସେତେବେଳେ ବିଜ୍ଞାନ ଦ୍ୱାରା ଚାଲିବ। ସେଇଟି ଆମ ଭିତରେ ଅପେକ୍ଷା କରି ରହିଛି। ଆମ ଆଖିମାନେ ସେହିଭଳି ହୋଇପାରିଲେ ଆମେ ଅନ୍ୟମାନଙ୍କ ଠାରେ ଅର୍ଥାତ୍ ପରସ୍ପର ମଧ୍ୟରେ ବି ତାହାକୁ ପ୍ରତ୍ୟକ୍ଷ କରି ପାରିବା।

ଦେହ ଓ ପ୍ରାଣକୁ ଅବଲମ୍ବନ କରି ଇନ୍ଦ୍ରିୟମାନଙ୍କ ଦ୍ୱାରା ଲବ୍ଧ ଏକ ଜଗତରେ ଆମର ମନୁଷ୍ୟମନ ଆପଣାକୁ ସଚଳ କରି ରଖିଛି। ଆମର ଜୀବନଗୁଡ଼ିକୁ ଏକ ମନୋମୟ ନକ୍ସା ପ୍ରଦାନ କରୁଛି। ଏବଂ, ସେହି ଅନୁସାରେ ସବୁକିଛି କାରବାର, ଅନୁମାନ ଓ ଅନୁଶାସନ, ଆଚାର ଓ ଆଚରଣ, ଠିକ୍ ଓ ଭୁଲ୍, ଉଚିତ ଅନୁଚିତ ଏବଂ ଆହୁରି ସବୁକିଛି। ଆମେ ସେତିକି ଆୟତନର ଶିକ୍ଷାଟି ବଳରେ ଭାବୁଛୁ ଯେ, ଆମର ବିଚରଣ ସତେଅବା କୌଣସି ଈଶ୍ୱରୀୟ ବରାଦ ଅନୁସାରେ କେବଳ ଏତିକିଯାଏ ହେବାକୁ ବାଧ୍ୟ। ସେହିପରି ଏକ ପ୍ରତ୍ୟୟରେ ସତେଅବା ସବୁ ବୁଝି ଯାଇଥିବା ପରି ଆମେ ସମ୍ମୁଖରେ ଗୋଟାଏ ଗାର ଟାଣିଦେଇ ସେଇଟିକୁ ହିଁ ସୀମା ବୋଲି ଧରି ନେଇଛୁ। ଶ୍ରୀ ଅରବିନ୍ଦ କହୁଛନ୍ତି ଯେ ସେହି ଗାରଟିର ସେପାଖରେ ହେଉଛି ଅତିମାନସ। ସେଠା ଯାଏ ସମର୍ଥ ହେଲେ ଆମର ଏହି ମନର ନିର୍ଦ୍ଧାରିତ ବୃତ୍ତଟି ମଧ୍ୟରେ ଆତଯାତ ହେଉଥିବା ସ୍ୱଭାବ ଅର୍ଥାତ୍ ବିଚରଣ-କ୍ଷେତ୍ରଟି ମଧ୍ୟ ଏକ ଅତିମାନସ ବୃହତ୍ତରତା ମଧ୍ୟକୁ ଅତିକ୍ରମ କରିଯାଏ। ସେହି ସୋପାନଟିରେ ଅଧ୍ୟାତ୍ମ ଏବଂ ଜୀବନ ପରସ୍ପର ସହିତ ଅଭେଦ ଏକତ୍ୱରେ ପୂର୍ଣ୍ଣାଙ୍ଗ ହୋଇ ଆସନ୍ତି। ଅର୍ଥାତ୍, ଏବପରି ଅଧ୍ୟାତ୍ମ କେବଳ କୌଣସି ଆଦର୍ଶଧର୍ମୀ କଳ୍ପନା ମଧ୍ୟରେ ଏକଘରକିଆ ହୋଇ ରହେନାହିଁ, କେବଳ କେତେକ ବିଶେଷ ଅବସରର ପ୍ରସଙ୍ଗଟିଏ ହୋଇ ରହେନାହିଁ; ଅଧ୍ୟାତ୍ମ ଏକ ବାସ୍ତବଜୀବନରେ ପରିଣତ ହୁଏ, ଅଧ୍ୟାତ୍ମକୁ ବଞ୍ଚିହୁଏ। ଆମର ପାର୍ଥିବ ପ୍ରକୃତି କହିଲେ ଆମର ବର୍ତ୍ତମାନ ଅବସ୍ଥାରେ ଆମେ ଯାହା ବୁଝୁଛୁ, ସେଇଟି ଏକ ଅଧ୍ୟାତ୍ମ ସମଗ୍ରତାକୁ ରୂପାନ୍ତରିତ ହୋଇଯାଏ। ଜୀବନ କହିଲେ ଇହ ଏବଂ ପରମାର୍ଥ ଦୁଇଟି ଭିନ୍ନ ଭିନ୍ନ ଇଲାକାରେ ବିଭାଜିତ ହୋଇ ରହିଥିବା ଏକ ବହୁବିଡ଼ମ୍ବନାପୂର୍ଣ୍ଣ ଅପରିମଳକୁ ମୋଟେ ବୁଝାଏ ନାହିଁ। ପୁନଶ୍ଚ, ସେହିଭଳି ଏକ ପୂର୍ଣ୍ଣାଙ୍ଗ ପ୍ରୟାସର ସହଜତା ମଧ୍ୟରେ ବର୍ତ୍ତମାନ ଆମକୁ ଏକାଧିକ ପରାକ୍ରମରେ ନିତାନ୍ତ ଅଳ୍ପବଳ କରି ରଖିଥିବା ଆମର ଅପୂର୍ଣ୍ଣତା ତଥା ଅଭିନୟଗୁଡ଼ିକୁ ପ୍ରାୟ ଖୁସୀ ହୋଇ ବର୍ଜନ କରି ବାହାରି ଆସିବା ମଧ୍ୟ ଖୁବ୍

ସହଜ ହୋଇଯାଏ। ସେତେବେଳେ ଜୀବନଟି ବସ୍ତୁତଃ ଏକ ବିପୁଳ ବରଦାନ ପରି ବୋଧ ହୁଏ, କେଉଁ ପରମ ଦିବ୍ୟତାର ସ୍ୱସଦନ ସଦୃଶ ଲାଗୁଥାଏ।

ଆମ ଚେତନାର ଏହି ସ୍ଥିତିଟିରେ ଆମେ ସଚରାଚର ଯେତିକି ଦୈର୍ଘ୍ୟ ଏବଂ ପ୍ରସ୍ଥ ଭିତରେ ରହିଛୁ, ସେଇଟି ମଧ୍ୟରେ ଥାଇ ସେହି ପରବର୍ତ୍ତୀ ବାସ୍ତବଟିର ପ୍ରକୃତରେ କୌଣସି ଅବଧାରଣା ଏବଂ କଳ୍ପନା ବି କରି ହେବନାହିଁ। ମନଦ୍ୱାରା ଅତିମାନସର ଯାବତୀୟ କଳନା ଧର୍ମତଃ ବହୁତ ପ୍ରମାଦଯୁକ୍ତ ହେବ ହିଁ ହେବ। ଅତିମାନସ ଦେଖିବା ହେଉଛି ଏକ ସ୍ୱାଭାବିକ ଅବିଚ୍ଛିନ୍ନତା ସହିତ, ଏକ କୁଣ୍ଠାରହିତ ସଂପୃକ୍ତି ସହିତ ଦେଖି ପାରୁଥିବାର ସାମର୍ଥ୍ୟ; ଏଠି ବିରୋଧ ବୋଲି କିଛି ନାହିଁ, – କେହି କାହାରିକୁ ଗିଳି ପକାଇବାକୁ ମୋଟେ ବ୍ୟଗ୍ର ନୁହନ୍ତି, କାରଣ କେହି କାହାରିପାଇଁ ଭୀତ ନୁହନ୍ତି। ସମ୍ଭାବନା ସବୁରି ଭିତରେ ରହିଛି, ସବୁଟି ଭିତରେ ରହିଛି। ଏବଂ ଘରେ ସବୁରି ନିମନ୍ତେ ଜାଗା ଅଛି, – ଏଣୁ ସେଇଟି ପାଇଁ ସମସ୍ତେ ହିଁ ଦାୟୀ। ମନର ସ୍ତରରେ ତ ସବୁକିଛି ଏହାର ଓଲଟା; ମନ ମୂଳରୁ ହିଁ ସବୁକିଛିକୁ ଅଲଗା ଅଲଗା କରି ଦେଖୁଥାଏ, – ନିଜର କୌଣସି ତାତ୍କାଳିକ ଓ ତେଣୁ ଅତି ସଂକୀର୍ଣ୍ଣ ହିସାବ ବଳରେ ସିଏତ ସର୍ବଦା ହିଁ ମତଲବ ଅନୁସାରେ ତଥାକଥିତ ସମଷ୍ଟିମାନ ତିଆରି କରିବାରେ ଲାଗିଥାଏ ଏବଂ ତାହାକୁ ପୂର୍ଣ୍ଣ ବୋଲି କହୁଥାଏ ସିନା, – କିନ୍ତୁ ମତଲବଟା ପୁନର୍ବାର ବଦଳିଗଲେ ତାହାରି ଅନୁସାରେ ଐକ୍ୟମାନେ ଭାଙ୍ଗିଯିବାରେ ଲାଗିଥାଆନ୍ତି ଏବଂ ନୂଆ ଐକ୍ୟମାନେ ତିଆରି ବି ହୋଇ ଯାଉଥାନ୍ତି। ମନଃସ୍ତରର ଯାବତୀୟ ବୁଝିବା ବସ୍ତୁତଃ ପ୍ରାୟ ପ୍ରୟୋଜନରେ ପଡ଼ି ନିରନ୍ତର ଖାଲି ନରଖର ହିଁ ହେଉଥାନ୍ତି। ମାତ୍ର ଅତିମାନସର ରୀତି ସଂପୂର୍ଣ୍ଣ ଭାବରେ ଅଲଗା ପ୍ରକାରର ଏବଂ ଅଲଗା ଆଚାରର। ମୋଟେ କୌଣସି ବାଧ୍ୟବାଧକତା ନାହିଁ। ଏହି ମନଟା ଯେତେ ଯେତେ ଚେଷ୍ଟା କଲେ ମଧ୍ୟ ବ୍ୟକ୍ତି ଏବଂ ସମୂହଗୁଡ଼ିକର ଜୀବନରେ ପ୍ରକୃତରେ କ'ଣ ସବୁ ଅନ୍ୟ ପ୍ରକାରର ସମ୍ଭାବନା ସତ୍ୟ ହୋଇ ଆସିବ, ତାହାର ପତ୍ତା ହିଁ ପାଇବନାହିଁ। ଏବଂ, ସେହି ପ୍ରକ୍ରିୟାଟି ନିମନ୍ତେ ଏହି ମନର ସସୀମଗୁଡ଼ିକ ଭିତରେ ଥାଇ ଏପରି ଅଲଗା ଏକ ସୂତ୍ରର ନିରୂପଣ କରିଦେବା, – ସେଇଟିର ତ କୌଣସି ପ୍ରଶ୍ନ ହିଁ ଉଠିବ ନାହିଁ। ଅର୍ଥାତ୍ ବାହାର ବୁଦ୍ଧି, ଉପରୁ ଆଣି ଲଦି ଦିଆ ଯାଇଥିବା କୌଣସି ଚତୁର ଆବିଷ୍କାର ମୋଟେ କୌଣସି କାମର ହେବନାହିଁ। ଆମର ଏହି ମନଟି ତ କେତେ ଶବ୍ଦ ଏବଂ ବାକ୍ୟମାନଙ୍କୁ ସଜାଇ କହିଦେଇ ପାରୁଛି ବୋଲି କେତେ କେତେ ପ୍ରତ୍ୟୟ ସହିତ ଭାବୁଥିବ, ମାତ୍ର କ'ଣ କହିବାକୁ ଯାଇ ସର୍ବତ୍ର ଆଉଗୋଟାଏ କ'ଣ ଅବଶ୍ୟ କହି ପକାଉଥିବ।

ତେଣୁ, ଏହି ଅବସ୍ଥାଟିକୁ ପାର ହୋଇ ସେହି ପରବର୍ତ୍ତୀ ପାଇଁ ସମର୍ଥ ହେବା, ଏହା ହଠାତ୍ କଦାପି ଆସିଯିବ ନାହିଁ। ସେଥିପାଇଁ ଦୀର୍ଘ ପ୍ରସ୍ତୁତି ଆବଶ୍ୟକ ହେବ, – ଅତ୍ୟନ୍ତ ସଚେତନ ତଥା ସମ୍ମତ ଭାବରେ ହିଁ ସେଇଟିକୁ କରିବାକୁ ହେବ। ବରଂ, ଏପରି କୁହାଯାଇ ପାରିବ ଯେ, ସତେଅବା ସେଇଟି ଆମର ଏହି ପୃଥ୍ୱୀ-ପ୍ରକୃତିର ଭୂମିଟି ଉପରେ ଆତ୍ମଜ୍ଞାନର ସମଗ୍ର ଆଲୋଡ଼ନ ରୂପେ ଓହ୍ଲାଇ ଆସି ଆମକୁ ସ୍ପର୍ଶ କରିବ, ପ୍ଲାବିତ କରି ଦେଉଥିବ ଓ ଯୁଗପତ୍ ଭାବରେ ଆମର ମନ, ପ୍ରାଣ ତଥା ସ୍ଥୁଳ ଶରୀରଟିକୁ ମଧ୍ୟ ଆପଣା ମଧ୍ୟକୁ ଗ୍ରହଣ କରିନେବ। ଉପଲବ୍ଧି ହେବାକୁ ଲାଗିବ ଯେ, ଗୋଟାଏ ପରଦା ଏତେ ଦିନଯାଏ ମଝିରେ ରହିଥିଲା, ଆମକୁ ସେଇଟି ପାଇଁ ଏବଂ ସେଇଟିକୁ ଆମପାଇଁ ଅନ୍ତରାଳ କରି ରଖିଥିଲା ଏବଂ ସତେଅବା କ'ଣ ଗୋଟିଏ ସଂଘଟିତ ହେବାରୁ ପରଦାଟି ସଂପୂର୍ଣ୍ଣ ଭାବରେ ଅପସରି ଗଲା। ଏବଂ ତାହା ସହିତ ଆଉ ଅଜ୍ଞାନର କୌଣସି ସେହି ପୂର୍ବପରିଣତି ମଧ୍ୟରେ ଆଦୌ କିଛି ଘଟିବନାହିଁ ଏବଂ ଏକ ପୂର୍ଣ୍ଣସଚେତନ ପରମ ଜ୍ଞାନ ହିଁ ଆମକୁ ଭୂମିରୂପେ ବ୍ୟବହାର କରି ସବୁକିଛି ଘଟାଇ ଅର୍ଥାତ୍ କରାଇ ନେଉଥିବ। ବର୍ତ୍ତମାନ ତ ଆମର ଜଗତଟିରେ ମନଶ୍ଚେତନାଟି ପ୍ରତିଷ୍ଠିତ ହୋଇ ରହିଛି, ମନୁଷ୍ୟରୂପୀ ମନଃସାମର୍ଥ୍ୟଯୁକ୍ତ ସତ୍ତାମାନେ ଏହି ପୃଥିବୀସ୍ଥ ଜୀବନକୁ ଆପଣାର ହିସାବ ଅନୁସାରେ ହିଁ ଯାହାକିଛି ଆକାର ଏବଂ ପ୍ରକାର ଦେଇ ପ୍ରତ୍ୟକ୍ଷ କରି ହିଁ ରଖିଛନ୍ତି। ସେହି ପୃଥିବୀ କ୍ରମେ ଏକ ପରବର୍ତ୍ତୀ ପରିବର୍ତ୍ତନ ନିମନ୍ତେ ପ୍ରସ୍ତୁତ ହୋଇ ଆସିଲାଣି ଏବଂ ସେହି କାରଣରୁ ଏଥର ଏକ ବିଜ୍ଞାନମୟ ପରମ ଚେତନାର ଏହି ପୃଥିବୀପୃଷ୍ଠରେ ପ୍ରତିଷ୍ଠା ହେବାକୁ ଯାଉଛି, ଯେତେବେଳେ କି ତଦନୁରୂପୀ ବିଜ୍ଞାନମୟ ଚେତନାକୁ ବହନ କରୁଥିବା ଏକ ମନୁଷ୍ୟସମୂହ ଗଠିତ ହୋଇ ଆସିବ ଏବଂ ତେଣୁ ଏହି ନୂତନ ଚେତନାଟି ମଧ୍ୟ ଏହି ନୂତନ ରୂପାନ୍ତରଟି ଲାଗି ପ୍ରସ୍ତୁତ ହୋଇ ରହିଥିବା ପୃଥ୍ୱୀପ୍ରକୃତିକୁ ଆପଣାର ପ୍ରଭାବମଣ୍ଡଳ ମଧ୍ୟକୁ ଅବଶ୍ୟ ଗ୍ରହଣ କରିନେବ।

ପୃଥିବୀସ୍ଥ ସମସ୍ତ ଜୀବନ ତଥା ଜୀବନଧାରୀ ସତ୍ତା, ଯେତେ ଯିଏ ଏହି ମାନସିକ ଅଜ୍ଞାନଯୁକ୍ତ ଅବସ୍ଥାରୁ ଊର୍ଦ୍ଧ୍ୱକୁ ଆରୋହଣ କରିବାଲାଗି ପ୍ରସ୍ତୁତ ହୋଇ ରହିଛନ୍ତି ଅଥଚ ଅତିମାନସ ଆଲୋକ ନିମନ୍ତେ ତଥାପି ପ୍ରସ୍ତୁତ ହୋଇ ନାହାନ୍ତି, ସେମାନଙ୍କୁ ମଧ୍ୟ ମଧ୍ୟବର୍ତ୍ତୀ ପାହାଚଗୁଡ଼ିକ ଦୃଶ୍ୟ ହୋଇ ଆସିବ। ସେହି ଅତିମାନସ ଆଲୋକ ଏବଂ ଶକ୍ତି ବିବର୍ତ୍ତନ-ପ୍ରକ୍ରିୟାର ଅଗ୍ରଭାଗରେ ରହି ସମ୍ଭବତଃ ସମୁଦାୟ ପ୍ରକ୍ରିୟାଟି ଉପରେ ମଧ୍ୟ ଏକ ପରିଣାମ ଘଟାଇବ : ପୃଥ୍ୱୀତତ୍ତ୍ୱର ନିମ୍ନତର ସୋପାନମାନଙ୍କରେ ମଧ୍ୟ ତାହା ଫଳରେ ପରିବର୍ତ୍ତନମାନ ସମ୍ଭବ ହେବ। ଏ ପର୍ଯ୍ୟନ୍ତ ତ ଏଠି କେତେ

କେତେ ବିସଙ୍ଗତି, ଅନ୍ଧ ଅନ୍ୱେଷଣ, ବହୁ ବହୁ ସଂଗ୍ରାମ ଓ ସଂଘର୍ଷର ନାନା ଘାତପ୍ରତିଘାତ, ନାନାବିଧ ଅତ୍ୟାଶା ତଥା ନିରାଶା, ନାନା ଦ୍ୱନ୍ଦ୍ୱ ତଥା ବହୁମିଶ୍ରଣ ଏହି ପୃଥିବୀକୁ ବିକ୍ଷୋଭ ଦ୍ୱାରା ପୂର୍ଣ୍ଣ କରି ରଖିଛି ଏବଂ ଭାରସାମ୍ୟଗୁଡ଼ିକୁ ନଷ୍ଟ କରି ଦେଇଛି। ସେହି ସ୍ଥିତିରେ ଏକ ଭାରସାମ୍ୟ ସମ୍ଭବ ହୋଇ ଆସିବ, ଏକ ସମ୍ମୁଖମୁଖୀ ଜୀବନ ଏବଂ ଚେତନା ଅନୁକୂଳତା ଲାଭ କରିବ, ଏକ ଅଧିକ ସୁସ୍ଥ ଜୀବନଧାରା ମଧ୍ୟ ସମ୍ଭବ ହୋଇ ଆସିବ। ଏହି ପର୍ଯ୍ୟାୟର ପାହାଚଉଠାଟି କିନ୍ତୁ ଆଦୌ କୋଳାହଳମୟ ହେବନାହିଁ କିମ୍ବା ସତେଅବା କାହାକୁ ଟାଣି ଓଟାରି କିମ୍ବା ବାଧ୍ୟ କରି ନେଇ ଯାଉଥିଲା ପରି ଲାଗୁନଥିବ। କାରଣ, ସେତେବେଳକୁ ଆମ ନିଜ ଭିତରର ଦିବ୍ୟ ଅଂଶଟି ମଧ୍ୟ ଆମ ସହିତ ନିଶ୍ଚୟ ରହିଥିବ। ଆହୁରି ଅଧିକ ଭାବରେ କହିଲେ, ସେହି ଅଂଶଟି ତ ଧର୍ମତଃ ସର୍ବଦା ହିଁ ବାହାରକୁ ଆସିବା ନିମନ୍ତେ ଅପେକ୍ଷା କରି ରହିଥାଏ; ତେଣୁ, ଆମେ ପ୍ରସ୍ତୁତ ହୋଇଗଲେ ପ୍ରାୟ ଗୋଟାସୁଦ୍ଧା ଆପେ ଆପେ ହିଁ ଆସି ପହଞ୍ଚିଯାଏ, ଅନୁଭୂତ ହେଉଥାଏ।

ସତେଅବା ସବୁକିଛି ସ୍ୱଷ୍ଟ ହୋଇ ଯାଉଥିବ। ଭିତରେ ଏବଂ ବାହାରେ ସବୁକିଛି ଅଧିକ ଜୀବନ୍ତ ସଦୃଶ ଲାଗିବ। ଜୀବନର ସକଳ ସୁଯୋଗ ତଥା ସେଗୁଡ଼ିକର ପଛରେ ରହିଥିବା ସବୁକିଛି ବାଧାର ସମ୍ମୁଖୀନ ହେଉଥିବା ସମୟରେ ଆଗପରି ଆଉ ମୋଟେ କାହାସହିତ ଯୁଦ୍ଧ ଲଢୁଥିବା ପରି ପ୍ରତୀତ ହେବନାହିଁ। ଚେତନା ଅଚେତନା ମଧ୍ୟରେ, ଆଲୋକ ଓ ଅନ୍ଧାର ଭିତରେ, ବହୁପ୍ରକାରେ ଲାଗି ଆସିଥିବା ଆମର ପାରମ୍ପରିକ ସମରଗୁଡ଼ିକୁ ନେଇ ଲିପ୍ତ ରହିବାକୁ ପଡ଼ିବନାହିଁ, – ଅନୁକ୍ଷଣ ହିଁ ଅଲୋକରୁ ଆହୁରି ଅଧିକ ଆଲୋକ ମଧ୍ୟକୁ ଚାଲି ଯାଉଥିବା ପରି ଅନୁଭବ ହେଉଥିବ। ସେହି ବୃହତ୍ତର ଅତିମାନସ ଶକ୍ତି ଯେ ସକ୍ରିୟ ହେବାକୁ ଆରମ୍ଭ କରୁଛି, ସର୍ବଦା ସେହିପରି ଲାଗୁଥିବ ଏବଂ ଭରସା ଦେବାରେ ଲାଗିଥିବ। ସତେଯେପରି କଠିନମାନେ ସହଜ ସହଜ ମନେ ହେଉଥିବେ ଓ ଅମାପ ବିଶ୍ୱାସ ଦେଇ ଯାଉଥିବେ। ଅତିମାନସର ସ୍ୱଭାବଟି ମଧ୍ୟରେ ହିଁ ଏକ ମୂଳଧର୍ମ ରୂପେ ଏପରି ସାମର୍ଥ୍ୟଟିଏ ରହିଛି, ଯାହାକି ଖଣ୍ଡଗୁଡ଼ିକୁ ଯୋଡ଼ି ଯୋଡ଼ି ଆଣେ ଏବଂ ଅସମଞ୍ଜସଗୁଡ଼ିକୁ ସମଞ୍ଜସ କରି ବି ଦିଏ। ବିରୋଧମାନ ଥାଆନ୍ତି, ବୈଚିତ୍ର୍ୟମାନେ ମହଜୁଦ ରହିଥାନ୍ତି; ତଥାପି ଏକ ସମଗ୍ରତା ଏବଂ ସମନ୍ୱୟକୁ ପ୍ରତିଷ୍ଠିତ କରି ରଖିବାରେ ସମସ୍ତେ ସହଯୋଗ ମଧ୍ୟ କରୁଥାନ୍ତି। ବିସଙ୍ଗତିଗୁଡ଼ିକ ଏକ ବୃହତ୍ତର ତଥା ପୂର୍ଣ୍ଣତର ସଙ୍ଗତି ମଧ୍ୟରେ ସତେଅବା ପରସ୍ପରର ପରିପୂରକ ହୋଇ ରହିଥାନ୍ତି। ଏପରିକି, ଚେତନାର ସେହି ଉଚ୍ଚତର ସୋପାନଟି ଅନେକ ସମୟରେ ବିରୋଧମାନଙ୍କୁ ପ୍ରୋତ୍ସାହନ ବି ଦେଉଥାଏ ଏବଂ ଆଦୌ କୌଣସିଟିକୁ ହିଁ ବର୍ଜନ

କରେନାହିଁ; ମାତ୍ର ସେଗୁଡ଼ିକୁ ଏପରି ପ୍ରସ୍ତୁତ କରି ଆଣେ, ଯାହାଫଳରେ ସେମାନେ ପରସ୍ପରର ଅସ୍ତିତ୍ୱକୁ ସ୍ୱୀକୃତି ମଧ୍ୟ ଦିଅନ୍ତି। ତେଣୁ, ପ୍ରତ୍ୟେକ କ୍ଷେତ୍ରରେ ହିଁ ଭଲି ଭଲି ମାର୍ଗ ମହଜୁଦ ମଧ୍ୟ ରହିଥାଏ। ଭିନ୍ନ ଭିନ୍ନ ଅନୁଭବର ସୁଯୋଗକୁ ମଧ୍ୟ ଗ୍ରହଣ କରନ୍ତି ଏବଂ ସର୍ବୋପରି, ସେହି ଯାବତୀୟ ଭଲି ଭଲି ଭିତରେ ତଥାପି ଏକ ମୂଳଭୂତ ଏକତାକୁ ଦେଖି ପାରୁଥାନ୍ତି। ଏବଂ ସେହି କାରଣରୁ, ସେତେବେଳେ ଜୀବନର ବୃହତ୍ କ୍ଷେତ୍ରରେ ବାସ୍ତବ ଜୀବନଟିରେ ମଧ୍ୟ ଯୁଗପତ୍ ଭାବରେ ସର୍ବବିଧ ବୈଚିତ୍ର୍ୟ ମଧ୍ୟରେ ଏକତ୍ୱଟିକୁ ବଞ୍ଚିହୁଏ; ନିଜ ଭିତରେ ବଞ୍ଚି ହୁଏ ତଥା ବାହ୍ୟ ଅର୍ଥାତ୍ ସାମୂହିକ ଜୀବନରେ ମଧ୍ୟ ବଞ୍ଚି ହୁଏ। ମନଟା ସେତେବେଳେ ଆପଣାର ସ୍ୱଭାବଚାଳିତ ବହୁ ଅଜ୍ଞାନ ଓ ବିଭାଜନ ଭିତରେ ଛନ୍ଦି ହୋଇ ରହିଥିଲେ ମଧ୍ୟ ଅତିମାନସ ତାହାକୁ ତଥାପି ବୁଝେ ଏବଂ ଅଜ୍ଞାନର ପରସ୍ତଗୁଡ଼ିକ ତଳେ ପ୍ରଚ୍ଛନ୍ନ ହୋଇ ଅବସ୍ଥାନ କରୁଥିବା ସତ୍ୟ ଏବଂ ସମଞ୍ଜସତାକୁ ବିବର୍ତ୍ତିତ କରି ଆଣିବାରେ କ୍ରିୟା କରୁଥାଏ । ତେଣୁ, ସେହି ଚେତନାଯୁକ୍ତ ଜଣେ ବ୍ୟକ୍ତି ସେହି ସାମର୍ଥ୍ୟଟି ହେତୁ ସକଳ ବିରୋଧ ଏବଂ ବିଭେଦ ସତ୍ତ୍ୱେ ସବୁକିଛିକୁ ଗୋଟିଏ ଯଥାର୍ଥ ଐକ୍ୟଦ୍ୱାରା ଯୁକ୍ତ କରି ଆଣିପାରେ। ତାହାର ସେହି ସାମର୍ଥ୍ୟଟି ହେଉଛି ବିଜ୍ଞାନମୟ ଚେତନାର ସାମର୍ଥ୍ୟ।

ପୃଥିବୀର ବର୍ତ୍ତମାନ ଅବସ୍ଥାରେ ଆହୁରି ବହୁ ବହୁ ପରିବର୍ତ୍ତନ ନହେବାଯାଏ ସେହି ସ୍ଥିତିଟି ହୁଏତ କଦାପି ସମ୍ଭବ ହେବନାହିଁ; ମାତ୍ର ସେହିଭଳି ଗୋଟିଏ ନୂତନ ଶକ୍ତିର ଏଠାରେ ଆବିର୍ଭାବ ଘଟିଲେ ତାହା ଖୁବ୍ ସ୍ୱାଭାବିକ ଅବଶ୍ୟ ହେବ ଏବଂ ପୃଥିବୀଯାକ ଅବଶ୍ୟ ତାହାର ପ୍ରଭାବ ପଡ଼ିବ। ଅର୍ଥାତ୍, ବିଜ୍ଞାନମୟ ସତ୍ତାର ଆବିର୍ଭାବରେ ହିଁ ଏହି ପୃଥିବୀପୃଷ୍ଠରେ ଏକ ଅଧିକ ସମଞ୍ଜସତାଯୁକ୍ତ ବ୍ୟବସ୍ଥା ବିବର୍ତ୍ତିତ ହୋଇ ଆସିବ ବୋଲି ଆଶା ସ୍ଥାପନ କରିହେବ।

ସେହି ଅତିମାନସ ସ୍ୱଭାବ ବହନ କରୁଥିବା ଜାତି ବା ସମୂହଟି କଦାପି ଏକ ଗୋଟିଏମାତ୍ର ନିର୍ଦ୍ଦିଷ୍ଟ ପ୍ରକାରର ହେବେନାହିଁ, ସମସ୍ତେ କେବେହେଲେ ଗୋଟିଏ ଛାଞ୍ଚରେ ତିଆରି ହୋଇ ନଥିବେ। ବସ୍ତୁତଃ, ଏକ ସର୍ବ-ସଂଯୋଗକାରୀ ଏକତା ମଧ୍ୟରେ ବହୁ ବୈଚିତ୍ର୍ୟ ଓ ବିଭିନ୍ନତା ରହିବ। ବ୍ୟକ୍ତିମାନେ କଦାପି ଗୋଟିଏ ପ୍ରକାରର ଛାଞ୍ଚରେ ଢ଼ଳା ହୋଇ ତିଆରି ହୋଇ ନଥିବେ। ବ୍ୟକ୍ତି ବ୍ୟକ୍ତି ମଧ୍ୟରେ ବହୁ ପାର୍ଥକ୍ୟ ରହିବ, ପ୍ରତ୍ୟେକେ ଅନ୍ୟମାନଙ୍କ ଠାରୁ ଅଲଗା ହେବେ ଓ ଅଲଗା ଦିଶିବେ। ଆହୁରି ଅଧିକ ପ୍ରାଞ୍ଜଳ କରିଦେଇ କହିଲେ, ବିଜ୍ଞାନମୟ ସୋପାନସ୍ତରର ଜଣେ ବ୍ୟକ୍ତିକୁ ଅଧ୍ୟାତ୍ମ-ଜୀବନର ସର୍ବୋଚ୍ଚ ଦୃଶ୍ୟମାନ ରୂପ ବୋଲି କୁହାଯିବ। ସେହି ବ୍ୟକ୍ତିର ଜୀବନଧାରଣ, ଭାବନା, ଜୀବନ ବଞ୍ଚିବା ଏବଂ କ୍ରିୟା କରିବା, – ଏହି ସବୁକିଛି ହିଁ

ଏକ ବହୁବିସ୍ତାରଯୁକ୍ତ ବିଶ୍ୱସ୍ତରୀୟ ଆଧ୍ୟାତ୍ମିକତା ଦ୍ୱାରା ପରିଚାଳିତ ହେଉଥିବ। ସତ୍, ଚିତ୍ ଓ ଆନନ୍ଦ, – ଏହି ତିନୋଟିଯାକ ଆଧାରତତ୍ତ୍ୱ ସେହି ବ୍ୟକ୍ତିର ସ୍ୱଚେତନା କ୍ଷେତ୍ରରେ ବାସ୍ତବ ହୋଇ ରହିଥିବେ ଏବଂ ତାହାର ଅନ୍ତର୍ଗତ ଜୀବନରେ ଉପଲବ୍ଧ ମଧ୍ୟ ହୋଇଥିବେ। ତାହାର ସବୁଦାୟ ଜୀବନ ସେହି ବିଶ୍ୱାତୀତ ତଥା ବିଶ୍ୱମୟ ପରମ ଆତ୍ମାଙ୍କର ଅଭେଦ ବିଦ୍ୟମାନତା ଦ୍ୱାରା ପରିଶାସିତ ହେବ, ତାହାର ଯାବତୀୟ କର୍ମ ମଧ୍ୟ ସେହି ପରମ ଶୃଙ୍ଖଳାରୁ ଉତ୍ସାରିତ ହୋଇ ଆସୁଥିବ। ନିଜର ପ୍ରକୃତିଦତ୍ତ ସତ୍ତାଟିକୁ ସିଏ କେବଳ ସେହି ପରମା ବିଶ୍ୱଜନନୀଙ୍କର ଶକ୍ତି ମଧ୍ୟରୁ ସମ୍ଭୂତ ହୋଇ ଆସିଥିବା ପରିପ୍ରକାଶ ରୂପେ ଅନୁଭୂତ ହେବାରେ ଲାଗିଥିବ। ନିଜ ଭିତରର ଏକ ପରମ ମୁକ୍ତ ଭାବ ହିଁ ସେହି ବ୍ୟକ୍ତିକୁ ସର୍ବଦା ସଚେତନ ତଥା ଜୀବନମୟ କରି ରଖିଥିବ, ଏକ ଅନ୍ତର୍ଗତ ଆନନ୍ଦ ହିଁ ସର୍ବଦା ଅନୁଭୂତ ହେବ – ସମୁଦାୟ ବିଶ୍ୱର ସବୁଟି ସହିତ ଏକ ସହଜ ସହାନୁଭୂତିର ଭାବନା ତାକୁ ସତତ ଯୁକ୍ତ କରି ରଖିଥିବ। ପ୍ରତ୍ୟେକ ସତ୍ତାକୁ ସେ ନିଜଠାରୁ ଅଭିନ୍ନ ବୋଲି ଅନୁଭବ କରିବ। ପୃଥିବୀଯାକର ସକଳ ପ୍ରକାର ତଥା ସାମର୍ଥ୍ୟ ସହିତ ତାହାର ସର୍ବଦା ଏକ ତାଦାତ୍ମ୍ୟର ସମ୍ପର୍କ ଥିବ। ମାତ୍ର, ସେହି ସକଳ ବିଶ୍ୱ ସହିତ ତାହାର ସେହି ଖିଅ ଯୋଡ଼ି ରହିବା ମଧ୍ୟରେ ସିଏ ତଥାପି ଆଦୌ କୌଣସି ନିମ୍ନତର ଶକ୍ତିର ଫାଶ ଭିତରେ ଯାଇ ପଡ଼ି ଯାଉନଥିବ ବା ଆପଣା ସ୍ୱକୀୟ ଉଚ୍ଚତମ ଜୀବନସତ୍ୟରୁ ମଧ୍ୟ କଦାପି ଓହରି ରହି ଯିବନାହିଁ। ପ୍ରତ୍ୟେକ ସତ୍ୟକୁ ସିଏ ସେଗୁଡ଼ିକର ସମୁଚିତ ସ୍ଥାନଗୁଡ଼ିକରେ ଅବଶ୍ୟ ଥାପି ରଖି ପାରୁଥିବ, ଏକ ବୈଚିତ୍ର୍ୟପୂର୍ଣ୍ଣ ଏକତା ମଧ୍ୟରେ ସେଗୁଡ଼ିକୁ ଅବଶ୍ୟ ଦେଖି ପାରୁଥିବ। ଆପଣାର ତଥା ସମଗ୍ର ଜୀବନ ତାକୁ ଏକ ନିଖୁଣ କଳାକୃତି ସଦୃଶ ବୋଧ ହେଉଥିବ।

ଜଣେ ବିଜ୍ଞାନଚେତନାଯୁକ୍ତ ବ୍ୟକ୍ତି ଏହି ସଂସାର ଭିତରେ ହିଁ ରହିବ ଏବଂ ସଂସାରର ଜଣେ ହୋଇ ରହିବ; କିନ୍ତୁ ତଥାପି ଆପଣାର ଚେତନାରେ ସେହି ସଂସାରଟି ଠାରୁ ସର୍ବଦା ଅଧିକ ହୋଇ ମଧ୍ୟ ରହିଥିବ ଏବଂ ସେଥିପାଇଁ ସେଇଟିଠାରୁ ଏକ ଉର୍ଦ୍ଧ୍ୱତର ଭୂମିରେ ହିଁ ନିଜର ଜୀବନକୁ ବଞ୍ଚୁଥିବ। ସିଏ ଆପଣାକୁ ବିଶ୍ୱମଧ୍ୟରେ ବ୍ୟାପ୍ତ କରି ରଖିଥିବ, ତଥାପି ଏଠାରେ ସ୍ୱାଧୀନ ହୋଇ ବିଚରଣ କରୁଥିବ। ଜଣେ ବ୍ୟକ୍ତି ହୋଇ ବଞ୍ଚୁଥିବ, ମାତ୍ର କୌଣସି ପ୍ରକାରର ଏକ ପୃଥକ୍‌କାରୀ ସତ୍ତାରୂପେ ତଥାପି ନିଜକୁ ଅସଂଲଗ୍ନ କରି ରଖିନଥିବ। ଯଥାର୍ଥ ବ୍ୟକ୍ତି ଆପଣାର ଯାବତୀୟ ବ୍ୟକ୍ତିବୈଶିଷ୍ଟ୍ୟ ସତ୍ତ୍ୱେ ତଥାପି କୌଣସି ଅଲଗା ସତ୍ତାରୂପେ ରହି ନଥିବ। ଏହି ପରିପ୍ରେକ୍ଷୀରେ ଅତିମାନସ ଚେତନାଯୁକ୍ତ ଜଣେ ବ୍ୟକ୍ତିକୁ ଆମେ ସକଳ ଅର୍ଥରେ ଜଣେ ପରିପୂର୍ଣ୍ଣ ମନୁଷ୍ୟବ୍ୟକ୍ତି ବୋଲି ଅବଶ୍ୟ କହିପାରିବା : ଆପଣାର ସକଳ ଉପଲବ୍ଧିରେ ତଥା ଆତ୍ମଅଭିବ୍ୟକ୍ତିରେ

ପୂର୍ଣ୍ଣତା ଲାଭ କରିଥିବା ଜଣେ ବ୍ୟକ୍ତି। ଏକ ବିଶାଳ ସମଗ୍ରତା ଭିତରେ ଯାହାର ସବୁଯାକ ଉପାଦାନ ସର୍ବୋଚ୍ଚ ମାତ୍ରାରେ ପରିପୂର୍ଣ୍ଣତା ଲାଭ କରିଛି, ସେହିପରି ଜଣେ ବ୍ୟକ୍ତି। ଆମେ ସାଧାରଣ ମନୁଷ୍ୟମାନେ ତ କେତେଭଳି ଅପୂର୍ଣ୍ଣତା ଓ ସାମର୍ଥହୀନତା ତଥା ବିସଙ୍ଗତି ମଧ୍ୟରେ ଅଧିକାଂଶତଃ ଘାରି ହୋଇ ରହିଥାଉ। ତାହାର କାରଣ ହେଉଛି ଯେ, ଆପଣାର ଗଠନଗୁଡ଼ିକରେ ଆମେ ଖୁବ୍ ଅସଂପୂର୍ଣ୍ଣ ଏବଂ ଅପୋଖତ ହୋଇ ରହିଥାଉ। ଆମର ଆତ୍ମସତା ଓ ସ୍ୱଭାବ ଉପରେ ସଂପୂର୍ଣ୍ଣ ଭାବରେ ଅଧିକାରୀ ହୋଇ ନଥାଉ, ଆତ୍ମଜ୍ଞାନରେ ନାନା ଅଭାବଦ୍ୱାରା ଅତ୍ୟନ୍ତ ଅସମର୍ଥ ହୋଇ ରହିଥାଉ। ଏହି ଯାବତୀୟ ଅଭାବମୋଚନ ତ ସେହି ଅତିମାନସ ଅର୍ଥାତ୍ ବିଜ୍ଞାନମୟ ସ୍ତରରେ ଯାଇ ଉପଲବ୍ଧ ହୁଏ ଏବଂ ଆପଣା ଉପରେ ନିଜର ଅଧିକାର ସେତିକିବେଳେ ହିଁ ସମ୍ଭବ ହୁଏ। କେବଳ ଆପଣା ସ୍ୱଭାବର ନିୟନ୍ତ୍ରଣକ୍ଷେତ୍ରରେ ନୁହେଁ, ଆପଣାକୁ ସଂପୂର୍ଣ୍ଣପଣେ ଅଭିବ୍ୟକ୍ତ କରିବାର କ୍ଷେତ୍ରଗୁଡ଼ିକରେ ବି ସମ୍ଭବ ହୋଇଥାଏ। ନିମ୍ନତର ସବୁକିଛି ଅସମ୍ପୂର୍ଣ୍ଣ ହୋଇ ରହିଥାଏ, କିନ୍ତୁ ଅତିମାନସ ସୋପାନଟିରେ ସେହି ଅଭାବସକଳ ଦୂର ହିଁ ହୋଇ ଯାଆନ୍ତି; ଏକ ପରିପୂର୍ଣ୍ଣ ସ୍ୱାଧୀନ ଇଚ୍ଛା ସହିତ ଅତିମାନସ ଯାହାକିଛିକୁ ବ୍ୟକ୍ତ କରିବାକୁ ଅଥବା ନକରିବାକୁ ନିଷ୍ପତ୍ତି କରୁଥିବ, ତାହା ଅବଶ୍ୟ କରୁଥିବ। ତାହାର କ୍ରିୟାଶୀଳ ହେବାର କୌଣସି କ୍ଷେତ୍ରରେ ନିଷିଦ୍ଧତାର ଆଦୌ କୌଣସି ବୋଧ କେତେବେଳେ ହେଲେ ନଥିବ।

ବର୍ତ୍ତମାନର ସ୍ଥିତିରେ ଆମର ଏକ ପ୍ରାୟ ସର୍ବାଧିକ ଅବସରରେ ଦୁଃଖ ହେଉଛି ଯେ, – ଏହି ଦୁଃଖସବୁ ଆମର ବାହ୍ୟ ଜୀବନରେ ହୋଇଥାଏ ଏବଂ ଆମର ଅନ୍ତର୍ଗତ ଜୀବନରେ ସେଗୁଡ଼ିକର ପ୍ରତିକ୍ରିୟା ହେତୁ ମଧ୍ୟ ହୋଇଥାଏ – ବୃହତ୍ତର ପୃଥିବୀଟି ସହିତ ଆମର ଯାବତୀୟ ସମ୍ପର୍କରେ ବହୁତ ଅପୂର୍ଣ୍ଣତା ରହିଥାଏ, ଅନ୍ୟମାନଙ୍କ ଆମେ ବିଷୟରେ ବହୁପ୍ରକାରେ ଅଜ୍ଞାନ ରହିଥାଉ, ବସ୍ତୁସମଗ୍ର ସହିତ ଆମର କୌଣସି ସମଞ୍ଜସତା ନଥାଏ ଏବଂ, ପୃଥିବୀ ଆମ ଉପରେ ଯେଉଁସବୁ ଦାବୀ କରୁଥାଏ, ଆମେ ସ୍ୱୟଂ ପୃଥିବୀ ଉପରେ କରୁଥିବା ଦାବୀମାନଙ୍କ ସହିତ ତାହାର ଆଦୌ କୌଣସି ସମାନତା ମଧ୍ୟ ସମ୍ଭବ ହୋଇ ପାରୁନଥାଏ। ତେଣୁ, ଅନୁକ୍ଷଣ ଦ୍ୱନ୍ଦ୍ୱ ଲାଗି ହିଁ ରହିଥାଏ। ଏବଂ, ସେହି ଦ୍ୱନ୍ଦ୍ୱରୁ ନିସ୍ତାର ଲାଭ କରିବା ନିମନ୍ତେ ଆମେ ପୃଥିବୀ ପାଖରୁ ଓ ନିଜପାଖରୁ ପଳାୟନ କରିବା ବ୍ୟତୀତ ଆଉ କୌଣସି ଉପାୟ ନଥିବା ପରି ବୋଧ ହେଉଥାଏ। ଆମେ ଆପଣାକୁ ପ୍ରତିଷ୍ଠିତ କରି ରଖିବାରେ ଲାଗିଥାଉ ଏବଂ ସେହି ପ୍ରତିଷ୍ଠାଟାକୁ ପୃଥିବୀ ଉପରେ ନେଇ ଲଦିଦେବାକୁ ମଧ୍ୟ ଇଚ୍ଛା କରୁଥାଉ। କାରଣ, ପୃଥିବୀଟା ଆମଲାଗି ଏକାବେଳେକେ ବହୁତ ବଡ଼ ବୋଲି ମନେ ହେଉଥାଏ। ଆମ

ଜୀବନର ଲକ୍ଷ୍ୟ ତଥା ଗତିଦିଗ ସହିତ ପୃଥିବୀର ଲକ୍ଷ୍ୟ ତଥା ଗତିଦିଗର ଆଦୌ କିଛି ସମ୍ପର୍କ ରହିଛି ବୋଲି ଆମ ପାଖରେ ଆଦୌ ସ୍ପଷ୍ଟ ହୋଇ ପାରୁନଥାଏ ଏବଂ ତେଣୁ ତାହା ସହିତ ନିଜକୁ ସମଞ୍ଜସ କରି ରଖିବା ସକାଶେ ଆମକୁ ହୁଏତ ନିଜକୁ ନେଇ ତା' ଉପରେ ଲଦି ଦେବାକୁ ପଡ଼େ ଓ ତାହାକୁ ଆପଣାର ଅଧୀନ କରି ରଖିବାକୁ ହୁଏ ନଚେତ୍ ଆପଣାକୁ ଦବାଇ ରଖି ପୃଥିବୀର ଅଧୀନସ୍ଥ ହୋଇ ରହିବାକୁ ହୁଏ ଅଥବା ଯେକୌଣସି ପ୍ରକାରେ ଆମ ବ୍ୟକ୍ତିଗତ ଜୀବନର ନିୟତି ଓ ସମଗ୍ର ବିଶ୍ୱ ତଥା ତାହାପଛରେ ପ୍ରଚ୍ଛନ୍ନ ହୋଇ ରହିଥିବା ଉଦ୍ଦେଶ୍ୟଟି ମଧ୍ୟରେ ଯେପରି ହେଉ ପଛକେ ଏକ ଯାହିତାହି ଭାରସାମ୍ୟ ସମ୍ଭବ କରି ଆଣି ପାରିବାରେ ବେଶ୍ କଷ୍ଟକର ପ୍ରୟାସମାନ କରିବାକୁ ହେଉଥାଏ। ମାତ୍ର, ଅତିମାନସ ଚେତନାଭୂମିରେ ଏହିସବୁ ଆୟାସ କରିବା ଆଦୌ ପ୍ରୟୋଜନ ହୁଏନାହିଁ, ସେତେବେଳେ ଏକ ବିଶ୍ୱଚେତନାକୁ ବହନ କରି ବଞ୍ଚିହୁଏ। କାରଣ, ସେତେବେଳେ ଅହଂ ବୋଲି କୌଣସି ସ୍ୱତନ୍ତ୍ର ସ୍ଥିତି ମଧ୍ୟ ନଥାଏ। ବିଶ୍ୱ ସହିତ ଏକ ସଚେତନ ସମ୍ବନ୍ଧ ଯୋଡ଼ି ଅବଶ୍ୟ ବଞ୍ଚିହୁଏ।

କାରଣ, ବସ୍ତୁତଃ ବ୍ୟକ୍ତି ଏବଂ ବିଶ୍ୱ କେବଳ ଯୁଗପତ୍ ଭାବରେ ହିଁ ଅବସ୍ଥିତ ଅଛନ୍ତି, ସେହି ଗୋଟିଏ ବିଶ୍ୱାତୀତ ପରମସତ୍ତାର ଅଭିବ୍ୟକ୍ତି ସ୍ୱରୂପ ଗୋଟିଏ ଆରଟି ସହିତ ସମ୍ବନ୍ଧିତ ହୋଇ ରହିଛନ୍ତି। ଅଜ୍ଞାନଦ୍ୱାରା ନିର୍ଦ୍ଧାରିତ ହେବାରେ ଲାଗିଥିବା ଏହି ଅସ୍ତିତ୍ୱର ଭୂମିରେ ଦୁଇଟି ମଧ୍ୟରେ ଦ୍ୱନ୍ଦ୍ୱ ହିଁ ଲାଗିରହିଛି ଓ ଗୋଟିଏ ଆଉଗୋଟିଏ ସହିତ ସୁସ୍ଥ ଭାବରେ ଆଦୌ ଖାପ ଖାଇ ପାରୁନାହିଁ, ତଥାପି ଏକ ଭ୍ରମରହିତ ସମ୍ପର୍କ ଅବଶ୍ୟ ରହିଥିବ; ଆମର ଏହି ଅନ୍ଧବତ୍ ଅହଂଟି ସକାଶେ ଆମେ ସେହି ସମ୍ପର୍କଟିର କୌଣସି ସମୀକରଣ କରିବାରେ ଏକାନ୍ତ ଅସମର୍ଥ ହୋଇ ରହିଛୁ, ସବାଆଗ ସେହି ଅହଂର ପ୍ରତିଷ୍ଠିତ ହୋଇ ରହିବା ନିମନ୍ତେ ସକଳବିଧ ପ୍ରୟାସ କରିବାରେ ଲାଗିଛୁ। ଅତିମାନସର ସ୍ତରରେ ସେହି ଶ୍ରମ ଓ ପ୍ରୟାସର କୌଣସି ପ୍ରୟୋଜନ ହେବନାହିଁ । ବ୍ୟକ୍ତି ଏବଂ ବିଶ୍ୱ ମଧ୍ୟରେ କୌଣସି ଅସଂଲଗ୍ନତା ନଥିବ; ବିଶ୍ୱସତ୍ତାଟି ସହିତ ଏକତା ସ୍ଥାପିତ ହୋଇ ପାରିଥିବ କିନ୍ତୁ ବିଶ୍ୱ-ପ୍ରକୃତିର ଅଜ୍ଞାନଭୂମିରେ ବାନ୍ଧି ହୋଇ ରହିଥିବାର ଦୁର୍ଗତି ନଥିବ; ବରଂ ଏକ ପରମ ସତ୍ୟର ସନ୍ଦୀପନ ସହିତ ଯୁକ୍ତ ହୋଇ ରହିଥିବା ଏକ ଶକ୍ତି ସେହି ଅଜ୍ଞାନ ଉପରେ ଅବଶ୍ୟ କ୍ରିୟା କରି ପାରୁଥିବ। ସେତେବେଳେ ସର୍ବବିଧ ଆତ୍ମ-ଅଭିବ୍ୟକ୍ତି ମଧ୍ୟରେ ଏକ ବୃହତ୍ ବିଶ୍ୱ-ଆବେଦନ ରହିଥିବ, ବିଶ୍ୱମୟ ସମଞ୍ଜସତା ପ୍ରତ୍ୟକ୍ଷ ପ୍ରାୟ ବିଦ୍ୟମାନ ରହିଥିବ। ସେହି ଏକୈବ ପରମସତ୍ତାର ଶକ୍ତି ଏକାବେଳେକେ ନାନା କଳାତ୍ମକ ବିଭିନ୍ନତାରେ ପୃଥିବୀରେ ପ୍ରକଟ ହେବାରେ ଲାଗିଛି ଏବଂ ଅତିମାନସ ସତ୍ତା ତେଣୁ ଧର୍ମତଃ ଏହି ପୃଥିବୀରେ ମଧ୍ୟ ସେହି ଚେତନାର

ନାନାବିଧ ପରିପ୍ରକାଶକୁ ଅବଶ୍ୟ ସ୍ୱୀକାର କରିବ ଏବଂ ସେହିଭଳି ଭୂମିଟିଏ ଉପରେ ନିଜକୁ ଆତଯାତ କରି ରଖିଥିବ। ଉଦ୍ଦେଶ୍ୟ, ଏକମାତ୍ର ଉଦ୍ଦେଶ୍ୟ ହେଉଛି ଏହିଭଳି ଅନେକ ହେବା, ବହୁବିଧ ହେବା ହିଁ ସୃଷ୍ଟିକର୍ତ୍ତାଙ୍କର ଆନନ୍ଦ । ବିଜ୍ଞାନମୟ ସତ୍ତା ସେହି ଆନନ୍ଦର ହିଁ ଏକ ଅନୁକ୍ଷଣବୋଧ ଦ୍ୱାରା ଆପଣାକୁ ଗତିସଚଳ କରି ରଖିଥିବ। ଏହି ସର୍ବମୟ ସତ୍ତା ଯେ ଏକ ଆନନ୍ଦମୟ ସତ୍ତା, ଏକ ଆନନ୍ଦଦ୍ୱାରା ପ୍ରେରିତ ଚେତନାଦ୍ୱାରା ଏଠାରେ ପୃଥିବୀରୂପେ ପ୍ରତିଭାତ ହୋଇ ରହିଛି, ଏବଂ ସେହି ଆନନ୍ଦର ପ୍ରକାଶ ନିମନ୍ତେ ଆଧାରରୂପେ ଅବସ୍ଥିତି ରହିଛି, ଚୈତ୍ୟ ସ୍ତରରେ ତାହାରି ଉପଲବ୍ଧି ହେଉଥିବ।

ମାତ୍ର, ସେହି ମୂଳଭୂତ ଏକତାଟି ଏଠାରେ ଆମ ସ୍ତରଟିରେ ବି ପ୍ରଚ୍ଛନ୍ନ ହୋଇ ରହିଥିଲେ ହେଁ ଆମେ ସେଇଟି ବିଷୟରେ ସଜ୍ଞାନ ହୋଇ ରହିନାହୁଁ, କାରଣ ଏଠାରେ ତ ସବୁକିଛି ଆମର ଅହଂଟା ଭିତରେ ହିଁ ଗଣ୍ଠି ପଡ଼ି ରହିଛି, ଅଲଗା ଅଲଗା ହୋଇ ରହିଛି, ପରସ୍ପରର ବିରୋଧ କରୁଛି ଓ ଅନ୍ୟମାନଙ୍କର ଆତ୍ମପ୍ରତିଷ୍ଠା ନିମନ୍ତେ ଉଦାସୀନ ହୋଇ ରହିଛି, ଜୀବନ ଉପରେ ସେମାନଙ୍କର ଦାବୀ ପ୍ରତି ଯଥେଷ୍ଟ ପରିଣାମରେ ସକ୍ରିୟ ଓ ସଚେତନ ହୋଇ ପାରୁନାହିଁ। ଅତିମାନସ ସତ୍ତା ସବୁଟି ସହିତ ଖିଅ ଲଗାଇ ଏକାତ୍ମ ହୋଇ ଯେହେତୁ ରହିଥିବ, ତେଣୁ ସିଏ ନିଜର ଜୀବନରେ ପରମ ବିଭୁଙ୍କର ପ୍ରକାଶ କରି ଯେଉଁପରି ଆନନ୍ଦର ଅଧିକାରୀ ହେବାଲାଗି ତତ୍ପର ରହିଥିବ, ଠିକ୍ ସେହିଭଳି ଅନ୍ୟ ସମସ୍ତଙ୍କର ଜୀବନକ୍ଷେତ୍ରରେ ମଧ୍ୟ ସେହି ଆନନ୍ଦର ପ୍ରକାଶ ନିମନ୍ତେ ତତ୍ପର ରହିଥିବ। ଏକ ବିଶ୍ୱମୟ ଆନନ୍ଦର ଅଧିକାରୀ ହୋଇ ସେ ଅନ୍ୟ ସମସ୍ତଙ୍କ ଜୀବନକୁ ମଧ୍ୟ ସେହି ଅଧ୍ୟାତ୍ମ ଆନନ୍ଦକୁ ବହନ କରି ଆଣିବାରେ ନିମିତ୍ତବତ୍ ଅବଶ୍ୟ କାର୍ଯ୍ୟ କରିବ। କାରଣ, ଅନ୍ୟ ସେହି ସମସ୍ତଙ୍କର ଆନନ୍ଦକୁ ସିଏ ନିଜ ଜୀବନର ଆନନ୍ଦ ପରି ଅନୁଭବ କରି ପାରୁଥିବ। ସକଳ ଜନଙ୍କର କଲ୍ୟାଣରେ ରତ ରହି, ସେମାନଙ୍କର ସୁଖ ଓ ଦୁଃଖକୁ ଆପଣାର ସୁଖଦୁଃଖ ବୋଲି ଗ୍ରହଣ କରିନେବ, – ଏହିଗୁଡ଼ିକୁ ହିଁ ଜଣେ ମୁକ୍ତ ତଥା ପୂର୍ଣ୍ଣ ଆଧ୍ୟାତ୍ମିକ ମନୁଷ୍ୟର ଲକ୍ଷଣ ରୂପେ ବର୍ଣ୍ଣନା କରାଯାଇଛି। ଏଭଳି ପରୋପକାରିତାର ଆଚରଣ କରିବାକୁ, ନିଜ ସୁଖର ପରିତ୍ୟାଗ ପୂର୍ବକ ଅନ୍ୟମାନଙ୍କର ସୁଖକୁ ଲୋଡ଼ିବାକୁ ଜଣେ ଅତିମାନସ ସତ୍ତାର ବସ୍ତୁତଃ ପ୍ରୟୋଜନ ହିଁ ନଥିବ, କାରଣ ଏହିସବୁ କାର୍ଯ୍ୟ ତ ତା' ଆତ୍ମ-ପରିପୂର୍ଣ୍ଣତାର ଅପରିହାର୍ଯ୍ୟ ଅଙ୍ଗ ହୋଇ ରହିଥିବ ଏବଂ ସେହି କାରଣରୁ ତା'ର ନିଜ ହିତ ଓ ଅନ୍ୟମାନଙ୍କର ହିତ ଭିତରେ ପ୍ରକୃତରେ କୌଣସି ବିରୋଧ ହିଁ ରହିବନାହିଁ। ତା'ର ସକଳବିଧ ବିଶ୍ୱବୋଧ, ବିଶ୍ୱ ନିମନ୍ତେ ତା'ର ସବୁକିଛି ସକ୍ରିୟତା, – ଏଗୁଡ଼ିକ ସର୍ବଦା ତା'ର ପ୍ରକୃତିର ସ୍ୱାଭାବିକ

ଅଂଶ ହୋଇ ଯାଇଥିବ। ତେଣୁ, କୌଣସି ପ୍ରକାର ତଥାକଥିତ ନିଜସ୍ୱାର୍ଥ ମଧ୍ୟରେ ସୀମାବଦ୍ଧ ହୋଇ ରହିବା, ନିଜର କୌଣସି ତଦନୁରୂପ ବାସନା ମଧ୍ୟ ନଥିବ। କାରଣ, ଏଗୁଡ଼ିକ ତ ଅହଂଦ୍ୱାରା ପରିଚାଳିତ ହେଉଥିବା ଏକ ପୃଥିବୀର ହିଁ ଅନ୍ତର୍ଗତ ହୋଇ ରହିଥାନ୍ତି, ଅଜ୍ଞାନ ଭିତରେ ଥାଆନ୍ତି; ଏବଂ, ସେଥିରେ ସେହି ପରମ କର୍ତ୍ତାଙ୍କର ପରିପ୍ରେରିତ ସ୍ୱାଧୀନତା ବା ସତ୍ୟର ଲେଶମାତ୍ର ହିଁ ନଥାଏ।

ଏକ ବିଜ୍ଞାନମୟ ସତ୍ତାର ଯାବତୀୟ କର୍ତ୍ତବ୍ୟବୋଧ ତା' ଭିତରୁ ହିଁ ନିର୍ଦ୍ଧାରିତ ହେବ ଏବଂ କ'ଣ ସବୁ ତା'ର କର୍ତ୍ତବ୍ୟ ନୁହେଁ, ତାହାକୁ ଆଦୌ କୌଣସି ଅଜ୍ଞାନର ଭୂମିରୁ ଆଦୌ ସ୍ଥିର କରିବାକୁ ପଡୁନଥିବ। ପୁନଶ୍ଚ, କୌଣସି ତାତ୍କାଳିକ ଫଳର ଆଶାରେ ସେ ମୋଟେ କିଛି କରୁନଥିବ, – ଏପରି ଅଥବା ସେପରି ଏକ ପରିଣାମର ହିସାବ କରି ମଧ୍ୟ କିଛି କରିବନାହିଁ, – କେବଳ ଏକ ଆଧ୍ୟାତ୍ମଚେତନାର ଆନନ୍ଦ ଦ୍ୱାରା ପରିଚାଳିତ ହୋଇ ଯାହାକିଛି କରିବ। ତେଣୁ, ପ୍ରତ୍ୟେକ ପଦକ୍ଷେପରେ ପୂର୍ଣ୍ଣ ସ୍ୱାଧୀନ ଭାବରେ ହିଁ ସିଏ ସବୁ କାର୍ଯ୍ୟ କରୁଥିବ। ପ୍ରତ୍ୟେକଟି କାର୍ଯ୍ୟକୁ ସେ ଏକ ସଚେତନ ଆଧ୍ୟାତ୍ମିକ ସମଗ୍ରତାର ପରିପେକ୍ଷୀରେ ହିଁ ଦେଖିପାରିବ। ଅନୁକ୍ଷଣ ସେହି ସମଗ୍ରତାଟି ସହିତ ସଂଯୁକ୍ତ ହୋଇ ରହି ସକଳ କାର୍ଯ୍ୟରେ ପ୍ରେରିତ ହେବା, – ଏହାକୁ ହିଁ ଆମେ ଅତିମାନସ ଚେତନାର ଏକ ବିଶେଷ ପରିଚୟ ବୋଲି ଜାଣିବା। ସେହି ସ୍ତରର ଜ୍ଞାନ କେବଳ ଧାରଣା ବା ବୁଦ୍ଧିଗତ ବୋଧସ୍ତରର ସଞ୍ଚୟ ମାତ୍ର ହୋଇ ରହିବନାହିଁ, ତା' ସହିତ ଏକ କ୍ରିୟାଶୀଳତା, ଏକ ଇଚ୍ଛାଶକ୍ତି ଏବଂ ଏକ ଆନନ୍ଦବୋଧ ମଧ୍ୟ ରହି ତାହାକୁ ଏକ ସମଗ୍ରତା ପ୍ରଦାନ କରୁଥିବ। ଏହି ବିଜ୍ଞାନମୟ ଚେତନା ଆମର ବିଶ୍ୱଚେତନା ତଥା ବିଶ୍ୱ-ସକ୍ରିୟତାର କ୍ଷେତ୍ରରେ ଏକ ରୂପାନ୍ତର ହିଁ ଘଟାଇବ, କାରଣ ଆମର କେବଳ ଅନ୍ତର୍ସତ୍ତା ମଧ୍ୟରେ ଅବସ୍ଥାନ ନକରି ତାହା ବାହ୍ୟ ସତ୍ତା ମଧ୍ୟକୁ ପ୍ରସାରିତ ହେବ। ଉଭୟ ସେହି ଅନ୍ତର୍ସତ୍ତା ତଥା ବାହ୍ୟ ସତ୍ତାର ପ୍ରକୃତରେ ଏକ ପୁନର୍ଗଠନ ହିଁ ହେବ ଏବଂ ଉଭୟେ ପରସ୍ପର ସହିତ ପୂର୍ଣ୍ଣ ସଙ୍ଗତିଯୁକ୍ତ ହୋଇ ରହିଥିବେ। ଅର୍ଥାତ୍, ଆମ ଜୀବନରେ ସେହି ପୁନର୍ଗଠନ ଫଳରେ ଯୁଗପତ୍ ଭାବରେ ଏକ ଉତ୍କ୍ରମଣ ସମ୍ଭବ ହୋଇଯିବ ଓ ଆମର ବର୍ତ୍ତମାନ ଜୀବନର ଶୈଳୀ ମଧ୍ୟ ବଦଳିବାକୁ ବାଧ୍ୟ ହେବ। କାରଣ, ଏହି ବର୍ତ୍ତମାନ ମୁହୂର୍ତ୍ତରେ ଆମେ ପ୍ରକୃତରେ ଦୁଇଗୋଟି ଅବସ୍ଥାର ସନ୍ଧିସ୍ଥଳରେ ଆସି ଛିଡ଼ା ହୋଇଛୁ : ଗୋଟିଏ ହେଉଛି ପ୍ରାଣ ଏବଂ ଜଡ଼ର ଏହି ବାହ୍ୟପୃଥିବୀ ଯିଏ କି ଆମକୁ ତିଆରି କରିଛି ଏବଂ, ସେହି ପୃଥିବୀକୁ ଏକ ଅନ୍ୟ ଗଢ଼ଣ ଦେଇ ତିଆରି କରିବାର ଏକ କାର୍ଯ୍ୟ, ଯାହାକୁ କି ଆମେ ବିବର୍ତ୍ତିତ ହୋଇ ଆସୁଥିବା ଅଧ୍ୟାତ୍ମ ଚେତନା ଦ୍ୱାରା ନିଜେ ତିଆରି କରିବା ।

ଆମେ ବର୍ତ୍ତମାନ ଯେଉଁପରି ଭାବରେ ନିଜନିଜର ଜୀବନଗୁଡ଼ିକୁ ବଞ୍ଚୁଛୁ, ସେଇଟି ଏକାଧାରରେ ପ୍ରାଣଶକ୍ତି ଏବଂ ଜଡ଼ର ଅଧୀନ ହୋଇ ରହିଛି ଏବଂ ତେଣେ ଆମେ ସେହି ପ୍ରାଣ ଏବଂ ଜଡ଼ ସହିତ ସଂଗ୍ରାମ କରିବାରେ ବି ଲାଗିଛୁ। ହଠାତ୍ ଚାହିଁ ଦେଖିଲା ବେଳକୁ ଆମ ବାହ୍ୟ ଜୀବନପ୍ରତି ବ୍ୟକ୍ତ ହେବାରେ ଲାଗିଥିବା ଆମର ପ୍ରତିକ୍ରିୟା ଗୁଡ଼ିକ ଫଳରେ ଗୋଟିଏ ପ୍ରକାରର ଅନ୍ତର୍ଗତ ବା ମାନସିକ ଜୀବନ ମଧ୍ୟ ବେଶ୍ ସୃଷ୍ଟ ହୋଇ ଯାଉଛି ଏବଂ, ଆମେ ନିଜକୁ ନେଇ ଯଦି କିଛି ବି ଅନ୍ୟଭଳି ଗଢ଼ିବା ସକାଶେ ମନ କରୁଛୁ, ତାହା କେବଳ ଆମର ପରିବେଷ୍ଟନୀ ତଥା ବିଶ୍ୱପ୍ରକୃତି ଆମ ଉପରେ ଯେପରି କାର୍ଯ୍ୟ କରୁଛି ତାହାରି ଅନୁସାରେ ହିଁ ତିଆରି ହୋଇ ପାରୁଛି। ଆମ ଭିତରର ମୁକ୍ତ ଆତ୍ମା ତଥା ବୁଦ୍ଧିମଣ୍ଡଳଟିର ବୋଲ ମାନି କିଛି ବି ତିଆରି ହେଉନାହିଁ। କିନ୍ତୁ ବର୍ତ୍ତମାନ ଆମେ ସମସ୍ତେ ଚେତନାର କ୍ଷେତ୍ରରେ ଯେଉଁ ଆଡ଼କୁ ଅଗ୍ରସର ହେଉଛୁ, ସେଇଟି ହେଉଛି ପ୍ରକୃତରେ ଏକ ଅନ୍ତଃପ୍ରେରିତ ଜୀବନ, ଯାହାକୁ ଆପଣାର ଜ୍ଞାନ ତଥା ଶକ୍ତି ଦ୍ୱାରା ଆପଣା ବଞ୍ଚିବାର ବାହ୍ୟ ଗଢ଼ଣଟିକୁ ମଧ୍ୟ ଅବଶ୍ୟ ତିଆରି କରିବ, ଆପେ ଅଭିବ୍ୟକ୍ତ ହୋଇ ଆସୁଥିବା ବଞ୍ଚିବାର ଏକ ଅନ୍ୟଭଳି ପରିମିତି ସାହାଯ୍ୟରେ ତିଆରି କରିବ। ବିଜ୍ଞାନମୟ ଚେତନାରେ ସେହି ଅନ୍ୟ ଉନ୍ମେଷଣଟି ହିଁ ପରିପୂର୍ଣ୍ଣତା ଲାଭ କରିବ: ସେତେବେଳେ ବଞ୍ଚିବାର ସ୍ୱଭାବଟି ଏକ ପୂର୍ଣ୍ଣସମ୍ପନ୍ନ ଅନ୍ତଃପ୍ରେରିତ ଜୀବନରେ ପରିଣତ ହେବ, ଯାହାର ଆଲୋକ ଏବଂ ଶକ୍ତି ଆମର ବାହ୍ୟ ଜୀବନରେ ମଧ୍ୟ ସମ୍ପୂର୍ଣ୍ଣ ଭାବରେ ମୂର୍ତ୍ତ ହୋଇ ଉଠିବ।

ଏକ ଅଧ୍ୟାତ୍ମପ୍ରେରିତ ଜୀବନ କହିଲେ ଯାହାକିଛି ବୁଝାଉଛି, ସେଇଟିରେ ଏକ ଅନ୍ତର୍ଗତ ଜୀବନ ହେଉଛି ସବୁଠାରୁ ଅଧିକ ମହତ୍ତ୍ୱପୂର୍ଣ୍ଣ, ସେଇଟି ହିଁ ସର୍ବପ୍ରଥମ। ଅଧ୍ୟାତ୍ମ ଦ୍ୱାରା ପ୍ରେରିତ ମନୁଷ୍ୟ ସର୍ବଦା ନିଜ ଭିତରୁ ପରିଚାଳିତ ହୋଇ ଓ ପ୍ରେରଣା ପାଇ ଆପଣାର ଜୀବନକୁ ବଞ୍ଚୁଥାଏ ଏବଂ, ବଦଳିବ ନାହିଁ ବୋଲି ଜିଦ୍ କରି ବସିଥିବା ଅଜ୍ଞାନମୟ ଗୋଟିଏ ପୃଥିବୀ କେତେକ ଅର୍ଥରେ ତାକୁ ଅବଶ୍ୟ ସେହି ପୃଥିବୀରୁ ଅଲଗା କରି ରଖିବ ଏବଂ ଅଜ୍ଞାନର ଅନ୍ଧାରଶକ୍ତି ଗୁଡ଼ିକର ଆକ୍ରମଣ ଏବଂ ପ୍ରଭାବରୁ ଆପଣାର ଅନ୍ତର୍ଗତ ଜୀବନକୁ ଖୁବ୍ ସତର୍କ ଭାବରେ ବଞ୍ଚାଇ ରଖିବ। ସେହି ପୃଥିବୀରେ ଥିବା ସମୟରେ ମଧ୍ୟ ସିଏ ଏହି ପୃଥିବୀରୁ ବାହାର ହୋଇ ରହିଥିବ; ସେହି ପୃଥିବୀ ମଧ୍ୟରେ ଯଦି ଆପଣାକୁ ସେ କ୍ରିୟାଶୀଳ କରି ରଖିବାପାଇଁ ଇଚ୍ଛା କରୁଥାଏ, ତେବେ ଆପଣା ଅନ୍ତର୍ସତ୍ତାଟିର ଦୁର୍ଗଟି ଭିତରେ ରହି ହିଁ ସେ ଯାହାକିଛି କରିବ ଏବଂ ସେଠାରେ ସେହି ନିଭୃତ ସ୍ଥାନଟିରେ ସେ ଆପଣାର ସର୍ବୋଚ୍ଚ ପରମଭୂମିଟିରେ ହିଁ ସର୍ବଦା ରହିବ, ଯେଉଁଠାରେ କି ପରମେଶ୍ୱର ଓ ତା' ନିଜ ବ୍ୟତୀତ ଆଉ ଅନ୍ୟ କେହିହେଲେ ନଥିବେ।

ଅପର ପକ୍ଷରେ ବିଜ୍ଞାନମୟ ଜୀବନଭୂମି ଏପରି ଏକ ଅନ୍ତର୍ଜୀବନରେ ପରିଣତ ହୋଇ ରହିଥିବ, ଯେଉଁଠାରେ କି ଅନ୍ତର୍ଗତ ଓ ବାହ୍ୟ, ନିଜ ସତ୍ତା ଓ ପୃଥିବୀ ମଧ୍ୟରେ ଯାବତୀୟ ବିରୋଧ ଅନ୍ତର୍ହିତ ହୋଇ ଯାଇଥିବ, ଯେଉଁଠାରେ ସେହି ବିଭାଜନକାରୀ ରେଖାଟିକୁ ଡ଼େଇଁ ଯାଇ ହୋଇଥିବ। ଏକ ବିଜ୍ଞାନମୟ ସତ୍ତାର ମଧ୍ୟ ଏକ ଅନ୍ତର୍ଜୀବନ ଅବଶ୍ୟ ଥିବ, ଯେଉଁଠାରେ କି ସେ ପରମ ବିଭୁସତ୍ତାଙ୍କ ସହିତ ଏକାକୀ ଅବସ୍ଥାନ କରୁଥିବ ଏବଂ ସେହି ସ୍ଥାନଟିରୁ ତାକୁ କୌଣସି ଶକ୍ତି କେବେହେଲେ ଟଳାଇ ବି ପାରିବେନାହିଁ; ମାତ୍ର ତଥାପି, ଯୁଗପତ୍ ଭାବରେ ସେହି ଅନ୍ତର୍ଗତ ଏକଯୁକ୍ତତାଟି ବିଭୁପ୍ରେମ ତଥା ଏକ ଈଶ୍ୱରୀୟ ଆନନ୍ଦ ରୂପେ ତା'ର ହୃଦୟ ମଧ୍ୟରୁ ବ୍ୟକ୍ତ ହୋଇ ମଧ୍ୟ ଆସୁଥିବେ ଏବଂ ସେହି ଆନନ୍ଦ ତଥା ସେହି ପ୍ରେମ ଆପଣାକୁ ଏପରି ପ୍ରସାରିତ କରି ରଖିଥିବେ ଯେ ଏହି ସମୁଦାୟ ପୃଥ୍ୱୀ-ଜୀବନକୁ ମଧ୍ୟ ଅବଶ୍ୟ ସମ୍ଭାରି ରଖି ପାରୁଥିବେ।

ନିଜର ସକଳ କ୍ରିୟାଶୀଳତାରେ ସେହି ଚେତନା ସହିତ ପୃଥିବୀରେ ବିଚରଣ କରୁଥିବା ଜଣେ ମନୁଷ୍ୟ ନିଜର ଅନ୍ତରରାଜ୍ୟରେ ଯୋଡ଼ା ହୋଇ ରହିଥିବ, ଅନୁକ୍ଷଣ ଏକ ଗତିଶୀଳ ଅଭେଦତାରେ ଏହି ସବୁକିଛିକୁ ସେହି ମନୁଷ୍ୟ ସ୍ପର୍ଶ କରି ରହିଥିବ। ସେହି ରୀତିରେ ହିଁ ସେ ସମଗ୍ର ପୃଥିବୀ ସହିତ ଆପଣାକୁ ସମ୍ବନ୍ଧିତ କରି ରଖିଥିବ। ଅନ୍ୟ ମନୁଷ୍ୟମାନେ ତାକୁ କେବେହେଲେ ବସ୍ତୁତଃ ଅନ୍ୟ ବୋଲି ଲାଗୁନଥିବେ, ସକଳ ଅର୍ଥରେ ତା' ନିଜ ସତ୍ତାର ହିଁ ଜଣେ ଜଣେ ଦୋସରରୂପେ ପ୍ରତ୍ୟକ୍ଷ ହେଉଥିବେ, ତା' ବିଶ୍ୱସ୍ତରୀୟ ଜୀବନର ଭିନ୍ନଭିନ୍ନ ଆତ୍ମସତ୍ତା ହୋଇ ରହିଥିବେ। ଏହିପରି ଭାବରେ ହିଁ ପରିପୂର୍ଣ୍ଣ ଭାବରେ ଶାନ୍ତ, ସମାହିତ ତଥା ମୁକ୍ତ ରହି ସେ ସମଗ୍ର ପୃଥ୍ୱୀଜୀବନକୁ ମଧ୍ୟ ଆତ୍ମସ୍ଥ କରି ନିଜ ଜୀବନକୁ ବଞ୍ଚି ପାରୁଥିବ, – ଆଦୌ ସ୍ୱୟଂ ଅଜ୍ଞାନ ମଧ୍ୟରେ ଜଡ଼ିତ ହୋଇ ନଯାଇ ମଧ୍ୟ ଅଜ୍ଞାନ ଭିତରେ ବାନ୍ଧି ହୋଇ ରହିଥିବା ଏହି ପୃଥିବୀଟିକୁ ଗ୍ରହଣ କରି ନେଇଥିବ। ସିଏ ସ୍ୱବ୍ୟକ୍ତିତ୍ୱର ପରିପୂର୍ଣ୍ଣ ଏକ ମଣ୍ଡଳ ମଧ୍ୟରେ ଅବଶ୍ୟ ବାସ କରୁଥିବ ଏବଂ ଯୁଗପତ୍ ଭାବରେ ଏକ ଆତ୍ମପ୍ରସାରଣ ବଳରେ ଏହି ବିଶ୍ୱବ୍ରହ୍ମାଣ୍ଡ ତଥା ତାହାର ସକଳ ସତ୍ତାଙ୍କୁ ନିଜ ପରିଧିଟି ମଧ୍ୟରେ ସମାବିଷ୍ଟ କରି ମଧ୍ୟ ନେଇଥିବ। ଆପଣାର ହୃଦୟ, ଇନ୍ଦ୍ରିୟସମୂହ ଏବଂ ବାସ୍ତବ ଶାରୀର-ଚେତନା - ଏହି ଯାବତୀୟ କ୍ଷେତ୍ରରେ ସେ ବିଶ୍ୱକୁ ନିଜମଧ୍ୟକୁ ଏକୀଭୂତ କରି ଆଣିଥିବ। ଏହି ସଂପୂର୍ଣ୍ଣ ବିଶ୍ୱଜୀବନ ଆତ୍ମିକ ଜୀବନର ଏକ ଅଂଶ ହୋଇ ରହିଥିବ – ସକଳ ବସ୍ତୁରୂପ ମଧ୍ୟରେ ସିଏ କେବଳ ସେହି ପରମ ଦିବ୍ୟସତ୍ତାଙ୍କୁ ନିଜର ସମସ୍ତ ଇନ୍ଦ୍ରିୟଦ୍ୱାରା ପ୍ରତ୍ୟକ୍ଷ କରି ପାରୁଥିବ।

ଏହି ବିଜ୍ଞାନମୟ ସତ୍ତା ଆମକୁ ବର୍ତ୍ତମାନର ଅଜ୍ଞାନଦ୍ୱାରା ଆଚ୍ଛନ୍ନ ଏହି ସ୍ତରଟି

ସଚ୍ଚିଦାନନ୍ଦର ସେହି ପରମ ସ୍ତରକୁ ବିବର୍ତ୍ତିତ ହୋଇ ଯାଉଥିବାର ଏକ ମଧ୍ୟବର୍ତ୍ତୀ ସୋପାନ ଭଳି ଲାଗିବ। ଯେତିକି ଅଛି ସେଥିରେ ଏକ ବୃଦ୍ଧିସାଧନ କରିବା ହେଉଛି ଏହି ଅଜ୍ଞାନମୟ ସ୍ତରରେ ସର୍ବପ୍ରାଥମିକ ଧର୍ମ ଓ କାର୍ଯ୍ୟ। ହଁ, ବୃଦ୍ଧି ଲାଭ କରିବା, – ଅଧିକ ଜାଣିବା, ଅଧିକ ପରିମାଣରେ କାର୍ଯ୍ୟ ହାସଲ କରିବା ଇତ୍ୟାଦି, ଇତ୍ୟାଦି। ଅଭିବୃଦ୍ଧି ଲାଭ କରି ଆଉକିଛି ହେବା, ଅଧିକ ଜାଣିବା ଦ୍ୱାରା ଆଉ ଏକ ଉଚ୍ଚ ଅବସ୍ଥାରେ ଯାଇ ଉପନୀତ ହେବା, କିଛି ଅଧିକ କାର୍ଯ୍ୟ କରି କିଛି ଅଧିକ ଲାଭ କରିବା। ବର୍ତ୍ତମାନର ସ୍ଥିତିରେ ସକଳ ପ୍ରକାରେ ଅପୂର୍ଣ୍ଣ ହୋଇ ରହିଥିବାରୁ ଆମେ ବହୁ ଅସନ୍ତୋଷ ମଧ୍ୟରେ ବାସ କରୁଥାଉ; ତେଣୁ ଅଧିକ ଶ୍ରମ ଏବଂ ଆୟାସଦ୍ୱାରା ଅଧିକ କିଛି ହାସଲ କରିବାର ପ୍ରୟାସ କରୁ। ଏପରି କିଛି ଅଧିକ ସମ୍ପନ୍ନତାରେ ପହଞ୍ଚିବାକୁ ଇଚ୍ଛା କରୁ, ଯାହାଦ୍ୱାରା ଆମେ କିଛି ନା କିଛି ହୋଇ ପାରିଲୁ ବୋଲି ଅନୁଭବ କରାଯାଇ ପାରିବ। ଆମ ଭିତରେ କେତେ ନା କେତେ ଅସମର୍ଥତା, ଏବଂ ତେଣୁ ବଳ ତଥା ଶକ୍ତିର ଅନ୍ୱେଷଣରେ ଧାଇଁବାରେ ତତ୍ପର ହୋଇ ରହିଥାଉ; ଦୁଃଖଭୋଗର ଚେତନାରେ ବିବଶ ହୋଇ ପ୍ରତିକାର ସ୍ୱରୂପ ଏପରି କିଛି କରିବାପାଇଁ ମନ କରୁଥାଉ, ଯାହା ଆମକୁ କିଞ୍ଚିତ୍ ସୁଖର ଅନୁଭବ ଆଣି ଦେଇ ପାରିବ, ଜୀବନରେ କିଛି ସନ୍ତୋଷ ଆଣି ଦେବ। ଏହି ଜୀବନର ଭୂମିଟି ଉପରେ ତିଷ୍ଠି ହିଁ ରହିବା – ତାହାହିଁ ନ୍ୟାୟତଃ ଆମର ଯାବତୀୟ ସକ୍ରିୟତାର ସର୍ବମୂଳ ଆବଶ୍ୟକତା ଓ ପ୍ରେରଣା ହୋଇ ରହିଥାଏ। ମାତ୍ର ଏହା ହେଉଛି କେବଳ ଏକ ଆରମ୍ଭ ମାତ୍ର। କାରଣ, ନାନା ଦୁଃଖରେ ଚିତ୍ରବିଚିତ୍ର ହୋଇ ରହିଥିବା ଏକ ଅତ୍ୟନ୍ତ ଅପୂର୍ଣ୍ଣ ଜୀବନ, – ଏଇଟିକୁ ବା ଏତିକିକୁ କଦାପି ଆମ ଇହଜୀବନର ଲକ୍ଷ୍ୟ ବୋଲି କୁହାଯାଇ ପାରିବନାହିଁ। ତେଣୁ, ଭିତରର ଶକ୍ତି ଏବଂ ଆନନ୍ଦ ଆମକୁ କିଛି କରିବାଲାଗି ଓ କିଛି ହେବାଲାଗି ମଧ୍ୟ ପ୍ରବୃତ୍ତ କରି ରଖିବାଲାଗି ଅଭିଳାଷ ବି ରଖିଥାଏ। ମାତ୍ର, ତେବେ କ'ଣସବୁ କରିବା ଓ କ'ଣସବୁ ହେବା, ଏ ବିଷୟରେ ଆମେ ମୋଟେ ସ୍ପଷ୍ଟ ହୋଇ ନଥାଉ। ପାରୁପର୍ଯ୍ୟନ୍ତ ଜାଣୁ, ପାରୁପର୍ଯ୍ୟନ୍ତ ଶକ୍ତି ଅର୍ଜନ କରୁ, ଅଶୁଦ୍ଧତାଗୁଡ଼ିକୁ ଶୁଦ୍ଧ କରୁ, ଯଥାସମ୍ଭବ ଶାନ୍ତି ଏବଂ ଆନନ୍ଦ ମଧ୍ୟ ସମ୍ଭବ କରିଆଣୁ। ଯଥାସମ୍ଭବ କିଛି ନା କିଛି ହେଉ। କିନ୍ତୁ ସବୁକିଛି ମିଶି ଏପରି ଏକ ଅଡୁଆଟାଏ ଭିଆଇ ନେଇଆସେ ଯେ, ଆମେ ସେଇଥି ଭିତରେ ପୂରା ଛନ୍ଦି ହୋଇଯାଉ। ସେହି କାରଣରୁ, ଆମ ଜୀବନରେ ଯାହା ପ୍ରକୃତରେ ଅସଲ ଉଦ୍ଦେଶ୍ୟ ହୋଇ ରହିବା ଉଚିତ, – ନିଜର ଆତ୍ମାକୁ ଜାଣିବା, ସେହି ଆତ୍ମିକ ପରିଚୟରେ ହିଁ କିଛି ହୋଇପାରିବା, – ବାହ୍ୟ ଲକ୍ଷ୍ୟ ପୂରଣର ଏହିସବୁ ଜାଣିବା, କ୍ରିୟାଶୀଳ ହେବା ଓ ହାସଲ କରିବା ଏବଂ ସେଇଥିରୁ କିଛି ସୁଖ ଉପଲବ୍ଧି କରିବାର

ପ୍ରକୃତିରେ ଅତିରିକ୍ତ ପରିମାଣରେ ମଜ୍ଜି ରହିବା ଫଳରେ ସେଇଟି ଆମ ପାଖରୁ ସ୍ଖଳିତ ହୋଇ ଚାଲିଯାଏ। ଅଧ୍ୟାତ୍ମ ସୋପାନର ଜଣେ ମନୁଷ୍ୟ ନିଜର ଆତ୍ମାଟିକୁ ଆବିଷ୍କାର କରିଥାଏ, ଆପଣାର ସେହି ଆତ୍ମିକ ସ୍ତରରେ ଜୀବନ ବଞ୍ଚେ, ଏସବୁ ବିଷୟରେ ସର୍ବଦା ସଚେତନ ରହିଥାଏ; ସକଳ ଜ୍ଞାନକୁ ଆତ୍ମଜ୍ଞାନ, ସକଳ ଶକ୍ତିକୁ ଆତ୍ମଶକ୍ତିରେ ପରିଣତ କରିପାରେ। ସକଳବିଧ ଲିପ୍ତତା ଦୂର ହୋଇଯାଏ, କୌଣସି ପ୍ରକାର ଜଞ୍ଜିରରେ ବାନ୍ଧି ହୋଇ ରହିବାକୁ ପଡ଼େନାହିଁ। ସକଳ ଆନନ୍ଦ ଏକ ବ୍ରହ୍ମାନନ୍ଦର ସୋପାନକୁ ଉତ୍ତୀର୍ଣ୍ଣ ହୋଇ ଯାଇଥାଏ।

ଅତିମାନସ ରୂପାନ୍ତର (ତାହାକୁ ଅତିମାନସ ବିବର୍ତ୍ତନ ବୋଲି ମଧ୍ୟ କୁହାଯିବ) ଆମର ମନ, ପ୍ରାଣ ଏବଂ ଶରୀରର କ୍ଷେତ୍ର ଗୁଡ଼ିକରେ ମଧ୍ୟ ଏକ ଉତ୍ତୋଳନ ଘଟାଇବ। ସେଗୁଡ଼ିକ ସେମାନଙ୍କର ବର୍ତ୍ତମାନ ଭୂମିରୁ ଉତ୍ତୀର୍ଣ୍ଣ ହୋଇ ବାହାରି ଆସିବେ ଏବଂ ଏପରି ଏକ ନୂତନ ସାମର୍ଥ୍ୟର ଅଧିକାରୀ ହେବେ, ଯେଉଁ କାରଣରୁ କି ସେମାନଙ୍କର ବର୍ତ୍ତମାନର ଶୈଳୀ କିମ୍ବା ଶକ୍ତିଗୁଡ଼ିକ ଆଦୌ ଦବିଯିବେ ନାହିଁ ବା ବିଲୁପ୍ତ ହୋଇ ଯିବେନାହିଁ, ମାତ୍ର ସେମାନେ ନିଜନିଜର ବର୍ତ୍ତମାନର ସୀମାଗୁଡ଼ିକୁ ଅତିକ୍ରମ କରି ଏକ ପୂର୍ଣ୍ଣତରତା ଲାଭ କରିବେ । ସେହି ବିଜ୍ଞାନମୟ ସ୍ତରଟି ହେଉଛି ଆତ୍ମାର ଆତ୍ମ-ଆବିଷ୍କାରର ହିଁ ଏକ ସ୍ତର। ଆମର ମନ ଆଲୋକର ଓ ଜ୍ଞାନର ଅନ୍ୱେଷଣ କରୁଥାଏ, ସକଳ ବିଭିନ୍ନତା ସମେତ ସେଗୁଡ଼ିକରେ ନିହିତ ହୋଇ ରହିଥିବା ଏକତାକୁ ଅନ୍ୱେଷଣ କରୁଥାଏ। ବିଜ୍ଞାନମୟ ଭୂମିରେ ପ୍ରବେଶ କରି ମନର ସେହି ଅନ୍ୱେଷଣରେ ଏକ ବିପୁଳ ପୂର୍ଣ୍ଣତାର ହିଁ ଉପଲବ୍ଧି ହେବ ଏବଂ ମନ ଏକ ନୂତନ ସମର୍ଥତା ମଧ୍ୟ ଅବଶ୍ୟ ଲାଭ କରିବ। ତଦ୍ୱାରା ଏପରି ଏକ ସମର୍ଥତା ଆସିବ, ଯାହାକି ଏକ ଅଧିକ ଶକ୍ତିଶାଳୀ ସଜ୍ଞାନତା ବଳରେ ଆମର ପ୍ରାଣ ତଥା ଶରୀରସ୍ଥ ଇନ୍ଦ୍ରିୟଗୁଡ଼ିକର ପଥପ୍ରଦର୍ଶନ ମଧ୍ୟ କରିବ। ଆମର ଏହି ବର୍ତ୍ତମାନର ସ୍ଥିତିରେ ତ ମନଟା ନିତାନ୍ତ ଏକ ବ୍ୟକ୍ତିଗତ ସୀମିତତା ମଧ୍ୟରେ କାର୍ଯ୍ୟ କରୁଥିବାରୁ ଆମେ ବାରମ୍ବାର କେତେ ନା କେତେ ଭୁଲ କରି ପକାଉଛୁ। ମାତ୍ର ସେତେବେଳେ ଆମର ଚେତନା ଆଉ ଅହଂଦ୍ୱାରା ସୀମାନିର୍ଦ୍ଦିଷ୍ଟ ହୋଇ ଅଦୌ ରହିବନାହିଁ, – ତାହା ବିଶ୍ୱଚେତନାର ଏକ ବୃହତ୍ତର ପରିଧି ମଧ୍ୟରେ ହିଁ କାର୍ଯ୍ୟ କରି ପାରୁଥିବ। ତେଣୁ, ଗୋଟିଏ ସତ୍ୟକୁ ଆଉଗୋଟିଏ ସତ୍ୟ ସହିତ ଆଣି ଲଢ଼ାଇ ଦେବାର କୌଣସି ପ୍ରୟୋଜନ ନଥିବ, – କେଉଁଟି ସ୍ଥାୟୀ ତ କେଉଁଟି ସ୍ଥାୟୀ ନୁହେଁ ଦେଖିବାଲାଗି ଅପେକ୍ଷା କରିବାକୁ ମୋଟେ ହେବନାହିଁ : ସେତେବେଳେ ତ ଏକ ପରମସତ୍ୟର ବିସ୍ତାର ମଧ୍ୟରେ ଗୋଟିଏ ସତ୍ୟ ଆଉ ଗୋଟିଏ ସତ୍ୟକୁ କେବଳ ପରିପୂର୍ଣ୍ଣ ହିଁ କରି ଦେଉଥିବେ। ସେତେବେଳେ ଜ୍ଞାନ ଆଉ ଅନ୍ଧାର ଭିତରୁ ବାହାରକୁ

ବାହାରି ଆସିବାର କୌଣସି ପ୍ରକ୍ରିୟାକୁ ନବୁଝାଇ ଆଲୋକ ହିଁ ଆଲୋକ ମଧ୍ୟରୁ ଉଦ୍‌ଗତ ହେବାରେ ଲାଗିଥିବା ପରି ଅନୁଭବ ହେବ। ଏକ ଆତ୍ମ-ଉଦ୍‌ଭାସର ରୀତିରେ ପ୍ରକ୍ରିୟାଟି ଆପଣାକୁ ସଚଳ କରି ରଖିଥିବ।

ପ୍ରାଣର କ୍ଷେତ୍ରରେ ମଧ୍ୟ ସେହିପରି ସବୁକିଛି ଘଟିବ: ପ୍ରାଣ ସ୍ୱଶକ୍ତିର ବିକାଶକୁ ହିଁ ଆପଣାର ଲକ୍ଷ୍ୟ ରୂପେ ଗ୍ରହଣ କରିବ, ନିଜର ଶକ୍ତି ଉପରେ ପୂର୍ଣ୍ଣ ଅଖ୍ତିଆର ଅର୍ଜନ କରିବା ହିଁ ଅଭୀଷ୍ଟ ହେବ। ଆପଣାକୁ ଅଭିବ୍ୟକ୍ତ କରିବାରେ ଏକ ଅବିଚ୍ଛିନ୍ନ ଧାରାରେ ଯାବତୀୟ କ୍ରିୟାଶୀଳତା ତଥା ସୃଜନଶୀଳତା ସଦାସଚଳ ହୋଇ ରହିଥିବ। ମାତ୍ର ବର୍ତ୍ତମାନ ପରି ମନଃସ୍ତରୀୟ ଅଥବା ପ୍ରାଣସ୍ତରୀୟ ଅହଂକାର ହିଁ ପରିତୃପ୍ତି ସକାଶେ କିଛି ହେଉନଥିବ, ଅନ୍ୟ ମନୁଷ୍ୟ ତଥା ଅନ୍ୟ ବସ୍ତୁଗୁଡ଼ିକୁ ଆପଣାର ଅଧୀନସ୍ଥତା ମଧ୍ୟକୁ ଆଣିବା ନିମନ୍ତେ କୌଣସି ପ୍ରୟାସ ହିଁ ହେଉନଥିବ। ନିଜର ମହତ୍ତ୍ୱାକାଙ୍କ୍ଷା ମାନଙ୍କୁ ଚରିତାର୍ଥ କରିବାର କୌଣସି ଧୃଷ୍ଟତା ମଧ୍ୟ ନଥିବ। କାରଣ, ତଦ୍ଦ୍ୱାରା ଆଦୌ କୌଣସି ଆଧ୍ୟାତ୍ମିକ ପୂର୍ଣ୍ଣତା କଦାପି ସମ୍ଭବ ହୁଏନାହିଁ। ବିଜ୍ଞାନମୟ ଜୀବନ ନିଜ ଭିତରେ ତଥା ଏହି ସମଗ୍ର ପୃଥିବୀରେ ସେହି ପରମ ଦିବ୍ୟତାର ପରିପ୍ରକାଶ ଲାଗି ବିଦ୍ୟମାନ ରହିବ ଓ କାର୍ଯ୍ୟ କରିବ। ସବୁ ମନୁଷ୍ୟଙ୍କ ମଧ୍ୟରେ ଅବସ୍ଥିତ ପରମ ଦିବ୍ୟସତ୍ତାଙ୍କ ପାଇଁ ସକ୍ରିୟ ହୋଇ ରହିଥିବ। ବ୍ୟକ୍ତି ଏବଂ ପୃଥିବୀ ଯେପରି ଉତ୍ତରୋତ୍ତର ପ୍ରାଚୁର୍ଯ୍ୟରେ ସେହି ଦିବ୍ୟ ଉପସ୍ଥିତି, ଆଲୋକ, ଶକ୍ତିମନ୍ତତା, ପ୍ରେମ ତଥା ଆନନ୍ଦର ଅଧିକାରୀ ହୋଇପାରିବ, ସନ୍ଦୀପିତ ପ୍ରାଣଭୂମିଟି ସେଇଥି ଲାଗି କାର୍ଯ୍ୟ କରୁଥିବ। ଏହିସବୁର ଉତ୍ତରୋତ୍ତର ପରିପ୍ରକାଶ ଏବଂ ରୂପାୟନରେ ହିଁ ବ୍ୟକ୍ତି ପରିତୃପ୍ତି ଲାଭ କରିବ। ତାହାର ସକଳ ସମର୍ଥତା ସେହି ବୃହତ୍ତର ଜୀବନ ତଥା ବୃହତ୍ତର ସ୍ୱଭାବଭୂମିକୁ ପୃଥିବୀସ୍ତରକୁ ଆଣି ପ୍ରସାରିତ କରିବାରେ ପରମ ଦିବ୍ୟପ୍ରକୃତି ନିମନ୍ତେ ଏକ ନିମିତ୍ତରୂପେ ବ୍ୟବହୃତ ହେବ। ଏବଂ, ଯାହାକିଛି ଉପରେ ବିଜୟ ହାସଲ ହେଉଥିବ, ଯାହାକିଛି ସାହସିକତାର ପ୍ରଦର୍ଶନ ହେବ, ତାହା କେବଳ ସେହି ଲକ୍ଷ୍ୟଟିକୁ ପୂରଣ କରିବା ସକାଶେ ହିଁ ହେବ, ଆଦୌ କୌଣସି ବ୍ୟକ୍ତି କିମ୍ବା ସମୂହର ଶାସନର ପ୍ରତିଷ୍ଠା ନିମନ୍ତେ ହେବନାହିଁ। ପ୍ରେମ କହିଲେ ଆତ୍ମା ସହିତ ଆତ୍ମାର, ଅନ୍ତର ସହିତ ଅନ୍ତରର ଏକ ହୋଇ ଆସିବାର ଏକ ପ୍ରକ୍ରିୟାକୁ ବୁଝାଇବ। ଆତ୍ମା ସହିତ ଆତ୍ମାର ଅନ୍ତରଙ୍ଗତା ପ୍ରତିଷ୍ଠିତ ହେବ। ସମ୍ମିଳିତ ହେବାର ଆନନ୍ଦଟି ହିଁ ଉପଲବ୍ଧ ହେବ। ବହୁ ବହୁ ବୈଚିତ୍ର୍ୟ ମଧ୍ୟରେ ଏକ ଏକତା ପ୍ରତିଭାତ ହୋଇ ଉଠିବ। ବ୍ୟକ୍ତି ବ୍ୟକ୍ତି ମଧ୍ୟରେ ରହିଥିବା ସକଳ ଭିନ୍ନତା ଏକ ପରମ ଅଭିନ୍ନତା ମଧ୍ୟରେ ପ୍ରକଟ ହେଉଥିବ। ଯାବତୀୟ ସୌନ୍ଦର୍ଯ୍ୟର ଅବବୋଧ ତାହାରି ମଧ୍ୟରେ ହିଁ ହୋଇ ପାରୁଥିବ। ଦେହସ୍ତରର ଯାବତୀୟ

ସୌନ୍ଦର୍ଯ୍ୟ, ଯାବତୀୟ ଶକ୍ତିମନ୍ତତା ତଥା ଗୁଣସମ୍ପନ୍ନତା ମଧ୍ୟରେ ସେହି ପରମ ଶାଶ୍ୱତଶକ୍ତି, ଆଲୋକମୟତା, ବିଶ୍ୱମୟ ବାସ୍ତବର ଏହି ବିସ୍ତାରଟି, – ଏହି ସକଳ କିଛିର ଅବବୋଧ। ଯାବତୀୟ ଅବବୋଧ ମଧ୍ୟରେ ଆତ୍ମାର ସୌନ୍ଦର୍ଯ୍ୟ ତଥା ସତ୍ୟଟି ହିଁ ପରିସ୍ଫୁଟ ହୋଇ ଉଠୁଥିବ, ଏକ ଶରୀରାତୀତ ସାର ସୌନ୍ଦର୍ଯ୍ୟ ହିଁ ଉଦ୍ଦୀପିତ ହେବାରେ ଲାଗିଥିବ। ବାହାରର ଅବବୋଧ କେଡ଼େ ସହଜତା ସହିତ ଭିତରକୁ ନେଇଯାଇ ପାରୁଥିବ।

ଏହି ପୂର୍ଣ୍ଣକ୍ଷେତ୍ର ପରିବର୍ତ୍ତନ ଓ ପ୍ରତ୍ୟାବର୍ତ୍ତନ ଫଳରେ ଚେତନା ଯେଉଁପରି ଭାବରେ ପ୍ରଭାବକ୍ଷମ ମଧ୍ୟ ହୋଇଯିବ, ତାହା ଆମର ମନ, ପ୍ରାଣ ତଥା ଶରୀରର ଆତଯାତ ହେଉଥିବା ଭୂମିଗୁଡ଼ିକ ସହିତ ଆତ୍ମାର ସମ୍ପର୍କଟିକୁ ମଧ୍ୟ ନୂଆ ପ୍ରସ୍ଥ ଓ ନୂତନ ବସ୍ତାରମାନ ଆଣିଦେବ। ତେଣୁ, ଏହି ଆତ୍ମା ଯେଉଁ ଶରୀର ଭିତରେ ବାସ କରୁଛି, ତା'ସହିତ ମଧ୍ୟ ତା'ର ସମ୍ପର୍କଗୁଡ଼ିକ ବଦଳିଯିବ। ଆମେ ଏବେ ଯେଉଁ ପ୍ରକାରେ ଓ ଯେତିକି ଭିତରେ ବାସ କରୁଛୁ, ବିଚରା ଆତ୍ମା ଆମର ମନ ତଥା ପ୍ରାଣର ମାଧ୍ୟମକୁ ବାହନ କରି ଆମ ପାଖରେ ଆପଣା ବିଷୟରେ କିଛି ଧାରଣା ଦେଇପାରୁଛି, ସେହିମାନଙ୍କୁ ଅବଲମ୍ବନ କରି ଯାହାକିଛି ସକ୍ରିୟ ହୋଇ ପାରୁଛି। ମାତ୍ର, ଆମର ଶରୀର, ଆତ୍ମାର କଥାଗୁଡ଼ିକୁ ମାନୁଥିବା ସମୟରେ ମଧ୍ୟ, ମନ ତଥା ପ୍ରାଣର ଆତ୍ମ-ଅଭିବ୍ୟକ୍ତିକୁ ଆପଣାର ଅଜ୍ଞତାଗୁଡ଼ିକ ଦ୍ୱାରା ହିଁ ଅତ୍ୟନ୍ତ ସୀମିତ କରି ରଖୁଛି। ପୁନଶ୍ଚ, କ୍ରିୟା କରିବାର କ୍ଷେତ୍ରରେ ଶରୀରର ବି ତ ଏକ ନିଜସ୍ୱ ବିଧାନ ଅବଶ୍ୟ ରହିଛି। ତେଣୁ, ସବୁକିଛି ସର୍ବଦା ଅତ୍ୟନ୍ତ ସଙ୍କୁଚିତ ହୋଇଯିବାକୁ ମଧ୍ୟ ବାଧ୍ୟ ହେଉଛି। ମାତ୍ର, ଅନ୍ୟ ପକ୍ଷରେ, ବିଜ୍ଞାନମୟ ସତ୍ତାର କ୍ଷେତ୍ରରେ, ସେହି ଆତ୍ମା ହିଁ ସକଳ ଅବସରରେ ମୀମାଂସକ ହୋଇ ରହିବ ଏବଂ ଶରୀରର ସକଳ ସଚଳତା ତଥା ବିଧାନମାନଙ୍କୁ ସ୍ୱୟଂ ପରିଚାଳିତ କରୁଥିବ। ଶରୀରର ବିଧାନଗୁଡ଼ିକ ସେତେବେଳେ ଆଉ ଆପଣାର ଅଭ୍ୟସ୍ତ ଅବଚେତନ କିମ୍ବା ଅଚେତନ ଅସ୍ୱଚ୍ଛତା ମଧ୍ୟରେ ଅନ୍ଧବଳ ହୋଇ ପଡ଼ି ରହିବାକୁ ହିଁ ପଡ଼ିବନାହିଁ; ତାହା ସଚେତନ ଭାବରେ ଅତିମାନସର ନିୟନ୍ତ୍ରଣକୁ ପାଳନ କରିବ, ପୂର୍ଣ୍ଣାଲୋକିତ ହେବ। ସକଳ ଆବରଣ ଅପସାରିତ ହେବ। ସେହି ଆଧ୍ୟାତ୍ମିକ ଚେତନାର ବଳରେ ଆମର ଶରୀର ପରମାତ୍ମାଙ୍କର ଏକ ସମ୍ପୂର୍ଣ୍ଣ ଭାବରେ ଅନୁସ୍ପନ୍ଦନକ୍ଷମ ଯୋଗ୍ୟ ଯନ୍ତ୍ରରେ ପରିଣତ ହୋଇଯିବ।

ଏବଂ, ତା'ପରେ, ଅର୍ଥାତ୍ ଏହି ନୂତନ ସମ୍ବନ୍ଧଟିଏ ସ୍ଥାପିତ ହୋଇ ଆସିବା ପରେ ଏହି ସମଗ୍ର ଜଡ଼ ପୃଥିବୀ ଉପରକୁ ଆମର ଦୃଷ୍ଟିପାତ କରିବାର ରୀତିଟି ମଧ୍ୟ ଅବଶ୍ୟ ବଦଳିଯିବ। ତାକୁ ଆଉ ବର୍ଜନ କରି ବାହାରି ଆସିବାର କୌଣସି କାରଣ

ରହିବନାହିଁ; ଆଧ୍ୟାତ୍ମିକ ଚେତନାର ମୁକ୍ତି ନିମନ୍ତେ ସାଧାରଣତଃ ଏକ ପ୍ରତ୍ୟାହାର ପ୍ରଥମ ପର୍ଯ୍ୟାୟରେ ଆବଶ୍ୟକ ହେଉଥିଲେ ମଧ୍ୟ ବର୍ତ୍ତମାନ ତାହାକୁ ଅନିବାର୍ଯ୍ୟ ବୋଲି ଆଦୌ ବିଚାର କରା ଯିବନାହିଁ। ମୁଁ ଏହି ଶରୀର ନୁହେଁ, ମୁଁ ଶରୀରଠାରୁ ଭିନ୍ନ, ତେଣୁ ମୋତେ ସେହି ଶରୀର-ଚେତନାରୁ ବିଲଗ କରି ରଖିବାକୁ ହିଁ ହେବ, ଆଧ୍ୟାତ୍ମିକ ମୁକ୍ତି ଅର୍ଥାତ୍ ଆଧ୍ୟାତ୍ମିକ ପୂର୍ଣ୍ଣତାପ୍ରାପ୍ତି ଏବଂ ଆପଣାର ପ୍ରକୃତି ଉପରେ ବିଜୟ ପ୍ରାପ୍ତ କରିବାର ଏକ ଆବଶ୍ୟକ ସୋପାନ ବୋଲି ସର୍ବଦା ସ୍ୱୀକୃତ ହୋଇ ଆସିଛି। କିନ୍ତୁ, ସେହି ସାମର୍ଥ୍ୟଟି ଥରେ ସମ୍ଭବ ହୋଇଯିବା ପରେ ତାହାର କ୍ଷେତ୍ରଟିକୁ ଅଧ୍ୟାତ୍ମର ଆଲୋକ ମଧ୍ୟ ଅଧିକାର କରିନେଇ ପାରିବ ଏବଂ ତା'ପରେ ସେହି ମୁକ୍ତ ଚିତ୍ତବୃତ୍ତିରେ ଜଡ଼ସ୍ଥ ପ୍ରକୃତିଟିକୁ ସ୍ୱୀକାର ମଧ୍ୟ କରିହେବ। ମାତ୍ର, ଆତ୍ମା ତଥା ଜଡ଼ ମଧ୍ୟରେ ହେଉଥିବା କ୍ରିୟାବିକ୍ରିୟାର ସ୍ତରଟି ମଧ୍ୟ ବଦଳି ଯାଇଥିଲେ ଯାଇ ସେକଥା ସମ୍ଭବ ହେବ। ଏକ ଅନ୍ୟ ନିୟନ୍ତ୍ରଣ, ଏକ ଅନ୍ୟ ଭାରସାମ୍ୟର ପ୍ରୟୋଜନ ହେବ। ବର୍ତ୍ତମାନ ତ ଆମର ଜଡ଼ସ୍ଥ ପ୍ରକୃତି ହିଁ ଅଧ୍ୟାତ୍ମକୁ ଆବରଣ ଦେଇ ଘୋଡ଼ାଇ ରଖିଛି ଏବଂ ତାହାକୁ ନିଜର ବଶ ମଧ୍ୟରେ ରଖି ପାରୁଛି। କିନ୍ତୁ, ସେହି ବୃହତ୍ତର ଜ୍ଞାନର ପ୍ରେକ୍ଷାପଟଟିରେ ଜଡ଼ ମଧ୍ୟ ବ୍ରହ୍ମରୂପେ ଦୃଷ୍ଟିଗୋଚର ହୋଇ ପାରିବ, ଅଧ୍ୟାତ୍ମଭୂମିର ସେହି ଆଲୋକ ଆସି ନିଜକୁ ଜଡ଼ସହିତ ଓତପ୍ରୋତ କରି ରଖିବ ଏବଂ ତାହାକୁ ଏକ ଆଧ୍ୟାତ୍ମିକ ବାସ୍ତବୀକରଣର ପ୍ରକ୍ରିୟାରେ ଏକ ନିମିତ୍ତରୂପେ ସ୍ୱୀକାର କରିନେବ। ସେହି ଜଡ଼ ପ୍ରତି ଏକ ଶ୍ରଦ୍ଧାର ଦୃଷ୍ଟିବୋଧ ମଧ୍ୟ ଜନ୍ମଲାଭ କରିବ ଏବଂ ଜଡ଼ସମ୍ପର୍କିତ ଆମର ସକଳ କ୍ରିୟାଶୀଳତାରେ ଆମେ ଏକ ପବିତ୍ର ଭାବର ଦୃଷ୍ଟିକୁ ମଧ୍ୟ ଜାଗରୂକ କରି ରଖି ପାରୁଥିବା। ବିଜ୍ଞାନମୟ ଚେତନାରେ ଅବସ୍ଥାନ କରୁଥିବା ଗୋଟିଏ ସତ୍ତା ଯାବତୀୟ ଜଡ଼ ତଥା ପ୍ରାଣଗତ କାମନା ଓ ଆସକ୍ତି ମଧ୍ୟରୁ ମୁକ୍ତ ରହି ଜଡ଼କୁ ବ୍ୟବହାର କରି ପାରିବ। ଜଡ଼ପୃଥିବୀର ବସ୍ତୁଗୁଡ଼ିକ ପ୍ରତି ତା ଭିତରେ ସର୍ବଦା ଏକ ଶ୍ରଦ୍ଧା ଓ ସମ୍ଭ୍ରମଭାବ ରହିଥିବ; ଜଡ଼ବସ୍ତୁ ବୋଲି ସିଏ ଯାହାକିଛି ବ୍ୟବହାର କରୁଥିବ, ତାହାକୁ ସିଏ ଏକ ଉପାସନାର ଭାବନାରେ କରି ପାରୁଥିବ।

ଆତ୍ମା ଏବଂ ଶରୀର ମଧ୍ୟରେ ଏହି ନୂତନ ସମ୍ବନ୍ଧଟିର ସ୍ଥାପନା ହେବା ଫଳରେ ବିଜ୍ଞାନମୟ ବିବର୍ତ୍ତନକ୍ରିୟାଟି ଏହି ଜଡ଼ଭୂମିର ସ୍ତରଟିକୁ ଅଧ୍ୟାତ୍ମର ଭୂମିକୁ ଉନ୍ନୀତ କରି ନେବାର କାର୍ଯ୍ୟଟି ଅଧିକ ପୂର୍ଣ୍ଣତା ଲାଭ କରିବା ମଧ୍ୟ ସମ୍ଭବ ହୋଇ ଆସିବ। ମନ ତଥା ପ୍ରାଣର ସ୍ତରରେ ଯେପରି, ଜଡ଼ର ସ୍ତରରେ ମଧ୍ୟ ତାହା କରିବା ମଧ୍ୟ ସମ୍ଭବ ହୋଇ ଆସିବ। ମନ ତଥା ପ୍ରାଣର ସ୍ତରରେ ଯେପରି, ଜଡ଼ର ସ୍ତରର ମଧ୍ୟ ତାହା ହିଁ ଘଟିବ। ଶରୀରର ଅସମର୍ଥତା ତଥା ଅପୂର୍ଣ୍ଣତା ଦୂର ହୋଇ ଆସିବ।

ଶରୀର-ଚେତନା ବସ୍ତୁତଃ ଅତ୍ୟନ୍ତ ଧୈର୍ଯ୍ୟଶୀଳ ଭାବରେ ଜଣେ ଭୃତ୍ୟବତ୍ ହିଁ ସବୁ କାର୍ଯ୍ୟ କରିପାରେ। ଆପଣା ତରଫରୁ ପ୍ରାୟ କିଛି ମାଗେନାହିଁ; ହଁ, ଦୀର୍ଘ ଜୀବନ ମାଗେ, ସ୍ୱାସ୍ଥ୍ୟ ମାଗେ, ବଳ ଏବଂ ଶାରୀରିକ ପୂର୍ଣ୍ଣତା ହିଁ ଇଚ୍ଛା କରିଥାଏ। ହଁ, ଶାରୀରିକ ସୁଖ ଓ ଆରାମ ମାଗେ, ରୋଗ ଆଦିରୁ ମୁକ୍ତ ରହିବାକୁ ଇଚ୍ଛା କରୁଥାଏ। ସେପରି ଇଚ୍ଛା କରି ଶରୀର ପ୍ରକୃତରେ କୌଣସି ଅନ୍ୟାୟ କରେ ନାହିଁ; ଏବଂ, ଯେତେବେଳେ ଏହି ବିଜ୍ଞାନମୟ ଶକ୍ତି ଶରୀର ମଧ୍ୟରେ କାର୍ଯ୍ୟ କରିବା ପାଇଁ ଅବକାଶ ପାଇଯାଏ, ଏହି ସବୁକିଛି ସେତେବେଳେ ପ୍ରକୃତରେ ସମ୍ଭବ ମଧ୍ୟ ହୁଏ। ବର୍ତ୍ତମାନ ତ ଶରୀର ବହୁପ୍ରକାରର ଅପୂର୍ଣ୍ଣତା ଭୋଗ କରୁଛି, କାରଣ ତାହା ଏପରି ଏକ ଅଜ୍ଞାନ ଭିତରେ ପଡ଼ି ରହିଛି, ଯାହାକି ସେଗୁଡ଼ିକର ସମ୍ମୁଖୀନ ହେବାର ପଥ ହିଁ ପାଇନାହିଁ। ଅତିମାନସ ସ୍ୱତଃକ୍ରିୟାଟି ଅବଶ୍ୟ ସେହି ଅଜ୍ଞାନମୟତାର ବିଲୁପ୍ତି ଘଟାଇବ ଏବଂ ଶରୀରର ଏଯାବତ୍ ଲୁକ୍କାୟିତ ହୋଇ ରହିଥିବା ସାମର୍ଥ୍ୟମାନଙ୍କୁ ଶୃଙ୍ଖଳମୁକ୍ତ କରିପାରିବ। ସେଗୁଡ଼ିକୁ ଅଧିକ ସଚେତନ କରି ଆଣିବ। ତା'ପରେ ଜୀବନର ଏହି ଜଡ଼ଭୂମିଟି ସହିତ ସମ୍ପର୍କଗୁଡ଼ିକ ମଧ୍ୟ ଯଥାର୍ଥ ହୋଇ ପାରିବେ। ସର୍ବୋପରି, ଏହାଦ୍ୱାରା ଆମର ସମୁଦାୟ ସତ୍ତା ସେହି ପରମ ଚେତନାଶକ୍ତିର ପ୍ଲାବନଟି ଦ୍ୱାରା ପ୍ଲାବିତ ମଧ୍ୟ ହୋଇପାରିବ। ତା'ପରେ ଆମର ଶରୀର ତାହାକୁ ବେଷ୍ଟନ କରି ରହିଥିବା ଓ ଦେହ ଉପରେ ପ୍ରଭାବପାତ କରୁଥିବା ବିଶ୍ୱମୟ ସକଳ ଶକ୍ତି ସହିତ ଏକ ସମଞ୍ଜସତା ମଧ୍ୟ ରକ୍ଷା କରିପାରିବ, ସେଗୁଡ଼ିକର ସମ୍ମୁଖୀନ ହେବ ଓ ସେଗୁଡ଼ିକୁ ନିଜ ଭିତରେ ଗ୍ରହଣ ମଧ୍ୟ କରିନେବ।

ବର୍ତ୍ତମାନ ଯାଏ ମାନସିକ, ପ୍ରାଣିକ ଓ ଭୌତିକ ସତ୍ତାରେ ଚେତନା-ଶକ୍ତିର ଯେତିକି ରୂପାୟନ ଘଟିଛି, ତାହା ଅତ୍ୟନ୍ତ ଅପୂର୍ଣ୍ଣ ଏବଂ ଅଳ୍ପବଳ ହୋଇ ରହିଛି। ବିଶ୍ୱଗତ ପରମ ଶକ୍ତି ସହିତ ତାହାର ଯେତିକି ସଂସ୍ପର୍ଶ ସମ୍ଭବ ହୋଇଛି, ତାହାକୁ ନିଜର ଇଚ୍ଛାମତେ ଗ୍ରହଣ ଅଥବା ବର୍ଜନ କରିବା ତଥା ଗ୍ରହଣ କରିବା ପରେ ତାହାକୁ ଏକ ନିଜସ୍ୱ ସମ୍ପଦରେ ପରିଣତ କରିବା ବା ସେଇଟିରେ ଏକ ସମଞ୍ଜସତା ବି ଆଣିବା ନିମନ୍ତେ ତାହା ସମର୍ଥ ହୋଇ ପାରୁନାହିଁ। ଏବଂ ତାହାହିଁ ତା'ର ଯାବତୀୟ ଦୁଃଖ ଓ ଯନ୍ତ୍ରଣାଭୋଗର କାରଣ ହୋଇ ରହିଛି। ପୁନଶ୍ଚ, ଚେତନାର ବୃଦ୍ଧି ସହିତ ଶକ୍ତିର ଅନୁରୂପ ବୃଦ୍ଧି ଘଟୁନାହିଁ; ଇତର ପ୍ରାଣୀ ତୁଳନାରେ ମନୁଷ୍ୟର ଶରୀର ଅଧିକ ସୂକ୍ଷ୍ମ ହେଉଛି, ବାହ୍ୟ ଶକ୍ତିର କ୍ଷେତ୍ରରେ ତାହାର ଦକ୍ଷତା କମିଯାଉଛି; କିନ୍ତୁ ତା'ର ଆଧ୍ୟାତ୍ମିକ ଆରୋହଣଟି ଘଟି ଆସୁଥିବା ସହିତ ତା'ର ଚେତନାଶକ୍ତି ତା' ଇନ୍ଦ୍ରିୟଚୟ ଉପରେ ଅଧିକ ନିୟନ୍ତ୍ରଣ ଅର୍ଜନ କରିବ, ଅନ୍ତର୍ଗତ ମନଟି ବାହାରର ମନକୁ ଅଧିକ ଆୟତ୍ତ

ମଧ୍ୟକୁ ଆଣିପାରିବ, ତା'ର ସ୍ନାୟୁସକଳ ତଥା ଶରୀର ଉପରେ ତା'ର କର୍ତ୍ତୃତ୍ୱ ମଧ୍ୟ ବହୁତ ପରିମାଣରେ ବଢ଼ିଯିବ। ବାହାରର ଯାବତୀୟ ବିକ୍ଷୁବ୍ଧତା ସତ୍ତ୍ୱେ ଭିତର ଶାନ୍ତ ଏବଂ ସ୍ଥିର ରହିବ। ମନର ସ୍ତରରୁ ସେହି ଶକ୍ତି ପ୍ରାଣ ତଥା ଦେହର ସ୍ତରକୁ ମଧ୍ୟ ସଞ୍ଚାରିତ ହୋଇଯିବ। ପ୍ରାଣ ଓ ଦେହ ମଧ୍ୟ ଅଧିକ ଶାନ୍ତ ଅର୍ଥାତ୍ ଅବିଚଳିତ ଭାବରେ ଦୁଃଖଯନ୍ତ୍ରଣା ସହ୍ୟ କରି ପାରିବେ। ଦେହମଧ୍ୟକୁ ମଧ୍ୟ ଏକ ଅଧ୍ୟାତ୍ମସ୍ତରୀୟ ଆନନ୍ଦ ପ୍ରବାହିତ ହେବାକୁ ଆରମ୍ଭ କରିବ, ଯାହାକି ତାହାର କୋଷ ତଥା ତନ୍ତୁଗୁଡ଼ିକୁ ସଦାସ୍ନାତ କରି ରଖିପାରିବ। ସେହି ଉଚ୍ଚତର ଆନନ୍ଦଟିର ସ୍ପର୍ଶ ଲାଗି ସ୍ଥୁଳ ଦେହସ୍ତରର ଅବବୋଧ ବି ବଦଳିଯିବ।

ଆମର ଏହି ବର୍ତ୍ତମାନର ସତ୍ତାଟି ମଧ୍ୟରେ ସର୍ବୋଚ୍ଚ ଏବଂ ସମଗ୍ର ସେହି ଜୀବନରୁ ଉପଲବ୍ଧ ହେଉଥିବା ଆନନ୍ଦ ନିମିତ୍ତ ଏକ ଆସ୍ପୃହା ଅଛି। ସେଇଟି ଗୁପ୍ତ ହିଁ ହୋଇ ରହିଛି, କିନ୍ତୁ ଆମ ପ୍ରକୃତିର ଭିନ୍ନ ଭିନ୍ନ ଅଂଶଗୁଡ଼ିକର ବର୍ତ୍ତମାନ ସ୍ଥିତି ଦୃଷ୍ଟିରୁ ହିଁ ସେହିଭଳି ସତେଅବା ଏକ ଛଦ୍ମବେଶ ଧାରଣ କରି ଅବସ୍ଥାନ କରୁଛି। ସେହି ଆସ୍ପୃହାଟି ବର୍ତ୍ତମାନ ଶାରୀରିକ ସୁଖର ପ୍ରୟୋଜନ ରୂପେ ଆମ ଭିତରେ ଅନୁଭୂତ ହେଉଛି, ପ୍ରାଣର ସ୍ତରରେ ତାହା ପ୍ରାଣିକ ସୁଖର ବ୍ୟଗ୍ରତାରୂପେ ବ୍ୟକ୍ତ ହେବାରେ ଲାଗିଛି। ପରିତୃପ୍ତିର ନାନାବିଧ ଏବଂ ଅନେକ ଅନେକ ମାର୍ଗର ଅନୁଧାବନ କରିବାରେ ଲାଗିଛି। ମନର ସ୍ତରରେ ମଧ୍ୟ ତାହା ନାନା ଭଳି ମାନସିକ ସୁଖାନୁଭବର ଅନୁସରଣ କରୁଛି, ଏବଂ, ପରବର୍ତ୍ତୀ ଏକ ଉଚ୍ଚତର ସ୍ତରରେ ଆଧ୍ୟାତ୍ମିକ ପ୍ରେରଣାଟିଏ ଲାଭ କରି ଶାନ୍ତିଲାଭ ତଥା କୌଣସି ପ୍ରକାରର ଦିବ୍ୟ ସଂସ୍ପର୍ଶଜନିତ ଉଲ୍ଲାସ ପାଇଁ ବ୍ୟାକୁଳ ହେଉଛି। ଏକ ଅତିମାନସ ପରିପ୍ରକାଶ ସକଳ ଅର୍ଥରେ ସେହି ପରମ ବ୍ରହ୍ମସଂସ୍ପର୍ଶ ଜନିତ ଆନନ୍ଦକୁ ହିଁ ପ୍ରକଟ କରିବ, – ଏକ ଆନନ୍ଦପରିପୂର୍ଣ୍ଣ ଜୀବନର ଅବତରଣ ଘଟିବ। ଅଜ୍ଞାନର ବେଢ଼ଟି ମଧ୍ୟରୁ ମୁକ୍ତି ଲାଭ କରିଥିବାର ସର୍ବପ୍ରଥମ ପରିଣାମ ସ୍ୱରୂପ ଏକ ଶାନ୍ତି, ସ୍ଥିରସ୍ଥିତି ଏବଂ ନୀରବତା ହିଁ ବିରାଜମାନ କରିବ। ବିଜ୍ଞାନମୟ ପ୍ରକୃତିର ଅଭିବୃଦ୍ଧି ସଙ୍ଗେ ସଙ୍ଗେ ସେହି ଆନନ୍ଦ ମଧ୍ୟ ବୃଦ୍ଧି ପାଉଥିବ।

ଅତିମାନସ ସ୍ତରର ସେହି ବିଜ୍ଞାନମୟ ଭୂମିରେ ଆମର ମନ ବର୍ତ୍ତମାନ ଯେପରି କଠୋର ଏବଂ ଅନମନୀୟ ହୋଇ ରହିଛି, ତାହାର କୌଣସି ଅବକାଶ ନଥିବ। ଶୃଙ୍ଖଳା ନାମରେ କୌଣସି କଠୋର ଜୀବନଶୈଳୀ ମଧ୍ୟ ରହିବନାହିଁ। ସମସ୍ତଙ୍କୁ ଗୋଟିଏ ପ୍ରକାରର କରି ଆଣିବାର କୌଣସି ପ୍ରଚେଷ୍ଟା ନଥିବ ଏବଂ କୌଣସି ନିର୍ଦ୍ଦିଷ୍ଟ ନୀତିଚୟକୁ ଗୋଛାଟିଏ କରି କାହାଉପରେ ନେଇ ଲଦିଦେବାର ଆବ୍ୟଶକତା ମଧ୍ୟ ରହିବନାହିଁ। ଜୀବନକୁ କେବେହେଲେ କୌଣସି ଗୋଟିଏ ଛାଞ୍ଚରେ ଆଣି

ପକାଇଦେଇ ଆଦୌ ବାଧ୍ୟ କରି ରଖା ଯିବନାହିଁ। ସତ୍ୟ-ଆଚରଣ ଓ ସଦାଚରଣର ଏହି ଗୋଟିଏମାତ୍ର ମାର୍ଗ ବୋଲି ଘୋଷଣା କରି କାହାକୁ ଆଦୌ ସେଇଟି ଭିତରେ ହିଁ ସୀମାବଦ୍ଧ କରି ରଖିଦିଆ ଯିବନାହିଁ। କାରଣ ଏଭଳି ଉଦ୍‌ଭାବନ ଗୁଡ଼ିକର ଆଶ୍ରୟ ନେଉଥିବା ପର୍ଯ୍ୟନ୍ତ ଜୀବନର କୌଣସି ସମଗ୍ର ବିଚାର କରାଯାଇ ପାରିବନାହିଁ ଅର୍ଥାତ୍, ତାହାର କିଛି ଭାଗ ଆୟତ୍ତ ହୋଇ ରହିଥିଲେ ମଧ୍ୟ କିଛି ଭାଗ ଅବଶ୍ୟ ବାହାରେ ରହିଯିବ। ବିବର୍ତ୍ତନର ସମଗ୍ର ଧାରାଟି ତା'ଠାରୁ ଯାହାସବୁ ଦାବୀ କରୁଥିବ, ମନ କଦାପି ସେଗୁଡ଼ିକର ଉପଯୁକ୍ତ ହୋଇ ପାରିବ ନାହିଁ। ତେଣୁ, କେତେପ୍ରକାରେ ଦ୍ୱନ୍ଦ୍ୱ ଭିତରେ ପଡ଼ି ରହିଥିବ, କେତେ ଭଳି ବିକ୍ଷୁବ୍ଧ ହେବାରେ ଲାଗିଥିବ; ଏପରିକି ନିଜ ପାଖରୁ ପଳାଇ ଯାଉଥିବ ଏବଂ ନିଜେ ଫାନ୍ଦି ରଖିଥିବା ଭିଆଣଗୁଡ଼ିକ ମଧ୍ୟରୁ ବି ମୁକୁଳି ବାହାରି ଯିବାପାଇଁ ଇଚ୍ଛା କରୁଥିବ। ଆପେ ହିଁ ଅପୂର୍ଣ୍ଣ ଥିବାରୁ ଓ ତା'ର ସାମର୍ଥ୍ୟଗୁଡ଼ିକ ମଧ୍ୟ ସୀମିତ ହୋଇଥିବାରୁ ସିଏ କେବଳ ଆପଣାର ସୀମିତ ବିଧାନ ତଥା ଶୈଳୀଟିକୁ ଆବୋରି ରହି ଯାହାକିଛି କରିବାକୁ ବାଧ୍ୟ ହେଉଥିବ। କିନ୍ତୁ ବିଜ୍ଞାନମୟ ସ୍ତରର ଜୀବନ ସମସ୍ତ ଭୂମିଟି ଉପରେ ଅବସ୍ଥିତ ରହି ଆପଣାକୁ କ୍ରିୟାଶୀଳ କରିବ, ଯେତେ ବିଚିତ୍ର ଓ ଭିନ୍ନ ଭିନ୍ନ ହୋଇଥିଲେ ମଧ୍ୟ ପରମ ସତ୍ୟର ସମଗ୍ର ଆୟତନଟି ଉପରେ ଆପଣାକୁ ବ୍ୟକ୍ତ କରି ପାରିବ। ତା'ର ପ୍ରସାର ସର୍ବଦା ବୃହତ୍ ହୋଇ ରହିଥିବ, ସିଏ ଅତ୍ୟନ୍ତ ନମନୀୟ ମଧ୍ୟ ହୋଇପାରିବ, ଅମାପ ପ୍ରକାରେ ମୁକ୍ତ ହୋଇ ରହିବ। ତାହାର ସର୍ବବିଧ କ୍ରିୟାଶୀଳତା ମଧ୍ୟ କୌଣସି କଠୋର ଗାର ବା ନିୟମକୁ ମାନି ଅଳପ ଭିତରେ ଆବଦ୍ଧ ହୋଇ ରହିବା ସକାଶେ ଆଦୌ ବାଧ୍ୟ ହେବନାହିଁ। କୌଣସି କର୍ମବାଦୀ ପୂର୍ବନିର୍ଦ୍ଧାରଣର ଅଧୀନ ହୋଇ ରହିନଥିବ। କୌଣସି ଅତୀତର ସ୍ଥିରୀକୃତ ସୀମାକଳ୍ପନା ଦ୍ୱାରା ପରିଚାଳିତ ହିଁ ହେଉନଥିବ। ତେଣୁ, ଆଦୌ କୌଣସି ଅରାଜକତାର କାରଣ ମଧ୍ୟ ହେବନାହିଁ; ଏକ ସମଞ୍ଜସ ସତ୍ୟାନୁଭବର ସମର୍ଥ ହୋଇ ରହିଥିବ।

ଏକ ବିଶ୍ୱମୟ ସଚେତନତା ମଧ୍ୟରେ ବିଚରଣ କରୁଥିଲେ ମଧ୍ୟ ବିଜ୍ଞାନମୟ ଭୂମିରେ ପ୍ରତିଷ୍ଠିତ ହୋଇ ରହିଥିବା ଜଣେ ବ୍ୟକ୍ତି ତଥାପି ଜଣେ ସକଳ ଅର୍ଥରେ ପ୍ରାସଙ୍ଗିକ ବ୍ୟକ୍ତିରୂପେ ମଧ୍ୟ ଆପଣାର ଜୀବନକୁ ଅବଶ୍ୟ ବଞ୍ଚି ପାରିବ। ଯେତେ ବିଶ୍ୱମୟ ବୃହତ୍ତା ମଧ୍ୟରେ ରହିଥିଲେ ମଧ୍ୟ ସେ ନିଜ ଚତୁର୍ଦ୍ଦିଗରେ ବ୍ୟାପି ରହିଥିବା ଅଜ୍ଞାନମୟତା ସହିତ ନିଜକୁ ଅବଶ୍ୟ ସମ୍ବନ୍ଧିତ କରି ରଖି ପାରୁଥିବ। କିନ୍ତୁ, ଅନ୍ତରଙ୍ଗ ଭାବରେ ସେଇଟି ସହିତ ପରିଚୟ ରଖିଥିଲେ ମଧ୍ୟ ଆଦୌ ସେଇଟିର କୌଣସି ପ୍ରାଦୁର୍ଭାବର ଫାନ୍ଦରେ ପଡ଼ି ନଥିବ। ଏହିଠାରେ ଏହି ଭୂମିରେ ଥିଲେ ମଧ୍ୟ

ସେ ଆପଣା ବ୍ୟକ୍ତିତ୍ୱର ବିଧାନଟିକୁ ହିଁ ମାନୁଥିବ ଓ ବିଜ୍ଞାନମୟ ସ୍ୱପ୍ରେରଣା ଗୁଡ଼ିକୁ ବି ବ୍ୟକ୍ତ କରି ପାରୁଥିବ। ସେତେବେଳେ ଅର୍ଥାତ୍ ସେହି ସୋପାନରେ ବ୍ୟକ୍ତିଚରିତ୍ର ପରମ ସର୍ବୋଚ୍ଚ ଚରିତ୍ର ଠାରୁ ଆଦୌ କୌଣସି ପ୍ରକାରେ ଭିନ୍ନ ହେବନାହିଁ। ପୁରୁଷ ଏବଂ ପ୍ରକୃତି ମଧ୍ୟରେ ଯେତେ ଯାହାକିଛି ପାର୍ଥକ୍ୟ ରହିଛି ବୋଲି ଆମେ ଏହି ପୃଥିବୀରେ ବିଚାର କରିଥାଉ, ତାହା ସଂପୂର୍ଣ୍ଣ ରୂପେ ହିଁ ଦୂରୀଭୂତ ହୋଇଥିବ। ନିମ୍ନତର ଆମର ଏହି ଜୀବନରେ ସବୁକିଛି ମୂଳତଃ ଗୋଟିଏ ଯାନ୍ତ୍ରିକ ରୀତିରେ ଚାଲିଥାଏ, ପୂରାପୂରି ଏହି ପ୍ରକୃତି ହିଁ ରାଜତ୍ୱ କରୁଥାଏ ଏବଂ ତାହାର ଆୟତନଟା ସର୍ବକାଳ ପାଇଁ ଅପରିବର୍ତ୍ତନୀୟ ହୋଇ ରହିଥାଏ। ମାତ୍ର ବିଶ୍ୱମୟ ପରମ ଚେତନାଶକ୍ତି ସେଇଟି ନିମନ୍ତେ ପ୍ରକୃତିଗତ ଅନୁରୂପ ଛାଞ୍ଚଟିଏ ତିଆରି କରି ଆଣିଥାଏ: ଅବବୌଦ୍ଧିକ ସ୍ତରଟିଏ ମଧ୍ୟ ସକ୍ରିୟ ରହି ସେହି ଅନୁସାରେ ହିଁ ସବୁକିଛି ଘଟାଇବାରେ ଲାଗିଥାଏ। ସେହି ପୂର୍ବନିର୍ଦ୍ଧାରିତ ନକ୍ସାଟିରୁ ହିଁ ମନୁଷ୍ୟର ମନ ଆପଣାର ସକଳ କାର୍ଯ୍ୟ ଆରମ୍ଭ କରିଥାଏ, – ସମଗ୍ରତଃ ସେହି ରୁଟିନ୍‌ଟିକୁ ମାନି ଯାହାକିଛି କରେ। ମାତ୍ର, ଅଧିକ ବିବର୍ତ୍ତିତ ହୋଇ ଯାଉଥିବା ସଙ୍ଗେ ସଙ୍ଗେ ସେହି ନକ୍ସାରେ କିଛି ବୃଦ୍ଧି ହେବା ମଧ୍ୟ ଆରମ୍ଭ ହୁଏ, ଛାଞ୍ଚଟିରେ ଏକ ପ୍ରସାରଣ ଘଟେ ଏବଂ ତାହାରି ଫଳରେ ପୂର୍ବର ଯାନ୍ତ୍ରିକତାଟିର ସ୍ଥାନରେ ଏକ ଅନ୍ୟ ଶୃଙ୍ଖଳାରେ ଆଉକିଛି ମଧ୍ୟ ଆରମ୍ଭ ହୋଇଥାଏ; ସେହି ଶୃଙ୍ଖଳାରେ କିଛି ଭାବନା ଓ ଅନୁମାନ ରହିଥାଏ, ତାତ୍ପର୍ଯ୍ୟ କିଛି ଥାଏ, କିଛି ଉଦ୍ଦେଶ୍ୟକୁ ମଧ୍ୟ ସ୍ୱୀକାର କରି ନିଆ ଯାଇଥାଏ। କିଞ୍ଚିତ୍ ବୁଦ୍ଧିକୁ କାମରେ ଲଗାଇ ଗୋଟିଏ ସାଧାରଣ ସର୍ବସାମାନ୍ୟ ଗଢ଼ଣ ତିଆରି ହୋଇଯାଏ ଏବଂ ସେହି ଅନୁସାରେ ସବୁକିଛିକୁ ଅଳ୍ପବହୁତ ଏକାଭଳି କରି ଆଣିବା ଲାଗି ପ୍ରୟାସ ହୁଏ। ସମ୍ମୁଖରେ କୌଣସି ନା କୌଣସି ବୁଦ୍ଧିପ୍ରସୂତ ଅଭିପ୍ରାୟ ରହିଥାଏ, ପ୍ରୟୋଜନ ଥାଏ, – ସେଇଟି ବେଶ୍ ସୁବିଧାଜନକ ବୋଲି ମଧ୍ୟ ମନେ ହେଉଥାଏ। ଜଣେ ମନୁଷ୍ୟର ଜ୍ଞାନ ଅଥବା ଜୀବନଗତ ଗଢ଼ଣରେ ପ୍ରକୃତରେ ଅବଶ୍ୟ-ପାଳନୀୟ କିମ୍ବା ସ୍ଥାୟୀ ବୋଲି ଆଦୌ କିଛି ନଥାଏ, ତଥାପି ସେ ଆପଣାର ଭାବନା, ଜ୍ଞାନ, ବ୍ୟକ୍ତିତ୍ୱ, ଜୀବନ, ଆଚରଣ ଆଦିକୁ ନେଇ ସର୍ବମାନ୍ୟ କୌଣସି ନା କୌଣସି ମାନଦଣ୍ଡକୁ ଅବଶ୍ୟ ସୃଷ୍ଟି କରି ରଖିଥାଏ, ଏବଂ ଅଳ୍ପବହୁତ ସଚେତନ ତଥା ସମ୍ପୂର୍ଣ୍ଣ ଭାବରେ ସେ ନିଜର ଜୀବନକୁ ସେହିଗୁଡ଼ିକ ଉପରେ ହିଁ ଠିଆ କରି ରଖିଥାଏ ବା, ନିଜର ଜୀବନକୁ ସେ ସେହି ମୁତାବକ ନାନା ଧାରଣା ଉପରେ ସେହି ନିର୍ବାଚିତ ଓ ଗୃହୀତ ଧର୍ମଗୁଡ଼ିକର ନକ୍ସାରେ ତିଆରି କରି ରଖିବାକୁ ଅନ୍ତତଃ ଯତ୍ପରୋନାସ୍ତି ଚେଷ୍ଟା କରିବାରେ ଲାଗିଥାଏ। ମାତ୍ର, ଅଧ୍ୟାତ୍ମଦ୍ୱାରା ପରିଚାଳିତ ଜୀବନ ମଧ୍ୟକୁ ନେଇଯିବା ଲାଗି ଯେଉଁ ମାର୍ଗଟି ରହିଥାଏ,

ସେଥିରେ କୌଣସି ନିୟମର ପାଳନ ନୁହେଁ, ଆତ୍ମାର ସ୍ତରରେ ସଂପୂର୍ଣ୍ଣ ପ୍ରକାରେ ମୁକ୍ତ ରହିବା ହିଁ ଆଦର୍ଶ ହୋଇ ରହିଥାଏ। ସେହି ଆତ୍ମାର ଆହ୍ୱାନ ହିଁ ଯାବତୀୟ ନିୟମକୁ ଆସି ଭାଙ୍ଗିଦିଏ, – ଯାବତୀୟ କୃତ୍ରିମତାର ଅବସାନ ଘଟାଏ, – ଏକ ଅଧ୍ୟାତ୍ମଶୃଙ୍ଖଳାର ମାର୍ଗକୁ ଗ୍ରହଣ କରି ନେଇଥାଏ। ସେହି ମୁକ୍ତିର ସକଳ ଅନ୍ୱେଷଣରେ, ପୂର୍ବରୁ ବାନ୍ଧିଦିଆ ଯାଇଥିବା ଯାବତୀୟ ନିୟମ ମଧ୍ୟରୁ ମୁକୁଳି ଆତ୍ମାର ବିଧାନ ମଧ୍ୟରେ ପ୍ରବେଶ କରିବାରେ, ଏକ ଆଧ୍ୟାତ୍ମିକ ସତ୍ୟର ନିୟନ୍ତ୍ରଣକୁ ସ୍ୱୀକାର କରିନେବା ସକାଶେ ମନସ୍ତରର ସକଳ ନିୟନ୍ତ୍ରଣକୁ କାଢ଼ି ଫିଙ୍ଗିଦେବାରେ ମଧ୍ୟବର୍ତ୍ତୀ ଅବସ୍ଥାରେ ହୁଏତ କେତେ ଭଳି ସ୍ୱକୀୟ ପଥର ଅନୁସରଣ କରି ଯିବାକୁ ପଡ଼ିପାରେ। କିନ୍ତୁ, ଶେଷରେ ବିଜ୍ଞାନମୟ ଅତିମାନସ ସୋପାନଟିରେ ପହଞ୍ଚି ମାନସସ୍ତରର ସର୍ବବିଧ ଯାନ୍ତ୍ରିକତା ଏବଂ ମାନଦଣ୍ଡକୁ ଅପସରି ଯିବାକୁ ପଡ଼ିଥାଏ ଏବଂ ଏକ ଆତ୍ମଚେତନ ସ୍ୱପରିଚାଳନା ହିଁ ବିଧାନରୂପେ ପ୍ରତିଷ୍ଠିତ ହୁଏ।

ବିଜ୍ଞାନମୟ ଚେତନାଦ୍ୱାରା ପରିଚାଳିତ ହେଉଥିବା ଆମର ସେହି ଜୀବନ, – ତାହା ଏକ ସମ୍ପୂର୍ଣ୍ଣ ଅନ୍ୟ ଆସ୍ପୃହାର ଜୀବନ। ସେହି ସୋପାନରେ ଆମେ ଲାଭ କରୁଥିବା ଜ୍ଞାନ ଓ ଆମର ଇଚ୍ଛାଶକ୍ତି ମଧ୍ୟରେ କୌଣସି ବ୍ୟବଧାନ ନଥାଏ। ଅଧ୍ୟାତ୍ମ ସତ୍ୟ ଏବଂ ଜୀବନସତ୍ୟ ମଧ୍ୟରେ ବିରୋଧ ନଥାଏ। ଆତ୍ମା ଏବଂ ଜୀବନଧାରଣର ଅନ୍ୟ ଅବୟବଗୁଡ଼ିକ ମଧ୍ୟରେ କୌଣସି ଦ୍ୱନ୍ଦ୍ୱ ଉପୁଜିବାର କାରଣ ବା କାହିଁକି ଆସିବ ! ସ୍ୱାଧୀନତା ଥାଏ ଏବଂ ଶୃଙ୍ଖଳା ମଧ୍ୟ ଥାଏ; ମନର ସ୍ତରରେ ଏହି ଉଭୟେ ତ ସକଳ ଅବସରରେ ପରସ୍ପରର ବିରୋଧୀ ହୋଇ ହିଁ ରହିଥାଆନ୍ତି। ଅତିମାନସ ଚେତନାରେ ସେମାନେ ସତେଅବା ପରସ୍ପରର ପଡ଼ୋଶୀ ହୋଇ ରହନ୍ତି। ସତେଅବା ସାରତଃ ଅଭିନ୍ନ ହୋଇ ରହିଥାନ୍ତି। ସେମାନେ ପରସ୍ପର ମଧ୍ୟରେ ପ୍ରକୃତରେ ସର୍ବଦା ହିଁ ଅନ୍ତର୍ନିହିତ ରହିଥାନ୍ତି; ସ୍ୱାଧୀନତା ମଧ୍ୟରେ ଶୃଙ୍ଖଳା ଥାଏ ଓ ଶୃଙ୍ଖଳା ମଧ୍ୟରେ ସ୍ୱାଧୀନତା ମଧ୍ୟ ଥାଏ। ନହେଲେ ଗୋଟିଏ ବ୍ୟତୀତ ଆରଟି ବହୁ ଅସୁସ୍ଥତାର ମଧ୍ୟ କାରଣ ହୁଅନ୍ତି। ବିଜ୍ଞାନମୟ ସତ୍ତା ତା'ର ଭାବନା ଅଥବା କର୍ମଗୁଡ଼ିକ ଦ୍ୱାରା ତା'ର ସ୍ୱାଧୀନତା ସତେଅବା ଆକ୍ରାନ୍ତ ହୋଇ ପଡ଼ିଥିବା ପରି କେବେହେଲେ ଅନୁଭବ କରେନାହିଁ। ଜ୍ଞାନକ୍ଷେତ୍ରରେ ଆପଣାର ସ୍ୱାଧୀନତା କହିଲେ ସିଏ ଆଦୌ କୌଣସି ମିଥ୍ୟା ଅଥବା ପ୍ରମାଦରେ ଲାଖି ରହି ଜୀବନ ବଞ୍ଚିବାକୁ ବୁଝେ ନାହିଁ। ତା'ର ଯାବତୀୟ ସ୍ୱାଧୀନତା ହେଉଛି ଆଲୋକ ଆଡ଼କୁ ଅଗ୍ରସର ହେବାର ସ୍ୱାଧୀନତା, ଅନ୍ଧକାର ମଧ୍ୟରେ ଲାଖି ରହିବାର ସ୍ୱାଧୀନତା କଦାପି ନୁହେଁ। ତା' କର୍ମର ସ୍ୱାଧୀନତା କହିଲେ କୌଣସି ମନମୁଖୀ ସ୍ୱେଚ୍ଛାଚାରକୁ ବୁଝାଏନାହିଁ, ଅଜ୍ଞାନର ମିଛ ଆବେଗଗୁଡ଼ାକର ଆବେଶରେ ପଡ଼ି ଯାହା ମନ ତାହା

କରି ପାରିବାର ସ୍ୱାଧୀନତାକୁ ବୁଝାଏନାହିଁ। କୌଣସି ମିଥ୍ୟା ଅଥବା ଅନୁଚିତ ଇଚ୍ଛାର ପରିପୂରଣକୁ ଏକ ବିଜ୍ଞାନମୟ ସତ୍ତା କଦାପି ତା' ସ୍ୱାଧୀନତାର ଅନ୍ତର୍ଗତ ବୋଲି ବିଚାର କରିବନାହିଁ, ସିଏ ତାହାକୁ ସେହି ପରମ ସର୍ବୋଚ୍ଚ ଆତ୍ମା ତାକୁ ପ୍ରଦାନ କରିଥିବା ସ୍ୱାଧୀନତାର ସଂପୂର୍ଣ୍ଣ ବିରୋଧାଚରଣ ବୋଲି ହିଁ ଭାବିବ। ତା' ମଧ୍ୟରେ ରହିଥିବା ପରମ ଦିବ୍ୟପ୍ରକୃତିଟି ଉପରେ ଏକ ଆକ୍ରମଣ ବୋଲି ଅନୁଭବ କରିବ, ସତେଅବା କୌଣସି ବହିଃସ୍ଥ ଅପପ୍ରକୃତିର ଏକ ଉତ୍ପୀଡ଼ନ ବୋଲି ଭାବୁଥିବ। ସେଗୁଡ଼ିକର ସକଳ ପ୍ରଲୋଭନକୁ ସିଏ ତୁଚ୍ଛା ପ୍ରଲୋଭନ ବୋଲି ଖୁବ୍ ଜାଣି ପାରୁଥିବ।

ଅଜ୍ଞାନର ଶାସନରେ ଶାସିତ ହେଉଥିବା ଆମର ଏହି ମନଟା ସିନା ସିଏ ଏକଦା ଗ୍ରହଣ କରିଥିବା କୌଣସି ସତ୍ୟ କାଳେ ତାକୁ ଛାଡ଼ି ଚାଲିଯିବ ବୋଲି ସର୍ବଦା ଆଶଙ୍କା କରିବାରେ ଲାଗିଥିବ ଏବଂ ସେହି କାରଣରୁ ପ୍ରାୟ ପଦେ ପଦେ ସତର୍କ ହୋଇ ରହିବାକୁ ଉଚିତ ମଣୁଥିବ, ମାତ୍ର ବିଜ୍ଞାନମୟ ଚେତନାକୁ ବହନ କରୁଥିବା ଏକ ସତ୍ତାକୁ ସେପରି କୌଣସି ଦୁର୍ଭାଗ୍ୟ ମଧ୍ୟରେ ମୋଟେ ପଡ଼ିବାକୁ ହେଉନଥିବ। ସିଏ ତ ନିତାନ୍ତ ନିତ୍ୟନୈମିତ୍ତିକ ଭାବରେ ତାହାରି ଭିତରେ ହିଁ ବାସ କରୁଥିବ, ତାହାକୁ ନିଜ ଜୀବନବିଚରଣର ସ୍ୱାଭାବିକ ଏକ ଜଳବାୟୁ ସଦୃଶ ଗ୍ରହଣ କରି ନେଇଥିବ ଏବଂ ତାହାରି ଭିତରେ ବଞ୍ଚୁଥିବ, – ତେଣୁ ମିଛ ସତର୍କତାର କୌଣସି ଅବକାଶ ହିଁ ନଥିବ। ମନର ତ ସତର୍କ ନହୋଇ କୌଣସି ଗତି ନଥାଏ। ଆଦୌ ଅନୁଚିତକୁ ଯିବନାହିଁ ଓ ସବୁଠାରେ ଉଚିତରେ ରହିବ ବୋଲି ମନ ଯେ କେତେବେଳେ ଅନୁଚିତଟା ଭିତରକୁ ପେଲି ହୋଇ ଚାଲିଯାଏ, ସେକଥା ସିଏ ଆପେ ମଧ୍ୟ ଜାଣି ପାରେନାହିଁ। ନିତ୍ୟ ଆଶଙ୍କାରେ ରହିଥାଏ। ଆପଣା ପାଖରୁ ଲୁଚି ବୁଲୁଥାଏ, ଏପରିକି ଆପଣାକୁ ଆପଣା ପାଖରୁ ଲୁଚାଇ ରଖିବା ପାଇଁ ବାଧ୍ୟ ହେଉଥାଏ। ଚାରିପାଖର ଚଳନ୍ତି ଜୀବନ ମଧ୍ୟ ତାକୁ ନାନା ପ୍ରକାରେ ବାଧ୍ୟ କରିବାରେ ଲାଗିଥାଆନ୍ତି। ଅପର ପକ୍ଷରେ, ବିଜ୍ଞାନମୟ ଚେତନାରେ ନିଜର ଜୀବନକୁ ବଞ୍ଚୁଥିବା ବ୍ୟକ୍ତି ନିଜର ସ୍ୱାଧୀନତା ଦ୍ୱାରା ଗୋଡ଼ ଖସିଗଲା ପରି କେବେହେଲେ ଅନ୍ୟମାନଙ୍କ ଉପରେ ମଧ୍ୟ ନିଜର ଇଚ୍ଛାକୁ ନେଇ ମଡ଼ାଇ ଦିଏନାହିଁ, ସେମାନଙ୍କୁ କୌଣସି ପ୍ରକାରେ ନିଜର ମତଲବମାନଙ୍କର ସିଦ୍ଧିଲାଗି ବ୍ୟବହାର କରେନାହିଁ। କାରଣ, ସେହି କ୍ଷେତ୍ରର ଯାବତୀୟ କ୍ଷେତ୍ରରେ ବ୍ୟକ୍ତି ତଥା ସମୂହ ଭିତରେ କୌଣସି ଦ୍ୱନ୍ଦ୍ୱ ହିଁ ନଥାଏ। ବ୍ୟକ୍ତି ବ୍ୟକ୍ତି ମଧ୍ୟରେ କୌଣସି ସଂଘର୍ଷ ଓ କଳହ ନଥାଏ। କାରଣ, କେବଳ ଜାଣିବା ଏବଂ ଇଚ୍ଛା କରିବାର ଚେତନାରେ ନୁହେଁ, ମାତ୍ର ହୃଦୟସ୍ତରର, ପ୍ରାଣ ତଥା ଶରୀର-ସ୍ତରରେ ପରିପୂର୍ଣ୍ଣ ସମଞ୍ଜସତା, ଏକ ସମଗ୍ରତା ତଥା ସଂହତିର ଚେତନା ସତତ କ୍ରିୟାଶୀଳ

ହୋଇ ରହିଥାଏ । ସାଧାରଣ ଭାଷାରେ ସେହି କଥାଟିକୁ କହିଲେ, ବିଜ୍ଞାନମୟ ଚେତନାସ୍ତରର ଜଣେ ବ୍ୟକ୍ତିର ଆପଣାର ମନ, ହୃଦୟ, ପ୍ରାଣ ଏବଂ ଶରୀର ଉପରେ ପୂର୍ଣ୍ଣ ନିୟନ୍ତ୍ରଣ ରହିବା ମଧ୍ୟ ସମ୍ଭବ ହୋଇ ଯାଇଥାଏ । ବସ୍ତୁତଃ, ଯଥାର୍ଥ ସ୍ତରଟିରେ ସେପରି କୌଣସି ନିୟନ୍ତ୍ରଣକୁ ସ୍ୱତନ୍ତ୍ର ଭାବରେ ଅର୍ଜନ କରିବାକୁ ଆଦୌ ପଡ଼େନାହିଁ, ଏକ ପରିପୂର୍ଣ୍ଣ ଓ ସ୍ୱାଭାବିକ ସମତାବସ୍ଥା ବର୍ତ୍ତମାନ ହିଁ ଥାଏ ।

ପୁନଶ୍ଚ, ସେହି ସୋପାନରେ ଅହଂ ଏବଂ ପରାହଂ ମଧ୍ୟରେ ମଧ୍ୟ କୌଣସି ଦ୍ୱନ୍ଦ୍ୱ ରହେନାହିଁ । କାରଣ, ବ୍ୟକ୍ତି ସେତେବେଳେ କେବେହେଲେ ଏକ ସ୍ୱତନ୍ତ୍ର ଭାବରେ ଆପଣାର ଉପସ୍ଥିତିକୁ ଅନୁଭୂତ କରାଇବା ନିମନ୍ତେ ଇଚ୍ଛା ହିଁ କରେନାହିଁ ଏବଂ ତେଣୁ ଅନ୍ୟମାନଙ୍କ ଠାରୁ ଆପଣାକୁ ସତେଅବା ଅଧିକ ବୋଲି ପ୍ରମାଣ କରିବାର କୌଣସି ଇଚ୍ଛା ତା'ଠାରେ ନଥାଏ । ଅର୍ଥାତ୍, ତା'ର ତଥାକଥିତ ଅହଂ ଏବଂ ସେହିଟିକୁ ଅହଂ ସୀମାଗୁଡ଼ିକ ମଧ୍ୟରେ ବନ୍ଧ ଦେଇ ରଖିଥିବା ବିବେକ ମଧ୍ୟରେ ପ୍ରକୃତରେ କୌଣସି ଭେଦ କେବେହେଲେ ନଥାଏ । ତେଣୁ, ସେଠାରେ ବ୍ୟକ୍ତିର ଅହଂ ଭିନ୍ନ ଭିନ୍ନ ପରିସ୍ଥିତିରେ ମୋଟେ ଭିନ୍ନ ଭିନ୍ନ ପ୍ରୟୋଜନବାଦୀ ଆବଶ୍ୟକତାର ଚାପରେ କିଛିହେଲେ କରେନାହିଁ; ସତେଅବା ସେହି ଜଣେ ହିଁ ତା'ଭିତରେ ଥାଇ ଏକମାତ୍ର ଅନୁମନ୍ତା ଭାବେ ତାକୁ ସକଳ ସ୍ଥିତିରେ ହିଁ ପରିଚାଳିତ କରି ନେଇ ଯାଉଥାନ୍ତି । ତେଣୁ, ତଥାକଥିତ ଅହଂଟି ମଧ୍ୟ ନିଜର କୌଣସି ସ୍ୱତନ୍ତ୍ର ପ୍ରୟୋଜନର ଅନୁରୋଧରେ ନିଜର କୌଣସି ଅଲଗା ତାତ୍କାଳିକ ବିବେକରେ ଆଦୌ କିଛିହେଲେ କରି ପକାଇବାକୁ କୌଣସି ଇଚ୍ଛା କରେ ବି ନାହିଁ । ତା'ର ଇଚ୍ଛା ସେହି ପରମ ଈଶ୍ୱର-ଇଚ୍ଛାଟି ସହିତ ହିଁ ଅଭିନ୍ନ ହୋଇ ରହିଥାଏ । ମନର ସ୍ତରରେ ତାହାର ସେହି ସ୍ତରର ଇଚ୍ଛା ଏବଂ ଉଚ୍ଚତର ଦିବ୍ୟ-ଇଚ୍ଛାଟି ମଧ୍ୟରେ ଅବଶ୍ୟ ଭିନ୍ନତା ଓ ତେଣୁ ବିରୋଧ ଖୁବ୍ ଥାଏ, କାରଣ ବ୍ୟକ୍ତି ନିଜକୁ ସେହି ପରମ ସତ୍ତା, ପରମ ଇଚ୍ଛା ବା ପରମ ପୁରୁଷଙ୍କ ଠାରୁ ଅଲଗା କରି ଦେଖିବାରେ ହିଁ ଲାଗିଥାଏ । ଅତିମାନସ ଜୀବନସ୍ତରରେ ଜଣେ ବ୍ୟକ୍ତି ଯେତେବେଳେ ଯାହାକିଛି କରେ, ସର୍ବଦା, ତା ନିଜ ଭିତରେ ବିଦ୍ୟମାନ ରହିଥିବା ସେଇ ପରମ ଈଶ୍ୱରଙ୍କର ନିର୍ଦ୍ଦେଶରେ ହିଁ କରୁଥାଏ; ସେହି ଈଶ୍ୱର, ଯିଏକି ଅନେକଙ୍କ ଭିତରେ ସେହି ଗୋଟିଏ ଈଶ୍ୱରରୂପେ ହିଁ ଅବସ୍ଥାନ କରୁଥାନ୍ତି । ତେଣୁ, ଆପଣାକୁ ସ୍ୱତନ୍ତ୍ର ଭାବରେ ସିଦ୍ଧ ବୋଲି ପ୍ରମାଣିତ କରିବାର, ନିଜର ସ୍ୱତନ୍ତ୍ର ଇଚ୍ଛାକୁ ଅଲଗା କରି ଲଦି ଦେବାର ଦମ୍ଭ ଦେଖାଇବାର କୌଣସି ଅବକାଶ ନଥାଏ ।

ଏହି ମୂଳ ପ୍ରତ୍ୟୟଟି, ଯେ ଜଣେ ବିଜ୍ଞାନମୟ ଚେତନାରେ ଅବସ୍ଥିତ ଏକ ସତ୍ତାର ଜୀବନରେ ସେହି ଦିବ୍ୟ ପରମ ଜ୍ଞାନ ତଥା ପରମ ଇଚ୍ଛା ଯେ ଅବଶ୍ୟ କ୍ରିୟାଶୀଳ

ହୋଇ ରହିଥିବ, ତାହାହିଁ ତାକୁ ଏକ ପୂର୍ଣ୍ଣ ସ୍ୱାଧୀନତାର ବୋଧ ପ୍ରଦାନ କରୁଥାଏ। ସେହି ମୂଳଭୂତ ଏକତାବୋଧ ହିଁ ତାକୁ ତା'ର ସେହି ସ୍ୱାଧୀନତାବୋଧ ଦ୍ୱାରା ସମ୍ପଦବାନ୍ କରି ରଖିଥାଏ। ନୈତିକ ନିୟମ ସମେତ ଯାବତୀୟ ନିୟମର ପାଶ ଭିତରୁ ମୁକ୍ତ ହୋଇ ରହିବା, – ବସ୍ତୁତଃ ତାହା ମୂଳତଃ ସେହି ଐକ୍ୟବୋଧରୁ ଆସିଥାଏ। ମାନସିକ କୌଣସି ମାନଦଣ୍ଡର କୌଣସି ପ୍ରୟୋଜନ ନଥାଏ। ସୁତରାଂ, ସ୍ୱାର୍ଥପରତା କିମ୍ବା ଅପରହିତୈଷଣାର ମଧ୍ୟ କୌଣସି ଅବକାଶ ରହେନାହିଁ, ଆପଣାର ହିତ ଓ ଅନ୍ୟମାନଙ୍କର ହିତ ମଧ୍ୟରେ କିଛିହେଲେ ଫରକ ନଥାଏ। ଯାବତୀୟ କର୍ମସମ୍ପାଦନାରେ ଏକ ବ୍ୟାପକ ବିଶ୍ୱମୟ ଶ୍ରଦ୍ଧାର ଅନୁଭବ ରହିଥାଏ; ସହାନୁଭୂତି, ଏକାତ୍ମଭାବନା ବିଦ୍ୟମାନ ରହିଥାଏ ଏବଂ ଏହି ଯାବତୀୟ ଭାବନା ସେହି ଭାବନାର ସ୍ତରରେ ନରହି, ସ୍ୱାଭାବିକ ଭାବରେ ହିଁ କ୍ରିୟାତ୍ମକତାରେ ପରିଣତ ହୋଇ ଯାଉଥାନ୍ତି। ତେଣୁ, ଅସଙ୍ଗତତା ଅଥବା ଦ୍ୱନ୍ଦ୍ୱର ପ୍ରଶ୍ନ ହିଁ କେଉଁଠି ହେଲେ ନଥାଏ। ମାତ୍ର, ଅନ୍ୟ ପକ୍ଷରେ, ଅଜ୍ଞାନର ଭୂମିରେ ଏକ ଅର୍ଦ୍ଧାଲୋକିତ ସ୍ଥିତିର ପ୍ରାଦୁର୍ଭାବ ହେତୁ କେବଳ ଅପୂର୍ଣ୍ଣତା ଭର୍ତ୍ତି ହୋଇ ରହିଥାଏ, ବହୁ କନ୍ଦଳ ଲାଗିଥାଏ, ନାନା ବିଫଳତାର ନୈରାଶ୍ୟ ଭୋଗ କରିବାକୁ ବି ପଡ଼େ। ବିଜ୍ଞାନମୟର ଭୂମିରେ ସବୁକିଛି ସେହି ଭିତରୁ ହିଁ ସେଗୁଡ଼ିକର ପୂର୍ଣ୍ଣ ସମ୍ଭାବନାରେ ପ୍ରକଟ ହୋଇ ଆସନ୍ତି, କର୍ମଗୁଡ଼ିକର କ୍ଷେତ୍ରରେ କୌଣସି ଅନିଶ୍ଚୟତାର ସମର ଲାଗିରହି ନଥାଏ, ଚେତନାର କ୍ରିୟାଶୀଳତାରେ ବିରୋଧ ବୋଲି ଆଦୌ କିଛି ନଥାଏ। ଏବଂ ସେଠାରେ ବାହାରୁ କୌଣସି ପ୍ରକାର ଯାନ୍ତ୍ରିକ ନିୟମକୁ ଆଣି ଲଦିଦେବାର ମଧ୍ୟ କୌଣସି ଅବକାଶ ରହେନାହିଁ। କର୍ମରେ ପୂର୍ଣ୍ଣ ସମଞ୍ଜସତା ଅବସ୍ଥାନ କରୁଥାଏ, କେବଳ ଈଶ୍ୱରଙ୍କର ଅଭିପ୍ରାୟ ହିଁ ସଞ୍ଚାଳିକାଶକ୍ତି ହୋଇ କାର୍ଯ୍ୟ କରେ।

ବିଜ୍ଞାନମୟ ଭୂମିରେ ଚେତନାର ଦୁଇଟି ବିଭାବ ଏକତ୍ର ହୋଇ ରହିଥାଏ;– ଗୋଟିଏ ଆତ୍ମଜ୍ଞାନର ଏବଂ ଅନ୍ୟଟି ବିଶ୍ୱଜୀବନର, – ଆତ୍ମା ଏବଂ ବିଶ୍ୱ ପରସ୍ପରଠାରୁ ଅଭିନ୍ନ ହୋଇ ହିଁ ରହିଥାଆନ୍ତି। ଏବଂ, ଏହି ଦୁଇଟିଯାକ ବିଭାବ ଯୁଗପତ୍ ଭାବରେ ବିଦ୍ୟମାନ ରହିଥିବାକୁ ହିଁ ବିଜ୍ଞାନମୟତାର ସ୍ୱଭାବସିଦ୍ଧ ମାନଦଣ୍ଡ ବୋଲି କୁହାଯିବ। କିନ୍ତୁ, ସେହି ସତ୍ୟଜ୍ଞାନକୁ କେବେହେଲେ କେବଳ ଗୋଟିଏ ଚିନ୍ତା ବା ଅବଧାରଣା ସ୍ତରର ଦ୍ରବ୍ୟ ବୋଲି କଦାପି କହି ହେବନାହିଁ, – ସତେଅବା ତୁଚ୍ଛା ଏକ ଚେତନା, ଯିଏକି ଦେଖି ପାରୁଛି, ସେଥିରୁ କେତେକ ଧାରଣା କରିପାରୁଛି ଏବଂ ସେଗୁଡ଼ିକୁ ନିଜ ଭିତରେ ବହନ କରି ରଖିବାକୁ ଚେଷ୍ଟା ବି କରୁଛି। ନାହିଁ, ଜାଣିବା ଏବଂ ମଥାଭିତରେ ସଞ୍ଚିତ କରି ନଥିବା ନୁହେଁ, ହେବା, – ସେଇଟି ହେଉଛି ଏହି ପୃଥିବୀ ନାମକ

ପରିପ୍ରକାଶଟିର ଉଦ୍ଦେଶ୍ୟ; ଏକ ଚେତନ ସତ୍ତା ଯେ ପ୍ରକୃତରେ କ୍ରିୟାଶୀଳ ରହିଛି, ଜ୍ଞାନ କେବଳ ସେହି କଥାଟିକୁ ସୂଚାଇ ଦେଉଥାଏ। ବସ୍ତୁତଃ ହେବା କହିଲେ ଏହି ପୃଥିବୀ-ପୃଷ୍ଠରେ ଏକ ବିଜ୍ଞାନମୟତା ଦ୍ୱାରା ପ୍ରେରିତ ହେଉଥିବା ଏକ ଜୀବନକୁ ବୁଝାଇବ। ସେତେବେଳେ ସତ୍ତା ଆପଣାକୁ କେବଳ ଚେତନା ଭିତରେ ଆଦୌ ହଜାଇଦେଇ ନଥିବ, ଆପଣାକୁ କେବଳ ଜ୍ଞାନ ଏବଂ ଚେତନାର ଏକ ଅବଧାରଣା ମଧ୍ୟରେ ନିମଜ୍ଜିତ କରି ରଖିବନାହିଁ, ମାତ୍ର ନିଜକୁ ସକ୍ରିୟ ଅଧ୍ୟାତ୍ମଶକ୍ତି ଦ୍ୱାରା ପରିପ୍ରେରିତ କରି ପରିପୂର୍ଣ୍ଣ ଭାବରେ ସକଳ ବସ୍ତୁରେ ଅନୁଭବ କରିବ ଏବଂ ପ୍ରକାଶ ଲାଭ କରିବ। ସେହି ପ୍ରକାଶ ମଧ୍ୟରେ ବୈଚିତ୍ର୍ୟ ଓ ବିଭିନ୍ନତା ହିଁ ଅସଲ ରୀତି ହୋଇ ରହିଥିବ। ସବୁକିଛି ସତେଅବା ଏକ ବିପୁଳ ଐକ୍ୟତାନ ସଦୃଶ ହୋଇ ରହିଥିବ; ଅପେକ୍ଷାକୃତ ଅଧିକ ବିକଶିତ ତଥା ଅଳ୍ପ ବିକଶିତ ମଧ୍ୟରେ ସମୁଚିତ ସମ୍ବନ୍ଧଗୁଡ଼ିକ ବଳବତ୍ତର ରହିଥିବ। ଏହିପରି ଗୋଟିଏ ମୁହୂର୍ତ୍ତ ଆସି ପହଞ୍ଚିବ, ଯେତେବେଳେ କି ବିଜ୍ଞାନମୟ ସତ୍ତାଟି ବିବର୍ତ୍ତନର ଏ ଗାରଟିକୁ ଡ଼େଇଁ ସମ୍ପୂର୍ଣ୍ଣ ଭାବରେ ସେପାଖରେ ଯାଇ ଉପନୀତ ହେବ। ସେତେବେଳେ ଏହି ବିଜ୍ଞାନମୟ ରୀତିଟି ହିଁ ଜୀବନ ଅର୍ଥାତ୍ ସାମୂହିକ ଜୀବନର ସମୁଦାୟ ସମ୍ବନ୍ଧଭୂମିଟିର ନିର୍ଦ୍ଧାରଣ କରିବାକୁ ଆରମ୍ଭ କରିବ। ଏବଂ, ଜଣେ ବିଜ୍ଞାନମୟ ଚେତନାସମ୍ପନ୍ନ ବ୍ୟକ୍ତି ଯେପରି ତା'ର ବିକଶିତ ବ୍ୟକ୍ତି-ଆତ୍ମାଟି ଦ୍ୱାରା ନିର୍ଦ୍ଦେଶିତ ହୋଇ ନିଜ ଜୀବନକୁ ବଞ୍ଚୁଥିଲା, ଏହି ସ୍ତରରେ ଜୀବନ ତଥା କର୍ମର ଭୂମିରେ ସମୂହଟି ମଧ୍ୟ ସେହି ସ୍ତରର ଜୀବନକୁ ବଞ୍ଚିବ; ସେତେବେଳେ ଏକ ସାମୂହିକ ଆତ୍ମାସ୍ତରର ଶକ୍ତି ହିଁ ସକଳ ପ୍ରକାରର ନିଷ୍ପତ୍ତି କରିବ। ବ୍ୟକ୍ତିମାନେ ଅତ୍ୟନ୍ତ ସଚେତନ ଭାବରେ ହିଁ ସାମୂହିକ ଜୀବନକୁ ବଞ୍ଚିବେ, ଅତ୍ୟନ୍ତ ଅନ୍ତରଙ୍ଗ ଭାବରେ ପରସ୍ପରକୁ ଅନୁଭବ କରିବେ, – ନିଜକୁ ତଥା ଏକ ଆରେକୁ ସେହି ସତ୍ୟର ଆଲୋକବୃତ୍ତଟି ମଧ୍ୟରେ ଦେଖି ପାରିବେ। ଏବଂ, ଏହି ସମୂହଟି ଆଦୌ କୌଣସି ଯାନ୍ତ୍ରିକତା ଦ୍ୱାରା ନୁହେଁ, ମାତ୍ର ଆଧ୍ୟାତ୍ମିକ ସମଗ୍ରତା ଦ୍ୱାରା ହିଁ କ୍ରିୟାଶୀଳ ହୋଇ ରହିବ। ବ୍ୟକ୍ତି-ଜୀବନରେ ଯେଉଁ ପୂର୍ଣ୍ଣମୁକ୍ତି, ଜୀବନଦୃଷ୍ଟି ସବୁକିଛିର ନିର୍ଦ୍ଧାରଣ କରୁଥିଲା, ଏହି ସୋପାନକୁ ଆସି ସମଷ୍ଟିର ଜୀବନରେ ମଧ୍ୟ ତାହାହିଁ ସବୁଟିର ମୀମାଂସା ଅବଶ୍ୟ କରିବ।

ବ୍ୟକ୍ତି ବ୍ୟକ୍ତି ମଧ୍ୟରେ କେତେ ଭିନ୍ନତା ରହିବ, ତଥାପି ସକଳ ଭିନ୍ନତା ସତ୍ତ୍ୱେ ଏକତ୍ୱ ଅବ୍ୟାହତ ରହିବ। ହଁ, ସେଠାରେ ମଧ୍ୟ ବ୍ୟକ୍ତିଜୀବନ ପରି ସେହି ଦିବ୍ୟ ଲୀଳାଟି ଲାଗିଥିବ। ମନର ସ୍ତରରେ ତ କେତେ କେତେ ଏକତା ବିଷୟରେ ଚିନ୍ତା କରା ଯାଉଥାଏ ଏବଂ ସେହି ଅଭିପ୍ରାୟରେ ସମସ୍ତଙ୍କୁ ଗୋଟିଏ ଛାଞ୍ଚରେ ଏକାଭଳି ତିଆରି କରି ଥୋଇଦେବାର ବହୁତ ପାଞ୍ଚ କରାଯାଏ। ସମସ୍ତେ ଏକାଭଳି ହେବେ,

ତେବେ ସିନା ଏକତା ସମ୍ଭବ ହେବ, – ଏହିପରି ଚିନ୍ତା କରା ଯାଉଥାଏ। ତେଣୁ, ଆତ୍ମ-ଅଭିବ୍ୟକ୍ତିର କ୍ଷେତ୍ରରେ ବହୁ ଭିନ୍ନତା ବିଦ୍ୟମାନ୍ ରହିବାର ଯେଉଁ ଅସଲ ସମୃଦ୍ଧିଟି, ଆଉ ସେଇଟି ମୋଟେ ରହି ପାରେନାହିଁ। ବିଜ୍ଞାନମୟ ଚେତନାର ଜୀବନପରିଧି ଗୁଡ଼ିକରେ ବୈଚିତ୍ର୍ୟ ଦ୍ୱାରା ଆଦୌ କୌଣସି ବିସଙ୍ଗତି ଅଥବା କଳହର ସୃଷ୍ଟି ହୁଏନାହିଁ; ବରଂ ସଂପୂର୍ଣ୍ଣ ସ୍ୱାଭାବିକ ଭାବରେ ସମସ୍ତେ ନିଜକୁ ସମସ୍ତଙ୍କୁ ମାନି ନିଅନ୍ତି, – ସମସ୍ତେ ଏକ ଆରେକର ଅନୁପୂରକ ପରି ବୁଝନ୍ତି ଏବଂ ତେଣୁ ଏକ ଧନାଢ୍ୟତାର ଅନୁଭବ କରୁଥାନ୍ତି। ମିଳିତ ଭାବରେ ଜ୍ଞାନ ହାସଲ କରାଯାଏ, କାର୍ଯ୍ୟାନ୍ୱିତ କରାଯାଏ ଏବଂ ଜୀବନକ୍ଷେତ୍ରରେ ପ୍ରୟୋଗ ମଧ୍ୟ କରାଯାଏ। ମନ ଏବଂ ପ୍ରାଣ-ସ୍ତରର ଏହି କ୍ଷେତ୍ରରେ ଯାହାକିଛି ଅସୁବିଧା, ଅହଂ ହେଉଛି ତାହାର କାରଣ, – ସମସ୍ତଙ୍କୁ ଭାଗ ଭାଗ କରି ଦେଖିବା, – ଏକ ସମୂହକୁ ନାନା ବିପରୀତ, ବିରୋଧ ଏବଂ ବିଷମତା ଭଳି ଦେଖିବା, – ଏହିଗୁଡ଼ିକ ହିଁ ବାଧା। ପାର୍ଥକ୍ୟମାନେ ହିଁ ଆଗ ଦିଶନ୍ତି, ତେଣୁ ପରସ୍ପର ଠାରୁ ଅଲଗା ଅଲଗା ହୋଇ ଦିଶନ୍ତି ଏବଂ ସେହିଗୁଡ଼ିକ ଉପରେ ଗୁରୁତ୍ୱ ଦିଆ ଯାଉଥାଏ। ତେଣୁ, ଯେଉଁସବୁ କ୍ଷେତ୍ରରେ ମେଳ ରହିଥାଏ, ଯାହାକିଛି ପାର୍ଥକ୍ୟଗୁଡ଼ିକୁ ଏକତ୍ର ଗୋଟିଏ ଗୁଚ୍ଛପରି ଧରିଥାଏ, ସେଗୁଡ଼ିକୁ ସାଧାରଣତଃ ଦେଖି ହୁଏନାହିଁ ଅଥବା ଖୁବ୍ କଷ୍ଟରେ ଦେଖି ହୁଏ। ପୁନଶ୍ଚ, ଆଉଗୋଟିଏ ଅସୁବିଧା ମଧ୍ୟ ରହିଥାଏ, ଯାହାଫଳରେ କି ପ୍ରତ୍ୟେକେ ମୂଳତଃ ପ୍ରତ୍ୟେକଙ୍କ ଠାରୁ ବଡ଼ ଅଲଗା ହୋଇ ରହିଥାନ୍ତି ଏବଂ ତେଣୁ ଆଉଜଣକର ଜୀବନ ଓ ସ୍ୱଭାବକୁ ଆଦୌ ଜାଣିବା ସହଜ ହୁଏନାହିଁ। ପ୍ରଧାନତଃ ବାହାରୁ ହିଁ ସାମଞ୍ଜସ୍ୟମାନଙ୍କୁ ଦେଖିବାର ପ୍ରଚେଷ୍ଟା କରାଯାଉଥାଏ ସିନା, ମାତ୍ର ଭିତରର ସମଧର୍ମିତାର ଭୂମି ଉପରେ କ୍ୱଚିତ୍ ସେହି ଉଦ୍ୟମ ହୁଏ। ତେଣୁ, ପ୍ରତ୍ୟକ୍ଷ ଭାବରେ ପ୍ରାୟ କିଛି ଦେଖି ହୁଏନାହିଁ। ତେଣୁ, ତଥାକଥିତ ଅର୍ଥରେ ଯାହାକିଛି ଜଣାଯାଏ, ସେଥିରେ ଅହଂର ବିକ୍ଷେପଗୁଡ଼ିକ ହିଁ ଭର୍ତ୍ତି ହୋଇ ରହିଥାଆନ୍ତି ଏବଂ ତେଣୁ ସବୁକିଛି ଅତ୍ୟନ୍ତ ଅପୂର୍ଣ୍ଣ ହୋଇ ରହିଥାଏ। ଜଣେ ଆଉଜଣେ ବିଷୟରେ ବହୁ ପରିମାଣରେ ମୂଳତଃ ଅଜ୍ଞାନ ହିଁ ରହିଥାଆନ୍ତି। ଏବଂ, ଅନ୍ୟ ପକ୍ଷରେ, ଯେତେବେଳେ ସାମୂହିକ ଜୀବନ ବିଜ୍ଞାନମୟ ସୋପାନଟିକୁ ଉନ୍ନୀତ ହୋଇଯାଏ, ସେତେବେଳେ ତ ପରସ୍ପରର ଆଖିରେ ଭିନ୍ନତାଗୁଡ଼ିକ ବସ୍ତୁତଃ ଏକ ପ୍ରାଚୁର୍ଯ୍ୟ ବୋଲି ଦେଖାଯାଏ। ଏହି ସେହି ଉପଲବ୍ଧିଟି ଦ୍ୱାରା ହିଁ ଜୀବନର ପରିପୂର୍ଣ୍ଣତା ବି ଉପଲବ୍ଧ ହୁଏ । ବିଜ୍ଞାନମୟ ଚେତନାରେ ବଞ୍ଚୁଥିବା ବ୍ୟକ୍ତିମାନେ ଅଜ୍ଞାନର ଯାବତୀୟ ପରିଧିର ବାହାରେ ଥାଆନ୍ତି ଏବଂ ତେଣୁ ଏହି ପରିଣାମଗୁଡ଼ିକ ସମ୍ଭବ ହୋଇଯାଏ। ଏବଂ, ଯେତେବେଳେ ସେହି ବିଜ୍ଞାନମୟ ଜୀବନର ପ୍ରକାଶ ଘଟିବ, ତାହା ଏହି ପୃଥ୍ୱୀ-ପରିବେଶରେ ହିଁ ଘଟିବ;

ସେତେବେଳେ ଏହି ପୃଥିବୀରେ ନିମ୍ନତର ଚେତନା ଭିତରେ ରହିଥିବା ଜୀବନଟି ତଥାପି ଥିବ। ଏବଂ, ବିଜ୍ଞାନମୟ ଚେତନାକୁ ଧାରଣ କରିଥିବା ବ୍ୟକ୍ତିମାନଙ୍କର ସହିତ ତାହାର ଏକ ସଂସ୍ପର୍ଶ ନିଶ୍ଚୟ ଘଟିବ। ଏବଂ, ତାହା ଫଳରେ, ନିମ୍ନତର ଚେତନାର ସ୍ତରରେ ଅବସ୍ଥାନ କରୁଥିବା ବ୍ୟକ୍ତିମାନଙ୍କ ଭିତରେ ପ୍ରଚ୍ଛନ୍ନ ଭାବରେ ରହିଥିବା ବିଜ୍ଞାନମୟ ସମ୍ଭାବନାଗୁଡ଼ିକ ନିଶ୍ଚୟ ପ୍ରୋତ୍ସାହିତ ହେବ, ସତେଅବା ସମର୍ଥନ ପାଉଥିବା ହେତୁ ଅବଶ୍ୟ ଅଧିକ ସଚେତନ ମଧ୍ୟ ହେବ, ଅଧିକ ଅନୁସ୍ପନ୍ଦନକ୍ଷମ ହେବାକୁ ଆରମ୍ଭ କରିବ। ଏବଂ, ମନୁଷ୍ୟସମୂହର ରୂପାନ୍ତରିତ ନହୋଇଥିବା ଭାଗଟିରେ ଖୁବ୍ ସମ୍ଭବ ପ୍ରତ୍ୟକ୍ଷ ଅଥବା ଆଂଶିକ ଭାବରେ ମଧ୍ୟ ସନ୍ଦୀପିତ ହୋଇ ପାରିଥିବା ମନଃସ୍ତରୀୟ ଏଭଳି ମନୁଷ୍ୟମାନେ ରହିଥିବେ, ଯେଉଁମାନଙ୍କର ସଂଖ୍ୟା କ୍ରମଶଃ ବୃଦ୍ଧି ବି ପାଇବ ଓ ସେମାନେ ଏକ ଯଥାର୍ଥ ଭ୍ରାତୃତ୍ୱର ଆହ୍ୱାନରେ ଅଗ୍ରସର ହେବାକୁ ଆରମ୍ଭ କରିବେ। ତେଣୁ, ଉଚ୍ଚତର ସୋପାନଟିରେ ଅଧିକରୁ ଅଧିକ ପୂର୍ଣ୍ଣତା ହାସଲ ହେଉଥିବା ସହିତ ଏହି ନମ୍ନତର ସ୍ତରଟି ମଧ୍ୟ ଆପଣା କ୍ଷେତ୍ରରେ ଏକ କ୍ରମପରିପୂର୍ଣ୍ଣତା ହାସଲ ଅବଶ୍ୟ କରୁଥିବ।

ଏବଂ ଶେଷରେ ସମ୍ଭବତଃ ଏପରି ବି ମତଟିଏ ପ୍ରକାଶ ପାଇପାରେ ଯେ, ବିଜ୍ଞାନମୟ ଅର୍ଥାତ୍ ଅତିମାନସର ସୋପାନରେ ଆସି ପହଞ୍ଚିବା ପରେ ବିବର୍ତ୍ତନର ବିଶ୍ୱପ୍ରକ୍ରିୟାଟି ମଧ୍ୟ ଅନାବଶ୍ୟକ ହେବ ଏବଂ ତେଣୁ ବନ୍ଦ ହୋଇଯିବ କି? ଆମର ଏହି ସ୍ଥିତିରେ କେବଳ ଏତିକି ଅନୁମାନ କରାଯାଇ ପାରିବ ଯେ, ପ୍ରକ୍ରିୟାଟି ବନ୍ଦ ହେବନାହିଁ, ତଥାପି ଲାଗି ରହିବ। ବିବର୍ତ୍ତନର ପ୍ରକ୍ରିୟାକୁ ଅନୁସରଣ କରି ଅଚେତନା ସୋପାନ ପରେ ସୋପାନ ପାର ହୋଇ ଅର୍ଥାତ୍ ଜଡ଼, ପ୍ରାଣ ଓ ମନର ତିନି ଅବସ୍ଥା ଦେଇ ଅତିମାନସ ପର୍ଯ୍ୟନ୍ତ ଆପଣାକୁ ପ୍ରକଟ କରି ଆଣିଛି ଏବଂ ତାହାହିଁ ପୂର୍ଣ୍ଣ ଆରୋହଣଟିର ମୂଳଭୂତ ପ୍ରକ୍ରିୟାରୂପେ କାର୍ଯ୍ୟ କରିଛି। ସେହି ପ୍ରକ୍ରିୟା ଅବ୍ୟାହତ ରହିବ। କିନ୍ତୁ ଖୁବ୍ ସମ୍ଭବ ଲାଗୁଛି ଯେ, ଏପର୍ଯ୍ୟନ୍ତ ସ୍ତରକୁ ସ୍ତର ଯେଉଁଭଳି ଆରୋହଣଟିକୁ ସର୍ବଦା ନାନା ସଂଘର୍ଷ ମଧ୍ୟଦେଇ ଆସିବାକୁ ହୋଇଛି, ଏହାପରେ ସେଇଟି ରହିବନାହିଁ। ଅପେକ୍ଷାକୃତ ଅଧିକ ସମଞ୍ଜସତା ଅବ୍ୟାହତ ରହିଥିବ; ଅଧିକତର ଆଲୋକ, ଶକ୍ତି ତଥା ସୌନ୍ଦର୍ଯ୍ୟ ଆଡ଼କୁ ଏକ ଅଗ୍ରଗତି ଅବିଚ୍ଛିନ୍ନ ଭାବରେ ହିଁ ଚାଲିବ ଏବଂ ଜୀବନ ସେହି ଅନୁସାରେ ଉତ୍ତରୋତ୍ତର ଦୀପ୍ତି ତଥା ମହିମାରେ ଆପଣାକୁ ଉନ୍ମୋଚିତ କରି ନେଉଥିବ। ଏବଂ, ଆମେ ହୁଏତ ଏତିକି କଥା ପରିପୂର୍ଣ୍ଣ ଭରସା ଦେଲାପରି କହି ବି ପାରିବା ଯେ, ପୃଥିବୀର ଏହି ମନୁଷ୍ୟସଂସାରଟି ସେହି ପ୍ରକ୍ରିୟାଟି

ସହିତ ଅଧିକରୁ ଅଧିକ ସାର୍ଥକ ଭାବରେ ସହଯୋଗ ମଧ୍ୟ କରୁଥିବ, ନିଜ ତଥା ପରସ୍ପର ଭିତରୁ ହିଁ ସେଥିଲାଗି ଅବଶ୍ୟ ଅଧିକରୁ ଅଧିକ ପ୍ରେରଣା ମଧ୍ୟ ପାଉଥିବ।

+ + + +

ଏହି ଅଧ୍ୟାୟଟି ପରେ 'ଦିବ୍ୟ-ଜୀବନ' ଗ୍ରନ୍ଥଟିର ସର୍ବଶେଷ ଅଧ୍ୟାୟ, ଅର୍ଥାତ୍ ୩୮ଶ ଅଧ୍ୟାୟ। ଏବଂ, ଅଧ୍ୟାୟଟିର ନାମ ମଧ୍ୟ 'ଦିବ୍ୟ ଜୀବନ'। ଗ୍ରନ୍ଥଟିର ନାମ ଯାହା, ଏହି ଅଧ୍ୟାୟଟିର ନାମ ମଧ୍ୟ ସେଇଆ। ପୁନରାବୃତ୍ତି ପରି ଲାଗିଲେ ମଧ୍ୟ ଆମେ ତଥାପି ସମଗ୍ର ଗ୍ରନ୍ଥପ୍ରସଙ୍ଗଟିକୁ ଏକତ୍ର ସାଉଁଟି ଆଣି କହିବା ଯେ, ଏହି ଯୋଗର ସମୁଦାୟ ଲକ୍ଷ୍ୟଟି ହେଉଛି ଏକ ପୂର୍ଣ୍ଣ ଏକତାର ପ୍ରତିଷ୍ଠା। ପାରମ୍ପରିକ ପଥଗୁଡ଼ିକରେ ସାଧାରଣତଃ ଯେଉଁ ଲକ୍ଷ୍ୟଟିକୁ ଧାର୍ଯ୍ୟ କରି ରଖା ଯାଉଥିଲା, ତାହାକୁ ସାଧାରଣତଃ ମୋକ୍ଷ ବୋଲି କୁହାଯାଇଛି। ମୋକ୍ଷକାମୀ ମାନଙ୍କର କ୍ଷେତ୍ରରେ ତାହା ବ୍ୟକ୍ତିର ମୋକ୍ଷ ତଥା ମୁକ୍ତିଲାଭକୁ ବୁଝାଇ ଆସିଛି। ଏଠାରେ ସବୁକିଛି ଅଡୁଆ, ସବୁକିଛି ଏକ ଭ୍ରମ ଓ ଜାଲ, ଯାହାକି ମନୁଷ୍ୟମାନଙ୍କୁ ବହୁବିଧ ଦୁଃଖରେ ଉତ୍ପୀଡ଼ିତ କରି ରଖିଛି। ସେଥିରୁ ମୁକ୍ତିଲାଭ କରିବାକୁ ହେବ। ଏହି ବହୁ ଅପୂର୍ଣ୍ଣତା ଦ୍ୱାରା ଅଭିଶପ୍ତପ୍ରାୟ ହୋଇ ରହିଥିବା ପୃଥିବୀ ଭିତରୁ ପଳାୟନ, – ତାହାହିଁ କ'ଣ ମୋକ୍ଷ ? ଚିରନ୍ତନ ସୁଖ, ଚିରନ୍ତନ ଶାନ୍ତି ଏବଂ ଚିରନ୍ତନ ପ୍ରାପ୍ତି, – ତାହା ଏହି ପୃଥିବୀରୁ ନିଷ୍କ୍ରାନ୍ତ ହୋଇଯାଇ ପାରିଲେ ଯାଇ ଏକ ଅନ୍ୟତ୍ର ହିଁ ଉପଲବ୍ଧ ହେବ। ଏବଂ, ଯେହେତୁ ଏହି ମରଧାମରୁ ବିଦାୟ ନେଇ ଚାଲିଯିବା ଯାଏ ଏଠାରେ ରହିବାକୁ ହିଁ ପଡ଼ିବ, ସେଥିଲାଗି ପ୍ରାୟ ଏକ ମଧ୍ୟବର୍ତ୍ତୀ କାଳର ବ୍ୟବସ୍ଥାରୂପେ ଏକ ନିଭୃତ ନିକାଞ୍ଚନର ଆଶ୍ରୟ ମଧ୍ୟକୁ ଚାଲିଯିବ ଏବଂ ତାହାରି ଦ୍ୱାରା ଏକ ଅଶୁଦ୍ଧ ପୃଥିବୀରେ ତଥାପି ଶୁଦ୍ଧ ହୋଇ ରହିଥିବାର ପ୍ରକାରେ ସାନ୍ତ୍ୱନା ଲାଭ କରିବ। ସଂସାରରୁ ଅଲଗା ହୋଇ ରହିବା ଅର୍ଥାତ୍ ସଂସାର ପ୍ରତି ଉଦାସୀନ ହୋଇ ରହିବା। ପୁନଶ୍ଚ, ସଂସାର କହିଲେ ଯଦି ସର୍ବପ୍ରଥମେ ସଂସାରରେ ଘରଟିଏ ଗଢ଼ି ରହିଥିବା ମନୁଷ୍ୟମାନଙ୍କୁ ହିଁ ବୁଝାଏ, ତେବେ ସେହି ମନୁଷ୍ୟମାନଙ୍କ ପ୍ରତି ଉଦାସୀନତା। ସେମାନଙ୍କର ଏହି ସର୍ବବିଧ ଦୁଃଖ, ସୁଖ, ଗତି, ଦୁର୍ଗତି ଏବଂ ସଂଘର୍ଷଚୟ ପ୍ରତି ଉଦାସୀନ ରହିବା। ଏହି କିସମର ଯୋଗରେ ରତ ହୋଇ ରହିଥିବା ସାଧକମାନେ ସମ୍ଭବତଃ ଏତେ ଅତିରିକ୍ତ ଭାବରେ ନିଜସଚେତନ ହୋଇ ରହିଲେ ଯେ, କାଳକ୍ରମେ ସାଧନାଟି ନାନା ମାର୍ଗରେ ମଧ୍ୟ ବିଭକ୍ତ ହୋଇ ରହିଗଲା। ଫଳରେ ସଂପ୍ରଦାୟମାନେ ଗଢ଼ିହୋଇ ଆସିଲେ। ସେହି ଅନୁସାରେ ବିବଦମାନ ଏକାଧିକ କଳ୍ପନା ମୁତାବକ ଭଳି ଭଳି ଭେକ, ସନ୍ତକ, ଗୁରୁବାଦ, ଅବତାର-ଭାବନା ଓ ଆହୁରି କେତେ କ'ଣ । ତେଣୁ କୌଣସି ଏକତା ମଧ୍ୟ କିପରି ସମ୍ଭବ ହୋଇଥାନ୍ତା ? ହୁଏତ

ପରିଣାମଟା ଯାହା ଅବଶ୍ୟ ହୁଅନ୍ତା, ତାହା ନିଜ ଭିତରେ କୌଣସି ଏକତାକୁ ବଞ୍ଚି ପାରିଲା ନାହିଁ, ତାହା ଆମର ଏହି ବହୁ ବିଭେଦପୂର୍ଣ୍ଣ ପୃଥିବୀକୁ ଏକତାର ସତକୁ ସତ କୌଣସି କାମ୍ୟ ସ୍ଥିତି ଆଡ଼କୁ ଆଗେଇ ନେବାରେ ଆଉ କି ସହାୟତା ବି କରିଥାନ୍ତା !

ଗ୍ରନ୍ଥଟିର ଏହି ଶେଷ ଅଧ୍ୟାୟଟି ଠିକେ ଠିକେ ଆଲୋଚନା କରି ଆମେ ଏହି ପ୍ରକରଣଟିର ମୁଣ୍ଡି ମାରିବାକୁ ଚେଷ୍ଟା କରିବା, ଯାହାକି ଆମ ଆସ୍ପୃହାଗୁଡ଼ିକ ସମ୍ମୁଖରେ ଦିବ୍ୟ ଜୀବନର ଦୃଶ୍ୟପଟଟିଏ ଉତ୍ତୋଳିତ କରି ରଖି ପାରୁଥିବ ଏବଂ ଆଗକୁ ଯିବାରେ ବନ୍ଧୁଭଳି ଆମେ ଚାଲୁଥିବା ଅନୁସାରେ କିଛି କିଛି ସୂଚନା ଦେଇ ପାରୁଥିବ। ଏବଂ, ମୁଖ୍ୟତଃ ଅଳ୍ପବହୁତ ଗୋଟିଏ ଗୋଟିଏ ସାରାଂଶର ମାଧ୍ୟମରେ ହିଁ ଆମେ ସେଗୁଡ଼ିକୁ ଆଣି ଉପସ୍ଥାପିତ କରିବା ତଥା ବସ୍ତୁତଃ ସେହି ସାରାଂଶ ବୋଲି ହିଁ ବୁଝିବା।

ଜଡ଼ଦ୍ୱାରା ନିର୍ମିତ ଏହି ଜଗତରେ ସଚେତନ ମନୁଷ୍ୟମାନଙ୍କର ଏକ ସମୂହ ହିସାବରେ ଆମର ଯଥାର୍ଥ ପରିଚିତି ଓ ତାତ୍ପର୍ଯ୍ୟଟି କ'ଣ ଏବଂ ଥରେ ସେହି ପରିଚୟଟିକୁ ଆବିଷ୍କାର କରିପାରିଲେ ଆମେ ତାହାରି କର୍ଷଣ କରି କେତେଦୂର ଅଗ୍ରସର ହୋଇପାରିବା, ଆମର ଏହି ଗ୍ରନ୍ଥରେ ତାହାରି ଉଦ୍‌ଘାଟନ କରିବା ନିମନ୍ତେ ଏକ ପ୍ରୟାସ କରାଯାଇଛି। ଏହାକୁ ହୁଏତ ଆମେ ଜଡ଼ର ଏକ ଖିଆଲ ଅଥବା ଜଡ଼କୁ ଭୂମି କରି କିଛି ତିଆରି କରୁଥିବା କୌଣସି ସେପରି ତାତ୍ପର୍ଯ୍ୟ ନଥିବା ଏକ ଖିଆଲ ବୋଲି ମଧ୍ୟ କହିପାରିବା। କିମ୍ବା, ତାହା ପରମ ବିଧାତାଙ୍କର ମଧ୍ୟ ଗୋଟିଏ ଖିଆଲ ହୋଇପାରେ, ଯାହାର ଆଦୌ ଏକ ବ୍ୟାଖ୍ୟା ଦିଆଯାଇ ପାରିବନାହିଁ। ମାତ୍ର, ଯଦି ଏହି ପୃଥିବୀ ପ୍ରକୃତରେ କୌଣସି ସତ୍ୟର ଧାରଣ କରି ରହିଛି, ଏହିଠାରେ କ୍ରିୟାଶୀଳ ଏବଂ ବିବର୍ତ୍ତିତ ହେଉଥିବା ସତ୍ୟର ଭୂମିସଦୃଶ କାର୍ଯ୍ୟ କରୁଛି, ତେବେ ସେଇଟି ଆମ ନିଜର ସତ୍ତା ଏବଂ ଜୀବନଟିର ମଧ୍ୟ ତାତ୍ପର୍ଯ୍ୟ ବୋଲି ଅବଶ୍ୟ ସ୍ୱୀକାର କରିବାକୁ ହେବ। ଏହି ପୃଥିବୀ ଉପରର ଆମ ଜୀବନଟି ହିଁ ଆମର ନିୟତିଟିକୁ ଆକାର ଦେଇ ଚାଲିଛି; ସେହି ନିୟତିଟି ଆମ ଭିତରେ ଏକ ସମ୍ଭାବନାରୂପେ ନିହିତ ହୋଇ ରହିଛି। ଅର୍ଥାତ୍, ଯଦି ଏକ ପରମସତ୍ୟ ଆମକୁ ମାଧ୍ୟମ କରି ଏଠାରେ ସତତ ସମ୍ଭୂତ ହେବାରେ ଲାଗିଛି, ଆପଣାକୁ କ୍ରମଶଃ ଉଦ୍‌ଘାଟିତ କରିଆଣୁଛି, ତେବେ ଆମେ ଯାହା ଅବଶ୍ୟ ହେବା ବୋଲି ଅଭିପ୍ରେତ ହୋଇ ରହିଛି, ତାହା ହିଁ ଆମ ଭିତରେ ପ୍ରଚ୍ଛନ୍ନ ହୋଇ ରହିଛି ଏବଂ, ପ୍ରକୃତରେ ସେହିଭଳି ହେବାରେ ହିଁ ଆମ ଜୀବନର ତାତ୍ପର୍ଯ୍ୟ ମଧ୍ୟ ନିହିତ ରହିଛି ବୋଲି ସ୍ୱୀକାର କରାଯାଇ ପାରିବ।

ସମୟକୁ ଅବଲମ୍ବନ କରି ଚେତନା ତଥା ଜୀବନ ହିଁ ଏହି ଧରଣୀପୃଷ୍ଠରେ

କ୍ରିୟାଶୀଳ ରହି ଆସିଛନ୍ତି, – ତେଣୁ, ଏହି ସୃଷ୍ଟି ମଧ୍ୟରେ ଆପଣାକୁ ବୁଝିବା ନିମନ୍ତେ ଆମେ ଉକ୍ତ ଦୁଇଟିକୁ ହିଁ ଅନ୍ତରଙ୍ଗ ଭାବରେ ବୁଝିବା। ମାତ୍ର, ଚେତନା ତାହାର ବର୍ତ୍ତମାନ ଅବସ୍ଥାରେ ଯେଉଁ ସ୍ଥିତିରେ ରହିଛି ଏବଂ ଜୀବନ ମଧ୍ୟ ଯେତିକିରେ ଯେଉଁଭଳି ଚାଲିଛି, ସେଥିରୁ ସଂପୂର୍ଣ୍ଣ ରହସ୍ୟଟି ଆଦୌ ଧରା ପଡ଼ିବନାହିଁ। କାରଣ, ଉଭୟେ ଅସମ୍ପୂର୍ଣ୍ଣ ରହିଛନ୍ତି ଓ ବିବର୍ତ୍ତିତ ହେବାରେ ଲାଗିଛନ୍ତି। ଆମର ଜୀବନକ୍ଷେତ୍ରରେ ଚେତନା ଏହି ମନ ଯାଏ ଆସିଛି, ଏବଂ ସେଇଟା ବହୁ ଅଜ୍ଞାନ ଓ ଅପୂର୍ଣ୍ଣତା ଦ୍ୱାରା ବାନ୍ଧି ହୋଇ ରହିଛି, – ତଥାପି ଅଭିବୃଦ୍ଧି ଲାଭ କରୁଛି ଓ ତା'ର ଆହୁରି ସେପାଖକୁ ନେଇ ଆମକୁ ପହଞ୍ଚାଇ ଦେବ ବୋଲି ଆକାଙ୍କ୍ଷା ରଖିଛି। ଏହି ମନଶ୍ଚେତନା ଯାହା ହେବ ଓ ଏପର୍ଯ୍ୟନ୍ତ ହୋଇ ପାରିନାହିଁ, ଆମେ ତାହାକୁ ଅତିଚେତନ ବୋଲି କହୁଛୁ। ଆମେ ଯାହା ହେବା, ତାହା ଆମ ଭିତରେ ସମ୍ଭାବନାରୂପେ ପ୍ରଚ୍ଛନ୍ନ ହୋଇ ରହିଛି; ତେଣୁ, ଯାହା ସଂବୃତ ହୋଇ ରହିଛି, ତାହା ହିଁ ବିବର୍ତ୍ତିତ ହେବାରେ ଲାଗିଛି। ଆମ ଭିତରର ସେହି ସତତ ବୃଦ୍ଧିଲାଭ କରୁଥିବା ଉପାଦାନଟି ହେଉଛି ଆମର ଅତିମାନସ, ଆମର ବିଜ୍ଞାନମୟ ସାମର୍ଥ୍ୟ। ଯେଉଁ ପରମ ବିଶ୍ୱସତ୍ତା ଆମ ଭିତରେ ଆମର ସକଳ ସତ୍ତାର ପ୍ରତିଭୂ ହୋଇ ରହିଛନ୍ତି, ତାଙ୍କୁ ହିଁ ପ୍ରକାଶ କରି ଆଣିବା, – ତାହାହିଁ ମାର୍ଗ। ଯେଉଁଭଳି ଚେତନା, ତାହାରି ଅନୁରୂପ ଆମର ଜୀବନ। ସତ୍ୟ-ଚେତନାଟି କେତେଦୂର ଆମ ଭିତରେ କ୍ରିୟାଶୀଳ ହୋଇ ପାରିଲାଣି, ଆମ ଜୀବନ ତାହାରି ଏକ ପରିଚୟ ଲାଭ କରିବାର ଏକ ଦର୍ପଣବତ୍ ଅବଶ୍ୟ କାମ ଦେଇ ପାରିବ। ମନ ଅପୂର୍ଣ୍ଣ, କାରଣ ଆମର ଅସଲ ଅନ୍ତରକେନ୍ଦ୍ରଟିରେ ମନର ନୁହେଁ, ଆତ୍ମାର ହିଁ ନିୟମନ କାର୍ଯ୍ୟ କରୁଛି। ଅତିମାନସ କାର୍ଯ୍ୟ କରୁଛି। ତେଣୁ, ଯଦି ଆମ ଜୀବନରେ ସେହି ପରମ ଆତ୍ମାର ହିଁ ପ୍ରକାଶ ଘଟିବ, ତେବେ ଭିତରର ସେହି ଅଧ୍ୟାତ୍ମ ସତ୍ତାଟିକୁ ମଧ୍ୟ ଆମକୁ ବ୍ୟକ୍ତ କରି ଆଣିବାକୁ ହେବ, ସେହି ଅତିମାନସ ଚେତନା ଆମର ଜୀବନକୁ ଏକ ଦିବ୍ୟ ଜୀବନରେ ପରିଣତ କରିନେବ। ଆମକୁ ଭିତ୍ତି କରି ପ୍ରକଟ ହେବାରେ ଲାଗିଥିବା ପ୍ରକୃତିରେ ସେହି ଅଭିପ୍ରାୟଟି ହିଁ ରହିଛି।

ଯାବତୀୟ ଆଧ୍ୟାତ୍ମିକ ଜୀବନ ହେଉଛି ଏକ ଦିବ୍ୟ ଜୀବନ ନିମନ୍ତେ ପ୍ରୟାସ ଏବଂ ଉତ୍ତରୋତ୍ତର ଯାତ୍ରା। କେଉଁଠି ଯେ ମନର ଶାସନଟି ସମାପ୍ତ ହେବ ଏବଂ ଏକ ଦିବ୍ୟ ଜୀବନ ଆରମ୍ଭ ହେବ, ସେପରି ଏକ ଗାର ଟାଣି ନିର୍ଦ୍ଦିଷ୍ଟ କରି କରିଦେବା ଆଦୌ ସହଜ ନୁହେଁ। ମଧ୍ୟବର୍ତ୍ତୀ ବ୍ୟବଧାନଟି ଏପରି ଏକ ସ୍ତର, ଯେଉଁଠାରେ କି ଏହି ତଥାକଥିତ ମନର ସୋପାନଟିରେ ମଧ୍ୟ ଏକ ଉଚ୍ଚତର ଜୀବନ କ୍ରମସ୍ପନ୍ଦିତ ହୋଇ ଆସୁଥିବ। କେବଳ ଯେ ସେହି ନୂତନ ପ୍ରକ୍ରିୟାଟି ଭିତରେ ହିଁ ହେଉଥିବ,

ତାହା ଆଦୌ ନୁହେଁ; ବାହାରର ଜୀବନଟି ମଧ୍ୟ ତାହାରି ଶକ୍ତିବଳରେ ନୂତନ ଭାବେ ତିଆରି ହୋଇ ଆସୁଥିବ। ପୁନଶ୍ଚ, କେବଳ ନିଜର ବ୍ୟକ୍ତିଜୀବନରେ ନୁହେଁ, ଏକ ବିଜ୍ଞାନମୟ ଚେତନାକୁ ଧାରଣ କରିଥିବା ସମୂହର ଜୀବନରେ ମଧ୍ୟ ପ୍ରକଟ ହେବ।

ଜଣେ ଅଧ୍ୟାତ୍ମ ହିସାବର ବ୍ୟକ୍ତି ନିଜ ଭିତରେ ସେହି ପରମ ଦିବ୍ୟତାର ଅବଶ୍ୟ ଉପଲବ୍ଧି କରିଥିବ, ସେହି ପରମ ଦିବ୍ୟ ସତ୍ତାଙ୍କୁ ନିଜ ଭିତରେ ତଥା ବାହାରେ ଅବଶ୍ୟ ପ୍ରତ୍ୟକ୍ଷ କରୁଥିବ; ସିଏ ତା'ର ଅନ୍ତରକ୍ଷେତ୍ରରେ ଏକ ଦିବ୍ୟ ଜୀବନ ଯାପନ କରୁଥିବ ଏବଂ ସେହି ଜୀବନର ଏକ ପ୍ରତିଫଳନ ତା'ର ବାହାରର ଜୀବନରେ ଘଟିବ ହିଁ ଘଟିବ। ଏଇଟି ହେଉଛି ଏହି ସୋପାନରେ ଆସି ପହଞ୍ଚି ଥିବାର ସର୍ବପ୍ରଥମ ପରଖ ଏବଂ ସର୍ବପ୍ରଥମ ସାରକଥା। ମାତ୍ର, ଏତିକିକୁ କେବଳ ଏକ ବ୍ୟକ୍ତିସ୍ତରୀୟ ବିମୋଚନ ବୋଲି କୁହାଯାଇ ପାରିବ, – ଏକ ତଥାପି ପରିବର୍ତ୍ତିତ ହୋଇ ନଥିବା ବାହାରର ପରିବେଶରେ ପରିପୂର୍ଣ୍ଣତା ଲାଭ କରିଥିବାର ଗୋଟିଏ ସ୍ଥିତିକୁ ବୁଝାଇବ। କିନ୍ତୁ, ଏକ ସମଗ୍ର ଦିବ୍ୟତାର ପରିପ୍ରେକ୍ଷୀରେ କହିଲେ, ଏହି ପୃଥ୍ୱୀ-ପ୍ରକୃତିର କ୍ଷେତ୍ରରେ ଜୀବନନାମକ ଆମର ଏହି ଆୟତନଟିରେ ଏକ ନୂତନ ଜୀବନଧାରାକୁ ସମ୍ଭବ କରି ଆଣିବାକୁ ହେଲେ ଏକ ବୃହତ୍ତର ପରିବର୍ତ୍ତନ ମଧ୍ୟ ସଚଳ ହୋଇ ଆସିବାର ତଥାପି ଆବଶ୍ୟକତା ରହିଥିବ ଏବଂ ସେହି ଅବଶ୍ୟକତାଟିକୁ ଘ୍ରାଣ ମଧ୍ୟ କରି ହେଉଥିବ। ଏହିଠାରେ ହିଁ ଏକ ବିଜ୍ଞାନମୟ ବା ଅତିମାନସ ପରିବର୍ତ୍ତନର ଏକ ଅପରିହାର୍ଯ୍ୟତା ରହିଛି ଏବଂ ତେଣୁ, ଯାହାକିଛି ସେଇଟିର ପୂର୍ବରୁ ଘଟୁଥିବ, ସେଇଟିକୁ ଅସଲଟି ଉଦ୍ଦେଶ୍ୟରେ ମୁଖ୍ୟତଃ ଏକ ପ୍ରସ୍ତୁତି ଅର୍ଥାତ୍ ପ୍ରଥମନିର୍ମାଣ ବୋଲି ହିଁ ବୁଝିବାକୁ ହେବ। କାରଣ, ସେହି ବିଜ୍ଞାନମୟ ଚେତନାସ୍ତରର ଏକ ସତକୁ ସତ ଗତିଶୀଳ ଜୀବନକୁ ଏହି ପୃଥିବୀପୃଷ୍ଠରେ ବସ୍ତୁତଃ ସେହି ପୂର୍ଣ୍ଣାଙ୍ଗ ଦିବ୍ୟ ଜୀବନ ବୋଲି କୁହାଯାଇ ପାରିବ। ଏକ ଉଚ୍ଚତର ବିଶ୍ୱଜ୍ଞାନ ଏବଂ ଏକ ଉଚ୍ଚତର କର୍ମର ବହୁପ୍ରସାରିତ ଭୂମି। ସେତେବେଳେ ଚେତନାର ଯାବତୀୟ ଗତିଶୀଳତା ଏହି ପୃଥିବୀର ଭୌତିକ ଜୀବନରେ ମଧ୍ୟ ନିଜକୁ ସଦାବର୍ତ୍ତମାନ କରି ରଖିବ ଏବଂ ଜଡ଼ସ୍ଥ ଏହି ପୃଥ୍ୱୀପ୍ରକୃତିର ଜୀବନମୂଲ୍ୟ ଗୁଡ଼ିକରେ ଏକ ରୂପାନ୍ତରକୁ ସମ୍ଭବ କରି ଆଣିବ।

ମାତ୍ର, ସକଳ ଅବସରରେ, ବସ୍ତୁତଃ ପ୍ରକୃତିପ୍ରେରିତ ହୋଇ କାର୍ଯ୍ୟ କରୁଥିବାରୁ ଏକ ବିଜ୍ଞାନମୟ ଚେତନାର ଜୀବନରେ ସମଗ୍ର ମୂଳଦୁଆଟି ବାହାରେ ନୁହେଁ, ଭିତରେ ହିଁ ରହିଥିବ। ସେହି ଚେତନାକୁ ବହନ କରି ଜୀବନ ବଞ୍ଚୁଥିବା ଜଣେ ମନୁଷ୍ୟର ସକଳ ସବୁକିଛି ଆତ୍ମାକୁ ହିଁ ଆଧାରରୂପେ ଗ୍ରହଣ କରି ନେଇଥିବ। ସେହି ଆତ୍ମା ସକଳ ଅର୍ଥରେ ତା'ର ମନ, ପ୍ରାଣ ଏବଂ ଶରୀରକୁ ତିଆରି କରିଥିବ

ଏବଂ ବ୍ୟବହାର ମଧ୍ୟ କରୁଥିବ। ଭାବନା, ଆବେଗ ତଥା କର୍ମ ଏଗୁଡ଼ିକର କୌଣସି ସ୍ୱାଧୀନ ଜୀବନ ନଥିବ, ସେମାନେ ନିମିତ୍ତ ହୋଇ କାର୍ଯ୍ୟ କରୁଥିବେ। ଆମ ଭିତରେ ରହିଥିବା ଦିବ୍ୟ ପରମ ସତ୍ୟକୁ ବ୍ୟକ୍ତ କରି ଆଣିବାରେ କାମରେ ଲାଗୁଥିବେ। ବର୍ତ୍ତମାନ ଆମେ ଯେଉଁଭଳି ସ୍ଥିତିରେ ଅବସ୍ଥିତ ରହିଛୁ, ସେଠାରେ ତ ପ୍ରଧାନତଃ ବାହାରେ ବାହାରେ କେବଳ ଉପରିଭାଗରେ ହିଁ ବଞ୍ଚୁଛୁ, ସେଠରେ ସତେଅବା ଏହି ପୃଥିବୀ ହିଁ ଆମକୁ ତିଆରି କରିଛି ବୋଲି ବୋଧ ହେଉଛି। କିନ୍ତୁ ମୋଡ଼ଟି ଏକ ଆଧ୍ୟାତ୍ମିକ ଜୀବନ ଆଡ଼କୁ ହୋଇଯିବା ପରେ, ଆମେ ହିଁ ଆମ ନିଜକୁ ତିଆରି କରିବା, ଆମର ପୃଥିବୀଟିକୁ ମଧ୍ୟ ତିଆରି କରିବା। ଏହି ନୂତନ ସୃଜନସୂତ୍ରଟି ଅନୁସାରେ ଅନ୍ତର୍ଗତ ଜୀବନର ହିଁ ସର୍ବପ୍ରଥମ ମହତ୍ତ୍ୱ ରହିବ, ଅନ୍ୟ ସବୁକିଛି କେବଳ ତାହାରି ଅଭିବ୍ୟକ୍ତି ତଥା ପରିଣାମରୂପେ ପ୍ରତ୍ୟକ୍ଷ ହେବ। ଏବଂ, ଆମେ ଯେଉଁ ପରିପୂର୍ଣ୍ଣତା ଲାଭର ଲକ୍ଷ୍ୟରେ ଜୀବନ ବଞ୍ଚୁଛୁ, ଏହାହିଁ ସେହି ଉଦ୍ୟମଟିର ପ୍ରଧାନତମ କ୍ରିୟା ହୋଇ ରହିଥିବ। ଅର୍ଥାତ୍ ଆମ ନିଜର ଆତ୍ମାରେ ଏକ ପରିପୂର୍ଣ୍ଣତାର ଉପଲବ୍ଧି ହେବ, ଆମର ମନ ତଥା ଜୀବନର କ୍ଷେତ୍ର ପରିପୂର୍ଣ୍ଣତା ଲାଭ କରିବ, ଆମ ସାମୂହିକ ଜୀବନଭୂମିରେ ମଧ୍ୟ ପରିପୂର୍ଣ୍ଣତା ସମ୍ଭବ ହୋଇ ଆସୁଥିବ। କାରଣ, ଆମକୁ ପ୍ରଦତ୍ତ ହୋଇଥିବା ବର୍ତ୍ତମାନର ଏହି ପୃଥିବୀ ଅସ୍ପଷ୍ଟ ହୋଇ ରହିଛି, ଅଜ୍ଞାନ ଦ୍ୱାରା ଆଚ୍ଛନ୍ନ ହୋଇ ରହିଛି, କେବଳ ଏକ ଜଡ଼ସ୍ଥତା ଦ୍ୱାରା ଗ୍ରସ୍ତ ହୋଇ ରହିଛି, ବହୁ ଅପୂର୍ଣ୍ଣତାରେ ପୂର୍ଣ୍ଣ ହୋଇ ରହିଛି ଏବଂ, ଆମର ଏହି ତଥାକଥିତ ଚେତନ ବାହ୍ୟସତ୍ତାଟି ଏହି ଯାବତୀୟ ଅସ୍ପଷ୍ଟତା, ଆମର ଜନ୍ମପ୍ରକ୍ରିୟା, ପରିବେଶ ତଥା ଜୀବନକ୍ଷେତ୍ରର ନାନା ପ୍ରଭାବ ଏବଂ ଆଘାତର ତାଲୀମ ଦ୍ୱାରା ନାନାବିଧ ଛାଞ୍ଚରେ ପଡ଼ି ତିଆରି ହୋଇଛି। ତଥାପି, ଆମ ଭିତରେ ଏପରି କିଛି ରହିଛି ବା ଗଢ଼ିହୋଇ ବି ଆସିବାକୁ ବାଟ ଖୋଜୁଛି, ଯାହାକି କେବଳ ସେହି ବାହ୍ୟଗୁଡ଼ିକ ଦ୍ୱାରା ଗଢ଼ା ହୋଇନାହିଁ, – ଏକ ସ୍ୱୟଂପ୍ରତିଷ୍ଠିତ ଆତ୍ମା, ଯାହାକି ନିଜେ କାହାରି ଦ୍ୱାରା ପ୍ରସୀମିତ ହୋଇ ରହିବାକୁ ରାଜୀ ହେଉନାହିଁ ଏବଂ କୌଣସି ପରିପୂର୍ଣ୍ଣତାର ଧାରଣାକୁ ସାମନାରେ ରଖି ଅଗ୍ରସର ହୋଇ ଆସୁନାହିଁ ବୋଲି ଯେତେ ଅସ୍ପଷ୍ଟ ଭାବରେ ହେଲେ ମଧ୍ୟ ଆମେ ସେଇଟିର ଏକ ଅନୁଭବ ମଧ୍ୟ ଲାଭ କରିଥାଉ। ସେଇଟି ପ୍ରତି ଅନୁସ୍ପନ୍ଦନ ଜଣାଇ ଆମଭିତରେ କ'ଣଟିଏ ସତତ ବୃଦ୍ଧିଲାଭ ମଧ୍ୟ କରୁଥାଏ, ସତେଅବା ଏକ ଦିବ୍ୟ ଆସ୍ପୃହାର କ'ଣଟିଏ ନିଜର ନକ୍ସା ଅନୁସାରେ ଏହି ବାହାର ଜଗତଟିକୁ ମଧ୍ୟ ଗଢ଼ିବା ନିମନ୍ତେ ମନ କରୁଥାଏ ଏବଂ ସେଇଟିକୁ ମଧ୍ୟ କୌଣସି ବୃହତ୍ତର ପ୍ରତିରୂପ ଅନୁସାରେ ଅନ୍ୟପ୍ରକାରେ ସମ୍ଭବ କରି ଆଣିବ ବୋଲି ଇଚ୍ଛା କରେ। ଏପରି କିଛି, ଯାହା ନୂଆ କିଛି ହେବ, ଅଧିକ ସଂହତିଯୁକ୍ତ ହୋଇଥିବ, ପୂର୍ଣ୍ଣତର ବି ହୋଇଥିବ।

ମନ ତ ବହୁ ବାହ୍ୟ ପ୍ରତିଭାସ ଦ୍ୱାରା ବିଭାଜିତ ହୋଇ ରହିଥାଏ ଏବଂ ପ୍ରାୟ ସଚରାଚର ତିନି ପ୍ରକାରେ ନିଜର ସେହି ପ୍ରୟାସଟିକୁ କରିବ ବୋଲି ଇଚ୍ଛା କରେ। ପ୍ରଥମତଃ, ଆପଣାର ଅନ୍ତର୍ଗତ ବୃଦ୍ଧି ଓ ପୂର୍ଣ୍ଣତା ଉପରେ ଐକାନ୍ତିକ ଭାବରେ ମନୋନିବେଶ କରେ, ଆମ ନିଜର ବ୍ୟକ୍ତିଜୀବନଟି ଉପରେ। ଅଥବା, ନିଜର ବାହ୍ୟ ପ୍ରକୃତିଟିର ଯଥାସମ୍ଭବ ଅଧିକ ବିକାଶସାଧନ କରିବ ବୋଲି ସଂକେନ୍ଦ୍ରିତ ରହେ, ପୃଥିବୀର ବ୍ୟାବହାରିକ କ୍ଷେତ୍ରଗୁଡ଼ିକରେ ନୈପୁଣ୍ୟଲାଭର ଚେଷ୍ଟା କରୁଥାଏ, କୌଣସି ନା କୌଣସି ଆଦର୍ଶବାଦକୁ ମାର୍ଗରୂପେ ଗ୍ରହଣ କରିନିଏ; କିମ୍ବା, ତୃତୀୟତଃ ସମ୍ପୂର୍ଣ୍ଣ ଭାବରେ ବାହାରର ପୃଥିବୀଟିକୁ ହିଁ ଯାବତୀୟ କରଣୀୟର ଏକମାତ୍ର କ୍ଷେତ୍ର ବୋଲି ଭାବେ, ତାହାକୁ ଆମର ବିଚାର ତଥା ମିଜାଜ ନିମନ୍ତେ ଅଧିକ ଉପଯୋଗୀ ତଥା ଅନୁକୂଳତର କରି ତିଆରି କରିବ ବୋଲି ଆଗ୍ରହୀ ହୋଇଥାଏ। ଗୋଟିଏ ପାଖରେ ଭିତରୁ ଏକ ଅଧ୍ୟାତ୍ମସତ୍ତାର ଆହ୍ୱାନ ପାଇ ଏହି ବିଶ୍ୱର ବାହାରେ ଅଥବା ଉର୍ଦ୍ଧ୍ୱରେ ଥିବା ଏକ ବିଶ୍ୱାତୀତକୁ ଚାଲିଯାଏ କିମ୍ବା ଅନ୍ୟ ପକ୍ଷରେ, ଆମର ଚତୁଷ୍ପାର୍ଶ୍ୱରେ ରହିଥିବା ଏହି ପୃଥିବୀଟିର ଡାକ ଆସି ତା' କାନରେ ବାଜେ। ବେଳେବେଳେ ଏହି ଦୁଇଟି ଯାକ ଦାବୀ ମଧ୍ୟ ଆକର୍ଷିତ କରିବାକୁ ଲାଗେ: ଦୁଇଟିକୁ ଏକତ୍ର ଯୋଡ଼ି ଆଣିବା ଲାଗି ଏକ ଅଭିଳାଷ ଜନ୍ମେ। ଏଇଟି ଦ୍ୱାରା ନିଜ ଭିତରେ ସେହି ଇପ୍ସିତ ପୂର୍ଣ୍ଣତାଟିକୁ ଉପଲବ୍ଧି କରି ତେଣେ ବାହାରର ପୃଥିବୀଟି ସହିତ ନିଜକୁ ତତ୍ପର କରି ରଖିବାକୁ ବାସନା ହୁଏ;– ଏକ ଆହୁରି ଉତ୍ତମ ପୃଥିବୀରେ ଏକ ଆହୁରି ଉତ୍ତମ ବ୍ୟକ୍ତି – ତାହାହିଁ ଧ୍ୟେୟ ହୋଇ ରହିଥାଏ। ମାତ୍ର, ପ୍ରକୃତ ସତ୍ୟଟି ହେଉଛି, ପ୍ରଥମେ ନିଜ ଭିତରେ ହିଁ ସେହି ପରମ ସତ୍ୟର ଆବିଷ୍କାର କରିବାକୁ ହେବ ଏବଂ ତାହା ହିଁ ଏକ ପୂର୍ଣ୍ଣତାପ୍ରାପ୍ତ ଜୀବନର ପ୍ରକୃତ ମୂଳଦୁଆ ହେବ। ସେଇଟି ବ୍ୟତୀତ ଖାଲି ବାହାରେ କିଛି ବୃହତ୍ ବା ମହାନ୍ କରି ଗଢ଼ିଦେଲେ କିଛି ସମାଧାନ ହେବନାହିଁ। ଯଦି ପୃଥିବୀରେ ଏକ ଯଥାର୍ଥ ଜୀବନର ଉପଲବ୍ଧି ଆମର ଅଭିପ୍ରାୟ ହୋଇ ରହିଥାଏ, ତେବେ ଏଣେ ଭିତରେ ମଧ୍ୟ ଆମର ଯଥାର୍ଥ ସତ୍ତାଟିର ଉପଲବ୍ଧି ଅବଶ୍ୟ ହୋଇଥିବା ଆବଶ୍ୟକ ହେବ।

ଦିବ୍ୟ ଜୀବନର ଭୂମିକୁ ପ୍ରବେଶ କରିବାକୁ ହେଲେ ତେଣୁ ପ୍ରଥମେ ସେହି ଅନ୍ତରସ୍ଥ ଆତ୍ମା ହିଁ ଆମର ପରମ ଅଭୀଷ୍ଟ ହୋଇ ଅବଶ୍ୟ ଅବସ୍ଥିତ ରହିବେ। ଆମର ଏହି ବର୍ତ୍ତମାନର ମନ, ପ୍ରାଣ ଓ ଶରୀରର ଆଚ୍ଛାଦନଗୁଡ଼ିକ ଭିତରୁ ଆପଣାର ଆତ୍ମାଟିକୁ ଉଦ୍‌ଘାଟିତ ଏବଂ ବିବର୍ତ୍ତିତ କରି ନଆଣିଥିବା ଯାଏ କୌଣସି ବାହ୍ୟ ଦିବ୍ୟ ଜୀବନ କଦାପି ସମ୍ଭବ ହେବନାହିଁ। ଅର୍ଥାତ୍, ସର୍ବପ୍ରଥମେ ଏହି ଅନ୍ତର୍ଗତ ଜୀବନଟି ଦୃଢ଼ପ୍ରତିଷ୍ଠ ହେବ ଓ ତା'ପରେ ଯାଇ ଆମର ବାହ୍ୟ ସତ୍ତା, ଭାବନା, ଆବେଗ କିମ୍ବା ପୃଥିବୀର

ଆମର ଯାବତୀୟ କର୍ମରେ ମନୋନିବେଶ କରାଯାଇ ପାରିବ। ଆପେ ନାନା ଅପୂର୍ଣ୍ଣତା ମଧ୍ୟରେ ରହିଥିବା ମନୁଷ୍ୟମାନଙ୍କ ଦ୍ୱାରା ଅଥବା ମନୁଷ୍ୟମାନଙ୍କୁ ନେଇ ମନୁଷ୍ୟର ଏହି ପୃଥିବୀକୁ କଦାପି ପୂର୍ଣ୍ଣତା ପ୍ରଦାନ କରି ହେବନାହିଁ। ଏପରିକି ଆମର ଯାବତୀୟ କର୍ମକୁ ଶିକ୍ଷା, ନିୟମ ବା ସାମାଜିକ କିମ୍ବା ରାଜନୀତିକ ସୂତ୍ରବିଧାନ ଦ୍ୱାରା ଯେତେ ନିୟନ୍ତ୍ରିତ କରି ରଖିଲେ ମଧ୍ୟ କେବଳ ଶୃଙ୍ଖଳିତ ମନ, ଏକ ଆଦର୍ଶ ଜୀବନପ୍ରଣାଳୀ ତଥା ଉତ୍ତମ ସଂସ୍କାରଯୁକ୍ତ ଆଚରଣ ହିଁ ପ୍ରାପ୍ତ ହେବ, କିନ୍ତୁ ଏହି ପ୍ରକାରର କୌଣସି ଅନୁରୂପତା ଦ୍ୱାରା ଅସଲ ପରିବର୍ତ୍ତନଟି ସମ୍ଭବ ହେବନାହିଁ, ଭିତରର ମଣିଷଟିକୁ କଦାପି ସର୍ଜନା କରି ପାରିବନାହିଁ, – ପୂର୍ଣ୍ଣ ଆତ୍ମାଟିଏ କିମ୍ବା ସଦାବୃଦ୍ଧିପ୍ରାପ୍ତ ଜୀବନ୍ତ ସତ୍ତାଟିଏ ମୋଟେ ଗଢ଼ି ପାରିବନାହିଁ। କାରଣ ଆତ୍ମା କହ, ମନ କହ ଅଥବା ଜୀବନ କହ, ଏଗୁଡ଼ିକର ଅଭିବୃଦ୍ଧି ହୋଇପାରିବ ସିନା, କିନ୍ତୁ ବରାଦମତେ ଆଦୌ ତିଆରି ହୋଇ ପାରିବନାହିଁ। ହଁ, ସତ୍ତାକୁ ତାହାର ଅଭିବୃଦ୍ଧି ନିମନ୍ତେ ସହାୟତା ଅବଶ୍ୟ ଦିଆ ଯାଇପାରିବ, ମାତ୍ର ଯନ୍ତ୍ର ଭିତରୁ ମୋଟେ ତିଆରି କରି ହେବନାହିଁ। ଯଥାର୍ଥ ପ୍ରଭାବ ପକାଇ ସେହି ଅଭିବୃଦ୍ଧିକୁ ଉତ୍ସାହିତ କରିହେବ, ନିଜର ଆତ୍ମା, ମନ ବା ପ୍ରାଣକୁ ଅନ୍ୟ ଜଣକ ମଧ୍ୟକୁ ପ୍ରସାରିତ କରିଦେଇ ହେବ, ମାତ୍ର ତଥାପି ଯଥାର୍ଥ ଅଭିବୃଦ୍ଧି ସେହି ସଂପୃକ୍ତ ସତ୍ତାଟିର ନିଜ ଭିତରୁ ହିଁ ଉଦ୍‌ଗତ ହୋଇ ଆସିବ। ସେହି ଯାବତୀୟ ପ୍ରଭାବ ଓ ପ୍ରେରଣାକୁ କିପରି ଭାବରେ ବ୍ୟବହାର କରିବାକୁ ହେବ, ସେହି ସଂପୃକ୍ତ ସତ୍ତାଟି ହିଁ ତାହାର ମୀମାଂସା କରିବ। ଆମର ସର୍ବବିଧ ସୃଜନାକାଙ୍କ୍ଷୀ ଉତ୍ସାହ ତଥା ଆସ୍ପୃହା ଏହି ପ୍ରଥମ ସତ୍ୟଟିକୁ ଅବଶ୍ୟ ଶିକ୍ଷା କରିବ, ତା' ନହେଲେ ମନୁଷ୍ୟ ହିସାବରେ ଆମର ଯାବତୀୟ ପ୍ରଚେଷ୍ଟା କେବଳ ନିତାନ୍ତ ନାନା ବ୍ୟର୍ଥତାରେ କେବଳ ଭୁଆଁ ବୁଲିବାରେ ହିଁ ଲାଗିଥିବ ଏବଂ କେବଳ ଏକ ନିରର୍ଥକ ବିଫଳତାରେ ହିଁ ତାହା ସମାପ୍ତ ହେବ।

ଏହି ପ୍ରକୃତି ଆପଣାର ଶକ୍ତିକୁ ଖଟାଇ ସର୍ବଦା କିଛି ହେବାକୁ ଇଚ୍ଛା କରୁଥାଏ, କ'ଣସବୁକୁ କିଛି ନା କିଛି ରୂପ ଦେବାକୁ ଚାହୁଥାଏ। ଆମର ଯାବତୀୟ ଜାଣିବା, ଅନୁଭବ କରିବା ବା କର୍ମରତ ହୋଇ ରହିବା, ଏହି ସବୁକିଛି ହେଉଛନ୍ତି ଏହି ପୃଥିବୀରେ ଆମର ଗୋଟିଏ ଗୋଟିଏ ଶକ୍ତି; ଏବଂ ଏଗୁଡ଼ିକର ଅବଶ୍ୟ ଏକ ମୂଲ୍ୟ ବି ରହିଛି କାରଣ ସେମାନେ ଆମକୁ କିଛି ନା କିଛି ଉପଲବ୍ଧି କରିବାରେ ସହାୟତା କରୁଥାନ୍ତି। ମାତ୍ର ଯାବତୀୟ ଜାଣିବା, ଭାବନା ତଥା କର୍ମ, – ତାହା ଧର୍ମ, ନୈତିକ ଜୀବନ, ରାଜନୀତି, ସମାଜ, ଅର୍ଥନୀତି, ଯେଉଁ କ୍ଷେତ୍ରର ହୋଇଥାଉ ପଛକେ ଏବଂ ଯାହାକିଛି ଅଭିପ୍ରାୟକୁ ସିଦ୍ଧ କରିବାକୁ କିମ୍ବା ଯେଉଁଭଳି ସୁଖ ଲାଭ କରିବାକୁ ଇଚ୍ଛା ପୋଷଣ

କରୁଥାଉ ପଛକେ, ମନ, ପ୍ରାଣ ଅଥବା ଶରୀର ଯେକୌଣସି ସଂରଚନାଟି ଦ୍ୱାରା ସମ୍ଭବ ହୋଇଥାଉ ପଛକେ, ତାହାକୁ ଜୀବନର ଯଥାର୍ଥ ସାରସତ୍ତ୍ୱ ବା ଧ୍ୟେୟ ବୋଲି କଦାପି କୁହା ଯିବନାହିଁ। ଏହି ଆମ ପରିଚିତ ସ୍ତରରେ ରହିଥିବା ମନୁଷ୍ୟର ମନ ସତେଅବା ଠିକ୍ ଓଲଟା ଭାବରେ ଚିନ୍ତା କରୁଥାଏ। କେବଳ ବାହାର ପ୍ରତିଭାସ ମାନଙ୍କର ସ୍ତରର ସତତ ଧାବନଗୁଡ଼ିକୁ ତାହା ଅସଲ ସତ୍ୟ ବୋଲି ଧରି ନେଇଥାଏ। ଏବଂ, ଅସଲ ମୂଳରେ ଆମର ଆତ୍ମା ରହିଥାଏ ଓ ମଝିଟିର ଆବରଣଗୁଡ଼ିକୁ ଭେଦିଲେ ଯାଇ ଆମେ ସେଇଟି ବିଷୟରେ ସଚେତନ ହୋଇପାରୁ। ତେଣୁ, ଆମେ ହେବା, ହେବାରେ ଲାଗିଥିବା, – ତାହାହିଁ ଧର୍ମ, ଜୀବନର ସର୍ବମୂଳ ବ୍ରତ। ଆମର ଅସଲ ସ୍ୱରୂପଟି ଆମ ଭିତରେ ରହିଛି। ଏବଂ, ସେଥିପାଇଁ ଶରୀର, ପ୍ରାଣ ଏବଂ ମନର ବାହ୍ୟ ସକ୍ରିୟତା ମାନଙ୍କୁ ଅତିକ୍ରମ କରିବାକୁ ହୋଇଥାଏ। ସେହି ଭିତରେ ହିଁ ଅଭିବୃଦ୍ଧି ଲାଭ କରିବାକୁ ପଡ଼େ ଓ ଭିତରଟି ସହିତ ଯୁକ୍ତ ରହି ଜୀବନ ବଞ୍ଚିବାକୁ ହୋଇଥାଏ। ତେବେ ଯାଇ ତାହାର ଆବିଷ୍କାର ସମ୍ଭବ ବି ହୁଏ। ଏବଂ, ତା'ପରେ, ସେହିଠାରୁ ହିଁ ଆମର ମନ, ପ୍ରାଣ ଓ ଦେହକୁ ଏକ ଅଧ୍ୟାତ୍ମ ପ୍ରସ୍ଥ ଦେଇ ସୃଜି ଆଣିବାକୁ ହୋଇଥାଏ। ଏହିପରି ଭାବରେ ଅଗ୍ରସର ହୋଇ ଏକ ଏପରି ପୃଥିବୀ ତିଆରି କରି ଆଣିବା ସମ୍ଭବ ହୁଏ, ଯାହାକି ଦିବ୍ୟ ଜୀବନଟିଏ ବଞ୍ଚିବା ନିମନ୍ତେ ଆମକୁ ଏକ ଅନୁକୂଳ ପରିବେଷ୍ଟନୀ ଯୋଗାଇ ଦେଇପାରେ। ତେଣୁ, ସର୍ବପ୍ରଥମ ଆବଶ୍ୟକତାଟି ହେଉଛି ଯେ, ବ୍ୟକ୍ତି, ପ୍ରତ୍ୟେକ ବ୍ୟକ୍ତି ତା'ର ଆତ୍ମାକୁ ଆବିଷ୍କାର କରିବ, ତା' ନିଜ ଭିତରେ ରହିଥିବା ଦିବ୍ୟ ବାସ୍ତବତାଟିକୁ ଆବିଷ୍କାର କରିବ ଏବଂ ତାହାକୁ ନିଜର ସମୁଦାୟ ସତ୍ତାରେ ତଥା ବଞ୍ଚିବା ମଧ୍ୟରେ ବ୍ୟକ୍ତ ମଧ୍ୟ କରିବ। ଅର୍ଥାତ୍, ଦିବ୍ୟ ଜୀବନ କହିଲେ ସବାଆଗ ଏକ ଅନ୍ତର୍ଗତ ଜୀବନକୁ ବୁଝାଇବ; କାରଣ, ଜୀବନ ବୋଲି ମନୁଷ୍ୟମାନେ ଯାହା ବାହାରେ ବଞ୍ଚନ୍ତି, ତାହା ସେମାନଙ୍କର ଅନ୍ତର୍ଗତଟିକୁ ହିଁ ଅବଶ୍ୟ ଅଭିବ୍ୟକ୍ତ କରୁଥିବା ଉଚିତ। ଭିତର ସତ୍ତାଟି ଦିବ୍ୟତା ଦ୍ୱାରା ଦୀକ୍ଷିତ ହୋଇ ନଥିବାଯାଏ ବାହାରର ଜୀବନରେ କୌଣସି ଦିବ୍ୟତା କେବେହେଲେ ସମ୍ଭବ ହେବନାହିଁ।

ଆମେ ହେବା, ହେବାରେ ହିଁ ଲାଗିଥିବା, – ଆମକୁ ନେଇ ତାହାହିଁ ହେଉଛି ପରମା ପ୍ରକୃତିର ଲକ୍ଷ୍ୟ। କିନ୍ତୁ ପରିପୂର୍ଣ୍ଣ ଭାବରେ ହେବାର ଅର୍ଥ ହେଉଛି ଯେ, ଆମେ ନିଜର ସତ୍ତାଟି ସମ୍ବନ୍ଧରେ ସଂପୂର୍ଣ୍ଣ ଭାବରେ ସଚେତନ ହେବା। ଅଚେତନତା, ଅର୍ଦ୍ଧଚେତନତା ଏବଂ ତ୍ରୁଟିପୂର୍ଣ୍ଣ ସଚେତନତା, – ଏହି ସ୍ଥିତିଗୁଡ଼ିକର ପରିଚୟଟି ହେଉଛି ଯେ, ଏଗୁଡ଼ିକ ମୋଟେ ନିଜ ଅଧୀନରେ ନାହାନ୍ତି। ଅର୍ଥାତ୍ କେବଳ ଅଛନ୍ତି, ତିଷ୍ଠି ରହିଛନ୍ତି, ମାତ୍ର କୌଣସି ପୂର୍ଣ୍ଣତାକୁ ଲାଭ କରିନାହାନ୍ତି। ନିଜ

ଜୀବନର ସତ୍ୟଟି ବିଷୟରେ ଯଥାର୍ଥ ଭାବରେ ସଜ୍ଞାନ ରହିବାର ଅର୍ଥ ହେଉଛି ନିଜ ବିଷୟରେ ତଥା ନିଜ ଜୀବନର ସର୍ବବିଧ ସତ୍ୟ ବିଷୟରେ ସଂପୂର୍ଣ୍ଣ ଭାବରେ ସଜ୍ଞାନ ରହିବା। ଏବଂ ସେହି ଆତ୍ମ-ସଚେତନତା ହିଁ ଅଧ୍ୟାତ୍ମ-ଜ୍ଞାନ। ଆମ ଭିତରେ ଏକ ସଂଶୟରହିତ ସ୍ୱୟଂସଚେତନତା ରହିଥିବ ଏବଂ ସେହି ସଚେତନତା ମଧ୍ୟରୁ ହିଁ ଜୀବନର ଯାବତୀୟ କର୍ମ ଉଦ୍‌ଭୂତ ହୋଇ ଆସୁଥିବ। ମାତ୍ର, ଏକ ପରିପୂର୍ଣ୍ଣ ଜୀବନ ସମ୍ଭବ କରିବା ହେଉଛି ନିଜ ଭିତରେ ଏକ ପରିପୂର୍ଣ୍ଣ ଶକ୍ତି ସର୍ବଦା ହିଁ ରହିଛି ବୋଲି ମଧ୍ୟ ସତତ ସଚେତନ ଭାବରେ ଅନୁଭବ କରିବା। ଏବଂ, ସେହି ଶକ୍ତିର ଅଧିକାରୀ ନହୋଇ ବା କେବଳ ଆଂଶିକ କିମ୍ବା ତ୍ରୁଟିପୂର୍ଣ୍ଣ ଭାବରେ ଅଧିକାରୀ ହୋଇ ଜୀବନ ବଞ୍ଚିବା ହେଉଛି ଅତ୍ୟନ୍ତ ଖଣ୍ଡିତ ଭାବରେ ଜୀବନଟିକୁ ବଞ୍ଚିବା। କେବଳ ତିଷ୍ଠି ରହିଥିବା, ବଞ୍ଚିବା ଆଦୌ ନୁହେଁ; ଏକ ଶକ୍ତିହୀନ ଆତ୍ମା, – ଏବଂ ତାହାକୁ ଆଉ ଆତ୍ମା ବୋଲି କାହିଁକି ବା କୁହାଯିବ ?

ପରିଶେଷରେ, ପରିପୂର୍ଣ୍ଣ ଭାବରେ ହେବାର ଅର୍ଥ ହେଉଛି, ଠିକ୍ ସେହିପରି ପରିପୂର୍ଣ୍ଣ ଭାବରେ ଜୀବନଟିଏ ବଞ୍ଚୁଥିବାର ଏକ ଆନନ୍ଦକୁ ମଧ୍ୟ ଅନୁଭବ କରିବା। ସେହି ଆନନ୍ଦଟି ମଧ୍ୟ ଅନ୍ତର୍ଗତ ଏକ ଉତ୍ସରୁ ହିଁ ଉଦ୍‌ଗତ ହୋଇ ଆସୁଥିବା ଉଚିତ, ସମ୍ପୂର୍ଣ୍ଣ ଭାବରେ ମୁକ୍ତ ରହିଥିବା ଉଚିତ। ଏବଂ, ପ୍ରାୟ ଏକ ସଂପୂର୍ଣ୍ଣ ସଂଜ୍ଞାଟିଏ ଦେଇ କହୁଥିବା ପରି କହିଲେ, ସତ୍ତାରେ ପୂର୍ଣ୍ଣତା ରହିଥିବ, ସତ୍ତାର ଚେତନାରେ ପୂର୍ଣ୍ଣତା ଥିବ, ଶକ୍ତିରେ ପୂର୍ଣ୍ଣତା ରହିଥିବ, ଏକ ସମଗ୍ର ଅନୁଭୂତି ରୂପେ ଆନନ୍ଦ ହିଁ ପ୍ରାପ୍ତ ହେଉଥିବ ତଥା ଆମେ ସେହି ସକଳାଙ୍ଗ ପୂର୍ଣ୍ଣତା ମଧ୍ୟରେ ନିଜର ଜୀବନକୁ ବଞ୍ଚୁଥିବା, – ଦିବ୍ୟ ଜୀବନ କହିଲେ ସର୍ବତୋଭାବେ ତାହାକୁ ହିଁ ବୁଝାଇବ। ଏବଂ, ସର୍ବତୋଭାବେ, ପରିପୂର୍ଣ୍ଣତା ସହିତ ବଞ୍ଚିବାର ଅର୍ଥ ହେଉଛି ଏକ ସମଗ୍ର ବିଶ୍ୱ ମଧ୍ୟକୁ ପ୍ରସାରିତ ହୋଇ ବଞ୍ଚିବା। କାରଣ, ସେତେବେଳେ ବିଶ୍ୱ ବୋଲି ଆପଣାର ଚେତନାଗତ ଆୟତନଟି ଠାରୁ ଅଲଗା ହୋଇ ପ୍ରକୃତରେ ଆଦୌ କିଛି ରହିଥିବ ଟି ? ଅତି ସୀମାବଦ୍ଧ ଏହି କ୍ଷୁଦ୍ର ଅହଂଟି ମଧ୍ୟରେ ଜୀବନ ବଞ୍ଚିବା, – ତାହା ହେଉଛି ଗୋଟିଏ ନିତାନ୍ତ ଅପୂର୍ଣ୍ଣ ହୋଇ ରହିଥିବା ଏକ ଜୀବନ। ଏକ ନିତାନ୍ତ ଅପୂର୍ଣ୍ଣ ଏକ ଚେତନା ମଧ୍ୟରେ ଆବଦ୍ଧ ହୋଇ ରହିଥିବା ଜୀବନ। ସେଠାରେ ଶକ୍ତି ବି ଖଣ୍ଡିଆ, ଆନନ୍ଦ ବି ଖଣ୍ଡିଆ। ଖଣ୍ଡିଆ ଚେତନା, ଖଣ୍ଡିଆ ଶକ୍ତି ଏବଂ ଖଣ୍ଡିଆ ଆନନ୍ଦ, – ସେଗୁଡ଼ିକୁ ଆଦୌ ଚେତନା, ଶକ୍ତି, ଆନନ୍ଦ ବୋଲି କାହିଁକି କୁହାଯିବ ? ସେତେବେଳେ ଆମେ ନିଜଭିତରେ ମଧ୍ୟ ଖଣ୍ଡିଆ ହୋଇ ରହିଥିବା, ଅର୍ଥାତ୍ ଏକାଧିକ ଅନେକ ପ୍ରକାରେ ଅଜ୍ଞାନ, ବଳହୀନତା ତଥା କଷଣ ଭିତରେ ପଡ଼ି ରହିଥିବା। ଜୀବନ ଅତ୍ୟନ୍ତ ସୀମିତ ହୋଇ ରହିବ। ବସ୍ତୁତଃ,

ଅସଲ ଅର୍ଥରେ ସତ୍ତା କହିଲେ ତ ସମୁଦାୟ ସତ୍ତାକୁ ବୁଝାଇବ; – ଏହି ସମଗ୍ର ସତ୍ତାଟି ମଧ୍ୟରେ ଆମେ ଅବସ୍ଥାନ କରୁଥିବା ଏବଂ ସମଗ୍ର ସତ୍ତାଟି ମଧ୍ୟ ଆମ ଭିତରେ ଅବସ୍ଥିତ ରହିଥିବ। ଆମେ ପ୍ରତ୍ୟେକେ ସମଗ୍ର ଚେତନା, ସମଗ୍ର ଶକ୍ତି ତଥା ସମଗ୍ର ଆନନ୍ଦ ସହିତ ଅବଶ୍ୟ ସଂଯୁକ୍ତ ହୋଇ ରହିଥିବା।

ଏହି ବିଜ୍ଞାନମୟ ଅର୍ଥାତ୍ ଦିବ୍ୟ ଜୀବନର ଭୂମିରେ ପ୍ରତ୍ୟେକ ବ୍ୟକ୍ତିସତ୍ତା ଅନ୍ୟମାନଙ୍କର ଆତ୍ମକେନ୍ଦ୍ର ବିଷୟରେ ସଂପୂର୍ଣ୍ଣ ଭାବରେ ସଚେତନ ରହିବ, ସେମାନଙ୍କର ମନ, ପ୍ରାଣ ତଥା ଦେହଗତ ସତ୍ତା ବିଷୟରେ ସଚେତନ ରହିଥିବ। ସେଗୁଡ଼ିକୁ ସିଏ ନିଜର ମନ, ପ୍ରାଣ ଏବଂ ଦେହଗତ ସତ୍ତା ସଦୃଶ ଅନୁଭବ କରୁଥିବ। ତା'ର ଯାବତୀୟ କ୍ରିୟା ଏକ କେବଳ ଉପରଭାଗର ଭଲ ପାଇବା, ସହାନୁଭୂତି ଅଥବା ସେହିପରି ଆଉକିଛି ଦ୍ୱାରା ଆଦୌ ପରିଚାଳିତ ହେବନାହିଁ, – କିନ୍ତୁ ଏକ ପାରସ୍ପରିକତାର ଚେତନାଦ୍ୱାରା ହିଁ ଗତିଶୀଳ ହୋଇ ରହିଥିବ, ଏକ ସୀମାହୀନ ଏକତ୍ୱଭାବନା ଦ୍ୱାରା ପ୍ରେରିତ ହେଉଥିବ। ବିଜ୍ଞାନ-ଚେତନା ଦ୍ୱାରା ବଞ୍ଚୁଥିବା ଓ ପରିଚାଳିତ ହେଉଥିବା ଜଣେ ବ୍ୟକ୍ତି କେବଳ ନିଜ ଜୀବନର ପରିପୂର୍ଣ୍ଣତାକୁ ଉପଲବ୍ଧି କରି ତାହାରି ଦ୍ୱାରା ହିଁ ସବୁକିଛିର ଉପଲବ୍ଧି ହୋଇଗଲା ବୋଲି ଆଦୌ ଭାବିବନାହିଁ, ଅନ୍ୟମାନଙ୍କର ପରିପୂର୍ଣ୍ଣତାରେ ମଧ୍ୟ ଆପଣାକୁ ପରିପୂର୍ଣ୍ଣ ବୋଲି ଅନୁଭବ କରୁଥିବ। ସିଏ ତ ଆପଣାର କୌଣସି ଅଲଗା ଅହଂର ସୁଖୋପଲବ୍ଧିର ଅଭିପ୍ରାୟ ରଖି ଜୀବନ ବଞ୍ଚେନାହିଁ। ସିଏ ସେହପରି କୌଣସି ସମଷ୍ଟି-ଅହଂର ଅଭିପ୍ରାୟସିଦ୍ଧି ନିମନ୍ତେ ମଧ୍ୟ ଜୀବନକୁ ବଞ୍ଚୁନଥାଏ। ନିଜ ଭିତରେ ବିଦ୍ୟମାନ୍ ପରମ ଦିବ୍ୟସତ୍ତାଙ୍କ ନିମନ୍ତେ ବଞ୍ଚୁଥାଏ ଏବଂ ଠିକ୍ ସେହି ରୀତିରେ ସକଳ ସତ୍ତା ମଧ୍ୟରେ ବିଦ୍ୟମାନ୍ ଦିବ୍ୟ ପରମ ସତ୍ତାକୁ ବଞ୍ଚେ, ସମଷ୍ଟି ଭିତରେ ମଧ୍ୟ ତାଙ୍କରି ପାଇଁ ତଥା ତାଙ୍କରି ଚେତନାରେ ବଞ୍ଚେ। ବସ୍ତୁତଃ ଏକ ଦିବ୍ୟ ଜୀବନକୁ ବଞ୍ଚୁଥାଏ । ସେହି କାରଣରୁ ଏକ ଦିବ୍ୟ ଜୀବନର ସନ୍ଦର୍ଭରେ ସବୁକିଛି କହିବା ସମୟରେ ଆମେ ବ୍ୟକ୍ତି ଭିତରେ ପରିପୂର୍ଣ୍ଣତାର ଉପଲବ୍ଧି ନିମନ୍ତେ ଯେଉଁ ଶକ୍ତିଶାଳୀ ଇଚ୍ଛାଟି ରହିଛି, ତାହାରି ସଂପୂର୍ଣ୍ଣ ଉପଲବ୍ଧି କରିବା ଅର୍ଥରେ ହିଁ ତାହା କରିଥାଉ। ଏହି ପୃଥିବୀରେ ଏକ ପୂର୍ଣ୍ଣତାପ୍ରାପ୍ତ ଜୀବନକୁ ସମ୍ଭବ କରିବା ନିମନ୍ତେ ତାହାହିଁ ସର୍ବପ୍ରଥମ ପ୍ରକୃତ ଆବଶ୍ୟକତା ଏବଂ ତେଣୁ ଯଥାସମ୍ଭବ ଅଧିକ ଓ ଆହୁରି ଅଧିକ ବ୍ୟକ୍ତିଜୀବନର ପରିପୂର୍ଣ୍ଣତା ଲାଭ କରିବାକୁ ହିଁ ଆମର ସର୍ବପ୍ରଥମ ଅବଶ୍ୟ କର୍ତ୍ତବ୍ୟ ବୋଲି ସର୍ବଦା କୁହାଯାଇ ପାରିବ। ଦ୍ୱିତୀୟ କାର୍ଯ୍ୟଟି ହେଉଛି ବ୍ୟକ୍ତିର ଚତୁର୍ଦ୍ଦିଗରେ ରହିଥିବା ସବୁରି ତଥା ସବୁଟି ସହିତ ତା'ର ଆଧ୍ୟାତ୍ମିକ ଏବଂ ବ୍ୟାବହାରିକ ସମ୍ବନ୍ଧର କ୍ଷେତ୍ରରେ ମଧ୍ୟ ପରିପୂର୍ଣ୍ଣତା ଅର୍ଜନ କରିବା। ଏହି ଦ୍ୱିତୀୟଟିର ସମାଧାନ

ହେଉଛି ଯେ, ଦିବ୍ୟ ଜୀବନକୁ ଆପଣାର ମାର୍ଗରୂପେ ବାଛିନେଇଥିବା ଜଣେ ମନୁଷ୍ୟ ଏହି ପୃଥିବୀପୃଷ୍ଠରେ ରହିଥିବା ବିଶ୍ୱମୟ ସମୁଦାୟ ଜୀବନଟି ସହିତ ଏକାତ୍ମ ହୋଇ ଅବଶ୍ୟ ରହିଥିବ। ସିଏ ଅବଶ୍ୟ ବୁଝିଥିବ ଯେ, ଏହି ସମୁଦାୟ ପୃଥ୍ୱୀଜୀବନଟି ମଧ୍ୟ ସେହି ବିଜ୍ଞାନମୟ ସୋପାନଟି ଆଡ଼କୁ ସର୍ବଦା ବିବର୍ତ୍ତିତ ହେବାରେ ଲାଗିଛି। ମାତ୍ର –

ମାତ୍ର, ତଥାପି ଏକ ତୃତୀୟ ଆବଶ୍ୟକତା ଏବଂ ଅଭାବପୂରଣ ରହିଛି, – ଏକ ନୂତନ ଜଗତ, ସମଗ୍ର ମନୁଷ୍ୟଜାତିର ସଂପୂର୍ଣ୍ଣ ଜୀବନରେ ଏକ ପରିବର୍ତ୍ତନ; ଅଥବା, ଅନ୍ତତଃ, ଏହି ପୃଥିବୀକୁ ଭୂମି କରି ଏକ ନୂତନ ପୂର୍ଣ୍ଣତା ଲାଭ କରିଥିବା ସାମୂହିକ ଜୀବନ। ଏଥି ନିମନ୍ତେ କେବଳ ବିବର୍ତ୍ତନ ହାସଲ କରିଥିବା ଓ ପରସ୍ପରଠାରୁ ଅଲଗା ହୋଇ ରହିଥିବା କେତେକ ବ୍ୟକ୍ତିମାନଙ୍କର ଆବିର୍ଭାବ ଘଟିବାର ଆବଶ୍ୟକତା ରହିଛି, ଯେଉଁମାନେ କି ଏହି ପୃଥିବୀରୂପୀ ଅବିବର୍ତ୍ତିତ ପିଣ୍ଡଟି ଉପରେ କାର୍ଯ୍ୟ କରିବେ ତା' ନୁହେଁ, ମାତ୍ର ବହୁସଂଖ୍ୟକ ବିଜ୍ଞାନମୟ ଚେତନାକୁ ଧାରଣ କରିଥିବା ବ୍ୟକ୍ତିଙ୍କର ପ୍ରୟୋଜନ ମଧ୍ୟ ରହିଛି ଯେଉଁମାନେ କି ଏକ ନୂତନ କିସମର ସତ୍ତାରୂପେ ବିଚରଣ କରିବେ ତଥା ଏକ ନୂତନ ଗୋଷ୍ଠୀଜୀବନର ନମୁନାମାନ ସମ୍ଭବ କରି ଆଣିବେ। ସଂପ୍ରତି ବ୍ୟକ୍ତିର ତଥା ଗୋଷ୍ଠୀର ଜୀବନ ଯେଉଁଭଳି ରହିଛି, ଏମାନେ ତାହାର ଏକ ଉଚ୍ଚତର ସୋପାନର ଦୃଷ୍ଟାନ୍ତ ହୋଇ ରହିବେ। ଏହି ପ୍ରକାରର ଏକ ଗୋଷ୍ଠୀଜୀବନରେ ସେହି ପଦ୍ଧତି ଅନୁସୃତ ହେବ, ଯାହାକି ଜଣେ ବିଜ୍ଞାନମୟ ଜୀବନ ବଞ୍ଚୁଥିବା ବ୍ୟକ୍ତିର ରୀତି ଓ ପଦ୍ଧତି ହୋଇ ରହିଥିଲା। ଆମର ଏହି ସାମ୍ପ୍ରତିକ କାଳର ମନୁଷ୍ୟଜୀବନରେ ଏକ ବାହାର ଭୌତିକ ସ୍ତରର ସାମୂହିକ ଗଠନ ରହିଛି ଏବଂ ତାହା ଏକ ସାର୍ବଜନୀନ ଭୌତିକ ପ୍ରୟୋଜନର ସତ୍ୟ ଦ୍ୱାରା ବହୁତ ବ୍ୟକ୍ତିଙ୍କୁ ଏକତ୍ର କରି ରଖିଛି, ଏକାଧିକ ସ୍ୱାର୍ଥକୁ ଭିତ୍ତି କରି ସମୂହମାନ ଗଢ଼ାଯାଇଛି, ଏକ ସାର୍ବଜନୀନ ସଭ୍ୟତା ଓ ସଂସ୍କୃତି ରହିଛି, ସାମାଜିକ ସାଧାରଣ ବିଧାନ ରହିଛି, ମନର କ୍ଷେତ୍ରରେ ମଧ୍ୟ ସଂହତି ଭଳି କିଛି ଉପାଦାନ ରହିଛି, ଏକ ଅର୍ଥନୈତିକ ଆନୁଷ୍ଠାନିକତା ଅଛି, ଆଦର୍ଶମାନେ ଅଛନ୍ତି, ଭାବକ୍ଷେତ୍ରରେ ଆବେଶ ଅଛି। ସେଥିରେ ଗୋଷ୍ଠୀଗତ ଅହଂର ବହୁବିଧ ଉଦ୍ୟମ ଲାଗି ରହିଛି, ଏବଂ ସେଥିରେ ବ୍ୟକ୍ତି-ବନ୍ଧନର ନାନାବିଧ ସୂତ୍ର ଓ ଖିଅ ମଧ୍ୟ ଲାଗିରହିଛି। ତାହାରି ମାଧ୍ୟମରେ ସମ୍ପର୍କ ତଥା ସମ୍ବନ୍ଧ ସମଗ୍ରଟି ମଧ୍ୟରେ ଜାଲ ପରି ଗ୍ରଥିତ ହୋଇଛି ଏବଂ ସମୂହଟିକୁ ଗୋଟିଏ ପରି ରଖିବା ସକାଶେ ସହାୟତା କରୁଛି। ଅଥବା, ଏହିସବୁ କ୍ଷେତ୍ରରେ ଏକ ବିଭେଦ ରହିଛି, ବେଶ୍ ବିରୋଧ ରହିଛି, ଦ୍ୱନ୍ଦ୍ୱ ଲାଗିରହିଛି ଏବଂ ଅସ୍ଥାୟୀ ଭାବରେ କାର୍ଯ୍ୟଗୁଡ଼ିକ ଚଳିଯିବା ନିମନ୍ତେ କିଛି ଅନୁକୂଳତା ମଧ୍ୟ ହେଉଛି ବା ସୁସଂଗଠିତ ଭାବରେ କିଛି ସାଲିଶ୍ ମଧ୍ୟ କରାଯାଉଛି। ଯାହା ହେଉ ମଧ୍ୟ,

ତଥାପି ଏକାଠି ହୋଇ ଯେହେତୁ ରହିବାକୁ ହେବ, ସେଥିପାଇଁ ଏସବୁ କରିବାକୁ ପଡୁଛି। ଏହି ସବୁକିଛି ଫଳରେ ଏକ ସ୍ୱାଭାବିକ ଅଥବା ପ୍ରୟୋଜନରେ ପଡ଼ି କରା ଯାଇଥିବା ଏକ ଶୃଙ୍ଖଳା ରହିଛି।

ମାତ୍ର, ଗୋଷ୍ଠୀ-ଜୀବନର ସେହି ବିଜ୍ଞାନମୟ ଦିବ୍ୟ ସୋପାନରେ ଏତିକିରେ ଆଦୌ ଚଳିବନାହିଁ; କାରଣ, ସେହି ସୋପାନରେ ଯାହା ସମସ୍ତଙ୍କୁ ଏକତ୍ର କରି ପରସ୍ପର-ସଂପୃକ୍ତ କରି ରଖିବ, ତାହା ଯଥେଷ୍ଟ ପରିମାଣରେ ଏକତାବଦ୍ଧ କରିଥିବା ଆଦୌ କୌଣସି ସାମାଜିକ ଚେତନା ନୁହେଁ, ତାହା ହେଉଛି ଗୋଟିଏ ସାର୍ବଜନୀନ ଚେତନା, ଯାହାକି ଏକ ଦୃଢ଼ ସାର୍ବଜନୀନ ଜୀବନକୁ ଧାରଣ କରି ରଖିଥିବ। ସକଳ ବ୍ୟକ୍ତି ସେମାନଙ୍କ ମଧ୍ୟରେ ରହିଥିବା ପରମ ସତ୍ୟଚେତନାଟିର ବିବର୍ତ୍ତନଟି ଫଳରେ ପରସ୍ପର ସହିତ ଯୁକ୍ତ ହୋଇ ରହିବାର ଏବଂ ସେହି ଚେତନାଟି ସେମାନଙ୍କ ଭିତରେ ପ୍ରବିଷ୍ଟ କରାଇ ଆଣିଥିବା ଏହି ପରିବର୍ତ୍ତିତ ଜୀବନର କ୍ଷେତ୍ରରେ ସେମାନେ ପ୍ରତ୍ୟେକେ ସେହି ଗୋଟିଏ ଆତ୍ମସତ୍ତାକୁ ବହନ କରି ରହିଥିବାର ଅନୁଭବ କରୁଥିବେ। ସେମାନେ ବସ୍ତୁତଃ ସେହି ଗୋଟିଏ ପରମସତ୍ୟର ହିଁ ଜଣେ ଜଣେ ଆତ୍ମା ହୋଇ ଅବସ୍ଥାନ କରୁଥିବେ। ଏକ ଜ୍ଞାନଗତ ଐକ୍ୟ ଦ୍ୱାରା ସନ୍ଦୀପିତ ଏବଂ ସକ୍ରିୟ ଥିବେ, ଇଚ୍ଛାଶକ୍ତି ତଥା ଭାବସ୍ତରରେ ମୂଳତଃ ସେହି ଐକ୍ୟର ଅନୁପ୍ରେରଣା ଦ୍ୱାରା ତତ୍ପର ହୋଇ ରହିଥିବେ। ସେମାନଙ୍କର ପ୍ରତ୍ୟେକଙ୍କର ଜୀବନ ଏକ ଆଧ୍ୟାତ୍ମିକ ପରମସତ୍ୟକୁ ହିଁ ବ୍ୟକ୍ତ କରି ଆଣୁଥିବ। ଏକ ଶୃଙ୍ଖଳା ଅବଶ୍ୟ ଥିବ, – କାରଣ ଐକ୍ୟର ଭୂମିରେ ପ୍ରତିଷ୍ଠିତ ହୋଇଥିବା ସତ୍ୟଟିଏ ସର୍ବଦା ନିଜର ଏକ ଅନୁରୂପ ଶୃଙ୍ଖଳା ଅବଶ୍ୟ ସୃଷ୍ଟି କରି ରଖିଥାଏ। ଜୀବନକୁ ବଞ୍ଚିବାର ଏକ ନିୟମ ଅଥବା ନିୟମମାନେ ନିଶ୍ଚୟ ଥିବେ, କିନ୍ତୁ ସେଗୁଡ଼ିକ ଆପେ ଆପଣାକୁ ତିଆରି କରି ରଖିଥିବେ। ସେଗୁଡ଼ିକ ଏକ ଆଧ୍ୟାତ୍ମିକ ସ୍ତରରେ ଏକ ଏକ ହୋଇ ରହିଥିବା ସତ୍ତାର ନିୟମରୂପେ ହିଁ କାର୍ଯ୍ୟ କରୁଥିବେ, ଏକ ଆଧ୍ୟାତ୍ମିକ ସ୍ତରରେ ଏକତାଯୁକ୍ତ ଜୀବନର ନିୟମରୂପେ କାର୍ଯ୍ୟ କରୁଥିବେ। ଆଧ୍ୟାତ୍ମିକ ଏକାଧିକ ଶକ୍ତି ସ୍ୱୟଂକ୍ରିୟ ଭାବରେ ସେହି ସାମୁଦାୟିକ ଗଢ଼ଣଟିକୁ ତିଆରି କରି ରଖିଥିବେ ଏବଂ ସ୍ୱତଃସ୍ଫୂର୍ତ୍ତ ଭାବରେ ଜୀବନକୁ ଏକ ଆକାର ପ୍ରଦାନ କରିଥିବେ।

ଅଧିକରୁ ଅଧିକ ଯାନ୍ତ୍ରିକତା, ଏକ ସମରୂପତାର ପ୍ରତିଷ୍ଠା ଲାଗି ଉତ୍ସାହ, ସମସ୍ତଙ୍କୁ ଆଣି ଗୋଟିଏ ଛାଞ୍ଚରେ ପକାଇ ଦେଲେ ସାମୂହିକ କ୍ଷେତ୍ରରେ ଅବଶ୍ୟ ସମଞ୍ଜସତା ସମ୍ଭବ ହେବ ବୋଲି ଏକ ବିଶ୍ୱାସ, ଏହି ସବୁକିଛି ହେଉଛନ୍ତି ମନଃସ୍ତରର ହିଁ ଗୋଟିଏ ଗୋଟିଏ ଆଚରିତ ପଦ୍ଧତି। ମାତ୍ର ସେଇଟି ବିଜ୍ଞାନମୟ ଜୀବନର ଆଦୌ ଭୂମି ହୋଇ ରହି ପାରିବନାହିଁ, ଏଠାରେ ଏକ ବିଧାନରୂପେ ଆଦୌ ଚଳି ପାରିବନାହିଁ।

ଏଠାରେ ତ ସେହି ବିଜ୍ଞାନମୟ ଚେତନାରେ ବଞ୍ଚୁଥିବା ସମୂହଗୁଡ଼ିକ ମଧ୍ୟରେ ବହୁତ ବିଚିତ୍ରତା ରହିବ, ଗୋଟିଏ ଗୋଷ୍ଠୀ ଆଉଗୋଟିଏ ଗୋଷ୍ଠୀଦ୍ୱାରା ମୋଟେ ବାଧ୍ୟ ହେବନାହିଁ। ପ୍ରତ୍ୟେକ ଗୋଷ୍ଠୀ ଆପଣାର ବିବେକ ଅନୁସାରେ ଆପଣାର ଅଧ୍ୟାତ୍ମଜୀବନର ଗଢ଼ଣଟିକୁ ତିଆରି କରିଥିବ। ପୁନଶ୍ଚ, ସେହି ଗୋଟିଏ ଗୋଷ୍ଠୀରେ ମଧ୍ୟ ବ୍ୟକ୍ତି ବ୍ୟକ୍ତି ମଧ୍ୟରେ ଆପଣାକୁ ବ୍ୟକ୍ତ କରୁଥିବାର କ୍ଷେତ୍ରରେ କେତେ କେତେ ବହୁବିଧତା ରହିଥିବ। ମାତ୍ର, ଏହାଦ୍ୱାରା ମୋଟେ କୌଣସି ଅରାଜକତା ସୃଷ୍ଟି ହେବନାହିଁ, ବିସଙ୍ଗତି ବା କଳହକୁ ମଧ୍ୟ ଡାକି ଆଣିବନାହିଁ। କାରଣ, ସେହି ମୂଳଭୂତ ଗୋଟିଏ ଜ୍ଞାନସତ୍ୟ ଏବଂ ତଦନୁରୂପ ଜୀବନସତ୍ୟର ବିବିଧତା ମଧ୍ୟରେ ଏକ ସହଜ ସୁସମନ୍ୱୟନ ସର୍ବଦା ରହିଥିବ ଏବଂ କୌଣସି ବିରୋଧିତା ମଧ୍ୟରେ ପଥଚ୍ୟୁତ ହେବାର ଅବକାଶ ନଥିବ। ଏକ ବିଜ୍ଞାନମୟ ଚେତନାରେ ଏକ ବ୍ୟକ୍ତିଗତ ମତ ଅଥବା ବିଚାରଦୃଷ୍ଟିକୁ ନେଇ କୌଣସି ଅହଂଗତ ଅନମନୀୟତା ମଧ୍ୟ କେବେହେଲେ ନଥିବ, ବ୍ୟକ୍ତିସ୍ତରର ଇଚ୍ଛା ତଥା ଆଗ୍ରହର କୌଣସି ପ୍ରକୋପ କିମ୍ବା କୋଳାହଳ ନଥିବ। ବରଂ, ଅପର ପକ୍ଷରେ, ଗୋଟିଏ ମାତ୍ର ସେହି ମୂଳଭୂତ ସତ୍ୟର ଭିନ୍ନ ଭିନ୍ନ ଗଢ଼ଣକୁ ସେହି ଗୋଟିଏ ଐକ୍ୟବୋଧ ମଧ୍ୟରେ ଗ୍ରହଣ କରି ହେଉଥିବ। ସକଳ ଚେତନା ତଥା ଆକାର ଭିତରେ ସେହି ଏକ ଆତ୍ମସତ୍ୟ ରହିଥିବ ଯାହାକି ସର୍ବଦା ଠଉରାଇ ହେଉଥିବ। ସର୍ବମୂଳ ବିଧାନରୂପେ ଏକ ସହଜ ଗ୍ରହଣଶୀଳତା ତଥା ବିଶ୍ୱଦୃଷ୍ଟି ରହିଥିବ ଯାହାକି ବହୁବିଧ ପରିପ୍ରକାଶ ମଧ୍ୟରେ ସେହି ଏକ ବିଷୟରେ ସଂଶୟମୁକ୍ତ ଭାବରେ ସଜ୍ଞାନ ରହିଥିବ। ଜଣେ ବିଜ୍ଞାନଚେତନା ଦ୍ୱାରା ନିଜର ଜୀବନକୁ ବଞ୍ଚୁଥିବା ମନୁଷ୍ୟ ସମସ୍ତଙ୍କ ଭିତରେ ସେହି ଗୋଟିଏ ସର୍ବୋଚ୍ଚ ପ୍ରକୃତିର ଶକ୍ତି କ୍ରିୟାଶୀଳ ରହିଛି ବୋଲି ସତତ ଅନୁଭବ କରି ପାରୁଥିବ।

ଏବଂ, ସେହି ବ୍ୟକ୍ତି ଆପଣାର ସେହି ଜ୍ଞାନ ତଥା ସାମର୍ଥ୍ୟକୁ ନିଜ ଦିବ୍ୟ କର୍ମଗୁଡ଼ିକର ଏକାଧିକ କ୍ଷେତ୍ରରେ ନିଶ୍ଚୟ ପ୍ରୟୋଗ କରୁଥିବ ସିନା, ମାତ୍ର ସେଇଟିକୁ ଅନ୍ୟମାନଙ୍କର ଜ୍ଞାନ ଏବଂ ସାମର୍ଥ୍ୟର ପରିପନ୍ଥୀ ବୋଲି ଅନୁଭବ କରିବା ସକାଶେ ଆପଣା ଭିତରୁ ଆଦୌ କୌଣସି ପ୍ରକାରେ ବାଧ୍ୟ ହେବନାହିଁ। ଅନ୍ୟ ଅହଂଗୁଡ଼ିକ ଉପରେ ଆପଣାର ଅହଂକୁ ନେଇ କେବେହେଲେ ମଡ଼ାଇ ଦେବନାହିଁ। ବିଜ୍ଞାନମୟ ଚେତନାରେ ପରିଚାଳିତ ହେଉଥିବା ବ୍ୟକ୍ତି ଆପଣାର ଚତୁର୍ଦ୍ଦିଗରେ ଅବସ୍ଥିତ। ସମଗ୍ର ବିଜ୍ଞାନମୟ ଜୀବନ ସହିତ ସର୍ବଦା ହିଁ ଆପଣାର ସମଞ୍ଜସତାକୁ ଅବଶ୍ୟ ଅନୁଭବ କରିବ। ସମୂହଟି ମଧ୍ୟରେ ଆପଣାର ସ୍ଥାନଟି ମୁତାବକ ସିଏ ନେତୃତ୍ୱ ଦେବା ଅଥବା ଶାସନ କରିବାର ମାର୍ଗଟିକୁ ଯେପରି ଜାଣିଥିବ, ଆପଣାକୁ କାହାର ଅଧୀନ କରି

ରଖିବାର ଶୈଳୀଟିକୁ ମଧ୍ୟ ନିଶ୍ଚୟ ଶିକ୍ଷା କରିଥିବ। ଏବଂ, ଦୁଇଟିଯାକ ଭୂମିକାରୁ ହିଁ ସମାନ ଭାବରେ ଆନନ୍ଦ ଲାଭ କରି ପାରୁଥିବ। କାରଣ, ସେ ଜଣେ ଭୃତ୍ୟର ଭୂମିକାରେ ସମ୍ପୂର୍ଣ୍ଣ ଇଚ୍ଛାକୃତ ଭାବରେ ଆପଣାକୁ କେଉଁଠି ଆଜ୍ଞାଧୀନ କରି ରଖିଥାଉ ଅଥବା କେତେକ ବିଶେଷ କ୍ଷମତାରେ ଅଧିଷ୍ଠିତ ରହି ଶାସନ ମଧ୍ୟ କରୁଥାଉ ପଛକେ, ସିଏ ଦୁଇଟିଯାକ କ୍ଷେତ୍ରରେ ହିଁ ନିଜକୁ ପୂର୍ଣ୍ଣମୁକ୍ତ ହିଁ ଅନୁଭବ କରିବ। ବିଜ୍ଞାନମୟ ଚେତନାର ମୂଳ ସ୍ୱଭୂମିଟି ହେଉଛି ଏକତା ଏବଂ, ସେହି ସଜ୍ଞାନତାକୁ ସ୍ୱାଭାବିକ ଭାବରେ ବ୍ୟକ୍ତ କରୁଥିବା ସର୍ବମୂଳ ଲକ୍ଷଣ ବା ପ୍ରମାଣଟି ହେଉଛି ପାରସ୍ପରିକତା। ଏବଂ, ପରିଣାମରେ ଯାହା ସମ୍ଭବ ହୁଏ, ତାହା ହେଉଛି ସମଞ୍ଜସତା, ଯେଉଁଟିରେ ବୈଚିତ୍ର୍ୟ ଥାଏ, ବିଭିନ୍ନତା ଥାଏ, କିନ୍ତୁ ବିରୋଧ ନଥାଏ। ତେଣୁ, ଏକ ସାଧାରଣ ଅର୍ଥାତ୍ ଗୋଷ୍ଠୀଗତ ଜୀବନ ଯେତେବେଳେ ସେହି ଚେତନାଟିକୁ ଗ୍ରହଣ କରିନେବ, ସେତେବେଳେ ଏକତା, ପାରସ୍ପରିକତା ଏବଂ ସୁସମଞ୍ଜସତା ହିଁ ତାହାର ଅପରିହାର୍ଯ୍ୟ ବିଧାନ ହୋଇ ଅବଶ୍ୟ ରହିବ। ଏବଂ, ସେହି ସାମୂହିକ ଜୀବନଟି କେଉଁଭଳି ଗଠନମାନଙ୍କରେ ଆପଣାକୁ ବ୍ୟକ୍ତ କରିବ, ସେଥିରେ ବିଜ୍ଞାନମୟ ସେହି ଉଚ୍ଚତର ପ୍ରକୃତିଟି ବିବର୍ତ୍ତନର କ୍ରମରେ କିପରି ରୂପ ଗ୍ରହଣ କରିଛି, ତାହାରି ଇଚ୍ଛାଉପରେ ହିଁ ନିର୍ଭର କରିବ। ଏହି ଅଜ୍ଞାନ ମଧ୍ୟରୁ ବାହାରି ସେହି ଆତ୍ମଜ୍ଞାନ ତଥା ବିଶ୍ୱଜ୍ଞାନରେ ପ୍ରବିଷ୍ଟ ହେବା, – ସେଇଟି ମାର୍ଗ।

ସେହିଟିକୁ ଆମେ ଏକ ବୃହତ୍ତର ବା ଉଚ୍ଚତର ପ୍ରକୃତି ବୋଲି କହୁଛୁ, କାରଣ ତାହା ବର୍ତ୍ତମାନ ମନୁଷ୍ୟର ବାସ୍ତବ ଚେତନାସ୍ତର ଓ ସାମର୍ଥ୍ୟସ୍ତରର ସେପାଖରେ ଯାଇ ରହିଛି। ମାତ୍ର, ସେଇଟି ହେଉଛି ତା'ର ଅସଲ ପ୍ରକୃତି, ଏବଂ, ଆପଣାର ପ୍ରକୃତ ଆତ୍ମସତ୍ତାଟିକୁ ଉପଲବ୍ଧି କରିବାକୁ ହେଲେ ତାକୁ ସେଠାରେ ଅବଶ୍ୟ ପହଞ୍ଚିବାକୁ ପଡ଼ିବ। ତା'ର ସମ୍ପୂର୍ଣ୍ଣ ସମ୍ଭାବନାଟା ସେତିକିବେଳେ ଯାଇ ପ୍ରକଟ ହେବ। ଆମର ସ୍ୱଭାବ ଏବଂ ଆମର ଚେତନା ପ୍ରକୃତରେ ଏପରି ମନୁଷ୍ୟମାନଙ୍କର ଚେତନା, ଯେଉଁମାନେ କି ପରସ୍ପର ବିଷୟରେ ଅଜ୍ଞାନ ହୋଇ ରହିଛନ୍ତି, ପରସ୍ପର ଠାରୁ ନାନାଭାବେ ଛିନ୍ନ ହୋଇ ଜୀବନ ବଞ୍ଚୁଛନ୍ତି, – ଏକ ନାନାବିଭାଜିତ ଅହଂରେ ହିଁ ଚେର ମଡ଼ାଇ ଠିଆ ହୋଇଛନ୍ତି, ଆପଣା ଆପଣାର ସେହି ନାନା ଅଜ୍ଞାନ ମଧ୍ୟରେ ହିଁ କୌଣସି ପ୍ରକାର ସମ୍ପର୍କଟିଏ ସ୍ଥାପନ କରି ପାରୁଛନ୍ତି। କାରଣ, ସେମାନଙ୍କର ଅନ୍ତଃପ୍ରକୃତିରେ ଏକତାଟିଏ ରହିଛି, ଏକତା-ସାଧନକାରୀ ଶକ୍ତିଚୟ ମଧ୍ୟ ରହିଛନ୍ତି। ବ୍ୟକ୍ତି ଓ ସମୂହମାନଙ୍କର ଜୀବନରେ କୌଣସି ନା କୌଣସି ପ୍ରକାରର ସମଞ୍ଜସତାଗୁଡ଼ିକୁ ସୃଷ୍ଟି କରାଯାଉଛି, ଏକ ସାମାଜିକ ସଂବଦ୍ଧତା ହାସଲ ବି କରାଯାଉଛି ସିନା, କିନ୍ତୁ ସର୍ବବିଧ ସହାନୁଭୂତି

ଓ ବୁଝାମଣା ଅତ୍ୟନ୍ତ ଅପୂର୍ଣ୍ଣ ହୋଇ ରହିଛି। ଭୁଲ ବୁଝାମଣା, ଦ୍ୱନ୍ଦ୍ୱ, କଳହ ଏବଂ ବିରୋଧ ଭର୍ତ୍ତି ହୋଇ ରହିଛି। କାରଣ, ଚେତନାର ସ୍ତରରେ ଏକତା ନଥିଲେ ଏବଂ ଏକ ଆତ୍ମଜ୍ଞାନ ହିଁ ଭୂମି ହୋଇ ନରହିଥିଲେ, – ଅନ୍ତର ଭିତରେ ପାରସ୍ପରିକ ଜ୍ଞାନ, ଏକତାର ଉପଲବ୍ଧି ନହୋଇଥିଲେ ପୂର୍ଣ୍ଣତା କିପରି ବା ସମ୍ଭବ ହେବ ! ସେଇଟି ଲାଗି ତ ସମଷ୍ଟି ଏବଂ ସମଷ୍ଟି ମଧ୍ୟରେ ସମ୍ପ୍ରତି ଏତେ ଏତେ କଳହ ଓ କନ୍ଦଳ, ଗୋଟିଏ ସମଷ୍ଟିଗତ ଅହଂର ଆଉ ଗୋଟିଏ ସମଷ୍ଟିଗତ ଅହଂ ସହିତ ସଂଘାତ। ଯେତେ ପ୍ରକାରର ତାଳିପକା ଲାଗି ରହିଥିଲେ ମଧ୍ୟ ଆମ ସମାଜସ୍ଥ ଜୀବନରେ ଆଉ ଅଧିକ ବା କ'ଣ ସମ୍ଭବ ହୁଅନ୍ତା ? ଆମର ପ୍ରକୃତି ଯେତିକିରେ ଅଛି, ଯଦି ସେତିକିରେ ରହିବାଲାଗି ପଣ କରିଥାଏ, ତେବେ ଏହି ପୃଥିବୀ ଉପରେ ଆମେ ବିତାଉଥିବା ଜୀବନଟିର କ୍ଷେତ୍ରରେ କୌଣସି ସ୍ଥାୟୀ ସୁଖ କଦାପି ସମ୍ଭବ ହେବନାହିଁ। ତେଣୁ, ଆମେ ଏତିକି ଭିତରେ ରହିବାକୁ ହିଁ ନିଷ୍ପତ୍ତି କରିନେବା, କିମ୍ବା ଏହି ପୃଥିବୀର ବାହାରେ କୌଣସି ସ୍ୱର୍ଗରେ ତାହା ପାଇବା ବୋଲି ଶ୍ରମ କରୁଥିବା ଅଥବା ବର୍ତ୍ତମାନର ଏହି ଗାରଟିକୁ ଅତିକ୍ରମ କରି ଆମର ପ୍ରକୃତି ଓ ଅହଂର ଏକ ନିର୍ବାଣ ସାଧନ କରିବା ଓ କୌଣସି ପରମ ଆଉକିଛି ମଧ୍ୟରେ ଆଶ୍ରୟ ନେବାକୁ ମନ କରିବା।

କିନ୍ତୁ, ଯଦି ଆମକୁ ଆଧାର କରି ଏକ ଆଧ୍ୟାତ୍ମିକ ସତ୍ତା ବିବର୍ତ୍ତିତ ହୋଇ ଆସୁଛି, ଯଦି ଏହି ବିସ୍ତାରିତ ଅଚେତନ ମଧ୍ୟରେ ଅନ୍ତର୍ନିହିତ ହୋଇ ଏକ ଅତିଚେତନ ବିଦ୍ୟମାନ ରହିଛି ଏବଂ ଯଦି ଏକ ବୃହତ୍ତର ତଥା ଉଚ୍ଚତର ପ୍ରକୃତି ଆପଣାକୁ ଉଦ୍‌ଘାଟିତ କରି ଆଣୁଛି, ଯଦି ତାହାହିଁ ଯଥାର୍ଥ ବିଧାନ ବୋଲି ଆମେ ବୁଝିବାକୁ ଆରମ୍ଭ କରିବା, ତେବେ ଆମେ ଯେଉଁଟି ଲାଗି ଅଭୀପ୍ସା କରୁଛୁ, ସେଇଟି ଯେ କେବଳ ସମ୍ଭବ ହେବ ତା' ନୁହେଁ, ତାହାହିଁ ଅବଶ୍ୟ ବାସ୍ତବରେ ଘଟିବ ବୋଲି ଆମେ ନିଶ୍ଚୟ ହୃଦୟଙ୍ଗମ କରିବା। ସେଇଟିକୁ ପ୍ରକାଶିତ କରି ଆଣିବା ହେଉଛି ଆମର ଆଧ୍ୟାତ୍ମିକ ପ୍ରକୃତ ନିୟତି। ସେତିକିବେଳେ ହିଁ ଯଥାର୍ଥ ଏକତା, ଯଥାର୍ଥ ପାରସ୍ପରିକତା ଏବଂ ସମଞ୍ଜସତା। ଏକ ଯଥାର୍ଥ ଆତ୍ମସନ୍ଦୀପନ, ଯଥାର୍ଥରେ ପୂର୍ଣ୍ଣତାଯୁକ୍ତ ଜୀବନ, ଏକ ଯଥାର୍ଥ ଆନନ୍ଦ ତଥା ସୁଖ। ତାହାରିଦ୍ୱାରା ହିଁ ଆମର ଦୃଷ୍ଟି ତଥା ଯାବତୀୟ କର୍ମ-ଆଚରଣର ପରିପୂର୍ଣ୍ଣତା : ଜ୍ଞାନ ଓ ଜ୍ଞାନ ମଧ୍ୟରେ ଏକତା; ବର୍ତ୍ତମାନ ଏହି ମନୋଭୂମିରେ ରହିଥିବା ସକଳ ଦୂରତାର ଅପସାରଣ। ବର୍ତ୍ତମାନ ତ ସେହି ଗୋଟିଏ ବ୍ୟକ୍ତିର ଜୀବନରେ ମଧ୍ୟ ଜ୍ଞାନ ଜ୍ଞାନ ମଧ୍ୟରେ ଦ୍ୱନ୍ଦ୍ୱ, ଇଚ୍ଛା ଏବଂ ଇଚ୍ଛା ମଧ୍ୟରେ ବିବାଦ, ଜ୍ଞାନର ମଧ୍ୟ ଇଚ୍ଛା ସହିତ ବିବାଦ; ଜ୍ଞାନ କିଛି ମାତ୍ରାରେ ପରିପକ୍ୱତା ହାସଲ କଲେ ଇଚ୍ଛା ତାହାର ବିରୋଧ କରୁଛି। ପୁନଶ୍ଚ, ଯେଉଁଠାରେ ଇଚ୍ଛା ଶକ୍ତିଶାଳୀ ହୋଇ ରହିଛି, ସେଠାରେ ଜ୍ଞାନର

ଅଭାବ ରହିଛି । କେବଳ ଏକ ବୃହତ୍ତର ଆଲୋକର ସଙ୍ଘାତ ଦ୍ୱାରା ହିଁ ଏହି ଅବସ୍ଥାରେ ପରିବର୍ତ୍ତନ ଘଟିବ । ସତ୍ତା ନିମନ୍ତେ ନୂତନ ନୂତନ ଶକ୍ତି ଉପଲବ୍ଧ ହେବ ।

ଉଚ୍ଚତର ଚେତନାର ଉପଲବ୍ଧି ଦ୍ୱାରା ଯେଉଁସବୁ ସାମର୍ଥ୍ୟ ଅର୍ଜନ କରାଯିବ, ଆଧୁନିକ ମନ ତାହାକୁ ଅତିପ୍ରାକୃତିକ ବୋଲି ହିଁ କହିବ, ସତେଅବା କୌଣସି ଜାଦୁଗିରି ବା ଗୂଢ଼ ବିଦ୍ୟାକୌଶଳ ବୋଲି ମଧ୍ୟ କହିବ। କିନ୍ତୁ ଅତିମାନସ ଅର୍ଥାତ୍ ବିଜ୍ଞାନମୟ ଚେତନାର ସୋପାନରେ ବସ୍ତୁତଃ କୌଣସି ଅତିପ୍ରାକୃତିକ, ଜାଦୁବିଦ୍ୟା କିମ୍ବା ଗୂଢ଼ କୌଶଳର ଅବକାଶ ହିଁ ନଥାଏ। ଅବଶ୍ୟ ଏତିକିମାତ୍ର ସତ୍ୟ ଯେ, ମନୁଷ୍ୟସମୂହ ବର୍ତ୍ତମାନ ଚେତନାର ଯେଉଁ ସୋପାନରେ ଜୀବନ ବଞ୍ଚୁଛନ୍ତି, ସେଠାରୁ ବିଚାର କଲେ ସେସବୁ ଖୁବ୍ ଅତିମାନବିକ ବୋଲି ହିଁ ବୋଧ ହେବ। ସାଧନାର ଇତିହାସ ଯେଉଁ ସୂଚନାମାନ ଦେଇଥାଏ, ଚେତନାର ନୂତନ ସୋପାନଗୁଡ଼ିକୁ ପ୍ରବେଶ ଘଟିଲେ କେତେକ ନୂତନ ସାମର୍ଥ୍ୟ ମଧ୍ୟ ସମ୍ଭବ ହୋଇଆସେ। ସେଗୁଡ଼ିକ ନିମନ୍ତେ ଖୁବ୍ ଆକର୍ଷଣ ବି ଅନୁଭୂତ ହୁଏ। ସମ୍ଭବତଃ ସେହି କାରଣରୁ ହିଁ ସେଗୁଡ଼ିକ ନିମନ୍ତେ ବେଶୀ ଆଗ୍ରହ ପ୍ରକାଶ ନକରିବାକୁ ସାଧକମାନଙ୍କୁ ପରାମର୍ଶ ମଧ୍ୟ ଦିଆଯାଇ ଆସିଛି, ସେଗୁଡ଼ିକୁ ବ୍ୟବହାର ନକରିବାକୁ କୁହାଯାଇଛି। ହଁ, ଯେଉଁମାନେ ଜୀବନ ଭିତରୁ ନିଜକୁ ପ୍ରତ୍ୟାହାର କରିନେବାକୁ ଇଚ୍ଛା କରୁଥାନ୍ତି, ସେମାନଙ୍କର ସେହି ବର୍ଜନଟି ଲାଗି ହୁଏତ ଏକ ପ୍ରୟୋଜନ ମଧ୍ୟ ନିଶ୍ଚୟ ରହିବ। କାରଣ, ଆଦୌ କୌଣସି ବୃହତ୍ତର ଶକ୍ତିର ଅଧିକାରୀ ହେବାର ତାତ୍ପର୍ଯ୍ୟ ହେଉଛି ଯେ, ଆମକୁ ତଦ୍ଦ୍ୱାରା କୌଣସି ନା କୌଣସି ପ୍ରକାରେ ଜୀବନ ସହିତ ସଂପୃକ୍ତ ହୋଇ ରହିବାକୁ ପଡ଼ିବ ଏବଂ, ଯିଏ ବିଶୁଦ୍ଧ ମୁକ୍ତିଲାଭର ଅଭିପ୍ରାୟରେ ସାଧନା କରୁଥିବ, ଏଇଟି ତା' ଉପରେ ତ ଗୋଟିଏ ବୋଝ ପରି ହୋଇ ରହିଯିବ ! ଏବଂ, ଯେଉଁ ଈଶ୍ୱରପ୍ରେମୀ କେବଳ ଈଶ୍ୱରଙ୍କ ପାଇଁ ଈଶ୍ୱରଙ୍କୁ ଲାଭ କରିବାକୁ ଇଚ୍ଛା କରୁଥାଏ, ସିଏ ତ କେବଳ ସେତିକିକୁ ଛାଡ଼ିଦେଲେ ଆଉ ସବୁକିଛି ନିମନ୍ତେ ସର୍ବଦା ଉଦାସୀନ ହୋଇ ହିଁ ରହିଥାଏ ! ତା' ବିଚାରରେ ନିମ୍ନତର ଆଉ କୌଣସି କିଛିରେ ସିଏ ଆଦୌ ଅନ୍ୟମନସ୍କ ହେବାକୁ ଇଚ୍ଛା କରେନାହିଁ।

ଲେଶମାତ୍ର ସନ୍ଦେହ ନକରି ଏପରି କୁହା ଯାଇପାରେ ଯେ, ଚେତନାରେ ଅଭିବୃଦ୍ଧି ଘଟିଲେ ତାହାକୁ ଯେ କେବଳ ସ୍ୱାଭାବିକ ଅଗ୍ରଗତି ବୋଲି କୁହାଯିବ ତା' ନୁହେଁ, ଏକ ବୃହତ୍ତର ଓ ପୂର୍ଣ୍ଣତର ଜୀବନ ନିମନ୍ତେ ତାହାକୁ ଅପରିହାର୍ଯ୍ୟ ବୋଲି ମଧ୍ୟ ଗ୍ରହଣ କରିବାକୁ ହେବ। ମନୁଷ୍ୟର ଜୀବନରେ ତ ବର୍ତ୍ତମାନ କେବଳ ଆଂଶିକ ଭାବରେ କେତେକ ସମଞ୍ଜସତା ରହିଛି ଏବଂ ଉପରୁ କେତେଟା ନିୟମକୁ ସେମାନଙ୍କ ଉପରେ ଲଦି ଦେଇ ସେମାନଙ୍କୁ କେତୋଟି ସାମୁଦାୟିକ ବିଚାର, ଇଚ୍ଛା, ପ୍ରାଣସ୍ତରୀୟ

ସନ୍ତୋଷବିଧାନ ଏବଂ ଜୀବନଗତ ଲକ୍ଷ୍ୟର ଅନୁଶୀଳନ ନିମନ୍ତେ ସମ୍ମତ କରିନେବା ସମ୍ଭବ ହେଉଛି। ମାତ୍ର, ବୃହତ୍ତର ଲୋକସମଷ୍ଟିଟି ଅତ୍ୟନ୍ତ ଅପୂର୍ଣ୍ଣ ଭାବରେ ହିଁ ସେହି ବିଚାରଗୁଡ଼ିକୁ ବୁଝିଛନ୍ତି ଓ ଜାଣିଛନ୍ତି। ନିଜେ ଗ୍ରହଣ କରି ନେଇଥିବା ତଥା ସେହି ଦିଗରେ ସେମାନଙ୍କ ଦ୍ୱାରା ଆଚରିତ କର୍ମଗୁଡ଼ିକୁ ମଧ୍ୟ କେବଳ ଅପୂର୍ଣ୍ଣ ଭାବରେ ବୁଝିଛନ୍ତି। ସେହି କାର୍ଯ୍ୟଗୁଡ଼ିକୁ କରିବାକୁ ଏବଂ ନିଜର ଜୀବନକୁ ଏକ ବୃହତ୍ତର ପରିପୂର୍ଣ୍ଣତା ଆଣିଦେବାକୁ ପୂର୍ଣ୍ଣ ଶକ୍ତି ଖଟାଇ ପାରୁନାହାନ୍ତି । ସଂଘର୍ଷ ଓ କଳହ ଭରି ରହିଛି, ନାନା ବାସନାକୁ ଅବଦମିତ କରି କେବଳ ନୂତନ ବିଚାରମାନ ଆସୁଛନ୍ତି, ଜୀବନରେ ନାନା ସଂକଳ୍ପ ଆସି ଉତ୍ସାହ ଭରି ଦେଉଛନ୍ତି, – ମାତ୍ର ସେଗୁଡ଼ିକୁ କୌଣସି ସଂହତ ରୂପ ପ୍ରଦାନ କରି ହେଉନାହିଁ। ମନୁଷ୍ୟମାନଙ୍କର ଜୀବନରେ ତଥା ପରିବେଷ୍ଟନୀ ଗୁଡ଼ିକରେ ଏପରି ଶକ୍ତିମାନଙ୍କର ଆବିର୍ଭାବ ଘଟୁଛି, ଏବଂ ସେଗୁଡ଼ିକୁ ପ୍ରାୟ କୌଣସି ସଙ୍ଗତି କିମ୍ବା ଶୃଙ୍ଖଳା ମଧ୍ୟରେ ରଖିବା ସମ୍ଭବ ହେଉନାହିଁ। ହଁ, ବସ୍ତୁତଃ ଏକ ଆଧ୍ୟାତ୍ମିକ ଜ୍ଞାନ ଏବଂ ଆଧ୍ୟାତ୍ମିକ ଶକ୍ତିର ହିଁ ଅଭାବ ରହିଛି; ଏହି ନିତାନ୍ତ କ୍ଷୁଦ୍ରପରିମିତ 'ନିଜ'ଟି ଉପରେ ଏକ ଅଧିକାରିତ୍ୱର ଅଭାବ ରହିଛି; ଅନ୍ୟମାନଙ୍କ ସହିତ ଯୁକ୍ତ ହୋଇ ରହିଥିଲେ ଯେଉଁ ବଳଟି ସମ୍ଭବ ହୁଅନ୍ତା, ସେହି ବଳର ଅଭାବ ରହିଛି। ବିଜ୍ଞାନମୟ ଚେତନା ଭିତରେ ହିଁ ସେହି ଅଭାବଗୁଡ଼ିକର ପୂରଣ କରିବାର ସାମର୍ଥ୍ୟଟି ରହିଛି।

ପୁନଶ୍ଚ, ମନୁଷ୍ୟମାନଙ୍କର ସମାଜରେ ବାସ କରୁଥିବା ବ୍ୟକ୍ତିମାନଙ୍କର ମନ, ହୃଦୟ ତଥା ଜୀବନକ୍ଷେତ୍ର ମାନଙ୍କରେ ଯେଉଁ ଅପୂର୍ଣ୍ଣତାଗୁଡ଼ିକ ସେମାନଙ୍କୁ ଏପରି ଅସମର୍ଥ କରି ରଖିଛି, ତା'ସହିତ, ଜଣେ ଜଣେ ବ୍ୟକ୍ତି ହିସାବରେ ମଧ୍ୟ ସେମାନଙ୍କର ମନରେ ଓ ଜୀବନରେ କ୍ରିୟାଶୀଳ ହେଉଥିବା ଶକ୍ତିଗୁଡ଼ିକରେ ମଧ୍ୟ ପରସ୍ପର ସହିତ ମେଳ ନାହିଁ। ଯେତେ ଯାହା ମେଳ ସମ୍ଭବ କରିବା ନିମନ୍ତେ ଉଦ୍ୟମମାନ କରାଯାଉଛି, ସେଗୁଡ଼ିକୁ ମଧ୍ୟ କ'ଣ କମ୍ ଅପୂର୍ଣ୍ଣତା ଆକ୍ରାନ୍ତ କରି ରଖିଛି ? ଭଲ ପାଇବା, ସହାନୁଭୂତି ପ୍ରକାଶ କରିବା, – ଏଗୁଡ଼ିକ ହେଉଛନ୍ତି ଆମ ଚେତନାର ଗୋଟିଏ ଗୋଟିଏ ସ୍ୱାଭାବିକ ସମ୍ପଦ ଏବଂ, ଆମର ଅଧ୍ୟାତ୍ମ-ଆକାଙ୍କ୍ଷାଟି ବୃଦ୍ଧି ପାଉଥିବା ସହିତ ସେଗୁଡ଼ିକ ମଧ୍ୟ ଆମଉପରେ ଅଧିକରୁ ଅଧିକ ଦାବୀ କରିବାରେ ଲାଗିଥାଆନ୍ତି। କିନ୍ତୁ, ତେଣେ ଆମଭିତରେ ବୁଦ୍ଧିର, ପ୍ରାଣଶକ୍ତିର ତଥା ଅବେଗଗୁଡ଼ିକର ଦାବୀଗୁଡ଼ିକ ମଧ୍ୟ ରହିଥାଏ; ଆହୁରି ଏପରି ଅନେକ ଅନେକ ଉପାଦାନମାନଙ୍କର ଦାବୀ ଓ ଚାପମାନ ରହିଥାଏ, ଯାହାକି ଆମ ଭିତରେ ଥିବା ଭଲ ପାଇବା ଓ ସହାନୁଭୂତି ପ୍ରକାଶ କରିବା ସହିତ ମୋଟେ ମେଳ ଖାଇ ପାରୁନଥାଏ। ସେଗୁଡ଼ିକୁ ଆମେ ନିଜ ଜୀବନର ପୂର୍ଣ୍ଣ ଧର୍ମଟି ସହିତ ଅନୁକୂଳ କରି ରଖିପାରିବୁ, ଆମକୁ ସେହି ବିଦ୍ୟାଟି ମଧ୍ୟ ଜଣା ନଥାଏ।

ତେଣୁ, ଏହି ସବୁକିଛିର ପ୍ରତିକାର ସ୍ୱରୂପ, ଆମକୁ ଏକ ପୂର୍ଣ୍ଣତର ଆଧ୍ୟାତ୍ମିକ ପ୍ରକୃତି ମଧ୍ୟକୁ ହିଁ ବିକଶିତ ହୋଇ ଯିବାକୁ ପଡ଼ିବ ଏବଂ ସେହି ପ୍ରକୃତିଟି ମଧ୍ୟରେ ଏକ ଅଧିକ ଉଚ୍ଚ, ଅଧିକ ବୃହତ୍ ତଥା ଅଧିକ ସମଗ୍ର ଚେତନା ତଥା ଶକ୍ତିର ଆଲୋକ ମଧ୍ୟରେ ଜୀବନ ବଞ୍ଚିବାକୁ ହେବ। ଅତ୍ୟନ୍ତ ସ୍ପଷ୍ଟ ଭାବରେ ଜାଣି ରଖିବାକୁ ହେବ ଯେ, ଆମ ମାନସିକ ସ୍ତରର କୌଣସି କୌଶଳ କିମ୍ବା ରଚନାକୁ କାମରେ ଲଗାଇ ଆମେ ଆମ ଜୀବନର ବହୁଜଟିଳ ଅମେଳ ଗୁଡ଼ିକୁ ଏକ ମେଳ ମଧ୍ୟକୁ ଆଣି ପାରିବାନାହିଁ। କେବଳ ଏକ ଜାଗ୍ରତ ହୋଇ ରହିଥିବା ଅଧ୍ୟାତ୍ମଦ୍ୱାରା ହିଁ ତାହା ସମ୍ଭବ ହେବ। ଅତିମାନସ ଚେତନା ମଧ୍ୟକୁ ବୃଦ୍ଧିଲାଭ କରିଥିବା ଜଣେ ବ୍ୟକ୍ତି ତାହା କରିପାରିବ। ଯାବତୀୟ ଅମେଳ ଓ ଅସମଞ୍ଜସତା ତାକୁ ସ୍ୱତଃ ଅସ୍ୱାଭବିକ ବୋଲି ନିଶ୍ଚୟ ବୋଧ ହେଉଥିବ। ଏବଂ, ସେହି ସୋପାନର ବ୍ୟକ୍ତି ପରି ସେହି ସୋପାନର ବ୍ୟକ୍ତିମାନଙ୍କର ଏକ ସମୂହକୁ ମଧ୍ୟ ଅତ୍ୟନ୍ତ ଅସ୍ୱାଭାବିକ ଲାଗିବ। ତେଣୁ, ବ୍ୟକ୍ତିଜୀବନର ମେଳ ଦେଖିଲେ ସମୂହ ମଧ୍ୟ ତାହାକୁ ନିଶ୍ଚୟ ସ୍ୱାଭାବିକ ବୋଲି ଗ୍ରହଣ କରିନେବ। ପୁନଶ୍ଚ, ଏକଥା ସତ ଯେ, ଯେଉଁ ପୃଥ୍ୱୀଜୀବନରେ ବିଜ୍ଞାନମୟ ଜୀବନ ଗୋଟିଏ ଅଂଶରୂପେ ରହିଥିବ, ସେଥିରେ ଏକ ବିବର୍ତ୍ତିତ ଜୀବନ ତଥାପି ବଳବତ୍ତର ରହିଥିବ ଏବଂ ତାହାକୁ ଏହି ସମଗ୍ର ଜୀବନଟି ସହିତ ଖାପ ଖାଇ ରହିବାକୁ ପଡ଼ିବ। କିନ୍ତୁ ବର୍ତ୍ତମାନ ଯେପରି ବୋଧ ହେଉଛି, ଯେପରି ଖାପ ଖାଇ ରହିବା କଦାପି ସେତେବେଶୀ ଆଦୌ କଷ୍ଟକର ହେବନାହିଁ। କାରଣ, ବିଜ୍ଞାନମୟ ଜ୍ଞାନଚେତନା ଅଜ୍ଞାନସ୍ଥ ଚେତନାକୁ ମଧ୍ୟ ପୂର୍ଣ୍ଣ ଭାବରେ ବୁଝି ପାରୁଥିବ ଏବଂ ସହ-ଅବସ୍ଥିତ ହୋଇ ରହିଥିବା ଅପେକ୍ଷାକୃତ କମ୍ ବିକଶିତ ଜୀବନର ସମଗ୍ର କ୍ଷେତ୍ରଟି ସହିତ ସମଞ୍ଜସତା ରକ୍ଷା କରି ବାସ କରିବା ତା' ପାଇଁ ଆଦୌ ସେତେଦୂର ଦୁରୂହ ହେବନାହିଁ।

ଯଦି ଏହାହିଁ ବିବର୍ତ୍ତନର ଧାରାରେ ଆମର ନିୟତିରୂପେ ନିର୍ଦ୍ଦେଶିତ ହୋଇ ରହିଥାଏ, ତେବେ ସେହି ଯାତ୍ରାଟିରେ ଆମେ ପ୍ରକୃତରେ କେଉଁଯାଏ ଆସିଲୁଣି ଏବଂ କୌଣସି ଅନୁମିତ ଭବିଷ୍ୟତରେ ସେପରି କୌଣସି ମୀମାଂସକ ପଦକ୍ଷେପ ଗ୍ରହଣ କରିବାର କେତେଦୂର ସମ୍ଭାବନା ମଧ୍ୟ ରହିଛି, ଆମେ ବର୍ତ୍ତମାନ ସେହି କଥାଟିକୁ ପରୀକ୍ଷା କରି ହୁଏତ ଦେଖିପାରିବା। ଜଣେ ଜଣେ ବ୍ୟକ୍ତି ହିସାବରେ ଆମ ମଣିଷମାନଙ୍କର ଆକାଙ୍କ୍ଷାରେ ତଥା ସମଗ୍ର ମନୁଷ୍ୟଜାତିର ପରିପୂର୍ଣ୍ଣତାକୁ ସମ୍ଭବ କରି ଆଣିବାରେ ଏହି ଦିଗରେ ଯେଉଁ ଉଦ୍ୟମମାନ ହୋଇ ଆସିଛି, ତାହା ବସ୍ତୁତଃ ଏକ ଅର୍ଦ୍ଧାଲୋକିତ ଜ୍ଞାନଦ୍ୱାରା ହୋଇ ଆସିଛି, ବିଭିନ୍ନ ଉପାଦାନଗୁଡ଼ିକ ମଧ୍ୟରେ ନାନା ବିରୋଧ ଓ କଳହ ଲାଗି ରହିଛି ଏବଂ ଏପରି ନାନା ସମାଧାନ କରାଯାଇଛି ଯାହାକି

ଆଦୌ ପୂର୍ଣ୍ଣ ସନ୍ତୋଷ ପ୍ରଦାନ କରିନାହିଁ। ଆମର ସେହି ବିଚାରର କ୍ଷେତ୍ରରେ ମୁଖ୍ୟତଃ ତିନିଗୋଟି ପ୍ରଚେଷ୍ଟା ହିଁ କରାଯାଇଛି : ସ୍ୱୟଂ ବ୍ୟକ୍ତିମନୁଷ୍ୟର ସମ୍ପୂର୍ଣ୍ଣ ବିକାଶ ଅର୍ଥାତ୍ ବ୍ୟକ୍ତିର ଅଧିକରୁ ଅଧିକ ପରିପୂର୍ଣ୍ଣତା, ସାମୂହିକ ଜୀବନର ପୂର୍ଣ୍ଣ ବିକାଶ ଅର୍ଥାତ୍ ସମାଜର ଅଧିକରୁ ଅଧିକ ପରିପୂର୍ଣ୍ଣତା ଏବଂ, ବ୍ୟକ୍ତିର ବ୍ୟକ୍ତି ସହିତ, ବ୍ୟକ୍ତିର ସମାଜ ସହିତ ଓ ଗୋଟିଏ ସମୁଦାୟର ଆଉଗୋଟିଏ ସମୁଦାୟ ସହିତ ସମ୍ବନ୍ଧର କ୍ଷେତ୍ରରେ ଯଥାସମ୍ଭବ ଅଧିକ ପୂର୍ଣ୍ଣ ଅର୍ଥାତ୍ ଅଧିକ ଉତ୍ତମ ଏକ ସ୍ଥିତିର ପ୍ରତିଷ୍ଠା। କେତେବେଳେ ବ୍ୟକ୍ତିର ବିକାଶ ଉପରେ ସର୍ବାଧିକ ମହତ୍ତ୍ୱ ଦିଆଯାଇଛି, କେତେବେଳେ ସାମୂହିକ ଜୀବନ ଏବଂ ପୁଣି କେତେବେଳେ ବ୍ୟକ୍ତି ଏବଂ ସାମୁଦାୟିକ ଜୀବନ ମଧ୍ୟରେ ଏକ ଉଚିତ ଏବଂ ଭାରସାମ୍ୟଯୁକ୍ତ ସମ୍ବନ୍ଧର ସ୍ଥାପନକୁ ସର୍ବପ୍ରଥମ ଅଗ୍ରାଧିକାର ଦିଆଯାଇଛି। ଗୋଟିଏ ଆଦର୍ଶ ମନୁଷ୍ୟବ୍ୟକ୍ତିର ସଦାବିକଶିତ ଜୀବନ, ସ୍ୱାଧୀନତା ଅଥବା ପରିପୂର୍ଣ୍ଣତା ଲାଭକୁ ସବାଆଗ ବୋଲି ଗ୍ରହଣ କରିଛି, – ଏକ ପୂର୍ଣ୍ଣସମର୍ଥ ମାନସିକ ଜୀବନ, ପ୍ରାଣକ୍ଷେତ୍ରର ପ୍ରାଚୁର୍ଯ୍ୟ ତଥା ସର୍ବଗୁଣଯୁକ୍ତ ଶରୀର, ଅଥବା ଏକ ଆତ୍ମିକ ପୂର୍ଣ୍ଣତା ତଥା ମୁକ୍ତିକୁ ବ୍ୟକ୍ତି ନିମନ୍ତେ ଆଦର୍ଶ ବୋଲି କଳ୍ପନା କରାଯାଇଛି। ସେହି ଅନୁସାରେ ବ୍ୟକ୍ତି ହେଉଛି ସବୁକିଛି; ସମାଜ ହେଉଛି ସେହି ବ୍ୟକ୍ତିର ଉତ୍ତରୋତ୍ତର କ୍ରିୟାଶୀଳତା ଓ ଅଭିବୃଦ୍ଧି ସକାଶେ କେବଳ ଗୋଟିଏ କ୍ଷେତ୍ର। ଅର୍ଥାତ୍, ସମାଜ ବ୍ୟକ୍ତିର ସର୍ବବିଧ ଉନ୍ନତି ଏବଂ ଅଗ୍ରଗତି ନିମନ୍ତେ ତାକୁ ଯଥାସମ୍ଭବ ଏକ ପ୍ରଶସ୍ତ କ୍ଷେତ୍ର, ଯଥେଷ୍ଟ ସାଧନ ଏବଂ ସମ୍ବଳ, ଯଥେଷ୍ଟ ସ୍ୱାଧୀନତା ହିଁ ସର୍ବଦା ଯୋଗାଇ ଦେଉଥିବ। ତା'ର ଅପର ପାର୍ଶ୍ୱର ବିଚାରଟି ହେଉଛି ଯେ, ନାଇଁ ନାଇଁ, ବ୍ୟକ୍ତି ନୁହେଁ ସମାଜ ଆଗ, ସାମୂହିକ ଜୀବନ ହେଉଛି ଅଧିକ ମହତ୍ତ୍ୱପୂର୍ଣ୍ଣ, – ବ୍ୟକ୍ତି ହେଉଛି କେବଳ ସମାଜ ପାଇଁ, ସିଏ କେବଳ ସମାଜ ସକାଶେ ବଞ୍ଚିବ, – ସମାଜର ବୃହତ୍ ଶରୀରରେ ସିଏ ହେଉଛି ଗୋଟିଏ ଏକକମାତ୍ର – ସମାଜକୁ ବାଦ୍ ଦେଇ ବ୍ୟକ୍ତିର ଆଉ କୌଣସି କର୍ତ୍ତବ୍ୟ ନାହିଁ, କୌଣସି ତାତ୍ପର୍ଯ୍ୟ ହିଁ ନାହିଁ। ସଂସ୍କୃତି, ଜୀବନଗତ ସକଳ ଶୌର୍ଯ୍ୟ, ଯାବତୀୟ ଆଦର୍ଶ ତଥା ସଂଗଠନ, ଆତ୍ମ-ଅଭିବ୍ୟକ୍ତିର ଯାବତୀୟ ମାର୍ଗ, – ଏହି ସବୁକିଛି କେବଳ ଜାତି, ସମୂହ ତଥା ସମୁଦାୟର ଜୀବନର ସମ୍ପଦରୂପେ ହିଁ ପ୍ରକାଶିତ ହେବ। ପ୍ରତ୍ୟେକ ବ୍ୟକ୍ତିର ଜୀବନ କେବଳ ସେହି ଛାଞ୍ଚ ଭିତରେ ନିଜକୁ ନେଇ ପକାଇଦେବ, ସେହି ସମୂହରୂପୀ ଶୌର୍ଯ୍ୟଟିକୁ ସିଏ ବଞ୍ଚିବ, ସାମୂହିକ ଜୀବନର ପ୍ରତିଷ୍ଠା ଏବଂ ପରିପ୍ରକାଶ ନିମନ୍ତେ ହିଁ ବ୍ୟକ୍ତି ନିଜକୁ ସମର୍ପିତ କରି ରଖିବ। ଆଉଗୋଟିଏ ବିଚାରମାର୍ଗ ଅନୁସାରେ, ଜଣେ ମନୁଷ୍ୟର ଅନ୍ୟ ମନୁଷ୍ୟମାନଙ୍କ ସହିତ ନୈତିକ ଓ ସାମାଜିକ କ୍ଷେତ୍ରରେ ଯେଉଁସବୁ ସମ୍ବନ୍ଧ ରହିବ, ସେଇଟି ଉପରେ ହିଁ ତା' ଜୀବନର ପରିପୂର୍ଣ୍ଣତା ସର୍ବଦା ନିର୍ଭର କରିବ।

ଅର୍ଥାତ୍, ମନୁଷ୍ୟ ହେଉଛି ଗୋଟିଏ ସାମାଜିକ ଜୀବ, ତେଣୁ ସେ କେବଳ ସମାଜ ପାଇଁ ବଞ୍ଚିବ, ସମୁଦାୟ ନିମନ୍ତେ ବ୍ୟବହୃତ ହୋଇ ଆପଣାର ଜୀବନକୁ ଚରିତାର୍ଥ କରିବ। ହଁ, ସମାଜ ମଧ୍ୟ ସମସ୍ତଙ୍କର ପରିଚର୍ଯ୍ୟା ଓ ଶୁଶ୍ରୂଷା ସକାଶେ ରହିଥିବ, ବ୍ୟକ୍ତିମାନଙ୍କୁ ଉପଯୁକ୍ତ ସମ୍ପର୍କମାନ ଯୋଗାଇଦେବ; ଶିକ୍ଷା, ତାଲୀମ, ଆର୍ଥିକ ସୁଯୋଗ ତଥା ଜୀବନର ସମୁଚିତ ଅନୁକୂଳତାଗୁଡ଼ିକୁ ଯୋଗାଇଦେବ। ପ୍ରାଚୀନ ସଂସ୍କୃତିଗୁଡ଼ିକରେ ସମୁଦାୟ ଉପରେ ହିଁ ସର୍ବାଧିକ ମହତ୍ତ୍ୱ ଦିଆ ଯାଉଥିଲା ଏବଂ ବ୍ୟକ୍ତି ସେହି ସମାଜ ନିମନ୍ତେ ହିଁ ଅନୁରୂପ ଜୀବନଟିଏ ଅବଶ୍ୟ ବଞ୍ଚିବ ବୋଲି ଘୋଷଣା କରା ଯାଉଥିଲା। ହଁ, ଏକ ପରିପୂର୍ଣ୍ଣ ବ୍ୟକ୍ତିର ମଧ୍ୟ ଅବଶ୍ୟ ପ୍ରତ୍ୟାଶା କରା ଯାଇଥିଲା। ପ୍ରାଚୀନ ଭାରତରେ ଅଧ୍ୟାତ୍ମର ପଥକୁ ଗ୍ରହଣ କରି ନେଇଥିବା ଜଣେ ବ୍ୟକ୍ତି ହିଁ ସର୍ବଶ୍ରେଷ୍ଠ ବୋଲି ବିଚାରଟି ସର୍ବାଧିକ ମାନ୍ୟତା ଲାଭ କରିଥିଲା; ମାତ୍ର ସମାଜକୁ ମଧ୍ୟ ଖୁବ୍ ମହତ୍ତ୍ୱ ପ୍ରଦାନ କରାଯାଉଥିଲା। ସେହି ସମାଜର ମାଧ୍ୟମ ଭିତରେ ବ୍ୟକ୍ତିକୁ ଆପଣାର ଶାରୀରିକ, ପ୍ରାଣିକ ଓ ମାନସିକ ସୋପାନଗୁଡ଼ିକର କର୍ଷଣ କରିବାକୁ ହେଉଥିଲା, ଆପଣାର ସକଳ ସ୍ୱାର୍ଥ, ଅଭିଳାଷ, ଜ୍ଞାନ-ଉପାର୍ଜନ ତଥା ସମୁଚିତ ଏକ ଜୀବନର ପରିତର୍ପଣଗୁଡ଼ିକ ସେହି ସମାଜ ଭିତରେ ସମ୍ଭବ ହୋଇ ପାରୁଥିଲା ଏବଂ ତା'ପରେ ଯାଇ ସେ ଏକ ଯଥାର୍ଥତର ଆତ୍ମ-ତୃପ୍ତି ତଥା ମୁକ୍ତ ଆଧ୍ୟାତ୍ମିକ ଜୀବନ ଲାଗି ଯୋଗ୍ୟ ବିବେଚିତ ହେଉଥିଲା। ଏହି ସାଂପ୍ରତିକ ସମୟରେ ସକଳ ମହତ୍ତ୍ୱ ତ ସେହି ସାମୂହିକ ଅର୍ଥାତ୍ ସମଷ୍ଟିଗତ ଜୀବନ ଉପରେ ଆରୋପିତ କରାଯାଉଛି: ଏପରି ଏକ ପୂର୍ଣ୍ଣତାପ୍ରାପ୍ତ ସମାଜ, ଯେଉଁଥିରେ କି ଖୁଣ ବୋଲି ମୋଟେ କିଛିହେଲେ ନଥିବ। ତେଣୁ, ଇହାଦେ ମନୁଷ୍ୟମାନଙ୍କର ଗୋଷ୍ଠୀଜୀବନକୁ ଆବଶ୍ୟକ ବୋଧ ହେଉଥିବା ସର୍ବବିଧ ସଂଗଠନ ତଥା ବିଜ୍ଞାନଦ୍ୱାରା ଅନୁମୋଦିତ ଯାନ୍ତ୍ରିକ ପ୍ରବର୍ତ୍ତନ ଦ୍ୱାରା ଶକ୍ତିଶାଳୀ କରି ଆଣିବା ଉପରେ ହିଁ ସର୍ବାଧିକ ଧ୍ୟାନ ଦିଆଯାଉଛି। ବ୍ୟକ୍ତିକୁ ମୁଖ୍ୟତଃ ସମଷ୍ଟି ମଧ୍ୟରେ ଗୁନ୍ଥା ହୋଇ ରହିଥିବା ଏକ ସଦସ୍ୟରୂପେ ହିଁ ଗଣାଯାଉଛି। ସୁତରାଂ, ତା'ର ଜୀବନଟି ନ୍ୟାୟତଃ ସଂଗଠିତ ସମାଜଟିର ସାଧାରଣ ଲକ୍ଷ୍ୟ ଓ ସମଗ୍ର ସ୍ୱାର୍ଥଟିର ଅଧୀନ ହୋଇ ରହିବ ବୋଲି ଧରି ନିଆଯାଇଛି। ଏବଂ, ପ୍ରତ୍ୟେକ ମନୁଷ୍ୟ ଯେ ଏକ ମାନସିକ ଓ ଅଧ୍ୟାତ୍ମ ସତ୍ତା, ତା' ନିଜର ଯେ ଏକ ସ୍ୱତନ୍ତ୍ର ଶକ୍ତି ତଥା ଜୀବନକ୍ଷେତ୍ର ରହିଛି, ସେହି କଥାଟି ଉପରେ ଖୁବ୍ କମ୍ ଗୁରୁତ୍ୱ ଦିଆଯାଉଛି, କିମ୍ବା ଆଦୌ କୌଣସି ମହତ୍ତ୍ୱ ଦିଆଯାଇ ପାରୁନାହିଁ।

ତେଣୁ, ମନୁଷ୍ୟ-ଭାବନାର ଏହି ଦୋଳା ଉପରେ ବସି, ଏକ ପକ୍ଷରେ ମନୁଷ୍ୟବ୍ୟକ୍ତିକୁ ଆପଣାର ଏକ ସ୍ୱତନ୍ତ୍ର ଆତ୍ମ-ଉଦ୍‌ଘାଟନ, ନିଜ ମନର, ପ୍ରାଣର ତଥା

ଶରୀରର ବିକାଶ, ତା' ନିଜର ଆଧ୍ୟାତ୍ମିକ ପରିପୂର୍ଣ୍ଣତାର ମାର୍ଗରେ ଅନୁରୂପ ଓ ଅନୁକୂଳ ଜୀବନଟିଏ ବଞ୍ଚିବା ନିମନ୍ତେ ବାଟ ଛାଡ଼ି ଦିଆଯାଉଛି ଓ ଅନ୍ୟ ପକ୍ଷରେ ସିଏ ତା' ନିଜର ଏକ ସ୍ୱତନ୍ତ୍ର ପରିଚୟ ଅଛି ବୋଲି ମୋଟାମୋଟି ଭୁଲି ଯାଇ ନିଜକୁ ସାମୂହିକ ଜୀବନର ହିଁ ଅଧୀନ କରି ରଖୁ ତଥା ସମୂହଟିର ବିଚାର, ଆଦର୍ଶ ଓ ସ୍ୱାର୍ଥ ଇତ୍ୟାଦିକୁ ନିଜର ବୋଲି ଗ୍ରହଣ କରିନେଉ ବୋଲି ପରାମର୍ଶ ଦିଆଯାଉଛି । ସିଏ ନିଜ ପାଇଁ ଅର୍ଥାତ୍ ତା' ଅନ୍ତର-ପ୍ରଦେଶର ଗଭୀରରେ ରହିଥିବା କିଛିଟିଏ ଲାଗି ନିଜ ଜୀବନକୁ ବଞ୍ଚୁ ଏବଂ ନିଜକୁ ଜଣେ ବ୍ୟକ୍ତିରୂପେ ଅନୁଭବ କରୁ ବୋଲି ଏଣେ ଉଦ୍‌ବୋଧନ ଦିଆଯାଉଛି ଏବଂ ତେଣେ ସମାଜଟିରୁ ତାଗିଦା ଆସୁଛି ଯେ, ସିଏ ସମସ୍ତ ସମାଜ ନିମନ୍ତେ ନିଜ ଜୀବନକୁ ଗଢୁ ଓ ତାହାରି କଲ୍ୟାଣ ଉଦ୍ଦେଶ୍ୟରେ ଜୀବନ ବଞ୍ଚୁ। ତେଣେ ରାଷ୍ଟ୍ର ମଧ୍ୟ ସତେଅବା କୌଣସି ଦେବତା ଭଳି ତା' ସିଂହାସନଟାରେ ବସି ତା'ର ଆନୁଗତ୍ୟ ଦାବୀ କରୁଥାଏ ଏବଂ ଏହିପରି ଭାବରେ ବ୍ୟକ୍ତିଟିର ଜୀବନରେ ଏକ ନିୟତ ଟଣାଓଟରା ଲାଗି ହିଁ ରହିଥାଏ। ଦୁଇଟି ଆପାତ ବିରୋଧ ମଧ୍ୟରେ କୌଣସି ସୁସମାଧାନ ମନୁଷ୍ୟର ମନ ଦ୍ୱାରା ପ୍ରାୟ ସମ୍ଭବ ହୋଇ ପାରେନାହିଁ। ସିଏ ତ କେବଳ କେତେବେଳେ ଏପାଖ ଓ ପୁଣି କେତେବେଳେ ସେପାଖ ହେବାରେ ହିଁ ଲାଗିଥାଏ।

ଏକ ସର୍ବୋଚ୍ଚ ସତ୍ୟ ରହିଛି ଏବଂ କେବଳ ତାହାରି ଅନୁଧାବନ ଦ୍ୱାରା ଆଦୌ କୌଣସି ସମଞ୍ଜସତା ସମ୍ଭବ ହୋଇପାରେ। ବ୍ୟକ୍ତି ତଥା ସମୂହ ଉଭୟ କ୍ଷେତ୍ରର ପରିପୂର୍ଣ୍ଣତା ତାହାରି ଦ୍ୱାରା ସମ୍ଭବ ହୁଏ। ଏହି ସମଗ୍ର ବିଶ୍ୱ ସେହି ସର୍ବୋଚ୍ଚ ସତ୍ୟଟିକୁ ହିଁ ବହନ କରି ବିଦ୍ୟମାନ୍ ରହିଛି। ମନୁଷ୍ୟନାମକ ସମୂହଟି ମଧ୍ୟ ତାହାରି ଏକ ପ୍ରକାଶରୂପ ରୂପେ ଅବସ୍ଥିତ ରହିଛି। ଅର୍ଥାତ୍, ଏହି ମନୁଷ୍ୟଜାତିର ତଦନୁରୂପ ଏକ ନିୟତି ମଧ୍ୟ ଅବଶ୍ୟ ରହିଛି। ତେଣୁ, ମନୁଷ୍ୟଜାତି ବର୍ତ୍ତମାନ ଯେତିକି ହୋଇ ଦେଖାଯାଉଛି ତାହା କେବଳ ସେତିକି ବୋଲି ଆଦୌ କୁହାଯାଇ ପାରିବନାହିଁ। ମନୁଷ୍ୟର ଆଗମନ ପୂର୍ବରୁ ସର୍ବୋଚ୍ଚ ସତ୍ୟଟିର ଯେଉଁଭଳି ମନୁଷ୍ୟସ୍ତର ଠାରୁ ନିମ୍ନତର ଗୋଟିଏ ରୂପ ରହିଥିଲା, ଆହୁରି ଆଗକୁ ଯାଇ ତାହା ମନୁଷ୍ୟସ୍ତରଟି ଠାରୁ ଏକ ଊର୍ଦ୍ଧ୍ୱତର ରୂପକୁ ଗ୍ରହଣ କରି ମଧ୍ୟ ଅବଶ୍ୟ ପ୍ରକାଶିତ ହୋଇ ପାରିବ। ବର୍ତ୍ତମାନ ମନୁଷ୍ୟର ଗୋଷ୍ଠୀଜୀବନଟି ସେତିକି ମଧ୍ୟରେ ରହିଛି, ମନୁଷ୍ୟ ଆହୁରି ଆଗକୁ ଯାଇ ସେଇଟିଠାରୁ ଆହୁରି ଅଧିକ ଆଉକିଛି ନିଶ୍ଚୟ ସମ୍ଭବ କରି ପାରିବ। ମନୁଷ୍ୟ-ବ୍ୟକ୍ତି ସକଳ ଅର୍ଥରେ ଅବଶ୍ୟ ଏକ ସମୂହ ଭିତରେ ବାସ କରୁଥିଲେ ମଧ୍ୟ ତା'ଭିତରେ ଏପରି ମଧ୍ୟ କିଛି ରହିଛି, ଯାହାକି ସମୂହସ୍ଥତାର ଜୀବନଟିକୁ ଅତିକ୍ରମ କରି ଆହୁରି ସେପାଖକୁ ଚାଲିଯାଇ

ପାରିବ। ମନୁଷ୍ୟର ମନ ଓ ପ୍ରାଣ ତା'ର ସମୂହଟି ଠାରୁ ପାଇଥିବା ନକ୍ସାଗୁଡ଼ିକ ଦ୍ୱାରା ମୋଟାମୋଟି ଏକ ଆକାର ପାଇ ଆସିଥିଲେ ମଧ୍ୟ ତାକୁ ସେହି ସମାଜର ବଡ଼ ଗୋଟାଏ ଯନ୍ତ୍ରର କଦାପି ଗୋଟିଏ କବ୍‌ଜା ବା ପେଚ ବୋଲି ଆଦୌ କହି ହେବନାହିଁ। ଏକ ସମାଜ ଯେପରି ନାନାବିଧ ପ୍ରଭାବ ପକାଇ ବ୍ୟକ୍ତିର ନିର୍ମାଣରେ ଏକ ଭୂମିକା ଗ୍ରହଣ କରୁଛି, ସେହିପରି ବ୍ୟକ୍ତି ମଧ୍ୟ ସମୂହର ନିର୍ମାଣରେ ଅନୁରୂପ ଭୂମିକାମାନ ଗ୍ରହଣ କରିପାରୁଛି।

ତଥାପି, ବ୍ୟକ୍ତି ହେଉଛି ମୂଳରେ, ସବାମୂଳରେ। ଯେକୌଣସି ସମୂହ ଚେତନାର କ୍ଷେତ୍ରରେ ଅଗ୍ରସର ହେବା ନିମନ୍ତେ ବ୍ୟକ୍ତି ଉପରେ ନିର୍ଭର କରିବ ହିଁ କରିବ। ଜଣେ ବ୍ୟକ୍ତି ନିଜ ଆନୁଗତ୍ୟ ଗୁଡ଼ିକର କ୍ଷେତ୍ରରେ କଦାପି କୌଣସି ରାଷ୍ଟ୍ରର ଅଧସ୍ତନ ଆଜ୍ଞାବହ ମାତ୍ର ନୁହେଁ, ତା' ସମୂହଟିର ମଧ୍ୟ ସଂପୂର୍ଣ୍ଣ ଅଧୀନ ନୁହେଁ। ତା'ର ସବାଆଗ ଆନୁଗତ୍ୟ ହେଉଛି ତା' ଭିତରେ ଅବସ୍ଥିତ ପରମ ସତ୍ୟଟି ପ୍ରତି। ତେଣୁ, ସିଏ ନ୍ୟାୟତଃ ଆପଣାକୁ ଆଦୌ କୌଣସି ପଲ କିମ୍ବା ସମଷ୍ଟି ଭିତରେ ହଜାଇ ଦେବନାହିଁ; ସିଏ ତ ସେହି ସତ୍ୟକୁ ନିଜ ଭିତରେ ପ୍ରତ୍ୟକ୍ଷ ଭାବରେ ବଞ୍ଚିବା ନିମନ୍ତେ ପ୍ରୟାସ କରିବ ଏବଂ ସମୁଦାୟଟିକୁ ମଧ୍ୟ ତା'ର ସେହି ସତ୍ୟର ଅନ୍ୱେଷଣ କରିବାର ପ୍ରୟାସରେ ସାହାଯ୍ୟ ମଧ୍ୟ କରିବ। କିନ୍ତୁ, ଜଣେ ବ୍ୟକ୍ତିର ବ୍ୟକ୍ତିଗତ ଜୀବନ ଅର୍ଥାତ୍ ସେଇଟି ମଧ୍ୟରେ ଅବସ୍ଥିତ ରହିଥିବା ଅଧ୍ୟାତ୍ମ ପରମସତ୍ୟଟି କେତେଦୂର ପ୍ରକୃତରେ ଗତିଶୀଳ ତଥା ସକ୍ରିୟ ହୋଇପାରିବ, ସେହି କଥାଟି ତା' ନିଜ ଜୀବନର ବିକାଶଟି ଉପରେ ହିଁ ନିର୍ଭର କରିବ। ଏବଂ, ଯେତେଦିନ ଯାଏ ସିଏ ଅବିକଶିତ ହୋଇ ରହିଥିବ, ସେତେଦିନ ପର୍ଯ୍ୟନ୍ତ ତାକୁ ଅଳ୍ପବହୁତ ଅଗତ୍ୟା ନିଜର ଅବିକଶିତ ଆତ୍ମସତ୍ତାଟିକୁ ଏକାଧିକ ପ୍ରକାରେ ନିଜଠାରୁ ଅଧିକ ବୃହତ୍ ଆଉକିଛିର ଅଧୀନ କରି ରଖିବାକୁ ହିଁ ପଡ଼ିବ ଏବଂ, ଆପଣାକୁ ଅଧିକରୁ ଅଧିକ ସାର୍ଥକ ଭାବରେ ବିକଶିତ କରି ନେବାର ପ୍ରକ୍ରିୟାରେ ସିଏ ଏକ ଆଧ୍ୟାତ୍ମିକ ମୁକ୍ତ ମନଃସ୍ଥିତି ଆଡ଼କୁ ମଧ୍ୟ ଆଗେଇ ଯାଉଥିବ ଏବଂ, ସେହି ଆଧ୍ୟାତ୍ମିକ ସ୍ଥିତିଟିକୁ ଉପଲବ୍ଧି କରି ସେ ସର୍ବଜନହିତ ନିମନ୍ତେ ମଧ୍ୟ ଏକ ପ୍ରବୃତ୍ତି ଅବଶ୍ୟ ଅନୁଭବ କରିବ। ଜଣେ ଅନ୍ତର୍ଜାଗ୍ରତ ବ୍ୟକ୍ତିର କର୍ତ୍ତବ୍ୟ ହେଉଛି ଯେ ସିଏ ସର୍ବପ୍ରଥମେ ନିଜ ଜୀବନର ଅନ୍ତର୍ନିହିତ ସତ୍ୟଟିକୁ ଉପଲବ୍ଧି କରିବ, ନିଜ ଭିତରେ ସତକୁ ସତ ମୁକ୍ତ ହେବ, ପୂର୍ଣ୍ଣତାର ଭାଜନ ହେବ। ହଁ, ସର୍ବପ୍ରଥମେ, – କାରଣ ତା' ଭିତରେ ରହିଥିବା ପରମ ଆତ୍ମସତ୍ୟଟି ତାକୁ ସେଇଥି ପାଇଁ ଆହ୍ୱାନ ଦେଉଥିବ। ଏବଂ, ଏହିପରି ଭାବରେ ପୂର୍ଣ୍ଣତାକୁ ଉପଲବ୍ଧି କରିଥିବା ବ୍ୟକ୍ତିମାନେ ହିଁ ଏକ ପୂର୍ଣ୍ଣତାପ୍ରେରିତ ସାମୁଦାୟିକ ଜୀବନକୁ ସମ୍ଭବ କରି ପାରିବେ। ଏକ ପୂର୍ଣ୍ଣାଙ୍ଗ

ଗୋଷ୍ଠୀ-ଜୀବନ, ଅଧିକରୁ ଅଧିକ ପୂର୍ଣ୍ଣତା ଲାଗି ଆସ୍ପୃହା ରଖିଥିବା ଜାଗ୍ରତ ବ୍ୟକ୍ତି-ମଣିଷମାନେ ହିଁ ତାହା ସମ୍ଭବ କରିବେ।

ଆମର ଏହି ମନୁଷ୍ୟପ୍ରକୃତି ହେଉଛି ଏକ ଜଟିଳ ଓ ବହୁମିଶ୍ରିତ ପ୍ରକୃତି। ସେହି ଜଟିଳତା ସତ୍ତ୍ୱେ ଏକ ଏକତା ଏବଂ ପୂର୍ଣ୍ଣତାରେ ପହଞ୍ଚିବା ସକାଶେ ଆମକୁ କୌଣସି ନା କୌଣସି ଚାବିକାଠିର ଅନ୍ୱେଷଣ ଅବଶ୍ୟ କରିବାକୁ ହେବ। ପ୍ରଥମ ସୋପାନଟି ହେଉଛି ଆମର ଏହି ଭୌତିକ ଅର୍ଥାତ୍ ଜଡ଼ସ୍ଥ ଜୀବନ। ତେଣୁ, ମନୁଷ୍ୟ ହିସାବରେ ଆମକୁ ମଧ୍ୟ ସେହି ଭୂମିରୁ ଆରମ୍ଭ କରିବାକୁ ହେବ। ସବାଆଗ ନିଜର ଭୌତିକ ତଥା ପ୍ରାଣଗତ ଜୀବନକୁ ଏକ ଦୃଢ଼ ପ୍ରତିଷ୍ଠା ଦେବାକୁ ହେବ। ତା'ପରେ ଆପଣାର ମନୋଗତ ବା ମାନସିକ ଜୀବନ। ବ୍ୟକ୍ତିଗତ ତଥା ସମୂହସ୍ଥ ଉଭୟ ଜୀବନରେ ଯଥାସମ୍ଭବ ଅଧିକ ପୂର୍ଣ୍ଣତା ହାସଲ କରିବାକୁ ହେବ। ଏବଂ, ସେହି ମାନସିକ ସ୍ତରଟି ଯଥେଷ୍ଟ ପରିମାଣରେ ବିକାଶଲାଭ କରିବା ପରେ ମନୁଷ୍ୟ ମଧ୍ୟରେ ଏକ ଆଧ୍ୟାତ୍ମିକ ତାତ୍ପର୍ଯ୍ୟ ଲାଭ କରିବାର ଆସ୍ପୃହା ମଧ୍ୟ ଜାଗୃତ ହୋଇ ଆସିବ; ଆତ୍ମସନ୍ଧାନ ତଥା ଆତ୍ମସତ୍ୟ ଲାଗି ବାସନା ଜନ୍ମିବ ଓ ତା'ର ମନ ତଥା ଶରୀରଗତ ଅସ୍ତିତ୍ୱଧର୍ମ ମଧ୍ୟ ସେଇଟି ମଧ୍ୟରେ ମୁକ୍ତିଲାଭ କରିବାକୁ ଇଚ୍ଛା ପ୍ରକାଶ କରୁଥିବେ। ଏବଂ, ସକଳ ସତ୍ତା ମଧ୍ୟ ସେହି ଅଧ୍ୟାତ୍ମ ବୃହତ୍ତା ମଧ୍ୟରେ ଅବସ୍ଥିତ ରହିଛନ୍ତି ବୋଲି ଏକ ଅପରୋକ୍ଷ ଅନୁଭବ ହେବାକୁ ଲାଗିବ। ଆଧୁନିକ ମନୁଷ୍ୟାକାଙ୍କ୍ଷା ସଂପ୍ରତି ସେଇଟିକୁ ସତେଅବା ଗୌଣ କରି ଦେଖିଲା ଏବଂ ତାହା ଜାଗାରେ ଅର୍ଥନୈତିକ ଏବଂ ସାମାଜିକ ଆଦର୍ଶସ୍ଥିତିଟିଏ ତାକୁ ସର୍ବାଧିକ ପରିମାଣରେ ଆକର୍ଷିତ ମଧ୍ୟ କରିବାକୁ ଲାଗିଲା: ସଭ୍ୟତାର ଭୂମିରେ ଏକ ଉତ୍ତମରୁ ଆହୁରି ଉତ୍ତମ ଭୌତିକ ସମ୍ପନ୍ନତା ଏବଂ ସ୍ୱଚ୍ଛନ୍ଦତା। ବୁଦ୍ଧି, ବିଜ୍ଞାନ ଏବଂ ଶିକ୍ଷାବ୍ୟବସ୍ଥା, – ଏଗୁଡ଼ିକ ସେହି ଉଦ୍ଦେଶ୍ୟର ସାଧନଲାଗି ବ୍ୟବହୃତ ହେଲେ। ସବୁ ମଣିଷ ହିଁ ସେହି ସମ୍ପନ୍ନତା ମଧ୍ୟରେ ରହିବେ ଅର୍ଥାତ୍ ଏକ ଅର୍ଥନୀତିପ୍ରଧାନ ସାମାଜିକ ଜୀବନବେଷ୍ଟନୀ ମଧ୍ୟରେ ପ୍ରତ୍ୟେକ ବ୍ୟକ୍ତି ଏକ ପରିପୂର୍ଣ୍ଣ ସାମାଜିକ ପ୍ରାଣୀରୂପେ ବାସ କରିବ। ଆଧ୍ୟାତ୍ମିକ ଆଦର୍ଶର ଏକ ଅବଶେଷରୂପେ ଏକ ସର୍ବଜନ-ସୁଖବାଦ ଜନ୍ମଲାଭ କଲା, ଯେଉଁଥିରେ କି ମାନସିକ ଏବଂ ନୈତିକ ଉପାଦାନକୁ କିଛି ସ୍ୱୀକୃତି ଦିଆ ଯାଇଥିଲା। ଏତିକିକୁ ହିଁ ସଂପୂର୍ଣ୍ଣ ଯଥେଷ୍ଟ ବୋଲି ବିଚାର କରାଗଲା। ପରିଣାମ ସ୍ୱରୂପ ପ୍ରାୟ ଏକ ଅରାଜକତା ହିଁ ଆସି ଥାନ ମାଡ଼ି ବସିଲା, – ପାଦତଳେ ସତେଅବା କୌଣସି ଦୃଢ଼ ଭୂମି ରହିଲାନାହିଁ। ସମାଜର ତଥାକଥିତ ସଂଗଠନଗୁଡ଼ିକରେ ସମୁଚିତ ଆଚରଣ ତଥା ସଂସ୍କୃତି ମଧ୍ୟ ନରହି ପାରିବା ପରି ବୋଧ ହେଲା।

ମନୁଷ୍ୟ ସମ୍ଭବତଃ ପଛକୁ ଚାଲିଗଲା କି ? ପ୍ରାଣ ଓ ଜଡ଼ ସ୍ତରରେ ନାନା ଅତିରିକ୍ତତାରେ ବାନ୍ଧି ହୋଇ ରହିଗଲା । ଫଳରେ ସେଇଥିରୁ ଉଦ୍‌ଭୂତ କେତେକ ବିପଦର ବି ସମ୍ମୁଖୀନ ହେବାକୁ ପଡ଼ିଲା । ପ୍ରଥମ ବିପଦଟି ହେଉଛି ଯେ, ଏହି ସ୍ଥିତିରୁ ହୁଏତ ସଭ୍ୟତାର ଆଭରଣ ପିନ୍ଧି ସେହି ପୁରୁଣା ବର୍ବରଟି ପୁନର୍ବାର ଆବିର୍ଭୂତ ହୋଇ ଆସିବ, ଆମ ନିଜ ଭିତରେ ହିଁ ସେହି ବର୍ବରଟିର ପୁନରୁଦୟ ଘଟିବ । କ୍ରମେ ତାହାହିଁ ସତେ ଯେପରି ଆମର ଚତୁର୍ଦ୍ଦିଗରେ ପରିଲକ୍ଷିତ ମଧ୍ୟ ହେଲାଣି । କାରଣ, ମାନବସକଳଙ୍କୁ ଅକ୍ତିଆର ମଧ୍ୟରେ ରହିବାକୁ ଏବଂ ସେମାନଙ୍କୁ ବିବିଧ ଉତ୍ତୋଳନ ନିମନ୍ତେ ସୁଯୋଗ ଦେବାକୁ ଯଦି ସାମନାରେ କୌଣସି ମାନସିକ ତଥା ନୈତିକ ଆଦର୍ଶ ନରହେ ଏବଂ ତା'ଲାଗି ମୁକ୍ତିଲାଭ କରିବାର କୌଣସି ଆଧ୍ୟାତ୍ମିକ ଆଦର୍ଶ ମଧ୍ୟ ନରହେ, ତେବେ ହୁଏତ ତାହାହିଁ ଅବଶ୍ୟମ୍ଭାବୀ ହୋଇଯିବ । ସେହି ମୁକ୍ତିଲାଭଟି ହେଉଛି ତା'ର ଏହି ବର୍ତ୍ତମାନର ଦୁର୍ଗତ ଅବସ୍ଥାଟି ମଧ୍ୟରୁ ତା'ର ଅନ୍ତର୍ଗତ ସତ୍ତାର କ୍ଷେତ୍ରଟିକୁ ମୁକ୍ତିଲାଭ । ସେଥିରୁ ହୁଏତ ବର୍ତ୍ତିଯାଇ ପାରିଲେ ମଧ୍ୟ ଗୋଟିଏ ଦ୍ୱିତୀୟ ବିପଦ ହେଉଛି, ମନୁଷ୍ୟ ମଧରୁ ଉତ୍ତରୋତ୍ତର ବିବର୍ତ୍ତିତ ହୋଇ ଆଗକୁ ଆଗକୁ ଯିବାର ବାସନାଟି ମଧ୍ୟ କ୍ରମେ ଥମ୍ଭି ଆସିବ, ମନୁଷ୍ୟମାନେ ଏହି ଯନ୍ତ୍ରବତ୍ ସାମାଜିକ ଜୀବନ ମଧ୍ୟରେ ଏପରି ଜଡ଼ିତ ହୋଇ ରହିଥିବେ ଯେ, ସେମାନଙ୍କର ସମ୍ମୁଖରେ ଆଦୌ କୌଣସି ଆଦର୍ଶ ଅଥବା ସମ୍ମୁଖଦୃଷ୍ଟି ଆଦୌ ରହିବନାହିଁ । ଏହା ଫଳରେ ମନୁଷ୍ୟନାମକ ଏହି ପ୍ରାଣୀପ୍ରକାରଟି ସମ୍ଭବତଃ ପୁନର୍ବାର ପଛକୁ ହିଁ ଚାଲିଯିବ କିମ୍ବା ପୂର୍ବର ଆହୁରି ଅନେକ ପ୍ରାଣୀଙ୍କ ପରି ପୃଥିବୀପୃଷ୍ଠରୁ ବିଲୁପ୍ତ ହୋଇଯିବ ।

ମନୁଷ୍ୟଜାତି ବର୍ତ୍ତମାନ ସେହି ପରି ଏକ ସଙ୍କଟ ମଧ୍ୟରେ ରହିଛି ଓ ତାକୁ ଆପଣାର ନିୟତି ନିମନ୍ତେ ଗୋଟିଏ ପନ୍ଥା ବାଛି ନେବାକୁ ହିଁ ହେବ । କାରଣ, ମନଃସ୍ତରରେ ଏକ ଉଚ୍ଚ ଓ ଶୀର୍ଷ ସୀମାରେ ଯାଇ ପହଞ୍ଚିଥିଲେ ମଧ୍ୟ ଜୀବନର ଅନ୍ୟାନ୍ୟ କ୍ଷେତ୍ର ତଥା ସ୍ତରରେ ସିଏ ସଂପୂର୍ଣ୍ଣ ବିମୂଢ଼ ଓ ବନ୍ଦୀପ୍ରାୟ ହୋଇ ରହିଛି । ସତେଅବା ବାଟ ହିଁ ପାଉନାହିଁ । ବାହାର ଜୀବନଟା କେଡ଼େ କ'ଣ ହୋଇ ଦିଶୁଛି, କେଡ଼େ ବୃହତ୍ ହୋଇ ଦିଶୁଛି, ଯାହାକୁ କି ତା'ର ଆଦୌ କଳ ପାଉନାହିଁ, ଏକ ସଭ୍ୟତା ନାମରେ ମନୁଷ୍ୟ ଏପରି ପ୍ରକାଣ୍ଡ ଅଟ୍ଟାଳିକାବତ୍ କ'ଣଟାଏ ତିଆରି କରି ପକାଇଛି, ଯାହାକୁ ସେ ଆଦୌ ବୁଝି ବି ପାରୁନାହିଁ । ତେଣେ ତା'ର ଆଧ୍ୟାତ୍ମିକ ଏବଂ ନୈତିକ ସାମର୍ଥ୍ୟଗୁଡ଼ିକ ଅତ୍ୟନ୍ତ ସୀମାବଦ୍ଧ ହୋଇ ରହିଛନ୍ତି । ମାତ୍ର, ଜୀବନଗତ ପ୍ରାଚୁର୍ଯ୍ୟର ଏହି ଯେଉଁ ବୃହତ୍ ସଫଳତା ଓ ସିଦ୍ଧି, ଯାବତୀୟ ଆର୍ଥିକ ତଥା ଭୌତିକ ଅଭାବଜନିତ ଜଞ୍ଜାଳମାନଙ୍କରୁ ମୁକ୍ତି, - ଏଗୁଡ଼ିକ ଯେ ମନୁଷ୍ୟ ନିମନ୍ତେ ଅନ୍ୟ ଓ ବୃହତ୍ତର ଅନ୍ୟ

ନାନା ଲକ୍ଷ୍ୟର କର୍ଷଣ ଲାଗି ଅଭୂତପୂର୍ବ ସୁଯୋଗଟିଏ ଆଣି ଯୋଗାଇ ଦେଇଛି, ସେହିଭଳି କଥାଟିଏ ବି କାହିଁକି କୁହାଯାଇ ନପାରିବ ? ଏକ ଉଚ୍ଚତର ସତ୍ୟ, ଉଚ୍ଚତର ଶିବ ଏବଂ ଉଚ୍ଚତର ସୌନ୍ଦର୍ଯ୍ୟର କର୍ଷଣ ନିମନ୍ତେ। ଏକ ଦିବ୍ୟତର ଆଧ୍ୟାତ୍ମିକ ଆସ୍ପୃହା, ଯାହାକି ଆସି ପହଞ୍ଚିଯିବ ଏବଂ ମନୁଷ୍ୟର ଏହି ଜୀବନକୁ ଏକ ଉଚ୍ଚତର ପ୍ରାପ୍ତି ଲାଗି ବ୍ୟବହାର ନକରିବ ! ବର୍ତ୍ତମାନ ତ ସେଗୁଡ଼ିକୁ ଆଖି ବୁଜିଦେଇ କେବଳ ନୂତନ ଅଭାବ ମାନଙ୍କର ସତତ ସୃଷ୍ଟି ତଥା ସାମୂହିକ ଅହଂଟାର ଆକ୍ରମଣାତ୍ମକ ନାନା ପ୍ରସାରଣ ନିମନ୍ତେ ହିଁ ବ୍ୟବହାର କରାଯାଉଛି। ସାଂପ୍ରତିକ ସମ୍ପନ୍ନତା ଅବଶ୍ୟ ମନୁଷ୍ୟ ସମୂହଟିକୁ ଅଧିକରୁ ଅଧିକ ପରିମାଣରେ ଏକ ବିଶ୍ୱତୋଦୃଷ୍ଟି ଆଣିଦେବ ସତ, ମାତ୍ର ସେହି ଅହଂ ତଥା କେବଳ ନାନା ବିଭାଜନର ସୃଷ୍ଟି କରୁଥିବା ମନର ପ୍ରକୋପରେ କେବଳ ବିସଙ୍ଗତିଗୁଡ଼ାକ ହିଁ ବହୁଗୁଣିତ ହେବାରେ ଲାଗିଥିବେ, ଶକ୍ତିଚୟ ଏବଂ ବାସନାଚୟ ଅଧିକରୁ ଅଧିକ ପ୍ରବଳ ହେଉଥିବେ, – ଏବଂ ମନ, ପ୍ରାଣ ତଥା ଶରୀରସ୍ତରର ସବୁକିଛି ମିଶି ବିଶ୍ୱତମାମ କେବଳ ଅଡୁଆଗୁଡ଼ିକୁ ହିଁ ବୃଦ୍ଧି କରିବାରେ ଲାଗିଥିବେ। ସେଥିରୁ ଆଦୌ କୌଣସି ସମଞ୍ଜସତା ଆଦୌ ସମ୍ଭବ ହେବନାହିଁ। ମନୁଷ୍ୟମାନେ ତ କେତେ ବିଚାର ଏବଂ ଶୃଙ୍ଖଳାବୁଦ୍ଧିର ସାହାଯ୍ୟ ନେଇ ମୁଖ୍ୟତଃ ନିର୍ଦ୍ଦିଷ୍ଟ ନାନା ନିୟମ ଓ ଚଳଣିକୁ ଭିତ୍ତି କରି ନିଜ ସମାଜମାନଙ୍କୁ ଗଢ଼ିଛନ୍ତି, – ସଂସ୍କୃତିମାନେ ମଧ୍ୟ କେତେ ଅନମନୀୟ ଏବଂ ଗ୍ରହଣକାତର ହୋଇ ରହିଛନ୍ତି। ପ୍ରତ୍ୟେକ ସଂସ୍କୃତିର ନିଜ ନିଜର ବିଶେଷ ଶୃଙ୍ଖଳା ରହିଛି। ତେଣୁ, ଏକ ନୂତନ ତଥା ବୃହତ୍ତର ଚେତନା ହିଁ ଏହି ଅରାଜକ ଅସ୍ଥିତିଟିକୁ ସମ୍ଭାଳିବ ଏବଂ ଏକ ଏକତାର ପ୍ରବର୍ତ୍ତନ କରି ଆଣି ପାରିବ। ଜୀବନର ଯାବତୀୟ ପ୍ରଚ୍ଛନ୍ନ ସମ୍ଭାବନା ଗୁଡ଼ିକରୁ ଏକ ସମଞ୍ଜସତା ଅବଶ୍ୟ ସମ୍ଭବ କରିପାରିବ। ବୁଦ୍ଧି ପାରିବ ନାହିଁ, ବର୍ତ୍ତମାନ ଅବସ୍ଥାଟି ମଧ୍ୟରେ ବନ୍ଦୀ ହୋଇ ରହିଥିବା ବିଜ୍ଞାନ ମଧ୍ୟ ମୋଟେ ପାରିବନାହିଁ। ସମଗ୍ର ଜୀବନ-ପ୍ରକାଶର ସେହି ବୃହତ୍ତର ଏକତା ମଧ୍ୟକୁ ପରିଚାଳିତ କରି ନେଇଯିବା ସକାଶେ ସତ୍ତା, ଜ୍ଞାନ ଏବଂ ଶକ୍ତିର କ୍ଷେତ୍ରରେ ଏକ ନୂତନ ସମଗ୍ରତା ଅବଶ୍ୟ ଆବଶ୍ୟକ ହେବ।

ବିଜ୍ଞାନମୟ ଜୀବନ ଅର୍ଥାତ୍ ଚୈତ୍ୟ ଚେତନାର ଜୀବନ, - ସେଇଟି ହେଉଛି ଆମେ ବ୍ୟବହାର କରି ଆସୁଥିବା ଭାଷାରେ ଦିବ୍ୟ ଜୀବନ। ଭିତରର ଦିବ୍ୟ କେନ୍ଦ୍ରଟି ଆମ ଜୀବନରେ ଆଖି ହୋଇ ବାଟ ଦେଖାଇ ନେଉଥିବ, ସମ୍ମୁଖରେ ଆମ ଭବିଷ୍ୟକଳ୍ପନାଟି ମଧ୍ୟ ସେହି କେନ୍ଦ୍ରଟିର ପ୍ରେରଣାରେ ଖୁବ୍ ଅନ୍ୟପ୍ରକାରେ ଦେଖାଯିବ, ସେହି କେନ୍ଦ୍ରଟିକୁ ଆମ ଜୀବନର ପରମ ସମ୍ପଦରୂପେ ଆମେ ଯାବତୀୟ ଶ୍ରଦ୍ଧା, ସାହସ ଏବଂ ସାଧୁତା ଦେଇ ବାହାରଟି ମଧ୍ୟକୁ ଫୁଟାଇ ଅର୍ଥାତ୍ ପ୍ରକାଶିତ କରି ଆଣୁଥିବା

ଏବଂ ତା'ପରେ ଯାହାକିଛି ଦେଖୁଥିବା, ଯାହାକିଛି ଜାଣୁଥିବା ଓ ଯାହାକିଛିର ବାସନା ପାଉଥିବା, ସେଇଟିକୁ ମଧ୍ୟ ସର୍ବମୟ ତଥା ସର୍ବାତୀତ କରି ଦେଖୁଥିବା। ଏହି ସବୁକିଛିକୁ ଗୋଟିଏ ବାକ୍ୟରେ କହିଲେ, ଆମେ ସେଇଟିକୁ ବଞ୍ଚୁଥିବା। ଏକ ଗଭୀରତର ଏବଂ ବୃହତ୍ତର ସତ୍ୟ କ୍ରମେ ଆମ ଭିତରେ ଏକତା, ପାରସ୍ପରିକତା ଏବଂ ସମଞ୍ଜସତାର ଜୀବନକୁ ଆମଲାଗି ସମ୍ଭବ କରି ଆଣିବ। ଏହି ସାଂପ୍ରତିକ କାଳର ଯାବତୀୟ ବିସମ୍ବାଦକୁ କେବଳ ତାହାରିଦ୍ୱାରା ହିଁ ଅପସାରିତ କରାଯାଇ ପାରିବ। ଆମ ସମାଜର ଏହି ଅନେକ ଅନେକ ଅହଂର ଏକତ୍ର-ସମାଗମକୁ ତାହାହିଁ ଯଥାର୍ଥ ପ୍ରତିବିଧାନଟିକୁ ଆଣି ଯୋଗାଇ ଦେବ। ଯେତେ ଅସଜ୍ଞାନ ଭାବରେ ହେଉ ପଛକେ, ବର୍ତ୍ତମାନ ମନୁଷ୍ୟଜାତି ଆପଣାର ଜୀବନରେ ଏହିଭଳି ଏକ ପରିବର୍ତ୍ତନ ତଥା ପୁନର୍ବିଧାନ ଆରମ୍ଭ କରିବା ନିମନ୍ତେ ସମ୍ଭବତଃ ଆରମ୍ଭ ହିଁ କରିଦେଲାଣି। ଭିତରଟାର ନୂତନ ବ୍ୟବସ୍ଥାପନ ବ୍ୟତୀତ ମନୁଷ୍ୟଜାତିର ବାହାରଟାର କୌଣସି ସମାଧାନ କରି ହେବନାହିଁ। ଏପରି ଗୋଟିଏ ଜୀବନଶୈଳୀ ଯାହା ସବାଆଗ ଏକତା, ପାରସ୍ପରିକତା ଏବଂ ସମଞ୍ଜସତା ଦାବୀ କରୁଥିବ, ବର୍ତ୍ତମାନ ସେଇଟି ହିଁ ଅପରିହାର୍ଯ୍ୟ ବୋଲି ସ୍ପଷ୍ଟ ହୋଇ ପାରୁଛି। ତେଣୁ, ବିବର୍ତ୍ତନର ମୂଳ ଅଭିପ୍ରାୟଟି ବର୍ତ୍ତମାନ ଏହି ପୃଥିବୀପୃଷ୍ଠର ଜୀବନରେ ଏକ ବିଶ୍ୱମୟ ଅନ୍ୟ ସାମର୍ଥ୍ୟର ବିକାଶ ହୋଇ ଆସିବା ନିମନ୍ତେ ହିଁ ଇଚ୍ଛା ପ୍ରକାଶ କରୁଛି। ଏବଂ, ସେଥିଲାଗି ଏକ ବୃହତ୍ତର ମନ ଏବଂ ଏକ ବୃହତ୍ତର ପ୍ରାଣ ହିଁ ସହାୟକ ହୋଇ କାର୍ଯ୍ୟ କରି ପାରିବ। ଏକ ପ୍ରଶସ୍ତତର ମନ ଦରକାର, ଏକ ଅଧିକ ପ୍ରଶସ୍ତ, ଅଧିକ ବୃହତ୍ ଓ ଅଧିକ ଚେତନାଯୁକ୍ତ ପ୍ରାଣାତ୍ମା ଦରକାର ଏବଂ ଏହି ଉଭୟଙ୍କର ଅବଲମ୍ବନ ରୂପେ ଭିତରେ ଥିବା ସେହି ଆଧ୍ୟାତ୍ମିକ ଆତ୍ମସତ୍ତାଟି ମଧ୍ୟ ଉଦ୍‌ଘାଟିତ ହୋଇଆସିବା ଦରକାର।

ଉପସ୍ଥିତ ଏହି ସଂକଟଟି ମଧ୍ୟରୁ ପୃଥିବୀକୁ ମୁକୁଳାଇ ଆଣିବା ସକାଶେ ଏବେ ତ କେତେ ଉପାୟ ଓ କେତେ କେତେ ଉପଚାରର ବାଟଗୁଡ଼ିକୁ ନେଇ ପ୍ରୟୋଗ ହେଉଛି। ଦ୍ରବ୍ୟ ଓ ସୁଖମାନଙ୍କୁ ବହୁଗୁଣିତ କରାଯାଇଛି, ରାଜନୀତିକ ଗଢ଼ଣଗୁଡ଼ିକର କ୍ଷେତ୍ରରେ କେତେ ଉତ୍ତର ମଧ୍ୟ ଖୋଜା ହୋଇଛି। ପୁନଶ୍ଚ, ଧର୍ମକୁ ହିଁ ଫେରିଗଲେ ସକଳ ସମାଧାନ ହୋଇଯିବ ବୋଲି ଏକାଧିକ ଅଳ୍ପସ୍ଥାୟୀ ଉଦ୍‌ବେଳନ ମାନଙ୍କର ସାହାଯ୍ୟରେ ନାନା ପ୍ରତିଶ୍ରୁତି ଦିଆଯାଇଛି। ତଥାପି ମଣିଷର ଏହି ପୃଥିବୀଟି ଉଶ୍ୱାସ ହୋଇନାହିଁ। ବରଂ ନୂଆ ନୂଆ ସମସ୍ୟାର ଆବହ ମଧ୍ୟରେ ବିଡ଼ମ୍ବନାମାନେ ଆମର ବ୍ୟକ୍ତିଗତ ଏବଂ ଗୋଷ୍ଠୀଗତ ଜୀବନକୁ କାମୁଡ଼ି ଧରିଛନ୍ତି। ନୂଆ ନୂଆ ଦାସତାମାନେ ମନୁଷ୍ୟର ଯାବତୀୟ ବୁଦ୍ଧି ଏବଂ ବୃତ୍ତିକୁ ସମ୍ଭବତଃ ଅଧିକ ବାଉଳା କରି ଦେଇଛନ୍ତି। କେଡ଼େ କେଡ଼େ ଉପାୟମାନ ଆଖର ଗୋଟିଏ ଗୋଟିଏ ଅପାୟରେ ହିଁ ପରିଣତ ହୋଇଯାଉଛି।

ପୁନଶ୍ଚ, ଏପରି ମଧ୍ୟ ଚିନ୍ତା କରାଯାଉଛି ଯେ, ସମୂହର ଅଧିକରୁ ଅଧିକ ବ୍ୟକ୍ତି ସନ୍ଦୀପିତ ହୋଇପାରିଲେ ଅବସ୍ଥାଟି ବଦଳିଯାଇ ପାରିବ। ସମୂହର ସ୍ଥିତି ଏହିପରି ଥାଉ ପଛକେ, ମାତ୍ର ଅଧିକରୁ ଅଧିକ ବ୍ୟକ୍ତି ଆଧ୍ୟାତ୍ମିକ ଜୀବନର ନିଜ ନିଜ ଆୟତନ ମାନଙ୍କରେ ରହିବେ। ଏପରିକି, ସେମାନଙ୍କ ଭିତରୁ କେତେଜଣ ବିଜ୍ଞାନମୟ ଉଚ୍ଚ ଚେତନାରେ ମଧ୍ୟ ଆପଣାକୁ ସୁରକ୍ଷିତ କରି ରଖିଥିବେ। ଏହି ବିଶେଷ ବ୍ୟକ୍ତିମାନେ ନିଜକୁ ଯଥାସମ୍ଭବ ଅଲଗା ଭାବରେ ଜୀବନକୁ ବଞ୍ଚିବା ନିମନ୍ତେ ପ୍ରତ୍ୟାହାର କରିନେବେ, ଏକ ଆଧ୍ୟାତ୍ମିକ ଦୂରତା ଅର୍ଥାତ୍ ନିର୍ଜନତାରେ ନେଇ ରଖିଥିବେ ଏବଂ ସେହିଠାରେ ଥାଇ ସାଧାରଣ ମନୁଷ୍ୟଗଣଙ୍କ ଉପରେ ଆପଣାର ଅନ୍ତର୍ଗତ ଆଲୋକଟିର ପ୍ରତିଫଳନ ପ୍ରଭାବିତ କରୁଥିବେ। ଏବଂ, ଯେତେ ଅଳ୍ପ ମାତ୍ରାରେ ହେଉ ପଛକେ, ମନୁଷ୍ୟଜାତିକୁ ଏକ ଅଧିକ ସୁଖପୂର୍ଣ୍ଣ ଭବିଷ୍ୟ ପାଇଁ ପ୍ରସ୍ତୁତ କରି ରଖାଯାଇ ପାରିବ। ଶ୍ରୀ ଅରବିନ୍ଦ କହୁଛନ୍ତି, ଅନ୍ତର୍ଗତ ଅସଲ ପରିବର୍ତ୍ତନଟି ଏହି ମାର୍ଗରେ କେବଳ ସେତେବେଳେ ହୋଇପାରିବ, ଯେତେବେଳେ ଦୃଷ୍ଟିସମ୍ପନ୍ନ ବିଜ୍ଞାନମୟ ବ୍ୟକ୍ତିଜଣକ ନିଜ ସହିତ ଅନ୍ୟମାନଙ୍କୁ ମଧ୍ୟ ପାଇବ, ଯେଉଁମାନେ କି ଠିକ୍ ତାହାରି ପରି ଏକ ଅନ୍ତର୍ଗତ ଆଲୋକର ଅଧିକାରୀ ହୋଇଥିବେ। ସିଏ ସେମାନଙ୍କ ସହିତ ଏକତ୍ର ଏକ ଗୋଷ୍ଠୀର ଗଠନ କରିବ, ଏକ ସ୍ୱତନ୍ତ୍ର ସମୁଦାୟ ମଧ୍ୟ ସମ୍ଭବ କରିପାରିବ। ପ୍ରାଚୀନ କାଳର ମଠ ତଥା ବିହାରମାନଙ୍କରେ ମଧ୍ୟ ଏହିପରି ଉଦ୍ୟମଟିଏ ଏକଦା କରା ହୋଇଥିଲା। କେତେ ବ୍ୟକ୍ତି ସାଧାରଣ ସାମୂହିକ ଜୀବନରୁ ନିଜକୁ ଅଲଗା କରି ନେଇଛନ୍ତି, ଆପଣାର ସ୍ୱତନ୍ତ୍ର କେତେକ ଅନୁଶାସନ ଅନୁସାରେ ବାସ କରିଛନ୍ତି। କିନ୍ତୁ ସଚରାଚର ସଂସାରକୁ ତ୍ୟାଗ କରିଥିବା ଅର୍ଥାତ୍ ସଂସାରର ବାହାରେ ଯାଇ ପୂର୍ଣ୍ଣପ୍ରାପ୍ତି, ପୂର୍ଣ୍ଣ ମୁକ୍ତି ଇତ୍ୟାଦି ଇତ୍ୟାଦି ରହିଛି ବୋଲି ତାହାରି ଉପଲବ୍ଧି ନିମନ୍ତେ ସେମାନେ ତପସ୍ୟା କରିଛନ୍ତି। ସେହି ସାଧକମାନେ ଆପଣାର ସବୁଯାକ ପ୍ରୟାସକୁ ଆପଣାର ଅନ୍ତର୍ଗତ ଜୀବନରେ ହିଁ ଆଧ୍ୟାତ୍ମିକ ସତ୍ୟର ଆବିଷ୍କାର ତଥା ଉପଲବ୍ଧି କରିବା ନିମନ୍ତେ ନିୟୋଜିତ କରି ଦେଇଛନ୍ତି ଏବଂ, ମଠ ବା ବିହାରର ସାମୂହିକ ଜୀବନ ଏବଂ ଶୃଙ୍ଖଳା ମଧ୍ୟ ସେମାନଙ୍କୁ ସେଇଥିପାଇଁ ସହାୟତା କରିଛି। ସେମାନେ ପ୍ରାୟ କୌଣସି ଉଦ୍ୟମ କରିନାହାନ୍ତି ଯାହାଦ୍ୱାରା କି ଏପରି ଏକ ନୂତନ ଜୀବନକୁ ସୃଷ୍ଟି କରିହେବ, ଯାହାକି ପୃଥିବୀର ଏହି ବର୍ତ୍ତମାନର ମନୁଷ୍ୟସମାଜକୁ ଅତିକ୍ରମ କରିପାରିବ ଓ ଏକ ନୂତନ ବିଶ୍ୱବ୍ୟବସ୍ଥାର କାରଣ ହେବ। ଧର୍ମ ହେଉ ଅଥବା ମାନସସ୍ତରର କୌଣସି ଆଦର୍ଶବାଦ ହେଉ ପଛକେ, ପ୍ରଥମେ ହୁଏତ ସେହିଭଳି କୌଣସି ପ୍ରତିଶ୍ରୁତି ଦେଇ ନିଜର ପ୍ରଚେଷ୍ଟା ଆରମ୍ଭ କରିବେ ସିନା, ମାତ୍ର ଅଚିରେ ହିଁ ନାନାବିଧ ଅଚେତନା

ଦ୍ୱାରା ଗିଳି ହୋଇଯିବେ । ମନୁଷ୍ୟମାନଙ୍କର ଅଜ୍ଞାନମୟ ପ୍ରାଣଶକ୍ତି ସେମାନଙ୍କୁ କୁଆଡ଼େ ଗ୍ରାସ କରି ପକାଇବ। କାରଣ, ସେହି ପ୍ରାଣଗତ ଅଗଠିତ ପ୍ରକୃତିଟି ହିଁ ଅସଲ ଅନ୍ତରାୟ, ଯାହାକୁ କି କୌଣସି କେବଳ ଆଦର୍ଶବାଦ କିମ୍ବା ଅପୂର୍ଣ୍ଣ ଆଧ୍ୟାତ୍ମିକ ଆସ୍ପୃହା କଦାପି ସାଧ କରି ପାରିବେ ନାହିଁ। ସେହି ପ୍ରଚେଷ୍ଟାଗୁଡ଼ିକ ହୁଏତ ନିଜ ଅପୂର୍ଣ୍ଣତାଗୁଡ଼ିକର ଓଜନରେ ଭୁଷୁଡ଼ି ପଡ଼ିବେ ନଚେତ୍ ବାହାର ପୃଥିବୀର ଅପୂର୍ଣ୍ଣତାମାନେ ତାହାକୁ ଆସି ଆକ୍ରମଣ କରିବେ ଏବଂ ସେମାନଙ୍କର ସେହି ଉଚ୍ଚତାମାନଙ୍କରୁ ପୁନର୍ବାର ଏହି ସାଧାରଣ ମନୁଷ୍ୟସ୍ତରକୁ ହିଁ ଅବନମିତ କରି ଆଣିବେ।

ସାମୂହିକ ଜୀବନସ୍ତରରେ ଯଦି ଏକ ଆଧ୍ୟାତ୍ମିକ ପରିଶାସନ, କେବଳ ମାନସିକ, ପ୍ରାଣିକ ଏବଂ ଜଡ଼ ଭିତରେ ବାନ୍ଧି ହୋଇ ରହିଥିବା ବ୍ୟବସ୍ଥାଟି ନୁହେଁ, ଆପଣାକୁ ପ୍ରତ୍ୟକ୍ଷ କରିଆଣୁ ବୋଲି ଆମେ ଇଚ୍ଛା କରୁଥିବା, ତେବେ ତାହାକୁ ବର୍ତ୍ତମାନ ଏହି ସାଧାରଣ ସମାଜକୁ ପରିଚାଳିତ କରୁଥିବା ମାନସିକ, ପ୍ରାଣିକ ଓ ଜଡ଼ଗତ ଲକ୍ଷ୍ୟଗୁଡ଼ିକର ତୁଳନାରେ ବୃହତ୍ତର ଅନ୍ୟ ମୂଲ୍ୟଚୟ ଉପରେ ଆଧାରିତ ରହିବାକୁ ପଡ଼ିବ। ତା' ନହେଲେ, ହୁଏତ କିଛି ପାର୍ଥକ୍ୟ ରହିଥିବା ପରି ଲାଗୁଥିଲେ ମଧ୍ୟ ସେହି ସମାଜ କେବଳ ବର୍ତ୍ତମାନର ସମାଜ ଭଳି କିଛିଟିଏ ହୋଇ ରହିବ ହିଁ ରହିବ। ଗୋଟିଏ ସମ୍ପୂର୍ଣ୍ଣ ନୂତନ ଚେତନା ବହୁସଂଖ୍ୟକ ବ୍ୟକ୍ତିଙ୍କର ସମଗ୍ର ସତ୍ତାକୁ ସମ୍ପୂର୍ଣ୍ଣ ଭାବରେ ଏକ ରୂପାନ୍ତର ଆଣି ଦେଇଥିବ, ସେମାନଙ୍କର ମାନସିକ, ପ୍ରାଣିକ ତଥା ଜଡ଼ଗତ ସ୍ତରଗୁଡ଼ିକୁ ବଦଳାଇ ଦେଇଥିବ, – ଏକ ନୂତନ ଜୀବନର ଆବିର୍ଭାବ ସକାଶେ ସେପରି ହେବା ଏକାନ୍ତ ଆବଶ୍ୟକ। ଏବଂ, ସାଧାରଣ ସ୍ତରରେ ମନ, ପ୍ରାଣ ତଥା ଶରୀରର ପ୍ରକୃତି ଏହିପରି ବଦଳି ପାରିଲେ ଯାଇ ଏକ ସମୁଚିତ ସାମୂହିକ ଗୋଷ୍ଠୀଜୀବନ ସମ୍ଭବ ହୋଇପାରିବ। ସେହି ବିବର୍ତ୍ତନ ଫଳରେ ସମ୍ପୂର୍ଣ୍ଣ ଏକ ଅନ୍ୟ ପରିମଳର ସତ୍ତାମାନଙ୍କର ସୃଷ୍ଟି ହୋଇଥିବ ଯେଉଁମାନେ କି ଆମର ଏହି ବର୍ତ୍ତମାନ ସୋପାନର ମନୋମୟତାର ଅଭ୍ୟାସମାନଙ୍କୁ ଆଦରି ନେଇଥିବା ପଶୁଜୀବନର ଗାର ଗୁଡ଼ିକରୁ ନିଜର ସମୁଦାୟ ଜୀବନକୁ ଏକ ଆଧ୍ୟାତ୍ମିକ ଉଚ୍ଚତାକୁ ଉତ୍ତୋଳିତ କରି ନେଇଥିବେ। ତଥାପି, କେତେକ ବ୍ୟକ୍ତିଙ୍କର ଜୀବନରେ ଏହିପରି ଏକ ସଂପୂର୍ଣ୍ଣ ରୂପାନ୍ତର ଘଟିଲେ ମଧ୍ୟ ତଥାପି ସଙ୍ଗେ ସଙ୍ଗେ ଆଦୌ ସେପରି କିଛି ହୋଇ ଯିବନାହିଁ। ଆରମ୍ଭ ସମୟରେ ନୂତନ ଜୀବନକୁ ବହୁ ପରୀକ୍ଷା ଓ ଶ୍ରମସାପେକ୍ଷ ବିକାଶ ମଧ୍ୟଦେଇ ଅବଶ୍ୟ ଗତି କରିବାକୁ ହେବ। ସର୍ବପ୍ରଥମେ, ସେହି ପୁରାତନ ଅଭ୍ୟସ୍ତ ଚେତନାଟି ଓହରିଯିବ ଏବଂ ସମୁଦାୟ ଜୀବନଟି ସେହି ଆଧ୍ୟାତ୍ମିକ ବିଧାନଟିକୁ ଗ୍ରହଣ କରିବ। ଏବଂ, ଏତିକି ନିମନ୍ତେ ପ୍ରସ୍ତୁତ ହେବାକୁ ସମ୍ଭବତଃ ବହୁତ ସମୟ ଲାଗିବ। ରୂପାନ୍ତରର ପ୍ରକ୍ରିୟାକୁ ସୋପାନ ସୋପାନ ହୋଇ

ଗତି କରିବାକୁ ମଧ୍ୟ ପଡ଼ିବ। କେବଳ ବ୍ୟକ୍ତିଗତ ରୂପାନ୍ତର ତ କାମ ଦେଇ ପାରିବନାହିଁ। ହୁଏତ ଆମେ ଏପରି ଅନେକ ବ୍ୟକ୍ତିଙ୍କର କଳ୍ପନା କରି ପାରିବା ଯେଉଁମାନେ କି ସେହି ପୁରାତନ ଜୀବନଟିର ଆୟତନଟି ମଧ୍ୟରେ ହିଁ ଅଲଗା ହୋଇ ବିବର୍ତ୍ତିତ ହେଉଥିବେ। ତା'ପରେ ସେମାନେ ଏକତ୍ରିତ ହୋଇ ଆସିବେ; ଏକ ନୂତନ ଜୀବନ ପାଇଁ କେନ୍ଦ୍ର ବା ନିଉକ୍ଲିଅସ୍ ହୋଇ କାର୍ଯ୍ୟ କରିବେ।

ହୁଏତ ପରମା ପ୍ରକୃତି ଅବିକଳ ସେହିପରି ହେଉ ବୋଲି ଇଚ୍ଛା ବି କରିନପାରେ। ତେଣୁ, କୌଣସି ଅବସ୍ଥାରେ ସେହି ପାରମ୍ପରିକ ରୀତିର ଅଲଗା ମେଳଟିଏ ଗଢ଼ି ବାସ କରିବା ମଧ୍ୟ ଆବଶ୍ୟକ ହେବ, – କିନ୍ତୁ ସେହି ଗୋଷ୍ଠୀର ଏକାବେଳେକେ ଦୁଇଟି ଲକ୍ଷ୍ୟ ଅବଶ୍ୟ ରହିଥିବ: ପ୍ରଥମତଃ ତାହା ଏକ ସୁରକ୍ଷିତ ପରିବେଶ ଯୋଗାଇଦେବ, ଏକ ଅଲଗା ପ୍ରକାରର ସ୍ଥାନ ତଥା ଜୀବନ ଯୋଗାଇ ଦେଉଥିବ ଯେଉଁଠାରେ କି ବ୍ୟକ୍ତିର ଚେତନା ଆପଣାର ବିବର୍ତ୍ତନ ପ୍ରକ୍ରିୟାଟି ମଧ୍ୟରେ ଆପଣାକୁ ସଂକେନ୍ଦ୍ରିତ ରଖି ପାରୁଥିବ, ଏବଂ ସେଠାରେ ତା'ର ସକଳ ସଚଳତା କେବଳ ସେହି ଗୋଟିଏ ଉଦ୍ୟମରେ ହିଁ ନିୟୋଜିତ ରହିଥିବ। ଏବଂ, ଦ୍ୱିତୀୟତଃ, ଯେତେବେଳେ ସବୁକିଛି ପ୍ରସ୍ତୁତ ହୋଇ ଆସିବ, ସେହି ପରିବେଶଟି ମଧ୍ୟରେ ଏକ ନୂତନ ଜୀବନର ସୂତ୍ରଗୁଡ଼ିକୁ ଅଧିକରୁ ଅଧିକ ନିଶ୍ଚିତ ଓ ସ୍ପଷ୍ଟ ଭାବରେ ନିରୂପଣ କରି ଆଣିବାକୁ ହେବ। ସେତେବେଳେ ମଧ୍ୟ ବହୁତ ପ୍ରତିବନ୍ଧକର ସମ୍ମୁଖୀନ ହେବାକୁ ପଡ଼ିବ। ତଥାପି ଯଦି ପ୍ରସ୍ତୁତି ମଧ୍ୟରେ ଯଥେଷ୍ଟ ବଳ ରହିଥାଏ, ତେବେ ପ୍ରତିବନ୍ଧକମାନଙ୍କୁ ଅତିକ୍ରମ କରି ହେବ ଏବଂ ପ୍ରଥମ ପରିଣାମଗୁଡ଼ିକ ଦୃଷ୍ଟିଗୋଚର ବି ହୋଇ ଆସୁଥିବ।

ମାତ୍ର, ସେହି ପରମ ଓ ସର୍ବୋଚ୍ଚ ଆଲୋକ ଏବଂ ଇଚ୍ଛା ହିଁ ଆମ ଜୀବନର ବିଧାନ ହୋଇ ରହୁ ବୋଲି ଯଦି ଆମେ ଇଚ୍ଛା କରୁଥାଉ, ତେବେ ସେଥିପାଇଁ ଏକ ଦିବ୍ୟ ବିଜ୍ଞାନମୟ ସ୍ତରର ପୃଥିବୀ ମଧ୍ୟ ରହିଥିବା ଆବଶ୍ୟକ, ଯେଉଁଠାରେ କି ସତ୍ତାମାତ୍ରେ ସମସ୍ତଙ୍କର ଚେତନା ମଧ୍ୟ ସେହି ଭୂମିରେ ହିଁ ଠିଆ ହୋଇ ପାରିଥିବ। ଅର୍ଥାତ୍, ବ୍ୟକ୍ତିମାନଙ୍କର ଜୀବନ ଏକ ପାରସ୍ପରିକ ବୁଝାମଣା ଏବଂ ସମଞ୍ଜସତା ଉପରେ ପ୍ରତିଷ୍ଠିତ ହୋଇ ରହିବ। କିନ୍ତୁ ସେତେବେଳେ ତ ନୂତନ ତଥା ପୁରାତନ ଚେତନାର ମନୁଷ୍ୟସତ୍ତାମାନେ ପରସ୍ପରର ପାର୍ଶ୍ୱବର୍ତ୍ତୀ ହୋଇ ରହିଥିବେ ଏବଂ ସେମାନଙ୍କର ବିଧାନମାନେ ପରସ୍ପରର ପରିପନ୍ଥୀ ବି ହେଉଥିବେ। ତେଣୁ, ଆଧ୍ୟାତ୍ମିକ ଗୋଷ୍ଠୀଟି ଆପଣାକୁ ଅନ୍ୟ ପକ୍ଷଟି ଠାରୁ ନିଜକୁ ଅଲଗା କରି ରଖିବାକୁ ହିଁ ପ୍ରାୟ ଏକମାତ୍ର ସମାଧାନ ବୋଲି ଗ୍ରହଣ କରିନେବ। ନହେଲେ ସେହି ଦୁଇ ସମୁଦାୟ ମଧ୍ୟରେ ଏକ ସାଲିଶ୍‌ର ପ୍ରୟୋଜନ ମଧ୍ୟ ଆସି ଉପସ୍ଥିତ ହେବ ହିଁ ହେବ। ଏବଂ ସାଲିଶ୍‌ଟି ଦ୍ୱାରା

ବୃହତ୍ତର ଚେତନାର ପକ୍ଷଟି ଅନ୍ୟ ତରଫଟି ଦ୍ୱାରା ସଂକ୍ରମିତ ହୋଇ ପଡ଼ିବାର ଏକ ବିପଦ ମଧ୍ୟ ସର୍ବଦା ରହିବ। ସମ୍ଭବତଃ ଦୁଇଟି ମଧ୍ୟରେ ସଂଘାତ ଲାଗିବାର ଆଶଙ୍କା ଥିବ। ତଥାପି, ଆମେ ଏପରି ମଧ୍ୟ ଅନୁମାନ କରିପାରିବା ଯେ, ନୂତନ ତଥା ପୂର୍ଣ୍ଣତର ଆଲୋକର ପକ୍ଷଟି ନିଶ୍ଚୟ ଏକ ନୂତନ ତଥା ପୂର୍ଣ୍ଣତର ଶକ୍ତି ମଧ୍ୟ ଅବଶ୍ୟ ଆଣିଦେବ। ତେଣୁ ଏକାବେଳେକେ ଅଲଗା ହୋଇ ରହିବାର ଆବଶ୍ୟକତା ଆଦୌ ପଡ଼ିବନାହିଁ। ଏହି ଉଚ୍ଚତର ଆଲୋକ ଏବଂ ଚେତନାର ମାର୍ଗଚାରୀମାନେ ଏକାଧିକ ସ୍ଥାନରେ ଦ୍ୱୀପ ପରି ଅବସ୍ଥିତ ରହିଥିବେ ଏବଂ ନିଜ ନିଜ ସ୍ଥାନର ପୁରାତନ ଜୀବନ ମଧ୍ୟକୁ ପ୍ରସାରିତ ଏବଂ ବ୍ୟାପ୍ତ ହୋଇ ଆସୁଥିବେ, ସେଇଟି ଉପରେ ପ୍ରଭାବ ପକାଉଥିବେ ଓ ଭିତରକୁ ଭେଦି ପାରୁଥିବେ। ଆବଶ୍ୟକ ମତେ ତାହାର ସହାୟତା କରୁଥିବେ ଏବଂ ଏକ ଆଲୋକନ ଆଣି ଦେଇ ପାରୁଥିବେ। ଏହିପରି ଭାବରେ ମନୁଷ୍ୟସମୂହ ମଧ୍ୟରେ ସେମାନେ ଏକ ନୂତନ ଆସ୍ପୃହାର ସଂଚାର ବି କରାଇ ପାରୁଥିବେ। ଏହା ଫଳରେ ସେମାନେ ମଧ୍ୟ କ୍ରମେ ବୁଝିବେ ଏବଂ ନୂତନଟିକୁ ସ୍ୱାଗତ ମଧ୍ୟ କରିବେ।

ମଧବର୍ତ୍ତୀ ଅବଧିଟିର ଏହିସବୁ ଯେତେ ଯାହା ସମସ୍ୟା, ସେଗୁଡ଼ିକ ରହିବ ହିଁ ରହିବ। ମାତ୍ର ମୁଖ୍ୟ ଗତିଟି ସେହି ଗୋଟିଏ ଆଡ଼କୁ ହିଁ ଅବାରିତ ଭାବରେ ଲାଗି ରହିଥିବ। କ୍ରମେ ବର୍ତ୍ତମାନର ମାନସିକ ସତ୍ତାର ରାଜପଣଟି ପରି ବିଜ୍ଞାନମୟ ସତ୍ତାଟି ମଧ୍ୟ ଏହି ଇହପୃଥିବୀର ବ୍ୟବସ୍ଥାଟି ମଧ୍ୟରେ ପ୍ରତିଷ୍ଠିତ ହେବାରେ ଲାଗିଥିବ। ଯଦି ଆମେ ସତକୁ ସତ ଆମର ଏହି ପୃଥ୍ୱୀଜୀବନର ସ୍ତରରେ ସେହି ନୂତନ ପ୍ରବର୍ତ୍ତନ ଓ ପ୍ରତିଷ୍ଠାଟି ହେଉ ବୋଲି ଇଚ୍ଛା କରିବା, ତେବେ ସେହି ନୂତନ ସାମର୍ଥ୍ୟ ତଥା ଜ୍ଞାନଟି ମନଦ୍ୱାରା ଶାସିତ ମନୁଷ୍ୟର ସାମର୍ଥ୍ୟ ଏବଂ ଜ୍ଞାନଠାରୁ ବହୁତ ଅଧିକ ମଧ୍ୟ ହେବାକୁ ପଡ଼ିବ ଏବଂ ବିଜ୍ଞାନମୟ ସୋପାନଟିରେ ଜୀବନ ବଞ୍ଚୁଥିବା ସତ୍ତାମାନଙ୍କର ଗୋଷ୍ଠୀଜୀବନ ମଧ୍ୟ ବାହାରେ ଅଲଗା ହୋଇ ରହିଥିବାର ନିମ୍ନରେ ଜୀବନସ୍ତରଟିର ସକଳ ଆକ୍ରମଣରୁ ଅବଶ୍ୟ ନିରାପଦ ହୋଇ ରହିବା ସର୍ବଦା ଆବଶ୍ୟକ ହେଉଥିବ। କିନ୍ତୁ, ବିଜ୍ଞାନମୟ ସତ୍ତାମାନଙ୍କର ସମୂହଟିରେ ସେହି ସୋପାନର ଜ୍ଞାନ ତଥା ଆଧାରସତ୍ୟ ଗୁଡ଼ିକ ଧର୍ମତଃ ଏକ ପ୍ରତ୍ୟକ୍ଷ ଏକତାକୁ ହିଁ ପ୍ରତିଫଳିତ କରି ରଖୁଥିବାରୁ ତଦ୍ଦ୍ୱାରା ସାମାଜିକ ସେହି ଦୁଇ ସ୍ତରର ଜୀବନପ୍ରଣାଳୀ ମଧ୍ୟରେ ଅବଶ୍ୟ ଏକ ସମଞ୍ଜସତା ଏବଂ ସଙ୍ଗତି ସ୍ଥାପିତ ହୋଇ ପାରୁଥିବ। ପରିଣାମତଃ ଅତିମାନସ ଜୀବନରୀତିଟି ଅଜ୍ଞାନସ୍ଥ ଅନ୍ୟ ପକ୍ଷର ଜୀବନଟିକୁ ମଧ୍ୟ ସତତ ପ୍ରଭାବିତ କରିବ ଏବଂ ଏହିପରି ଭାବରେ ଏଇଟି ମଧ୍ୟକୁ ମଧ୍ୟ ଏକ ଅନୁପାତ ମୁତାବକ ସମଞ୍ଜସତା ନିଶ୍ଚୟ ସଞ୍ଚାରିତ ହୋଇ ଆସିବ। ଖୁବ୍ କଳ୍ପନା କରି ହେଉଛି ଯେ ଉଚ୍ଚତର ଚେତନାର ପକ୍ଷଟି ଆପଣାର

ଅଲଗା ପରିଧିଟିଏ ମଧ୍ୟରେ ଜୀବନ ବଞ୍ଚୁଥିବ ସତ, ମାତ୍ର ତଥାପି, ମନୁଷ୍ୟଜୀବନର ଯେତିକି ଅଂଶ ଆଧ୍ୟାତ୍ମିକତା ଆଡ଼କୁ ବାସନା ରଖିଥିବ ଓ ସେହି ଅନୁସାରେ ଆଗଭର ହେଉଥିବ, ସେଗୁଡ଼ିକୁ ମଧ୍ୟ ଆପଣାର ସୀମା ମଧ୍ୟକୁ ଆକର୍ଷିତ କରି ନେଉଥିବ। ଏହାଛଡ଼ା ଯେଉଁମାନେ ବାକୀ ରହିବେ, ସେମାନେ ଖୁବ୍‌ସମ୍ଭବ ଆପଣାକୁ ସେହି ଆଗପରି ମନୋମୟତା ତଥା ତାହାର ସେହି ପୂର୍ବତନ ଆଧାରଗୁଡ଼ିକ ଉପରେ ଅନୁରୂପ ଗଠନଗୁଡ଼ିକ ଭିତରେ ତଥାପି ରହିଥିବେ। ମାତ୍ର ଅନ୍ୟ ପକ୍ଷଟିର ବୃହତ୍ତର ଜ୍ଞାନମୟତା ଦ୍ୱାରା ନିଶ୍ଚୟ ପ୍ରଭାବିତ ହେବେ । ସେମାନେ ମଧ୍ୟ କ୍ରମେ ସେମାନଙ୍କ ଲାଗି ଅଭୂତପୂର୍ବ ଏକ ସମଞ୍ଜସତାର ଉପଯୁକ୍ତ ହୋଇ ଆସୁଥିବେ। ଅବଶ୍ୟ ଏଠାରେ ମଧ୍ୟ ମନ କେବଳ ସମ୍ଭାବନା ଓ ସମ୍ଭବସମର୍ଥତା ବିଷୟରେ କିଛି ଅନୁମାନ କରି ଭବିଷ୍ୟବାଣୀ କରି ପାରୁଥିବ। ଏହି ବିଶ୍ୱଚେତନାର ଅଧ୍ୟାତ୍ମକୁ ସ୍ୱୀକାର କରି ନେବାର ପ୍ରକ୍ରିୟାକ୍ରମରେ ବ୍ୟକ୍ତି ଯେତିକି ଯେତିକି ଆପଣାକୁ ଯାବତୀୟ ପ୍ରକାରର ଅହଂର ବନ୍ଧନରୁ ମୁକ୍ତ କରି ଆଣୁଥିବ, ସିଏ ସେତିକି ସେତିକି ସୁନିଶ୍ଚିତ ଭାବରେ ମନର ସୀମାଗୁଡ଼ିକୁ ଡେ଼ଇଁ ଏକ ପୂର୍ଣ୍ଣତର ଜ୍ଞାନର ବେଢ଼ା ଭିତରକୁ ପ୍ରବେଶ କରିବ। ବିଜ୍ଞାନମୟ ଚେତନା ମଧ୍ୟରେ ବିରୋଧ ବୋଲି କିଛି ନଥିବ, ଦେଖିବା ଏବଂ ହେବାର ଏକ ଉଚ୍ଚତର ଆଲୋକ ଭିତରେ ସକଳ ବିରୋଧ କଟି ଯାଉଥିବ ଅଥବା ପରସ୍ପର ମଧ୍ୟକୁ ବିଲୀନ ହୋଇ ଯାଉଥିବ। ଏକ ଐକ୍ୟଯୁକ୍ତ ଆତ୍ମଜ୍ଞାନ ଏବଂ ବିଶ୍ୱଜ୍ଞାନ କ୍ରମଶଃ ପୋଖତ ହୋଇ ଆସୁଥିବ।

ବିଜ୍ଞାନମୟ ଚେତନା ମଧ୍ୟରେ ଜୀବନ ବଞ୍ଚୁଥିବା ଏକ ସତ୍ତା କେବେହେଲେ ମନର ଆଦର୍ଶ ଏବଂ ମାନଦଣ୍ଡଗୁଡ଼ିକୁ ଗ୍ରହଣ କରି ନେବନାହିଁ । ସିଏ ନିଜପାଇଁ ମଧ୍ୟ ବଞ୍ଚିବ ନାହିଁ: ନିଜ ଅହଂର ତୃପ୍ତିଲାଗି ବଞ୍ଚିବନାହିଁ। ମନୁଷ୍ୟସମାଜ ନିମନ୍ତେ, ଅନ୍ୟମାନଙ୍କ ନିମନ୍ତେ, ସମୁଦାୟ ଅଥବା ରାଷ୍ଟ୍ର ନିମନ୍ତେ ମଧ୍ୟ ନିଜକୁ କୌଣସି ପ୍ରକାରେ ପ୍ରସୀମିତ କରି ରଖି ବଞ୍ଚିବ ନାହିଁ; କାରଣ, ଏହି ସକଳ ସବୁକିଛି ଠାରୁ ଆଉକିଛି ବୃହତ୍ତର ବିଷୟରେ ସଜ୍ଞାନ ରହିଥିବ ଏବଂ ସେଇଥି ନିମନ୍ତେ ହିଁ ବଞ୍ଚୁଥିବ। ଏବଂ, ସେହି କାରଣରୁ ତା' ଜୀବନରେ ଆପଣାର ସ୍ୱାର୍ଥ ଏବଂ ଅନ୍ୟମାନଙ୍କର ସ୍ୱାର୍ଥ ମଧ୍ୟରେ କୌଣସି ଦ୍ୱନ୍ଦ୍ୱ ନଥିବ, ବ୍ୟକ୍ତି-ଆଦର୍ଶ ଏବଂ ସାମୂହିକ ଆଦର୍ଶ ମଧ୍ୟରେ କୌଣସି ଦ୍ୱନ୍ଦ୍ୱ ମଧ୍ୟ ନଥିବ। ଏବଂ, ଯୁଗପତ୍ ଭାବରେ, ମାନସ ସ୍ତରର ଆଦର୍ଶଗୁଡ଼ିକ ମଧ୍ୟରେ ଯାହାକିଛି ଯଥାର୍ଥ, ତା'ର ନିଜ ଜୀବନରେ ମଧ୍ୟ ସେଗୁଡ଼ିକର ପୂର୍ତ୍ତି ହୋଇ ପାରୁଥିବ। କାରଣ, ନିଜ ଭିତରେ ଏବଂ ଅନ୍ୟମାନଙ୍କ ଭିତରେ ସେହି ପରମ ଦିବ୍ୟ ଉପସ୍ଥିତିର ବୋଧ, ସମଗ୍ର ମାନବଜାତି ସହିତ ଅନୁକ୍ଷଣ ବିଦ୍ୟମାନ ରହିଥିବା ତା'ର ଐକ୍ୟବୋଧ,

ସମୁଦାୟ ପୃଥିବୀ ମଧ୍ୟରେ ଏହି ସବୁଟି ସହିତ ଏକତାର ବୋଧ, ତାହାହିଁ ତା'ର ଜୀବନକୁ ଗତିସଚଳ କରି ରଖିଥିବ। ବର୍ତ୍ତମାନର ମନୁଷ୍ୟଜୀବନରେ ସ୍ୱାଭାବିକ ବୋଲି ସ୍ୱୀକୃତ ହେଉଥିବା ବହୁତ କିଛି ଆଉ ମୋଟେ ରହିବନାହିଁ। ଏହି ମନରୁ ପ୍ରସୂତ ବହୁସଂଖ୍ୟକ ପିତୁଳାର ରଚନା, ସୂତ୍ର ଓ ତତ୍ତ୍ୱ ଏବଂ ସ୍ୱୀକୃତ ବ୍ୟବସ୍ଥା, ଏଗୁଡ଼ିକ ଲାଗି ଆଉ କୌଣସି ଆନୁଗତ୍ୟ ବା ଆଦର ରହିବନାହିଁ। ଏଥିରେ ସନ୍ଦେହର ଲେଶମାତ୍ର ଅବକାଶ ନାହିଁ ଯେ, ବିଜ୍ଞାନମୟ ଚେତନାଦ୍ୱାରା ପରିଚାଳିତ ଏକ ଜୀବନରେ ଯୁଦ୍ଧ ଏବଂ ଯୁଦ୍ଧ ସହିତ ସମ୍ବନ୍ଧିତ ହୋଇ ରହିଥିବା ସକଳ ବିରୋଧିତା ଓ ଶତ୍ରୁତାଭାବ, ସେଥିରେ ନିହିତ ରହିଥିବା ସର୍ବବିଧ ନୃଶଂସତା, ଧ୍ୱଂସସାଧନ ଓ ଅଜ୍ଞାନପ୍ରଣୋଦିତ ହିଂସା, ଆଦୌ କୌଣସି ରାଜନୀତିକ ସଂଘର୍ଷ ଏବଂ ତାହା ସହିତ ଯୋଡ଼ା ହୋଇ ରହିଥିବା ଅନୁକ୍ଷଣ ଦ୍ୱନ୍ଦ୍ୱସକଳ, ନିରନ୍ତର ଉତ୍ପୀଡ଼ନ ଏବଂ ଅତ୍ୟାଚାର, ନାନାଭଳି ଅସାଧୁତା, ଭ୍ରଷ୍ଟତା, ସ୍ୱାର୍ଥପୂର୍ଣ୍ଣ ନାନା ପ୍ରତ୍ୟାଶା ଇତ୍ୟାଦିର ତିଷ୍ଠି ରହିବା ନିମନ୍ତେ ଆଉ କୌଣସି ଅବକାଶ ରହିବନାହିଁ। କଳା-କାରିଗରୀ ଗୁଡ଼ିକ ରହିବ, କିନ୍ତୁ ସେଗୁଡ଼ିକ କୌଣସି ମାନସିକ ଅଥବା ପ୍ରାଣସ୍ତରୀୟ ଚିତ୍ତବିନୋଦନ ନିମନ୍ତେ ନୁହେଁ, ଅବକାଶ ସମୟର ମନୋରଞ୍ଜନ ନିମନ୍ତେ ନୁହେଁ, ଉତ୍ତେଜନା-ହ୍ରାସକାରୀ ଏକ ମାଧ୍ୟମରୂପେ ନୁହେଁ, ଅଥବା ସୁଖାନୁଭବ ପାଇଁ ମଧ୍ୟ ଆଦୌ ନୁହେଁ। ସେମାନେ ଆତ୍ମାର ସତ୍ୟଟିକୁ ଅଭିବ୍ୟକ୍ତ କରିବା ନିମନ୍ତେ ହିଁ ଉଦ୍ଦିଷ୍ଟ ହୋଇ ରହିଥିବେ, ଜୀବନର ସୌନ୍ଦର୍ଯ୍ୟ ଏବଂ ଆନନ୍ଦକୁ ବ୍ୟକ୍ତ କରି ଆଣୁଥିବେ। ପ୍ରାଣ ତଥା ଦେହ ଆଉ ଆମ ଜୀବନର ଜୀବନର ଗୋଟିଏ ଗୋଟିଏ ଉତ୍ପୀଡ଼ନକାରୀ ଅଧିପତିର ଆସନରେ ବସି ସେହିମାନଙ୍କର ତର୍ପଣ ସକାଶେ ହିଁ ଆମ ଜୀବନର ଦଶଭାଗରୁ ନଅଭାଗ ଅଂଶଉପରେ ରାଜତ୍ୱ କରି ରହିବେ ବୋଲି ଦାବୀ କରି ପାରିବେ ନାହିଁ। ସେମାନେ ଆମ ଭିତରେ ସେହି ସର୍ବୋଚ୍ଚ ଅର୍ଥାତ୍ ଗଭୀରତମ ଆତ୍ମାର ପରିପ୍ରକାଶ ନିମନ୍ତେ ହିଁ ମାଧ୍ୟମ ତଥା ନାନା ସାମର୍ଥ୍ୟରୂପେ ବ୍ୟବହୃତ ହେବେ। ଏବଂ, ଯୁଗପତ୍ ଭାବରେ, ଏହି ଭୂମିରେ ଜଡ଼ ଏବଂ ଶରୀରସ୍ତରକୁ ଆଦୌ ବର୍ଜନ କରା ଯିବନାହିଁ, ଭୌତିକ ବସ୍ତୁଗୁଡ଼ିକର ନିୟନ୍ତ୍ରଣ ଓ ଯଥାର୍ଥ ବ୍ୟବହାର ମଧ୍ୟ ପୃଥ୍ୱୀପ୍ରକୃତିର ଭୂମିରେ ଆତ୍ମାର ରୂପାୟନ ଘଟିବାର ଜୀବନ-ପ୍ରକ୍ରିୟାରେ ଅବଶ୍ୟ ଏକ ସହାୟକ ଅଂଶ ହୋଇ ହିଁ ରହିବେ।

ଏବେ ତ ପୃଥିବୀଯାକ ଧାରଣାଟିଏ ପ୍ରାୟ ଦୃଢ଼ ହୋଇ ରହିଛି ଯେ, ଆଧ୍ୟାତ୍ମିକ ଜୀବନ ନିୟମତଃ ହେଉଛି ଗୋଟିଏ ବୈରାଗ୍ୟଦ୍ୱାରା ପ୍ରେରିତ ବିଶେଷ ମାର୍ଗ ଏବଂ ସାଧାରଣ ଅନେକଙ୍କ ନିମନ୍ତେ ତାହାର କୌଣସି ପ୍ରାସଙ୍ଗିକତା ହିଁ ନାହିଁ। ଶରୀରଧାରଣ ନିମନ୍ତେ ଯାହାକିଛି ଅତ୍ୟାବଶ୍ୟକ, ଆଧ୍ୟାତ୍ମିକତାରେ ସେଗୁଡ଼ିକୁ କୌଣସି ସ୍ଥାନ ଦିଆ

ଯାଇନଥାଏ। ତେଣୁ, ଯେଉଁମାନେ ସେଭଳି ଜୀବନଟିଏ ନିଜ ସକାଶେ ବାଛିବେ, ସେହିମାନେ ହିଁ ଅଧ୍ୟାତ୍ମ-ଆଚରଣ କରିବେ । ଅଧ୍ୟାତ୍ମ ଜୀବନ କହିଲେ ସାଧାରଣତଃ ଜୀବନରୁ ପ୍ରତ୍ୟାହୃତ ହୋଇ ରହିଥିବା ଅର୍ଥାତ୍ ଅପସରି ଯାଇଥିବାର ଏକ ଜୀବନକୁ ନିର୍ଦ୍ଦେଶିତ କରା ଯାଇଥାଏ। ପୁନଶ୍ଚ, ହୁଏତ ଏପରି ବିଚାର ମଧ୍ୟ କରା ଯାଇପାରେ ଯେ ଜୀବନରେ ଅଧ୍ୟାତ୍ମର ଧାରାଟିକୁ ଗ୍ରହଣ କଲେ ଜୀବନଟାକୁ ମଧ୍ୟ ଅତିମାତ୍ରାରେ ସରଳ କରିଦେବାକୁ ପଡ଼ିବ, କାରଣ ଯାବତୀୟ ଆଉ ସବୁକିଛିକୁ ହୁଏତ ନାନା ପ୍ରଣିକ ବାସନା ଏବଂ ଦୈହିକ ବିଳାସକାମିତାର ଏକ ମାର୍ଗବିଚ୍ୟୁତ ଜୀବନ ବୋଲି କୁହାଯାଉଥିବ। ମାତ୍ର, ଏକ ପ୍ରଶସ୍ତତର ଦୃଷ୍ଟିକୋଣରୁ ଏହାକୁ ଏକ ମନଃସ୍ତରୀୟ ମାନଦଣ୍ଡ ବୋଲି ହିଁ କୁହାଯିବ, ଯାହାକି ଅଜ୍ଞାନକୁ ଅବଲମ୍ବନ କରି ହିଁ ତିଷ୍ଠି ରହିଥାଏ। ବାସନା ଓ କାମନାମାନେ ହେଉଛନ୍ତି ସେହି ଅଜ୍ଞାନର ହିଁ ଗୋଟିଏ ଗୋଟିଏ ଅଭିପ୍ରାୟ। ତେଣୁ, ସେହି ଅଜ୍ଞାନକୁ ଡ଼େଇଁଯିବାକୁ ହେଲେ, ଅହଂକୁ ନିର୍ବାପିତ କରିବାକୁ ହେଲେ ସେହି ବାସନାକୁ ଯେ କେବଳ ପରିତ୍ୟାଗ କରିବାକୁ ହେବ ତା' ନୁହେଁ, ବସ୍ତୁତଃ ବାସନାଗୁଡ଼ିକୁ ତୁଷ୍ଟ କରିବାପାଇଁ ଉଦ୍ଦିଷ୍ଟ ଯାବତୀୟ ବସ୍ତୁକୁ ମଧ୍ୟ ବର୍ଜନ କରବାକୁ ପଡ଼ିବ ବୋଲି ହୁଏତ ଏକ ସମୁଚିତ ନୀତିରୂପେ ବିବେଚିତ ହୋଇପାରେ। କିନ୍ତୁ ଯେଉଁ ଚେତନାଟି ବାସନାଠାରୁ ଊର୍ଦ୍ଧ୍ୱକୁ ଉଠିଯାଇଛି, ସେଇଟି ଉପରେ ଏହି ମାନଦଣ୍ଡଟିକୁ ଅଥବା ଯେକୌଣସି ମନଃସ୍ତରର ମାନଦଣ୍ଡକୁ କଦାପି ଏକ ନିଧାନପରି ଧାର୍ଯ୍ୟ କରିଦିଆ ଯାଇ ପାରିବନାହିଁ। କାରଣ, ସେତେବେଳେ ତ ଶୁଦ୍ଧତା ଓ ଆତ୍ମନିୟନ୍ତ୍ରଣ ସଂପୂର୍ଣ୍ଣ ଭାବରେ ସ୍ୱଭାବରେ ହିଁ ପରିଣତ ହୋଇ ରହିଥିବ, ଦାରିଦ୍ର୍ୟ ତଥା ବହୁଧନବତ୍ତା ଉଭୟ ଅବସ୍ଥାରେ ତଥାପି ଅଟଳ ରହିଥିବ। ଅନ୍ତରସ୍ଥ ପରମ ଅଧ୍ୟାତ୍ମସତ୍ତା ହିଁ ମନୁଷ୍ୟର ପ୍ରକୃତିକୁ ଦିଗ୍‌ଦର୍ଶନ ଦେଉଥିବ ଓ ଜୀବନକୁ ଏକ ନିର୍ଦ୍ଦିଷ୍ଟ ଗଠନ ମଧ୍ୟ ପ୍ରଦାନ କରୁଥିବ ଏବଂ ଏକ ନିର୍ଦ୍ଦିଷ୍ଟ ପରିବେଶକୁ ସର୍ବଦା ମହଜୁଦ କରି ରଖିଥିବ। ସକଳ ଅବସରରେ ଏକ ନିର୍ଦ୍ଦିଷ୍ଟ ନମନୀୟତା ରହିଥିବ; ମନର ରାଜତ୍ୱଟା ସକାଶେ ଯେତେ କଠୋର ଏକରୂପତା ଆବଶ୍ୟକ ହେଉଥିଲେ ମଧ୍ୟ ତାହା କଦାପି ଆଧ୍ୟାତ୍ମିକ ଜୀବନଶୈଳୀର ଏକ ନିୟମ ହୋଇ ରହି ପାରିବନାହିଁ। ଆତ୍ମ-ଅଭିବ୍ୟକ୍ତିରେ ସର୍ବଦା ବହୁବିଧତା ରହିଥିବ; କେଉଁଠୁ କିଏ ବାଧ୍ୟ କରୁଥିବା ପରି ଆଦୌ ବୋଧ ହେବନାହିଁ। କିନ୍ତୁ ଭିତରେ ଏକ ଅବିଚଳ ଏକତାଭାବ ମଧ୍ୟ ଅନୁକ୍ଷଣ ରହିଥିବ। ସର୍ବତ୍ର ସମଞ୍ଜସତା ବିଦ୍ୟମାନ୍ ଥିବ।

ଏକ ଉଚ୍ଚତର ଅତିମାନସ ସୋପାନକୁ ପଥନିର୍ଦ୍ଦେଶିତ କରି ନେଇ ଯାଉଥିବା ଏହି ବିଜ୍ଞାନମୟ ମନୁଷ୍ୟମାନଙ୍କର ଜୀବନକୁ ପ୍ରକୃତରେ ଏକ ଦିବ୍ୟ ଜୀବନ ବୋଲି

କୁହାଯିବ। ସେହିଭଳି ଏକ ଜୀବନକୁ ଆମେ ଏକ ବିଶେଷ ପରିଚିତିରେ ସମ୍ଭବତଃ ଏକ ଅତିମାନବତାର ଜୀବନ ବୋଲି କହିପାରିବା। ମାତ୍ର, ଅତୀତରେ ଏହି ଅତିମାନବତା ବିଷୟରେ ଯେଉଁସବୁ ଧାରଣା କରାଯାଇଛି ଓ ଏବେ ମଧ୍ୟ କରାଯାଉଛି, ସେଇଟି ସହିତ ଆମର ଏଇଟିକୁ ଆମେ ଆଦୌ ଗୋଳାଇ ମିଶାଇ ପକାଇବା ନାହିଁ। କାରଣ, ମନଃସ୍ତରର ଅନୁମାନର ସୀମାଟି ମଧ୍ୟରେ ଅତିମାନବତା କହିଲେ ସାଧାରଣତଃ ମନୁଷ୍ୟମାନଙ୍କର ସୀମାଗୁଡ଼ିକ ଯେଉଁଭଳି ରହିଛନ୍ତି, ସେଗୁଡ଼ିକୁ ବହୁଗୁଣିତ କରି ହିଁ ଦେଖାଯାଇଛି: କେବଳ ମାତ୍ରାର କ୍ଷେତ୍ରରେ, ଗୁଣ ବା ସାମର୍ଥ୍ୟର କ୍ଷେତ୍ରରେ ନୁହେଁ। ଏହି ବ୍ୟକ୍ତିତ୍ୱର ଏକ ବୃହତ୍ତର ସଂସ୍କରଣ, ଏକ ବୃହଦାକାର ଅହଂ, ଏହି ମନର ହିଁ ଆଉ କେତେଗୁଣ ଅଧିକ ସମର୍ଥତା, ପ୍ରାଣଶକ୍ତିର ମଧ୍ୟ ଆହୁରି କେତେଗୁଣ ବୃଦ୍ଧି। ମନୁଷ୍ୟର ଅଜ୍ଞାନତା କେତେମନ୍ତେ ବିଶୋଧିତ ହୋଇ କେଡ଼େ ବୃହତ୍ ହୋଇ ଦିଶୁଥିବ, – ଅନ୍ୟମାନଙ୍କୁ ନିଜ କବଳରେ ରଖି ସେଇଟି ଦ୍ୱାରା ହିଁ ଆପଣାକୁ କେଡ଼େ ବଡ଼ ଓ କେଡ଼େ ଅଧିକ ବୋଲି ଦେଖାଇବାଟା ହିଁ ସେହି ଅତିମାନବ ଭିତରେ ନିରନ୍ତର ଫୁଟି ଉଠିବାରେ ଲାଗିଥିବ। ହଁ, ଜର୍ମାନୀର ଦର୍ଶନକାର ନୀତ୍‌ଶେ ଯେଉଁ ଅତିମାନବର ଚିତ୍ରଟିକୁ ଏକଦା ବାଢ଼ି ଦେଇଥିଲେ, ପ୍ରାୟ ସେହିଭଳି ପ୍ରକାରଟିଏ। ଏହା ମନୁଷ୍ୟର ସାମୂହିକ ଜୀବନରେ ତୁଚ୍ଛା ଏକ ପଶୁର ଶାସନକୁ ହିଁ ଆମନ୍ତ୍ରଣ କରି ଆଣିପାରେ, ମନୁଷ୍ୟ-ସମାଜକୁ ପୁନର୍ବାର ଏକ ବର୍ବରତାର ଆହବ ପଶୁର ଶାସନକୁ ହିଁ ଆମନ୍ତ୍ରଣ କରି ଆଣିପାରେ, ମନୁଷ୍ୟ-ସାମଜକୁ ପୁନର୍ବାର ଏକ ବର୍ବରତାର ଆହବ ମଧ୍ୟକୁ ପେଲି ନେଇଯାଇ ପାରେ, – ସେତେବେଳେ ନଗ୍ନ ନୃଶଂସତା ହିଁ ଏକମାତ୍ର ନିୟମ ହୋଇ ରହିପାରେ। ମାତ୍ର, ଏହିସବୁ ଯାବତୀୟ ହେବାକୁ ଆଦୌ ଏକ ବିବର୍ତ୍ତନ ବୋଲି କାହିଁକି କୁହାଯିବ? ସମ୍ଭବତଃ ସେହି ପୁରାତନ ପଛଟା ମଧ୍ୟକୁ ଫେରିଯିବା ବୋଲି କୁହାଯାଇ ପାରିବ। କିମ୍ବା, ଏପରି ଏକ ଅନୁମାନ କରାଯିବ ଯେ, ମନୁଷ୍ୟଜାତି ପ୍ରକୃତରେ ଯେତିକିରେ ରହିଛି, ତାହାକୁ ଡ଼େଇଁ ସିଏ ଆହୁରି ଆଗକୁ ଯିବାର ଅଭିପ୍ରାୟରେ କେତେ କଠିନ ପ୍ରୟାସମାନ କଲା ସିନା, କିନ୍ତୁ ଭୁଲ ଦିଗରେ ଗଲା ବୋଲି ତାକୁ ଏପରି ରାକ୍ଷସ ବା ଅସୁରର କବଳରେ ଯାଇ ପଡ଼ିବାକୁ ହେଲା। ଏକ ଅତିପ୍ରମତ୍ତ ଏବଂ ଦୁର୍ଦ୍ଦାନ୍ତ ବୃହଦ୍‌ବପୁ ପ୍ରାଣଗତ ଅହଂ ଆପଣାର ଅତିପ୍ରବଳ ଇଚ୍ଛାମାନଙ୍କର ପରିପୂରଣ କରିବାଲାଗି ଅନ୍ଧ ପରି ହୋଇ ବାହାରି ଆସିବା, ତାହାକୁ ହିଁ ହୁଏତ ଏକ ରାକ୍ଷସଧର୍ମୀ ଅତିମାନବତାର ପ୍ରକାର ବୋଲି କୁହାଯାଇ ପାରିବ।

କିନ୍ତୁ ଏହି ରାକ୍ଷସର ମୂଳ ନାଟକଟି ବସ୍ତୁତଃ ସେହି ଅତୀତ ଭିତରେ ଯାଇ ରହିଛି। ତେଣୁ, ତାହାରି ପୁନଃଆବିର୍ଭାବକୁ ସକଳ ଅର୍ଥରେ ଏକ ପଶ୍ଚାତ୍‌ମୁଖୀ ବିବର୍ତ୍ତନ

ବୋଲି କହିବାକୁ ହେବ। ମାତ୍ର ଆମର ଏହି ପୃଥିବୀଟିକୁ ତ ଅତୀତରେ ସେହି ରାକ୍ଷସର ଦାଉକୁ ତ କେତେ ନା କେତେ ସହ୍ୟ କରିବାକୁ ହୋଇଛି ! ଏବଂ, ଯଦି କେବଳ ତାହାରି ହିଁ ପୁନରାବୃତ୍ତି ହୁଏ, ତେବେ ଏହି ପୃଥିବୀକୁ ସୁନିଶ୍ଚିତ ଭାବରେ ସେହି ପୁରାତନ ଧାରାଟି ମଧ୍ୟରେ ଅଧିକ ଦୀର୍ଘକାଳ ନିମନ୍ତେ ପଡ଼ି ରହିବାକୁ ହେବ। ତେବେ, ଭବିଷ୍ୟତ ବୋଲି ଆଉ କିଛି ହିଁ ପ୍ରାପ୍ତ ହେବନାହିଁ, ପିଶାଚ ଓ ଅସୁରଠାରୁ ପରିତ୍ରାଣ ଲାଭ କରିବା ମଧ୍ୟ ସମ୍ଭବ ହେବନାହିଁ। ଯେତେ ଯାହା ହେଉଥିଲେ ମଧ୍ୟ ସେହି ପୁରୁଣା କକ୍ଷଟି ଉପରେ ବୁଲିବା ହିଁ ସାର ହେବ। କିନ୍ତୁ, ପରବର୍ତ୍ତୀ ସୋପାନରୂପେ ଯେଉଁଟିର ବିବର୍ତ୍ତନ ହୋଇ ଆସିବା ଅଭିପ୍ରେତ ହୋଇ ରହିଛି, – ସେଇଟି ପ୍ରକୃତରେ ଅଧିକ ଆୟାସକର ଓ ଯୁଗପତ୍ ଭାବରେ ଅଧିକ ସରଳ। ଏପରି ଏକ ସତ୍ତାର ଅଭ୍ୟୁଦୟ ଘଟିବ, ଯାହାକି ଆପଣା ଆତ୍ମାର ଉପଲବ୍ଧି କରିଥିବ, ଏକ ଆଧ୍ୟାତ୍ମିକ ଆତ୍ମସତ୍ତାର ନିର୍ମାଣ ହେବ। ତେଣୁ ଅହଂ-ଅଭିମୁଖୀ ଆଦୌ କୌଣସି ଅତିମାନବତା ନୁହେଁ, ଯାହାକି ମନ ତଥା ପ୍ରାଣର ସ୍ତରରେ ମନୁଷ୍ୟଜାତିକୁ ବଳପୂର୍ବକ ଆପଣାର ଅଧୀନ କରି ରଖିଥିବ। ସେହି ଆତ୍ମାରୂପୀ ବୃହତ୍‌ସତ୍ତାର ହିଁ ରାଜତ୍ୱ ଯାହାକି ମନ, ପ୍ରାଣ ତଥା ଜଡ଼ଜୀବନକୁ ପରିଚାଳିତ କରୁଥିବ, ଏକ ନୂତନ ଚେତନା, ଯେଉଁଥିରେ ମନୁଷ୍ୟଜାତି ଆପଣାକୁ ବିବର୍ତ୍ତନର ମାର୍ଗରେ କ୍ରମାଗ୍ରସର କରାଇନେବ, – ବର୍ତ୍ତମାନ ତାହା ହିଁ କାମ୍ୟ। ଏହାରିଦ୍ୱାରା ହିଁ ଯଥାର୍ଥ ଅତିମାନବତାର ଉପଲବ୍ଧି ହେବ ଏବଂ ତଦ୍ଦ୍ୱାରା ବିବର୍ତ୍ତନର ସୋପାନରେ ପରମା ପ୍ରକୃତି ଆଗକୁ ଗୋଟିଏ ପାଦ ମଧ୍ୟ ପକାଇ ପାରିବ।

ଏହାଦ୍ୱାରା ମନୁଷ୍ୟଚେତନା ଏବଂ ମନୁଷ୍ୟଜୀବନର ବର୍ତ୍ତମାନ ବିଧାନରେ ପ୍ରକୃତରେ ଏକ ଉତ୍‌କ୍ରମଣ ଘଟିବ, କାରଣ ତଦ୍ଦ୍ୱାରା ଅଜ୍ଞାନଦ୍ୱାରା ପରିଚାଳିତ ହେଉଥିବା ଜୀବନର ସମଗ୍ର ସିଦ୍ଧାନ୍ତଟିରେ ହିଁ ମୂଳଭୂତ ପରିବର୍ତ୍ତନ ଅବଶ୍ୟ ହେବ। ବର୍ତ୍ତମାନର ଏହି ପୃଥିବୀକୁ ଅଧିକାର କରି ରହିଥିବା ଅଜ୍ଞାନ ତଦ୍ଦ୍ୱାରା ଏକାଧିକ ବିସ୍ମୟର ଅନୁଭବ ଲାଭ କରିବ। ଆମର ଏହି ବର୍ତ୍ତମାନର ମନୁଷ୍ୟଜୀବନଟି ପ୍ରାୟ ଯୁଗପତ୍ ଭାବରେ ଆଲୁଅ ଓ ଅନ୍ଧାର, ଲାଭ ଓ କ୍ଷତି, ଯାବତୀୟ ପ୍ରତିକୂଳତା ଓ ବିପନ୍ନତା, ସୁଖ ଏବଂ ଦୁଃଖାନୁଭବର ମିଶ୍ରଣଟି ଦ୍ୱାରା ହିଁ ତିଆରି ହୋଇଛି, – ପୃଥିବୀବ୍ୟାପୀ ଅଜ୍ଞାନର ଏହି ଶାସନରେ ଏକ ମହାଜଡ଼ର ଭୂମି ଉପରେ କେତେ ରଙ୍ଗବେରଙ୍ଗର ଏହି ଜୀବନଟିଏ ଇନ୍ଦ୍ରଜାଲ ପରି ବିଛାଡ଼ି ହୋଇ ହିଁ ରହିଛି। ସବୁକିଛିର ମୂଳରେ କେବଳ ଅଚେତନ ହିଁ ଅଚେତନା। ଏପରି ଏକ ଜୀବନ, ଯେଉଁଥିରେ କି ସଫଳତା ଏବଂ ନିରାଶାର, ପ୍ରାଣସ୍ତରର ଆନନ୍ଦ ଏବଂ ଦୁଃଖ, ସଂକଟ ଓ ତୀବ୍ର ଆବେଗ, ସୁଖ ଏବଂ ଯନ୍ତ୍ରଣାର ଅନୁଭବ, ଭାଗ୍ୟ, ସଂଘର୍ଷ, ସମର ତଥା ପ୍ରତି ପ୍ରୟାସର ଯାବତୀୟ ଚଢ଼ାଉତୁରା ଏବଂ

ଅନିଶ୍ଚିତତା, ନୂଆ ପରି କିଛି ଅନୁଭୂତ ହେଲେ ସେଥିରେ ବିସ୍ମିତ ଏବଂ ଚକିତ ହୋଇଯିବା ଇତ୍ୟାଦିର ପ୍ରତିକ୍ରିୟାମାନ ନଥିବ; ତାହା ଏକ ସାଧାରଣ ନିତ୍ୟନୈମିତ୍ତିକ ପ୍ରାଣସତ୍ତାକୁ ହୁଏତ ଅତ୍ୟନ୍ତ ଆକର୍ଷଣହୀନ ଲାଗିବ, ଏଗୁଡ଼ିକରେ କୌଣସି ବୈଚିତ୍ର୍ୟ ନଥିବ ଓ ତେଣୁ ସ୍ୱାଦହୀନ ହିଁ ମନେ ହେବ। ମାତ୍ର ଏପରି ଭାବିବାରେ କେବଳ ଏକ ଭ୍ରମ ହିଁ ପୂରି ରହିଛି। ବିଜ୍ଞାନମୟ ଚେତନାଭୂମିର ଉପଲବ୍ଧ ଜ୍ଞାନଟି ଆମ ସମ୍ମୁଖରେ ଏକ ବିସ୍ତାରିତ ପୃଥିବୀକୁ ଉନ୍ମୋଚିତ କରିଦେବ – ନୂଆ ନୂଆ ସମ୍ଭାବନାର ଆକର୍ଷଣ ପରିପୂର୍ଣ୍ଣ ଅଭାବନୀୟତା ସହିତ ଆମ ଆଗରେ ମେଲି ହେବାରେ ଲାଗିଥିବେ। ନିରନ୍ତର ନୂଆ ନୂଆ ଆନନ୍ଦର ଅନୁଭବ ହେଉଥିବ, ଅଗଣିତ କେତେ କେତେ ପ୍ରସ୍ଥର ସୌନ୍ଦର୍ଯ୍ୟ ଖୋଲି ହୋଇ ଯାଉଥିବ। ଯାବତୀୟ ପ୍ରତ୍ୟକ୍ଷରେ ତାରୁଣ୍ୟ ଭରି ହିଁ ରହିଥିବ। ଜୀବନର ପ୍ରତ୍ୟେକ ମୁହୂର୍ତ୍ତ ରସୋଜ୍ଜ୍ୱଳ ହୋଇ ରହିଥିବ। ଜୀବନର ଯାବତୀୟ ପରିପ୍ରକାଶ ଅନେକ ଗୁଣ ଅଧିକ ପୂର୍ଣ୍ଣତାଯୁକ୍ତ ତଥା ଫଳସମୃଦ୍ଧ ହିଁ ହେବ। ସତେଅବା ପ୍ରତିକ୍ଷଣ ହିଁ ଆଲୌକିକତାର ନାନା ଅନୁଭୂତି ଆଣି ଦେବ ଏବଂ ଜୀବନକୁ ଏକ ବୃହତ୍ତା ତଥା ସୁଖାନୁଭୂତି ପ୍ରଦାନ କରୁଥିବ।

ଏହି ଜଡ଼ ପ୍ରକୃତିର ଭୂମିରେ ଏକ ବିବର୍ତ୍ତନର ପ୍ରକ୍ରିୟା ଯଦି ପ୍ରକୃତରେ ଲାଗି ରହିଥାଏ ଏବଂ ଯଦି ଚେତନା ଏବଂ ଜୀବନକୁ ସଂପୃକ୍ତ କରି ସେହି ବିବର୍ତ୍ତନ ହେଉଥାଏ, ତେବେ ଅବଶ୍ୟ ସ୍ୱୀକାର କରିନେଇ ହେବ ଯେ, ଆମେ ସକଳ ମନୁଷ୍ୟ ଆମର ସତ୍ତା, ଚେତନା ତଥା ଜୀବନର ପ୍ରସ୍ଥଗୁଡ଼ିକରେ ଏକ ପୂର୍ଣ୍ଣତା ଅଭିମୁଖରେ ଗତି କରିବାରେ ଲାଗିଛୁ ଓ ତାହା ହିଁ ଆମର ସର୍ବବିଧ ବିକାଶର ଲକ୍ଷ୍ୟ ହୋଇ ରହିଛି। ଏବଂ, ଆମ ନିୟତିର କୌଣସି ଅବସରରେ ତାହାର ପରିପ୍ରକାଶ ହେବ ହିଁ ହେବ। ଶୀଘ୍ର ହେଉ, ବିଳମ୍ବ ହେଉ, ଅବଶ୍ୟ ଘଟିବ। ଯେଉଁ ଆତ୍ମା ଓ ଯେଉଁ ସତ୍ୟଟି ଜଡ଼ ଓ ପ୍ରାଣର ସୋପାନ ଦେଇ ସେହି ପ୍ରଥମ ଅଚେତନତା ମଧ୍ୟରୁ ନିଜକୁ ଉଦ୍‌ଘାଟିତ କରି ଆଣିଛି, ତାହା ସେହି ପ୍ରାଣ ଓ ଜଡ଼ର ଆଧାରଟି ମଧ୍ୟରେ ସତ୍ତା ଓ ଚେତନାର ପରିପୂର୍ଣ୍ଣ ସତ୍ୟଟିକୁ ନିଶ୍ଚୟ ବିବର୍ତ୍ତିତ କରି ଆଣିବ। ଏହି ଜୀବନର ପରାଭବ ଘଟାଇ ଆଦୌ ନୁହେଁ, ତାହାକୁ ଏକ ଆଧ୍ୟାତ୍ମିକ ପରିପୂର୍ଣ୍ଣତା ପ୍ରଦାନ କରି ହିଁ ଏହି ଘଟଣାଟି ଘଟିବ। ଅଚେତନା ମଧ୍ୟରେ ଆମର ଯେଉଁ ବିବର୍ତ୍ତନଟି, କେତେମନ୍ତେ ଚିତ୍ରିତ ଏବଂ ବିଚିତ୍ରିତ ଆନନ୍ଦ ତଥା ଯନ୍ତ୍ରଣାରେ ଆମର ଆତ୍ମ-ଆବିଷ୍କାର ଏବଂ ପୃଥ୍ୱୀ-ଆବିଷ୍କାର, ଏହି ସକଳବିଧ ସଫଳତା ଓ ବିଫଳତା, ପାଇବା ଓ ହରାଇବା ଏଇଟି ହେଉଛି ଆମର ଏକ ପ୍ରଥମ ପାହାଚ ମାତ୍ର। ଏହି ବିବର୍ତ୍ତନ ଆମକୁ ସେହି ପରମ ଜ୍ଞାନମଧ୍ୟକୁ ନିର୍ଦ୍ଦେଶିତ କରିନେବ, ଏକ ଆତ୍ମ-ଆବିଷ୍କାର ଅର୍ଥାତ୍ ସେହି ପରମ ଆତ୍ମସତ୍ୟଟି ମଧ୍ୟରେ ଆପଣାକୁ

ପ୍ରସ୍ଫୁଟିତ କରାଇ ପାରିବାର ସେହି ପ୍ରକ୍ରିୟା, ଯାବତୀୟ ବସ୍ତୁରେ ସେହି ପରମ ଦିବ୍ୟତାର ଆତ୍ମ-ଉଦ୍‌ଘାଟନ, – ଯେଉଁଟି ବର୍ତ୍ତମାନ ଆମଲାଗି ଏକ ପରାପ୍ରକୃତି ହୋଇ ରହିଛି, ଏହି ପାହାଚଟି ଆମକୁ ସେହି ପରବର୍ତ୍ତୀ ନିୟତିଟି ପର୍ଯ୍ୟନ୍ତ ନିଶ୍ଚୟ ପରିଚାଳିତ କରି ନେଇଯିବ ।

ଏଠାରୁ ସେପର୍ଯ୍ୟନ୍ତ ଏହି ପଥଟି, ଏଠାରୁ ସେଯାଏ ଲାଗି ରହିଛି । ସମ୍ମତି ସହିତ ସେହି ବାଟଟିକୁ ଚାଲିବା, ତାହା ସାଧନା । ଯୋଗର ସାଧନା । ପୂର୍ଣ୍ଣାଙ୍ଗ ଯୋଗର ସାଧନା । ଏଠା ଛାଡ଼ି ସେଠାକୁ ଯିବା ଆଦୌ ନୁହେଁ । ମାୟାକୁ ଛାଡ଼ି ସତ୍ୟଯାଏ ଯିବା, – ସେପରି ମଧ୍ୟ ନୁହେଁ । ମାୟାଟି ଭିତରେ ହିଁ ସତ୍ୟ ନିଗୂଢ଼ ଏବଂ ପ୍ରଚ୍ଛନ୍ନ ହୋଇ ରହିଛି । ଦିବ୍ୟ ଜୀବନ ଏଠା ବାହାରେ ଅନ୍ୟ କେଉଁଠାରେ ଆମଲାଗି ପୁରସ୍କାର ସଦୃଶ ସାଇତା ହୋଇ ରହିନାହିଁ । ଏହି ତଥାକଥିତ ଅପୂର୍ଣ୍ଣତାକୁ ବର୍ଜନ କରି ଗଲେ ଆମଦ୍ୱାରା କଳ୍ପିତ ପୂର୍ଣ୍ଣତା ନିଶ୍ଚୟ ପ୍ରାପ୍ତ ହେଇଯିବ, ସେପରି ମୋଟେ ନୁହେଁ । ପୁନଶ୍ଚ, ଜଣେ ବ୍ୟକ୍ତି ଆପଣାର ସକଳ ସାଧନାଦ୍ୱାରା ଅଲଗା କିଛି ପାଇବ ଏବଂ ତାହାରି ଦ୍ୱାରା ସିଦ୍ଧି ମିଳିବ, ଏଭଳି ମଧ୍ୟ ନୁହେଁ । ବ୍ୟକ୍ତିର ସାଧନା, ଏହି ସମଗ୍ର ପୃଥିବୀ ନିମନ୍ତେ ସାଧନା । ସାଧନା ବ୍ୟକ୍ତିର, ଜଣେ ଜଣେ ବ୍ୟକ୍ତି ହିସାବରେ ଆମ ସମସ୍ତଙ୍କର, – କିନ୍ତୁ ସିଦ୍ଧି ହେଉଛି ପୃଥିବୀ ନିମନ୍ତେ । ପୂର୍ଣ୍ଣାଙ୍ଗ ଯୋଗର, ଦିବ୍ୟ ଜୀବନ ଲାଗି ସକଳ ସାଧନାର ମୂଳ କଥାଟି ହେଉଛି ଏହିଭଳି । ଏକ ପୂର୍ଣ୍ଣ ଏକତାର ସାଧନା । 'ଦିବ୍ୟଜୀବନ' ଗ୍ରନ୍ଥରେ ଶ୍ରୀ ଅରବିନ୍ଦ ତାହାରି ଉଦ୍‌ବୋଧନ ଦେଇଛନ୍ତି । ବ୍ୟାଖ୍ୟା କରି ନାହାନ୍ତି, ଉଦ୍‌ବୋଧନ ଦେଇଛନ୍ତି । ଉଦ୍‌ବୋଧନଟି ନଶୁଣିଲେ, ଜୀବନସ୍ଥ ନକଲେ ବ୍ୟାଖ୍ୟାଟିକୁ ଆଦୌ ବୁଝି ହେବନାହିଁ । ଗୁଡ଼ାଏ କ୍ଲାନ୍ତିକାରୀ କସରତ ହିଁ ସାର ହେବ । ଏହି ମାନଦଣ୍ଡରେ ବିଚାର କଲେ ଗ୍ରନ୍ଥଟିକୁ କେବଳ ଗୋଟିଏ ଶାସ୍ତ୍ର ବୋଲି ଖୁବ୍‌ବେଶୀ କହି ହେବନାହିଁ । ଆସ୍ପୃହା କରିପାରିଲେ ହୁଏତ ଉଦ୍‌ବୋଧନଟି ଶୁଣିହେବ । ତା'ପରେ ଗ୍ରନ୍ଥରେ ରହିଥିବା ବ୍ୟାଖ୍ୟମାନଙ୍କୁ ମଧ୍ୟ ବୁଝି ଯାଉଥିଲା ପରି ବୋଧ ହେବ । ଏବଂ, କତିକୁ କତିକୁ ଯାଉଥିବା ପରି ଅନୁଭବ ହେବ । କତିକୁ କତିକୁ ଯାଉଥିବା ପରି ଯେତେବେଳେ ଅନୁଭବ ହେବ, ଆମେ ସେଇଥିରୁ ଜାଣି ପାରିବା ଯେ, ଏକ ଉଦ୍‌ବୋଧନ ସତକୁ ସତ ଆମକୁ ଛୁଇଁ ପାରିଛି ।

ସେହି ଛୁଇଁଛି ବୋଲି ଅନୁଭବ ହୋଇ ଆସୁଥିବା ସହିତ ଏପରି ଯଦି ଲାଗିବ ଯେ ସାରା ବିଶ୍ୱପୃଥିବୀଟି ମଧ୍ୟ ଆମକୁ ଛୁଇଁକରି ରହିଛି, ତେବେ ଆମେ ଆଦୌ ଚକିତ ହୋଇ ଯିବାନାହିଁ । କାରଣ, ଯୁଗପତ୍ ଭାବରେ ଏପରି ମଧ୍ୟ ପ୍ରାୟ ଅପରୋକ୍ଷ ଭାବରେ ଅନୁଭବ ହେବ ଯେ, ଆମେ ମଧ୍ୟ ଏହି ବିଶ୍ୱକୁ ଛୁଇଁକରି

ରହିଛୁ । ଅର୍ଥାତ୍, ଯାହାକିଛି ଉପଲବ୍ଧି, ତାହା ସ୍ୱତନ୍ତ୍ର ଭାବରେ ମୋ'ର ନୁହେଁ, ବିଶ୍ୱର । ଏକାବେଳେକେ ପାଦଦେଶରୁ ଶିଖରଟି ଯାଏ । ପୂର୍ଣ୍ଣଯୋଗର ସାଧନା ହେଉଛି ବସ୍ତୁତଃ ଏକ ପୂର୍ଣ୍ଣ ଏକତାର ସାଧନା । ମୋତେ ମାଧ୍ୟମ କରି ଖିଳ ବିଶ୍ୱନିୟତିର ହିଁ ସାଧନା । ଅଥବା, ମୋ'ର ଉତ୍ତରୋତ୍ତର ଉନ୍ମୋଚନ ଉପରେ ଏହି ବିଶ୍ୱ ପୂର୍ଣ୍ଣ ବିଶ୍ୱାସ ସ୍ଥାପନ କରି ରହିଛି ବୋଲି ମୁଁ ମୋର ଏହି ସର୍ବବିଧ ସାଧନାରୁ ଏତେ ଆନନ୍ଦ ଲାଭ କରୁଛି, ପ୍ରତ୍ୟେକ ମୁହୂର୍ତ୍ତରେ ଫୁଟି ଫୁଟି ଯାଉଥିବା ପରି ଅନୁଭବ କରୁଛି । ବିଶ୍ୱର ସବୁଯାକ ସ୍ୱପ୍ନ ଯେଉଁଦିନ ମୋ' ନିଜ ଜୀବନର ସ୍ୱପ୍ନକୁ ରୂପାନ୍ତରିତ ହୋଇଯିବ, ସେତେବେଳେ ତାହାକୁ ମୋ'ର ଜୀବନରେ ସେହି ପରମ ବିଶ୍ୱନିୟତିର ଏକ ବୃହତ୍ ବିଜୟ ବୋଲି କାହିଁକି କୁହାନଯିବ ? ମୋ'ର ସେହି ବିଜୟ ହେଉଛି ମୋତେ ନିମିତ୍ତ କରି ପରମ ଦିବ୍ୟ ନିୟତିର ବିଜୟ ।

■

ଚତୁର୍ଥ ଅଧ୍ୟାୟ

ସାମୀପ୍ୟରୁ ସାତତ୍ୟ

ଏହି ପୃଥିବୀ ହେଉଛି ଆମ ସମସ୍ତଙ୍କ ପାଇଁ ଗୋଟିଏ ଏନ୍ତୁଡ଼ିଶାଳ। ଆମ ସମସ୍ତଙ୍କ ପାଇଁ ଏକ ମେଳ। ପୃଥିବୀଟି କାହାର ନିର୍ଦ୍ଦେଶରେ ଏକ ମେଳରେ ପରିଣତ ହୋଇ ରହିଆସିଛି କେଜାଣି ? ଆମେ ମନୁଷ୍ୟମାନେ ତାହା ବିଷୟରେ ଯେତିକି ଯେତିକି ସଚେତନ ହେଉଥିବା, ପୃଥିବୀ ଆମକୁ ସେତିକି ସେତିକି ଭଲ ଲାଗୁଥିବ। ସଚେତନ ହେଉଥିବା ଅର୍ଥାତ୍ ଏକାତ୍ମତା ଅନୁଭବ କରୁଥିବା। ସେହି ଏକାତ୍ମତା ଅନୁଭବ କରିବାରେ ଲାଗିଥିବାର ଯେଉଁ ଅନବଚ୍ଛିନ୍ନ ପ୍ରକ୍ରିୟାଟି, ସେଇଟି ହେଉଛି ସାଧନା, ଯାବତୀୟ ସାଧନା। ଆମର ସର୍ବବିଧ ସାଧନାକୁ ଏକତ୍ର ଠୁଳ କରି ଅର୍ଥାତ୍ ସବୁରି ମଧ୍ୟରେ ସେହି ପ୍ରକ୍ରିୟାଟିକୁ ସତେଅବା ପ୍ରତ୍ୟକ୍ଷ ତଥା ଗତିଶୀଳ ରୂପେ ଅତ୍ୟନ୍ତ ସହଜ ତଥା ସ୍ୱଭାବପ୍ରେରିତ ହୋଇ ଅନୁଭବ କରିବା, – ତାହାହିଁ ଅଧ୍ୟାତ୍ମ। ସେହି ଅନୁଭବଟିକୁ ଆପଣାର ନିତ୍ୟଶୁଶ୍ରୂଷା ଦ୍ୱାରା। ଆମେ ଯୁଗାନୁକ୍ରମରେ କେତେ କେତେ କାଳରୁ କେତେମନ୍ତେ ଆହ୍ୱାନଚୟର ଆକର୍ଷଣରେ ଗୋଟିଏ ଗୋଟିଏ ଆଗକୁ ପାଦ ପକାଇ ଏବଂ ସୋପାନ ଉଠି କ୍ରମେ ନିଜ ନିଜର ହୃଦୟଗୁଡ଼ିକୁ ଆସ୍ଥାନରୂପେ ବ୍ୟବହାର କରି ଯେ ଭଗବାନଙ୍କ ଯାଏ ଆସିଛୁ, ସେକଥା କହିବସିଲେ ତାହା ଗୋଟିଏ ସ୍ୱତନ୍ତ୍ର ଇତିହାସ ହିଁ ହେବ। ସେହି ଇତିହାସ ହେଉଛି ଚେତନାର ଇତିହାସ, ସାଧନାର ଇତିହାସ, ଜଣେ ଜଣେ ମନୁଷ୍ୟ ହିସାବରେ ଆମ ପ୍ରତ୍ୟେକଙ୍କର ଇତିହାସ। ସତକୁ ସତ ଏକ ପାବନ-ପ୍ରସଙ୍ଗ।

ଏହି ମେଳ, – ଏକ ସମ୍ଭାବନାର ମେଳ। ଆମେ ପ୍ରତ୍ୟେକେ ସତେଅବା ଗୋଟିଏ ଗୋଟିଏ ବାରତାକୁ ବହନ କରି ଏଠି ଏହି ସଂସାରରେ ଅବତୀର୍ଣ୍ଣ ହୋଇଥାଉ। ସତେ ଯେପରି କୌଣସି ବଗିଚାର ଏକ ଫୁଲଗଛ ପରି। ଫୁଲଗଛମାନେ

ଏକାଠି ଗୋଟିଏ ପୃଥିବୀରେ ଆସି ପରସ୍ପର ସହିତ ବହୁ ଆସ୍ପୃହାରେ ଏକାଠି ହୋଇଛନ୍ତି ବୋଲି ପ୍ରାୟ ଏକ ଭାଗବତ ଆଖିରେ ଦେଖିବାକୁ ସମର୍ଥ ହେଲେ ସବୁଟିକୁ ମିଶାଇ ମେଳଟି, ଅଭିବୃଦ୍ଧିର ଏହି ବସତିଟି ଗୋଟିଏ ବଗିଚା ପରି ଦିଶିବାକୁ ଆରମ୍ଭ କରେ ଅଥବା କୌଣସି ଆଶୀର୍ବାଦ ଲାଭ କରି ଆସିଥିବାରୁ ଏଠାରେ ଭୂମିଷ୍ଠ ହୋଇ ପୃଥିବୀକୁ ଗୋଟିଏ ଫୁଲବଗିଚା ପରି ଅନୁଭବ କରିପାରିବାରୁ ହିଁ ନିଜକୁ ଗୋଟିଏ ଫୁଲଗଛ ବ୍ୟତୀତ ଆଉ ମୋଟେ କିଛି ପରି ଲାଗେନାହିଁ, ସେକଥା ଯେତେ ଗବେଷଣା କରି ମଧ୍ୟ ମୋଟେ କୁହାଯାଇ ପାରିବନାହିଁ। ବାରତା ବିଶେଷରେ ଓ ସାମୂହିକତାର ସ୍ଥାନୀୟ ଆହ୍ୱାନଗୁଡ଼ିକର ପରିପ୍ରେକ୍ଷୀରେ ଯେତେ ଭିନ୍ନ ପ୍ରତୀତ ହେଉଥିଲେ ମଧ୍ୟ ତଥାପି ମୂଳ ଆସ୍ପୃହାଟି କ'ଣ ଧର୍ମତଃ ଗୋଟିଏ କି? ଆହ୍ୱାନ ମଧ୍ୟ ଗୋଟିଏ କି? ଏଠି ମନ୍ଦିର କହିଲେ କାର୍ଯ୍ୟତଃ ସେହି ଗୋଟିଏ ମାତ୍ର ଶିଖରକୁ ବୁଝାଏ କି? ଏବଂ, ସଂସାରନାମକ ଏହି ଆସ୍ପୃହାମେଳଟି ଭିତରେ ପ୍ରାୟ ଯୁଗପତ୍ ଭାବରେ ଭୂମି ଏବଂ ଶିଖର ସବେଅବା ଏକାବେଳେକେ କାହିଁକି ଦୃଶ୍ୟମାନ୍ ହୁଅନ୍ତି କେଜାଣି? ମୁଁ ଯେଉଁଯାଏ ଆସି ପହଞ୍ଚିଛି, ସେଇଟି ହେଉଛି ଏହି ମୁହୂର୍ତ୍ତଟିର ଆକଳନ ଅନୁସାରେ ମୋ'ର ଭୂମି ଏବଂ ଯେଉଁଟି ଆହୁରି ଆଗକୁ ଏବଂ ଆହୁରି ଉଚ୍ଚକୁ ଦେଖାଯାଉଛି, ସେଇଟି ଶିଖର। ଶିଖରମାନେ ଭୂମିମାନଙ୍କୁ ଅନୁକ୍ଷଣ ଆରୋହଣରେ ଆହୁରି ଓ ଆହୁରି ଅଗ୍ରସର ହେବାରେ ଉଦ୍‌ବୋଧନ ଦେଉଥାନ୍ତି ଓ ଭୂମିମାନେ ଶିଖରଟିକୁ ଲକ୍ଷ୍ୟ ରଖି ଆହୁରି ଏବଂ ଆହୁରି ଆଗେଇ ଯିବାପାଇଁ ପ୍ରେରଣା ଦିଅନ୍ତି। ବିଶ୍ୱାସ ଦିଅନ୍ତି, ବିଶ୍ୱାସ ବଢ଼ାନ୍ତି। ଅର୍ଥାତ୍, ଏକ ଜ୍ଞାତିତ୍ୱ ଲାଗି ହିଁ ରହିଥାଏ। ଏହିପରି ସମଗ୍ର ଭାବରେ ପୃଥିବୀକୁ ପ୍ରତ୍ୟକ୍ଷ କରି ଅନୁଭବ କରିବାର ଭାଗବତ କୌଣସି କ୍ଷଣରେ ହିଁ ଏକଦା ଋଷିମାନେ ନିଜକୁ ବୃହତ୍ ତଥା ସମଗ୍ର କରି ଏକାଠି କରି ଅନୁଭବ କରିଛନ୍ତି ଏବଂ "ପୁତ୍ରୋଽହଂ ପୃଥିବ୍ୟାଃ'' ବୋଲି କହିଛନ୍ତି। କେଡ଼େ ଉଲ୍ଲସିତ ଭାବରେ "ଆକାଶ ମୋ'ର ପିତା, ଏହି ଭୂଇଁ ମୋ'ର ମାତା'' ବୋଲି ଉଚ୍ଚାରଣ କରିଛନ୍ତି। ସେହି ଅନୁଭବଟି, – ତାହାହିଁ ଯଥାର୍ଥ ସାନ୍ନିଧ୍ୟ, ତାହାହିଁ ସାତତ୍ୟ।

ଡାକ୍ତର କୃଷ୍ଣଧନ ଘୋଷ ବିଲାତରୁ ଡାକ୍ତରୀ ବିଦ୍ୟା ପାଠ କରି ଆସିଥିଲେ। ବିଲାତୀପଣରେ ପୂରା ମଣ ହୋଇ ଆସିଥିଲେ। ଭାରତୀୟ ସବୁକିଛିକୁ ସଂପୂର୍ଣ୍ଣ ଭାବରେ ଅମାର୍ଜିତ ବୋଲି ଦେଖୁଥିଲେ। ତେଣୁ, ନିଜର ତିନି ପୁଅଙ୍କ ବିଷୟରେ ବେଳସୁ' ସାବଧାନ ହୋଇ ରହିବା ଉଚିତ ବୋଲି ବିଚାର କରିବାକୁ ଉଚିତ ବୋଲି ଭାବିବାକୁ ଆପଣାର କର୍ତ୍ତବ୍ୟ ବୋଲି ବିବେଚନା କରୁଥିଲେ। ସେମାନଙ୍କୁ ସିଏ ସେହି କଚି ବୟସରୁ ହିଁ ବିଲାତ ପଠାଇଦେଲେ। ସବାସାନ ଅରବିନ୍ଦଙ୍କୁ ମୋଟେ ସାତବର୍ଷ ବୟସ।

ସେହି ଇଂଲଣ୍ଡରେ ମଧ୍ୟ ଏମାନେ ଯେପରି କୌଣସି ଭାରତୀୟ ଅସନାଗୁଡ଼ିକର ସମ୍ପର୍କରେ ଆସି ସଂକ୍ରାମିତ ନହେବେ, ସେଥିଲାଗି ସେମାନଙ୍କୁ ଗୋଟିଏ ଇଂରାଜୀ ପରିବାରର ହେପାଜତରେ ପ୍ରାୟ ଅନ୍ତରୀଣ କରି ରଖା ଯାଇଥିଲା। ଉପର ଦୁଇ ଭାଇ ତ ବୟସରେ କିଞ୍ଚିତ୍ ବଡ଼ ହୋଇଯିବା ପରେ ଇସ୍କୁଲରେ ପଢ଼ିଲେ, ମାତ୍ର ଅରବିନ୍ଦଙ୍କୁ ସେହି ପରିବାର ଭିତରେ ହିଁ ନିଜର ପ୍ରାରମ୍ଭିକ ପାଠପଢ଼ା ଆରମ୍ଭ କରିବାକୁ ହୋଇଥିଲା। ଜଣେ ଇଂରାଜ ପାଦ୍ରୀ ଓ ତାଙ୍କର ପତ୍ନୀ। ସେତେବେଳେ ଯେଉଁ ଇଂରାଜୀ ଶିକ୍ଷକ ତାଙ୍କୁ ପାଠ ପଢ଼ାଇ ଆସୁଥିଲେ, ସିଏ ଲାଟିନ୍ ଭାଷାରେ ପ୍ରବୀଣ ଥିଲେ। ସେମାନେ କ'ଣ ବା ଖାଉଥିଲେ! ଶ୍ରୀ ଅରବିନ୍ଦ ନିଜେ ଲେଖିଛନ୍ତି, ସକାଳେ ଗୋଟିଏ ଦୁଇଟି ସାଣ୍ଡୱଇଚ୍, ପାଉଁରୁଟୀ, ଲହୁଣୀ ଓ ଗୋଟିଏ କପ୍ ଚାହା ଏବଂ ସଞ୍ଜ ଖାଇବାରେ ଖୁବ୍ ମସଲାଦିଆ ଟାଣ ଖରଡ଼ା ହୋଇଥିବା ସାନ ଆକାରର ଗୋଟିଏ ସସେଜ। ସେହି ପ୍ରଥମ ଶିକ୍ଷାକାଳଟି ବିଷୟରେ ଶ୍ରୀ ଅରବିନ୍ଦ ଯେଉଁ ସୂଚନା ଦେଇଛନ୍ତି, ସେଥିରୁ ଜାଣି ହେଉଛି ଯେ ଏତେ ଏତେ ବିଶେଷ ସତର୍କତା ମଧ୍ୟରେ ରହି ମଧ୍ୟ ଇଂଲଣ୍ଡ ପ୍ରତି ତାଙ୍କ ମନରେ କୌଣସି ଉଲ୍ଲେଖଯୋଗ୍ୟ ଦରଦ ନଥିଲା। ଇଉରୋପୀୟ ଗୋଟିଏ ଦେଶ ହିସାବରେ ବରଂ ଫ୍ରାନ୍ସ ନିମନ୍ତେ କିଛି ଆକର୍ଷଣ ଥିଲା।

ତାଙ୍କ ପିଲାଦିନେ ବାପାଙ୍କ ଘରେ କେବଳ ଇଂରାଜୀ ଏବଂ ହିନ୍ଦୁସ୍ଥାନୀ ଭାଷା ଚଳୁଥିଲା। ବଙ୍ଗଳା ଭାଷାର କୌଣସି ପ୍ରବେଶ-ଅଧିକାର ନଥିଲା। ତେଣୁ, ବାଳକ ଅରବିନ୍ଦ ନିଜର ଭାଷା ବଙ୍ଗଳା ଜାଣି ନଥିଲେ। ଇଂଲଣ୍ଡରେ ବିଶ୍ୱବିଦ୍ୟାଳୟର ଅଧ୍ୟୟନ ସମାପ୍ତ ହେବା ପରେ ଯେତେବେଳେ ସେ ନିଜ ବାପାଙ୍କର ମନରେ ଦୁଃଖ ନଦେବା ନିମନ୍ତେ ଆଇ.ସି.ଏସ୍‌ର ଲିଖିତ ପରୀକ୍ଷା ଦେଇ ଉତ୍ତୀର୍ଣ୍ଣ ହେଲେ, ସେତେବେଳେ ସରକାରଙ୍କର ପ୍ରଚଳିତ ନିୟମ ଅନୁସାରେ ତାଙ୍କୁ ପ୍ରଶିକ୍ଷଣ ଗ୍ରହଣ କରିବା ଲାଗି ଭାରତର କୌଣସି ଗୋଟିଏ ପ୍ରଦେଶକୁ ବାଛିବାକୁ ପଡ଼ିଥିଲା ଏବଂ ସିଏ ବଙ୍ଗପ୍ରଦେଶକୁ ବାଛିଥିଲେ। ସେଥିଲାଗି ବଙ୍ଗଳା ଭାଷାରେ ଏକ ପୂର୍ବଜ୍ଞାନ ରହିଥିବା ଅତ୍ୟାବଶ୍ୟକ ଥିଲା ଏବଂ ସେହି କାରଣରୁ ହିଁ ବିଲାତରେ ହିଁ ତାଙ୍କୁ ବଙ୍ଗଳା ଶିଖିବାକୁ ପଡ଼ିଲା। ଅବଶ୍ୟ, ସେହି ବଙ୍ଗଳା-ଶିକ୍ଷା ବସ୍ତୁତଃ ସେପରି କୌଣସି କାମର ହିଁ ନଥିଲା। ତାଙ୍କର ବଙ୍ଗଳା-ଶିକ୍ଷକ ମଧ୍ୟ ଜଣେ ସାହେବ ଥିଲେ ଏବଂ ସିଏ ଏକଦା ଭାରତବର୍ଷରେ ଜଣେ ବିଚାରପତି ରୂପେ କାର୍ଯ୍ୟ କରି ଅବସରଗ୍ରହଣ ପରେ ନିଜ ଦେଶକୁ ଫେରି ଯାଇଥିଲେ। ବଙ୍ଗଳା ଭାଷା ଶିକ୍ଷା ଦେବାରେ ପ୍ରକୃତରେ ତାଙ୍କର କେତେ ବା ଦକ୍ଷତା ଥିବ ! ତେଣୁ, ମାତ୍ର କେତୋଟି ବଙ୍ଗଳା ଶବ୍ଦ ଓ ବ୍ୟବହାର ବ୍ୟତୀତ ତାଙ୍କଠାରୁ ଅଧିକ କିଛି ଶିକ୍ଷା କରିବା ଆଦୌ ସମ୍ଭବ ନଥିଲା। ଅଧିକ ସତ୍ୟତା

ସହିତ ବରଂ କୁହାଯାଇ ପାରିବ ଯେ ଶ୍ରୀ ଅରବିନ୍ଦ ଦେଶକୁ ଫେରିଆସି ବରୋଦାରେ ଅବସ୍ଥାନ କରୁଥିବା ସମୟରେ ଯାଇ ବଙ୍ଗଭାଷା ଶିଖିଲେ। ଅନ୍ୟମାନେ ସାହାଯ୍ୟ କରୁଥିଲେ ସତ, କିନ୍ତୁ ପ୍ରଧାନତଃ ନିଜ ଚେଷ୍ଟାରେ।

କବିତା ଲେଖିବା ତ ବିଲାତରେ ଥିବା ସମୟରୁ ହିଁ ଆରମ୍ଭ ହୋଇ ଯାଇଥିଲା। କିନ୍ତୁ ଲାଟିନ୍ ଭାଷାରେ। ଏବଂ ଇଂରାଜୀରେ। ଭାରତବର୍ଷରେ ନିଜର କିଞ୍ଚିତ୍ ବିଶ୍ୱାସ ଜନ୍ମିବା ପରେ ସେ ବଙ୍ଗଳାରେ ମଧ୍ୟ କବିତା ଲେଖିବା ଆରମ୍ଭ କରି ଦେଇଥିଲେ। ଉପଲବ୍ଧ ସୂଚନାରୁ ଜଣାଯାଉଛି ଯେ, ବରୋଦାର ରହଣି ସମୟରେ ଯେତେବେଳେ ବଙ୍ଗଳା ଭାଷାରେ ପଠନ, ଲିଖନ ଏବଂ କଥୋପକଥନର କ୍ଷେତ୍ରଗୁଡ଼ିକରେ ନିଜର ବିଶ୍ୱାସ ପାଇବାଭଳି ଏକ ଦଖଲ ଆସି ଯାଇଥିଲା, ସେ ବଙ୍ଗଳାରେ ମଧ୍ୟ କବିତା ରଚନା କରିବା ମଧ୍ୟ ଆରମ୍ଭ କଲେ। ଏପରିକି 'ଉଷାହରଣ କାବ୍ୟ' ନାମକ କାବ୍ୟଟିଏ ମଧ୍ୟ ରଚନା କରିଥିଲେ। ସେହି ପର୍ଯ୍ୟାୟରେ ବଙ୍କିମଚନ୍ଦ୍ରଙ୍କ ସମ୍ପର୍କରେ ଲେଖା କିଛି ପ୍ରବନ୍ଧ, ଚଣ୍ଡୀଦାସ ଏବଂ ବିଦ୍ୟାପତି କେତେକ କବିଙ୍କର ପଦାବଳୀ ମଧ୍ୟ ପାଠ କରିଥିଲେ। ଲେଖାଗୁଡ଼ିକର କଡ଼ରେ ସେଗୁଡ଼ିକ ବିଷୟରେ ଠାଏ ଠାଏ ନିଜର ମନ୍ତବ୍ୟମାନ ମଧ୍ୟ ଟିପି ପକାଉଥିଲେ। ତାଙ୍କର ବଡ଼ଭାଇ ମନମୋହନ ମଧ୍ୟ ଜଣେ କବି ଥିଲେ। ୧୮୯୪ ମସିହାରେ ସେ କବି ରବୀନ୍ଦ୍ରନାଥଙ୍କ ନିକଟକୁ ଲେଖିଥିବା ଗୋଟିଏ ପତ୍ରରେ ଶ୍ରୀ ଅରବିନ୍ଦଙ୍କର କବିତାରଚନା ସମ୍ବନ୍ଧରେ ବି କିଛି ଉଲ୍ଲେଖ କରିଛନ୍ତି: ଅରବିନ୍ଦର ଗୋଟିଏ କବିତାସଂଗ୍ରହ ବିଷୟରେ ସେ ଆପଣଙ୍କର ମତ କିପରି କ'ଣ ବୋଲି ଜାଣିବା ନିମନ୍ତେ ଇଚ୍ଛା କରୁଛି। ମୁଁ ଅବଶ୍ୟ ତାକୁ ବୁଝାଇଦେଇ କହିଛି ଯେ, ବର୍ତ୍ତମାନ ଆପଣ ନିଶ୍ଚୟ କେତେ ବା କେତେ କାର୍ଯ୍ୟରେ ଖୁବ୍ ବ୍ୟସ୍ତ ଥିବେ ଏବଂ ଅପେକ୍ଷାକୃତ କିଞ୍ଚିତ୍ ଅଧିକ ଫୁରସତ ପାଇଲେ ସିନା ତା'ର ଅନୁରୋଧ ରକ୍ଷା କରି ତାକୁ କିଛି ଜଣାଇ ପାରିବେ ! ଏହି ସଂକ୍ରାନ୍ତରେ ମୁଁ ନିଜେ ଭାବୁଛି ଯେ, ତା'ର ଭାଷା ଉପରେ ଏକ ଶକ୍ତିଶାଳୀ ଦକ୍ଷତା ନିଶ୍ଚୟ ରହିଛି, ପ୍ରକୃତରେ କାବ୍ୟରଚନା ସକାଶେ ଏକ ପ୍ରତିଭା ମଧ୍ୟ ଅଛି। ତଥାପି, ବିଷୟବସ୍ତୁ ବେଶୀକିଛି ନଥିଲା ପରି ମନେ ହେଉଛି। ଇଂରାଜୀ କବିତା ଲେଖିବାରେ ଅତ୍ୟନ୍ତ ସୁଦକ୍ଷ ସେ, କିନ୍ତୁ ବଙ୍ଗଳା କବିତା ପାଇଁ ଭିତରୁ ଯଥେଷ୍ଟ ଅନୁକୂଳ ଉତ୍ସାହ ସମ୍ଭବତଃ ପାଇ ପାରୁନାହିଁ। ତଥାପି, ତା'ଭିତରେ ଅଧିକ ସଫଳତା ଲାଭ କରିବାର ସମ୍ଭାବନା ପ୍ରତ୍ୟକ୍ଷ ହୋଇ ରହିଛି। ମାତ୍ର ତଥାପି ଏହାକୁ ଏକ ଦୁର୍ଭାଗ୍ୟ ବୋଲି ମଧ୍ୟ କୁହାଯିବ ଯେ ସେ ବଙ୍ଗଳା ଭାଷାରେ କାବ୍ୟସର୍ଜନା କରିବା ସକାଶେ ନିଜର ଏତେଗୁଡ଼ାଏ ଶକ୍ତି ଖଟାଇବାରେ

ଲାଗିଛି। ମାଇକେଲ ମଧୁସୂଦନଙ୍କର ଶୈଳୀରୀତିରେ ଉଷା ଏବଂ ଅନିରୁଦ୍ଧଙ୍କର ଗାଥାକୁ ବସ୍ତୁରୂପେ ବ୍ୟବହାର କରି ସିଏ ଇତିମଧ୍ୟରେ କାବ୍ୟଟିଏ ଲେଖି ମଧ୍ୟ ସାରିଲାଣି।

ତାଙ୍କର ସାନଭାଇ ବାରୀନ୍ଦ୍ରଙ୍କ ଦ୍ୱାରା ସମ୍ପାଦିତ ଏକ ବିପ୍ଳବଧର୍ମୀ ପତ୍ରିକା 'ଯୁଗାନ୍ତର'ର ଆଦ୍ୟକାଳରେ ଶ୍ରୀ ଅରବିନ୍ଦ ପ୍ରାୟ ୧୯୦୬ ବେଳକୁ କେତେକ ଲେଖା ପ୍ରସ୍ତୁତ କରିଥିଲେ। ଆଲିପୁର ମୋକଦ୍ଦମା ପରେ 'ଧର୍ମ' ନାମକ ଏକ ବଙ୍ଗଳା ପତ୍ରିକାରେ ଅଧିକାଂଶ ସମ୍ପାଦକୀୟ ସ୍ତମ୍ଭର ଲେଖକ ମଧ୍ୟ ଥିଲେ; ସେଥିରେ ବହୁତ ମୁଖ୍ୟ ଲେଖା ବି ତାଙ୍କରି ଦ୍ୱାରା ରଚିତ ହେଉଥିଲା। ପତ୍ନୀ ମୃଣାଳିନୀ ଦେବୀଙ୍କ ନିକଟକୁ ଲିଖିତ ତିନୋଟି ଚିଠି ଏବଂ 'କାରାକାହାଣୀ' ପୁସ୍ତକଟିକୁ ସମ୍ଭବତଃ ତାଙ୍କଦ୍ୱାରା ଲିଖିତ ବିଶେଷ ଭାବରେ ଉଲ୍ଲେଖଯୋଗ୍ୟ ତାଙ୍କର ବଙ୍ଗଳା ରଚନା ବୋଲି କୁହାଯିବ। 'କାରାକାହାଣୀ' ପ୍ରଥମେ 'ସୁପ୍ରଭାତ' ନାମକ ଏକ ବଙ୍ଗଳା ପତ୍ରିକାରେ ଧାରାବାହିକ ଭାବରେ ପ୍ରକାଶିତ ହୋଇଥିଲା। 'ଜଗନ୍ନାଥଙ୍କର ରଥ' ଶୀର୍ଷକରେ ତାଙ୍କଦ୍ୱାରା ଲିଖିତ ପ୍ରଖ୍ୟାତ ପ୍ରବନ୍ଧଟି 'ପ୍ରବର୍ତ୍ତକ' ନାମକ ବଙ୍ଗଳା ପତ୍ରିକାରେ (ପତ୍ରିକାଟି ଚନ୍ଦନନଗରରୁ ପ୍ରକାଶ ପାଇଥିଲା) ବାହାରିଥିଲା। ବାରୀନ୍‌ଙ୍କ ପାଖକୁ ଲିଖିତ ତାଙ୍କର ପ୍ରାୟ ଆତ୍ମଜୀବନୀମୂଳକ ଦୀର୍ଘ ପତ୍ରଟି ୧୯୨୦ ମସିହାରେ ସେତେବେଳର ସର୍ବଭାରତୀୟ ରାଜନୀତିକ ନେତା ଚିତ୍ତରଞ୍ଜନଙ୍କ ଦ୍ୱାରା ସମ୍ପାଦିତ ହେଉଥିବା ପତ୍ରିକା 'ନାରାୟଣ'ରେ ବାହାରିଲା। ତା'ପରେ ତାଙ୍କର ବଙ୍ଗଳାଲେଖାର ପରିମାଣ ବହୁତ କମିଗଲା ସିନା, ମାତ୍ର ଏକ ବହୁତ ପରବର୍ତ୍ତୀ ଅବଧି ପର୍ଯ୍ୟନ୍ତ କେତେକ ସାଧିକାଙ୍କର ପତ୍ରର ଉତ୍ତର ସେ ବଙ୍ଗଳା ଭାଷାରେ ଦେଇଥିବାର ନଜିର ମଧ୍ୟ ରହିଛି।

ପ୍ରଥମ କାଳରେ ମହାରାଷ୍ଟ୍ରର ଗୋଟିଏ ଇଂରାଜୀ ପତ୍ରିକା 'ଇନ୍ଦୁପ୍ରକାଶ'କୁ ଶ୍ରୀ ଅରବିନ୍ଦ ନିୟମିତ ଭାବରେ କିଛି ଲେଖା ପଠାଉଥିଲେ। ସେଗୁଡ଼ିକର ସ୍ୱତନ୍ତ୍ର ଆବେଦନଗୁଡ଼ିକରେ ବିଚଳିତପ୍ରାୟ ହୋଇ ସମ୍ପାଦନା ତରଫରୁ ନିଜର ସ୍ୱରକୁ ନରମ କରିବା ନିମନ୍ତେ ତାଙ୍କୁ ଅନୁରୋଧ କରାଗଲା। ସେମାନେ ଭୟ କରୁଥିଲେ, ଏହି ଲେଖାଗୁଡ଼ିକ ଆଗକୁ ଆଗକୁ ଏହିଭଳି ବାହାରିଲେ ପତ୍ରିକାଟି ହୁଏତ ଇଂରେଜ ସରକାରଙ୍କର କ୍ରୋଧଦୃଷ୍ଟିରେ ପଡ଼ିବ ଏବଂ ସେମାନେ ପତ୍ରିକାଟିକୁ ବନ୍ଦ କରିଦେବାକୁ ଆଦେଶ ଦେବେ। ଲେଖକ, କହିବା ବାହୁଲ୍ୟ, ତଥାପି ଅନୁରୋଧଟି ରକ୍ଷା କରିବାକୁ କିଛି ଚିନ୍ତା ମଧ୍ୟ କରିଥିଲେ, ମାତ୍ର କ୍ରମେ ଅନୁରାଗ ହରାଇ ଲେଖିବା ବନ୍ଦ କରି ଦେଇଥିଲେ। 'କର୍ମଯୋଗିନ୍' ନାମକ ଆଉଗୋଟିଏ ପତ୍ରିକାରେ ମଧ୍ୟ ତାଙ୍କର ବହୁସଂଖ୍ୟକ ରଚନା ପ୍ରକାଶ ପାଇଥିଲା।

ଶ୍ରୀ ଅରବିନ୍ଦ ରଚନାବଳୀର ଶତବାର୍ଷିକୀ (ଇଂରାଜୀ) ସଂସ୍କରଣର ସର୍ବପ୍ରଥମ ଖଣ୍ଡଟିର ନାମ 'ବନ୍ଦେ ମାତରମ୍'। ସେତେବେଳକୁ ସେ ବରୋଦା ଛାଡ଼ି କଲିକତା ଆସି ସାରିଲେଣି। ଇଂରେଜ ଶାସନକର୍ତ୍ତୃତ୍ୱ ବଙ୍ଗପ୍ରଦେଶକୁ ଏଣିକି ଦୁଇଟା ଅଲଗା ଅଲଗା ଭାଗରେ ବିଭକ୍ତ କରିବେ ବୋଲି ଘୋଷଣା କରିଥାନ୍ତି। ତାହାରି ବିରୋଧରେ ଯେଉଁ ସମୂହ ଆନ୍ଦୋଳନଟି ହୋଇଥିଲା, ତାହାରି ନାମ ବନ୍ଦେ ମାତରମ୍ ଆନ୍ଦୋଳନ, ସେଥିରେ ଶ୍ରୀ ଅରବିନ୍ଦ ଏବଂ ରବୀନ୍ଦ୍ରନାଥ ଆଦି ବୃହତ୍ ବ୍ୟକ୍ତିମାନେ ସକ୍ରିୟ ଅଂଶ ଗ୍ରହଣ କରିଥିଲେ। ସମ୍ଭବତଃ ବ୍ରିଟିଶ୍ ଭାରତରେ ଏଇଟି ହେଉଛି ପ୍ରଥମ ସାଂସ୍କୃତିକ ଜନଆନ୍ଦୋଳନ, ଯେଉଁଥିରେ ପ୍ରଜାପକ୍ଷର ହିଁ ବିଜୟ ହୋଇଥିଲା। ବଙ୍ଗଭଙ୍ଗର ଆଦେଶକୁ ସରକାର ପ୍ରତ୍ୟାହାର କରି ନେଇଥିଲେ। ସେତିକିବେଳେ ଶ୍ରୀ ଅରବିନ୍ଦ କଲିକତା ଆସିଲେ। ବିଦେଶୀ ଶାସନ ସହିତ ଅସହଯୋଗ କରିବା ଆନ୍ଦୋଳନର ଏକ ମୁଖ୍ୟ କାର୍ଯ୍ୟକ୍ରମ ଥିଲା। ବ୍ରିଟିଶ୍ ଶିକ୍ଷାତନ୍ତ୍ରର ବୟକଟ୍ କରି ଜାତୀୟ ବିଦ୍ୟାଳୟର ସ୍ଥାପନା କରିବା ମଧ୍ୟ ଏଥିରେ ଅନ୍ତର୍ଭୁକ୍ତ ଥିଲା। ଶ୍ରୀ ଅରବିନ୍ଦ କଲିକତାରେ ସ୍ଥାପିତ ଜାତୀୟ ବିଦ୍ୟାଳୟର ଅଧକ୍ଷ ପଦରେ ରହି ଏକ ଯଥାର୍ଥ ଆଲୋକନକାରୀ ଶିକ୍ଷା ବସ୍ତୁତଃ କିଭଳି ହେବା ଉଚିତ ତାହାରି ପ୍ରୟୋଗ କରିଥିଲେ। ଜାତୀୟ ଶିକ୍ଷା ତଥା ପୂର୍ଣ୍ଣାଙ୍ଗ ଶିକ୍ଷା ବିଷୟରେ ତାଙ୍କର ନିଜସ୍ୱ ବିଚାରଗୁଡ଼ିକ ସେହି ସମୟରୁ ହିଁ ସାକାରତା ଲାଭ କରିବାକୁ ଆରମ୍ଭ କରିଥିଲା। 'ବନ୍ଦେ ମାତରମ୍' ନାମକ ଇଂରାଜୀ ପତ୍ରିକାଟି ମଧ୍ୟ ସେତିକିବେଳେ ବାହାରିଥିଲା। ଭାରତୀୟ ଜାତୀୟ କଂଗ୍ରେସ ଭିତରେ ତାତ୍କାଳୀନ ନରମବାଲାଙ୍କର ସମାନ୍ତରରୂପେ ଯେଉଁ ଜାତୀୟ ପୂର୍ଣ୍ଣସ୍ୱାଧୀନତାକାମୀ ଅନ୍ୟ ଶିବିରଟି ଜନ୍ମଲାଭ କରିଥିଲା, ତାହାର ପ୍ରମୁଖତମ ଦିଗ୍‌ଦର୍ଶକ ଶ୍ରୀ ଅରବିନ୍ଦ 'ବନ୍ଦେ ମାତରମ୍' ପତ୍ରିକାକୁ ତାହାର ମାଧ୍ୟମରୂପେ ବ୍ୟବହାର କରିଥିଲେ।

ପୂର୍ବରୁ ମଧ୍ୟ 'ଇନ୍ଦୁପ୍ରକାଶ'ରେ ଆପଣାର ସେହି ଜାଗରୂକକାରୀ ପ୍ରବନ୍ଧରେ ଭାରତବର୍ଷର ସବୁଠାରୁ ଅଧିକ ବଞ୍ଚିତ ବର୍ଗଟିର (ସେ ପ୍ରକୃତରେ ସେତେବେଳର ଇଉରୋପୀୟ ମାର୍କସୀୟ ବିଚାରମଣ୍ଡଳରେ ବ୍ୟବହୃତ ହେଉଥିବା 'ପ୍ରୋଲେଟାରିଆଟ୍' ଶବ୍ଦଟିକୁ ବ୍ୟବହାର କରିଛନ୍ତି।) ସମୁତ୍ଥାନ ତଥା ଶିକ୍ଷାପ୍ରାପ୍ତିକୁ ହିଁ ରାଜନୀତିକ ନେତୃତ୍ୱର ସର୍ବପ୍ରଥମ ଏବଂ ସବୁଠାରୁ ଅଧିକ ବଡ଼ କର୍ତ୍ତବ୍ୟ ବୋଲି କହି ସାରିଥିଲେ। 'ବନ୍ଦେ ମାତରମ୍'ର ଗୋଟିଏ ଅବସରରେ ସେ କେଡ଼େ ସ୍ପଷ୍ଟ ଭାବରେ "ଭାରତର ଗ୍ରାମସମୁଦାୟ ଗୁଡ଼ିକ ପୂର୍ବେ ଯେପରି ଥିଲେ, ବର୍ତ୍ତମାନ ଆମେ ସମୁଦାୟ ଜାତିକୁ ଅଧିକତଃ ସେହପରି ଏକ ଛାଞ୍ଚରେ ଗଠନ କରିବା'' ବୋଲି ଆହ୍ୱାନ ଦେଇଛନ୍ତି। ଅର୍ଥାତ୍, ଦେଶ ଆତ୍ମନିର୍ଭରଶୀଳ ହେବ, ସ୍ୱାଧୀନ

ହେବ, ଏବଂ ନିଜକୁ ସ୍ୱତନ୍ତ୍ର ଭାବରେ ଗଠନ କରି ଆଣିବାଲାଗି ଆପଣାର ସକଳ ଉଦ୍ୟମକୁ ଯଥାସମ୍ଭବ ଅଧିକ ସଂକେନ୍ଦ୍ରିତ ମଧ୍ୟ କରି ପାରୁଥିବ, – ଏହିପରି ଏକ ଲକ୍ଷ୍ୟରେ ଯାଇ ପହଞ୍ଚିବାର ଉଦ୍ୟମକୁ ସେ ଜାତୀୟ ସ୍ୱରାଜ୍ୟ ବୋଲି ବ୍ୟାଖ୍ୟା କରିଛନ୍ତି। ତତ୍କାଳୀନ ବ୍ରିଟିଶ୍ ସରକାରକୁ ଲକ୍ଷ୍ୟ କରି ସେ କେଡ଼େ ସ୍ପଷ୍ଟ ଭାବରେ ବି କହିଛନ୍ତି : "ରାଜା ଅର୍ଥାତ୍ ଶାସକ ତ ଯଥାର୍ଥରେ ରାଜା ଏବଂ ଶାସକ ବୋଲାଇ ପାରିବ, ଯେତେବେଳେ କି ସିଏ ନିଜ ପ୍ରଜାମାନଙ୍କର ପରିତୃପ୍ତି ବିଧାନ କରୁଥିବ। ନିଜର ବାହୁବଳ ଅଥବା ଦଣ୍ଡଶକ୍ତି ଉପରେ ନିର୍ଭର କରି ସିଏ ଶାସନ କରିବନାହିଁ, – ଲୋକମାନଙ୍କୁ କଲ୍ୟାଣକାରୀ ଯଥାର୍ଥ ସହାୟତାଗୁଡ଼ିକ ଯୋଗାଇ ଦେଇ ଏବଂ ପ୍ରଜାମାନଙ୍କର ସେବା କରି ହିଁ ସିଏ ଆପଣାର ପଦଟିର ପ୍ରତିପାଦନ କରୁଥିବ। ପ୍ରଜାବର୍ଗକୁ ସୁରକ୍ଷା ଦେବ, ନ୍ୟାୟବିଚାର ପ୍ରଦାନ କରୁଥିବ, ସେମାନଙ୍କର ଅଭାବମୋଚନ କରି ପାରୁଥିବ।

ସେତେବେଳେ ଥରେ ଉତ୍ତର ପଶ୍ଚିମ ସୀମାନ୍ତ ପ୍ରଦେଶରେ ଆଫ୍ରିଦୀମାନେ ସେଠାରେ ବାସ କରି ରହିଥିବା ହିନ୍ଦୁମାନଙ୍କୁ ହତ୍ୟା କରୁଥିବାର ଏକ ଘଟଣା ଉପରେ ମନ୍ତବ୍ୟ ଦେଇ ଶ୍ରୀ ଅରବିନ୍ଦ Sleeping Sirkar and Waking People (ଶୋଇଥିବା ସରକାର ଏବଂ ଜାଗ୍ରତ ହେଉଥିବା ଜନଗଣ) ନାମକ ଏକ ଅତ୍ୟନ୍ତ ଶକ୍ତିଶାଳୀ ନିବନ୍ଧ ମଧ୍ୟ ଲେଖିଥିଲେ। ସଂପୂର୍ଣ୍ଣ ଭାବରେ ସକଳ ସନ୍ଦେହର ନିରାକରଣ କରିଦେଇ ସେ ଭାରତବର୍ଷର ଜାତୀୟ ଆନ୍ଦୋଳନ ବିଦେଶୀମାନଙ୍କ ଲାଗି କୌଣସି ପ୍ରକାରର ଘୃଣା ପୋଷଣ କରୁନାହିଁ ଏବଂ ବିଦେଶୀ ଶାସନର ସର୍ବବିଧ ଶୋଷଣର ଏକାଧିକ କୁପରିଣାମ ବିଷୟରେ ପ୍ରତିବାଦ କରି ବାହାରିଛି ବୋଲି କେଡ଼େ ପରିଷ୍କାର ଭାବରେ ମଧ୍ୟ କହିଥିଲେ। ସ୍ୱରାଜ୍ୟର ଆଦର୍ଶଟି ଯେପରି ଭାବରେ ଜାତୀୟ ସଂଗ୍ରାମର ପରବର୍ତ୍ତୀ ପର୍ଯ୍ୟାୟ ମାନଙ୍କରେ ପ୍ରାଞ୍ଜଳ ହୋଇ ଆସିଥିଲା, ସେଇଟିର ମୂଳଦୁଆ ଗୁଡ଼ିକ ମଧ୍ୟ ଆମକୁ ଶ୍ରୀ ଅରବିନ୍ଦଙ୍କର ସେହି କାଳର ବିଚାରଟିରୁ ବେଶ୍ ସ୍ପଷ୍ଟ ହୋଇଯିବ : "ସ୍ୱରାଜ୍ୟର ବୀଜଟି ବୃକ୍ଷରେ ପରିଣତ ହୋଇ ଫଳ ଫଳାଇବାକୁ ଏବଂ ପ୍ରତ୍ୟକ୍ଷ ହେବାକୁ ଯାହା ତଥାପି ବାକୀ ରହିଛି, ତାହାର ଏକମାତ୍ର ବାଟ ହେଉଛି ଯେ, ବର୍ତ୍ତମାନ ଦେଶର ଶିକ୍ଷିତ ବ୍ୟକ୍ତି ଓ କୃଷକମାନଙ୍କ ମଧ୍ୟରେ ଯେଉଁ ଦୂରତାଗୁଡ଼ିକ ରହିଛି ଏବଂ ଯାହାକୁ ଇଂରେଜ ଶାସକମାନଙ୍କ ଦ୍ୱାରା ଏଠାରେ ପ୍ରଚଳିତ ଶିକ୍ଷା କ୍ରମଶଃ ସୃଷ୍ଟି କରି ଆଣିଛି, ଆମେ ତାହାକୁ ସଂପୂର୍ଣ୍ଣ ଭାବରେ ଭାଙ୍ଗିଦେବା ଏବଂ ବ୍ୟବସ୍ଥାଟିକୁ ନୂତନ ଭାବରେ ହିଁ ଗଢ଼ିବା। ମୂଳତଃ ତିନୋଟି ଉପାୟରେ - ପାରସ୍ପରିକ ସହାୟତା, ପ୍ରୀତିପୂର୍ଣ୍ଣ ସମ୍ବନ୍ଧ ଏବଂ ଆମ ଦେଶବାସୀଙ୍କର ସଂପୂର୍ଣ୍ଣ ସମୂହଟି ସହିତ ଏକ ଅଭେଦ ଏକାତ୍ମତାର

ସ୍ଥାପନ, – ଆମେ ଭାରତବର୍ଷର ସମାଜ ତଥା ଲୋକଜୀବନକୁ ସଂହତ କରି ଐକ୍ୟବଦ୍ଧ କରି ରଖିପାରିବା।''

ପୁନଶ୍ଚ, "ସ୍ୱରାଜ୍ୟର ଆଉଗୋଟିଏ ମୌଳିକ ଆବଶ୍ୟକତା ହେଉଛି ଯେ, ଆମେ ଜନଗଣଙ୍କର ମାନସକ୍ଷେତ୍ରରେ ଏକ ରାଜନୀତିକ ସଚେତନ ବୋଧକୁ ଜାଗୃତ କରି ଆଣିବା। ଇତିହାସରେ ଏପରି ଗୋଟିଏ ସମୟ ହୁଏତ ରହିଥିଲା, ଯେତେବେଳେ କି ମାତ୍ର ଅଳ୍ପ କେତୋଟି ବର୍ଗ, – ଶାସକମାନେ, ଉଚ୍ଚଶିକ୍ଷିତମାନେ କିମ୍ବା ଖୁବ୍‌ବେଶୀ ହେଲେ ବ୍ୟବସାୟ ବାଣିଜ୍ୟର କ୍ଷେତ୍ରରେ ମୁଖ୍ୟ ସ୍ଥାନମାନଙ୍କରେ ରହିଥିବା କେତେକ ସମୂହର ଜାଗୃତିଟିକୁ ହିଁ ଯଥେଷ୍ଟ ବୋଲି ବିବେଚନା କରା ଯାଉଥିଲା। କିନ୍ତୁ, ଆମର ଏହି ଉପସ୍ଥିତ ସମୟଟିରେ ଗୋଟିଏ ଜାତିର ଯଥାର୍ଥରେ ସଂଗଠିତ ହୋଇ ପାରିବାର ସାଧାରଣ ଜନଗଣଙ୍କର ରାଜନୀତିକ ବିଚାରଶକ୍ତି ଜାଗୃତ ହେବା ଉପରେ ହିଁ ବହୁ ପରିମାଣରେ ନିର୍ଭର କରୁଛି। ଏହି ଯୁଗଟି ହେଉଛି ଜନସମୂହଙ୍କର ଯୁଗ, ଲକ୍ଷ ଏବଂ କୋଟିଙ୍କର ଯୁଗ, ଅର୍ଥାତ୍ ଲୋକତନ୍ତ୍ରର ଯୁଗ। ଏବଂ, ଆଧୁନିକ ଏହି କାଳର ସଂଘର୍ଷଟିରେ ଯଦି କୌଣସି ଜାତି ଯଦି ସତକୁ ସତ ଟାଣ ହୋଇ ତିଷ୍ଠି ରହିବାକୁ ଇଚ୍ଛା କରୁଥାଏ, ଯଦି ତାହା ପ୍ରକୃତ ସ୍ୱରାଜ୍ୟର ପୁନରୁଦ୍ଧାର ବା ସ୍ଥାୟୀ ଅବସ୍ଥାନ ଚାହୁଥାଏ, ତେବେ ତାକୁ ସମୁଦାୟ ସମୂହଟିକୁ ଜାଗୃତ କରି ଆଣିବାରେ ମନୋନିବେଶ କରିବାକୁ ପଡ଼ିବ ଏବଂ ସଚେତନ ଭାବରେ ଜାତିନାମକ ସଚେତନ ଜୀବନ ମଧ୍ୟକୁ ସାମିଲ୍ କରି ଆଣିବାକୁ ହିଁ ହେବ। ତେବେ ଯାଇ ଜାତିମଧ୍ୟରେ ରହିଥିବା ପ୍ରତ୍ୟେକ ମନୁଷ୍ୟ ଅନୁଭବ କରି ପାରିବ ଯେ, ଏହି ଜାତିନାମକ ପୂର୍ଣ୍ଣାୟତନ ମଧ୍ୟରେ ହିଁ ସିଏ ଜୀବନଧାରଣ କରି ରହିଛି, ଜାତିର ସମୃଦ୍ଧିଦ୍ୱାରା ତା'ର ନିଜ ଜୀବନ ମଧ୍ୟ ସମୃଦ୍ଧିଲାଭ କରୁଛି, ଏବଂ ତା'ର ଜାତି ସ୍ୱାଧୀନ ହୋଇଥିବାରୁ ସିଏ ସ୍ୱୟଂ ସ୍ୱାଧୀନ ହୋଇ ପାରିଛି।

ସମଗ୍ର ରଚନାବଳୀର ଦ୍ୱିତୀୟ ଖଣ୍ଡ ହେଉଛି ଶ୍ରୀ ଅରବିନ୍ଦ 'କର୍ମଯୋଗିନ୍' ପତ୍ରିକାରେ ଲେଖିଥିବା ପ୍ରବନ୍ଧଗୁଡ଼ିକ। ଭାରତବର୍ଷକୁ ଉପନିବେଶରୂପେ ଶାସନ କରୁଥିବା ତତ୍କାଳୀନ ସରକାରଙ୍କୁ ନିର୍ଦ୍ଦେଶିତ କରି ସେ ଗୋଟିଏ ପ୍ରକରଣରେ ଲେଖିଛନ୍ତି, "ସରକାର ମନେ ରଖିବା ଉଚିତ ଯେ, ସମ୍ପ୍ରତି ସେଇଟି ଯେପରି ଭାବରେ ଗଢ଼ା ହୋଇଛି ଓ ଚାଲୁଛି, ସେଥିରେ ଜନଗଣଙ୍କ ସହିତ ତାହାର କୌଣସି ସମ୍ପର୍କ ନାହିଁ। ଯଦି ତାହା ତଥାପି କୌଣସି ସହଯୋଗ କାମନା କରୁଥାଏ, ତେବେ ଲୋକମାନେ କୌଣସି ପ୍ରତିବାଦ ନକରି ସରକାରଙ୍କର ସବୁକିଛିକୁ ମାନି ନିଅନ୍ତୁ ବୋଲି ଦାବୀ କରି କଦାପି ସେହି ସହଯୋଗ ପାଇ ପାରିବ ନାହିଁ। ବର୍ତ୍ତମାନ ତ ଲୋକମାନଙ୍କୁ ସେହି ପରାମର୍ଶ ହିଁ ଦିଆଯାଉଛି। ସରକାରୀ ହାକିମ ଓ ଅମଲାମାନେ ସତେଅବା କୌଣସି

ଈଶ୍ୱରଦତ୍ତ ଅଧିକାର ପାଇଥିବା ପରି ଶାସନ କରୁଛନ୍ତି ଏବଂ ଲୋକମାନଙ୍କୁ ବାଧ୍ୟ ରହିବାକୁ ହିଁ କୁହାହେବାର ଲାଗିଛି। କୌଣସି ଆଧୁନିକ ଜାତି ସେକଥାକୁ ମାନି ନେବନାହିଁ। (ପୃଷ୍ଠା -୧୧୫-୬) ଅର୍ଥାତ୍ ଅସହଯୋଗ ହେଉଛି ସମୁଚିତ ମାର୍ଗ। ହିଂସା ହେବନାହିଁ, କିନ୍ତୁ ପ୍ରତିରୋଧ କରାଯିବ। ବ୍ୟକ୍ତି ଏବଂ ସାଧାରଣ ଜନଗଣଙ୍କୁ ସେମାନଙ୍କ ଉପରେ ବଳପୂର୍ବକ ଲଦି ଦିଆ ଯାଇଥିବା ଅନ୍ୟାୟପୂର୍ଣ୍ଣ ଆଇନ୍‌କୁ ଭାଙ୍ଗିବା ନିମନ୍ତେ ଆପଣାକୁ ପ୍ରସ୍ତୁତ କରିବେ ଏବଂ, ସେଥିଲାଗି ଯାହାକିଛି ପରିଣାମ ଭୋଗ କରିବାକୁ ହେବ, ସେମାନେ ସହ୍ୟ କରିବେ। ...ପୁନଶ୍ଚ, ଅତ୍ୟନ୍ତ ମହତ୍ତ୍ୱପୂର୍ଣ୍ଣ କ୍ଷେତ୍ରମାନଙ୍କରେ ଜାଣିଶୁଣି ଯେଉଁ ସରକାରସ୍ଥ ବ୍ୟକ୍ତିମାନେ ନାନାବିଧ ଖିଲାପ କରୁଥିବେ, ସେହି ଉଚ୍ଚପଦସ୍ଥ ବ୍ୟକ୍ତିମାନଙ୍କୁ ମଧ୍ୟ ଲୋକମାନେ ବୟକଟ କରି ପାରୁଥିବେ। (୧ମ ଖଣ୍ଡ, ପୃଷ୍ଠା-୧୧୩)। ଏବଂ, ପୁନର୍ବାର ୨ୟ ଖଣ୍ଡର ୧୧୪ ପୃଷ୍ଠାରେ ମଧ୍ୟ ସେହି ଗୋଟିଏ କଥା, ଟିକିଏ ବିସ୍ତୃତତର ଭାବରେ : ଆମେ ଜନଗଣଙ୍କୁ କହିଛୁ ଯେ, ଆମେ ଯେଉଁ ସ୍ୱାଧୀନତାକୁ ହାସଲ କରିବାକୁ ଲକ୍ଷ୍ୟ ରଖିଛୁ, ସେଥିଲାଗି ଗୋଟିଏ ଶାନ୍ତିପୂର୍ଣ୍ଣ ମାର୍ଗ ରହିଛି। ଆମେ ସେମାନଙ୍କୁ କହିଛୁ, ପାରସ୍ପରିକ ସହାୟତା ଏବଂ ହିଂସାରହିତ ପ୍ରତିରୋଧ ଦ୍ୱାରା ଆମେ ସେହି ସ୍ୱାଧୀନତାକୁ ହାସଲ କରିପାରିବା। ଦେଶର ତରୁଣମାନଙ୍କୁ କହିଛୁ, "ତୁମେମାନେ ନିଜର ଉଦ୍ୟୋଗଗୁଡ଼ିକୁ ନିଜେ ଆରମ୍ଭ କର, ନିଜର ସ୍କୁଲ ତଥା କଲେଜଗୁଡ଼ିକୁ ନିଜର ଉପଯୋଗୀ କରି ବିକଳ୍ପମାନଙ୍କର ପ୍ରତିଷ୍ଠା କରାଅ। ଆପଣାର ଯାବତୀୟ କଳହକୁ ଏକତ୍ର ଆପେ ସମାଧାନ କର। ତୁମେମାନେ ନିଜର ଶାସନ ନିଜେ ଚଳାଇ ପାରିବା ନିମନ୍ତେ ବର୍ତ୍ତମାନ ଆଦୌ ଉପଯୁକ୍ତ ହୋଇନାହଁ ବୋଲି ତୁମମାନଙ୍କୁ କୁହାଯାଉଛି। ଦୃଷ୍ଟାନ୍ତ ଦ୍ୱାରା ଦେଖାଇଦିଅ ଯେ ତୁମେମାନେ ସେଥିଲାଗି ପ୍ରକୃତରେ ସମର୍ଥ୍ୟ ଅର୍ଜନ କରି ସାରିଲଣି। ହଁ, ତୁମେମାନେ ଏହାକୁ ସ୍ୱାୟତ୍ତଶାସନ ଦ୍ୱାରା ପ୍ରମାଣ କରିଦିଅ, ପାରସ୍ପରିକ ସହାୟତା ଦ୍ୱାରା ଅନ୍ୟମାନଙ୍କ ଉପରେ ନିର୍ଭର ନକରି ହିଁ ଦେଖାଇଦିଅ।''

ତା'ପରେ ଶ୍ରୀ ଅରବିନ୍ଦ କହିଛନ୍ତି : ସେହି କାର୍ଯ୍ୟସୂଚୀର ଏକ ଦ୍ୱିତୀୟ ଅଙ୍ଗ ମଧ୍ୟ ରହିଛି ଏବଂ ତାହା ହେଉଛି ହିଂସାରହିତ ପ୍ରତିରୋଧ। ଏଥିଲାଗି ଆମେ ଦୁଇଟି କଥା ସର୍ବଦା ମନେ ରଖିଥିବା: ପ୍ରଥମତଃ, କେତେକ ବିଷୟରେ ଆମେ ଏ ଦେଶର ସରକାର ସହିତ ଆଦୌ କୌଣସି ସହଯୋଗ କରିବାନାହିଁ। ସରକାର ଆମକୁ ଆମେ ବିଚାର କରୁଥିବା ଅଧିକାରଗୁଡ଼ିକୁ ପ୍ରଦାନ ନକରିଥିବା ପର୍ଯ୍ୟନ୍ତ ସହଯୋଗ କରିବାନାହିଁ। ଦ୍ୱିତୀୟତଃ ଯଦି ସରକାର ଏଥିପାଇଁ ଆମକୁ ଶାସ୍ତି ଦେବେ ଏବଂ ଆମ ଉପରେ ଉତ୍ପୀଡ଼ନ କରି ବାହାରିବେ, ଯଦି ଆମ ଉପରେ ଅତ୍ୟାଚାରର ଲଙ୍ଗଳକୁ ଚଳାଇ

ନେବାକୁ ଇଚ୍ଛା କରିବେ, ତେବେ ତାହାର ଜବାବରେ ଆମେ ହିଂସାଦ୍ୱାରା କଦାପି ତାହାର ଜବାବ ଦେବାନାହିଁ। ଆମେ ଅତ୍ୟାଚାରକୁ ବରଣ କରିନେବା ଓ ତାହାରି ଦ୍ୱାରା ହିଁ ପ୍ରତ୍ୟୁତ୍ତର ଦେବା – ଆଇନ୍ ଭିତରେ ରହି ସକଳ ଉତ୍ପୀଡ଼ନକୁ ଅବଶ୍ୟ ସହ୍ୟ କରିବା। "ଅତ୍ୟାଚାର ହେଉଥିବା ସମୟରେ ତୁମେମାନେ ପ୍ରତିଶୋଧମୂଳକ ଭାବରେ ତାହାର ଜବାବ ଦିଅ'' ବୋଲି ଆମେ ତରୁଣମାନଙ୍କୁ କହିନାହୁଁ; ସେମାନଙ୍କୁ ଆମେ "ଦୁଃଖକୁ ସହ୍ୟ କର'' ବୋଲି ହିଁ କହିଛୁ।

ଭାରତବର୍ଷ ନିମନ୍ତେ ସେହି ସ୍ୱରାଜ୍ୟନାମକ କଳ୍ପନାଚିତ୍ରଟିକୁ ବାସ୍ତବ ରୂପଟିଏ ଦେବାପାଇଁ ଯେଉଁମାନେ ବାହାରିବେ, ତାହାର ଆଲୋଚନା କରିବାକୁ ଯାଇ ଶ୍ରୀ ଅରବିନ୍ଦ ଏପରି ଗୋଟିଏ ଅଧ୍ୟାତ୍ମ ମାର୍ଗର ପୂର୍ଣ୍ଣନିଷ୍ଠ କର୍ମୀମାନଙ୍କୁ ଆଖି ଆଗରେ ଦେଖିଛନ୍ତି, ଯେଉଁମାନଙ୍କର ତପସ୍ୟା ଭାରତବର୍ଷର ମୁକ୍ତିକୁ ସମ୍ଭବ କରି ଆଣିପାରିବ ଏବଂ ତା'ପରେ ତାହା ସମଗ୍ର ମନୁଷ୍ୟଜାତିର ବିମୋଚନ ନିମନ୍ତେ ମଧ୍ୟ ସହାୟକ ହେବ। ସକଳ ସ୍ୱାର୍ଥଭାବନାରୁ ମୁକ୍ତ କର୍ମୀମାନଙ୍କର ସେହି ଗୋଷ୍ଠୀଗୁଡ଼ିକ ହିଁ ସେହି ମୁକ୍ତିର ଉପଲବ୍ଧି ପାଇଁ ବ୍ରତ ନେଇ ବାହାରି ଆସିବେ। ଏହା ଯେ ଏକ ଅତ୍ୟନ୍ତ ବିରାଟ ଦାୟିତ୍ୱଟିଏ, ସେଥିରେ ଆଦୌ କୌଣସି ସନ୍ଦେହ ନାହିଁ। ସମୟ ମଧ୍ୟ କମ୍ ଏବଂ କର୍ମୀମାନଙ୍କର ସଂଖ୍ୟା ଅଳପ। ତେଣୁ, ଏପରି ଗୋଟିଏ ଅନୁଷ୍ଠାନ ରହିବ, ଯାହାକି ସେହି କର୍ମୀକୁଳକୁ ପ୍ରଶିକ୍ଷିତ କରାଇନେବ। ପୁନଶ୍ଚ, ଯେଉଁମାନେ ବର୍ତ୍ତମାନ ଏକ ଅନ୍ୟ ଭଳି ଶିକ୍ଷାର ପ୍ରଚଳନ ପାଇଁ ଉଦ୍ୟମ କରୁଛନ୍ତି, ଗ୍ରାମମାନଙ୍କର ଜୀବନକୁ ନୂଆ ଧାରାରେ ଗଠିତ କରିଆଣିବା ଲାଗି ସଚେଷ୍ଟ ଅଛନ୍ତି, ଆପୋଷରେ ଯାବତୀୟ ବିବାଦର ମୀମାଂସା ହେଉ ବୋଲି କ୍ରିୟାଶୀଳ ରହିଛନ୍ତି, ଦୁର୍ଭିକ୍ଷ ତଥା ଅସ୍ୱାସ୍ଥ୍ୟ ବେଳେ ଲୋକମାନଙ୍କର ସହାୟତା କରୁଛନ୍ତି ତଥା ସ୍ୱଦେଶୀର ପ୍ରଚାର କରୁଛନ୍ତି, ଉକ୍ତ ଅନୁଷ୍ଠାନ ସେମାନଙ୍କୁ ଆବଶ୍ୟକ ସକଳ ପ୍ରକାରେ ସହାୟତା ମଧ୍ୟ ଯୋଗାଇ ଦେବ। (I, ପୃଷ୍ଠା -୭୬୫-୬) ଏବଂ ତା'ପରେ ଶ୍ରୀ ଅରବିନ୍ଦ ସ୍ପଷ୍ଟ ଭାବରେ ବି କହିଛନ୍ତି ଯେ, ଯେଉଁ ବ୍ୟକ୍ତିମାନେ ନିଜର ସର୍ବୋତ୍ତମ ଶକ୍ତିକୁ ତଥା ସମୟକୁ ଏକାଧିକ କାରଣରୁ ଆପଣାର ଦୈନନ୍ଦିନ ଭରଣପୋଷଣ ନିମନ୍ତେ ଦେଇ ତା'ପରେ ବଳକା ଅତ୍ୟଳ୍ପ ଶକ୍ତି ଓ ସମୟକୁ ନିଜ ଦେଶ ସକାଶେ ଦେଉଛନ୍ତି, ସେମାନେ କେବେହେଲେ ଏହି ନିର୍ଦ୍ଦିଷ୍ଟ କାର୍ଯ୍ୟଟିର ଭାଜନ ହେବେନାହିଁ।

ଶ୍ରୀ ଅରବିନ୍ଦଙ୍କର ଦୃଷ୍ଟିରେ ସ୍ୱରାଜ୍ୟର ପ୍ରାପ୍ତି ନିମନ୍ତେ ଯେଉଁ ରାଜନୀତିକ ସ୍ୱାଧୀନତା ଅତ୍ୟାବଶ୍ୟକ, ତାହାର ସର୍ବଦା ଦୁଇଟି ଦିଗ ରହିଛି - ବାହ୍ୟିକ ସ୍ୱାଧୀନତା ଏବଂ ଆନ୍ତରିକ ସ୍ୱାଧୀନତା। ବିଦେଶୀମାନଙ୍କର ଶାସନରୁ ସମ୍ପୂର୍ଣ୍ଣ ଭାବରେ ମୁକ୍ତି,

ତାହା ବାହ୍ୟିକ ସ୍ୱାଧୀନତା। ପ୍ରଜାତନ୍ତ୍ର ହେଉଛି ଆନ୍ତରିକ ସ୍ୱାଧୀନତାର ଚରମ ବିକାଶ। ଯେତେଦିନ ପର୍ଯ୍ୟନ୍ତ ପରର ଶାସନ ବା ରାଜତ୍ୱ ଥିବ, ସେତେଦିନ ପର୍ଯ୍ୟନ୍ତ କୌଣସି ଜାତିକୁ ଏକ ସ୍ୱରାଜ୍ୟପ୍ରାପ୍ତ ସ୍ୱାଧୀନ ଜାତି ବୋଲି କୁହା ଯିବନାହିଁ। ଯେତେଦିନ ପର୍ଯ୍ୟନ୍ତ ପ୍ରଜାତନ୍ତ୍ରର ସ୍ଥାପନା ନହୋଇଥିବ, ସେତେଦିନ ଯାଏ ଜାତିର ଅନ୍ତର୍ଗତ ପ୍ରଜାଗଣଙ୍କୁ ସ୍ୱାଧୀନ ମନୁଷ୍ୟ ବୋଲି ମୋଟେ କୁହା ଯିବନାହିଁ। ଆମେ ସଂପୂର୍ଣ୍ଣ ସ୍ୱାଧୀନତା ପାଇବା ସକାଶେ ଇଚ୍ଛା କରୁଛୁ: ବିଦେଶୀ ମାନଙ୍କର ଆଦେଶ ଏବଂ ବନ୍ଧନରୁ ସଂପୂର୍ଣ୍ଣ ଭାବରେ ମୁକ୍ତି ଏବଂ ନିଜର ଦେଶରେ ପ୍ରଜାର ହିଁ ସମ୍ପୂର୍ଣ୍ଣ ଆଧିପତ୍ୟ। ଏହା ହିଁ ଆମର ରାଜନୀତିକ ଲକ୍ଷ୍ୟ। (୪, ୧୪୮) ନିଜର ସାନଭାଇ ବାରୀନ୍ଦ୍ରକୁ ଲେଖିଥିବା ଗୋଟିଏ ପତ୍ରରେ ମଧ୍ୟ ସାରତଃ ସେହି କଥାଟି : ଆମେ ଭେଦପ୍ରତିଷ୍ଠ ଏକ ସମାଜ ମୋଟେ ଚାହୁନା, – ଆତ୍ମପ୍ରତିଷ୍ଠ ଆତ୍ମୀୟ ଐକ୍ୟର ମୂର୍ତ୍ତ ସଂଘଟିଏ ହିଁ ଚାହୁଛୁ। ଏହି idea ବା ଭାବକୁ ସ୍ୱୀକାର କରି ହିଁ ତ ଆମେ 'ଦେବସଂଘ' ନାମଟିର ଉଦ୍‌ଭାବନ କରିଛୁ । ଯେଉଁମାନେ ଏକ ଦେବଜୀବନର ବାସନା ରଖିଛନ୍ତି, ସେହିମାନଙ୍କର ସଂଘ ହେଉଛି ଦେବସଂଘ। ଦେଶର ଗୋଟିଏ ସ୍ଥାନରେ ସେହିଭଳି ଗୋଟିଏ ସଂଘର ସ୍ଥାପନା କରି କ୍ରମେ ତାହାକୁ ଦେଶସାରା ବ୍ୟାପ୍ତ କରି ଆଣିବାକୁ ପଡ଼ିବ। ମାତ୍ର, ଏହିଭଳି ସଂଘଟିଏ ଉପରେ ଯଦି ଅହଂର କୌଣସି ଛାଇ ଆସି ପଡ଼ିବାକୁ ଆରମ୍ଭ କରିବ, ତେବେ ସଂଘଟି ସେହି ହେତୁ ଗୋଟିଏ ଦଳରେ ହିଁ ପରିଣତ ହୋଇଯିବ। .... ଆମେ ଜଗତର କୌଣସି କାର୍ଯ୍ୟକୁ ମଧ୍ୟ ଆମ କାର୍ଯ୍ୟକ୍ରମରୁ ବାଦ୍ ଦେବାକୁ ଇଚ୍ଛା କରୁନାହୁଁ, – ରାଜନୀତି, ବାଣିଜ୍ୟ, ସମାଜ, କାବ୍ୟ, ଶିଳ୍ପକଳା, ସାହିତ୍ୟ, – ଏଥିରେ ସକଳ ସବୁକିଛି ନିମନ୍ତେ ସ୍ଥାନ ରହିବ, ଏହି ସବୁକିଛିକୁ ନୂତନ ପ୍ରାଣ ଓ ନୂତନ ଆକାର ଦେବାକୁ ହେବ। ... ଏହି ସଂଘଟି ହେବ ଆମର ପ୍ରଥମ ଉଠାଣି ରାସ୍ତା; ଏହି ଆଦର୍ଶରେ ଯେଉଁମାନେ ଉଦ୍‌ବୁଦ୍ଧ, ସେମାନେ ଐକ୍ୟବଦ୍ଧ ହୋଇ ନାନାସ୍ଥାନରେ କାର୍ଯ୍ୟ କରିବେ ଏବଂ ପରେ ତାହାକୁ ଏକ Spiritual Communeର (ଅଧ୍ୟାତ୍ମସଂଘ) ରୂପ ଦେଇ ସଂଘବଦ୍ଧ ଭାବରେ ନିଜର ରୁଚି ଅନୁସାରେ ଯୁଗାନୁରୂପ ଆକୃତିମାନ ପ୍ରଦାନ କରିବେ। କୌଣସି ଶକ୍ତି ବାଧାଭଳି ନୁହେଁ, ଅଚଳାୟତନ ନୁହେଁ, ମାତ୍ର ଗୋଟିଏ ସ୍ୱାଧୀନ ରୂପ, ଯାହା ସମୁଦ୍ରପରି ଚତୁର୍ଦ୍ଦିଗକୁ ବ୍ୟାପ୍ତ ହୋଇ ପାରୁଥିବ.... ସବୁଟିକୁ ଅନ୍ତର୍ଗତ କରି ଆଣିପାରୁଥିବ, – ଏହିପରି ପରିଶେଷରେ ଗୋଟିଏ Spiritual Community (ଦେବଜାତି) ମଧ୍ୟ ସମ୍ଭବ ହୋଇ ଆସିବ। (୪, ୩୨୯-୩୩୧)

ଯଦି ସମଗ୍ରତଃ ତାହାହିଁ ଲକ୍ଷ୍ୟ ଓ କାର୍ଯ୍ୟକ୍ରମ ହୁଏ, ତେବେ ଭାରତବର୍ଷକୁ ନ୍ୟାୟତଃ କିପରି ଭାବରେ ସେଥିପାଇଁ ପ୍ରସ୍ତୁତ ହେବାକୁ ହେବ ଏବଂ ଆଗକୁ ଖୋଜ

ପକାଇବାକୁ ପଡ଼ିବ ? ସେହି ସନ୍ଦର୍ଭରେ ବର୍ତ୍ତମାନ ଉପରେ ଦୃଷ୍ଟିପାତ କରି ଶ୍ରୀ ଅରବିନ୍ଦ ସତେଅବା ସ୍ଥିତିଟିର ବହୁତ ଭିତରକୁ ଯାଇ ଲେଖିଥିଲେ : ମୋ'ର ଧାରଣା ଯେ, ଭାରତବର୍ଷର ଦୁର୍ବଳତାର ପ୍ରଧାନ କାରଣ ପରାଧୀନତା ନୁହେଁ, ଦାରିଦ୍ର୍ୟ ନୁହେଁ, ଅଧ୍ୟାତ୍ମବୋଧ କିମ୍ବା ଧର୍ମର ଅଭାବ ମଧ୍ୟ ନୁହେଁ। ପ୍ରଧାନ ଅଭାବ ଏବଂ ତେଣୁ କାରଣ ହେଉଛି ଚିନ୍ତାଶକ୍ତିର ହ୍ରାସ, – ଜ୍ଞାନର ଏହି ଜନ୍ମଭୂମିରେ ଅଜ୍ଞାନର ବିସ୍ତାର। ସର୍ବତ୍ର ହିଁ ଦେଖିବାକୁ ମିଳିବ inability ବା unwillingness to think (ଚିନ୍ତା କରିବାର ଅକ୍ଷମତା, ଅନିଚ୍ଛା) ବା ଚିନ୍ତା ଫୋବିୟା (phobia)... କେତେଜଣ solitary giants (ଏକକ ଅତିକାୟ ମହାପୁରୁଷ)ଙ୍କ ଛଡ଼ା ସବୁଠାରେ ହିଁ average man (ସାଧାରଣ ବା ହାରାହାରି ସ୍ତରର ମନୁଷ୍ୟ, ଯିଏ କି ଚିନ୍ତା କରିବାକୁ ଚାହୁଁନାହିଁ, ଯାହାଠାରେ ଗୋଟିଏ ବିନ୍ଦୁ ଶକ୍ତି ମଧ୍ୟ ନାହିଁ, – କେବଳ ନାନା କ୍ଷଣିକ ଉତ୍ତେଜନା ହିଁ ରହିଛି। ... ଆମର ସଭ୍ୟତା ଏକ ଅଚଳାୟତନରେ ପରିଣତ ହୋଇଯାଇଛି, – ବାହ୍ୟ ଧର୍ମର ନାନାବିଧ ରକ୍ଷଣଶୀଳତା ଏବଂ ଅଧ୍ୟାତ୍ମଭାବ ହେଉଛି ଏକ କ୍ଷୀଣ ଆଲୋକ ବା କ୍ଷଣିକ ଉନ୍ମାଦନାର ତରଙ୍ଗ। ଏହି ଅବସ୍ଥା ରହିଥିବା ପର୍ଯ୍ୟନ୍ତ ଭାରତବର୍ଷର ସ୍ଥାୟୀ ପୁନରୁତ୍ଥାନ କେବେହେଲେ ବି ହେବନାହିଁ। (୪, ୩୩୨-୩୩)

ବହୁ ସଂବେଦନାପୂର୍ଣ୍ଣ ଦ୍ରଷ୍ଟାମାନେ ଯେତେବେଳେ ଅତୀତ ଉପରେ ଅବଲୋକନ କରି ଆମ ସକାଶେ କିଛି କହନ୍ତି, ସେତେବେଳେ ତାହା ଆମର ବର୍ତ୍ତମାନଟା ବିଷୟରେ ମଧ୍ୟ ବହୁତ ବହୁତ କଣ୍ଟା ଫୋଡ଼ି ଦେବା ପରି ଲାଗେ ଏବଂ ଆମକୁ ଚହଲାଇ ଦିଏ। ସାନଭାଇ ପାଖକୁ ସେହି ଚିଠିରେ ତାହାରି ସହିତ କୁହାହୋଇଛି, (ଏହି ଭାରତବର୍ଷରେ) ଆମେ ଶକ୍ତିର ସାଧନା ଛାଡ଼ିଦେଇଛୁ। ଶକ୍ତି ମଧ୍ୟ ଆମକୁ ବର୍ଜନ କରିଛନ୍ତି। ହଁ, ପ୍ରେମର ସାଧନା କରୁ ସିନା, କିନ୍ତୁ ଯେଉଁଠାରେ ଜ୍ଞାନ ଓ ଶକ୍ତିର ଅଭାବ ରହିଥାଏ, ସେଠାରେ ପ୍ରେମ ମଧ୍ୟ ନଥାଏ। ... ପୁନଶ୍ଚ, " ତୁମେ ଲେଖିଛ, ବର୍ତ୍ତମାନ ଏକ ଭାବ-ଉନ୍ମାଦନାର ସୃଷ୍ଟି ହେବା ଆବଶ୍ୟକ, ଦେଶଟାକୁ ମତାଇ ଉଠାଇବା ଉଚିତ। ରାଜନୀତିର କ୍ଷେତ୍ରରେ ମୁଁ ଏସବୁ ଖୁବ୍ କରିଛି। ସ୍ୱଦେଶୀ ଆନ୍ଦୋଳନ ସମୟରେ ଯାହା କରିଥିଲି, ସବୁ ଧୂଳିସାତ୍ ହୋଇଛି। ତେବେ ଅଧ୍ୟାତ୍ମର କ୍ଷେତ୍ରରେ ମଧ୍ୟ ଆଉ କେଉଁ ପରିଣାମ ହୋଇଥାନ୍ତା ? ହଁ, ଆଦୌ କୌଣସି ପରିଣାମ ହୋଇନାହିଁ ବୋଲି ମୁଁ ଅବଶ୍ୟ ତଥାପି କହିବିନାହିଁ। ହୋଇଛି, ଯେଉଁଠାରେ ଯେତେ ଯେତେ ଆନ୍ଦୋଳନ ହୁଏ, ତାହାର କିଛି ନା କିଛି ଫଳ ନିଶ୍ଚୟ ହୋଇଥାଏ, ମାତ୍ର କେବଳ possibility ର (ସମ୍ଭାବନାର) କ୍ଷେତ୍ରରେ ଯାହାକିଛି ବୃଦ୍ଧି ହୁଏ; ସ୍ଥିର ଭାବରେ actualize (ବାସ୍ତବରୂପ ପ୍ରଦାନ) କରିବାର ମାର୍ଗରେ ଏତିକିକୁ ଆଦୌ

ଏକ ଠିକ୍ ରୀତି ବୋଲି କୁହା ଯିବନାହିଁ। ସେଥିପାଇଁ, ମୁଁ ଆଉ emotional excitement (ପ୍ରାଣଜ ଉତ୍ତେଜନା ଓ ଆବେଗମତ୍ତତା)ର ଭାବ, ମନୁଷ୍ୟମାନଙ୍କର ମନଟାକୁ ମତାଇ ଆଣିବାର କାର୍ଯ୍ୟଟିକୁ base କରିବାକୁ (ପ୍ରତିଷ୍ଠା) ଇଚ୍ଛା କରୁନାହିଁ। ମୋ'ର ଯୋଗକୁ ମୁଁ ପ୍ରତିଷ୍ଠିତ କରି ରଖିବାକୁ ଚାହେ ବିଶାଳ ବୀରସମତା ଏବଂ ସେହି ସମତାରେ ପ୍ରତିଷ୍ଠିତ ହୋଇଥିବା ଆଧାରଟିଏ ଉପରେ ଯାବତୀୟ ବୃତ୍ତିଦ୍ୱାରା ପୂର୍ଣ୍ଣ, ଦୃଢ଼ ଅବିଚଳିତ ଶକ୍ତି, ସେହି ଶକ୍ତିସମୁଦ୍ରରେ ଜ୍ଞାନସୂର୍ଯ୍ୟଙ୍କର ରଶ୍ମିର ବିସ୍ତାର, ସେହି ଆଲୋକମୟ ବିସ୍ତାର ମଧ୍ୟରେ ଅନନ୍ତ ପ୍ରେମ, ଆନନ୍ଦ, ଏବଂ ଐକ୍ୟର ସ୍ଥିର ecstasy (ତୀବ୍ରାନନ୍ଦ)। ମୁଁ ଆଦୌ ଲକ୍ଷ ଲକ୍ଷ ଶିଷ୍ୟ ଆବଶ୍ୟକ କରୁନାହିଁ, ମାତ୍ର ଶହେଜଣ କ୍ଷୁଦ୍ର 'ମୁଁ' ଭାବର ବଶ ହୋଇ ରହିନଥିବା ପୂର୍ଣ୍ଣ ମନୁଷ୍ୟଙ୍କୁ ଯଦି ଭଗବାନଙ୍କର ଯନ୍ତ୍ର ହିସାବରେ ପାଇପାରେ, ତେବେ ତାହା ହିଁ ଯଥେଷ୍ଟ ହେବ। ପ୍ରଚଳିତ ଗୁରୁଗିରି ଉପରେ ମୋ'ର ଆସ୍ଥା ନାହିଁ। ମୁଁ ଗୁରୁ ହେବାକୁ ଚାହେନାହିଁ। ମୋ'ର ସଂସ୍ପର୍ଶ ଦ୍ୱାରା ନିଜର ଜୀବନରେ ଜାଗରଣ ଘଟାଇ ହେଉ ଅଥବା ଆଉକାହାରି ସ୍ପର୍ଶ ଦ୍ୱାରା ସେହି ଜାଗରଣଟିକୁ ସମ୍ଭବ କରି ହେଉ, ଯଦି କେହି ଆପଣା ଭିତରୁ ଆପଣାର ସୁପ୍ତ ଦେବତ୍ୱଟିକୁ ପ୍ରକାଶିତ କରି ଆଣି, ଭଗବଦ୍-ଜୀବନ ଲାଭ କରେ, ମୁଁ ତାହାହିଁ ଚାହୁଁଛି। ଏହିଭଳି ମନୁଷ୍ୟ ହିଁ ଏହି ଦେଶକୁ ଉପରକୁ ଉଠାଇ ପାରିବେ। (୪,୩୩୩-୩୩୪)

ସେତେବେଳେ ଦକ୍ଷିଣ ଆଫ୍ରିକାରେ ଭାରତୀୟମାନଙ୍କର ପୂର୍ଣ୍ଣ ନାଗରିକତ୍ୱର ଦାବୀ କରି ସତ୍ୟାଗ୍ରହ ସଂଗ୍ରାମ ଚାଲିଥାଏ। ଭାରତବର୍ଷର ଅଧିବାସୀମାନଙ୍କୁ ମଧ୍ୟ ସେହି ସଂଗ୍ରାମ ଅମିତ ଉତ୍ସାହ ପ୍ରଦାନ କରୁଥାଏ। ଶ୍ରୀ ଅରବିନ୍ଦ ମଧ୍ୟ ନିଜର ଲେଖାରେ ତାହାର, ସେହି ସଂଗ୍ରାମଜନିତ ସାହସପ୍ରଦର୍ଶନର ବହୁତ ପ୍ରଶଂସା କରିଛନ୍ତି ଏବଂ ତତ୍କାଳୀନ ଭାରତର ଶିକ୍ଷିତମାନଙ୍କର ଶକ୍ତିହୀନତା ଆଡ଼କୁ ସେମାନଙ୍କର ଦୃଷ୍ଟି ଆକର୍ଷଣ କରିଛନ୍ତି : "ଟ୍ରାନ୍ସଭାଲ୍‌ର କୁଲିମାନଙ୍କର ମହତ୍‌ଭାବ ଏବଂ ଭାରତବର୍ଷର ଶିକ୍ଷିତ ଲୋକମାନଙ୍କର ଏହି ଜଘନ୍ୟ କାତରଭାବ ଦେଖି ପ୍ରକୃତରେ ଲଜ୍ଜିତ ହିଁ ହେବାକୁ ପଡୁଛି। (୪-୨୪୨) ଭାରତବର୍ଷର ତମୋମାଳିନ୍ୟକୁ ଦୂର କରିବାକୁ ହେଲେ କେବଳ ରଜୋଗୁଣର ଉଦ୍ରେକ କରାଇ ହିଁ ତାହା ସମ୍ଭବ ହେବ ବୋଲି ସେ ଅତ୍ୟନ୍ତ ସ୍ପଷ୍ଟ କରି ଦେଇଛନ୍ତି : ରଜୋଗୁଣ ହେଉଛି ପ୍ରବୃତ୍ତିର କାରଣ ଏବଂ ପ୍ରବୃତ୍ତି ହେଉଛି ନିବୃତ୍ତିର ପ୍ରଥମ ସୋପାନ। ଯିଏ ଜଡ଼, ସେ ବସ୍ତୁତଃ ନିବୃତ୍ତ ନୁହେଁ: ଜଡ଼ଭାବ ଜ୍ଞାନଶୂନ୍ୟ, ଏବଂ କେବଳ ଜ୍ଞାନ ହେଉଛି ନିବୃତ୍ତିର ମାର୍ଗ। କାମନାଶୂନ୍ୟ ହୋଇ ଯେଉଁ ବ୍ୟକ୍ତି କର୍ମରେ ପ୍ରବୃତ୍ତ ହୁଏ, ସେଇ ହେଉଛି ପ୍ରକୃତରେ ନିବୃତ୍ତ। କର୍ମତ୍ୟାଗକୁ କେବେହେଲେ

ନିବୃତ୍ତ ବୋଲି କହି ହେବନାହିଁ। ଏବଂ ପୁନଶ୍ଚ: ବ୍ରହ୍ମତେଜ ହେଉଛି ସତ୍ତ୍ୱଗୁଣର ମୁଖ୍ୟ ଫଳ, କ୍ଷତ୍ରତେଜ ବ୍ରହ୍ମତେଜର ଭିତ୍ତି । ଆଘାତ ପାଇଲେ ଶାନ୍ତ ବ୍ରହ୍ମତେଜରୁ କ୍ଷତ୍ରତେଜର ସ୍ଫୁଲିଙ୍ଗ ନିର୍ଗତ ହୁଏ, ଚତୁର୍ଦ୍ଦିଗ ଜଳି ଉଠେ । ଯେଉଁଠି କ୍ଷତ୍ରତେଜ ନାହିଁ, ସେଠାରେ ବ୍ରହ୍ମତେଜ ତିଷ୍ଠି ହିଁ ପାରିବନାହିଁ। (୪, ୩୦୫-୬)

ପ୍ରଖ୍ୟାତ ଭାରତ-ବିଦ୍ୟାବିତ୍ ଶ୍ରୀଯୁକ୍ତ ଆନନ୍ଦ କୁମାରସ୍ୱାମୀ କଲିକତାର 'ଦି ମଡ଼ର୍ଣ୍ଣ ରିଭିଉ' ପତ୍ରିକାରେ 'ପ୍ରାଚ୍ୟଜଗତର ସନ୍ଦେଶ' ନାମରେ ଶୀର୍ଷକ ଦେଇ ୧୯୦୯ ମସିହାରେ ଯେଉଁ ବହୁପ୍ରଜ୍ଞାଯୁକ୍ତ ପ୍ରବନ୍ଧଟିଏ ଲେଖିଥିଲେ, ଶ୍ରୀ ଅରବିନ୍ଦ ତାହାରି ପ୍ରତ୍ୟୁତ୍ତର ସ୍ୱରୂପ 'କର୍ମଯୋଗିନ୍'ରେ ଯେଉଁ ଦୀର୍ଘ ବିଚାରଟିର ଅବତାରଣା କଲେ, ସେଥିରୁ ମଧ୍ୟ ଆମକୁ ତାଙ୍କର ସେହି ବିଶେଷ ସନ୍ଦର୍ଭଟିର ମୂଲ୍ୟାୟନ ବିଷୟରେ ବହୁତ ଅନ୍ତର୍ଦୃଷ୍ଟି ଅବଶ୍ୟ ମିଳିଯିବା ଉଚିତ। (୨,୩୧୩-୧୪) କଳାତ୍ମକ ଜୀବନର ଗଭୀର ତଳଗୁଡ଼ିକୁ ନିଜସ୍ୱ କରିପାରିବା ଲାଗି କୌଣସି ଜାତିକୁ ଯେ ଏକ ଧନାଢ୍ୟତାର ବିଳାସମୟ ସ୍ତରକୁ ଯିବାକୁ ପଡ଼ିବ, ସେକଥା ଆଦୌ ନୁହେଁ, କିନ୍ତୁ ତାହାକୁ ସେଥିପାଇଁ ଏକ ନିର୍ଦ୍ଦିଷ୍ଟ ପରିମାଣର ସମ୍ପନ୍ନତା ହାସଲ କରିବାକୁ ହିଁ ପଡ଼ିବ। ତାହାର ଏକ ଜାତୀୟ ସଂସ୍କୃତି ରହିବ ଏବଂ ସର୍ବୋପରି, ସିଏ ସର୍ବତୋଭାବେ ଏକ ଆଶାବାଦ ଏବଂ ଜୀବନୋତ୍ସାହ ସହିତ ନିଜର ଜୀବନ ବଞ୍ଚି ପାରୁଥିବ। ତେବେଯାଇ ତାହାର ଜାତୀୟ କଳା ବୋଲି କିଛି ରହିବା ସମ୍ଭବ ହେବ ତଥା କଳାତ୍ମକ ବୋଧ ଏବଂ ସାମର୍ଥ୍ୟର କ୍ଷେତ୍ରରେ ତାହାର ଏକ ସାର୍ବଜନୀନ ବିକାଶ ମଧ୍ୟ ଦୃଶ୍ୟମାନ୍ ହୋଇ ପାରିବ। ପୁନଶ୍ଚ, ସାଂପ୍ରତିକ ସାମାଜିକ ଗଠନ ମଧ୍ୟରେ ବର୍ତ୍ତମାନ ଯେଉଁସବୁ ନିତାନ୍ତ ରୁଚିହୀନତା ଦୃଷ୍ଟିଗୋଚର ହେଉଛି ଏବଂ ତାହା ଫଳରେ ଯେଉଁ ଶସ୍ତା ଦ୍ରବ୍ୟମାନ ଚତୁର୍ଦ୍ଦିଗରେ ଭର୍ତ୍ତି ହୋଇ ଯାଉଛି, ସେହି ବାତାବରଣରେ ସତକୁ ସତ ସୁନ୍ଦର ଓ ସମୁଚିତ କହି ପାରିବାଭଳି କଳାକାରିଗରୀର ଦ୍ରବ୍ୟମାନ କେବେହେଲେ ତିଷ୍ଠି ପାରିବନାହିଁ। ହଁ, ଶିଳ୍ପକଳା ପ୍ରକୃତରେ ସୁନ୍ଦର ହେବ, ଯେତେବେଳେ କି ଦାରିଦ୍ର୍ୟ ତଥା ଜୀବନଧାରଣ କରି ରହିବାର ତୁଚ୍ଛା ସଂଘର୍ଷଗୁଡ଼ିକ ଆଉ ରହିବନାହିଁ; ଯେତେବେଳେ ମନୁଷ୍ୟସମାଜର ଏକ ନୈତିକ ଏବଂ ଆଧ୍ୟାତ୍ମିକ ଉନ୍ନତିବିଧାନ କଳ୍ପେ ରାଷ୍ଟ୍ରଶକ୍ତି ପ୍ରଧାନତଃ ସହଯୋଗ କରୁଥିବ ଓ ଲୋକ-ସମୁଦାୟ ଗୁଡ଼ିକ ମଧ୍ୟ ତଦନୁରୂପ ହୋଇ ସଂଗଠିତ ହୋଇପାରିବେ। ସେହି ଉନ୍ନୟନ ଓ ପୁନର୍ଗଠନକୁ ହିଁ ଆମେ ସଂପ୍ରତି ଭାରତବର୍ଷର ଉନ୍ନୟନ-ବିଧାନର ଏକ ଅଂଶରୂପେ ଗ୍ରହଣ କରିଛୁ। ତେଣୁ, ରାଜନୀତିକ କାର୍ଯ୍ୟକ୍ରମ ସହିତ ବାଣିଜ୍ୟ-ବ୍ୟବସାୟର ଦିଗଟିକୁ ମଧ୍ୟ ବର୍ତ୍ତମାନ ଯୋଡ଼ି ଦିଆଯାଇଛି। ଏଥିରୁ କୌଣସିଟିକୁ ବାଦ୍ ଦେଲେ ଦେଶର ମୁକ୍ତି କଦାପି ସମ୍ଭବ ହେବନାହିଁ। ପୁନଶ୍ଚ ସେଗୁଡ଼ିକ

ସହିତ ଏକ ଧର୍ମୀୟ ଏବଂ ନୀତିଗତ ବିଭାଗକୁ ମଧ୍ୟ ଯୁକ୍ତ କରାଯିବ। ସେହି ଧର୍ମୀୟ ଓ ନୈତିକ ଜାଗରଣ ସହିତ କ୍ରମେ କଳାକ୍ଷେତ୍ରୀୟ ଓ ସଂସ୍କୃତିଗତ ବିଭାଗଦ୍ୱୟକୁ ଗୁନ୍ଥି ଦିଆଯିବ। ଅନେକ ବ୍ୟକ୍ତି ଅଛନ୍ତି, ଯେଉଁମାନେ କି ଧର୍ମୀୟ ଏବଂ ନୈତିକ ପୁନର୍ଜାଗରଣର ଆଶୁ ପ୍ରୟୋଜନକୁ ଅଗ୍ରାଧିକାର ଦେଉଛନ୍ତି, ସେମାନେ ରାଜନୀତି ଓ ବାଣିଜ୍ୟବ୍ୟବସାୟର ନୀରସ କ୍ଷେତ୍ରଗୁଡ଼ିକରୁ ଦୂରଛଡ଼ା ହୋଇ ରହୁଛନ୍ତି ଏବଂ ଜାତିର ନିର୍ଦ୍ଦେଶନା ତଥା ଶିକ୍ଷାର କ୍ଷେତ୍ରରେ ଜଣେ କାହିଁକି ସେହିଗୁଡ଼ିକରେ ମନୋନିବେଶ କରୁଛି, ସେଥିପାଇଁ ଦୁଃଖପ୍ରକାଶ କରୁଛି। ଏହାକୁ କେବଳ ଏକ ଭୟଙ୍କର ଭୁଲ ବିଚାର ବୋଲି ହିଁ କୁହାଯିବ। କାରଣ, ଯେଉଁ ବ୍ୟକ୍ତିମାନେ ନେତୃତ୍ୱ ପ୍ରଦାନ କରି ଭାରତବର୍ଷକୁ ଅଗ୍ରସର କରାଇନେବେ, ସେମାନଙ୍କୁ ଅଧିକ ଗ୍ରହଣଶୀଳ ଓ ଅନେକଚକ୍ଷୁ ବି ହେବାକୁ ପଡ଼ିବ। ଯେତେବେଳେ ଅବତାରଙ୍କର ଆଗମନ ଘଟିବ, ଆମେ ବରଂ ଏପରି ବିଶ୍ୱାସ କରିବା ଯେ ସିଏ କେବଳ ଧର୍ମର କ୍ଷେତ୍ରରେ ମାର୍ଗପ୍ରଦର୍ଶକ ହେବେନାହିଁ, ସିଏ ରାଜନୀତିରେ ମଧ୍ୟ ନେତୃତ୍ୱ ନେବେ, ପୁରୋଗାମୀ ସଦୃଶ ଶିକ୍ଷାର କ୍ଷେତ୍ରରେ ରହିବେ, ସମାଜର ପୁନର୍ଜୀବନଲାଭରେ ପଥ ଦେଖାଇବେ, ସମବାୟର ଭିତ୍ତି ଉପରେ ପ୍ରତିଷ୍ଠିତ ଶିଳ୍ପୋଦ୍ୟୋଗର ଉଦ୍ୟମମାନଙ୍କରେ ସବାଆଗରେ ରହିବେ ଏବଂ, ତାଙ୍କର ଆମ୍ରାସନରେ ଜଣେ କବି ମଧ୍ୟ ରହିଥିବ, ବିଦ୍ୱାନ୍‌ଟିଏ ଥିବ, ତଥା କଳାକାରଟିଏ ମଧ୍ୟ ଅବଶ୍ୟ ରହିଥିବ।

ଦେଶର ମନୁଷ୍ୟମାନଙ୍କୁ, ମନୁଷ୍ୟମାତ୍ରେ ସମସ୍ତଙ୍କୁ ଏକ ମାନବିକ ସ୍ୱମହିମାଦ୍ୱାରା ପୁନର୍ଜୀବିତ କରାଇ ଆଣିବାର କାର୍ଯ୍ୟଟିକୁ ଶ୍ରୀ ଅରବିନ୍ଦ ସକଳ ଅର୍ଥରେ ଏକ ପ୍ରେରଣାରୂପେ ଭାରତୀୟ ବେଦାନ୍ତରୁ ଗ୍ରହଣ କରିଥିଲେ। ବେଦାନ୍ତ କେବଳ ଏକ ତଥାକଥିତ ଦର୍ଶନ ନୁହେଁ, ଏକ ଉପଲବ୍ଧି। ଦର୍ଶନ ଏବଂ ଉପଲବ୍ଧି। ଯୁଗପତ୍ ଭାବରେ ଏକ ଗଭୀରତମ ସତ୍ୟପ୍ରତ୍ୟୟ ଦ୍ୱାରା ଜଗତ ସମ୍ବନ୍ଧରେ ଏକ ଜୀବନବାଚୀ ଉପଲବ୍ଧି। ଉପଲବ୍ଧି କରିବା ଅର୍ଥାତ୍ ବଞ୍ଚିବା। ସତକୁ ସତ ସଚେତନ ଭାବରେ କିଛି ହେବା । ବାହାରେ ବଞ୍ଚିବା ଏବଂ ସେହି ଅନୁସାରେ ଭିତରେ ମଧ୍ୟ ସତତ ଅଗ୍ରସର ହେଉଥିବା ପରି ପ୍ରତ୍ୟକ୍ଷ କରି ପାରୁଥିବା। ଏକାବେଳେକେ ସେହି 'ବନ୍ଦେ ମାତରମ୍'ର ପର୍ଯ୍ୟାୟରୁ ହିଁ ଶ୍ରୀ ଅରବିନ୍ଦ ନିଜ ଭିତର ତଥା ବାହାର ନିମନ୍ତେ ଆପଣାର ମାର୍ଗସ୍ୱରୂପ ଏହି ପ୍ରତ୍ୟୟଟିକୁ ଅତ୍ୟନ୍ତ ପ୍ରତ୍ୟକ୍ଷ ଭାବରେ ହିଁ ଲାଭ କରିଥିଲେ ଓ ଗୋଟିଏ ଲେଖାରେ ସେ କେଡ଼େ ସହଜ ସତ୍ୟାନୁଭବ ସହିତ କହି ପାରିଛନ୍ତି : ବେଦାନ୍ତ ମାର୍ଗରେ ସର୍ବବିଧ ଭେଦ-ଚେତନାର ଅବସାନ ହିଁ ହୁଏ। ସେହି ଥାନରେ ପହଞ୍ଚି ଏ ଧର୍ମକୁ ଠିକ୍ ଏବଂ ସେହି ଅନ୍ୟ ଧର୍ମଟିକୁ ଠିକ୍ ନୁହେଁ ବୋଲି କହିବାର କୌଣସି ଅବକାଶ ନଥାଏ।

ଅଳ୍ପବହୁତ କେତେ ସୁନିଶ୍ଚିତ ଭାବରେ ତଥା କେତେ ତ୍ୱରା ସହିତ ଏକ ଯଥାର୍ଥ ବିମୋଚନ ସମ୍ଭବ ହେବ, ଯାବତୀୟ ମାର୍ଗ ଓ ଧର୍ମର ବିଚାର କଲାବେଳେ ବେଦାନ୍ତବାଦ ସକଳ ଧର୍ମରେ ସେହି କଥାଟିକୁ ହିଁ ତଉଲି ଦେଖୁଥାଏ। ମୋକ୍ଷ ବା ବିମୋଚନ, ଅର୍ଥାତ୍ ଆଧ୍ୟାତ୍ମିକ ଉନ୍ମୋଚନ ବା ଅନ୍ତର୍ଗତ ପରମ ଦିବ୍ୟତାର ଉପଲବ୍ଧି। ଆମର ଦୃଷ୍ଟିଗତ ଯଥାର୍ଥ ବସ୍ତୁ ବା ସ୍ଥିତିଟି ହେଉଛି ଏକ **ରାଜନୀତିକ ବେଦାନ୍ତବାଦ;** ଭାରତବର୍ଷ ମୁକ୍ତିଲାଭ କରିବ, – ଏକ ଏବଂ ଅବିଭାଜିତ ହୋଇ ରହିବ, – ଆମେ ସମ୍ପ୍ରତି ସେହି ଦିବ୍ୟ ଉପଲବ୍ଧିଟି ଦିଗରେ ଅଗ୍ରସର ହେବାରେ ଲାଗିଛୁ। ସେହି ମୁକ୍ତିକୁ ଲାଭ କରିବା ହେଉଛି ଆମର ଲକ୍ଷ୍ୟ। ପ୍ରତ୍ୟେକ ଜାତିର ସମ୍ମୁଖରେ ସେହି ଲକ୍ଷ୍ୟଟି ସର୍ବଦା ରହିବ, – ତା ନିଜପାଇଁ ସିଏ ଯେଉଁଟିକୁ ସର୍ବୋତ୍ତମ ବୋଲି ଭାବୁଥିବ, ସିଏ ତାହାକୁ ହିଁ ଆପଣାର ରାଜନୀତିକ ଧର୍ମସ୍ୱରୂପ ଗ୍ରହଣ କରିବ। କାରଣ, ଗୃହୀତ ସେହି ମାର୍ଗଟି ହିଁ ତାକୁ ପରିପୂର୍ଣ୍ଣ ଭାବରେ ଜାତୀୟ ମୁକ୍ତି ଓ ଜାତୀୟ ଆତ୍ମ-ଉପଲବ୍ଧି ଆଡ଼କୁ ପରିଚାଳିତ କରି ନେଇଯିବ। (୧,୧୨୨) ଗୋଟିଏ ବଙ୍ଗଳା ରଚନାରେ ଗୋଟିଏ ପ୍ରବନ୍ଧରେ ସେ ଖୁବ୍ ସଂକ୍ଷେପରେ କହି ପାରିଛନ୍ତି : ଆମମାନଙ୍କ ପକ୍ଷରେ ବ୍ରହ୍ମ ସତ୍ୟ ଜଗତ୍ ମିଥ୍ୟା ବୋଲି କହିବା ଅପେକ୍ଷା ବ୍ରହ୍ମ ସତ୍ୟ, ଜଗତ୍ ବ୍ରହ୍ମ ବୋଲି ହିଁ କହିବା ଉଚିତ (୪,୧୩୦) ଏବଂ ସେହି କାରଣରୁ, କର୍ମଯୋଗିନ୍ ପତ୍ରିକାର ଏହି ଲେଖାଟି ସେହି ସେକାଳରେ ମଧ୍ୟ ଶ୍ରୀ ଅରବିନ୍ଦଙ୍କର ଆପଣାର ଆସ୍ପୃହାଟି ସମ୍ବନ୍ଧରେ କେତେ ସ୍ପଷ୍ଟ ଭାବରେ ଆମ ସମସ୍ତଙ୍କ ଲାଗି ପୂର୍ଣ୍ଣକ୍ରିୟାଶୀଳ ଚିତ୍ରଟିର ଉଦ୍‌ବୋଧନ ଦେଇପାରିଛି: "ସବୁକିଛି ତ୍ୟାଗ କରିବ, ଯେପରିକି ସବୁକିଛିକୁ ଆପଣାର ସମ୍ପଦରୂପେ ଲାଭ କରି ପାରିବ।'' ନାଇଁ ନାଇଁ – ବୁଦ୍ଧଦେବଙ୍କର ପୃଥ୍ୱୀ-ପରିତ୍ୟାଗର ପଥଟି ଆଦୌ ନୁହେଁ, ଆପଣାର ଜଡ଼ସ୍ତରୀୟ, ପ୍ରାଣିକ ତଥା ବୌଦ୍ଧିକ ବାସନା ଏବଂ କ୍ଷୁଧାଗୁଡ଼ିକର ପରିତର୍ପଣ କରିବାର ସେହି ଦାସ ହୋଇ ରହିବାର ଇଉରୋପୀୟ ବାଟଟି ମଧ୍ୟ ନୁହେଁ। ଭିତରେ ତ୍ୟାଗ, ବାହାରେ ଭୋଗ। ଏବଂ, ଏକ ମଳମୁକ୍ତ ଆତ୍ମାର ସେହି ଦିବ୍ୟ ଆନନ୍ଦର ଅନୁଭବ ହିଁ ବାହାର ଭିତର ଦୁଇଟି ଯାକକୁ ସିକ୍ତ ତଥା ସଞ୍ଚାରିତ କରି ରଖିଥିବ। (୨,୩୯୭-୮)

ଶ୍ରୀ ଅରବିନ୍ଦ ଜନ୍ମଶତାବ୍ଦୀ ଅବସରରେ ପ୍ରକାଶିତ ରଚନାବଳୀର ପ୍ରଥମ ଖଣ୍ଡରେ ସମ୍ପାଦନାର ତରଫରୁ ପାଠକମାନଙ୍କୁ ପ୍ରାୟ ସତର୍କ କରି ଦିଆଯାଇଛି ଯେ, ଏହି ଗ୍ରନ୍ଥଭାଗଟିରେ ପ୍ରକାଶିତ ତାଙ୍କର ଲେଖାଗୁଡ଼ିକୁ ଆମେ ସେହି କାଳର ମୁଖ୍ୟ ସମସ୍ୟାଗୁଡ଼ିକ ବିଷୟରେ ଶ୍ରୀ ଅରବିନ୍ଦଙ୍କର ପରବର୍ତ୍ତୀ ଦୃଷ୍ଟିଗତ ବିଚାରଚୟର ଏକ ଦର୍ପଣ ବୋଲି ଆଦୌ ଗ୍ରହଣ କରିବାନାହିଁ। ଶ୍ରୀ ଅରବିନ୍ଦଙ୍କର ଚେତନା ଏବଂ ଜ୍ଞାନର

କ୍ଷେତ୍ରରେ ପରବର୍ତ୍ତୀ ଅଧିକ ବିକାଶଲାଭ କରିଥିବାର ଅବସ୍ଥାରେ ତାଙ୍କର ବିଚାର ମାନଙ୍କରେ ପ୍ରଭୂତ ପରିବର୍ତ୍ତନ ହୋଇଥିଲା ବୋଲି ଏହାଦ୍ୱାରା ସୂଚାଇ ଦିଆଯାଇଛି। ମାତ୍ର, ଏହିପରି ନହୋଇ ପ୍ରକୃତରେ ଆଉ ଅନ୍ୟଭଳି କ'ଣ ହୋଇଥାଆନ୍ତା ? ଜଣେ ତପସ୍ୱୀ ତଥା ସତ୍ୟ-ଉପଲବ୍ଧିପଥର ପଥିକକୁ ସଚରାଚର ଅବଶ୍ୟ ସୋପାନ ପରେ ସୋପାନ ଅତିକ୍ରମ କରି ଆସିବାକୁ ହିଁ ହୋଇଥାଏ। ଗୋଟିଏ ସୋପାନକୁ ସାଧିସାରିବା ବେଳକୁ ପରବର୍ତ୍ତୀ ସୋପାନଟି ସଚରାଚର ପ୍ରାୟ ଆପେ ଆପେ ଦୃଶ୍ୟମାନ୍ ହୁଏ ଏବଂ ସତେଅବା ହାତ ବଢ଼ାଇ ପାରିଲେ କ'ଣଟିଏ ଅର୍ଥାତ୍ ପରବର୍ତ୍ତୀଟିଏ ହାତରେ ବାଜି ଯାଉଥିବା ପରି ଅନୁଭବ ହୋଇଥାଏ। ତେଣୁ, ପରବର୍ତ୍ତୀ ସୋପାନଚାରଣା ଗୁଡ଼ିକରୁ ଜଣେ ସାଧକଙ୍କର ସାଧନାକୁ ଅଧିକ ସମ୍ପୂର୍ଣ୍ଣ ଏବଂ ଅନ୍ତରଙ୍ଗ ଭାବରେ ଅନୁଭବ କରି ପାରିବାକୁ ହେଲେ ମୂଳର ଚାରଣାଗୁଡ଼ିକୁ ମଧ୍ୟ ବୁଝିବାକୁ ହୋଇଥାଏ। ପୁନଶ୍ଚ, ଶ୍ରୀ ଅରବିନ୍ଦଙ୍କର ସ୍ୱତନ୍ତ୍ର ମାର୍ଗରୀତିଟି ଅନୁସାରେ ଏକ ଆରୋହଣ ସହିତ ଏକ ଅବରୋହଣର ଚେତନ ଚର୍ଯ୍ୟା ମଧ୍ୟ ଅବ୍ୟାହତ ରହିଥାଏ। ଊର୍ଦ୍ଧ୍ୱକୁ ଆରୋହଣ କରୁଥିବା ସଙ୍ଗେ ସଙ୍ଗେ ଏକ ବ୍ୟାପ୍ତିର ଉପଲବ୍ଧି ହୁଏ। ତେଣୁ, ଯେହେତୁ ପଳାୟନବାଚୀ କୌଣସି ମୁକ୍ତିର ଅବକାଶ ନଥାଏ, ସେତେବେଳେ, ଅତିକ୍ରମ କରି ଆସିଥିବା ପ୍ରଥମ ସ୍ଥିତିଗୁଡ଼ିକ ସହିତ ପରିଚିତ ନହେଲେ ଆମେ ସେହି ସାଧନାଦୃଷ୍ଟିର ଊର୍ଦ୍ଧ୍ୱତର ପରବର୍ତ୍ତୀଗୁଡ଼ିକୁ ପରିପୂର୍ଣ୍ଣ ତଥା ପୂର୍ଣ୍ଣାଙ୍ଗ ଭାବେ ସମ୍ଭବତଃ ନବୁଝି ପାରିବାର ଏକ ଆଶଙ୍କା ଖୁବ୍ ରହିବା ଅତ୍ୟନ୍ତ ସ୍ୱାଭାବିକ। ବସ୍ତୁତଃ, ଶ୍ରୀ ଅରବିନ୍ଦଙ୍କର ଗଭୀରତମ ଯାବତୀୟ ସନ୍ଦେଶ ହେଉଛି ଏହି ପୃଥିବୀ ନିମନ୍ତେ, ପୃଥ୍ୱୀସ୍ଥିତିଟିର ଚେତନାମୁଖୀ ଏକ ବିବର୍ତ୍ତନ ନିମନ୍ତେ। ଆହୁରି ସିଧା କରି କହିଲେ, ଏହି ପୃଥିବୀର ଆମ ସମସ୍ତଙ୍କ ନିମନ୍ତେ। ତାଙ୍କୁ ଏଇଠୁ ଥାଇ ଚାକ୍ଷୁଷ କରି ବୁଝି ଓ ଦେଖି ନପାରିଲେ ଆମ ଆସ୍ପୃହାଗୁଡ଼ିକୁ ତାଙ୍କଯାଏ ପଡ଼ିଥିବା ବାଟଟି ପରିପୂର୍ଣ୍ଣ ସୋପାନକ୍ରମର ଏକ ଅବିଚ୍ଛିନ୍ନତାରେ କିପରି ଦୃଷ୍ଟିଗୋଚର ହୋଇ ପାରିବ ? ଆମ ପାଖରେ ତାଙ୍କ ଆମନ୍ତ୍ରଣଟିର ପ୍ରକୃତରେ କି ତାତ୍ପର୍ଯ୍ୟ ବା ରହିବ ?

ଏବଂ, ପରିଶେଷରେ, ସେହି ପ୍ରଥମ ସେକାଳଟିରେ ଶ୍ରୀ ଅରବିନ୍ଦ ଯେଉଁ ଭାରତବର୍ଷକୁ ଆଖିଆଗରେ ଦେଖି ତତ୍କାଳୀନ କଥାଗୁଡ଼ିକୁ ଲେଖିଛନ୍ତି, ଏବେ ମଧ୍ୟ ଭାରତବର୍ଷରେ – ଆମ ସମସ୍ତଙ୍କର ଏହି ଉପସ୍ଥିତ ଭାରତବର୍ଷରେ କ'ଣ ବା କେତେ ପରିମାଣରେ ପରିବର୍ତ୍ତନ ହୋଇଛି ଯେ ଆମେ ପ୍ରାୟ ଏକ ପଳାୟନପ୍ରବଣ ଉତ୍ସାହରେ ମିଛ ଆମ କଳ୍ପନାର ଡ଼େଣାଗୁଡ଼ିକ ଲଗାଇ ଏକାବେଳେକେ ତାଙ୍କୁ ଯାଇ ସେଠାରେ ପାଇପାରିବା। ତେଣୁ ଆମ ନିଜର ପରିପ୍ରେକ୍ଷୀ ମଧ୍ୟରେ ଆମକୁ ସକଳ ଆହ୍ୱାନର

ସମ୍ମୁଖୀନ କରାଉଥିବା ମଣ୍ଡଳଟିର ବେଢ଼ାଟି ଭିତରୁ ତାଙ୍କୁ ଏଠୁ ସେଯାଏ ବୁଝିବାକୁ ପ୍ରୟାସ କଲେ ସିଏ ଅଧିକ ନିର୍ଭରଯୋଗ୍ୟ ଭାବରେ ଆମର ଖୁବ୍ କତିରେ ଆସି ଠିଆ ହୋଇଥିବା ପରି ଅନୁଭବ ହୋଇପାରିବେ। ତଦ୍ଦ୍ୱାରା ଆପଣାର ବୋଧଭୂମିରେ ତାଙ୍କୁ ଅଧିକ ସୁସ୍ଥ ଭାବରେ ସ୍ଥାନ ମଧ୍ୟ ଦେଇହେବ। ପ୍ରାୟ ଏକ ଉଦାହରଣ ସ୍ୱରୂପ, 'ଇନ୍ଦୁପ୍ରକାଶ' ପତ୍ରିକାର ଗୋଟିଏ ଲେଖାରେ ଶ୍ରୀ ଅରବିନ୍ଦ ସେକାଳର ଆଇ.ଏ.ଏସ୍ ହାକିମ ମାନଙ୍କର ଏକ ବାସ୍ତବ ବର୍ଣ୍ଣନା ସମ୍ବଳିତ ଉଲ୍ଲେଖ କରିଛନ୍ତି। ସେତେବେଳେ ଉଚ୍ଚତମ ସ୍ତରର ସେହି ଅମଲାମାନେ ପ୍ରାୟ ଗୋରା ଚମର ଥିଲେ ଏବଂ ସେହି ବିଲାତରୁ ପ୍ରଶିକ୍ଷଣ ଲାଭ କରି ଉପନିବେଶ ଭାରତବର୍ଷ ପାଇଁ ନିଯୁକ୍ତ ହୋଇ ଆସୁଥିଲେ। ଏବେ ସ୍ୱାଧୀନ ଭାରତରେ ସେମାନଙ୍କର ନାମ କିଞ୍ଚିତ୍ ଅନ୍ୟପ୍ରକାର ହୋଇଛି ଏବଂ ଏମାନେ ସମସ୍ତେ କଳା ଚମର – ଏହି ଦେଶର ସନ୍ତାନ। ସେହି ସମୟର ସେମାନଙ୍କ ବିଷୟରେ ଶ୍ରୀ ଅରବିନ୍ଦ ବରୋଦାରେ ତାଙ୍କର ଅବସ୍ଥାନ କାଳରେ ଲେଖିଛନ୍ତି : ନିତାନ୍ତ ଇସ୍କୁଲରେ ପଢୁଥିବା ବାଳକଟିଏ ପରି ଅପାକଳ ଓ ଅଗଭୀର ଗୋଟାଏ ପାଠ ମୁଖସ୍ଥ କରିବାର ବ୍ୟବସ୍ଥା ମଧ୍ୟରୁ ଉତ୍ତୀର୍ଣ୍ଣ ହୋଇ ବାହାରି ଆସୁଛି ଏବଂ ଦେଶର କେତେ ଉଚ୍ଚ ସ୍ତରର କଠିନ ବ୍ୟାପାରଗୁଡ଼ିକୁ ତୁଲାଇବାର ସର୍ବୋଚ୍ଚ ଆସନ ଓ କ୍ଷମତାରେ ଆସି ବସିଯାଉଛି, ଏପରି ଜଣେ ବ୍ୟକ୍ତିଠାରୁ ଆମେ ସତକୁ ସତ ଉବ୍ୟ ଏବଂ ଯୋଗ୍ୟ ଆଦୌ କିଛିହେଲେ କିପରି କ'ଣ ବା ଆଶା କରିପାରିବା ? (୧-୪୨) ବର୍ତ୍ତମାନ ଏକ ସ୍ୱାଧୀନ ନାନା ଆହ୍ୱାନଦ୍ୱାରା ପୂର୍ଣ୍ଣ ଆମର ଏହି ଦେଶରେ ମଧ୍ୟ ଅନେକ ସଙ୍ଗତି ସହିତ ସେହିଭଳି ମନ୍ତବ୍ୟଟିଏ ଅବଶ୍ୟ ଦିଆଯାଇ ପାରନ୍ତା। ପୁନଶ୍ଚ ସମାଜ ଓ ସଂସ୍କାରର କ୍ଷେତ୍ରରେ, ଶାସନ ତଥା ରାଜନୀତିର ବାସ୍ତବ ପ୍ରଣାଳୀ ଏବଂ ସର୍ବମୂଳ ଆଗ୍ରହ ଗୁଡ଼ିକରେ ସେକାଳଟିର ଏକ ତୁଳନା କରି ଦେଖିବାକୁ ମନ କଲେ ସେପରି ମୌଳିକ କି ପରିବର୍ତ୍ତନମାନ ବି ଲକ୍ଷ୍ୟ କରାଯାଇ ପାରିବ ?

+ + + +

ବଙ୍ଗଳା ରଚନାରେ ଶ୍ରୀ ଅରବିନ୍ଦ ଗୋଟିଏ ପ୍ରବନ୍ଧରେ ଏହି ଦେଶର ପ୍ରାଚୀନ ଉପନିଷଦରେ ମଧ୍ୟ କିପରି ପୂର୍ଣ୍ଣଯୋଗର ଖୁବ୍ ଆଭାସ ରହିଥିଲା ବୋଲି ଗୋଟିଏ ମନ୍ତବ୍ୟ ଦେଇ କହିଛନ୍ତି। ତାଙ୍କରି ଭାଷାରେ ଉଲ୍ଲେଖ କଲେ, "ପୂର୍ଣ୍ଣଯୋଗ, ନରଦେହରେ ଦେବଜୀବନ, ଆତ୍ମପ୍ରତିଷ୍ଠିତ, ଭଗବତ୍-ଶକ୍ତିଦ୍ୱାରା ଚାଳିତ ପୂର୍ଣ୍ଣ ଲୀଳା, ଯାହାକୁ ଆମେ ମନୁଷ୍ୟଜନ୍ମର ଚରମ ଉଦ୍ଦେଶ୍ୟ ବୋଲି ନିର୍ଦ୍ଦେଶିତ କରି ପ୍ରଚାର କରୁଛୁ। ... ଭିତ୍ତି ହେଉଛି ପୂର୍ଣ୍ଣତର ଅଧ୍ୟାତ୍ମଜ୍ଞାନ, ଭିତ୍ତି ହେଉଛି ଆତ୍ମାରେ, ବୁଦ୍ଧିରେ, ହୃଦୟରେ, ପ୍ରାଣରେ ଓ ଦେହରେ ଭାଗବତ ସତ୍ତାର ଜ୍ୱଳନ୍ତ ଅନୁଭୂତି।... ଅସଲ

ଉଦ୍ଦେଶ୍ୟ, ଅସଲ ସିଦ୍ଧି ହେଉଛି ମନୁଷ୍ୟମାନଙ୍କର ମନୁଷ୍ୟସମାଜର ହିଁ ଭିତରେ; ମାତ୍ର ଅଳ୍ପ କେତେଜଣ ବିରଳ ମହାପୁରୁଷ ନୁହନ୍ତି, ସମସ୍ତଙ୍କ ମଧ୍ୟରେ, ଜାତିରେ, ବିଶ୍ୱମାନବର ଜୀବନରେ ବ୍ରହ୍ମର ବିକାଶ ଏବଂ ସ୍ୱୟଂପ୍ରକାଶ, ଭଗବାନଙ୍କର ପ୍ରକଟ ଶକ୍ତିସଂଚାରଣ ଜ୍ଞାନମୟ ଆନନ୍ଦମୟ ଲୀଳା।"' (୪-୪୫) ସେହି ପୂର୍ଣ୍ଣତା ପୁଣି କ'ଣ? "ପୂର୍ଣ୍ଣତା ହେଉଛି ଭାଗବତ ସତ୍ତାର ସ୍ୱରୂପ, ଭାଗବତୀ ପ୍ରକୃତିର ଧର୍ମ। ଏହି ମନୁଷ୍ୟ, ବର୍ତ୍ତମାନର ମନୁଷ୍ୟ ଅପୂର୍ଣ୍ଣ, – ସେ ହେଉଛି ପୂର୍ଣ୍ଣତାର ପ୍ରୟାସୀ, ପୂର୍ଣ୍ଣତା ଅଭିମୁଖରେ ତାହାର କ୍ରମବିକାଶ ହେବାରେ ଲାଗିଛି ଏବଂ ସେ ଆତ୍ମାର କ୍ରମବିକାଶର ଧାରାରେ ଅଗ୍ରସର ହେବାରେ ଲାଗିଛି। ପୂର୍ଣ୍ଣତା ହେଉଛି ମନୁଷ୍ୟର ଗନ୍ତବ୍ୟସ୍ଥଳ, ସିଏ ହେଉଛି ଭଗବାନଙ୍କର ଗୋଟିଏ ଅର୍ଦ୍ଧବିକଶିତ ରୂପ, – ସେଥିଲାଗି ହିଁ ସେ ଭାଗବତ ପୂର୍ଣ୍ଣତାର ପଥରେ ଜଣେ ପଥିକ। ଏହି ମନୁଷ୍ୟରୂପୀ ମୁକୁଳରେ ଭାଗବତ-ପଦ୍ମର ପୂର୍ଣ୍ଣତା ଲୁକ୍କାୟିତ ହୋଇ ରହିଛି, ଏବଂ ତାହା କ୍ରମେ କ୍ରମେ ଆସ୍ତେ ଆସ୍ତେ ପ୍ରସ୍ଫୁଟିତ କରି ଆଣିବାରେ ସଚେଷ୍ଟ ହୋଇ ରହିଛି। (୪,୧୨୦)

ଊନବିଂଶ ଶତାବ୍ଦୀର ମଧ୍ୟଭାଗରେ ଇଂଲଣ୍ଡର ଚାର୍ଲସ୍ ଡାରଉଇନ୍ ତାଙ୍କ ସ୍ଥାନୀୟ କାଳଟି ବୁଝିପାରିବା ଭଳି ଏକ ପ୍ରତିପାଦକତା ଦେଇ ଏକ ବିବର୍ତ୍ତନ-ତତ୍ତ୍ୱର ଉପସ୍ଥାପନା କରିଥିଲେ। କହିବା ବାହୁଲ୍ୟ, ତାହା ସେତେବେଳେ ସେହି ଭୂଭାଗରେ ପ୍ରାୟ ଏକ କମ୍ପନ ସୃଷ୍ଟି କରିଥିଲା। ବିଶେଷ କରି ପ୍ରଚଳିତ ଧର୍ମଚଳଣି ତଥା ସାମାଜିକ ବିଶ୍ୱାସଗୁଡ଼ିକ ତରଫରୁ ବହୁ ବିରୋଧ ହିଁ ପ୍ରକଟ କଲା। ଏବଂ, ଶ୍ରୀଯୁକ୍ତ ସ୍ୱୟଂ ଡାରଉଇନ୍ ମଧ୍ୟ ତାଙ୍କର ସେହି ତତ୍ତ୍ୱବାଖ୍ୟାଟିର ସାହାଯ୍ୟରେ ପ୍ରକୃତି-ବିବର୍ତ୍ତନର ବିଶ୍ୱଜନୀନ ଧାରାଟିକୁ ଠିକ୍ ଧରାପୃଷ୍ଠକୁ ମନୁଷ୍ୟର ଆଗମନ ପର୍ଯ୍ୟନ୍ତ ଆଣି ଶେଷ କରି ଦେଇଥିଲେ। ପରବର୍ତ୍ତୀ ପର୍ଯ୍ୟାୟରେ ବୈଜ୍ଞାନିକ ଧାରାରେ ଅଧିକ ଅଧିକ ଅନୁସନ୍ଧାନ ଅବ୍ୟାହତ ଜିଜ୍ଞାସା ସହିତ ଆରମ୍ଭ ହୋଇଗଲା ଏବଂ ସେଥିରୁ ନୂଆ ନୂଆ ଅନୁମାନ ଓ ଅନ୍ତର୍ଦୃଷ୍ଟିମାନ କ୍ରମେ ଉପଲବ୍ଧ ହୋଇ ଆସିଥିଲା। ପ୍ରକୃତିର ବିବର୍ତ୍ତନକ୍ରମଟି ମନୁଷ୍ୟ ପର୍ଯ୍ୟନ୍ତ ଆସି ସେହିଠାରେ ହିଁ ରହିଯିବ, ଏହି କଥାଟିକୁ ପ୍ରାୟ ସେହି ଆଦ୍ୟରୁ ହିଁ କେହି ସ୍ୱୀକାର କରିନେଇ ପାରୁନଥିଲେ। ତେଣୁ ଖୁବ୍ ଅନୁମାନ କରୁଥିଲେ ଯେ, ପ୍ରକ୍ରିୟାଟି ନିଶ୍ଚୟ ଚାଲିଛି ଏବଂ କାଳକାଳକୁ ଅବଶ୍ୟ ଚାଲିବ। ମାତ୍ର, ମନୁଷ୍ୟ ତା'ର ପୂର୍ବାଗତ ଇତରପ୍ରାଣୀ ମାନଙ୍କର ବିବର୍ତ୍ତନଗତ ଗୁଳାଟି ଭିତରେ ହିଁ ଆବଦ୍ଧ ରହି ଯାହାକିଛି ଅଗ୍ରଗତି କରିବାକୁ ଯେ ବାଧ୍ୟ ହେବ ଏବଂ ଅଧିକରୁ ଅଧିକ ପ୍ରକୃଷ୍ଟୀକୃତ ପ୍ରାଣୀଟିଏ ହୋଇ ସେତିକି ଭିତରେ ହିଁ ଯାହାକିଛି ହାସଲ କରିବ, ସେମାନେ ଏତିକି ସତ୍ୟକୁ ମଧ୍ୟ ମାନିନେବାକୁ ପ୍ରାୟ ଧର୍ମତଃ ରାଜୀ ନଥିଲେ। ଅର୍ଥାତ୍, ବିବର୍ତ୍ତନର କ୍ରମଟି

ଅବ୍ୟାହତ ରହିବ ଏବଂ ପ୍ରାଣୀଜୀବନର ସେହି ପୁରୁଣା ବୃତ୍ତଟିରେ ଅନ୍ୟ ପ୍ରସ୍ଥଗୁଡ଼ିକର ଉନ୍ମୋଚନ ଘଟାଇ ଆହୁରି ଅଭାବନୀୟ ଅନ୍ୟ ଏକାଧିକ ସ୍ତରରେ ନିଜକୁ ବ୍ୟକ୍ତ କରିବାରେ ଲାଗିଥିବ, – ନାନା ସ୍ୱତନ୍ତ୍ର ସତ୍ୟାନୁମାନଙ୍କୁ ପୁଂଜି କରି ଅନ୍ୱେଷଣଟି ଅବିଚ୍ଛିନ୍ନ ରହିଲା ଏବଂ ଏବେ ମଧ୍ୟ ଲାଗି ରହିଛି। ଶ୍ରୀ ଅରବିନ୍ଦଙ୍କୁ ଆମେ ସେହି ପରିପ୍ରେକ୍ଷୀରେ ହିଁ ବୁଝିବା ଏବଂ ଶ୍ରୀ ଅରବିନ୍ଦଙ୍କର ପରିପ୍ରେକ୍ଷୀରେ ଆପଣାକୁ, ଆପଣାର ସମୂହଟିକୁ ତଥା ସମଗ୍ର ବିଶ୍ୱସମୁଦାୟର ନିୟତିଟିକୁ ବୁଝିବାର ପ୍ରୟାସ କରିପାରିବା। ଶ୍ରୀ ଅରବିନ୍ଦ ଅତ୍ୟନ୍ତ ଦୃଢ଼ ଭାବରେ ଘୋଷଣା କଲେ ଯେ ମନ ହିଁ ମନୁଷ୍ୟ–ବିବର୍ତ୍ତନର ଶେଷ ଗାରଟି ଆଦୌ ନୁହେଁ। ଏପର୍ଯ୍ୟନ୍ତ ବାହ୍ୟପ୍ରତ୍ୟକ୍ଷର ସକଳ ନ୍ୟାୟପ୍ରମାଣ ଅନୁସାରେ ପରଖି ଦେଖିଲେ ସେ ମନଯାଏ ହିଁ ଆସିଛି। ସେ ଏହି ଗାରଟିକୁ ଅତିକ୍ରମ କରିଯିବ। ତା'ଭିତରେ ଯେଉଁ ଅନାଗତ ସମ୍ଭାବନାସ୍ତରଗୁଡ଼ିକ ପ୍ରଚ୍ଛନ୍ନ ହୋଇ ରହିଛନ୍ତି, ସେଗୁଡ଼ିକୁ ସିଏ ବହିଃପ୍ରକାଶର ଯୋଗ୍ୟ କରାଇନେବ। ତାହାହିଁ ତା'ର ସାଧନା– ଉତ୍ତରଣର ସାଧନା । ଆରୋହଣର ସାଧନା। ଏବଂ, ଚେତନା ହେଉଛି ତା'ର ଅନ୍ତର୍ନିହିତ ସ୍ୱତନ୍ତ୍ର କ୍ଷେତ୍ରଟି, ଯାହାକୁ କି ସ୍ୱସାଧନାର ଅବଲମ୍ବନରୂପେ ଗ୍ରହଣ କରି ସେ ସୋପାନ ପରେ ସୋପାନ ଅଗ୍ରସର ହେଉଥିବ। ସିଏ ବଦଳିବ, ତା'ର ସମୂହନାମକ ଜୀବନଭୂମିଟି ମଧ୍ୟ ବଦଳିବ। ଏହି ଜୀବନଟି ଏକ ଉଚ୍ଚତର ତଥା ଉତ୍ତରୋତ୍ତର ଅଭୀପ୍ସା ବଳରେ ଆଗକୁ ବାଟ ଛାଡ଼ିଦେବାର ଯୋଗ୍ୟ ହେବ। କେତେ ପ୍ରତିଶ୍ରୁତି ଦେଇ ଶ୍ରୀ ଅରବିନ୍ଦ କହିଛନ୍ତି ଯେ ଇତିହାସର ଧର୍ମମାନେ ଏଯାଏ ବର୍ତ୍ତମାନ ସ୍ୱର୍ଗଭୁବନରେ ରହିଥିବା ଭଗବତ୍‌ରାଜ୍ୟ ଆମର ମର୍ତ୍ତ୍ୟଭୂମିକୁ ଅବତରଣ କରି ଆସିବାର ଯେଉଁ କଳ୍ପନା କରିଛନ୍ତି, ସେତେବେଳେ ଯାଇ ସତକୁ ସତ ତାହାର ପ୍ରତିଷ୍ଠା ହେବ। ଏହି ପୃଥିବୀରେ, ଏହି ମନୁଷ୍ୟମାନଙ୍କର ଆସ୍ପୃହାଭୂମି ଏହି ନିତ୍ୟସଚଳ ଏବଂ ନିତ୍ୟ- ଅଗ୍ରସର ଏହି ପୃଥିବୀପୃଷ୍ଠରେ।

ପୃଥିବୀ ବିବର୍ତ୍ତିତ ହୋଇ ଚାଲିଛି। ପ୍ରକୃତି ବହୁ ବହୁ ଯୁଗ ଅତିକ୍ରମ କରି ଜଡ଼ରୁ ମନ ଯାଏ ଅର୍ଥାତ୍ ଆମ ମନୁଷ୍ୟମାନଙ୍କ ଯାଏ ବିବର୍ତ୍ତିତ ହୋଇ ଆସିଲାଣି। ଶ୍ରୀଯୁକ୍ତ ଚାର୍ଲସ୍ ଡାରଉଇନ୍ ଏତିକିରେ ଯାହା ଛାଡ଼ି ଯାଇଥିଲେ, ସେହି କ୍ରମଟିରେ ପରବର୍ତ୍ତୀ ଶହେଟି ବର୍ଷରେ ତାହା ଶ୍ରୀ ଅରବିନ୍ଦଙ୍କ ଯାଏ ଆସି ପହଞ୍ଚିଲାଣି। ଜଡ଼ରୁ ମନୁଷ୍ୟଯାଏ ଆସିବାରେ ଯେଉଁ ବେଗରେ ପ୍ରକ୍ରିୟାଟିରେ ଯାବତୀୟ ଗତିଶୀଳତା ସମ୍ଭବ ହୋଇଛି, ମନୁଷ୍ୟନାମକ ମନୋମୟ ସ୍ତରଟି କ'ଣ ସେହି ବା ସେତିକି ବେଗରେ ଅଗ୍ରସର ହେବାକୁ ବାଧ୍ୟ ହେବ ? ଶ୍ରୀ ଅରବିନ୍ଦ କହିବେ ଯେ ମନୁଷ୍ୟଚେତନା ଆପଣାର ତପସ୍ୟା ବଳରେ ପ୍ରକ୍ରିୟାଟିକୁ ଅନେକ ଅନେକ ଗୁଣରେ ଅଧିକ ତ୍ୱରାନ୍ୱିତ କରିନେଇ

ପାରିବ। ଅର୍ଥାତ୍ ପୂର୍ଣ୍ଣସଚେତନ ଭାବରେ ସେ ସେଇଟିରେ ସହଯୋଗ କରିବ। ଶ୍ରୀ ଅରବିନ୍ଦଙ୍କର ତପଃକ୍ରମରେ ଆମେ ଯେତିକି ବୁଝିବାକୁ ସମର୍ଥ ହୋଇ ପାରିବା, ସେଥିରୁ ଖୁବ୍ ସ୍ପଷ୍ଟ ଭାବରେ ଲକ୍ଷ୍ୟ କରି ପାରିବା ଯେ, ତାଙ୍କର ସାଧନାମାର୍ଗର ଧାରାଟିରେ ମଧ୍ୟ ସେ ପ୍ରାୟ ଏକ ଅନୁରୂପ ଆରୋହଣ ଦେଇ ସୋପାନ ପରେ ସୋପାନ ଦେଇ ଆସିଛନ୍ତି ଏବଂ ସେହି କାରଣରୁ ଆପଣାର ଗ୍ରନ୍ଥଗୁଡ଼ିକରେ ସେ ଯେଉଁଠାରେ ଯାହାକିଛିର ବ୍ୟାଖ୍ୟା ଦେଇଛନ୍ତି, ସେଥିରେ ସାରତଃ ଆପଣାର ଉପଲବ୍ଧିଗୁଡ଼ିକର ଭୂମିଗତ ବ୍ୟାପ୍ତିଟି ଉପରେ ହିଁ ସବୁକିଛିର କାହାଣୀ ଶୁଣାଇ ପାରିଛନ୍ତି। କହିବା ବାହୁଲ୍ୟ, ଅସଲ ଅନୁରାଗମାନ ରହିଥିଲେ ଅର୍ଥାତ୍ ଆମଭିତରେ ବି ସେହିଭଳି ଏକ ମାର୍ଗଚାରଣାର ଅନୁରାଗ ରହିଥିଲେ ଯାଇ ଆମେ ସେଗୁଡ଼ିକୁ ଅଧିକ ପ୍ରତ୍ୟକ୍ଷ ଅର୍ଥାତ୍ ହାତପାଆନ୍ତା ଭାବରେ ବୁଝିପାରିବା ଏବଂ ତେଣୁ ଅଧିକ ଉପକୃତ ହୋଇପାରିବା।

"ଯେଉଁଟିକୁ ନେଇ ଆରମ୍ଭ କରିଥିଲି, ଲେଲେ ଯାହା ଦେଇଥିଲେ, ...ସେଇଟି ଥିଲା ପଥଟିକୁ ଖୋଜି ବାହାର କରିବାର ଅବସ୍ଥା, ଏ ଦିଗକୁ ଏବଂ ପୁଣି କେତେବେଳେ ସେ ଦିଗକୁ ଅନାଇ ଦେଖିବାର ଏକ ସ୍ଥିତି; ପୁରାତନ ସକଳ ଖଣ୍ଡଯୋଗର ଏଇଟି ବା ସେଇଟିକୁ ଛୁଇଁବା, ସେଇଟିକୁ ହାତଉପରେ ରଖି ପରୀକ୍ଷା କରିବା, ଏଇଟିର ଏକ ପ୍ରକାରର ପୂରା ଅନୁଭୂତି ଲାଭ କରି ତା'ପରେ ସେଇଟିକୁ ଛୁଇଁବା, ସେଇଟିକୁ ହାତଉପରେ ରଖି ପରୀକ୍ଷା କରିବା, ଏଇଟିର ଏକ ପ୍ରକାରର ପୂରା ଅନୁଭୂତି ଲାଭ କରି ତା'ପରେ ସେଇଟିର ଅନୁସରଣ କରିବା : ଏବଂ ତା'ପରେ ପଣ୍ଡିଚେରୀ ଆସି ଏହି ଚଞ୍ଚଳ ଅବସ୍ଥାଟି କଟିଗଲା। ଅନ୍ତର୍ଯ୍ୟାମୀ ଜଗତ୍‌ଗୁରୁ ମୋତେ ମୋ' ପନ୍ଥାଟିର ପୂର୍ଣ୍ଣ ନିର୍ଦ୍ଦେଶ ପ୍ରଦାନ କଲେ। ସେଇଟିର ସମ୍ପୂର୍ଣ୍ଣ theory(ତତ୍ତ୍ୱ) ଯୋଗ-ଶରୀରର ଦଶୋଟି ଅଙ୍ଗ; ଏହି ଦଶବର୍ଷ ହେଲା ସେଇଟିର ହିଁ development (ବିକାଶ) କରାଉଛନ୍ତି ଅନୁଭୂତିର କ୍ଷେତ୍ରରେ। ତାହା ଏପର୍ଯ୍ୟନ୍ତ ମଧ୍ୟ ସରିନାହିଁ, ହୁଏତ ଆଉ ଦୁଇବର୍ଷ ଲାଗିପାରେ। ...ଏହି ଯୋଗ-ପନ୍ଥାଟି ବିଷୟରେ ମୁଁ ବର୍ତ୍ତମାନ କେବଳ ଏତିକିମାତ୍ର କହିପାରିବି ଯେ, ପୂର୍ଣ୍ଣ ଜ୍ଞାନ, ପୂର୍ଣ୍ଣ କର୍ମ ଓ ପୂର୍ଣ୍ଣ ଭକ୍ତିର ସାମଞ୍ଜସ୍ୟ ଓ ଐକ୍ୟକୁ ମାନସିକ ଭୂମିର (level) ଉପରକୁ ନେଇ ଯାଇ ମନସ୍ତରର ଅତୀତ ବିଜ୍ଞାନ ଭୂମିରେ ପୂର୍ଣ୍ଣସିଦ୍ଧ କରିବା ହେଉଛି ତାହାର ମୂଳ ତତ୍ତ୍ୱ। ପୁରାତନ ଯୋଗର ଏହି ଦୋଷଟି ରହିଥିଲା ଯେ, ତାହା ମନ ଓ ବୁଦ୍ଧିକୁ ଜାଣିଥିଲା, ଏବଂ ଆତ୍ମାକୁ ମଧ୍ୟ ଜାଣିଥିଲା, ସେହି ମନସ୍ତରରେ ହିଁ ଅଧ୍ୟାତ୍ମ ଅନୁଭୂତି ଲାଭ କରି ସନ୍ତୁଷ୍ଟ ରହିଥିଲା। କିନ୍ତୁ ମନ କେବଳ ଖଣ୍ଡଟିକୁ ହିଁ ଆୟତ୍ତ କରିପାରିବ; ଅନନ୍ତ ଅଖଣ୍ଡକୁ ସଂପୂର୍ଣ୍ଣ ଭାବରେ ଆଦୌ ଧରି ପାରିବନାହିଁ। ଏବଂ, ଧରିବାକୁ ଚେଷ୍ଟା କଲେ ସମାଧି, ମୋକ୍ଷ, ନିର୍ବାଣ

ଇତ୍ୟାଦି ହିଁ ମନର ଯାହାକିଛି ଉପାୟ, – ଆଉ ଅନ୍ୟକୌଣସି ଉପାୟ ନାହିଁ। ପୁନଶ୍ଚ, ସେହି ଲକ୍ଷ୍ୟହୀନ ମୋକ୍ଷଲାଭ କେବଳ ଜଣେ ଜଣେ ବ୍ୟକ୍ତି ହିଁ ହୁଏତ କରିପାରିବେ, ମାତ୍ର ସେଥିରୁ କି ଲାଭ ବା ମିଳିବ? ବ୍ରହ୍ମ, ଆତ୍ମା, ଭଗବାନ, – ଏମାନେ ତ ସଦାବର୍ତ୍ତମାନ ରହିଛନ୍ତି। ମନୁଷ୍ୟର ଏହି ଭୂମିଟିରେ ଭଗବାନ ଯାହା ପ୍ରକୃତରେ ଚାହାନ୍ତି, ସେଇଟି ହେଉଛି ୮. ସିଏ ତାଙ୍କୁ ଏହିଠାରେ ହିଁ ମୂର୍ତ୍ତିମାନ କରିବ; ବ୍ୟଷ୍ଟିରେ, ସମଷ୍ଟି ମଧ୍ୟରେ ମୂର୍ତ୍ତିମାନ୍ କରିବ, – to realize god in life - ସିଏ ଏହି ଜୀବନକ୍ଷେତ୍ରରେ ହିଁ ଭଗବାନଙ୍କୁ ମୂର୍ତ୍ତିମାନ୍ କରିବ।'' (୪, ୩୨୭) ଏହି ପତ୍ରଟିକୁ ଶ୍ରୀ ଅରବିନ୍ଦ ୧୯୨୦ ମସିହା ଏପ୍ରିଲ ମାସରେ ତାଙ୍କର ସାନ ଭାଇ ବାରୀନ୍ଦ୍ରଙ୍କ ନିକଟକୁ ବଙ୍ଗଳାରେ ଲେଖିଥିଲେ।

ଏକ ଅନ୍ୟ ଅବସରରେ, "କୌଣସି ଏକ ସ୍ୱତନ୍ତ୍ର ଧର୍ମର ବିକାଶ ଘଟାଇବା ଆଦୌ ଲକ୍ଷ୍ୟ ନୁହେଁ ଅଥବା ପୁରାତନ ଯେଉଁସବୁ ଧର୍ମ ଅଛନ୍ତି, ସେଗୁଡ଼ିକୁ ଏକତ୍ର ମିଶାଇ ଫେଣ୍ଟିବାର ଚେଷ୍ଟା କରିବା ମଧ୍ୟ ନୁହେଁ। ଏବଂ କୌଣସି ନୂତନ ଧର୍ମର ପ୍ରତିଷ୍ଠା କରିବା, – ସେକଥା ମଧ୍ୟ ନୁହେଁ। କେବଳ ଗୋଟିଏ ମାତ୍ର ଲକ୍ଷ୍ୟ ଏବଂ ସେଇଟି ହେଉଛି ଯେ, ପ୍ରତ୍ୟେକ ମନୁଷ୍ୟ, ଯିଏ ଏହି ଯୋଗକୁ ବାଛିବ ଓ ଗ୍ରହଣ କରିବ, ସିଏ ଏକ ଅନ୍ତର୍ଗତ ଆତ୍ମ-ବିକାଶର ପ୍ରୟାସ କରିବ, ଯାହାଦ୍ୱାରା କି ସେ ସମୟ ଅନୁକ୍ରମେ ସବୁରି ମଧ୍ୟରେ ସେହି ଏକୈବ ପରମାତ୍ମସତ୍ତାକୁ ଆବିଷ୍କାର କରିପାରିବ ତଥା ଏକ ଉଚ୍ଚତର ଚେତନାକୁ କ୍ରମବିକଶିତ କରି ଆଣିବ, – ଯାହାକି ବର୍ତ୍ତମାନର ମାନସିକ ଚେତନାଠାରୁ ପ୍ରକୃତରେ ଅଧିକ ଉଚ୍ଚରେ। ତାହା ହେଉଛି ଏକ ଆଧ୍ୟାତ୍ମିକ ଚେତନା, ତାହା ଅତିମାନସ ଚେତନା। ସେହି ଚେତନା ହିଁ ମାନବସ୍ୱଭାବରେ ରୂପାନ୍ତର ଘଟାଇବ, ତାହାକୁ ଦିବ୍ୟ ଚେତନାରେ ପରିଣତ କରିଦେବ।'' (୨୬ - ୯୭) ଆହୁରି ଅଧିକ ସ୍ପଷ୍ଟ କରିଦେଇ ଶ୍ରୀ ଅରବିନ୍ଦ କହିଛନ୍ତି: ଅନ୍ୟ ମାର୍ଗଗୁଡ଼ିକରେ ଆରୋହଣ ହେଉଛି ପ୍ରାପ୍ତିର ଅସଲ ବସ୍ତୁ; ଏଠାରେ, ଏହି ଯୋଗରେ ଆରୋହଣ ହେଉଛି ସର୍ବପ୍ରଥମ ପ୍ରାପ୍ତି, ପ୍ରଥମ ସୋପାନ। ମାତ୍ର ଆରୋହଣ ହେଉଛି ଅବତରଣର ଏକ ସାଧନ। ଆରୋହରଣର ପର୍ଯ୍ୟାୟରେ ଯେଉଁ ଆରୋହଣଟି ଉପଲବ୍ଧ ହୋଇଥିବ, ସେଥିରୁ ପ୍ରାପ୍ତ ନୂତନ ଚେତନାର ଅବତରଣ - ସେଇଟି ପରବର୍ତ୍ତୀ ଲକ୍ଷ୍ୟ, ସାଧନାର ସ୍ଥାୟୀ ପ୍ରମାଣ ଏବଂ ସନ୍ତକ। (୨୬-୧୦୯) ଏହି ଅନ୍ୟଟି ସମ୍ବନ୍ଧରେ ପୁଣି ସ୍ପଷ୍ଟ କରିଦେଇ କୁହା ହୋଇଛି: "ଏହି ପ୍ରଣାଳୀଟିକୁ ମୁଁ ସମଗ୍ରତଃ ଅଥବା ଏହିଭଳି କିଛି ପୁରାତନ ଯୋଗମାର୍ଗ ମାନଙ୍କରେ ଘୋଷିତ ତଥା ଉପଲବ୍ଧ ହୋଇଥିବାର କୌଣସି ଦୃଷ୍ଟାନ୍ତ କେବେ ପାଇନାହିଁ'' (ତତ୍ରୈବ) ଆମେ ବହୁତ ସମୟରେ ଆଧ୍ୟାତ୍ମିକ କହିଲେ

ସାଧାରଣତଃ ଯାହା ବୁଝିଥାଉ, ଅତିମାନସର ଯୋଗମାର୍ଗ କେବେହେଲେ ତାହା ନୁହେଁ ବୋଲି ଶ୍ରୀ ଅରବିନ୍ଦ ପ୍ରାୟ ସତର୍କ କରି ଦେଇଛନ୍ତି। ତାଙ୍କରି କଥାରେ କହିଲେ, "ଯଦି ଆଧ୍ୟାତ୍ମିକ ଓ ଅତିମାନସ ସେହି ଏକାଭଳି ବସ୍ତୁ ହୋଇଥାନ୍ତେ, ତେବେ ସକଳ ଯୁଗର ମୁନିଋଷି, ଭକ୍ତ ତଥା ଉପାସକଗଣ ଏବଂ ଯୋଗୀ ଏବଂ ସାଧକମାନେ ନିଶ୍ଚୟ ଅତିମାନସ ସତ୍ତାମାନଙ୍କରେ ପରିଣତ ହୋଇଥାଆନ୍ତେ। (୨୬,୧୧୧)

ତଥାପି ଏକ ଯୋଗସୂତ୍ର ଦର୍ଶାଇଦେବା ପରି ଶ୍ରୀ ଅରବିନ୍ଦ ଠାଏ ପ୍ରକାଶ କରିଛନ୍ତି, "ମୁଁ ହୁଏତ କହିପାରେ ଯେ, ଉପନିଷଦ ମାନଙ୍କରେ (ବିଶେଷ ଉଲ୍ଲେଖଯୋଗ୍ୟ ଭାବରେ ତୈତ୍ତିରୀୟ ଉପନିଷଦରେ) କେତେକ ସଙ୍କେତ ରହିଛି, ଯାହାକି ଏହିସବୁ ଉଚ୍ଚତର ଭୂମିଗୁଡ଼ିକୁ ସୂଚାଇ ଦେଉଛି। ...କିନ୍ତୁ ସେସବୁ କାଳକ୍ରମେ ବିସ୍ମୃତ ହୋଇ ରହି ଯାଇଥିଲା ଓ ତେଣିକି ସମସ୍ତେ କେବଳ ବୁଦ୍ଧିର କଥା ହିଁ କହିଥିଲେ: ଅର୍ଥାତ୍ ଠିକ୍ ପରବର୍ତ୍ତୀ ଊର୍ଦ୍ଧ୍ୱତର ସ୍ତରଟିରେ ଅବସ୍ଥିତ ଆତ୍ମା ଅର୍ଥାତ୍ ପୁରୁଷଙ୍କର ସେହି ବୁଦ୍ଧି ହେଉଛି ସର୍ବୋଚ୍ଚ ସନ୍ତକ ବୋଲି ଘୋଷଣା କରିଥିଲେ। ତଥାପି, ସେହି ଉଚ୍ଚତର ସ୍ତରଗୁଡ଼ିକ ବିଷୟରେ କୌଣସି ସ୍ପଷ୍ଟ ଧାରଣା ମଧ୍ୟ ପ୍ରଦାନ କରାଯାଇ ନଥିଲା। ତେଣୁ, ଆରୋହଣ କହିଲେ ସମ୍ଭବତଃ ସେହିସବୁ ଅଜ୍ଞାତ ଏବଂ ଅବ୍ୟକ୍ତ ସ୍ୱର୍ଗସ୍ଥ ଲୋକଗୁଡ଼ିକ ବିଷୟରେ କଳ୍ପନା କରା ଯାଉଥିଲା, ଯାହାକୁ କି ଜଣେ ସାଧନାଦ୍ୱାରା ସମାଧିସ୍ଥ ହୋଇ ଅନୁଭବରେ ଭେଟି ପାରିବ। କିନ୍ତୁ, ସେଥିରେ ଅବତରଣ ସମ୍ପର୍କରେ କିଛି ହିଁ ନଥିଲା; ତେଣୁ ଏହି ଧରଣୀପୃଷ୍ଠରେ ରୂପାନ୍ତର ନିମନ୍ତେ କୌଣସି ପୁଞ୍ଜି ନଥିଲା, ତେଣୁ କୌଣସି ସମ୍ଭାବନା ମଧ୍ୟ ନଥିଲା। ଅର୍ଥାତ୍, କେବଳ ଜୀବନରୁ ଛୁଟୀ ନେଇ ପଳାୟନ ହିଁ ଗୋଟିଏ ମାତ୍ର ଗତି ଥିଲା। ଗୋଲୋକ, ବ୍ରହ୍ମଲୋକ, ଶିବଲୋକ କିମ୍ବା ପରମାତ୍ମାଙ୍କ ମଧ୍ୟରେ ମୁକ୍ତି ଲାଭ କରିବାର କଥା କୁହା ଯାଇଥିଲା। (୨୬-୧୧୪) ସୁତରାଂ, ଶ୍ରୀ ଅରବିନ୍ଦ ଆଗକୁ ବାଟ କଢ଼ାଇ ନେଇ ପୁଣି କହିଛନ୍ତି, ଅତୀତର ସେହି ପରମ୍ପରାଗୁଡ଼ିକର ସେଗୁଡ଼ିକର ନିଜ ନିଜ ସ୍ଥାନରେ ସେକାଳେ ଅବଶ୍ୟ ଏକ ମହନୀୟ ତାତ୍ପର୍ଯ୍ୟ ରହିଥିଲା ସତ, ମାତ୍ର ଆମେ ଯେ କେବଳ ସେହିଗୁଡ଼ିକର ପୁନରାବୃତ୍ତି କରିବା ଏବଂ ଅଧିକ ଆଗକୁ ଯିବାନାହିଁ, ତାହାର କୌଣସି କାରଣ ନାହିଁ। ପୃଥ୍ୱୀ-ବିବରଣୀରେ ଅର୍ଥାତ୍ ଚେତନାର ଆଧ୍ୟାତ୍ମିକ ବିକାଶର ଇତିହାସରେ ଏକ ବୃହତ୍ତର ଭବିଷ୍ୟ ସେହି ମହାନ୍ ଅତୀତର ଅବଶ୍ୟ ଅନୁଗମନ ହିଁ କରିବା ଅତ୍ୟନ୍ତ ଉଚିତ ହେବ। (ତତ୍ରୈବ, ୧୨୨)

ଏବଂ ବାରମ୍ବାର ସେହି ଗୋଟିଏ ଚେତାବନୀ ଏବଂ ସ୍ପଷ୍ଟୀକରଣ: କୌଣସି ସ୍ୱତନ୍ତ୍ର ଧର୍ମର ପ୍ରଚାର ତଥା ପ୍ରସାରଣ କରିବା ସକାଶେ ମୋ'ର ଆଦୌ କୌଣସି

ଅଭିପ୍ରାୟ ନାହିଁ, – ନୂଆ ହେଉ ଅଥବା ପୁରୁଣା ହେଉ, ମନୁଷ୍ୟସମାଜ ନିମନ୍ତେ ଭବିଷ୍ୟତରେ ମୁଁ କୌଣସି ଧର୍ମର ପ୍ରଚାର କରିବାକୁ ଆଦୌ ଯାଉନାହିଁ। ନା – ଏକ ମାର୍ଗ ଉନ୍ମୋଚିତ ହେବାର ଆବଶ୍ୟକତା ରହିଛି, ଯାହାକି ଏପର୍ଯ୍ୟନ୍ତ ନାନା ବାଧା ହେତୁ ଉନ୍ମୋଚିତ ହୋଇ ପାରନିାହିଁ, ତେଣୁ, କୌଣସି ନୂତନ ଧର୍ମର ପ୍ରତିଷ୍ଠା ହେବାକୁ ଯାଉନାହିଁ। ସମ୍ମୁଖରେ ରହିଥିବା କର୍ମପ୍ରସଙ୍ଗଟି ବିଷୟରେ ମୁଁ କେବଳ ସେତିକି କଳ୍ପନା କରିପାରୁଛି। (ତତ୍ରୈବ, ୧୨୫-୧୯୩୫ ମସିହାରେ, ଅଗଷ୍ଟ ୧୮) ଏହାର ପ୍ରାୟ କେତେ ମାସ ପୂର୍ବରୁ ଶ୍ରୀ ଅରବିନ୍ଦ ଏକଦା କହିଥିଲେ ଯେ, ଏଠାରେ (ଆଶ୍ରମରେ) ଅଧିକାଂଶ ସାଧକଙ୍କର ଭିତର ସତ୍ତାଟି – ଏବେ ମଧ୍ୟ ସେଥିରେ ବହୁତ ଅପୂର୍ଣ୍ଣତା ଥିଲେ ମଧ୍ୟ, ଜଣେ ସାଧାରଣ ମନୁଷ୍ୟ ସହିତ ତୁଳନା କରି ଦେଖିଲେ ତଥାପି ବହୁତ ବଦଳି ଗଲାଣି ବୋଲି ନିଶ୍ଚୟ କୁହାଯାଇ ପାରିବ ସତ, ମାତ୍ର ସେମାନଙ୍କର ବାହ୍ୟ ଜୀବନଟି ତଥାପି ସେହି ପୁରାତନ ମାର୍ଗ ତଥା ଶୈଳୀଗୁଡ଼ିକୁ ଯାବୁଡ଼ି କରି ରହିଛି, ସେହି ପୁରୁଣା ଆଚାର ଏବଂ ଅଭ୍ୟାସ ଆଦିକୁ ଯାବୁଡ଼ି ଧରିଛି। ଏପରିକି, ଏକ ପରିବର୍ତ୍ତନ ଅବଶ୍ୟ ଆବଶ୍ୟକ ବୋଲି ଅନେକେ ଏବେ ମଧ୍ୟ ସଚେତନ ଭାବରେ ଭାବି ପାରିନାହାନ୍ତି। ଏବଂ, ଯେତେବେଳେ ସେମାନେ ସେହି ଆବଶ୍ୟକତାଟି ଉପଲବ୍ଧି କରିବେ ଏବଂ ସେହି ଅନୁସାରେ ସେମାନଙ୍କର ବାହ୍ୟ ଜୀବନର ଆଚରଣ ଗୁଡ଼ିକରେ ମଧ୍ୟ ପରିବର୍ତ୍ତନ ଆସିଯିବ, ସେତେବେଳେ ଯାଇ ଏହି ଆଶ୍ରମରେ ଏଠାରେ ଅନୁସୃତ ଯୋଗସାଧନାର ସଂପୂର୍ଣ୍ଣ ଫଳଟି ପ୍ରକୃତରେ ଫଳିବାକୁ ଆରମ୍ଭ କରିବ, – ତା'ପୂର୍ବରୁ କଦାପି ନୁହେଁ। (ତତ୍ରୈବ, ୧୪୦)

"ମୁଁ କେବେ ଯାଇ କୌଣସି ଏକ ଉଚ୍ଚ ତଥା ଅପହଞ୍ଚ ଅତିମାନସ ଭୂମିସ୍ତରରେ ଦଣ୍ଡାୟମାନ ହୋଇଯିବି ଏବଂ ସେହିଠାରେ ଅବସ୍ଥିତ ରହି ପୃଥିବୀଟିକୁ ବଦଳାଇ ଦେବି, ଏପରି କୌଣସି ସାମର୍ଥ୍ୟ ନିମନ୍ତେ ବର୍ତ୍ତମାନ କୌଣସି ପ୍ରକାର ପ୍ରୟାସ ଆଦୌ କରୁନାହିଁ। ମୁଁ ତ ଏହି ପୃଥିବୀ-ପୃଷ୍ଠକୁ ହିଁ ତାହର କିୟଦଂଶକୁ ଅବତରଣ କରି ଆଣିବାକୁ ଉଦ୍ୟମ କରୁଛି ତଥା ତାହାରି ଉପରେ ଛିଡ଼ା ହୋଇ ତାହାରି ପ୍ରତିନିଧିତ୍ୱ ହିଁ କରିବାପାଇଁ ଇଚ୍ଛା କରୁଛି। ମାତ୍ର, ବର୍ତ୍ତମାନ ପର୍ଯ୍ୟାୟଟିରେ ମୋ'ର ସକଳ ଉଦ୍ଦେଶ୍ୟ ଅଧିମାନସକୁ ହିଁ ଉତ୍ତରୋତ୍ତର ସାର୍ଥକତା ସହିତ ଅତିମାନସର ବୃହତ୍ତର ବୃତ୍ତଟିକୁ ପ୍ରତିବନ୍ଧ କରାଇ ନେବାକୁ ସବାଆଗ ସଂକେନ୍ଦ୍ରିତ ହୋଇ ରହିଛି। ସେହି କାର୍ଯ୍ୟଟିର ଏକ ଦ୍ୱିତୀୟ ପର୍ଯ୍ୟାୟ ସ୍ୱରୂପ, ସଂପ୍ରତି ଏହି କାର୍ଯ୍ୟରେ ଅଚେତନାର ଶକ୍ତିଟି ଯେପରି ପ୍ରବଳ ପ୍ରତିରୋଧ ବ୍ୟକ୍ତ କରିବାରେ ଲାଗିଛି, ମୁଁ ତାହାକୁ ହାଲୁକା କରି ଆଣିବାରେ ମଧ୍ୟ ପ୍ରୟାସ କରିବି। କାରଣ, ସେହି ଅଚେତନା ହିଁ ସର୍ବଦା ମନୁଷ୍ୟସ୍ତରର ଯାବତୀୟ

ଅଜ୍ଞାନକୁ ସର୍ବବିଧ ସମର୍ଥନ ଯୋଗାଇ ହିଁ ଆସିଛି ତଥା, ଏହି ପୃଥିବୀକୁ ଏବଂ ଏପରିକି ନିଜକୁ ମଧ୍ୟ ବଦଳାଇବ ବୋଲି ମନୁଷ୍ୟସମାଜ ଯେତେଯାହା ଚେଷ୍ଟା କରିବାକୁ ଯାଉଛି, ସେହି ଅଜ୍ଞାନ ହିଁ ତା'ର ସେହି ପଥରେ ପ୍ରଧାନତଃ ପ୍ରତିବନ୍ଧକମାନ ସର୍ବଦା ସୃଷ୍ଟି କରିବାରେ ଲାଗିଛି।''

(ତତ୍ରୈବ, ୧୭୦, - ଜୁଲାଇ ୧୯୪୭)

ପୁନଶ୍ଚ, ୧୯୪୮ ମସିହାର ଜୁଲାଇ ମାସରେ ଶ୍ରୀ ଅରବିନ୍ଦଙ୍କର ଗୋଟିଏ ଉକ୍ତିରେ : ଯେଉଁ ନୂତନ ଏକ ପୃଥିବୀ ଆସୁଛି ବୋଲି ଆମେ ଯାହା ଦେଖିପାରୁଛୁ, ତାହାର ବାହ୍ୟ ପ୍ରକାରଟି ଯାହା ଅନ୍ୟଭଳି ହେବ ଏବଂ ଅନ୍ତର୍ଗତ ସଂରଚନାଟି ଯେ ପୁରାତନ ଏହି ପୃଥିବୀ ପରି ଯେମିତି ସେମିତି ରହିବ, ସେକଥା ମୋଟେ ନୁହେଁ। କଳ୍ପନା କରା ଯାଉଥିବା ନୂଆଟି ବସ୍ତୁତଃ ବାହାରୁ ନୁହେଁ, ଭିତରୁ ହିଁ ଜନ୍ମ ନେବ, ଅର୍ଥାତ୍ ଏକ ଅନ୍ୟ ଉପାୟମାନଙ୍କ ଦ୍ୱାରା ସମ୍ଭବ ହେବ। ତେଣୁ ସଂପୃକ୍ତ ସକଳଙ୍କର ସର୍ବୋତ୍ତମ ଉଚିତ କର୍ତ୍ତବ୍ୟ ହେଉଛି ଯେ, ବର୍ତ୍ତମାନ ବାହାରେ ଘଟିବାରେ ଲାଗିଥିବା ଏହି ଯାବତୀୟ ବିଷୟକୁ ନେଇ ମୋଟେ ଅତି ଆତଙ୍କିତ ହୋଇ ପଡ଼ିବେନାହିଁ; ସେମାନେ ଅନ୍ୟ ପକ୍ଷରେ ପ୍ରତ୍ୟେକେ ସ୍ୱୟଂ ଆପଣା ଭିତରେ ସତତ ଅଭିବୃଦ୍ଧି ଲାଭ କରୁଥିବେ, ଯେପରିକି ଆସୁଥିବା ପୃଥିବୀ ଲାଗି ସେମାନେ ପ୍ରକୃତରେ ପ୍ରସ୍ତୁତ ହୋଇ ପାରିବେ: ସେହି ପୃଥିବୀଟି ଯେପରି ହେବାକୁ ଯାଉଥାଉ ପଛକେ, ସେମାନେ ସେଇଟି ନିମନ୍ତେ ନିମିତ୍ତ ହୋଇ ପାରିବେ। (ତତ୍ରୈବ, ୧୭୧-୨) ତେଣୁ, ଶ୍ରୀ ଅରବିନ୍ଦଙ୍କର ଏହି ନିମ୍ନଲିଖିତ ଉକ୍ତିଟିକୁ ମଧ୍ୟ ଆମେ ସମସ୍ତେ ଅବଶ୍ୟ ହେତୁରେ ରଖିଥିବା: "କୌଣସି ବ୍ୟକ୍ତି ନିଜଆଡୁ ହିଁ ମୋତେ ଏକ ଅବସର ଯୋଗାଇ ନଦେଇଥିବା ଯାଏ ମୁଁ ତାକୁ ତାହାର ଦୋଷ ବା ଅସମର୍ଥତା ଗୁଡ଼ିକୁ କଦାପି ଦର୍ଶାଇ ଦିଏନାହିଁ। ଜଣେ ସାଧକ ସ୍ୱୟଂ ସଚେତନ ହେବ ଓ ଆପଣାକୁ ଆଲୋକର ସମ୍ମୁଖରେ ଆଣି ଉପସ୍ଥାପିତ କରିବ, ଆପେ ନିଜକୁ ପରୀକ୍ଷା କରି ଦେଖିବ, – ଯେଉଁଗୁଡ଼ିକର ପ୍ରତ୍ୟାଖ୍ୟାନ କରିବା ବିଧେୟ ସିଏ ସେଗୁଡ଼ିକୁ

\+ + + +

ତୈତ୍ତିରୀୟ ଉପନିଷଦରେ 'ବ୍ରହ୍ମାନନ୍ଦ ବଲ୍ଲୀ' ନାମକ ଗୋଟିଏ ଅଧ୍ୟାୟରେ ବ୍ରହ୍ମର ସ୍ୱରୂପ ନିରୂପଣ କରାଯାଇଛି। ଏବଂ, ଯାବତୀୟ ଅର୍ଥରେ ଏକ ସୋପାନକ୍ରମର ଶୈଳୀରେ ବ୍ରହ୍ମ ଅର୍ଥାତ୍ ପରମସତ୍ୟର ବ୍ୟାଖ୍ୟା ଦିଆଯାଇଛି। ବ୍ରହ୍ମର ଅନୁଭବ ହେଉଛି ଏକ ସମଗ୍ରର ଅନୁଭବ। ଯଥାର୍ଥ ସତ୍ୟ ହେଉଛି ଏକ ସମଗ୍ର। ଗୋଟିଏ ପରମ ସମଗ୍ରରୂପେ ହିଁ ବ୍ରହ୍ମନାମକ ଅନୁଭବସତ୍ୟର କଳନା କରାଯାଇ ପାରିବ। ଏହି ସମଗ୍ରଟି

ମଧ୍ୟରେ ପାଞ୍ଚୋଟି ସୋପାନ, ତଳ ଉପର ହୋଇ ଅବସ୍ଥିତ ପାଞ୍ଚୋଟି ସୋପାନ ନୁହେଁ; ଆଗ କିଏ, ଓ ତା'ପରେ କିଏ ଏବଂ ସବା ଉପରେ କିଏ, ଏପରି ଆଦୌ ନୁହେଁ। ଅର୍ଥାତ୍, ଏକାବେଳେକେ ଏକ ସମଗ୍ରର କଳ୍ପନା ଭିତରେ ପାଞ୍ଚୋଟି ବିଭାବ। ଅନ୍ନମୟ କୋଷ, ପ୍ରାଣମୟ କୋଷ, ମନୋମୟ କୋଷ, ବିଜ୍ଞାନମୟ କୋଷ, ଏବଂ ଆନନ୍ଦମୟ କୋଷ। ଅନ୍ନରୁ ଆନନ୍ଦ ଯାଏ ଏକ ସମଗ୍ର। ଅନ୍ନମୟ ଜୀବନ ଅର୍ଥାତ୍ ଆମର ଏହି ଭୌତିକ ଜୀବନ, ଇନ୍ଦ୍ରିୟପ୍ରତ୍ୟକ୍ଷର ନୈକଟ୍ୟ ଦେଇ ଠଉରାଇ ହେଉଥିବା ତଥା ବଞ୍ଚି ହେଉଥିବା ଦୈନନ୍ଦିନତାର ଜୀବନ । ପ୍ରାଣ ହେଉଛି ଏକ ଶକ୍ତି, ଯାହାକି ଏକ ଗତିଶୀଳତା ଦ୍ୱାରା ଆମର ଅନ୍ତର୍ଗତ ତଥା ବହିଃସ୍ଥ ଜୀବନକୁ ନାନା ପରିବର୍ତ୍ତନ, ବେଗ ଓ ଅନୁବେଗ ଦ୍ୱାରା ଭାବମୟ ଏବଂ ସଂବେଗଯୁକ୍ତ କରି ରଖିଛି। ଜଡ଼ ଓ ପ୍ରାଣର ଆବେଷ୍ଟନଟି ମଧ୍ୟରେ ଉଦ୍‌ଭିଦ–ଜଗତ ଏବଂ ଇତରପ୍ରାଣୀମାନେ ଆତଯାତ ହେଉଛନ୍ତି। ସେଗୁଡ଼ିକ ମଧ୍ୟରେ ଚେତନା ଅବଶ୍ୟ କାର୍ଯ୍ୟ କରୁଛି, କିନ୍ତୁ ସେମାନେ ସଚେତନ ନୁହନ୍ତି । ଆତ୍ମସଚେତନ ନୁହନ୍ତି। କେତୋଟି ସହଜାତ ପ୍ରବୃତ୍ତିଦ୍ୱାରା ହିଁ ସେମାନଙ୍କ ଜୀବନର ସର୍ବବିଧ ଅଭିବ୍ୟକ୍ତି ଏବଂ ପରିଣତି ସୀମାଙ୍କିତ ହୋଇ ରହିଛି। ଅଧିକତଃ ସେମାନେ ବର୍ତ୍ତମାନ ଭିତରେ ହିଁ ବାନ୍ଧିହୋଇ ଓ କିଳି ହୋଇ ରହିଛନ୍ତି। ମାନସ ଅର୍ଥାତ୍ ମନୋମୟ ସୋପାନରେ ଉପଗତ ହୋଇ ଆତ୍ମସଚେତନତା ଲାଭ କରିବାର ପରବର୍ତ୍ତୀ ସୋପାନଟିର ଅଧିକାରଲାଭ ସମ୍ଭବ ହେଉଛି। ଆମେ ମନୁଷ୍ୟମାନେ ହେଉଛୁ ଆତ୍ମସଚେତନ; ଅର୍ଥାତ୍ ଏହି ମନୋଯନ୍ତ୍ରଟିର ଅଧିକାରୀ ହୋଇଥିବାରୁ ହିଁ ଆମେ କେବଳ ବର୍ତ୍ତମାନଟି ମଧ୍ୟରେ ସୀମାବଦ୍ଧ ନରହି ପଛକୁ ଅନାଇ ପାରୁଛୁ ଏବଂ ଆଗକୁ ଅନାଇ ପାରୁଛୁ। ପଛରୁ, ଅତୀତରୁ ଶିକ୍ଷାଲାଭ କରି ବର୍ତ୍ତମାନକୁ ବଦଳାଇ ପାରୁଛୁ ଏବଂ ଆଗକୁ ବା ଭବିଷ୍ୟତକୁ ଗଣନା କରି ତାହାରି ବରାଦଗୁଡ଼ିକ ଅନୁସାରେ ବର୍ତ୍ତମାନଟିକୁ ମଧ୍ୟ ଅନୁକୂଳ ପ୍ରକାରେ ସଜାଡ଼ି ନେଇ ପାରୁଛୁ। ମନୁଷ୍ୟର ମନଟିଏ ରହିଛି ବୋଲି ସିଏ ଆପଣାକୁ ଏକ ବୁଦ୍ଧିସମ୍ପନ୍ନ ସତ୍ତାଭଳି ଏହି ପୃଥିବୀରେ ଚିହ୍ନିପାରୁଛି ଏବଂ ଅନ୍ୟ ମନୁଷ୍ୟମାନଙ୍କର ମଧ୍ୟ ବୁଦ୍ଧି ଅବଶ୍ୟ ରହିଛି ବୋଲି ହୃଦୟଙ୍ଗମ କରି ପାରୁଛି।

ମନଃସ୍ତରରେ ଆସି ଉପନୀତ ହୋଇଛି ବୋଲି ମନୁଷ୍ୟକୁ ଯେ ତା'ର ପୂର୍ବତନ ଦୁଇସ୍ତର ଦେହ ଏବଂ ପ୍ରାଣକୁ ପଛରେ ଛାଡ଼ିଦେଇ ବାହାରି ଆସିଛି, ସେକଥା ଆଦୌ ନୁହେଁ। ମନଟିଏ ଧାରଣ କରି ଜୀବନର ଏହି ଅନ୍ୟ ପରିମିତିଟିରେ ଆତଯାତ ହେଉଥିଲେ ମଧ୍ୟ ସବୁ ମନୁଷ୍ୟଙ୍କର ଦେହ ରହିଛି, ସେମାନେ ପ୍ରାଣଦ୍ୱାରା ବି ପରିଚାଳିତ ହେଉଛନ୍ତି। ହଁ, ସେମାନେ ମନର ଶୃଙ୍ଖଳା ଏବଂ ଶାସନଗୁଡ଼ିକୁ ମାନି ପରିଚାଳିତ

ହେଉଛନ୍ତି । ଆହୁରି ଅଧିକ ବଡ଼ କଥାଟି ହେଉଛି ଯେ, ଏକ ମାନସିକ ଚେତନାର ସାମର୍ଥ୍ୟ ଅଛି ବୋଲି ଆମେ ମନୁଷ୍ୟମାନେ ଅନ୍ୟ ମନୁଷ୍ୟମାନଙ୍କର ଦେହ, ପ୍ରାଣ ଓ ମନ ରହିଛି ବୋଲି ସଜ୍ଞାନ ବି ହୋଇ ପାରୁଛୁ। ଆମ ପରି ସେମାନଙ୍କର ମଧ୍ୟ ଅନ୍ନଗତ ତଥା ପ୍ରାଣଗତ ନାନା ଆବଶ୍ୟକତା ରହିଛି ବୋଲି ଜାଣୁଛୁ ଏବଂ ବୁଝି ପାରୁଛୁ। ଆମକୁ ଘେରି ରହିଥିବା ଏକ ବୃହତ୍ତର ପୃଥିବୀ ରହିଛି ବୋଲି ଆମର ହେତୁ ହୋଇ ପାରୁଛି। ଏହି ସର୍ବମୂଳ କାରଣରୁ ହିଁ ଆମର ଗୋଷ୍ଠୀଜୀବନକୁ ଏକ ବିବେକପୂର୍ଣ୍ଣ ସ୍ୱୀକୃତି ଦେଇ ଆମେ ପ୍ରତ୍ୟେକେ ନିଜ ଜୀବନକୁ ମଧ୍ୟ ଅନୁକ୍ରମ ଭାବଯୁକ୍ତତା ସହିତ ଗଠନ କରି ଆଣିବାର ପ୍ରୟୋଜନଗୁଡ଼ିକୁ ଉପଲବ୍ଧି କରି ପାରୁଛୁ। ମନୁଷ୍ୟର ସଭ୍ୟତା, ସଂସ୍କୃତିବୋଧ, ସାମୂହିକ ଏତେ ଏତେ ସୁଖ ଓ ଦୁଃଖର ସହାବସ୍ଥାନ ତାହାରିଦ୍ୱାରା ହିଁ ସମ୍ଭବ ହେଉଛି। ପୁନଶ୍ଚ, ଏକ ସହାବସ୍ଥାନ ମଧ୍ୟରେ ଅହରହ ଚଳପ୍ରଚଳ ହେବାରେ ଲାଗିଛୁ ବୋଲି ସେଇଥିରୁ ସହାନୁଭୂତି ନାମକ ସେହି ଅନ୍ୟ ସାମର୍ଥ୍ୟଟି ମଧ୍ୟ ପ୍ରାୟ ଆପେ ଆପେ ଆସି ପହଞ୍ଚି ଯାଉଛି କି ?

'ଅନ୍ନଂ ବ୍ରହ୍ମ ଇତି ବିଜାନାମଃ', 'ପ୍ରାଣଂ ବ୍ରହ୍ମେତି ବିଜାନାମଃ' ବୋଲି ତୈତ୍ତିରୀୟ ଉପନିଷଦର ବ୍ରହ୍ମାନନ୍ଦବଲ୍ଲୀ ନାମକ ସେହି ପ୍ରକରଣଟିରେ ଋଷିବାକ୍ୟ ଦୁଇଟି କେଡ଼େ ସହଜତା ସହିତ ଘୋଷଣା କରାଯାଇଛି। ସେହିପରି ଆମେ ମନକୁ ମଧ୍ୟ ବ୍ରହ୍ମବୋଲି ଜାଣିବା। ଏବଂ, ସେହି କ୍ରମରେ, ଅଥଚ ଗୋଟିଏ ସମଗ୍ରର ଅନ୍ତର୍ଗତ ଭାବରେ ବିଜ୍ଞାନକୁ ଏବଂ ଆନନ୍ଦକୁ ବ୍ରହ୍ମ ବୋଲି ଜାଣିବା। କାରଣ, ସେହି ଉପନିଷଦୀୟ ଧିସାରେ କହିଲେ, ଏହି ଭୂତସକଳ ଅନ୍ନରୁ ଜାତ ହେଉଛନ୍ତି, ଅନ୍ନରେ ପାଳିତ ଏବଂ ପ୍ରତିଷ୍ଠିତ ହୋଇ ରହିଛନ୍ତି ଏବଂ ପରିଶେଷରେ ସେହି ଅନ୍ନରେ ହିଁ ପ୍ରବେଶ କରିବାରେ ଲାଗିଛନ୍ତି। ଏବଂ, ଅନୁରୂପ ଭାବରେ, ଭୂତସକଳ ପ୍ରାଣରୁ ଜାତ ହୋଇଛନ୍ତି, ପ୍ରାଣରେ ପାଳିତ ତଥା ପ୍ରତିଷ୍ଠିତ ରହିଛନ୍ତି ଏବଂ ପରିଶେଷରେ ପ୍ରାଣରେ ପ୍ରବିଷ୍ଟ ହେଉଛନ୍ତି; ମନରୁ ଜାତ ହୋଇଛନ୍ତି, ମନରେ ପାଳିତ ଓ ପ୍ରତିଷ୍ଠିତ ରହିଛନ୍ତି ଓ ପରିଶେଷରେ ମନରେ ପ୍ରବେଶ କରୁଛନ୍ତି ...ବିଜ୍ଞାନରୁ ଜାତ ହୋଇଛନ୍ତି, ବିଜ୍ଞାନରେ ପ୍ରତିଷ୍ଠିତ ରହିଛନ୍ତି ଓ ସର୍ବଶେଷରେ ବିଜ୍ଞାନ ମଧ୍ୟରେ ପ୍ରବିଷ୍ଟ ହେଉଛନ୍ତି... ଏବଂ, ଆନନ୍ଦରୁ ଜାତ ହୋଇଛନ୍ତି, ଆନନ୍ଦରେ ପ୍ରତିଷ୍ଠିତ ରହିଛନ୍ତି ଓ ଆନନ୍ଦରେ ହିଁ ମିଶି ଯାଉଛନ୍ତି। ଅନ୍ନମୟ ପୃଥିବୀ, ପ୍ରାଣମୟ ପୃଥିବୀ, ମନୋମୟ ପୃଥିବୀ, ବିଜ୍ଞାନମୟ ପୃଥିବୀ ଏବଂ ଆନନ୍ଦମୟ ପୃଥିବୀ, – ଏମାନେ ଏହି ପୃଥିବୀର ଗୋଟିଏ ଗୋଟିଏ ଅଲଗା ଅଲଗା ଖଣ୍ଡ କିମ୍ବା ଅଂଶ ନୁହନ୍ତି, – ସେମାନେ ହେଉଛନ୍ତି ପୃଥିବୀନାମକ ଏହି ଜୀବନସମଗ୍ରର ଗୋଟିଏ ଗୋଟିଏ ବିଭାବ। ସେମାନେ କେବେହେଲେ

ପରସ୍ପରଠାରୁ ଅଲଗା ହୋଇ ରହିନଥିଲେ । ସତେଅବା କୌଣସି ଖଣ୍ଡବୁଦ୍ଧିର ପ୍ରଭାବରେ ପଡ଼ି ପରସ୍ପରଠାରୁ ଅଲଗା ଅଲଗା ହୋଇ ଦିଶୁଥିଲେ, ବହୁବହୁ ଖଣ୍ଡ ଦେଖିବାର ପ୍ରକୋପରେ ତଳ ଉପର ହୋଇ, ନଶ୍ୱର ଏବଂ ନିରନ୍ତର ହୋଇ ଭିନ୍ନ ଭିନ୍ନ ପ୍ରତୀତ ହେଉଥିଲେ, – ଗୋଟିକୁ ଅନିତ୍ୟ ଏବଂ ଆଉଗୋଟିକୁ ନିତ୍ୟ ବୋଲି କୁହା ଯାଉଥିଲା ଏବଂ ଗୋଟିକର ପୂର୍ଣ୍ଣ ମନୋନିବେଶ ସହିତ ପରିଚର୍ଯ୍ୟା ହୋଇ ପାରିବ ବୋଲି ଆଉଗୋଟିକୁ ବର୍ଜନ କରିବା ନିମନ୍ତେ ପରାମର୍ଶ ପ୍ରଦାନ କରା ଯାଉଥିଲା । ସେହି ସର୍ବମୂଳ ଭଗବତ୍‌-ପରିଚୟ ଅର୍ଥାତ୍ ପୃଥିବୀ-ପରିଚୟଟିକୁ ତାହାର ପୂର୍ଣ୍ଣ ସମଗ୍ରତାର ମହିମାରେ ଆମ ସମସ୍ତଙ୍କ ମଧ୍ୟରେ ଜାଗୃତ କରି ଆଣିବାଲାଗି ଶ୍ରୀ ଅରବିନ୍ଦ ଘୋଷଣା କରିବାକୁ ଆସିଥିଲେ ଯେ "ଭଗବାନ୍ ଏହି ପୃଥିବୀକୁ ସୃଷ୍ଟି ହୋଇନାହାନ୍ତି, ନିଜକୁ ପୃଥିବୀରେ ପରିଣତ ହୋଇନାହାନ୍ତି, God is this world – ସିଏ ହିଁ ଏହି ପୃଥିବୀ ।'' ତେଣୁ ଏହି ପୃଥିବୀରେ ହିଁ ଆମ ସମସ୍ତଙ୍କ ଦ୍ୱାରା ଉପଲବ୍ଧ ହେବେ, ଆମ ଜୀବନରେ ମୂର୍ତ୍ତ ହୋଇ ଉଠିବେ ଏବଂ ତାହାହିଁ ଦିବ୍ୟ ଜୀବନ ।

ଶ୍ରୀ ଅରବିନ୍ଦ କେଡ଼େ ସଂକ୍ଷିପ୍ତ ଅଥଚ କେତେ ସୁସ୍ପଷ୍ଟ ଭାବରେ "ଆମ ପାଇଁ ବ୍ରହ୍ମ ସତ୍ୟ ଏବଂ ଜଗତ ମିଥ୍ୟା ବୋଲି କହିବା ଅପେକ୍ଷା ବରଂ ବ୍ରହ୍ମ ସତ୍ୟ, ଜଗତ ବ୍ରହ୍ମ ବୋଲି କହିବା ସମୁଚିତ ହେବ'' ବୋଲି ପରାମର୍ଶ ଦେଇ ଯାଇଛନ୍ତି । ଜଗତକୁ ମିଥ୍ୟା ମଣି ଯେଉଁମାନେ ବ୍ରହ୍ମର ସନ୍ଧାନରେ ବ୍ରତୀ ହୋଇଛନ୍ତି, ସେହିମାନେ ହିଁ ଏକାଧିକ କ୍ଷେତ୍ରରେ ଏବଂ ଏକାଧିକ ଅର୍ଥରେ ଆମର ଏହି ପୃଥିବୀକୁ ଏଡ଼େ ଅସୁନ୍ଦର ହୋଇ ରହିବାରେ ସବୁକାଳେ ସହାୟତା କରି ଆସିଛନ୍ତି କି ? ମନୁଷ୍ୟମାନେ ମଧ୍ୟ କ'ଣ ପାଇଁ ହୁଡ଼ିଯାଇ ନିଜର ମହାନ୍ ସମ୍ଭାବନାଚୟ ବିଷୟରେ ଅସଚେତ ଓ ଉଦାସୀନ ହୋଇ ରହିଛନ୍ତି । ପାରମ୍ପରିକ ଯୋଗପଥଗୁଡ଼ିକର ପଥିକମାନେ ଦୃଶ୍ୟମାନ୍ ଏହି ପୃଥ୍ୱୀଜୀବନ ମଧ୍ୟରୁ ବ୍ରହ୍ମକୁ ନିର୍ବାସିତ କରି ରଖି ସତକୁ ସତ ଆପଣାକୁ ମଧ୍ୟ କ'ଣ ପାଇଁ କେତେକେତେ ମହାନ୍ ଉପଲବ୍ଧି ତଥା ସେଗୁଡ଼ିକରୁ ଆହ୍ୱାନରୂପେ ନିଷ୍ପନ୍ନ ହେଉଥିବା ସଚଳତାମାନଙ୍କରୁ ବଞ୍ଚିତ କରି ନରଖିଛନ୍ତି ! ତୈତ୍ତିରୀୟ ଉପନିଷଦର ବ୍ରହ୍ମାନନ୍ଦବଲ୍ଲୀରେ କୁହାଯାଇଛି ଯେ, ପାଞ୍ଚୋଟିଯାକ ସୋପାନ ଗୋଟିଏ ସମଗ୍ର ମଧ୍ୟରେ ହିଁ ବ୍ରହ୍ମଙ୍କୁ ଧରି ରଖିଛନ୍ତି । ପରସ୍ପରର ଆନୁଷଙ୍ଗିକ ହୋଇ ରହିଛନ୍ତି । ଏବଂ, ସବୁଗୁଡ଼ିକୁ ଏକ ସମଗ୍ର ସାଧନା ଭିତରକୁ ସହଜ ଭାବରେ ଠୁଳ କରି ଆଣି ଏକ ସ୍ୱାଭାବିକତା ସହିତ ଦେଖିପାରିଲେ ଯାଇ ଆମେ ବ୍ରହ୍ମଦର୍ଶନର ସୌଭାଗ୍ୟକୁ ଲାଭ କରି ପାରିବା । ତେଣୁ, ବ୍ରହ୍ମର ଏବଂ ସତ୍ୟର ଉପଲବ୍ଧିରେ ଆଦୌ ନକାରାତ୍ମକତା ବୋଲି କେଉଁଠି କିଛି ବି ନାହିଁ । ମନ ପର୍ଯ୍ୟନ୍ତ ଗତି କରି ଏବଂ ତାହାରି ତଥାକଥିତ

ସାମର୍ଥ୍ୟ ଦ୍ୱାରା ଯେଉଁସବୁ ସାଧନାମାର୍ଗ ଅନ୍ନମୟ ତଥା ପ୍ରାଣମୟକୁ ନିଜ ଆୟତ୍ତ ମଧ୍ୟରେ ଶୃଙ୍ଖଳାଦ୍ୱାରା ବାନ୍ଧି ରଖିଛନ୍ତି, ସେହିଗୁଡ଼ିକର ଏକଦେଶଦର୍ଶିତାରୁ ଆମ ପୃଥିବୀରେ ଏହି ନାନାଦି ଧର୍ମ ଏବଂ ସମ୍ପ୍ରଦାୟମାନେ ଜନ୍ମଲାଭ କରିଛନ୍ତି। ସମସ୍ତେ ସତ୍ୟପ୍ରାପ୍ତି ନିମନ୍ତେ କେତେ କେତେ ଖଣ୍ଡଉପଚାରରେ ବହୁ ପରାକ୍ରମ ଦେଖାଇ ଧ୍ୱଜା ଟେକି ବାହାରିଛନ୍ତି ଏବଂ ମନୁଷ୍ୟମାନଙ୍କୁ ପ୍ରାୟ ତୁଚ୍ଛା ମାର୍କାଗୁଡ଼ାକ ଦ୍ୱାରା ତୁଣ୍ଡି ପକାଇ ବାନ୍ଧି ରଖିଛନ୍ତି। ଶ୍ରୀ ଅରବିନ୍ଦଙ୍କର ସକଳ ସାଧନା ଓ ସକଳ ରଚନାରେ ସର୍ବତ୍ର ଏହି ସମଗ୍ରତାଟିର ଉଦ୍‌ବୋଧନ ହିଁ ମୁଖ୍ୟତମ ହୋଇ ରହିଛି, – ଯେଡ଼େ ଅଚେତନ ଭାବରେ ହେଉ ପଛକେ, ଯେଉଁମାନେ ତଥାପି ଐକ୍ୟ ଖୋଜୁଛନ୍ତି, ଗୋଟିଏ ଡ଼ୋର ମଧ୍ୟରେ ହିଁ ନିଜସହିତ ସମଗ୍ର ଜଗତକୁ ଗୁନ୍ଥି ରଖିବା ନିମନ୍ତେ ଅନୁରାଗୀ ହୋଇ ବାହାରିଛନ୍ତି, ସମସ୍ତଙ୍କ ଲାଗି ଶ୍ରୀ ଅରବିନ୍ଦ ବସ୍ତୁତଃ ଏକ ବିକଳ୍ପର ଅବତାରଣା କରି ପାରିଛନ୍ତି। ଯାବତୀୟ ଆଧ୍ୟାତ୍ମିକତା ଅର୍ଥାତ୍ ବ୍ରହ୍ମଜିଜ୍ଞାସା ଯେ ମୂଳତଃ ସଂପୃକ୍ତ ସବୁକିଛିକୁ ଏକ ସଚଳ ଆତ୍ମୀୟତା ମଧ୍ୟରେ ସ୍ୱଭାବତଃ ବାନ୍ଧି ନେଇ ଆସେ, ସେହି କଥାଟିକୁ ସେ ବାରମ୍ବାର ଉଚ୍ଚାରଣ କରିଛନ୍ତି। ଏହି ବାଉଳା ପୃଥିବୀଟି ସହିତ କେତେ ଏକାତ୍ମ ହୋଇ ରହିଥିଲେ ଯେ ଜଣେ ଦ୍ରଷ୍ଟା ତାହା କରିପାରନ୍ତେ, ଉପଯୁକ୍ତ ଏକ ସହଜତାରେ ତାହା ଅନୁଭବ କଲେ ଶ୍ରୀ ଅରବିନ୍ଦ ଆମର କେତେ ନିକଟବର୍ତ୍ତୀ ହୋଇ ରହିଥିବା ପରି ଲାଗନ୍ତେ। ଆମେ ମଧ୍ୟ ତାଙ୍କର କେତେ ନିକଟବର୍ତ୍ତୀ ହୋଇ ଆସନ୍ତୁ। ଆଖିଟିଏ ପାଇଯାଆନ୍ତୁ।

ମନ ସେପାଖକୁ ଅନ୍ୟ ସୋପାନମାନଙ୍କର ଏକ ସୂଚନା ତୈତ୍ତିରୀୟରେ ରହିଛି ବୋଲି ଶ୍ରୀ ଅରବିନ୍ଦ ଦେଇଥିଲେ ମଧ୍ୟ ଅତ୍ୟନ୍ତ ସ୍ପଷ୍ଟ ଭାବରେ କହିଛନ୍ତି ଯେ, ସେଗୁଡ଼ିକରେ ଅବତରଣର ଆଦୌ କୌଣସି ନିର୍ଦ୍ଦେଶନା ଉପଲବ୍ଧ ହେଉନାହିଁ। ଉଚ୍ଚତର ସୋପାନଗୁଡ଼ିକୁ ଏକ ତପସ୍ୟା ଦ୍ୱାରା ଆରୋହଣ ଏବଂ ସେଠାରୁ ନୂଆ ଆଖିଗୁଡ଼ିକୁ ନେଇ ପ୍ରୀତିଯୁକ୍ତ ଭାବରେ ଏକ ପୂର୍ଣ୍ଣସମ୍ମତ ଅବତରଣ। ଅତିମାନସରୁ ମାନସ, ପ୍ରାଣ ତଥା ଅନ୍ନମୟକୁ ଅବତରଣ ଏବଂ, ସେହି ଉପଲବ୍ଧ ଚେତନାଦ୍ୱାରା , ଏକ ଆସ୍ପୃହା ତଥା ଅତିକ୍ରମଣ ଦ୍ୱାରା ଯେଉଁ ସୋପାନତ୍ରୟରୁ ଆମେ ଆରୋହଣ କରି ଊର୍ଦ୍ଧ୍ୱକୁ ଯାଇଥିବା, ପୁନର୍ବାର ସେହି ଭୂମିଗୁଡ଼ିକୁ ଅବତରଣ। ଏବଂ, ସଂସାରକୁ, ଜଗତକୁ ମାୟା ଓ ମିଥ୍ୟା ବୋଲି ଅପବାଦ ଦେଉଥିବା ପର୍ଯ୍ୟନ୍ତ ଆମେ ତାହା କରି ପାରିବାନାହିଁ। ଏହି ଜଗତକୁ ଏକ ମିଥ୍ୟା ରୂପାୟନ ବୋଲି ଅନୁଭବ କରି ଏଥିରୁ ଅଲଗ ହୋଇ ରହିଥିବା ପର୍ଯ୍ୟନ୍ତ ଆମେ କଦାପି ସେଭଳି ଏକ ପ୍ରୀତିର ଭାଜନ ହୋଇ ପାରିବା ନାହିଁ। ତେଣୁ ଅସଲ ମାର୍ଗଟି ହେଉଛି ଏକାଧାରରେ ଏକ ଉତ୍କ୍ରମଣ

ଏବଂ ଅବତରଣ । ତେଣୁ, ଏକକ ମହାତୁଙ୍ଗମାନେ ସେମାନେ ଇଚ୍ଛା କରୁଥିବା ସିଦ୍ଧିଗୁଡ଼ିକୁ ଲାଭ କରି, ଶ୍ରୀ ଅରବିନ୍ଦଙ୍କ ଭାଷାରେ ଜଣେ ଜଣେ ମହୀୟାନ୍ ଦୈତ୍ୟବତ୍ ପୃଥିବୀଯାକ ସର୍ବତ୍ର ଭର୍ତ୍ତି ହୋଇ ରହିଥିବେ ସିନା, ମାତ୍ର ଏହି ପୃଥିବୀ ନିମନ୍ତେ ବିଶେଷ କାର୍ଯ୍ୟରେ ଲାଗିବେ ନାହିଁ । ସେମାନେ ପରସ୍ପରଠାରୁ ଅଲଗା ହୋଇ ରହିଥିବେ, ନିଜର ଧର୍ମଟାକୁ ଏକମାତ୍ର ଧର୍ମ ବୋଲି କହୁଥିବେ, ଏପରିକି ନିଜର ବାହ୍ୟ ଆଚରଣକୁ ଏକମାତ୍ର ଆଚରଣ ବୋଲି କେଡ଼େ ପାଟିରେ କହି ବୁଲୁଥିବେ, ବ୍ରହ୍ମକୁ ବହୁଖଣ୍ଡ କରି ରଖିଥିବେ ଏବଂ କେବଳ ଆପଣାର ଚିହ୍ନା ଖଣ୍ଡଟିକୁ ହିଁ ପୂର୍ଣ୍ଣ ବ୍ରହ୍ମରୂପ ବୋଲି ପ୍ରଚାର କରୁଥିବେ । ସମ୍ଭବତଃ ସବାଆଗ ସେହି ଦୈତ୍ୟମାନେ ହିଁ ଆମ ପୃଥିବୀଟାକୁ ଭାଗ ଭାଗ କରି ରଖିଛନ୍ତି, ସେମାନେ ନିଜପାଇଁ ସକଳ ମୁକ୍ତିକୁ ସ୍ୱର୍ଗଲାଭ ବୋଲି କହି ଆସିଛନ୍ତି । ମାତ୍ର, ଅନ୍ୟପକ୍ଷରେ, ଏକାବେଳେକେ ସମଗ୍ର ପୃଥିବୀଟାକୁ ଗୋଟିଏ କରି ଦେଖିବାର ଅନନ୍ୟ କରୁଣାଟିରୁ ଆପଣାକୁ ଦୂରଛଡ଼ା କରି ରଖିଛନ୍ତି । ସମ୍ଭବତଃ, ନିଜର ଦ୍ୱୀପଟିରେ ପୂର୍ଣ୍ଣପରିତୋଷରେ ନିଦକ ହୋଇ ରହିପାରିବେ ବୋଲି ସେମାନେ ଯୁଗେ ଯୁଗେ ରଜାମାନଙ୍କ ଆଡ଼କୁ ଏବଂ କ୍ଷମତାର ପଟକୁ ଆଉଜି ପଡ଼ିଛନ୍ତି । ପୃଥିବୀର ନର୍ମମ କ୍ଷମତାମାନେ ମନୁଷ୍ୟମାନଙ୍କୁ ନାନା ଉତ୍ପୀଡ଼ନ ଦ୍ୱାରା ହତବଳ କରି ରଖିଥିବା ସେମାନଙ୍କୁ ମଧ୍ୟ ସେମାନେ ସହ୍ୟ ବି କରିଛନ୍ତି ଅଥବା ଅସଂପୃକ୍ତ ଭାବରେ ଏକ ଦୂରତା ମଧ୍ୟରେ ନିରାପଦ ହୋଇ ରହିଯିବାକୁ ଇଚ୍ଛା କରିଛନ୍ତି । ପୃଥିବୀରୂପୀ, ପରମସତ୍ୟରୂପୀ ଭଗବାନ ଏଥିରେ ନିଶ୍ଚୟ ଯୁଗେ ଯୁଗେ ବହୁ କଷ୍ଟ ହିଁ ପାଇଥିବେ, ଏବେ ମଧ୍ୟ କ'ଣ କମ୍ କଷ୍ଟ ପାଉଥିବେ ! ଶ୍ରୀ ଅରବିନ୍ଦ ପୃଥିବୀଯାକର ମନୁଷ୍ୟମାନଙ୍କୁ କେତେ ନା କେତେ ସାହସ ଦେଇ ମର୍ତ୍ତ୍ୟଭୂମିରେ ହିଁ ପରମ ଭଗବାନଙ୍କର ଚେତନାମୟ ପ୍ରକାଶ ଘଟିବ ବୋଲି କହିଛନ୍ତି । ଏକ ନୂଆ ପୃଥିବୀ ଗଢ଼ା ହେବ, ପୃଥିବୀର ମନୁଷ୍ୟମାନଙ୍କ ଦ୍ୱାରା ହିଁ ଗଢ଼ାହେବ । ଯାବତୀୟ ଦିବ୍ୟତା ଏବଂ ଦେବତ୍ୱର କଳ୍ପନା ଏହି ପୃଥିବୀସ୍ତରରେ ପ୍ରତ୍ୟକ୍ଷ ହେବ । କେବଳ ବ୍ୟକ୍ତିର ନୁହେଁ, ସମୂହ ମାନଙ୍କର ପରିବର୍ତ୍ତନ ହେବ । ଏବଂ ସେଥିପାଇଁ କେବଳ ତଥାକଥିତ ବ୍ୟକ୍ତିମାନେ ନୁହନ୍ତି, ସମୂହମାନେ ମଧ୍ୟ ଅଗ୍ରଣୀ ହୋଇ ତିଆରି ହେବେ । ଶ୍ରୀ ଅରବିନ୍ଦ ସେଥିଲାଗି ତାଙ୍କ ଭାଷାରେ ଦିବ୍ୟ ମେଳଗୁଡ଼ିକ କ୍ରମଶଃ ଗଠିତ ହୋଇ ଆସିବାଲାଗି ଉଦ୍‌ବୋଧନ ଦେଇଛନ୍ତି । ଏକ ଦେବସମାଜର ମାଧ୍ୟମରେ ସମଗ୍ର ପୃଥିବୀର ଅଧ୍ୟାତ୍ମୀକରଣ ହେବ ବୋଲି ଘୋଷଣା କରିଛନ୍ତି ।

ଶ୍ରୀ ଅରବିନ୍ଦଙ୍କର ସମଗ୍ର ଜୀବନସନ୍ଦେଶରେ ହଁ ହଁ ଗୁଡ଼ିକ ଏତେ ଶକ୍ତିଶାଳୀ ଗୋଟିଏ ଗୋଟିଏ ମୁଖ୍ୟ ଆବେଦନ ରୂପେ ପୂରି ରହିଛି ଯେ, ନାହିଁ ନାହିଁ କେଉଁଠି

ହୁଏତ ରହିଥିବ ବୋଲି ସଂପୂର୍ଣ୍ଣ ଭାବରେ ଭୁଲି ହୋଇଯାଏ। ନାହିଁ ନାହିଁ ତ ଢ଼େର ଥାଆନ୍ତି, ତଥାପି ଆଖିମାନେ ଏତେ ଶକ୍ତିଶାଳୀ ଭାବରେ ନିଜର ଗଭୀରମାନଙ୍କୁ ଭେଦି ଯାଇ ପାରନ୍ତି ତଥା ଏତେ ଏତେ ବ୍ୟାପ୍ତି ଭିତରକୁ ସଂପ୍ରସାରିତ ହୋଇ ଯାଆନ୍ତି ଯେ, ସବୁ କିଛି ଏକ ଅଭାବନୀୟ ବିଶ୍ୱାସରେ ସଂବଳିତ ହୋଇଯାଏ। ତା'ପରେ ସତେଅବା କେବଳ ସମ୍ଭାବନାଗୁଡ଼ିକ ହିଁ ଦିଶେ ଏବଂ ସେଗୁଡ଼ିକୁ ନେଇ ଅର୍ଥାତ୍ ସବାଆଗରେ ଦେଖି ଜୀବନ ବଞ୍ଚିବାଲାଗି ପ୍ରେରଣାଟିଏ ମିଳିଯାଏ। ତଥାପି ମନେ ହେଉଛି, ସର୍ବଦା ଗୋଟିଏ କଥାରେ ହିଁ ଚେତାବନୀ ପରି କିଛି ରହିଥାଏ। ଅର୍ଥାତ୍, ଆମପାଖରୁ ପ୍ରତ୍ୟାଶା କରା ଯାଉଥାଏ। ଆମ ଭିତରର ଅହଙ୍କାରଗୁଡ଼ିକୁ ଛାଡ଼ି ଆସିବାଲାଗି ଆହ୍ୱାନ ଦିଆ ଯାଇଥାଏ । ଚେତାଇ କହି ଦିଆ ଯାଉଥାଏ ଯେ ଆମେ ଯେତିକି ଯେତିକି ସେହି ଅହଂବାଦୀ ଅନ୍ୟମନସ୍କତାମାନଙ୍କ ଭିତରୁ ମୁକୁଳି ଆସି ପାରୁଥିବା, ସେତିକି ସେତିକି ନିଜର ସମ୍ମୁଖସ୍ଥ ଦିଗ୍‌ବଳୟଗୁଡ଼ିକ, ସମ୍ଭାବନାରେ ପୂର୍ଣ୍ଣ ହୋଇ ରହିଥିବା ଆମ ନିଜକୁ ତଥା ଆମ ସମସ୍ତଙ୍କର ଘରସ୍ୱରୂପ ଏହି ପୃଥିବୀକୁ ଆବିଷ୍କାର କରି ପାରୁଥିବା, ପ୍ରସ୍ତୁତ ହୋଇ ପାରୁଥିବା, ଗୃହୀତ ହୋଇ ବି ପାରୁଥିବା। ନିତାନ୍ତ ଆଦ୍ୟ ପର୍ଯ୍ୟାୟର ବଙ୍ଗଳାଭାଷାରେ ଲିଖିତ ଆପଣାର ଲିଖିତ 'ଜଗନ୍ନାଥେର ରଥ' ନାମକ ସେହି ପ୍ରବନ୍ଧଟିରେ ଶ୍ରୀ ଅରବିନ୍ଦଙ୍କର ସେହି କଥାଟି ଅତ୍ୟନ୍ତ ସ୍ପଷ୍ଟ ହିଁ ହୋଇ ଉଠିଛି। ସେ କହିଛନ୍ତି, ଅହଙ୍କାର ଯେ ଭାଗବତ ପୂର୍ଣ୍ଣତାର ପ୍ରଧାନ ବାଧା। ଏହି ତଥ୍ୟ ଯେଉଁଭଳି ବ୍ୟଷ୍ଟିର, ଠିକ୍ ସେହିଭଳି ସମଷ୍ଟିର ଜୀବନରେ ମଧ୍ୟ ସଂପୂର୍ଣ୍ଣ ଭାବରେ ସତ୍ୟ।(୪-୧୧୩) ଭାଗବତ ପୂର୍ଣ୍ଣତା କହିଲେ ଆମେ ପାରମ୍ପରିକ ଧର୍ମମାନଙ୍କରେ କରା ଯାଇ ଆସିଥିବା ଖଣ୍ଡିତ ଅର୍ଥମାନଙ୍କରେ ନବୁଝି ଏକ ପୂର୍ଣ୍ଣତର ଆଧ୍ୟାତ୍ମିକ ବୃହତ୍‌ପରିଧି ମଧ୍ୟରେ ହୃଦୟଙ୍ଗମ କରିପାରିବା ହିଁ ଅଧିକ ଉଚିତ ହେବ। ବ୍ୟକ୍ତିର ଅହଙ୍କାର, ସେଇଟି ସହିତ ତ ଆମେ ପ୍ରତ୍ୟେକେ ଅଳ୍ପବହୁତ ପରିମାଣରେ ନିଶ୍ଚୟ ପରିଚିତ ଥିବା । ଅହଙ୍କାରୀ ବ୍ୟକ୍ତି ତୁଚ୍ଛା ନିଜଟାକୁ ହିଁ ତା' ପୃଥ୍ୱୀଜୀବନର କେନ୍ଦ୍ରରେ ଦେଖୁଥାଏ ଏବଂ ସେହି କାରଣରୁ ଆଉ ଦ୍ୱିତୀୟ କାହାରିକୁ ମୋଟେ ଦେଖି ପାରେନାହିଁ। ଆତ୍ମୀୟତାର ଧାର ଧାରେନାହିଁ। ଏହି ପୃଥିବୀରେ ତା' ବ୍ୟତୀତ ଆଉ କେହି ନରହନ୍ତୁ ପଛକେ, ସିଏ ହିଁ ଯେମିତି ହେଲେ ରହୁ ବୋଲି ଆଣ୍ଟକରି ଦିନ ବଞ୍ଚୁଥାଏ। ଅନ୍ତତଃ ଆଉ ସମସ୍ତେ ତାଙ୍କୁ ହିଁ ସବାବଡ଼, ଯୋଗ୍ୟତମ ଏବଂ ଏକାନ୍ତ ଅପରିହାର୍ଯ୍ୟ ବୋଲି ସ୍ୱୀକାର କରନ୍ତୁ ବୋଲି ନିତାନ୍ତ ହାସ୍ୟକର ଅପଶୈଳୀ ମାନଙ୍କର ସାହାଯ୍ୟ ନେଇ ହରବର ହେଉଥାଏ ଓ ଭାରି ଅଶାନ୍ତ ହୋଇ ରହିଥାଏ। ଅହଙ୍କାରୀମାନେ ହିଁ କ୍ଷମତାର ଲାଳସୀ ହୁଅନ୍ତି। ମୋଟେ କିଛିହେଲେ ଦେବାକୁ ଇଚ୍ଛା କରନ୍ତିନାହିଁ, ସବୁକିଛି ଯେକୌଣସି ପ୍ରକାରେ

ଆପେ ନିଜ ଅଧିକାର ଭିତରେ ରଖିବାପାଇଁ ବାହାରେ ଏବଂ ଭିତରେ ଘର୍ମାକ୍ତ ହୋଇ ଧାଇଁଥାଆନ୍ତି। ସର୍ବବିଧ ଶ୍ରଦ୍ଧା ଓ ସଖ୍ୟ ପାଇଁ କାଳ ହୁଅନ୍ତି।

ବ୍ୟକ୍ତି ଅହଂମାନେ ଅଧିକରୁ ଅଧିକ ଫୁଲିବାର ଅନୁକୂଳ ସୁଯୋଗମାନ ପାଇଲେ ସେହି ଦୁର୍ଭାଗ୍ୟଟି ଭିତରୁ ସମଷ୍ଟିର ଅହଙ୍କାରମାନଙ୍କ ସକାଶେ ଆସନ ତିଆରି କରିଦିଅନ୍ତି କି ? ଯୁଗ ଯୁଗ ତଥା କାଳକାଳର ଯାବତୀୟ ଧର୍ମାନ୍ଧତା ଏବଂ ମତାନ୍ଧତା, ବାଦସର୍ବସ୍ୱତା ଓ ଆଦର୍ଶସର୍ବସ୍ୱତା, – ଯାବତୀୟ ପୁଟର ସହନୀୟତା ଯୋଗାଇ ଦେଇ ପୃଥିବୀଟାକୁ ଭଗବାନଙ୍କ ଠାରୁ ଛଡ଼ାଇ ନେବାରେ ଲାଗିଥିବା ଏହି ନାନାବିଧ ଆଦର୍ଶବାଦ ଓ ଜାତୀୟତାବାଦ, – ମୋ' ନିଜର ଭାଷା ପୃଥିବୀର ସର୍ବପବିତ୍ର ଏକମାତ୍ର ଭାଷା, ସ୍ୱୟଂ ଦେବତାମାନେ ବ୍ୟବହାର କରୁଥିବା ଭାଷା, ମୋ'ର ନଦୀମାନେ ପବିତ୍ର, ମୋ'ର ଜାତି ହେଉଛି ସର୍ବଶ୍ରେଷ୍ଠ ଜାତି, we are the chosen people - ଏହି ସବୁକିଛି ସେହି ସମଷ୍ଟିଗତ ଅହଂଟାର ମାଂସପିଣ୍ଡୁଳାଟାରୁ ହିଁ ଚରୁ ଆଣି ଏହି ମାନବୀୟ ପୃଥିବୀ–ଗୃହଟିକୁ ପ୍ରଦୂଷିତ କରି ରଖି ଆସିଛନ୍ତି। କାଳଗୁଡ଼ାକୁ କରାୟତ୍ତ କରି ରଖିବାକୁ ବିଦ୍ୟାକୁ, ବିଜ୍ଞାନକୌଶଳକୁ ନିଜର ହସ୍ତମୁଦି ମାହାଲ ପରି ବ୍ୟବହାର କରିଛନ୍ତି। ସମଷ୍ଟିଗତ ଅହଂର ଉତ୍ତେଜନାରେ କାଳେ କାଳେ ବଡ଼ମାଛମାନେ ସାନମାନଙ୍କୁ ଖାଇ ଯିବାର ପ୍ରେରଣାରେ ଉନ୍ମତ୍ତ ହୋଇ ଏବେ ମଧ୍ୟ ଧାଇଁଛନ୍ତି। ବ୍ୟକ୍ତିମାନଙ୍କ ମଧ୍ୟରେ ନାନା କାରଣରୁ ଅବଦମିତ ହୋଇ ରହିଥିବା ଅହଂମାନେ ହିଁ କ୍ରମଶଃ ପୃଥିବୀକୁ ବୋମା ପର୍ଯ୍ୟନ୍ତ ଆଣି ପହଞ୍ଚାଇ ଦେଲେଣି। ଭଲ ଉପରୁ ପ୍ରାୟ ଜନ୍ମଜାତ ହୋଇ ରହିଥିବା ବିଶ୍ୱାସଟାକୁ ଭାଙ୍ଗି ଓ ଭୁଷୁଡ଼ାଇ ପକାଇଲେଣି। ଆପଣାର ଧର୍ମ, ଆପଣାର ଶାସ୍ତ୍ରଚୟ, ଆପଣାର ବିତ୍ତଭଣ୍ଡାର ଏବଂ ଆପଣାର ଅପସାମର୍ଥ୍ୟ ମାନଙ୍କର ଧମକ ଦେଇ ସାମୂହିକ ଅହଂଟା ପୃଥିବୀଟାକୁ ହିଁ ନିଜର କବଳରେ ରଖିବା ନିମନ୍ତେ ଉଦ୍ୟମ କରିବାକୁ ଆଉ କୌଣସି ଲଜ୍ଜାବୋଧ ହିଁ କରୁନାହିଁ। ଏବଂ, ଏହିପରି ଗୋଟିଏ ଦୁଃସ୍ଥିତିରୁ ଯାହା ବାଧ୍ୟରେ ହୁଅନ୍ତା, ସେଇଟା ହିଁ ପୃଥ୍ୱୀନାମକ ଆମର ବହୁବିଧ ଆଶାର ଆକାଶଟିକୁ ଗୋଟାଏ ବୃହତ୍ ମେଘଦ୍ୱାରା ଆଚ୍ଛନ୍ନ କରି ରଖିଛି।

ଅହଙ୍କାର ଦ୍ୱାରା ପରିଚାଳିତ ହେଉଥିବା ମନୁଷ୍ୟମାନେ ଖାଲି ଦାବୀ ହିଁ କରନ୍ତି, ଆପଣାକୁ ଆଦୌ ଦେଇ ପାରନ୍ତିନାହିଁ। ଭାବଗତ ଭାବରେ ଉଦ୍‌ବୁଦ୍ଧ ହୋଇଥିବା ମନୁଷ୍ୟମାନେ ଧର୍ମତଃ ଆପଣାକୁ ଅଧିକରୁ ଅଧିକ ଦେଇ ପାରିବାକୁ ଅର୍ଥାତ୍ ଭଗବାନଙ୍କ ଲାଗି ଅର୍ଥାତ୍ ତାଙ୍କରି ପ୍ରକାଶିତ ରୂପ ଏହି ପୃଥିବୀଟି ଲାଗି ବ୍ୟବହୃତ ହୋଇ ପାରିବାକୁ ହିଁ ନିଜକୁ ପ୍ରସ୍ତୁତ କରି ନେଉଥାନ୍ତି।

ଜଣେ 'ମୁଁ' ବାଦୀ ମନୁଷ୍ୟ ପ୍ରାୟ ନିୟମତଃ ଜଣେ ଅନ୍ୟକାତର ମନୁଷ୍ୟ।

ସିଏ ପୃଥିବୀକୁ ସହିପାରେ ନାହିଁ; ବୈଚିତ୍ର୍ୟକୁ ସହି ପାରେନାହିଁ। ଏବଂ, ପୃଥିବୀକୁ ସହି ନପାରୁଥିବା ମନୁଷ୍ୟମାନେ ସେହି ବିଭ୍ରାନ୍ତି ମଧ୍ୟରେ ବାଉଳା ହୋଇ ଅଧ୍ୟାତ୍ମକୁ ମଧ୍ୟ ସହି ପାରନ୍ତିନାହିଁ। ଯେକୌଣସି ଭଗବତ୍‌ପ୍ରୟାସର ସାମୁଦାୟିକ କ୍ଷେତ୍ରର ସଦାବଇରୀ ହୋଇ ରହିଥାନ୍ତି। ଆପଣା ଭିତରେ କେଉଁସବୁ ଥାନରେ ନିତାନ୍ତ ଆତ୍ମବଇରୀ ହୋଇ ରହିଥାନ୍ତି କେଜାଣି, ସେମାନେ ସବୁକିଛିକୁ କେବଳ ଖଣ୍ଡିଆ କରି ଦେଖନ୍ତି। ପୃଥିବୀର ଅଧିକତର ସାମୂହିକତାର ଆୟତନମାନଙ୍କୁ ସମଷ୍ଟି-ଅହଂର ପାଟ-ଆଚ୍ଛାଦନ ଭିତରେ ଆତ୍ମଗୋପନ କରି ରହିଥିବା ବ୍ୟକ୍ତିଅହଂମାନେ ହିଁ ମେଳ ହୋଇ ଓ ଦଳ ବାନ୍ଧି ବଣା କରି ରଖିଛନ୍ତି ବୋଲି ଅସଲ ବ୍ୟକ୍ତିତ୍ୱଟିର ପ୍ରକାଶ ଘଟିବାର ପଥରେ ରହିଥିବା ପ୍ରତିବନ୍ଧକଗୁଡ଼ିକ ନାନା ନୂତନ ଦୌରାତ୍ମ୍ୟରେ ଏତେ ପ୍ରକାରେ ଆଚମ୍ବିତ କରି ରଖିଛନ୍ତି କି ?

ଗୁଣ ଅନୁସାରେ ଅହଂ। ତେଣୁ ତିନି ପ୍ରକାରର ଅହଂ। ଏକଦା ଜଣେ ମହିଳାଙ୍କ ପାଖକୁ ଲିଖିତ ଶ୍ରୀଅରବିନ୍ଦ ଗୋଟିଏ ପତ୍ରରେ ପ୍ରକରଣଟିକୁ ଆମ ସମସ୍ତଙ୍କ ନିମନ୍ତେ ଆହୁରି ଅଧିକ ପ୍ରାଞ୍ଜଳ କରି ଦେଇଛନ୍ତି : ତାମସିକ ଅହଙ୍କାର ଅର୍ଥାତ୍ ମୁଁ ହେଉଛି ପାପୀ, ଦୁର୍ବଳ, ମୋ'ର ମୋଟେ କୌଣସି ଉନ୍ନତି ହେବନାହିଁ, ମୋ' ଦ୍ୱାରା କୌଣସି ସାଧନ ହୋଇ ପାରିବନାହିଁ, ମୁଁ ଦୁଃଖୀ, ଭଗବାନ ମୋତେ ଗ୍ରହଣ କରିନାହାନ୍ତି। ରାଜସିକ ଅହଙ୍କାର ହେଉଛି ଏଇଟିର ଠିକ୍ ଓଲଟା। ଆପଣାକୁ ବଡ଼ ଇତ୍ୟାଦି କହି ଆପଣାକୁ ଯଥାଶକ୍ତି ଅଧିକରୁ ଅଧିକ ଫୁଲାଇ ଦେଖାଇବା ପାଇଁ ଇଚ୍ଛା କରୁଥାଏ।(୪-୩୩୮) ଏବଂ, ଆଉଗୋଟିଏ ପତ୍ରରେ : ଏଇଟି କ'ଣ ଗୋଟିଏ ମସ୍ତ ବଡ଼ ଅହଙ୍କାର ବି ନୁହେଁ ଯେ, ତୁମ ସକାଶେ ହିଁ ଏହି ଯାବତୀୟ ସବୁକିଛି ସମ୍ଭବ ହୋଇ ପାରୁଛି, – ମୁଁ ଖୁବ୍ ଭଲ, ଖୁବ୍ ଶକ୍ତିମାନ, କେବଳ ମୋ'ରି ଦ୍ୱାରା ସବୁକିଛି ହେଉଛି, ମୁଁ ନଥିଲେ ମାଆଙ୍କର କାର୍ଯ୍ୟ ଆଦୌ କିଛି ହୋଇ ପାରୁନଥାନ୍ତା, – ଏହା ଗୋଟିଏ ପ୍ରକାରର ଅହଙ୍କାର । ମୁଁ ହେଉଛି ଖରାପରୁ ଆହୁରି ଅଧିକ ଖରାପ, ମୁଁ ବାଧା ହୋଇ ରହିଛି ବୋଲି ସବୁ ବନ୍ଦ ହୋଇ ଯାଉଛି, ଭଗବାନ୍ ସେଥିପାଇଁ ତାଙ୍କ କାର୍ଯ୍ୟଟିକୁ ଚଳାଇ ପାରୁନାହାନ୍ତି – ଏଇଟି ଆଉ ଏକ ପ୍ରକାରର ଓଲଟା ଅହଙ୍କାର। (ତତ୍ରୈବ, ୩୭୯-୮୦) ଆମେ ବୁଝିବା ପାଇଁ ସିନା ଆମର ଅହଙ୍କାର ନାମକ ଗୁଣଟିକୁ ଶ୍ରେଣୀଦ୍ୱାରା ବିଭକ୍ତ କରି କହିବାକୁ ହୋଇଥାଏ, ମାତ୍ର ମଣିଷମାନେ ଗୋଟିଏ ଗୋଟିଏ ଗୁଣର ପ୍ରତିନିଧିତ୍ୱ କଲାପରି ଆଦୌ ଜୀବନ ବଞ୍ଚନ୍ତିନାହିଁ। ସବୁକିଛି ମିଶିମାଶି ହିଁ ରହିଥାଏ। ପ୍ରାୟ ଗୋଟିଏ ଜଙ୍ଗଲ ପରି ବାରମିଶ୍ରିତ ହୋଇ ରହିଥାଏ। ସୁବିଧାବାଦୀମାନେ ତ ସମ୍ଭବତଃ ଉପସ୍ଥିତ ସ୍ଥିତିଗୁଡ଼ିକ ଅନୁସାରେ ଭିନ୍ନ ଭିନ୍ନ ପ୍ରକାରେ

ଆପଣାର ଅହଙ୍କାରଟିକୁ ବେଶ ପିନ୍ଧାଇବାରେ ଲାଗିଥାନ୍ତି ଏବଂ ବେଳେ ବେଳେ ନିଜକୁ ବୁଝିବାରେ ମଧ୍ୟ ଭାରି ଅଡୁଆରେ ପଡ଼ି ଯାଉଥାନ୍ତି। ଏହି ଅହଙ୍କାରଟି ଯେତେବେଳେ ଯେଉଁ ପ୍ରକାରର ହୋଇଥାଉ ପଛକେ, ତାହା ହେଉଛି ଆମ ନିଜଦ୍ୱାରା ଅର୍ଜିତ ଗୋଟିଏ ଢ଼ାଙ୍କୁଣି, – ନିଜକୁ ଲୁଚାଇ ରଖିବାର ଗୋଟିଏ ଗୋଟିଏ ବହୁଅଭ୍ୟସ୍ତ କୌଶଳ। ଧରା ନପଡ଼ିବାର ଏକ କୌଶଳ। ଆମେ ଜଣେ ଜଣେ ନିଜପାଖରେ ମଧ୍ୟ କୋଉ ଆମ ପ୍ରକୃତ ପରିଚୟରେ ଚିହ୍ନା ଦେବାକୁ ଇଚ୍ଛା ବି କରୁ ! ଏବଂ, ପରସ୍ପର ପାଖରେ ତଥା ଭଗବାନଙ୍କ ପାଖରେ ଧରା ଦେବା ଆମଲାଗି ସର୍ବଦା ହିଁ ଯୋଜନ ଯୋଜନ ଦୂର ହୋଇ ରହିଥାଏ। ଅହଙ୍କାର ଗଲେ ଯାଇ ସବୁକିଛି ସତ ହୋଇ ଦିଶିବାକୁ ଆରମ୍ଭ କରେ, – ନିଜ ଭିତରକୁ ତଥା ନିଜ ବାହାରକୁ। ତା'ପରେ ସବୁକିଛି ବହୁତ ସହଜ ହୋଇଯାଏ।

ଯୋଗର ଅସଲ ଅର୍ଥଟି ହେଉଛି ଯୁକ୍ତ ହେବା, ଯୁକ୍ତ ହୋଇ ରହିବା, ଯୁକ୍ତ ହୋଇ ଜୀବନ ବଞ୍ଚିବା ଓ ଯୁକ୍ତ ହୋଇ ଆହ୍ୱାନଗୁଡ଼ିକର ଘ୍ରାଣ ପାଇବା। ତେଣୁ, ଯୁକ୍ତ ହୋଇ ରହିବା ନିମନ୍ତେ ସତ ଆସ୍ପୃହାଟିଏ ରହିଥିଲେ ଆଦୌ କୌଣସି କୃଚ୍ଛ୍ରକସରତ ଦ୍ୱାରା ଆପଣାକୁ ମୋଟେ ବାଧ୍ୟ କରିବାକୁ ପଡ଼େନାହିଁ। ଜାଗାଟି ବଦଳିଲେ, ଏହି କୋଳାହଳପୂର୍ଣ୍ଣ ପୃଥିବୀ ନାମକ ମାୟା ଓ ଅଡୁଆଟି ମଧ୍ୟରୁ କେଉଁ ଦୂରକୁ ବା ନିକାଞ୍ଚନକୁ ଚାଲିଗଲେ ମୋ'ର ସବୁକିଛି ସିଦ୍ଧ ହୋଇଯିବ, ଏପରି ସମ୍ଭବତଃ ଗେହ୍ଲାମାନେ କହନ୍ତି ଏବଂ, ହୁଏତ କିଞ୍ଚିତ୍ କଠୋରତା ସହିତ ଏପରି ମଧ୍ୟ କାହିଁକି କୁହାନଯିବ ଯେ ସେମାନେ ସବାଆଗ ନିଜକୁ ହିଁ ଦେଖୁଥାଆନ୍ତି ! ଯୁକ୍ତ ହେଲେ ଯେ କାହାର ପ୍ରତ୍ୟକ୍ଷ କୃପା ଆମ ସହିତ ପାଖେ ପାଖେ ରହିଥାଏ, ସେଇ ବଳ ଦିଏ ଓ ସହଜ କରାଇ ନେଉଥାଏ, ସବାଆଗ 'ମୁଁ' - ସଚେତନ ହୋଇ ରହିବାଲାଗି ଚାହୁଥିବା ମନୁଷ୍ୟମୂର୍ତ୍ତି ଧରି ବାଟ ଚାଲି ବାହାରିଥିବା ସାଧନାରତମାନେ ସେହି ଅନୁଭବସତ୍ୟଟିରୁ ନିଜକୁ ଅତ୍ୟନ୍ତ ଅନମନୀୟ ଭାବରେ ବଞ୍ଚିତ କରି ରଖିଥାଆନ୍ତି। ଖୁବ୍ ବେଶୀ ହେଲେ ସେମାନେ ଗୋଟିଏ ସଂପ୍ରଦାୟର ବେଢ଼ା ଭିତରେ ଆପଣାକୁ ସାମିଲ କରି ରଖିଥାନ୍ତି ଏବଂ ସେଥିରୁ ନାହିଁନଥିବା ଆନନ୍ଦ ପାଆନ୍ତି। ତଥାପି, ସେମାନେ ସେମାନଙ୍କର ଗର୍ଭଯାଏ ଭେଦି ଦେଖିପାରିଲେ, ଅଧିକତର କ୍ଷେତ୍ରରେ ଆପଣାକୁ ହିଁ ସବାଆଗ ଦେଖୁଥାଆନ୍ତି ଏବଂ ମୂଳତଃ ଆପଣାର ହିଁ ପ୍ରୀତ୍ୟର୍ଥେ ଏବଂ ସିଦ୍ଧ୍ୟର୍ଥେ ପୃଥିବୀଟାକୁ ଦେଖନ୍ତି। ବେଳେବେଳେ ସ୍ୱୟଂ ଭଗବାନଙ୍କୁ ମଧ୍ୟ କ'ଣପାଇଁ ଅଳ୍ପବହୁତେ ସେହିଭଳି ଦେଖୁନଥିବେ।

ତେଣୁ, ଏକ ଆସ୍ପୃହା, ଆପଣା ଭିତରେ ଏକ ବିରାଟର ଉଦ୍‌ବୋଧନ ଲାଭ

କରିବାର ବାସନା। ଚିତ୍ତବୃତ୍ତିର ଉତ୍ତୋଳନ। ଏକ ଉନ୍ମୋଚନ – ଅଭିମୁଖୀ ସ୍ଥିର ବ୍ୟାକୁଳତା, ଭବିଷ୍ୟାଭିମୁଖୀ ବ୍ୟାକୁଳତା, ଏବଂ ଈଶ୍ୱରାଭିମୁଖୀ ସଦାସଚଳତା। ଏକ ପରିପୂର୍ଣ୍ଣ ସକାରାତ୍ମକତା, ଏକ ସମଗ୍ର ସତ୍ୟ ଆମକୁ ପୂରା ଲାଗିକରି ରହିଥିବାର ଏକ ଅପରୋକ୍ଷ ଅନୁଭବ। ପୂର୍ଣ୍ଣଯୋଗ, ପୂର୍ଣ୍ଣ ଏକତାର ଯୋଗ, ଏକ ଭୁବନମୟ ଅବତରଣ ନିମନ୍ତେ ସମ୍ମତି ଏବଂ ସମର୍ପଣବୁଦ୍ଧି। ତାହାହିଁ ସତତ ଯୁକ୍ତ ହୋଇ ରହିଥିବାର ଏକ ସାକ୍ଷାତ ଉପଲବ୍ଧି। ଶ୍ରୀ ଅରବିନ୍ଦ ତ ସତ୍ୟସ୍ପର୍ଶନର ଏକ ବୃହତ୍ତର ପ୍ରତିଶ୍ରୁତି ଦେଇଛନ୍ତି। ତା'ପରେ ପୃଥିବୀରେ ସବୁ ଭଲ ଲାଗିବ, ଏବଂ ସମସ୍ତେ ଭଲ ଲାଗିବେ। ସମସ୍ତେ ଭଲ ଲାଗିବେ, ଏକ ଅଧିକ ଆଲୋକମୟ ଭବିଷ୍ୟର ଜନନୀରୂପେ ଆମପାଇଁ ମହଜୁଦ ରହିଥିବା ପୃଥିବୀ ମଧ୍ୟ ଭଲ ଲାଗିବ। ଭଲ ଲାଗୁଥିବାର ଅର୍ଥ ହେଉଛି ଯୁକ୍ତ ହୋଇ ରହିଥିବା। ମୋଟେ ରୁଷି, ଗେହ୍ଲା ହୋଇ ପଳାଇବାକୁ ମନ ହେବନାହିଁ। ବିବର୍ତ୍ତନର ପରବର୍ତ୍ତୀ ସୋପାନଗୁଡ଼ିକୁ ତ୍ୱରାନ୍ୱିତ କରି ଆଣିବା ନିମନ୍ତେ ତା'ପରେ ଭିତରୁ ହିଁ ବଳ ଆସିବ, ପରସ୍ପରକୁ ହିମ୍ମତ ମଧ୍ୟ ଦେଇ ହେବ। ଆମେ ଆପଣାକୁ ପୂର୍ଣ୍ଣପ୍ରକଟ କରିବା, ତେବେ ଅଭାବନୀୟ ଭାବରେ ନିଜଭିତରୁ ତଥା ପରସ୍ପରଠାରୁ ବଳ ପାଉଥିବା। ଶ୍ରୀ ଅରବିନ୍ଦ ତ ବିବର୍ତ୍ତନର ସତ୍ୟଟିକୁ ଏକ ଆଧ୍ୟାତ୍ମିକ ପ୍ରସ୍ଥ ଦେଇ କହିଛନ୍ତି ଯେ, ଯାହାକିଛି ଆସୁଛି, ହେବାକୁ ଯାଉଛି, ସେଗୁଡ଼ିକ ଏହି ବର୍ତ୍ତମାନଟି ମଧ୍ୟରେ ହିଁ ନିହିତ ରହିଛି, ଆମର ଯୁକ୍ତ ହୋଇ ପାରିବାଲାଗି ଅପେକ୍ଷା କରି ରହିଛି। ଆମେ ମଧ୍ୟ ନିଜ ଭିତରେ ତାହାକୁ ଠାବ କରିବା, ନିଜ ଭିତରେ ତଥା ପରସ୍ପର ମଧ୍ୟରେ ଠାବ କରିବା। ପରସ୍ପର ମଧ୍ୟରେ ସେହି ପରମ ଅପେକ୍ଷମାଣଙ୍କୁ ଠାବ କରିବା। ସେହି ଠାବ କରି ବାହାରିବାର ଏକ ସାତତ୍ୟ, ତାହାହିଁ ଦିବ୍ୟ ଜୀବନ, ଏକ ସନ୍ଦୀପିତ ଦୈନନ୍ଦିନତାର ସହଜ ଜୀବନ, – ଏହି ପୃଥିବୀରେ ସବାବଡ଼ ଆହ୍ୱାନ। ଯୋଗଯୁକ୍ତ ହୋଇ ରହି ପାରିବାର ସ୍ୱଚ୍ଛ ରହସ୍ୟଟି।

+ + + +

ଶ୍ରୀ ଅରବିନ୍ଦ ଶାସ୍ତ୍ର ବୋଲି ଯାହାକିଛି ଲେଖି ଯାଇଛନ୍ତି, ଆମେ କ'ଣ ତାହାକୁ ଶାସ୍ତ୍ର ବୋଲି ହିଁ କହିବା ? ଶାସ୍ତ୍ରର ତ ପାରାୟଣ କରାଯାଏ। ଶାସ୍ତ୍ରପୋଥିମାନଙ୍କୁ ପାରମ୍ପରିକ ଭାବରେ ଗାଦୀ ମାରି ରଖାଯାଏ ଓ ସେହି ଗାଦୀର ପୂଜା ମଧ୍ୟ କରାଯାଏ। ପୂଜାର ଏକ ଦ୍ରବ୍ୟବତ୍ ତାହାକୁ ଦେଖାଯାଇ ଆସିଛି ବୋଲି ସମ୍ଭବତଃ ଆମର ଧର୍ମୀୟ ଚଳଣିରେ ତାହାକୁ ଗାଦୀବ୍ରହ୍ମ ବୋଲି କୁହାଯାଇଛି। ସାହିତ୍ୟ କହିଲେ ସାଧାରଣତଃ ଆମେ ବୁଝିଲୁ ବୋଲି ଆମେ ଯାହା ଅନୁଭବ କରିଥାଉ, ଶ୍ରୀ ଅରବିନ୍ଦଙ୍କର ରଚନାବଳୀକୁ ଆମେ ସେହିଭଳି ଏକ ଚଳନ୍ତି ବିବେକରେ କେତେଦୂର ସାହିତ୍ୟ

ବୋଲି ମଧ୍ୟ କହିପାରିବା । ଏକ ନିର୍ଦ୍ଦିଷ୍ଟ ନିଷ୍ଠା ଅର୍ଥାତ୍ ନିୟମଶୃଙ୍ଖଳାକୁ ରକ୍ଷା କରି ଗୀତା ଏବଂ ଭାଗବତ ଆଦି ଗ୍ରନ୍ଥର ପାଠ ଦ୍ୱାରା ବହୁତ ହିତ ହୋଇଥାଏ ବୋଲି ପରାମର୍ଶ ମଧ୍ୟ ଦିଆଯାଇ ଆସିଛି । ଏବଂ, ଜଣେ ପଢୁଥିବେ ଏବଂ ଆଉମାନେ ଶୁଣିବାର ସେହି ପରିଚିତ ରୀତିଟି ମଧ୍ୟରେ ବି ଶ୍ରୋତାମାନଙ୍କର ମଧ୍ୟ ବହୁତ ଲାଭ ଅବଶ୍ୟ ହେବ ବୋଲି ଆମକୁ କାଳେ କାଳେ କେତେ ଅବସରରେ କୁହାଯାଇ ଆସିଛି । ଶ୍ରୀ ଅରବିନ୍ଦଙ୍କର ରଚନାମାନ ପଢ଼ିଲେ ଆମର ପ୍ରକୃତରେ କ'ଣ ସବୁ ହିତ ହୁଏ ?

ଶ୍ରୀ ଅରବିନ୍ଦ ଜନ୍ମ-ଶତବାର୍ଷିକୀର ଅବସରରେ ତାଙ୍କର ରଚନାଗୁଡ଼ିକୁ ଏକତ୍ର ଗୁନ୍ଥି ଏକ ରଚନାସମଗ୍ର ସମ୍ପାଦିତ ହୋଇ ପ୍ରକାଶ ପାଇଛି । ମୋଟ ଅଣତିରିଶ ଖଣ୍ଡରେ ପ୍ରକାଶିତ ହୋଇଛି । ପୃଷ୍ଠା ହିସାବରେ ପ୍ରାୟ ତେର କି ଚଉଦ ହଜାର ପୃଷ୍ଠା ହୋଇଯିବ । ତଥାପି, ସେତେବେଳେ ଢ଼େର କିଛି ରହି ଯାଇଥିଲା ଏବଂ ଏକ ନିର୍ଦ୍ଦିଷ୍ଟ ସମ୍ପାଦକମଣ୍ଡଳୀ ସେଗୁଡ଼ିକୁ ଅତ୍ୟନ୍ତ ନିପୁଣ ଭାବରେ ଖୋଜି ଏବେ ମଧ୍ୟ ବାହାର କରୁଛି । ସେହି ଖଣ୍ଡଗୁଡ଼ିକୁ ଏକତ୍ର ଗୋଟିଏ ଥାନରେ ଦେଖିଲେ ପ୍ରକୃତରେ ହୃଦୟ ହିଁ ପୂରିଉଠୁଛି । ଭିତରେ କେତେ କିଏ କେତେ ଉତ୍ସାହ ଦେଇ ଯାଉଥିବା ପରି ଅନୁଭବ ହେଉଛି । ଯୋଗୀଗଣ ସର୍ବଦା ଥିଲେ ଓ ଏବେ ମଧ୍ୟ ଖୁବ୍ ରହିଛନ୍ତି । ଯୋଗୀମାନଙ୍କର ଦେଶ ବୋଲି କୁହାଯାଇ ଆସିଥିବା ଆମ ଭାରତବର୍ଷରେ ନୁହେଁ, ଭାରତ ବାହାରେ ମଧ୍ୟ ଅଛନ୍ତି । ସେମାନେ ସାଧନାର କଥା କହିଛନ୍ତି, ସାଧନା କରିଛନ୍ତି, ସତ୍ୟର ସାଧନା କରିଛନ୍ତି ଏବଂ ପୃଥିବୀବାସୀଙ୍କୁ କେତେ ଧନରେ ଧନୀ କରି ପାରିଛନ୍ତି । ଆମେ ଆପଣା ଆପଣାର ନିଜ ନିଜର ନିର୍ବାଚିତ ଜୀବନଗୁଡ଼ିକୁ ବଞ୍ଚୁଥିବା ମନୁଷ୍ୟମାନେ ହୁଏତ ସଚେତନ ଭାବରେ ଆଦୌ କୌଣସି ସାଧନା ନ କରୁଥିଲେ ମଧ୍ୟ ନିଜକୁ କେଡ଼େ ଗୌରବରେ ସେଗୁଡ଼ିକର ଉତ୍ତରାଧିକାରୀ ସଦୃଶ ଅନୁଭବ କରିପାରୁଛୁ । ଆମେ ସେମାନଙ୍କୁ ଆମର ବୋଲି ବି କହୁଛୁ । ବହୁତ ଗର୍ବ ଅନୁଭବ କରୁଛୁ । ଆମ ଦେଶ ଭାରତବର୍ଷରେ ଆମେ ସାଧାରଣ ମନୁଷ୍ୟମାନେ ମଧ୍ୟ ପୂର୍ଣ୍ଣ ଅନୁରକ୍ତ ଭାବରେ ସେମାନଙ୍କୁ ଆମର ବୋଲି ଅନୁଭବ କରୁଛୁ ଏବଂ ଗର୍ବ ଅନୁଭବ କରୁଛୁ । ସେହି ମହାନୀୟମାନଙ୍କୁ ପାଇ ଏହି ଦେଶ, ଏ ଜାତି, ଏହି ଭୂମି ପ୍ରକୃତରେ କେଡ଼େ ଧନ୍ୟ ବୋଲି କହି କୃତକୃତ୍ୟ ମଧ୍ୟ ହେଉଛୁ । ନାନା ଆନୁଷ୍ଠାନିକତାର ସର୍ଜନା କରୁଛୁ । ଏପରି ବି ବେଶ୍ ଘଟୁଛି ଯେ, ଆମର ନିଜ କାଚଗୁଡ଼ିକରେ ସେମାନଙ୍କୁ ଦେଖି ଓ ଆମର ନିଜ ଗୁଳାଗୁଡ଼ିକରେ ସେମାନଙ୍କୁ ପକାଇ ସତେଅବା ସର୍ବୋତ୍ତମ କୌଣସି ବିଜୟ ହାସଲ କଲୁ ବୋଲି ଭାବୁଛୁ ।

ଶ୍ରୀ ଅରବିନ୍ଦ କବିତା ଲେଖିଛନ୍ତି, ନାଟକ ଲେଖିଛନ୍ତି ଏବଂ କାବ୍ୟ ମଧ୍ୟ ଲେଖିଛନ୍ତି। ବଡ଼ ଏବଂ ସାନ ବହୁତ କବିତା। କବିତାର ସର୍ବମାନ୍ୟ ଶୃଙ୍ଖଳାଗୁଡ଼ିକର ସନ୍ଦର୍ଭରେ ତାଙ୍କର କବିତାରେ ମୋଟେ କୌଣସି ଖୁଣ ହିଁ କେବେ ଦେଖିବାକୁ ମିଳିବନାହିଁ। ନାଟକମାନେ ଅବଶ୍ୟ ନାଟକରଚନାର ନିୟମମାନଙ୍କର ବିଚାର ଅନୁସାରେ ତଦ୍‌ବିତ୍ ବିଶେଷଜ୍ଞମାନଙ୍କର ପୂର୍ଣ୍ଣ ସ୍ୱୀକୃତି ଲାଭ କରିବେ। ତାଙ୍କରି ଦ୍ୱାରା ପ୍ରଣୀତ ମହାକାବ୍ୟଟି ତାଙ୍କର ସର୍ବଶ୍ରେଷ୍ଠ ସାହିତ୍ୟକୃତି ବୋଲି କାବ୍ୟସାହିତ୍ୟର ଖ୍ୟାତ ଏବଂ ପ୍ରଖ୍ୟାତ ସମୀକ୍ଷକମାନେ ଏକାଧିକ ଅବସରରେ କହିଛନ୍ତି। ତେବେ ଶ୍ରୀ ଅରବିନ୍ଦଙ୍କୁ ଆମେ ସବାଆଗ ଜଣେ ସାର୍ଥକ କବି, ନାଟ୍ୟକାର ଅଥବା କାବ୍ୟରଚୟିତା ବୋଲି କହି ସେଇଠି ରହିଯିବା କି? ଏବଂ, ଖାସ୍ ସେତିକି କହି ଆମର ମନ ତାଙ୍କୁ ପୂରା ବୁଝିଗଲା ବୋଲି ଅନୁଭବ କରି ନିଶ୍ଚିନ୍ତ ହୋଇ ରହିଯିବ କି? ହଁ, ଶ୍ରୀ ଅରବିନ୍ଦ ଯୋଗର ସାଧନା ମଧ୍ୟ କରିଛନ୍ତି ଏବଂ ଜଣେ ମହାଯୋଗୀ ବୋଲି ଆମ ଅନେକଙ୍କ ନିମନ୍ତେ ପରିଚିତ ହୋଇ ରହିଛନ୍ତି। ଆମେ ଯେଉଁମାନେ ଯୋଗସାଧନାର ସ୍ୱୀକୃତି ଅର୍ଥାତ୍ ବିଦିତ ଗାରଗୁଡ଼ିକର ବାହାରେ ହିଁ ରହିଛୁ ଏବଂ ଯୋଗକୁ ମୁଖ୍ୟତଃ ଯୋଗଜନ୍ମା ବିରଳ କେତେଜଣଙ୍କର କ୍ଷେତ୍ର ବୋଲି ସଚରାଚର ବୁଝି ଆସିଛୁ, ଶ୍ରୀ ଅରବିନ୍ଦ ଜଣେ ମହାଯୋଗୀ ଥିଲେ ବୋଲି ଅବଗତ ହେବା ମାତ୍ରକେ କେଡ଼େ ସନ୍ତର୍ପଣରେ ମୁଣ୍ଡ ନୁଆଁଇ ଆଣୁଛୁ ତଥା ଏହି ଦେଶରେ ସିଏ ନିଜର ଯୋଗ ସାଧାନା ଦ୍ୱାରା ଆମ ସମସ୍ତଙ୍କୁ ଧନୀ କରି ଯାଇଛନ୍ତି ବୋଲି ପୂର୍ଣ୍ଣ ସମ୍ଭ୍ରମର ସହିତ ଅନୁଭବ କରି ପାରୁଛୁ। ଏହି ଭାରତବର୍ଷ ଧର୍ମତଃ ଯୋଗମାନଙ୍କର ଭୂମି ବୋଲି କେବଳ ଆମେ ଭାରତୀୟମାନେ ଯେ କହୁଚୁ, ତାହା ନୁହେଁ, ସଭ୍ୟ ପୃଥିବୀର ବହୁ ଗୁଣୀ ଏବଂ ଅବଗାହୀମାନେ ସର୍ବଥା ସେହିପରି ସ୍ୱୀକାର କରି ଆସିଛନ୍ତି। ଏପରି କହିବାକୁ ସେମାନେ ଆମଠାରୁ ଶିଖିଛନ୍ତି ଅଥବା ସେମାନଙ୍କ ଠାରୁ ଶିଖି ଆମେ ମଧ୍ୟ ସେହିଭଳି କହିବାକୁ ଆରମ୍ଭ କରିଛୁ, ସେକଥା କଦାପି ଏକ ଆକଳନର ମାନଦଣ୍ଡ ପକାଇ କେହି କହି ପାରିବେ ନାହିଁ। ଶ୍ରୀ ଅରବିନ୍ଦ କ'ଣ ପାଇଁ ଯୋଗସାଧନା କରିଥିଲେ? ଭାରତୀୟ ସିଦ୍ଧିପଞ୍ଜିକାଟି ଅନୁସାରେ, ସେ ଧର୍ମ, ଅର୍ଥ, କାମ ବା ମୋକ୍ଷ କେଉଁଟି ପାଇବା ନିମନ୍ତେ ଯୋଗ କରୁଥିଲେ? ଭାରତୀୟ ତତ୍‌କାଳୀନ ରାଜନୀତିକ ଉଦ୍‌ବେଳନରେ ସେ ଜଣେ ଅନନ୍ୟ ଚିନ୍ତାନାୟକ ହୋଇ ରହିଥିଲେ ଏବଂ ତତ୍‌କାଳୀନ ସମସାମୟିକ ମାନଙ୍କର ତୁଳନାରେ ଅଧିକ ଦେଖି ପାରୁଥିଲେ, ଅଧିକ ପରିମାଣରେ ସଂଶ୍ଲିଷ୍ଟ ହୋଇ ରହିଥିଲେ। ତଥାପି, ଏଡ଼େ ଉଚ୍ଚ ଥାନରେ ଥାଇ ମଧ୍ୟ ସେ କ'ଣ ଅପୂର୍ଣ୍ଣ ହୋଇ ରହିଯାଉଛି ବୋଲି ହୃଦୟଙ୍ଗମ କରି ଯେ ନିଜର ସେହି ଭୂମିକାଟିରୁ ଆପଣାକୁ ପ୍ରତ୍ୟାହୃତ କରିନେଇ ଯୋଗସାଧନାର

ବ୍ରତଟିଏ ଗ୍ରହଣ କଲେ, ତା'ପଛରେ ପ୍ରକୃତରେ କ'ଣ ସବୁ ପ୍ରଚୋଦନା ନିହିତ ହୋଇ ରହିଥିଲା ?

ପୁନଶ୍ଚ, ଶ୍ରୀ ଅରବିନ୍ଦ କ'ଣ ମୋକ୍ଷପ୍ରାପ୍ତିର ସେହି ପାରମ୍ପରିକ ଆକର୍ଷଣଟିର ତାଡ଼ନାରେ ଯୋଗ–ସାଧନାରେ ବ୍ରତୀ ହୋଇ ଚାଲି ଯାଇଥିଲେ କି ? ମୋକ୍ଷ କହିଲେ ଭାରତୀୟ ସାଧନାରେ ସାଧାରଣତଃ ସଂପୃକ୍ତ ସମସ୍ତେ ଯେତିକି ବୁଝି ଆସିଛନ୍ତି, ଶ୍ରୀ ଅରବିନ୍ଦ କ'ଣ ତାହାରି ଆକର୍ଷଣରେ ଏଭଳି ନିଷ୍ପତ୍ତିଟିଏ ଗ୍ରହଣ କରିଥିଲେ । ପୃଥିବୀର ସବୁକିଛି ଭଙ୍ଗୁର ଓ ଅନିତ୍ୟ, ଏଠାରେ ସୁଖ ହେଉଛି କେବଳ ଅନିତ୍ୟ, – ତେଣୁ ସ୍ଥାୟୀ ସୁଖ ହେଉଛି ପୃଥିବୀର ବାହାରେ । ସେଇଟି ସ୍ୱର୍ଗ, ଏଇଟି ହେଉଛି ମରଣଶୀଳ । ଦେବଲୋକରେ ସେମାନେ ହେଉଛନ୍ତି ଅମର, - ପରିପୂର୍ଣ୍ଣ ପ୍ରକାରେ ସକଳ ସୁଖଭୋଗର ଅଧିକାରପ୍ରାପ୍ତି ଏବଂ ଅପୁନର୍ଭବର ଆଶୀର୍ବାଦ ଲାଭ, – ତାହା ହେଉଛି ମୋକ୍ଷ । ମାୟା ଭିତରୁ ମୁକ୍ତି । 'ମୋହ ମୁଦ୍‌ଗର' ଠାରୁ ଆରମ୍ଭ କରି ମନବୋଧ ଚଉତିଶା ପର୍ଯ୍ୟନ୍ତ ମୋକ୍ଷ କହିଲେ ଏତିକି ବ୍ୟାସାର୍ଦ୍ଧ ମଧ୍ୟରେ ଯାହାକିଛି ବୁଝାଯାଇ ଆସିଛି । ଶ୍ରୀ ଅରବିନ୍ଦ କ'ଣ ମୋକ୍ଷ କହିଲେ ଚିରାଚରିତ ଏତିକି ବୁଝୁଥିଲେ ଏବଂ ଏତିକି ଦେଖୁଥିଲେ ? ତାଙ୍କର ସାଧନା କ'ଣ ସେତିକି ଭିତରେ ଏକ ତଥାକଥିତ ପାରମ୍ପରିକ ଶୃଙ୍ଖଳା ଏବଂ ପରିକଳ୍ପନା ମଧ୍ୟରେ ଆବଦ୍ଧ ହୋଇ ରହିଥିଲା ? ସେତେବେଳର ତାଙ୍କର ଅନେକ ବ୍ୟକ୍ତି ସେହିମାନଙ୍କର ବୁଝିବା ଅନୁସାରେ ଖୁବ୍‌ସମ୍ଭବ ଏତିକି ଅନୁମାନ କଲେ ଯେ ଶ୍ରୀ ଅରବିନ୍ଦ ରାଜନୀତିର କ୍ଷେତ୍ରକୁ ଛାଡ଼ିଲେ ଏବଂ ଯୋଗସାଧନା ନାମକ ଏକ ଅନ୍ୟ କ୍ଷେତ୍ରରେ ପ୍ରବେଶ କରିଥିଲେ । ଲୌକିକ ଭାଷାରେ ଆହୁରି ଅନେକେ ଭାବିଥିବେ ଯେ ସେ ଯୋଗୀ ହୋଇଗଲେ । ହଁ, ଏତିକି ଅବଶ୍ୟ ସତ୍ୟ ଯେ, ସେ ରାଜନୀତିର କ୍ଷେତ୍ରରୁ ଯୋଗସାଧନାର କ୍ଷେତ୍ରକୁ ସଂପ୍ରସାରିତ ହୋଇ ଯାଇଥିଲେ । ପୁନଶ୍ଚ, ରାଜନୀତିର କ୍ଷେତ୍ରରେ ରହିଥିବା ସମୟରେ କ'ଣ ତାଙ୍କର ଦେଖିବାର ପରିଧିଟି ସେହି କଥାକଥିତ ରାଜନୀତିରେ ହିଁ ସୀମାନିଶ୍ଚିତ ହୋଇ ରହିଥିଲା ? ତାଙ୍କର ସେତେବେଳର ଲେଖା ତଥା ଭାଷଣଗୁଡ଼ିକରେ ସେପରି କିଛିହେଲେ ପରିଲକ୍ଷିତ ହେଉନଥିଲା । ଏକ ପୃଥିବୀବାସନା ବା ଅଧ୍ୟାତ୍ମବାସନା ରହିଛି, ଯେଉଁଟିକୁ ଆପଣାର କରିନେଇ ପାରିଲେ ଅର୍ଥାତ୍ ଆପଣା ଭିତରୁ ହିଁ ଠାବ କରି ପାରିଲେ ଗୋଟିଏ କ୍ଷେତ୍ରକୁ ପରିତ୍ୟାଗ କରି ଆଦୌ ଅନ୍ୟଏକ କ୍ଷେତ୍ରକୁ ଗ୍ରହଣ କରିବାକୁ ପଡ଼ିନଥାଏ । କେବଳ ଏକ ସଂପ୍ରସାରଣ, ସତତ ସଂପ୍ରସାରଣ ହିଁ ଆତ୍ମଆବିଷ୍କାରର ତଥା ଆତ୍ମ-ଆକଳନର ଧର୍ମ ହୋଇ ରହିଥାଏ ।

'ବନ୍ଦେ ମାତରମ୍' ଠାରୁ 'ସାବିତ୍ରୀ' ପର୍ଯ୍ୟନ୍ତ ଶ୍ରୀ ଅରବିନ୍ଦଙ୍କର ଯେଉଁ ସ୍ୱକୀୟ

ଧାରାଟି, ତାହାକୁ ଅନୁଧ୍ୟାନ କରି ଅନ୍ଦାଜ କଲେ ଆମେ ପ୍ରଧାନତଃ ଏକ ଆରୋହଣ ହିଁ ଅବିଚ୍ଛିନ୍ନ ହୋଇ ରହିଥିବାର ଦେଖିପାରିବା। ଆରୋହଣ ଏବଂ ଅବତରଣ ସତେଅବା ଏକାବେଳେକେ ଯାବତୀୟ ଅର୍ଥରେ ଗୋଟିଏ ସାଧନାର ପ୍ରକ୍ରିୟାରୂପେ କ୍ରିୟାଶୀଳ ହୋଇ ରହିଛି। ଠିକ୍ କୌଣସି ପର୍ବତର ଆରୋହଣ କରୁଥିବା ସମୟରେ ଯାହା ଘଟେ, ସେହିପରି, ଆମେ ଯେତିକି ଊର୍ଦ୍ଧ୍ୱକୁ ଆରୋହଣ କରିବାରେ ଲାଗିଥାଉ, ଆମର ଚଉପାଶରେ ରହିଥିବା ପୃଥ୍ୱୀବିସ୍ତାରଟି ସେତିକି ଅଧିକ ବ୍ୟାପ୍ତିଯୁକ୍ତ ହେବାରେ ହିଁ ଲାଗିଥାଏ। ଅର୍ଥାତ୍, ଆରୋହଣ ଏକ ବ୍ୟାପ୍ତିକୁ ହିଁ ପ୍ରକଟ କରି ଆଣୁଥାଏ। ପୃଥିବୀଟି ଅଧିକରୁ ଅଧିକ ବୃହତ୍ତର ହେବାରେ ଲାଗିଥାଏ। ଅଧିକ ଡ଼ୋର ଲାଗି ଲାଗି ଯାଉଥାଏ। ତେଣୁ, ସାଧନାମାନେ ଯଦି ଏକ ଶିଖର ଅଥବା, ଆହୁରି ଅଧିକ ଅନ୍ତଃପ୍ରତ୍ୟକ୍ଷ ଭାବରେ କହିଲେ, ଶିଖର ପରେ ଶିଖରକୁ ପରିଚାଳିତ କରି ନେଇ ଯାଉଥାଆନ୍ତି, ତେବେ, ଏହି ପୃଥିବୀକୁ ମଧ୍ୟ ଆମର ସେତିକି ସେତିକି ଅନ୍ତରଙ୍ଗ ଭାବରେ ଅନ୍ତରସ୍ଥ କରି ନେଉଥାଏ। ଶିଖରମାନେ ବ୍ୟାପ୍ତିର ଆହ୍ୱାନ ଆଣି ଦିଅନ୍ତି ତଥା ବ୍ୟାପ୍ତିଗୁଡ଼ିକ ଆହୁରି ଅଧିକ ଆରୋହଣ ନିମନ୍ତେ ଏକ ସହଜ-ପ୍ରଚୋଦନା ଦେବାରେ ଲାଗିଥାଆନ୍ତି। ଭାରତବର୍ଷର ଇହଜୀବନକୁ ପ୍ରାୟ କାମୁଡ଼ି ରଖିଥିବା ସାଧନାରୀତିଟି ଅଧିକତଃ ଅନ୍ୟ ଏକ ଆବେଦନର ହୋଇଥିବାରୁ ହୁଏତ ଏହି ଅନ୍ୟ ରୀତି ତଥା ଅନ୍ୟ ପ୍ରୀତିଟି ଆମକୁ ଅନେକ ସମୟରେ ବେଶ୍ ଅଡୁଆ ବି ଲାଗେ। ସଂସାରତ୍ୟାଗୀ ନହେଲେ ଈଶ୍ୱରସାଧନା ଆଦୌ ସମ୍ଭବ ହୁଏନାହିଁ ବୋଲି ଏଠାରେ ପରିଚିତ ଗୁଳାଗୁଡ଼ିକ ଆମକୁ ନାନାବିଧ ପ୍ରବର୍ତ୍ତନା ଦେଇ କେବଳ ଫୁସୁଲାଇ ଆସିଛନ୍ତି। ଆମ ସଂସାରତ୍ୟାଗୀ ଗୁରୁ ଏବଂ ଯୋଗୀମାନେ କ'ଣ ସବୁ ଅନ୍ୟମନନ ଦ୍ୱାରା ବଶୀଭୂତ ହୋଇ ରହିବା ଲାଗି ଅଧିକ ପସନ୍ଦ କରିଥିବା ପରି ଏହି ଭୂମିର ସାଧନାସଂସାରଟିକୁ ବହୁଖଣ୍ଡ ଓ ଦ୍ୱୀପବତ୍ କରି ରଖିଛନ୍ତି। ଏହାଦ୍ୱାରା ଭୂମିଟି ବହୁପ୍ରକାରେ ଦାରିଦ୍ର୍ୟଜର୍ଜର ହୋଇ ରହିଛି ଏବଂ ଭଗବାନଙ୍କୁ ଏହି ସଂସାର ଭିତରୁ ବର୍ଜିତ କରି ରଖିଦିଆ ଯାଇଛି। ସଂପ୍ରଦାୟମାନେ ଭିନ୍ନ ଭିନ୍ନ ଗୁରୁଙ୍କର ପ୍ରୋତ୍ସାହନ ପାଇ ପରସ୍ପର ପାଖରେ ଖୁବ୍ ବିବଦମାନ ହୋଇ ରହିଛନ୍ତି ଓ ଏହି ପୃଥିବୀର ବାସ୍ତବ ପାରସ୍ପରିକତାମାନଙ୍କରେ ପରସ୍ପର-ବିରୋଧୀ ଏବଂ ଅନ୍ୟକାତର ତୁଚ୍ଛା ସଂସ୍କାରଗତ ବାହ୍ୟତାମାନେ ହିଁ ଅଧିପତି ହୋଇ ବସିଛନ୍ତି। ରାତ୍ରିମାନେ ଅବ୍ୟାହତ ଭାବରେ ଲାଗି ରହିଛନ୍ତି।

ଶ୍ରୀ ଅରବିନ୍ଦ ଏହି ରାତ୍ରିଶେଷ ହେବାର ସାଧନାସନ୍ଦେଶଗୁଡ଼ିକୁ ଆମଯାଏ, ଏହି ପୃଥିବୀ ଯାଏ ଅବତରାଇ ଆଣିଛନ୍ତି। ଏକ ସକାରାତ୍ମକ, ଆରୋହଣାତ୍ମକ ଏବଂ ବିବର୍ତ୍ତନାତ୍ମକ ଅନ୍ୟ ପୃଥ୍ୱୀଭବିଷ୍ୟ କଥା କହିଛନ୍ତି। ସେହି ଭବିଷ୍ୟ ନିମନ୍ତେ ତପସ୍ୟା

ଏବଂ ସାଧନା, ଏକ ଆରୋହଣ ଯାହାକି ଯୁଗପତ୍ ଭାବରେ ଏହି ପୃଥିବୀକୁ ପ୍ରାୟ ଚାକ୍ଷୁଷ ଭାବରେ ବଦଳାଇ ନେଉଥିବ, ତାହାର ଗୋଟିଏ ପୂର୍ଣ୍ଣସଙ୍ଗତିଯୁକ୍ତ ନକ୍ସା ହେଉଛି ଆମ ସମସ୍ତଙ୍କ ଲାଗି ଏକ ଦିବ୍ୟଜୀବନର ନକ୍ସା। ତାଙ୍କର ସେହି ଅନୁଭବ ତଥା ଉପଲବ୍ଧିର ସୋପାନକ୍ରମଟିର ଇତିବୃତ୍ତ, ଶ୍ରୀ ଅରବିନ୍ଦଙ୍କର ଜୀବନରେ ତଥା ରଚନାଗୁଡ଼ିକରେ ଆମେ ଶ୍ରଦ୍ଧାଶୀଳ ସମସ୍ତେ ତାହାର ହିଁ' ସମ୍ମୁଖୀନ ହୋଇଥାଉ। ଆପଣା ମଧ୍ୟରେ ଏକାବେଳେକେ ଆଉ କ'ଣସବୁ ଠାବ କରୁଥିବା ପରି ଆମେ ତାଙ୍କ ଆଡ଼କୁ ଟାଣି ହୋଇଯାଉ। ଏକ ଅନିର୍ବଚନୀୟ ପୃଥ୍ୱୀଯୋଜନାରେ ସାମିଲ ହୋଇ ଆସିବାପରି ଅନୁଭବ ହୁଏ। ଆମର ଏତେ ଏତେ ଅପୂର୍ଣ୍ଣତା ସତ୍ତ୍ୱେ ବିଶ୍ୱର ବିଧାତା ତଥାପି ଆମଠାରୁ ମଧ୍ୟ କ'ଣ କେତେ ଅପେକ୍ଷା କରୁଛନ୍ତି ବୋଲି କ'ଣଟିଏ ଅନୁଭବ କରିହୁଏ, ଯାହା ଫଳରେ କି ଖୁବ୍ ହାଲୁକା ଲାଗେ, ଖୁସୀ ଲାଗେ। ପ୍ରସ୍ତୁତ ପୁସ୍ତକର ପ୍ରଥମ ତିନି ଅଧ୍ୟାୟରେ ଶ୍ରୀ ଅରବିନ୍ଦଙ୍କର ସେହି ନକ୍ସାଟି ବିଷୟରେ ଉପସ୍ଥାପିତ କରି ଅଣାଯିବାର କିଛି ଆଲୋକନଯୁକ୍ତ ପ୍ରୟାସ କରାଯାଇଛି। ଏବଂ, ସେଥିରେ ଆମକୁ ଉଭୟ ଆରୋହଣ ଏବଂ ଅବତରଣର ନକ୍ସାଟିଏ ପ୍ରଦାନ କରାଯାଇଛି। ପଥର ଏକ ସମଗ୍ର ପରିଚିତି ପ୍ରଦାନ କରାଯାଇଛି। ଏହି ଅଧ୍ୟାୟରେ ତାହାର ପୁନରାବୃତ୍ତି କରିବାର ତେଣୁ କୌଣସି ପ୍ରୟୋଜନ ନାହିଁ। ଏହି ଅଧ୍ୟାୟର ବାକୀ ଅଂଶଟିରେ ଆମେ ଶ୍ରୀ ଅରବିନ୍ଦଙ୍କର ରଚନା ମଧ୍ୟରୁ କିଛି କିଛି ଅଂଶର ଆଲୋଚନା କରିବା, ଯାହାକି ଆମଲାଗି ଆହ୍ୱାନଗୁଡ଼ିକୁ ଆହୁରି ପ୍ରାଞ୍ଜଳ କରି ଆଣିବ ଏବଂ ଆମ ଭିତରେ ଏକ ଅନୁକୂଳ ସଚଳତାର ସୃଷ୍ଟି ହୋଇ ଆସିବାରେ ସହାୟତା କରିପାରିବ। ସ୍ଥାନ ବିଶେଷରେ ମୂଳ ଉଦ୍ଧୃତିଗୁଡ଼ିକ ମଧ୍ୟ ଅବଶ୍ୟ ରହିବ। ଦୀର୍ଘ ଉଦ୍ଧୃତିର ଭାଷାନୁବାଦ ହିଁ ଦିଆଯିବ। ତା'ପରେ ଅଧିକ ହୃଦ୍‌ବୋଧ କରାଇ ଆଣିବାର ଆଶାରେ କିଛି ବ୍ୟାଖ୍ୟା ମଧ୍ୟ ରହିବ। ଶ୍ରୀ ଅରବିନ୍ଦଙ୍କର କେତୋଟି ମୁଖ୍ୟ ଗ୍ରନ୍ଥର ଓଡ଼ିଆ ଅନୁବାଦ ତ ଇତିମଧ୍ୟରେ ପ୍ରକାଶିତ ହୋଇ ସାରିଛି। ତେଣୁ, ଆମେ ଅନେକେ ଇଂରାଜୀରେ ଏବଂ ଭାଷାନୁବାଦରେ ସେହି ଉକ୍ତିଗୁଡ଼ିକ ସହିତ ଅବଶ୍ୟ ପରିଚିତ ରହିଥିବା। ପ୍ରସ୍ତୁତ ବ୍ୟାଖ୍ୟାଗୁଡ଼ିକ ଆମକୁ ବିଚାରଗୁଡ଼ିକ ବିଷୟରେ ଆମଲାଗି ଏକ ପୁନଃସ୍ମରଣର ଅବକାଶ ଆଣି ନିଶ୍ଚୟ ଯୋଗାଇଦେବ। ଆମ ଆପଣା ମନନଗୁଡ଼ିକରେ ତଦ୍ଦ୍ୱାରା ହୁଏତ ଅଧିକ ଆହୁରି କିଛି ଆୟାମ ମିଳିଗଲା ପରି ଫଳଦାୟକ ହେବ। କେବଳ ସେହି ଅଧିକ ମାତ୍ରାରେ ପରିଚିତ ବ୍ୟକ୍ତିଗତ ମନନଗୁଡ଼ିକରେ ନୁହେଁ, ସାମୂହିକ ମନନ ସମୟରେ ମଧ୍ୟ ସହାୟକ ହେବ। ତଦ୍ଦ୍ୱାରା ଆମେ ନିଜକୁ ବୁଝିବା ସହିତ ପରସ୍ପରକୁ ମଧ୍ୟ ଅଧିକ ନିଷ୍ଠାର ସହିତ ବୁଝିବାଲାଗି ପ୍ରସ୍ତୁତ ହୋଇପାରିବା। ଗୋଟିଏ ଗୋଟିଏ ଗୋଷ୍ଠୀ

ହିସାବରେ ପ୍ରସ୍ତୁତ ହୋଇ ପାରୁଥିବା । ହଁ, ଏକାକୀ ପାରାୟଣର ପର୍ଯ୍ୟାୟଟା ପୃଥିବୀଯାକ ଯାବତୀୟ ଅଧ୍ୟାତ୍ମର ପରିସରରେ କ୍ରମେ କିଞ୍ଚିତ୍ ପୁରୁଣା ହୋଇ ବି ଆସିଲାଣି । ଏବେ ସତେଅବା ଡାଇଲଗ୍‌ର ପର୍ଯ୍ୟାୟଟି ଅଧିକରୁ ଅଧିକ ଲୋଡ଼ା ହେଉଛି । ଏକଦା ସକ୍ରେଟିସ୍ ଯେଉଁ ପଦ୍ଧତିଟିକୁ Dialogue ବୋଲି କହିଥିଲେ, ଆମ ପ୍ରାଚୀନ ବିଧିଟିରେ ଅନେକ ସାମଞ୍ଜସ୍ୟ ରଖି ତାହାକୁ 'ପରସ୍ପରାନୁକଥନ' ବୋଲି କୁହାଯାଇଛି । ଅଭୀପ୍‌ସୁମାନଙ୍କର ଏକ ପାରସ୍ପରିକ ଆଦାନପ୍ରଦାନର ନାନାଭଳି ଅବକାଶ, – ତାହାହିଁ ଅସଲ ଜିଜ୍ଞାସା । ସଂସାର ଜିଜ୍ଞାସା, ଆତ୍ମଜିଜ୍ଞାସା ଏବଂ ବ୍ରହ୍ମଜିଜ୍ଞାସା ।

ଉପନିଷଦମାନେ ହେଉଛନ୍ତି ଭାରତୀୟ ଅଧ୍ୟାତ୍ମପ୍ରେରଣାର ଗୋଟିଏ ଅତି ସୁବିଦିତ ଅଙ୍ଗସ୍ୱରୂପ । ଉପନିଷଦମାନେ ସଂଖ୍ୟାରେ ସମ୍ଭବତଃ ସଂଖ୍ୟାଧିକ । ତଥାପି, ସେଗୁଡ଼ିକ ମଧ୍ୟରୁ ହାତରେ ଗଣି କହିଦେବା ପରି ବିଶେଷ ଉପନିଷଦ କେତୋଟିକୁ ପ୍ରମୁଖ ବୋଲି କହି ହେବ ଯେଉଁଗୁଡ଼ିକ ସେହି ପ୍ରାଚୀନ ସମୟରୁ ବେଦର ଅନ୍ତର୍ଭୁକ୍ତ ହୋଇ ରହିଆସିଛି । ପରବର୍ତ୍ତୀ କାଳରେ ଯେଉଁ ବହୁତସଂଖ୍ୟକ ଉପନିଷଦ-ସାହିତ୍ୟ ଆମର ଗୋଚରକୁ ଆସିଛି, ସେଗୁଡ଼ିକୁ ଗୋଟିଏ ଗୋଟିଏ ବିଶେଷ ଉପାସନାମାର୍ଗକୁ ସର୍ବାଧିକ ମହତ୍ତ୍ୱର ବୋଲି ପ୍ରତିପାଦନ କରିବାର ଏକ ଅଭିପ୍ରାୟ ରଖି ହିଁ ରଚନା କରାଯାଇଛି । କେତୋଟି ନାମରୁ ହିଁ ସେହିପରି ଏକ ଉଦ୍ଦେଶ୍ୟ ରହିଛି ବୋଲି ସିଧା ସ୍ପଷ୍ଟ ହୋଇ ଯାଉଛି । ଯଥା: ରାମତାପନୀ ଉପନୀଷଦ, ନୃସିଂହତାପନୀ ଉପନିଷଦ, ଇତ୍ୟାଦି, ଇତ୍ୟାଦି । ସ୍ପଷ୍ଟତଃ, ଉପନିଷଦ ନାମକ ପରମ୍ପରାର ଏକ ଧାରା ସହିତ ଆପଣାକୁ ଗଅଁଠାଇ ରଖିବାର ଆଗ୍ରହରେ ହିଁ ଉପାସନାମୂଳ ସଂପ୍ରଦାୟମାନେ ସେହିପ୍ରକାରେ କରିବା ନିମନ୍ତେ ଉତ୍ସାହ ପ୍ରକାଶ କରିଛନ୍ତି । 'ସଂହିତା' ନାମକ ବେଦକାଳର ଆଉଗୋଟିଏ ସାହିତ୍ୟଧାରାକୁ ଏହି କାଟର ଦୃଷ୍ଟାନ୍ତଟିଏ ବୋଲି ମଧ୍ୟ ଗ୍ରହଣ କରାଯାଇ ପାରିବ । ଶ୍ରୀ ଅରବିନ୍ଦ ସେହି ପ୍ରମୁଖଗୁଡ଼ିକୁ ସରଳ ଇଂରାଜୀ ଅନୁବାଦ କରିଛନ୍ତି । କତିପୟ ଉପନିଷଦର ଗୋଟିଏ ଗୋଟିଏ ଟୀକା ମଧ୍ୟ ପ୍ରଦାନ କରିଛନ୍ତି । କେନୋପନିଷଦର ବପୁଟି ଅତ୍ୟନ୍ତ କ୍ଷୁଦ୍ର । ଗଦ୍ୟରେ ରଚିତ ହୋଇଛି । କିନ୍ତୁ ଶ୍ରୀ ଅରବିନ୍ଦଙ୍କ ଦ୍ୱାରା ପ୍ରଦତ୍ତ ତାହାର ଟୀକାଟି ସମ୍ଭବତଃ ସର୍ବବୃହତ୍ ।

ଉପନିଷଦର ଅଧ୍ୟାତ୍ମ ସନ୍ଦେଶଗୁଡ଼ିକୁ ନେଇ ଏକାଧିକ ଭାଷ୍ୟ ଅର୍ଥାତ୍ ଅର୍ଥଟୀକା ଲେଖାଯାଇଛି । ଭିନ୍ନ ଭିନ୍ନ ମତଦର୍ଶନର ପକ୍ଷସମର୍ଥକମାନେ ଆପଣା ଆପଣାର ମତଗୁଡ଼ିକୁ ପୁଷ୍ଟ କରିବାର ଉଦ୍ଦେଶ୍ୟରେ ସେଥିରୁ ଅନୁକୂଳ କରି ଅର୍ଥବ୍ୟଞ୍ଜନା ଗୁଡ଼ିକର ଉପସ୍ଥାପନା ମଧ୍ୟ କରିଛନ୍ତି । ମାତ୍ର, ପୂର୍ବତନ ସକଳ ଟୀକାକାରମାନେ ଗୋଟିଏ ସାଧାରଣ ଦୃଷ୍ଟିଭୂମିର ଅବଲମ୍ବନ ଉପରେ ଛିଡ଼ା ହୋଇ ସବୁଠାରେ ଏହି ପୃଥିବୀର

ବାହାରେ ହିଁ ପରମସତ୍ୟଙ୍କର ଠାବ କରିଛନ୍ତି। ତେଣୁ, ସେହି ପରମସତ୍ୟର ଉପଲବ୍ଧି ପୃଥିବୀରୁ ବାହାରିଗଲେ ଯାଇ ସମ୍ଭବ ହେବ। ମୁକ୍ତିର ଅର୍ଥ ହେଉଛି ଏହି ଭବାର୍ଣ୍ଣବରୁ ମୁକ୍ତି ଓ ଏଇଟିକୁ ପାରି ହୋଇ ସତ୍ୟନାମକ ସେହି ପରମପଦକୁ ପ୍ରାପ୍ତ ହେବା ନିମନ୍ତେ ସାଧନା, ଉପାସନା, ଏପରିକି ଶାସ୍ତ୍ରର ସକଳ ମନନ କେବଳ ନୌକାଟିଏ ପରି କାର୍ଯ୍ୟ କରିବ। ଶ୍ରୀ ଅରବିନ୍ଦ ଏହି ପରିପ୍ରେକ୍ଷୀରେ ଏକ ଭିନ୍ନ ସମ୍ଭାବନାର ଅବତାରଣା କରିଛନ୍ତି। ତାଙ୍କଦ୍ୱାରା ଲିଖିତ ଶାସ୍ତ୍ରଗୁଡ଼ିକର ସମ୍ପୂର୍ଣ୍ଣ ଭଣ୍ଡାରଟି ସର୍ବତ୍ର ଏହି ପୃଥିବୀକୁ ହିଁ ସବାମଝିରେ ଦେଖିଛି। ଯାବତୀୟ ସାଧନା ହେଉଛି ଏକ ପୃଥ୍ୱୀ-ପରିବର୍ତ୍ତନର ସାଧନା। ପରମସତ୍ୟକୁ ଆପଣାର ସାଧନା ଦ୍ୱାରା ପୃଥ୍ୱୀପୃଷ୍ଠକୁ ଅବତରାଇ ଆଣିବାର ସାଧନା, – ଏକ ପୂର୍ଣ୍ଣସନ୍ଦୀପିତ ବ୍ୟକ୍ତିସାଧନା ତଥା ସମୂହସ୍ତରୀୟ ସାଧନା। ଏକ ପାରସ୍ପରିକତା ଏବଂ ଏକ ଚେତନାଯୁକ୍ତ କ୍ରିୟାଶୀଳତା, ଯାହାକି ଆମକୁ ଏକ ନିତି ବଞ୍ଚୁଥିବା ଏକତାର ମାଧ୍ୟମରେ କାଳ କାଳ ଧରି ଏହି ପୃଥିବୀ ପୃଷ୍ଠରେ ହିଁ ସର୍ବବୃହତ୍ ଆସ୍ପୃହାରୂପେ ଆମ ମନୁଷ୍ୟମାନଙ୍କୁ ପ୍ରସ୍ତୁତ କରି ଆଣୁଥିବାର ପ୍ରକ୍ରିୟାଦ୍ୱାରା ଉଦ୍‌ବୁଦ୍ଧ କରିନେବ। ସାନ କେନୋପନିଷଦର ଦୀର୍ଘ ବ୍ୟାଖ୍ୟାଟିରେ ମଧ୍ୟ ଆମେ ସେହି ବାର୍ତ୍ତାଟିକୁ ଅବଶ୍ୟ ଲାଭ କରି ପାରିବା।

କେନୋପନିଷଦ ବ୍ୟାଖ୍ୟାରେ ଶ୍ରୀ ଅରବିନ୍ଦ ଆତ୍ମୋପଲବ୍ଧିକୁ ହିଁ ଆମ ଅଧ୍ୟାତ୍ମଯାତ୍ରାର ପ୍ରାୟ ସେହି ସର୍ବପ୍ରଥମ ମାର୍ଗପ୍ରସ୍ତର ବୋଲି ଚିହ୍ନାଇ ଦେଇଛନ୍ତି। ଆତ୍ମୋପଲବ୍ଧି ଅର୍ଥାତ୍ ଆପଣାର ତଥାକଥିତ ସ୍ୱଜୀବନର ବେଢ଼ାଟି ମଧ୍ୟରେ ସମଗ୍ର ପୃଥିବୀର ହିଁ ଉପଲବ୍ଧି। ଏକ ଅଭ୍ୟସ୍ତ ଭିନ୍ନତାବୋଧକୁ ଅତିକ୍ରମ କରି ଆସିବାର ଉତ୍‌କ୍ରମଣ-ପ୍ରକ୍ରିୟା। ସ୍ୱୟଂ ପରମ ସତ୍ୟସ୍ୱରୂପ ଈଶ୍ୱର ହିଁ ଆପଣାର ଜଡ଼ରୂପାୟନର ପର୍ଯ୍ୟାୟରେ ପୃଥିବୀ ରୂପେ ଯେ ପ୍ରକଟ ହୋଇଛନ୍ତି, ଶ୍ରୀ ଅରବିନ୍ଦ କେଡ଼େ ସିଧା କରି ଆମକୁ ସଂପୂର୍ଣ୍ଣ ସନ୍ଦେହମୁକ୍ତ ଭାବରେ କହି ଯାଇଛନ୍ତି। ଏବଂ, ତାଙ୍କରି ନିର୍ଭରପୂର୍ଣ୍ଣ ପ୍ରତ୍ୟକ୍ଷ ବାଣୀଗୁଡ଼ିକୁ ସାଥୀ କରି ଆଗକୁ ଗଲେ, ଯେତେବେଳେ ଈଶ୍ୱର-ଉପଲବ୍ଧି ଏବଂ ଆତ୍ମୋପଲବ୍ଧିକୁ ଆମେ ଅଭିନ୍ନ ବୋଲି ଜାଣିବା ଓ ବଞ୍ଚିବା, ସେତେବେଳ ଏତିକି ଯେ ସବୁ ନୁହେଁ, ସେକଥାଟିକୁ ମଧ୍ୟ ଅନୁଭବ କରିବାକୁ ସମର୍ଥ ହେବା। ମାତ୍ର, ତାହାର ଏଭଳି ଅର୍ଥ କଦାପି ନୁହେଁ ଯେ, ଆମେ ଈଶ୍ୱର ଅର୍ଥାତ୍ ପରମସତ୍ୟ ନାମକ ଅମୂର୍ତ୍ତ ଉଚ୍ଚତା ଅଥବା ଗଭୀରତା ମଧ୍ୟରେ ଯାଇ ନିମଜ୍ଜିତ ହୋଇ ରହିଯିବା। ଶ୍ରୀ ଅରବିନ୍ଦଙ୍କର ବାର୍ତ୍ତାଟି ଅନୁସାରେ ଆମେ ଯାହାକୁ ସଂସ୍କାରବଶତଃ ନିଜର ଦେହ, ପ୍ରାଣ ବା ମନ ବୋଲି କହୁଛୁ, ସେଗୁଡ଼ିକ ବସ୍ତୁତଃ ଏକ ବିଶ୍ୱଶରୀର, ବିଶ୍ୱପ୍ରାଣ ତଥା ବିଶ୍ୱମନର ଅନ୍ତର୍ଗତ ରହି ହିଁ ନିଜର ଯାବତୀୟ କ୍ରିୟାଶୀଳତାକୁ ସମ୍ଭବ କରୁଛନ୍ତି।

ବ୍ୟକ୍ତିଚେତନା ମଧ୍ୟରେ ଏକ ବିଶ୍ୱଚେତନା ଅସଲ କର୍ତ୍ତାରୂପେ ଅବସ୍ଥିତ ରହିଛି ଏବଂ ଆମେ ସଚେତନ ହୋଇ ପାରିଲେ, ସମ୍ମତ ହେଲେ, ଆମର ତଥାକଥିତ ନିଜର ମନ, ନିଜର ପ୍ରାଣ ଓ ନିଜର ଦେହକୁ ଦିଗନିର୍ଦ୍ଦେଶନା ଦେବାରେ ଲାଗିଛି। ତାହାହିଁ ଆମ ତଥାକଥିତ ଏକକ ମନୁଷ୍ୟମାନଙ୍କୁ ଏକ ବ୍ରହ୍ମାନୁଭବର ଜୀବନ ଆଡ଼କୁ ସଂଚାଳିତ କରିନେଉଛି। ଆମର ଜୀବନଗୁଡ଼ିକୁ ଏହି ସବୁଟି ମଧ୍ୟକୁ ସଂପ୍ରସାରିତ କରିନେଉଛି। ସବୁକିଛି ଗୋଟିଏ ବିଧାନ ଏବଂ ଗୋଟିଏ ନିୟତିରେ ଏକ ବିଶ୍ୱବିବର୍ତ୍ତନର ସାତତ୍ୟ ମଧ୍ୟରେ ସଚଳ ହୋଇ ହିଁ ରହିଛି। ଏବଂ, ଚାଲ, ଏଥର ଭାବଚିନ୍ତି କହିବା ତ, ଏହି ବିନ୍ଦୁଟିରେ ଆସି ସତକୁ ସତ ପହଞ୍ଚି ପାରିଲେ, ଆମେ ଏଯାଏ ଯେଉଁଭଳି ହୋଇ ରହି ଆସିଥିଲେ, କେବଳ ସେତିକି ସହିତ ବାନ୍ଧି ହୋଇ ରହିବା କି ଏବଂ ଏହି ସଂସାରଟାକୁ ତୁଚ୍ଛା ମାୟା ଓ ତୁଚ୍ଛା ଏକ ବନ୍ଧନ ବୋଲି କହି ଭୁରୁଡ଼ାଇ ଦେବାକୁ ଆମର ଆଉ ସତ ବଳିବ କି? ଏକ ନୂତନ ଅଭୂତପୂର୍ବ ଏକାତ୍ମକତା ଏବଂ ଶ୍ରଦ୍ଧା, ଯାହା ଆମ ଭିତରେ ଆମରି ସମ୍ମତି ନିମନ୍ତେ ଅପେକ୍ଷା କରି ରହିଥିଲା, ସେଇଟି ସମ୍ମୁଖକୁ ଆସିଯିବ ଏବଂ ଆମ ଜୀବନର ମଙ୍ଗୁଆଳ ହୋଇ ରହିବ। ତା'ପରେ ଆମେ ଏସବୁ ଅନିତ୍ୟ ମଧ୍ୟରୁ ବାହାରି ନିଜ ଭିତରର ସତ୍ୟୋପଲବ୍ଧିଗୁଡ଼ିକୁ ସତେଅବା ଦେଖି ମଧ୍ୟ ନଦେଖିଲା ପରି ହୋଇ ସଂସାରକାତରତାର ଅର୍ଥାତ୍ ଜୀବନକାତରତାର ବଶବର୍ତ୍ତୀ ହୋଇ ପଳାଇ ବାହାରି ଯିବାକୁ ମୋଟେ କୌଣସି ଆଗ୍ରହ ହିଁ ଦେଖାଇବା ନାହିଁ।

ଶ୍ରୀ ଅରବିନ୍ଦଙ୍କର ଯୋଗ ହେଉଛି ସେଥିପାଇଁ ଏକ ପୃଥ୍ୱୀସାତତ୍ୟର ଯୋଗ, ଜୀବନସାତତ୍ୟର ଯୋଗ ଏବଂ ତେଣୁ ପୂର୍ଣ୍ଣତର ଯାବତୀୟ ଅର୍ଥରେ ଏକ ଭାଗବତସାତତ୍ୟର ଯୋଗ। ଏହି ଯୋଗରେ ମନୁଷ୍ୟମାନେ ପରସ୍ପରକୁ ଟାଣିବେ, ଆଦୌ ଗନ୍ଧାଇବେ ନାହିଁ। ବାହାରର ମାର୍କାଗୁଡ଼ାକ ଖୁବ୍ ରହିଥିବ, – ତଥାପି କ'ଣ ଗୋଟିଏ ଧର୍ମତଃ ଈଶ୍ୱରୀୟ ହୋଇ ଦିଶୁଥିବ, ଯାହାକି ଅନୁକ୍ଷଣ ଟାଣିବାରେ ଲାଗିଥିବ, – ପ୍ରସାରଣ ହିଁ ବାଟଟିକୁ ଚାଲିବାର ସର୍ବମାନ୍ୟ ପାଥେୟ ହୋଇ ରହିଥିବ। ଏବଂ, ଏଇଠାରେ ଯଦି ଘରଭଳି ଲାଗିବ, ଯଦି ମୋ' ଜୀବନର ଯାବତୀୟ ଘରଗୁଡ଼ିକରେ ମୁଁ ସମସ୍ତଙ୍କୁ ଥାନ ଦେଇ ପାରୁଥିବି, ତେବେ ପଳାୟନ ପାଇଁ କାହିଁକି କୌଣସି ଦୁର୍ଗତି ଆମକୁ ପ୍ରଲୋଭିତ କରିବାକୁ ଆସିବ? ସେତେବେଳେ ତ ଆମର ଜୀବନ ଭିତରେ ତଥା ଆମ ପାରସ୍ପରିକତାର ଯାବତୀୟ ଅବସରରେ ପରମେଶ୍ୱରଙ୍କର ହିଁ ବିଜୟ ହେବାରେ ଲାଗିଥିବ ଏବଂ, ଈଶ୍ୱରଙ୍କର ବିଜୟ ହିଁ ଆମର ତଥା ମୋ'ର ବିଜୟ ବୋଲି କେଡ଼େ ସହଜରେ ହୃଦ୍‌ବୋଧ ମଧ୍ୟ ହୋଇପାରିବ !

ତଥାପି, ଏହିପରି ଏକ ଜୀବନଚର୍ଯ୍ୟାକୁ ସ୍ୱୀକାର କରିନେଇ ସର୍ବଶେଷକୁ

ସେହି ବ୍ରହ୍ମଚେତନର ଅନନ୍ତହୀନ ସ୍ୱର୍ଗରାଜ୍ୟକୁ ପ୍ରୟାଣ କରିବା ମଧ୍ୟ ଅସଲ ଲକ୍ଷ୍ୟଟି ରୂପେ ଆମକୁ ହୁଏତ ଅଧିକାର ବି କରିଥିବ। ତେଣୁ, ଏହି ଜୀବନରେ ପୃଥ୍ୱୀଜୀବନର ପ୍ରତ୍ୟାଖ୍ୟାନ କରି ରଖିବା ହିଁ ମୁଖ୍ୟ ଉଦ୍ଦେଶ୍ୟରୂପେ ଅନୁଭୂତ ହେବ। ଏହି କ୍ଷେତ୍ରରେ ସନ୍ଦେହ ମୋଚନ କରାଇ ଦେଲାପରି ଶ୍ରୀ ଅରବିନ୍ଦ କହିଛନ୍ତି (୧୨, ୨୩୧...): ଆଧୁନିକ ସମୟଟିର ମାନବସମୂହ ଆମେ ସମସ୍ତେ ଏହି ପୃଥିବୀର ଏହି ସମଗ୍ର ପାର୍ଥିବ ଜୀବନରୂପୀ କ୍ଷେତ୍ରଟିରେ ମଧ୍ୟ ଏକ କରଣୀୟ ଅବଶ୍ୟ କିଛି ରହିଛି ବୋଲି ଅଧିକରୁ ଅଧିକ ସଚେତନ ହେବାରେ ଲାଗିଛୁ ଏବଂ ଜଣେ ଜଣେ ବ୍ୟକ୍ତି ହିସାବରେ ନିଜ ଆତ୍ମାର ମୁକ୍ତି ଅପେକ୍ଷା ଆଉକିଛି ବୃହତ୍ତର କାର୍ଯ୍ୟ ଆମ ସମସ୍ତଙ୍କୁ ଅପେକ୍ଷା ଅବଶ୍ୟ କରୁଛି ବୋଲି ଅନୁଭବ କରିପାରୁଛୁ। କାରଣ, ଏହି ବିଶ୍ୱର ଜୀବନ ହେଉଛି ବ୍ୟକ୍ତିର ଜୀବନଠାରୁ ଅଧିକ ମହତ୍ତ୍ୱପୂର୍ଣ୍ଣ। ଅର୍ଥାତ୍, ବ୍ୟକ୍ତିର ମୁକ୍ତିକୁ ସବାବଡ଼ ବୋଲି ମଣୁଥିବା ବେଦାନ୍ତର ସେହି ପୁରାତନ ସନ୍ଦେଶଟି କ'ଣ ସବୁଯାକ ସତ୍ୟ ହୋଇଥିବା ପରି ଆମକୁ ସେତିକିଟିରେ ହିଁ ସଚଳ କରି ହିଁ ରଖିଥିବ? ତେବେ, ନିଶ୍ଚୟ ମନେହେବ ଯେ, ସେହି ସନ୍ଦେଶଟି ହେଉଛି ପୂର୍ଣ୍ଣତଃ କେବଳ ଋଷି ଏବଂ ବୈରାଗୀମାନଙ୍କ ଲାଗି, ବାବାଜୀ ଏକାନ୍ତବାସୀ ମାନଙ୍କ ନିମନ୍ତେ, – ଏତିକି କ'ଣ ତାହାର ସର୍ବୋତ୍ତମ କଥା? ନା, ଚେତନାର ଏକ ପ୍ରସାରଣ ଏବଂ ବିସ୍ତାର ଘଟିବ ଏବଂ ପୃଥିବୀ ମଧ୍ୟ ତାହାକୁ ଖୁସୀ ହୋଇ ସ୍ୱୀକାର ମଧ୍ୟ କରିନେବ? ତେଣୁ, ସେତେବେଳେ ଗୋଟିଏ ସଂଶୟ ମଧ୍ୟ ହେବ ଯେ ସେହି ପ୍ରାଚୀନ ଧାରା ତଥା ନିର୍ଦ୍ଦେଶନାଠାରୁ ନିଶ୍ଚୟ କିଛି ବାଦ୍ ପଡ଼ି ଯାଇଛି, ଯାହାଆଡ଼କୁ ହୁଏତ ଉକ୍ତ ପ୍ରଜ୍ଞାଟି ଯଥେଷ୍ଟ ଦୃଷ୍ଟି ଦେଇନାହିଁ ଅଥବା, ସେପରି ଅନ୍ୟପ୍ରକାରେ ଚିନ୍ତା କରିବା ପାଇଁ ସମର୍ଥ ହୋଇନାହିଁ ବା ସେଇଟିର ସମାଧାନ କରିବା ପାଇଁ ଆବଶ୍ୟକ ବି ମନେ କରିନାହିଁ। ବ୍ୟକ୍ତି ସବାଆଗ ଓ ସବୁଠାରୁ ବଡ଼ କର୍ତ୍ତବ୍ୟରୂପେ ଜଣେ ବ୍ୟକ୍ତି ହିସାବରେ ନିଜର ମୁକ୍ତି ନିମନ୍ତେ ପ୍ରୟାସ କରିବ ଓ ସେହି ପ୍ରୟାସଟିର ଏକ ଅଙ୍ଗରୂପେ ଏହି ନିମ୍ନତର ପୃଥ୍ୱୀଗତ ଜୀବନକୁ ବର୍ଜନ ମଧ୍ୟ କରିବ। କାଳାନୁକ୍ରମେ ଏହି ଦିଗଟି ସେମାନଙ୍କ ଭିତରେ ଅଧିକ ତୀବ୍ର ହିଁ ହେବାରେ ଲାଗିଛି ଏବଂ ବ୍ୟକ୍ତିମାନେ ପୃଥ୍ୱୀଜୀବନ କହିଲେ ଯାହାକିଛି ବୁଝାଇବ, ଏମାନେ ସେଗୁଡ଼ିକୁ ଅଧିକ ବ୍ୟଗ୍ରତା ସହିତ ବର୍ଜନ କରିବାକୁ ମଧ୍ୟ ଉତ୍ସାହିତ ହେଉଛନ୍ତି। ଏବଂ, ପରବର୍ତ୍ତୀ କାଳର ହିନ୍ଦୁଧର୍ମରେ ଆଖର ସେଇଟି ହିଁ ଏକମାତ୍ର ଏବଂ ଅପ୍ରତିହତତମ ବାର୍ତ୍ତାରେ ସତେଅବା ପରିଣତ ହୋଇଯାଇଛି।

ପ୍ରାଚୀନତମ ବେଦାନ୍ତ ଓ ପୃଥିବୀର ପରବର୍ତ୍ତୀ ଆଧ୍ୟାତ୍ମିକ ଏବଂ ଧର୍ମପଥ ଗୁଡ଼ିକରେ ଯେଉଁ ଭଗବତ୍‌ରାଜ୍ୟ ପ୍ରତିଷ୍ଠିତ ହେବାରେ ସ୍ୱର୍ଣ୍ଣଯୁଗର ସନ୍ଦେଶଟିଏ ପ୍ରଦତ୍ତ

ହୋଇଛି, ତାହା ଭିତରେ ଯେ କେବଳ ଗୋଟିଏ ଗଭୀର ସତ୍ୟ ନିହିତ ହୋଇ ରହିଛି ତା' ନୁହେଁ ଏବଂ ମାନବଜାତିର ଧର୍ମଗତ ସମୁଚିତ ପ୍ରବୃତ୍ତିଗୁଡ଼ିକର ସଂବର୍ଦ୍ଧନ ନିମନ୍ତେ ତାହାର ପ୍ରୟୋଜନ ମଧ୍ୟ ରହିଛି, କାରଣ ଏଇଟି ବ୍ୟତୀତ ମନୁଷ୍ୟଜୀବନର ବ୍ୟର୍ଥତା ତଥା ଯାବତୀୟ ନିରର୍ଥକତାର ବାଣୀଟାକୁ ହିଁ ଏକମାତ୍ର ଶିକ୍ଷାରୂପେ ବିତରିତ କରା ଯାଉଥିଲେ କେବଳ ଅତିବ୍ୟାକୁଳ ହୋଇ ଏହି ପୃଥିବୀକୁ ବର୍ଜନ କରି ପଳାୟନ କରିବାଟି ହିଁ ଯୁଗ ଯୁଗ ଯାବତ୍ ଅତିମାତ୍ରାରେ ଶକ୍ତିଶାଳୀ ହୋଇ ରହିଥିବ ଏବଂ ଏଗୁଡ଼ିକୁ ସାଧି କରି ପାରୁଥିବା ମାତ୍ର ଅଳ୍ପ କେତେଜଣ ଦୃଢ଼ଶକ୍ତିଯୁକ୍ତ ବ୍ୟକ୍ତି ହିଁ ତାହାକୁ ହାସଲ କରି ପାରୁଥିବେ। ଅବଶିଷ୍ଟ ମନୁଷ୍ୟଜାତି ହୁଏତ ଏହି ଧାରାଟିକୁ ସମ୍ପୂର୍ଣ୍ଣ ଭାବରେ ପ୍ରତ୍ୟାଖ୍ୟାନ କରି ହିଁ ଜୀବନ ଯାପନ କରୁଥିବେ ଅଥବା ତତ୍ତ୍ୱସିଦ୍ଧାନ୍ତ ଗୁଡ଼ିକର କ୍ଷେତ୍ରରେ ସେଗୁଡ଼ିକ ଲାଗି ସମର୍ଥନ ବ୍ୟକ୍ତ କରି କାର୍ଯ୍ୟତଃ ସେଗୁଡ଼ିକୁ ବର୍ଜନ କରୁଥିବେ। କିମ୍ବା, ଆପଣା ଶକ୍ତିହୀନତାର ଭାରରେ ବୁଡି ବୁଡି ତଳକୁ ତଳକୁ ହିଁ ଯିବାରେ ଲାଗିଥିବେ। ତେଣୁ, ବ୍ୟକ୍ତି ନିମନ୍ତେ ଏକ ପ୍ରତିଶ୍ରୁତି ପ୍ରଦାନ କରିବା ଅବଶ୍ୟ ଗୋଟିଏ ଉତ୍ତମ କଥା; ମାତ୍ର ସମଷ୍ଟି ପାଇଁ ମଧ୍ୟ ସେହିଭଳି କିଛି ପ୍ରତିଶ୍ରୁତି ରହିଥିବା ଅତ୍ୟାବଶ୍ୟକ। ଆମର ପିତୃତୁଲ୍ୟ ସ୍ୱର୍ଗରାଜ୍ୟଟି ମୁକ୍ତିଲାଭର ଆଶାରେ ନିଶ୍ଚୟ ଉଜ୍ଜ୍ୱଳ ଏବଂ ଆହୁରି ଉଜ୍ଜ୍ୱଳ ହୋଇ ଅବଶ୍ୟ ରହିବ ସତ, କିନ୍ତୁ ଆମର ମାଆ ଏହି ପୃଥିବୀଟି ମଧ୍ୟ ଆପଣାକୁ ସର୍ବକାଳ ନିମନ୍ତେ ଅଭିଶପ୍ତା ବୋଲି ଯେପରି କେବେହେଲେ ଅନୁଭବ ନକରେ ! ହଁ, ସମ୍ଭବତଃ ଏକଦା ଏପରି ଆବଶ୍ୟକ ମଧ୍ୟ ଥିଲା ଯେ, ବ୍ୟକ୍ତିର ମୁକ୍ତି ବିଷୟରେ ପୃଥିବୀରେ ଯଥେଷ୍ଟ ଗୁରୁତ୍ୱ ଦିଆଯିବ, ଯେପରିକି ମନୁଷ୍ୟ ଆପଣାର ମନଃକ୍ଷେତ୍ରରେ ଏକ ଆହୁରି ଅଧିକ କିଛିର ଆକର୍ଷଣ ଅନୁଭବ କରିବ। ମନୁଷ୍ୟମାନେ ସମଗ୍ରତଃ ଯେପରି ଆପଣାର ଆଚରଣରେ ମଧ୍ୟ ଧର୍ମସନ୍ଦେଶଗୁଡ଼ିକୁ ପ୍ରକଟ କରି ଆଣିବା ପାଇଁ ଇଚ୍ଛା କରିବେ ଏବଂ ତାହାରି ଦ୍ୱାରା ସେମାନଙ୍କ ସକଳ ସଂଯମରୁ ରହିତ ପଶୁସ୍ତରୀୟତା ଗୁଡ଼ିକୁ ଅବଦମିତ କରି ରଖିପାରିବେ, ସେହି ଅଭିପ୍ରାୟରେ ତାହାକୁ ଏକ ପ୍ରୟୋଜନ ବୋଲି ମନେ କରା ଯାଇଥିଲା। ମାତ୍ର, ଅଧିକ ଅସଲ କଥାଟି ହେଉଛି ଯେ, ପୃଥିବୀଜୀବନରେ ରହିଥିବା ପ୍ରଲୋଭନଗୁଡ଼ିକ ଉପରେ ବିଜୟ ଲାଭ କରିବା ଯେପରି ସର୍ବଦା ଆବଶ୍ୟକ, ଏକ ସ୍ୱର୍ଗରାଜ୍ୟର ଅନ୍ୟ ପ୍ରଲୋଭନ ଗୁଡ଼ିକର ଆକର୍ଷଣରୁ ମଧ୍ୟ ମୁକ୍ତ ହୋଇ ପାରିବା ମଧ୍ୟ ସେତିକି ଅବଶ୍ୟକ। ଏବଂ, ସ୍ୱର୍ଗରାଜ୍ୟର ସେହି ପ୍ରଲୋଭନମୟ ପ୍ରତିଶ୍ରୁତିଗୁଡ଼ିକର ଆଧୁନିକ ମନୁଷ୍ୟସମାଜ ନିମନ୍ତେ ତା'ର ବିବେକକୁ ବୁଝାଇ ପାରିବାଭଳି ଆଦୌ ସେପରି ଆଉ କୌଣସି ଆକର୍ଷଣ ହିଁ ବର୍ତ୍ତମାନ ନାହିଁ।

ସୁତରାଂ, ବୌଦ୍ଧଧର୍ମର ମହାଯାନ ଶାଖାଟି ଏକଦା ଯେପରି କରୁଣା ତଥା

ସଂବେଦନଶୀଳତାକୁ ନିର୍ବାଣପ୍ରାପ୍ତି ଠାରୁ ଏକ ଅଧିକ ବୃହତ୍ ଲକ୍ଷ୍ୟରୂପେ ଘୋଷଣା କରିଥିଲା, ଏହି ପାର୍ଥିବ ଭୂମିରେ ବାରବାର ଜନ୍ମଗ୍ରହଣ କରିବାରୁ ଛୁଟୀ ଲାଭ କରି ବ୍ରହ୍ମାଣ୍ଡଲାଗି ଆମର ରହିଥିବା ପ୍ରୟାସଟିରୁ ଆପଣାକୁ ପ୍ରତ୍ୟାହୃତ କରିବାର ପ୍ରବୃତ୍ତିଟିକୁ ମଧ୍ୟ ଠିକ୍ ସେହିପରି ପରିତ୍ୟାଗ କରିବାକୁ ପଡ଼ିବ। ଏଥିରେ କୌଣସି ସନ୍ଦେହ ରହିବା ଉଚିତ ନୁହେଁ ଯେ, ଆପଣାର ସକଳ ଅହଂକାମିତାରୁ ମୁକ୍ତ ହୋଇ ପରମ ଦିବ୍ୟ ସତ୍ୟସ୍ୱରୂପଟି ସହିତ ଯୁକ୍ତ ହୋଇ ପାରିବା ହିଁ ଆମର ସକଳ ସାଧନାର ସର୍ବମୁଖ୍ୟ ଲକ୍ଷ୍ୟ ହୋଇ ରହିଥିବ, ମାତ୍ର ତାହାର ଏକ ଅପରିହାର୍ଯ୍ୟ ସହଲକ୍ଷ୍ୟ ହିସାବରେ ପରମେଶ୍ୱରଙ୍କୁ ଭଲ ପାଇବା ଓ ଏହି ପୃଥିବୀରେ ହିଁ କାମରେ ଲାଗି ପାରିବାର ସେହି ଅନ୍ୟ କର୍ତ୍ତବ୍ୟଟିକୁ ପ୍ରତ୍ୟାଖ୍ୟାନ କରି ମୁକ୍ତିଟାଏ ଲୋଡ଼ିବାକୁ ମଧ୍ୟ ଆମେ କଦାପି ଇଚ୍ଛା କରିବା ନାହିଁ। ସୌଭାଗ୍ୟବଶତଃ ଗୋଟିଏ ସତ୍ୟକୁ ପ୍ରତିଷ୍ଠିତ କରିବାର ଅଭିପ୍ରାୟରେ ସତ୍ୟର ଅନ୍ୟ ଦିଗଟିକୁ ଅସ୍ୱୀକାର କରିବାଭଳି ଚରମ ପନ୍ଥାଟିଏ ଯେ ଅଧିକାର ଲାଭ କରିପାରିଛି, ତାହାର ଆନନ୍ଦମୟ ଭାବଚେତନ ପରିଧିଟି ମଧ୍ୟରେ ସିଏ ଅନ୍ୟ ସକଳ ସହଯାତ୍ରୀ ମନୁଷ୍ୟମାନଙ୍କୁ ମଧ୍ୟ ନିଶ୍ଚୟ ଦେଖିବ। ଅର୍ଥାତ୍, ଯିଏ କେବଳ ବ୍ୟକ୍ତିଆନନ୍ଦର ଗୋଟିଏ ବେଢ଼ାଭିତରେ କିଳିହୋଇ ରହି ଯିବନାହିଁ; ଯେଉଁମାନେ ତଥାପି ବନ୍ଧନ ମଧ୍ୟରେ ରହିଛନ୍ତି, ସିଏ ସେମାନଙ୍କ ସହିତ ଆପଣାକୁ ଛନ୍ଦି ହୋଇ ରହିଥିବାର ମଧ୍ୟ ତଥାପି ଅନୁଭବ କରିବ ଏବଂ ସୃଷ୍ଟିର ସକଳ ପ୍ରାଣୀଙ୍କର ହିତ ନିମନ୍ତେ ଆପଣାକୁ ଅବଶ୍ୟ ଉଦ୍ୟତ କରି ରଖିବ। ଅର୍ଥାତ୍, ସେହି ଉଚ୍ଚତାଯାଏ ପହଞ୍ଚିଥିବା ଆତ୍ମାଟିର ସମ୍ମୁଖରେ ତେଣୁ ଦୁଇଟି ଲକ୍ଷ୍ୟ ରହି ରହିବ : ସେ ସର୍ବୋଚ୍ଚ ପରମ ଦିବ୍ୟସତ୍ତାଙ୍କର ଉପଲବ୍ଧି କରିବ ଓ ସର୍ବକାଳ ନିମନ୍ତେ ଏହି ପୃଥିବୀର କଲ୍ୟାଣ ନିମନ୍ତେ ମଧ୍ୟ କ୍ରିୟାଶୀଳ ହୋଇ ରହିଥିବ। ସ୍ୱଆତ୍ମାର ଉପଲବ୍ଧି କରିଥିବା ସେହି ବିମୋଚିତ ବୀରପାଇଁ ହିଁ ଆମର ଏହି ପୃଥିବୀର ସବାଆଗ ଅପେକ୍ଷା ଥିବ; ଯେଉଁ ପୁରୋଗାମୀ ମନୁଷ୍ୟଟି ସେଯାଏ ଯାଇପାରିଛି, ତାହାକୁ ହିଁ ପୃଥିବୀ ଲୋଡ଼ିବାରେ ଲାଗିଥିବ ଓ ଅନାଇ ରହିଥିବ।

ଏବଂ, ଏହି ଉକ୍ତିଟି ଦ୍ୱାରା ହିଁ ଏହି କ୍ଷେତ୍ରରେ କରାଯାଇ ପାରୁଥିବା ସର୍ବୋଚ୍ଚ କଲ୍ୟାଣଟି ବିଷୟରେ ମଧ୍ୟ ବେଶ୍ ସୂଚିତ କରିଦିଆ ଯାଇଛି। ଅବଶ୍ୟ ଏକଥା ସତ ଯେ ତଦ୍ୱାରା ସହାୟତାଦାନର ଅପେକ୍ଷାକୃତ ନିମ୍ନତର ଅବସର ଅର୍ଥାତ୍ କ୍ଷେତ୍ରଗୁଡ଼ିକୁ ମୋଟେ କିଛି ନୁହେଁ ବୋଲି ଆଦୌ ବର୍ଜନ କରା ଯାଉନାହିଁ। ପୁନଶ୍ଚ, ଦେବତା ମାନଙ୍କର ଅପେକ୍ଷାକୃତ କ୍ଷୁଦ୍ରତର ବିଜୟଗୁଡ଼ିକ ସମ୍ପନ୍ନ ହେବାରେ ସହାୟତା କରିବାଦ୍ୱାରା ମଧ୍ୟ ବ୍ରହ୍ମରୂପୀ ପରମସତ୍ୟଙ୍କର ସର୍ବୋଚ୍ଚ ବିଜୟଟି ନିମନ୍ତେ ଅବଶ୍ୟ ଭୂମିଟିକୁ ପ୍ରସ୍ତୁତ

କରିଦିଆ ଯାଉଛି ଏବଂ, କେତେକ ଦୃଷ୍ଟିରୁ ସେଇଟିକୁ ମଧ୍ୟ କୌଣସି ନା କୌଣସି ନ୍ୟାୟରେ ନିଶ୍ଚୟ ଆମ କାର୍ଯ୍ୟଟିର ଏକ ଅଂଶ ବୋଲି କୁହାଯାଇପାରିବ। କିନ୍ତୁ, ଏହି କ୍ଷେତ୍ରରେ ଯାହାକୁ ସର୍ବବୃହତ୍ ସହାୟତା ବୋଲି କୁହାଯିବ ସେଇଟି ହେଉଛି ଯେ, ସେହି ପରମ ଦିବ୍ୟସତ୍ତାଙ୍କର ପରମ ଆଲୋକ, ପରମ ମହିମା, ଆନନ୍ଦ, ଶକ୍ତିମତ୍ତା ତଥା ପରମ ଜ୍ଞାନର ସିଏ ଗୋଟିଏ ମନୁଷ୍ୟକେନ୍ଦ୍ରରେ ପରିଣତ ହୋଇ ଏହାଦ୍ୱାରା ରହିପାରିବ, ଯାହାକୁ ମାଧ୍ୟମରୂପେ ବ୍ୟବହାର କରି ସେହି କେନ୍ଦ୍ରଟି ପୂର୍ଣ୍ଣ ଅକୃପଣ ଭାବରେ ଆପଣାକୁ ଅନ୍ୟ ସକଳ ମନୁଷ୍ୟଙ୍କ ଲାଗି ବିତରିତ କରି ଦେଇ ବି ପାରିବ ଏବଂ ସିଏ ସ୍ୱୟଂ ଉପଲବ୍ଧି କରିଥିବା ଆନନ୍ଦଟି ଦ୍ୱାରା ସେ ଅନ୍ୟ ମନୁଷ୍ୟମାନଙ୍କର ଆତ୍ମାକୁ ମଧ୍ୟ ସେହି ଉଚ୍ଚତମ ସର୍ବ-ଆକାରଟି ଆଡ଼କୁ ଚୁମ୍ବକବତ୍ ଆକର୍ଷଣ କରି ଆଣିବ। (ତତ୍ରୈବ, ୨୩୩-୪)

(୨) Hard is it to be in the world, free, yet living the life of ordinary men; but because it is hard, therefore it must be attempted and accomplished, - ଶ୍ରୀ ଅରବିନ୍ଦ

On Thoughts and Aphorisme,

ଇଂରାଜୀ ମାତୃରଚନାବଳୀ, ଦଶମ ଖଣ୍ଡ, ପୃଷ୍ଠା - ୧୯୬

ଏହି କଥାଟିକୁ ଶ୍ରୀ ଅରବିନ୍ଦ ଗୋଟିଏ Aphorism ଅର୍ଥାତ୍ ସୂତ୍ର–ବାକ୍ୟର ଆକାର ଦେଇ କହିଛନ୍ତି। ଖୁବ୍ ସମ୍ଭବ ୧୯୧୦ ବେଳର ଏକ ଉଚ୍ଚାରଣ ଏବଂ ସେ ପଣ୍ଡିଚେରୀ ଆସିବାର ଅବ୍ୟବହିତ ପରେ । ପୃଥିବୀରେ ତ ଆମେ ଏତେ ମନୁଷ୍ୟ କୋଟି କୋଟି ସଂଖ୍ୟାରେ ବାସ କରୁଛୁ। ଭଳି ଭଳି ଅଭିଳାଷ ଏବଂ ଭଳିକି ଭଳି ସ୍ୱପ୍ନ, ଆଶା ଓ ହତାଶା, ସଫଳତା ଏବଂ ବିଫଳତା। ଭାଇ, ବନ୍ଧୁ, ବିରାଦର, କୁଟୁମ୍ବ ଇତ୍ୟାଦି କେତେ ପ୍ରକାରର ମେଳ। ତା'ସହିତ ଏକତ୍ର ଛନ୍ଦିହୋଇ ରହିଥିବା କେତେ ଅମେଳ ବି। ମେଳରେ ରହିଛୁ ବୋଲି ଅମେଳ ଏବଂ ଅମେଳଗୁଡ଼ିକର ସମାଧାନ ରୂପେ ଢ଼େର ଢ଼େର ମେଳ। ଚଳଣି, ଚାହାଣି, ସଂସ୍କାର ପୁଣି ସଂସ୍କୃତି। ନିଜ ଓ ପର, ଠାକୁର, ଧର୍ମବିଶ୍ୱାସ ନୀତି ଓ ଅନୀତି, ପୂଜାର୍ଚ୍ଚନା ତଥା ଉପାସନା। କେତେ କିସମର ତନ୍ତ୍ର ତଥା ଶାସନ। ପ୍ରୀତି ଅପ୍ରୀତି, ରାଗ ଏବଂ ବିଦ୍ୱେଷ। କାହିଁ ମୋତେ କଠିନ ଲାଗୁନାହିଁ ତ। ତେବେ ସଂସାରରେ ରହିବା ଆଦୌ କଠିନ କାହିଁକି ହେବ? ସୁଖ ଓ ଦୁଃଖମାନଙ୍କ ଦ୍ୱରା ଗୋଛାଟିଏ ହୋଇ ଗୁନ୍ଥା ହୋଇଥିବା ଏହି ପୃଥିବୀରେ ଆମେ ପ୍ରତ୍ୟେକେ କେତେ ନା କେତେ ସନ୍ତର୍ପଣ ସହିତ ଘୁଷୁରିବାରେ ଲାଗିଛୁ ଏବଂ ମୋଟ ଉପରେ ଖୁବ୍ ଆଦରି ଯାଇ ପାରୁଛୁ। ତା'ର କାରଣ ଆମେ ଯେତିକିରେ ଅର୍ଥାତ୍

ଯେତିକି ପରିଧି ମଧ୍ୟରେ ରହିଛୁ, ଖୁବ୍ ଖାଇଯାଇ ପାରୁଛୁ। ଖାପ ଖାଇଯିବାକୁ ହିଁ ସୁଖ ବୋଲି ମଣିନେଉଛୁ, ସଂସାର–ବୁଦ୍ଧିର ସର୍ବୋତ୍ତମ କୌଶଳ ବୋଲି ବେଶ୍ ବିଶ୍ୱାସ କରି ପାରୁଛୁ। ଆମ ନିଜ ଭିତରର ଏବଂ ଖୁବ୍ ବେଶୀ ହେଲେ ଆମର ଏହି ତାତ୍କାଳିକ ପୃଥିବୀଖଣ୍ଡଟି ଆମକୁ ଖୁବ୍ ମଣ ଓ ଅଭ୍ୟସ୍ତ କରି ରଖିଛି, ଏବଂ ଆମେ ଏତିକିକୁ ହିଁ ସମୁଦାୟ ବୋଲି ଜାଣିଛୁ।

ଶ୍ରୀ ଅରବିନ୍ଦ କହିଛନ୍ତି, ନାଇଁ ନାଇଁ, ଯଦି ତୁମେ ଜଣେ ମୁକ୍ତ ମନୁଷ୍ୟ ରୂପେ ବଞ୍ଚିବାକୁ ମନ କରିବ, ଯଦି ସତକୁ ସତ କିଛି ଖୋଜିବ, ନିଜ ଭିତରେ ତଥା ବାହାରେ ଖୋଜିବ, କିଛି ହେବାକୁ ଇଚ୍ଛା କରିବ ଏବଂ ଏହି ଯାବତୀୟ ଅଳ୍ପଗୁଡ଼ିକ ଭିତରେ ଭୂମାର ଆହ୍ୱାନଟିକୁ ଅନୁଭବ କରୁଥିବ, ତେବେ, ଏହି ପୃଥିବୀ ବର୍ତ୍ତମାନ ଯେଉଁଭଳି ଯେତିକିରେ ରହିଛି, ସେତିକିରେ ସବୁକିଛି ତୁମକୁ ବହୁତ କଠୋର ଲାଗିବ। ଭିତରେ ଏବଂ ବାହାରେ ସମ୍ଭାବନା ରୂପେ ତୁମେ ନିଶ୍ଚୟ ଏକ ବିରାଟତର ଆଉକିଛିକୁ ଘ୍ରାଣ କରି ବି ପାରିବ। ଏକ ପରିବର୍ତ୍ତନ ଇଚ୍ଛା କରିବ। ଅଧିକ ଚେତନାଯୁକ୍ତ ହେବାର ଏବଂ ସେହିଭଳି ପ୍ରାୟ ଏକ ସୋପାନକ୍ରମରେ କାହାର ଆହ୍ୱାନକୁ ମାନି ଏକ ଆରୋହଣ-ପ୍ରକ୍ରିୟାରେ ମାର୍ଗ ଚାଲିବାକୁ ମନ କଲେ ତୁମେ ଏତିକି ଭିତରେ ଆପଣାକୁ ବଡ଼ ଅସହଜ ଅନୁଭବ କରିବ। ନିତ୍ୟନୈମିତ୍ତିକ ସଂସାରଟିକୁ ମୋଟେ ଯଥେଷ୍ଟ ବୋଲି ସ୍ୱୀକାର କରିବାକୁ ଆଗ୍ରହ ଲାଗିବ ନାହିଁ। ସତେଅବା ପ୍ରସାରିତ ହୋଇ ଯାଉଥିବ। ନିଜକୁ ପଦେ ପଦେ ନୂଆ ପରି ଅନୁଭବ କରୁଥିବ, – ଏବଂ ଯୁଗପତ୍ ଭାବରେ ଅନ୍ୟମାନଙ୍କୁ ମଧ୍ୟ ଏକାବେଳେକେ ନୂଆ ନୂଆ ସମ୍ଭାବନାର ପ୍ରସ୍ଥରେ ଆବିଷ୍କାର କରିବାକୁ ନିଶ୍ଚୟ ଅନୁରାଗୀ ହିଁ ହେବ। ଏଇଟି ହେଉଛି ସଂପୂର୍ଣ୍ଣ ଭାବରେ ଏକ ଅନ୍ୟ ଆସ୍ପୃହା, ଏକ ଅନ୍ୟ ସାହସ। ତୁମରି ଭିତରେ ତୁମଠାରୁ ଆଉ କିଛି ଅଧିକ ଏବଂ ବୃହତ୍ ପ୍ରଚ୍ଛନ୍ନ ହୋଇ ରହିଛି ବୋଲି ଅନୁଭବ କରିବାର ସାହସ। ସେହି ସାହସ ତୁମକୁ ତୁମ ଭିତରୁ ହିଁ ବଳ ଦେବ। ସେହି ବଳଟି ହିଁ ଆବଶ୍ୟକ ବିଶ୍ୱାସ ଆଣିଦେବ। ସେହି ବିଶ୍ୱାସ ହିଁ ତୁମକୁ ଆପଣା ସମେତ ଅନ୍ୟ ସମସ୍ତଙ୍କୁ ମଧ୍ୟ ଉତ୍ତରୋତ୍ତର ସମ୍ଭାବନାର ଜଣେ ଜଣେ ପର୍ବତାରୋହୀ ବୋଲି ଦେଖିପାରିବାର ନେତ୍ରଗୁଡ଼ିକୁ ଆଣି ଯୋଗାଇ ଦେଉଥିବେ। ଅର୍ଥାତ୍ ତୁମେ ସତକୁ ସତ ଅଚେତନ ଭାବରେ ଏକ ପୃଥ୍ୱୀବିବର୍ତ୍ତନର ଲୀଳା ସହିତ ଯେ ଆସି ସମ୍ମିଳିତ ହୋଇଯିବ, ସେକଥା ହୁଏତ ଆପେ ମଧ୍ୟ ଠଉରାଇ ପାରିବନାହିଁ। କଠିନତାମାନେ ଅବଶ୍ୟ ଥିବେ, ତଥାପି ତୁମେ ପଥ କାଟି ଚାଲିଯାଇ ପାରୁଥିବ। ସତେଅବା କେଉଁ ଜନନୀର ଆଶୀର୍ବାଦ ଲାଭ କରିଥିବା ଭଳି। ଶ୍ରୀ ଅରବିନ୍ଦ ସେହି ସ୍ଥିତିଟିକୁ ଏକ ଦିବ୍ୟକେନ୍ଦ୍ରରେ ପରିଣତ ହେବାର

ସ୍ଥିତି ବୋଲି କହିଛନ୍ତି। ମନୁଷ୍ୟ ମାତ୍ରକେ ଆମ ସମସ୍ତଙ୍କୁ ସତେଅବା ଏକ ଈଶ୍ୱରୀୟ ଆତ୍ମବିଶ୍ୱାସ ଆଣି ଦେଇଛନ୍ତି।

ଏହି ପୃଥିବୀରେ ସବୁକିଛି କେବଳ ଅଡୁଆ ଆଉ ଅଡୁଆ, କିଛି ହେଲେ ସିଧା ନୁହେଁ, ଖାଲି ବଙ୍କା, ତେଣୁ ତୁଚ୍ଛା ନାନାବିଧ ଗଞ୍ଜଣାରେ ହିଁ ପରିପୂର୍ଣ୍ଣ, ଏହି ଅସନ୍ତୋଷ ମନୁଷ୍ୟସଂସାରର ସେହି ମୂଳରୁ ହିଁ ରହିଛି। ସେହି ଅସନ୍ତୋଷ ମନୁଷ୍ୟନାମକ ବିବର୍ତ୍ତନ-କାହାଣୀରେ ଜନନୀ ସଦୃଶ ହୋଇ ରହି ଆସିଛି। ମନୁଷ୍ୟର ଗୌରବରୂପେ ସଭ୍ୟତା ତଥା ସଂସ୍କୃତି ବୋଲି ଯାହାକିଛି ଯୁଗାନୁକ୍ରମେ ସମ୍ଭବ ହୋଇଛି, ତାହା ସେହି ଅସନ୍ତୋଷଜନିତ ପ୍ରେରଣାରୁ ଜନ୍ମଲାଭ କରିଛି। ସେହି ଅସନ୍ତୋଷକୁ କେହି କେହି ଏକ ଈଶ୍ୱରୀୟ ଅସନ୍ତୋଷ ବୋଲି ବି ବର୍ଣ୍ଣନା କରିଛନ୍ତି। ମନୁଷ୍ୟ ଯେ ଏକ ଈଶ୍ୱରୀୟ ଅସନ୍ତୋଷର ବାର୍ତ୍ତାକୁ ବହନ କରି ଏହି ପୃଥିବୀରେ ଜନ୍ମଗ୍ରହଣ କରିଛି, ସେହି ମୂଳ ଶକ୍ତିଯୁକ୍ତତାକୁ ପୁଞ୍ଜି କରି ଏହିପରି ସାତତ୍ୟର ସହିତ ଆଗକୁ ଆଗକୁ ଯାଇ ଏବଂ ସମ୍ମୁଖରେ ଉପସ୍ଥିତ ହେଉଥିବା ବାଧାଗୁଡ଼ିକୁ ସତତ ଅତିକ୍ରମ କରି ନିଜ ଭିତରେ ମଧ୍ୟ କ୍ରମେ ଏକ ଈଶ୍ୱର-ସମ୍ଭାବନାକୁ ଅନୁଭବ କରିବାକୁ ଆରମ୍ଭ କରିଛି କି? ନିଜର ସାମର୍ଥ୍ୟଗୁଡ଼ିକୁ ଅଧିକରୁ ଅଧିକ କ୍ରିୟାଶୀଳ କରି ସିଏ ଆପଣାର ଭିତରକୁ ଓ ଆହୁରି ଭିତରକୁ ସ୍ପର୍ଶ କରି ପାରିବାର ଭାଜନ ହୋଇ ପାରିଛି କି? ଆପଣାର ବୁଦ୍ଧି, ଆପଣାର ମେଧା, ପ୍ରଜ୍ଞା ଏବଂ ନିଜ ଭିତରର ହୃଦୟଟିକୁ ଆବିଷ୍କାର କରିଛି ଏବଂ ଆପଣାର ଆଖିଗୁଡ଼ିକୁ ଏବଂ ବିଚିତ୍ର ଡ଼ୋରଗୁଡ଼ିକୁ ମଧ୍ୟ ସେହି ଅନୁସାରେ ଜୁଆଇ ନେଇ ପାରିଛି କି?

ତଥାପି, ଏଠାରେ ଏତେ ଏତେ ଅସମ୍ପୂର୍ଣ୍ଣତା ଏବଂ ଭଙ୍ଗୁରତାର ସମ୍ମୁଖୀନ ହୋଇ କେତେ ମନୁଷ୍ୟ ବି ପ୍ରାୟ କାଳେ କାଳେ କ'ଣ ପାଇଁ ପୃଥିବୀ ବିଷୟରେ ଅର୍ଥାତ୍ ଏହି ଜୀବନିୟତିର ଅକ୍ଷତାଗୁଡ଼ିକ ବିଷୟରେ ବଡ଼ କାତର ହୋଇ ପଡ଼ିଛନ୍ତି। ସେମାନେ ଏହି ଜଗତ୍‌ଭୂମିରେ ଅବତୀର୍ଣ୍ଣ ହେବା ପୂର୍ବରୁ ହିଁ ପୂର୍ଣ୍ଣତାମାନେ ସେମାନଙ୍କ ନିମନ୍ତେ ଅର୍ଥାତ୍ ସେମାନଙ୍କର ପୂର୍ଣ୍ଣ ପ୍ରୀତ୍ୟର୍ଥେ ମହଜୁଦ ହୋଇ ରହିଥାନ୍ତା ବୋଲି ସେମାନେ ସତେଅବା ଆଶା କରି ଗେହ୍ଲାପୁଅ ଭଳି ରୁଷିବାକୁ ମନ କରିଛନ୍ତି କି? ଏହି ଅଧାପନ୍ତରିଆ ପୃଥିବୀଟିକୁ ମାୟା ବୋଲି କହିଛନ୍ତି ଏବଂ ଭଗବାନ୍ କଦାପି ଏପରି ଏକ ଥଳରେ ନଥିବେ ବୋଲି ଧରି ମଧ୍ୟ ନେଇଛନ୍ତି। ଏଠାରେ ସେହି ପରମ ଭଗବତ୍‌ବିଧାନଟିକୁ ଠାବ କରିବା ନିମନ୍ତେ ଅରାଜୀ ହୋଇ ରହିଥିବା ମନୁଷ୍ୟଟିଏ ସତକୁ ସତ କିପରି ନିଜ ଭିତରେ ମଧ୍ୟ ତାଙ୍କୁ ଘ୍ରାଣ ବା କରିପାରିବ? ଏବଂ, ସେଇଥିରୁ ସମ୍ଭବତଃ ପଳାଇଯିବାର ଏକ ତାତ୍ତ୍ୱିକ ତଥା ସାନ୍ତ୍ୱନାଦାୟକ ଚକ୍ରାନ୍ତ, ଯାହାକୁ

ଭାରତବର୍ଷରେ ମାୟାବାଦ ବୋଲି କୁହାଯାଇ ଆସିଛି। ସେହି ବିବେକଟି ଅନୁସାରେ ପୃଥିବୀ ବାହାରେ ହିଁ ବ୍ରହ୍ମରାଶି ଅବସ୍ଥାନ କରୁଛନ୍ତି ବୋଲି ଏକ ଅନ୍ୟ ହିସାବ ସେମାନଙ୍କୁ ଅଧିକ ଆକର୍ଷଣୀୟ ଭାବରେ ଅଧିକାର କରିନେଇଛି। ପୁରାଣଗୁଡ଼ିକର ଧର୍ମୋପନ୍ୟାସ-ରଚନାର ଯୁଗକୁ ଆସି କେତେ କେତେ ଅତିରଞ୍ଜନରେ ବୈକୁଣ୍ଠ, କୈଳାସ ଓ ଆହୁରି କେତେ କ'ଣର କଳ୍ପନା କରାଯାଇଛି। ବୈରାଗ୍ୟ, ସଂସାରବୈରାଗ୍ୟ ତଥା ଯାବତୀୟ ପ୍ରୟାସବୈରାଗ୍ୟକୁ ମାର୍ଗ ବୋଲି ଘୋଷଣା କରାଯାଇଛି। ଏବଂ, ସେହି ଅନୁସାରେ ଉପାସନା, ଜୀବନଭୀତ ବହୁ କଳାତ୍ମକତା ତଥା ଆଚାରବିଧିର ଆଶ୍ରୟଗ୍ରହଣ। ତଥାପି, ଯେତେଦିନ ଆମେ ଏହି ପୃଥିବୀରେ ଦେହ ଧାରଣ କରି ରହିଛୁ, ସେଠାରେ ତଥାପି ନିଜ ସକାଶେ ଗୋଟିଏ ନିକାଞ୍ଚନ ଅଲଗା ପବିତ୍ର ଥାନକୁ ଆଦରି ସେହିଠାରେ ବହୁବିଧ ତାମସିକପ୍ରାୟ ଉଦାସୀନତାରେ ଘାଲେଇ ହୋଇ ରହିଯିବାକୁ ହିଁ ସଜ୍ଜନର କର୍ତ୍ତବ୍ୟ ବୋଲି ଆଦରି ନିଆଯାଇଛି। ସତେ ଯେପରି ଶହେରୁ ଦୁଇଶହ ପ୍ରତିଶତ ଏହି ଅଲଗା ସ୍ୱତନ୍ତ୍ର ସଂସାର ଭିତରେ ରହିଗଲେ ଆଗ ମୁକ୍ତିଲାଭର ଭାଗ୍ୟଟିଏ ଉପଲବ୍ଧି ହୋଇଯିବ, ତାହାରି ଭଳି ସାତ୍ତ୍ୱିକ ଆଳସ୍ୟଟିଏ ସର୍ବୋତ୍ତମ ଜୀବନପ୍ରେରଣା ହୋଇ ଆତ୍ମସନ୍ତୁଷ୍ଟ କରି ରଖିଥିବ।

ସଚରାଚର ପୃଥିବୀର ଏହି ମାୟାବାଦୀମାନେ ହିଁ ଅଧ୍ୟାତ୍ମ ସତ୍ୟଗୁଡ଼ିକୁ ଧର୍ମ ଯାଏ ଅବନମିତ କରି ରଖିଛନ୍ତି। ମାୟାବାଦୀମାନେ ପ୍ରାୟ ନ୍ୟାୟତଃ କେବେହେଲେ ଅନେକାନ୍ତବାଦୀ ହୋଇ ପାରିବେ ନାହିଁ। ଏହି ପୃଥିବୀରେ ଯାବତୀୟ ପ୍ରକାରେ ଖୁବ୍ ଆତ୍ମରତି ହୋଇ ରହିଥିବେ ଏବଂ ଯାହାକିଛି ଈଶ୍ୱରୀୟ, ତାହା ଏହି ପୃଥିବୀରେ ଆଦୌ ନାହିଁ ବୋଲି ପ୍ରାୟ ଏକ ଏକଜିଦିଆ ଅନମନୀୟତା ସହିତ କହୁଥିବେ। ଏମାନେ ଅନେକ ଭିତରେ ଏକକୁ ଦେଖିବାକୁ ମୋଟେ ରାଜୀ ହେବେନାହିଁ। ଅନେକଗୁଡ଼ିକୁ ଏକ କରି ଆଦୌ ଦେଖିବେ ନାହିଁ ବୋଲି ସତେଅବା ଆପଣାର ତତ୍ତ୍ୱଗଣ୍ଠି ଗୁଡ଼ିକ ପାଖରେ ହଲପ କରିଥିବେ। ବେଳେ ବେଳେ ତ ଚକିତ ହୋଇ ଚିନ୍ତା କରିବାକୁ ପଡ଼େ ଏବଂ ଏମାନେ କ'ଣ ସତକୁ ସତ କୌଣସି ଈଶ୍ୱରୀୟ ଉପସ୍ଥିତିକୁ ଅନୁଭବ କରି ନାହାନ୍ତି ବୋଲି ପ୍ରଶ୍ନ କରିବା ସକାଶେ ମନ ହୋଇଥାଏ। ଏହି ପୃଥିବୀରେ ଥାଇ ଅଥଚ ପୃଥିବୀ ଆଡ଼କୁ ଆଖି ବୁଜି ଦେଇ ଜଣେ ମନୁଷ୍ୟ ତଥାକଥିତ କୌଣସି ଜଗତ୍‌କର୍ତ୍ତା ଈଶ୍ୱରଙ୍କୁ ସକାରାତ୍ମକ ଭାବରେ ସ୍ୱୀକାର କରି ପାରିବ ବୋଲି ସନ୍ଦେହ ଉତ୍ପନ୍ନ ହୋଇଥାଏ। ଯିଏ ତୁଚ୍ଛା ଆପଣାର ମୁକ୍ତିଚିନ୍ତାଟିରେ ଏକଯୁକ୍ତ ହୋଇ ରହିଥାଏ, ସିଏ ଯୁଗେ ଯୁଗେ ଅତ୍ୟନ୍ତ ନିର୍ମମ ଭାବରେ ଆଦର୍ଶବାଦୀ ହୋଇଥାଏ କି? ଏବଂ ଆଦର୍ଶବାଦୀ ଉଗ୍ରତାରେ ବାକୀ ସବୁକିଛିକୁ ଗିଳି ପକାଇବାରେ ଉତ୍ସାହ ଦେଖାଏ କି?

ସଂପ୍ରତି ଆମ ପୃଥିବୀଟିରେ ଚତୁର୍ଦ୍ଦିଗକୁ ଚାହିଁ ଦେଖିଲେ ଜଳଜଳ ବି ଦିଶୁଛି ଯେ, ଏଠି ଏକାଧିକ କାରଣରୁ ଆଦର୍ଶବାଦୀ ହାତରେ ହିଁ ସର୍ବାଧିକ କ୍ଷମତା, ସବୁଠାରୁ ଅଧିକ କୁହାଳିଆପଣ। ସତେଅବା ସେଇ ଏକୁଟିଆ ହିଁ ତିଷ୍ଠି ରହିବାକୁ ଉଦ୍ଧଣ୍ଡ ହୋଇ ରହିଛି। ପୃଥିବୀରେ ସବୁଠାରୁ ଅଧିକ କଠୋର ସେଇ ହୋଇପାରୁଛି। ଏକ ସର୍ବୋଚ୍ଚ ଗତି ଲାଭ କରିବାର ଉଚ୍ଚତମ ସ୍ଥାନଟିଏ କଳ୍ପନା କରିବାରେ ଲାଗିଛି, ଯେଉଁଠାରେ ସିଏ କେବଳ ସେଇ ତା' ଭଗବାନଙ୍କର ଅଲିଅଳ ମଧ୍ୟରେ ଶୋଭା ପାଉଛି। ବେଳେ ବେଳେ ଆଦର୍ଶବାଦ ମଧ୍ୟରୁ ବିଚ୍ୟୁତ ହୋଇ ସମୂହମାନେ ମଧ୍ୟ କମ୍ ଦୁର୍ଦ୍ଧର୍ଷ ହେବାକୁ ମନ କରିନାହାନ୍ତି, ସକଳ ଈଶ୍ୱରୀୟତାକୁ ସେମାନେ କମ୍ ଦୁଃଖ ଦେବାରେ ଲାଗିନାହାନ୍ତି। ସେମାନେ ନିଜ ଭିତରର ସର୍ବୋତ୍ତମ ଶ୍ରଦ୍ଧାଗୁଡ଼ିକୁ ପ୍ରକୃତରେ ନାହିଁ ନଥିବା ପରିମାଣରେ ଅବଦମିତ କରି ଅବଶ୍ୟ ରଖିଥିବେ।

ଏହି ସକଳ କିଛିର ସମ୍ଭବତଃ ମୂଳନାଭିଗତ ଅସଲ କାରଣ ହେଉଛି ଯେ, ସେହି ଅନ୍ୟ ମତିମାନେ ସେମାନଙ୍କର ଚୈତ୍ୟର ସ୍ତରରେ ନିତାନ୍ତ ଅବଦମିତ ହୋଇ ରହିଛନ୍ତି। ଚୈତ୍ୟକୁ ଏଡ଼ାଇ ରହିଛନ୍ତି ଏବଂ ସେହି କାରଣରୁ ତୁଚ୍ଛା ନିଜକୁ ହିଁ ଦେଖୁଛନ୍ତି। କେବଳ ମୋ'ରି ମାର୍ଗ, କେବଳ ମୋ'ରି ଗୁରୁମାନେ, ମୋ'ରି ସତ୍ୟନାମକ ମହାସମ୍ପତ୍ତିଟି ଏବଂ ତେଣୁ, ମୋ'ର ଧର୍ମତତ୍ତ୍ୱଟି। ଏବଂ ଏହାର ଆନୁଷଙ୍ଗିକ ରୂପେ କେବଳ ମୋ'ରି ମାର୍କାଟି ଅର୍ଥାତ୍ ସଂପ୍ରଦାୟଟି। କାରଣ, ଭିତରେ ଜନନୀବତ୍ ଚୈତ୍ୟଟିଏ ରହିଛି ବୋଲି ତଥା ମୋ'ର ସର୍ବୋତ୍ତମ ଗୁଡ଼ିକୁ ମୋ'ର ରାଜୀ ଅନୁସାରେ ବିକଶିତ ହୋଇ ଆଣୁଛି ବୋଲି ଅନୁଭବ କରି ପାରୁଥିଲେ ମୁଁ ଏପରି ଏକାକୀ ଓ ଅନ୍ୟକାତର ହୋଇ ପାରୁଥାନ୍ତି କିପରି? ଏବଂ, ଚୈତ୍ୟଟି ସଚଳ ରହିଛି, ମୋ' ସାଥୀରେ ରହିଛି, ତେବେ ମୁଁ ଏପରି ନିରଙ୍କୁଶ ଭାବରେ ପୃଥିବୀରେ ଥାଇ ମଧ୍ୟ ପୃଥିବୀରୁ ଏପରି ଛାଡ଼ି ହୋଇ ରହନ୍ତି କରନ୍ତି କିପରି। ମୋତେ ତ ଏକାବେଳେକେ ଉର୍ଦ୍ଧ୍ୱଟା ଟାଣନ୍ତା ତଥା ଚତୁର୍ଦ୍ଦିଗରେ ରହିଥିବା ଏହି ଜୀବନମୟ ବ୍ୟାପ୍ତିଟି ମଧ୍ୟ ଟାଣୁଥାଆନ୍ତା ! ଆରୋହଣ ତଥା ଅବରୋହଣ ଯୁଗପତ୍ ଭାବରେ ଲାଗି ହିଁ ରହିଥାନ୍ତା। ଆସ୍ପୃହାମାନେ ଉର୍ଦ୍ଧ୍ୱକୁ ବାଟ ଦେଖାଇ ପାରୁଥାନ୍ତେ ଏବଂ ମୋ'ର ଶ୍ରଦ୍ଧାମାନେ ମୋତେ ଏହି ବ୍ୟାପ୍ତି ଭିତରକୁ ଉତ୍ତରୋତ୍ତର ଟାଣି ଆଣି ପାରୁଥାନ୍ତେ। ଆରୋହଣ ଅବରୋହଣକୁ ବାଟ ଦେଖାଇ ପାରୁଥାନ୍ତା ଓ ଅବରୋହଣ ଆହୁରି ଆରୋହଣ ନିମନ୍ତେ ଉଚ୍ଚାଟିତ ବି କରୁଥାନ୍ତା। ଏବଂ, ମୋ' ଭିତରେ ମୋ'ର ଚୈତ୍ୟଟି ଯେ ମୋ' ଲାଗି ସକଳ ଉନ୍ମୋଚନର ମୂଳାଧାର ସଦୃଶ କାର୍ଯ୍ୟ କରୁଛି, ମୁଁ କେବଳ ମୋ' ଭିତରେ ନୁହେଁ, ମୋ' ବାହାରେ ମଧ୍ୟ ପ୍ରାୟ ପ୍ରତ୍ୟକ୍ଷ ଭାବରେ ଅନୁଭବ କରି ପାରୁଥାନ୍ତି। ସଂସାର

ଭିତରେ ଥାଇ ମଧ୍ୟ ଆଦୌ ନିର୍ବାସିତ ଭଳି ବିଲଗ ହୋଇ ରହିବା ନିମନ୍ତେ ମନ କରନ୍ତି ନାହିଁ। ସଂସାର ମୋ' ସହିତ ସୁହୃତ୍ ପରି ହୋଇ ମୋତେ ଘେରିକରି ରହିଥାନ୍ତା ଏବଂ ମୁଁ ମଧ୍ୟ ଏହି ତମାମ ସଂସାରଟିକୁ ଆପଣାର ଘର ପରି ଜାଣିଥାନ୍ତି। ସେଇଟି ହିଁ ଅସଲ ଲୀଳା ବୋଲି ବୁଝିପାରନ୍ତି।

ଏହି ପୃଥିବୀରେ ହିଁ ଭଗବାନ ବିରାଜିତ ରହିଛନ୍ତି ବୋଲି ଆମ ମୁହୂର୍ତ୍ତ ମୁହୂର୍ତ୍ତର ଯାବତୀୟ ସମ୍ବନ୍ଧଗତ ଜୀବନର ଅନୁଭୂତିଟିଏ ହେବାକୁ ଆରମ୍ଭ କଲେ ଆମେ ସମସ୍ତେ ଏଠାରେ ସେହି ଘରେ ଅର୍ଥାତ୍ ସେହି ଗୋଟିଏ ଭଳି ପ୍ରତିଶ୍ରୁତି ସହିତ ଆତଯାତ ହେଉଛୁ ବୋଲି ହୃଦ୍‌ବୋଧଟିଏ ଉପଲବ୍ଧ ହୋଇଆସିଲେ ଏଠାରୁ ଏକ ତଥାକଥିତ ନିକାଞ୍ଚନ ଭିତରେ ବିଲଗ ହୋଇ ରହିବା ଲାଗି ଆଉ କୌଣସି ଦୁର୍ଭାବନା କାହିଁକି ଆସିବ ? ତା'ପରେ ଆମେ ପ୍ରତ୍ୟେକେ ପ୍ରତ୍ୟେକକୁ ଖୋଜିବା ଏବଂ ଆପଣାକୁ ଅଲଗା ବୋଲି ବିଚାରିବାର ସକଳ ସଂସ୍କାର ଆମକୁ କଦାପି କୌଣସି ଉଦାସୀନତା ଭିତରେ ଜଡ଼ିତ କରି ରଖିବାର ଦୁର୍ଗତିକୁ ମନ କରିବାନାହିଁ। ଅର୍ଥାତ୍ ଯାବତୀୟ ଖଣ୍ଡପ୍ରସୀମନରୁ ଆମେ ମୁକ୍ତ ହୋଇ ଆସିବା। ପଳାଇଯିବାରେ ଯେ ମୁକ୍ତି ନାହିଁ, ସେହି ସତ୍ୟଟିକୁ ସତକୁ ସତ ଏକ ସକାରାତ୍ମକ ନିଷ୍ଠା ଦେଇ ବୁଝିପାରିବା। ମୁକ୍ତ ହୋଇ ଆମ ସମସ୍ତଙ୍କୁ ଏକତ୍ର ସମ୍ମିଳିତ କରି ରଖିଥିବା ଏହି ପୃଥିବୀର ସତ ଡ଼ୋରଗୁଡ଼ିକ ପରମ ବିଧାତାଙ୍କର ଇଚ୍ଛାଟି ସହିତ ଯୁକ୍ତ ହୋଇ ରହିଥିବାର ଏକ ଆନନ୍ଦମୟ ସଚଳତାକୁ ଅନୁକ୍ଷଣ ବଞ୍ଚି ବି ପାରିବା। ବର୍ତ୍ତମାନ କଠିନ ବୋଲି ବୋଧ ହେଉଥିବା ସବୁକିଛି ଆଉ ଆଦୌ କଠିନ ବୋଲି ଲାଗିବନାହିଁ। ଏବଂ, ଆମେ ସାଧାରଣ ମନୁଷ୍ୟମାନଙ୍କ ଭିତରେ ଅସାଧାରଣ ହୋଇ ରହିବାର ଯାବତୀୟ ଦୁଷ୍ଟବୃତ୍ତିକୁ ମନ ହିଁ କରିବାନାହିଁ। ଲକ୍ଷ ବନ୍ଧନ ମଧ୍ୟରେ ଏକ ଅନିର୍ବଚନୀୟ ମୁକ୍ତି ସେତିକିବେଳେ ଯାଇ ଆମକୁ ବର୍ତ୍ତମାନର ନାସ୍ତିକତା ମଧ୍ୟରୁ ବାହାର କରି ଆଣିବ।

ଆଧ୍ୟାତ୍ମିକତାରେ କୌଣସି ପ୍ରକାରର ଅସାଧାରଣତାକୁ ଅବଲମ୍ବନ କରି ଅଲଗା ହୋଇ ରହିବାର ଅବକାଶ ନଥାଏ। ଅସାଧାରଣ ହୋଇ ରହିବାର ଦୁର୍ବୁଦ୍ଧିଟି ସମ୍ଭବତଃ ସେହି କାରଣରୁ ଅଗତ୍ୟା କେଡ଼େ ହାସ୍ୟାସ୍ପଦ ଭାବରେ କାଳକାଳରୁ ଅସାଧାରଣ ଦିଶିବା ମଧ୍ୟରେ ସୀମାବଦ୍ଧ ହୋଇ ରହିଛି କି ? ଭେକ ଅଲଗା, ସନ୍ତକମାନେ ଅଲଗା, ଅଲଗା ଅଲଗା ସାହୀ ଏବଂ ସଂପ୍ରଦାୟମାନେ, ଅଲଗା ଅଲଗା ଶାସ୍ତ୍ରବ୍ୟାଖ୍ୟାର ପାଣ୍ଡିତ୍ୟ ତଥା ଦୁରାଗ୍ରହ ସବୁ, ଇତ୍ୟାଦି ଇତ୍ୟାଦି। ସେହି ମୁତାବକ ଅଲଗା ଅଲଗା ଗୁରୁମାନେ ମଧ୍ୟ ଖୁବ୍ ମିଳି ଯାଇଛନ୍ତି। ଯେଉଁ ଭଳି ଗୁରୁ, ସେହି ଭଳି ହିଁ ଶିଷ୍ୟ ଏବଂ ଯେଉଁଭଳି ଶିଷ୍ୟ, ସେହିଭଳି ଗୁରୁ। ଅଧ୍ୟାତ୍ମଟା ଏହି ସର୍ବବିଧ କୋଳାହଳ ହେତୁ କେଡ଼େ ଖଞ୍ଜରେ

ହିଁ ଧର୍ମନାମକ ଏଇଟାରେ ଅଥବା ସେଇଟାରେ ପରିଣତ ହୋଇ ଯାଇଛି, ଏକ ଆଧ୍ୟାତ୍ମିକ ତୃଷ୍ଣା ନେଇ ବାହାରିଲେ ସେହି କଥାଟି ସିଧା ଦେଖାଯିବାକୁ ଆରମ୍ଭ କରେ। ସତ୍ୟାକାଙ୍କ୍ଷୀ ତଥା ସତ୍ୟକୁ ବଞ୍ଚିବା ପାଇଁ ସତ ବ୍ୟାକୁଳତାଟିଏ ନେଇ ପୃଥିବୀରେ ହିଁ ଅସଲ ସାତତ୍ୟଟି ସହିତ ପରମଇଚ୍ଛାର ଦ୍ୟୋତନାଗୁଡ଼ିକୁ ନିମିତ୍ତବତ୍ ବଞ୍ଚିବାର ସେହି ସ୍ୱାଭାବିକ ଶ୍ରଦ୍ଧାଟି, – ତାହା ହେଉଛି ଆଧ୍ୟାତ୍ମିକତା।

ଏହି ଉଦ୍ଧୃତିଟିରେ ଉକ୍ତ ହୋଇଥିବା କଥାଟିକୁ ଭାଷାରେ ତର୍ଜମା କରି କହିଲେ ତାହା ମୋଟାମୋଟି ହୁଏତ ଏହିଭଳି ହେବ : "ମୁକ୍ତ ହୋଇ ଏହି ପୃଥିବୀ ମଧ୍ୟରେ ଜୀବନଟିଏ ବଞ୍ଚିବା, – ତାହା ହେଉଛି କଠିନ ଏକ ମାର୍ଗ। ମୁକ୍ତ ହେବ ତଥାପି ସାଧାରଣ ଅନେକଙ୍କ ଜୀବନ ସହିତ ଆପଣାକୁ ସାମିଲ୍ କରି ବଞ୍ଚି ପାରୁଥିବ, – ନିଶ୍ଚୟ ଏକ କଠିନ ବିଷୟ। ମାତ୍ର, କଠିନ ହୋଇଥିବାରୁ ହିଁ ଆମେ ସେହି ଜୀବନଟିକୁ ବଞ୍ଚିବା ନିମନ୍ତେ ଉଦ୍ୟମ କରିବା ତଥା ଏହି ପୃଥିବୀରେ ସେଥିରେ ସଫଳ ମଧ୍ୟ ହେବା। ଅସଲ୍ୟ ସାତତ୍ୟ କହିଲେ ଆମର ସର୍ବବିଧ ସାଧନା ଏହିଟିକୁ ହିଁ ବୁଝିବ। ସାତତ୍ୟରୁ ସାମୀପ୍ୟ, ଏବଂ ସାମୀପ୍ୟରୁ ସାତତ୍ୟ। ସେହି ପ୍ରୟାସଟି ଆମକୁ ପରବର୍ତ୍ତୀ ପୃଥିବୀର ବାସ୍ତବାୟନରେ ଜଣେ ଜଣେ ନିମିତ୍ତବତ୍ ତିଆରି କରି ଆଣିବ। ଏକ ପୂର୍ଣ୍ଣ ଏକତାର ପୃଥିବୀ ବାସ୍ତବ ହୋଇ ଆସିବ। ସେଇଥିରେ ଏକ ସ୍ୱାଭାବିକ ସହଯୋଗ ସହିତ ସମ୍ମିଳିତ ହେବା ଏବଂ ସେହି ଅନୁସାରେ ଏକ ସହମତି ସହିତ ନିଜକୁ ଗଢ଼ି ଆଣିବା, ସେଇଟି ହିଁ ପୂର୍ଣ୍ଣ ଯୋଗ। ସମ୍ଭବତଃ ସର୍ବପ୍ରଥମେ ନିଜ ହୃଦୟ ମଧ୍ୟରେ ଓ ତା'ପରେ ପରସ୍ପର ମଧ୍ୟରେ ସେହିପରି ଗୋଟିଏ ଗୋଟିଏ ହୃଦୟର ଆବିଷ୍କାର କରି ଏବଂ ଏହି ଦୁଇଟିଯାକର ମୂଳଦୁଆ ଉପରେ ପୃଥ୍ୱୀବିବର୍ତ୍ତନର ସମଗ୍ର ପ୍ରକ୍ରିୟାଟିରେ ଏକଯୁକ୍ତ ହୋଇ ରହିଥିବାର ନିତ୍ୟପ୍ରାତ୍ୟହିକ ଆନନ୍ଦମୟତା, ତାହା ହେଉଛି ଏହି ପୃଥିବୀ ମଧ୍ୟରେ ଆମ ସମସ୍ତଙ୍କର ନିୟତି।

ଶ୍ରୀ ଅରବିନ୍ଦ ରଚନାସମଗ୍ରରେ "ଯୋଗ-ସମନ୍ୱୟ' ଅର୍ଥାତ୍ The Synthesis of Yoga.ହେଉଛି ଏକ ଅନ୍ୟତମ ମୁଖ୍ୟ ଗ୍ରନ୍ଥ। ତାଙ୍କ ସାଧନାର ଏକ ଦର୍ପଣ ପରି। ଭାରତବର୍ଷ ହେଉଛି ଏକ ଯୋଗସାଧନାର ଦେଶ ଅର୍ଥାତ୍ ଯୋଗୀମାନଙ୍କର ଦେଶ ବୋଲି ପ୍ରାୟ ପାରମ୍ପରିକ ଭାବରେ କୁହାହୋଇ ଆସିଛି। କହିବା ନିଷ୍ପ୍ରୟୋଜନ ଯେ ଏହି କଥାଟିରେ ଆମେ ଅନେକେ ଭାରତୀୟ ମଧ୍ୟ କେତେ ହୃଷ୍ଟ ଅନୁଭବ କରିଆସୁଛୁ। ସେକାଳର ଯୋଗୀମାନେ ସଂସାରତ୍ୟାଗୀ ଥିଲେ। ସନ୍ନ୍ୟାସୀ କହିଲେ ସାଧାରଣ ଚଳଣିରେ ସଂସାର ଛାଡ଼ି ଗୋଟାସୁଦ୍ଧା ଏକ ଅନ୍ୟଭଳି ଜୀବନଗୁଳାକୁ ବାଛି ଚାଲି ଯିବାକୁ ବୁଝାଉଥିଲେ। ଶ୍ରୀ ଅରବିନ୍ଦ ଏକ ଅନ୍ୟ ଯୋଗର ଉପସ୍ଥାପନା କରିଛନ୍ତି।

ସଂସାରପାଇଁ ଯୋଗ, ସଂସାରରେ ଥାଇ ଯୋଗ ତଥା ଏହି ସଂସାର-ସମ୍ଭାବନା ମଧ୍ୟରେ ଆଉକିଛି ଅଧିକ ଘ୍ରାଣ କରି ହିଁ ଆପଣାର ଯୋଗବ୍ୟାଖ୍ୟା କରିଛନ୍ତି। ଯୋଗର ପ୍ରାଚୀନ ପରମ୍ପରା ଗୁଡ଼ିକୁ ଆଦୌ ପ୍ରତ୍ୟାଖ୍ୟାନ କରି ନାହାନ୍ତି। ତାହାରି ମଧ୍ୟରୁ ଏକାଧିକ ନୂତନ ପ୍ରସ୍ଥର ସନ୍ଦେଶ ଲାଭ କରିଛନ୍ତି । ଏକ ଅନ୍ୟ ପ୍ରକାରର ସମନ୍ୱୟ କରିଛନ୍ତି। 'ଯୋଗ-ସମନ୍ୱୟ'ର ଅବତରଣିକା ନାମକ ପ୍ରଥମ କେତେ ଅଧ୍ୟାୟର ସାରାଂଶ ପ୍ରସ୍ତୁତ ପୁସ୍ତକର ଏକ ପୂର୍ବବର୍ତ୍ତୀ ପ୍ରକରଣରେ ଦେବାକୁ ଚେଷ୍ଟା କରାଯାଇଛି। ସେହି ଗ୍ରନ୍ଥର ପରବର୍ତ୍ତୀ ଅଧ୍ୟାୟ ଏବଂ ଅଂଶଗୁଡ଼ିକରେ ଶ୍ରୀ ଅରବିନ୍ଦ ଆପଣାର ଯୋଗନୁଶୀଳନର ସ୍ୱତନ୍ତ୍ରତାକୁ ସକଳ ବ୍ୟଞ୍ଜନାରେ ଅଧିକ ପ୍ରାଞ୍ଜଳ କରି ଦେଇଛନ୍ତି। ଆମେ ତାଙ୍କର ଧାରାଟିରେ ଯାହାକୁ ପୂର୍ଣ୍ଣାଙ୍ଗ ଯୋଗ ବୋଲି କହୁଛୁ, ସିଏ ତାହାକୁ The Yoga of Self-Perfection ଅର୍ଥାତ୍ ଆତ୍ମ-ପରିପୂର୍ଣ୍ଣତାର ଯୋଗ ବୋଲି କହିଛନ୍ତି। ଏହି ଶୀର୍ଷକଟିରୁ ହିଁ ତାଙ୍କ ଆଭିମୁଖ୍ୟଟିର ସ୍ୱତନ୍ତ୍ରତାଗୁଡ଼ିକ ବହୁ ପରିମାଣରେ ନିଶ୍ଚୟ ସ୍ପଷ୍ଟ ହୋଇ ଯାଇ ପାରୁଥିବ। ତଥାପି, ବର୍ତ୍ତମାନ ଆମେ ସେହି ଗ୍ରନ୍ଥରୁ କେତୋଟି ପ୍ରତିନିଧିମୂଳକ ବୋଲି କୁହାଯାଇ ପାରିବା ଭଳି ଉକ୍ତିର ଉଲ୍ଲେଖ କରିବା, ଯାହାକି ଆମ ଶ୍ରଦ୍ଧାଯୁକ୍ତମାନଙ୍କୁ ସେହି ମାର୍ଗଟିକୁ ଅଧିକ ସ୍ପଷ୍ଟ ଭାବରେ ପରିଚିତ ହୋଇ ପାରିବାରେ ଆହୁରି ସାହାଯ୍ୟ କରିବ ।

(୩) The Gita teaches that the man of knowledge shall by his way of life give to those who have not yet the spiritual consciousness, the love and habit of all works, and not only of actions recognized as pious, religious or ascetic in their character; he should not draw men away from the world-action by his example. (ଶ୍ରୀ ଅରବିନ୍ଦଙ୍କର ଇଂରାଜୀ ରଚନାସମଗ୍ର BCL, ବିଂଶଖଣ୍ଡ, ପୃଷ୍ଠା- ୧୩୪)

ଜ୍ଞାନୀ ଆପଣାର ଜ୍ଞାନ-ସମ୍ପଦର ଦ୍ୱାହି ଦେଇ ମୋଟେ ସେ ପ୍ରାୟ ଏକ ଉପେକ୍ଷା ମିଶ୍ରିତ ମହତ୍ତ୍ୱାମିଶ୍ରିତ ଅନ୍ତର୍ଭାବ ଦ୍ୱାରା ପରିଚାଳିତ ହୋଇ ଅନୁଭବ କରୁଥିବା-ଅଳ୍ପଜ୍ଞାନୀମାନଙ୍କ ଠାରୁ ଦୂରକୁ ଚାଲି ଯିବନାହିଁ ଅର୍ଥାତ୍ ସେମାନଙ୍କୁ ଅସ୍ପୃଶ୍ୟ ବୋଲି ଭାବିବନାହିଁ। ସେମାନଙ୍କର ସଂସ୍ପର୍ଶରେ ଆସିଲେ ସିଏ ନିଜେ ଅଶୁଦ୍ଧ ହୋଇ ଯିବନାହିଁ। ସିଏ ସେମାନେ ଏପର୍ଯ୍ୟନ୍ତ ଆଧ୍ୟାତ୍ମିକ ଚେତନା ଲାଭ କରିନାହାନ୍ତି ବୋଲି ଭାବି କେବେହେଲେ ନାକ ଟେକିବନାହିଁ। ତଳକୁ ଆସିବ, ଓହ୍ଲାଇ ଆସିବ। କେବଳ ପବିତ୍ର ପରାମର୍ଶମାନ ଦାନ କରି କର୍ତ୍ତବ୍ୟ ସଂପୂର୍ଣ୍ଣ ହୋଇଗଲା ବୋଲି ମୋଟେ ଭାବିବନାହିଁ। ସେହି ଅଳପ ଓ ପଶ୍ଚାଦ୍‌ବର୍ତ୍ତୀ ମାନଙ୍କର ସମୀପବର୍ତ୍ତୀ ହୋଇ ନିଜର

ଦୃଷ୍ଟାନ୍ତ ଦ୍ୱାରା ସେମାନଙ୍କୁ ସର୍ବବିଧ କର୍ମକୁ ଭଲ ପାଇବାର ଏବଂ ବାସ୍ତବ ଜୀବନର ଭୂମିଗୁଡ଼ିକରେ ଆଚରଣ କରିବାର ପ୍ରେରଣା ଯୋଗାଇ ଦେଉଥିବ। କେବଳ ଯେଉଁ କର୍ମଗୁଡ଼ିକୁ ଧର୍ମନିଷ୍ଠ, ଧର୍ମସଂକ୍ରାନ୍ତୀୟ ଏବଂ ଜଣେ ସଂସାରବିରାଗୀର କାମ୍ୟ ବୋଲି କୁହାଯାଇ ଆସିଛି, ସେ କେବଳ ସେଗୁଡ଼ିକୁ ହିଁ ବାଛି ନେଇ କରିବାକୁ ଇଚ୍ଛା କରିବନାହିଁ। ଏବଂ, ଏହିପରି କରି ମନୁଷ୍ୟମାନଙ୍କର ମନକୁ ସଂସାର ମଧ୍ୟରୁ କାଢ଼ି ନେଇଯିବାର ଆଦୌ ପ୍ରୟାସ କରିବନାହିଁ।

ଆପେ ନିଜ ଜୀବନରେ ସବୁଭଳି କର୍ମକୁ କରିବାର ଶ୍ରଦ୍ଧା ତଥା ଅଭ୍ୟାସଟିକୁ ସ୍ୱୀକାର କରି ନନେଇଥିବା ପର୍ଯ୍ୟନ୍ତ ଜ୍ଞାନମାର୍ଗର ସେହି ଖାସ୍ ପଥିକଟି ସେହି କଥାଟିକୁ କିପରି କରିପାରିବ? ଭାରତବର୍ଷରେ ତ ହାଲତଗୁଡ଼ିକ ଏପରି ହୋଇଛି ଯେ, ଯିଏ ପ୍ରାୟ ଆକସ୍ମିକ ଭାବରେ କେଇପଦ ଅଧିକ ପାଠ ପଢ଼ିଛି, କୌଣସି ଉଚ୍ଚ ଥାନରେ ନିଯୁକ୍ତ ହୋଇ ଅଧିକ ଅର୍ଥ କମାଉଛି, ଯିଏ ଉଚ୍ଚ ଜାତିରେ କିମ୍ବା ଉଚ୍ଚ କୁଳରେ ଜନ୍ମଗ୍ରହଣ କରିଛି, ସିଏ ମଧ୍ୟ ସତେଅବା ଆପଣାର ଏକ ବିଶେଷ ଅଧିକାରବତ୍ ସବୁ ପ୍ରକାରର କର୍ମ କରିବାରେ କୁଣ୍ଠା ହିଁ ପ୍ରଦର୍ଶନ କରୁଛି ଏବଂ ପ୍ରାୟ ଏକ ଘୃଣାଦ୍ୱାରା ପ୍ରେରିତ ହୋଇ କେବଳ ଭାଗ୍ୟହୀନ ନିମ୍ନତର ସ୍ତରଗୁଡ଼ିକୁ ଯାବତୀୟ କର୍ମ କରିବାରେ ବାଧ୍ୟ କରି ରଖିଛି ଏବଂ ସେହି ବ୍ୟବସ୍ଥାଟି ଦ୍ୱାରା ଉପକୃତ ହେଉଛି। ଏହି ଅଭ୍ୟାସଟିକୁ ଆମ ସାଧାରଣ ଲୋକସମୂହ ଆମ ଖାସ୍ ପବିତ୍ର ସନ୍ନ୍ୟାସୀମାନଙ୍କର ପୁରୁଷ ପୁରୁଷ ଧରି ରହି ଆସିଥିବା ଦୃଷ୍ଟାନ୍ତ ଗୁଡ଼ିକରୁ ଶିକ୍ଷା କରିଛନ୍ତି କି? ଏବଂ, ଯେପରି ହେଉ ପଛେ, ଅଧିକ ସୁଯୋଗରୂପୀ ଭାଗ୍ୟଟାଏ ପାଇବା ମାତ୍ରକେ ଆମ ସଂସାରସ୍ଥ ଥୋକେ ମନୁଷ୍ୟ ମଧ୍ୟ ସନ୍ନ୍ୟାସୀବତ୍ ଏକ ଭୂମିକା ଗ୍ରହଣ କରି ପକାଉଛନ୍ତି କି?

ଏହି ବିଶ୍ୱ ସଂସାରର କ୍ରିୟାଶୀଳତାରୁ ଜଣେ ଯୋଗୀ ମନୁଷ୍ୟମାନଙ୍କୁ ପଥଚ୍ୟୁତ କରି ଆଦୌ ନେବନାହିଁ ବୋଲି ଶ୍ରୀ ଅରବିନ୍ଦ କେବଳ ସଂସାରତ୍ୟାଗୀ ତଥାକଥିତ ତପୋରତମାନଙ୍କୁ ନୁହେଁ, ଆମର ଏକ ବିବର୍ତ୍ତନ-କ୍ରିୟାଟିର ମଧ୍ୟଦେଇ ଚେତନାର ଆସ୍ପୃହାଗୁଡ଼ିକର ପ୍ରେରଣାରେ ଯେଉଁମାନେ କେତେ କେତେ ସହଯୋଗ କରି ପାରୁଥାନ୍ତେ, ହୁଏତ ସେମାନଙ୍କୁ ମଧ୍ୟ ଉଦାସୀନ ଏବଂ ସହାନୁଭବହୀନ ହୋଇ ନରହିବାକୁ ସତେ ଯେପରି ଏକ ଆଧ୍ୟାତ୍ମିକ ଆହ୍ୱାନ ଯୋଗାଇ ଦେଇଛନ୍ତି। ସେମାନେ ପୃଥିବୀକୁ ନାନାମତେ ତା'ର ଧର୍ମପଥରୁ ବିଚ୍ୟୁତ କରି ରଖିଛନ୍ତି। ଏବଂ, ସଂସାର ଭିତରେ ଥାଆନ୍ତୁ ଅଥବା କୌଣସି ପ୍ରକାରର ଅନୁକୂଳତା ପାଇବାର ଏକ ବିଶେଷ ଲୋଭରେ ଦ୍ୱୀପବାସୀ ହୋଇଥାଆନ୍ତୁ ପଛକେ, ସେମାନେ ମର୍ମତଃ ଭଗବାନଙ୍କୁ ନଲୋଡ଼ି ମୁଖ୍ୟତଃ କୌଣସି ଅହଂସୁଖକୁ ହିଁ ଆବେରି ନେଇଛନ୍ତି କି?

ପୁନଶ୍ଚ, ପୂର୍ବଟିର ପରିପୂରକ ଆଉ ଏକ ଉଦ୍ଧୃତିରେ, –

The liberated knower lives and acts in the world not less than the bound soul and ignorant mind, but more, doing all actions, ସର୍ବକୃତ୍, only with a true knowledge and a great conscient power, *BCL, Vol.20, ପୃଷ୍ଠା, - ୨୮୫.*

ଭାଷାରେ ତର୍ଜମା କରି କଥାଟିକୁ କହିଲେ, "ଯାବତୀୟ ବନ୍ଧନରୁ ନିଜକୁ ମୁକ୍ତ କରି ଆଣିଥିବା ଜଣେ ଜ୍ଞାନୀ ବ୍ୟକ୍ତି ଆଉଜଣେ କୌଣସି ବହୁ ବନ୍ଧନ ଭିତରେ ରହିଥିବା ଏବଂ ମନଃସ୍ତରରେ ବହୁ ଅଜ୍ଞାନର ଅଧୀନ ହୋଇ ରହିଥିବା ମନୁଷ୍ୟର ତୁଳନାରେ ଆଦୌ କୌଣସି ପ୍ରକାରେ ଏହି ପୃଥିବୀରେ ଅପେକ୍ଷାକୃତ ଅଳପ ବଞ୍ଚୁନଥିବ କିମ୍ବା ଅଳପ କର୍ମ କରୁନଥିବ, – ବରଂ ଅଧିକ ହୋଇ ହିଁ ଏଠାରେ ଜୀବନ ସହିତ ସଂପୃକ୍ତ ରହିବ ତଥା ସର୍ବବିଧ କର୍ମରେ ନିଜକୁ ଅଙ୍ଗୀକୃତ କରି ରଖିବ। ଅବଶ୍ୟ ଏତିକି ମାତ୍ର ପାର୍ଥକ୍ୟ ରହିଥିବ ଯେ, ସିଏ ଯଥାର୍ଥ ସଜ୍ଞାନତା ସହିତ ବଞ୍ଚୁଥିବ ଓ ଏକ ବୃହତ୍ ସଚେତନ ଶକ୍ତିମନ୍ତତା ସହିତ ହିଁ ସବୁ କରୁଥିବ।''

ମୁକ୍ତ ମଣିଷ, ଅର୍ଥାତ୍ ପୃଥିବୀନାମକ ଭଗବାନଙ୍କର ଏହି ଅନନ୍ତ ସମ୍ଭାବନାମୟ ଜୀବନବୃତ୍ତଟି ଭିତରେ ପୂର୍ଣ୍ଣସଚେତନ ହୋଇ ମାର୍ଗଟିକୁ ଚାଲୁଥିବା ଜଣେ ମନୁଷ୍ୟ। ସିଏ ନିଜର ସେହି ଜ୍ଞାନର ସାହାଯ୍ୟରେ ତା' ଚତୁର୍ଦ୍ଦିଗରେ ପୃଥିବୀଟିକୁ ଅନେକ ଅଧିକ ସଂପୂର୍ଣ୍ଣ କରି ବୁଝି ପାରୁଥିବ ଏବଂ ଅଧିକ ଦାୟିତ୍ୱସଚେତନ ହୋଇ ପାରିବ। ଯେତେ ଯାହା କାରଣରୁ ହେଉ ପଛକେ, ଏଠାରେ କୋଟି ସଂଖ୍ୟାରେ ଅନେକ ଅନେକ ବ୍ୟକ୍ତି ଯେ ନାନା ତାତ୍କାଳିକ ଅଜ୍ଞତା ମଧ୍ୟରେ ଅତ୍ୟନ୍ତ ସୀମାବଦ୍ଧ ହୋଇ ରହିଛନ୍ତି, ନାନାବିଧ ଭୟ ଦ୍ୱାରା ପରିପ୍ରେରିତ ହୋଇ ସେମାନେ ନିଜନିଜର ଗଣ୍ଡିଗୁଡ଼ିକ ମଧ୍ୟରେ ନିଜେ ବାନ୍ଧି ହୋଇ ରହିଛନ୍ତି, ଜଣେ ଜ୍ଞାନୀ ଅର୍ଥାତ୍ ମୁକ୍ତ ମନୁଷ୍ୟ ସେହି କଥାଟିକୁ ଅନେକ ସହଜରେ ବୁଝି ପାରିବ। ମାତ୍ର, ତାହା ବୋଲି ସେ ପୃଥିବୀକୁ ଅର୍ଥାତ୍ ପୃଥିବୀସ୍ଥ ସେମାନଙ୍କୁ ବର୍ଜନ କରି ପଳାଇବ ନାହିଁ। ଏହିଠାରେ ହିଁ ରହିବ, ସେମାନଙ୍କର ସଖା ହୋଇ ରହିବ। ସେମାନଙ୍କ ଅପେକ୍ଷା ସିଏ ସେମାନଙ୍କୁ ନ୍ୟାୟତଃ ଅଧିକ ବୁଝି ପାରିବ। ଏବଂ, ଏମାନେ ବର୍ତ୍ତମାନ ଏହି ପୃଥିବୀକୁ ତଥା ପୃଥିବୀ ମଧ୍ୟରେ ସେମାନଙ୍କୁ ନିଜକୁ ଯେତିକି ବୁଝୁଛନ୍ତି, ଯେତିକି ପ୍ରସ୍ଥ ଦେଇ ଆପଣାର ଆକଳନ କରି ପାରୁଛନ୍ତି, ଜ୍ଞାନୀ ଏବଂ ମୁକ୍ତ ସେହି ବିଶେଷ ମନୁଷ୍ୟଟି ତା'ଠାରୁ ହିଁ ଅଧିକପ୍ରସ୍ଥଯୁକ୍ତ ଭାବରେ ବୁଝିବ। ସେମାନଙ୍କୁ ମଧ୍ୟ ସହଯାତ୍ରୀ ରୂପେ ସେମାନଙ୍କର ସକଳ ସମ୍ଭାବନା ସହିତ ବୁଝିବାଲାଗି ସମର୍ଥ ହେବ। ବୁଝିବାରୁ ହିଁ ସେମାନଙ୍କର ଅଧିକ ନିକଟବର୍ତ୍ତୀ

ହୋଇ ଆସିବ। ଏବଂ, ଶ୍ରୀ ଅରବିନ୍ଦଙ୍କର କଥାନୁସାରେ, ସର୍ବକୃତ୍ ହେବ। ପୃଥିବୀର ଜଣେ ସନ୍ତାନ ହିସାବରେ ଏଠାରେ ସର୍ବ ମନୁଷ୍ୟଙ୍କର ଯାବତୀୟ ପ୍ରୟାସରେ ସମ୍ମିଳିତ ହୋଇ ଆସିବ ହିଁ ଆସିବ। ଯୋଗ୍ୟ ଆଖିଗୁଡ଼ିକୁ ସଚେତନ ଭାବରେ ପ୍ରୟୋଗ କରି ଏହି ପୃଥିବୀ ଭିତରେ ଖୁବ୍ ବେଶୀ ଦେଖି ପାରୁନଥିବା ଏହି ସର୍ବବିଧ ମନୁଷ୍ୟମେଳ ମାନଙ୍କରେ ଜଣେ ଚକ୍ଷୁମାନଙ୍କୁ ଲାଭ କରି ପାରିଥିବା ସହମନୁଷ୍ୟର ଯେ ବହୁ ଆବଶ୍ୟକତା ରହିଛି, ସେକଥା ଅବଶ୍ୟ ହୃଦୟଙ୍ଗମ କରିବ। ସେମାନଙ୍କ ଭିତରେ ଜଣେ ହୋଇ ମଧ୍ୟ ଆଖି ଲାଭ କରିଥିବା ତା'ର ଏଠାରେ ଯେ କେତେ ଦାୟିତ୍ୱ ରହିଛି, ପୂର୍ଣ୍ଣ ସହାନୁଭୂତି ସହିତ ସେହି ବିଷୟରେ ଅବଶ୍ୟ ସଜ୍ଞାନ ହେବ।

ଏବଂ, ଯେତିକି ଅଧିକ ପ୍ରୀତିଯୁକ୍ତ ଭାବରେ ପ୍ରୟାସୀ ହେବ, ସିଏ ନିଜ ଭିତରେ ମଧ୍ୟ ସେତିକି ଶକ୍ତି ଲାଭ କରିବାରେ ଲାଗିଥିବ। ପୃଥିବୀ ଆମ ସମସ୍ତଙ୍କର, ଏତିକିରୁ କ'ଣ ପ୍ରକୃତରେ କମ୍ ଶକ୍ତି ମିଳୁଥିବ ! ଏହି ପ୍ରୀତିଯୁକ୍ତ ହେବାରୁ କ'ଣ ସର୍ବଦା କମ୍ ଶକ୍ତିର ଉପଲବ୍ଧି ହୁଏ ! ଭିତରେ ପ୍ରୀତି ଏବଂ ତେଣୁ ବାହାରେ ମଧ୍ୟ ପ୍ରୀତିଯୁକ୍ତ ଏକ ଜୀବନ ବଞ୍ଚିପାରିବା ନିମନ୍ତେ ଏକ ସଦାମହଜୁଦ ଶକ୍ତି। କେଉଁଟି ଭଗବାନ୍‌ଙ୍କ ପ୍ରୀତି ଓ ଆଉ କେଉଁଟି ଯେ ପୃଥିବୀ ପ୍ରୀତି ! ଜଣେ ସତକୁ ସତ ପ୍ରୀତିଯୁକ୍ତ ମନୁଷ୍ୟ ସେକଥା ଆଦୌ ବାଡ଼ିରେ ମାପିଦେଇ କହି ପାରିବନାହିଁ। ପ୍ରୀତିରୁ ସଂପୃକ୍ତି ଏବଂ ସଂପୃକ୍ତିରୁ ପ୍ରୀତି। ଆରୋହଣରୁ ଅବତରଣ ତଥା ଅବତରଣରୁ ପୁଣି ନୂତନ ଆସ୍ପୃହାରୁ ଶକ୍ତି ନେଇ ଆହୁରି ଆହୁରି ଆରୋହଣ। ଜଣେ ଯଥାର୍ଥ ମୁକ୍ତ ଏବଂ ଯଥାର୍ଥରେ ଯୁକ୍ତ ମନୁଷ୍ୟ ହିଁ ଏହା କରିପାରିବ। ଜଣେ ଯଥାର୍ଥରେ ଯୁକ୍ତ ମନୁଷ୍ୟ ହିଁ ଅହଂମୁକ୍ତ ହୋଇ ପାରିବ। ଏଣୁ, ଯେଉଁମାନେ ଭଗବାନ୍‌ଙ୍କ ସହିତ ସଂଯୁକ୍ତ ହୋଇ ରହିବେ ବୋଲି ପୃଥିବୀଟା ବିଷୟରେ ଭୟାକୁଳ ହୋଇ ପୃଥିବୀରୁ ବାହାରି ଯାଆନ୍ତି, ସେମାନେ ନିଜର କେଉଁ କଲିଜାଟା ଭିତରେ ଅହଂଯୁକ୍ତ ହୋଇ ରହି ଥାଆନ୍ତି କି? ଏବଂ ତୁମେ ବାବୁ ଅହଂଯୁକ୍ତ ହୋଇ ରହିଥିବା ପର୍ଯ୍ୟନ୍ତ କେବେହେଲେ ଜଣେ ସର୍ବକୃତ୍ ହୋଇପାରିବ ନାହିଁ। ଭାରି ବାରିବ, – ଶୃଙ୍ଖଳାରେ ରହିବାକୁ ଇଚ୍ଛା କରୁଥିବ ଏବଂ ତେଣୁ କାଦୁଅଗୁଡ଼ାକରୁ ଦୂରରେ ରହିବାକୁ ଖୁବ୍ ମନ କରିବ। ସତେଅବା ଅନ୍ୟ ଗୋଟିଏ କୌଣସି ଆଡ଼କୁ ଲୋସଡ଼ି ପଡ଼ିଥିବ। ଭାରି ସନ୍ତାପ ଭିତରେ ହନ୍ତସନ୍ତ ହେବାରେ ଲାଗିଥିବ। ଏହି ପୃଥିବୀରୂପୀ ପରିବ୍ୟାପ୍ତ ବିଶ୍ୱଘରଟିକୁ ବେଶ୍ ଡ଼ରୁଥିବ କି କ'ଣ, ଆପଣାର ଭୟମୋଚନ ସକାଶେ ଅଲଗା ପଇତାଟାଏ ପରିଧାନ କରିଥିବ, ଅଲଗା ମନ୍ତ୍ରଗୁଡ଼ିକର ଆବୃତ୍ତି କରୁଥିବ ଏବଂ ତଥାକଥିତ ନିଜର ସଂପ୍ରଦାୟଟି ବ୍ୟତୀତ ଆଉ କିଛିହେଲେ ଦେଖି ପାରୁନଥିବ। ଅସଲ ପ୍ରୀତି ହେଉଛି କାଳେ କାଳେ ସମୁଦାୟ

ପୃଥିବୀଟି ନିମନ୍ତେ ପ୍ରୀତି। ଏହି ପୃଥିବୀରେ ହିଁ ଭଗବତ୍-ସମ୍ଭାବନାର ସକଳାଙ୍ଗ ପ୍ରତ୍ୟକ୍ଷ କରି ପାରୁଥିବାର ଏକ ଅନ୍ତର୍ଗତ ଆନନ୍ଦମୟତା। ଏବଂ, ତା'ପରେ ଏଠି ଆଉ କିଛିହେଲେ ବି ମାୟା ବୋଲି ବୋଧ ହେବନାହିଁ। ଗୋଟିଏ ଡ଼ୋର ହିଁ ଏଠି ସମସ୍ତଙ୍କୁ ଏକତ୍ର ବାନ୍ଧି ରଖିଥିବାର ଉପଲବ୍ଧି ହେଉଛି ଆମ ଜୀବନର ଏକ ସକାରାତ୍ମକ ପ୍ରୀତିସାଧନାର ଉପଲବ୍ଧି। ଆଉ ଯେତେ ଯାହା ମାର୍ଗ ଏବଂ ପରାମର୍ଶମାନ, ହୁଏତ ସବୁଟି ଭିତରେ ଏକ ନକାରାତ୍ମକର ଚକ୍ରାନ୍ତ ଲୁକ୍କାୟିତ ହୋଇ ରହିଥାଏ। ସଂସାରଟାକୁ ବାଉଳା କରିବାରେ ଲାଗିଥାଏ। ଯୋଗୀମାନଙ୍କୁ ବି କ'ଣ ବାଉଳା କରି ରଖିଥାଏ ? ବାଉଳା ମନୁଷ୍ୟମାନଙ୍କ ଲାଗି, ବାଉଳା ଜ୍ଞାନୀ ତଥା ଭକ୍ତିକାମୀ ତୁମ ଆମ ବହୁତଙ୍କ ଲାଗି ମହାବାଉଳା ଗୁରୁମାନଙ୍କର ମଧ୍ୟ ପୃଥିବୀରେ କେବେହେଲେ କୌଣସି ଅଭାବ ହୋଇନାହିଁ। ଯୋଗମାନେ ମଧ୍ୟ ବହୁ ବିଭାଜନର କାରଣ ହୋଇଛନ୍ତି।

A heavenly bliss which unites God and ourselves and the blest, but enables us to look with a remote indifference on the unblest and their sufferings is not possible for the perfect soul.

- BCL, Vol 20, ପୃଷ୍ଠା - ୪୨୫

ପୃଥିବୀଟା ଭିନ୍ନ ଭିନ୍ନ ହୋଇ ଏବଂ ଉପର ତଳ ହୋଇ କେତେ ଉତ୍ତେଜିତ ହୋଇ ନରହିଛି ଏବଂ ସେହି ହେତୁ କେଡ଼େ ବିକାରଗ୍ରସ୍ତ ହୋଇ ନରହିଛି। ଏଇଟା ମୋ ଧର୍ମ, ଇଏ ମୋ'ର ଗୁରୁ, ମୁଁ ମାନୁଥିବା ସତ ଏକମାତ୍ର ମାର୍ଗ, ଇତ୍ୟାଦି, ଇତ୍ୟାଦି। ଇଏ ହେଉଛନ୍ତି ସର୍ବୋଚ୍ଚ ଏବଂ ସର୍ବବରିଷ୍ଠ ଅବତାରୀ – ଅନ୍ୟ ଯେତେ ଯିଏ ଅବତାର, ଏମାନେ ସମସ୍ତେ ଗୌଣ, ମୋ'ଟି ମୁଖ୍ୟ, – ଅବତାରୀ। ଏହିପରି ଗୋଟିଏ ଝୁଙ୍କରେ ବାଇଆ ହୋଇ ଅତ୍ୟୁତ୍ସାହୀମାନେ ଇତିହାସଯାକ କେତେ ଭଳି ମାତି ଯାଇ ନାହାନ୍ତି ! ଏବଂ, ଧର୍ମ ନାମରେ, ଭଗବାନଙ୍କ ନାମରେ ତଥା ସତ୍ୟ ନାମରେ ସତେଅବା ଏକ ଉପନିବେଶ ବିସ୍ତାର କରୁଥିବାର ପ୍ରତାପରେ ପୃଥିବୀ ଯାକ ଖେଦିଯାଇ ନାହାନ୍ତି ! ସ୍ୱର୍ଗରାଜ୍ୟର ସକଳ ପୁରସ୍କାର ସତେ ଯେପରି ଆମରି ନିମନ୍ତେ ସୁରକ୍ଷିତ ହୋଇ ରଖାହୋଇଛି ! କେବଳ ପରମେଶ୍ୱରଙ୍କ ସହିତ ସତଡ଼ୋରଟି ଆମର ଏହି ଧର୍ମରେ ହିଁ ଲାଗିଛି। ଆମେ ହିଁ ଜଗଦୀଶଙ୍କର ସତ ଆଶୀର୍ବାଦ ଗୁଡ଼ିକୁ ପ୍ରାପ୍ତ ହୋଇଛୁ। ତେଣୁ ଅନ୍ୟମାନଙ୍କ ପ୍ରତି, ଅନ୍ୟଭଳି ମାର୍କାଗୁଡ଼ିକ ଲାଗି ଏକ ଚରମ ଉଦାସୀନତା ତଥା ସେମାନଙ୍କର ଦୁଃଖବିଷୟରେ ଆମର ଏତେ ଏତେ ନିଦାରୁଣତା। ଯେହେତୁ ଆମେ ଏକାକୀ ଆଶୀର୍ବାଦପ୍ରାପ୍ତ, ଅନ୍ୟମାନେ ତୁଚ୍ଛା ଇତର ଏବଂ ସକଳ ଆଶୀର୍ବାଦରୁ ବଞ୍ଚିତ। ସେଇଥିପାଇଁ ପୃଥିବୀ ତମାମ ଏତେ ହିତକାମୀ ଧର୍ମ ଓ ହିତାକାଙ୍କ୍ଷୀ ମାର୍ଗ ମହଜୁଦ

ରହିଥିଲେ ମଧ୍ୟ ମନୁଷ୍ୟବିବେକ ମଧ୍ୟରେ କ'ଣସବୁ ପୋକ ଆସି ପଶି ଯାଇଥିବା ପରି ପୃଥିବୀରେ ଏତେ ଦୁଃଖ, ଏତେ ଦୂରତା ଏବଂ କର୍କଶତା। ପର୍ବତମାନଙ୍କୁ ପୂରା ତାଡ଼ି ପକାଇବାର ବଳୀୟାରରୁ ଆହୁରି ବଳୀୟାର କେତେ କେତେ ବୁଦ୍ଧି ରହିଥିଲେ ମଧ୍ୟ ତଥାପି ଏଠି ଏତେ ଭୟ, ଦ୍ୱେଷ ଏବଂ ଅସହିଷ୍ଣୁତା! ଏତେ ଏତେ ସାମର୍ଥ୍ୟ ଥାଇ ମଧ୍ୟ ଏହି ଯାବତୀୟ ଅସମର୍ଥତା ଏବଂ ପରସ୍ପର ପ୍ରତି ଭୟ। ପୁନଶ୍ଚ, ଭୟ ହେତୁ ଭଳି ଭଳି ହିଂସ୍ରତା। ବ୍ୟକ୍ତିଗତ ଜୀବନରେ ଯେତିକି, ସାମୂହିକ ଜୀବନରେ ମଧ୍ୟ ସେତିକି। ପରସ୍ପର ଭିତରକୁ ଭେଦି ପରସ୍ପର ବିଷୟରେ ଏତେ ଏତେ ସୂକ୍ଷ୍ମ ପରିଚୟ ପାଇ ପାରିବାର କେତେ ଜ୍ଞାନ ତଥା ବିଜ୍ଞାନ ସତ୍ତ୍ୱେ ନାନା ହାସ୍ୟାସ୍ପଦ ଅଜ୍ଞାନତା ଓ ନିର୍ବୋଧତା। ପରସ୍ପରକୁ ବୁଝିବା ଏବଂ ଅନ୍ତରଙ୍ଗ ଭାବରେ ସ୍ୱୀକାର କରିପାରିବା ପରିବର୍ତ୍ତେ ପରସ୍ପର ଗୋଟିଏ ଗୋଟିଏ ଧ୍ୱଜା ଉଡ଼ାଇ ଏକ ଆରେକୁ ଗିଳି ପକାଇବାର ଦୃଷ୍ଟକୃତିମାନ।

ତେଣୁ, ଶ୍ରୀ ଅରବିନ୍ଦ କହୁଛନ୍ତି ଯେ ତଥାପି ବହୁ ଅପୂର୍ଣ୍ଣତାକୁ ଅତ୍ୟୁଗ୍ର ଭାବରେ ଆମେ ଘରସାର କରି ରଖିଛୁ। ମହାନ୍ ଆତ୍ମମାନେ କ'ଣ ସବୁ କାରଣରୁ ସେହି ଦୁର୍ଗତ ଅବସ୍ଥାଗୁଡ଼ିକ ପାଖରେ ଖୁବ୍ ଅସହାୟ ଭାବରେ ପୋଷ ମାନି ଯାଇଛନ୍ତି କେଜାଣି ? କାରଣ, ପୂର୍ଣ୍ଣାତ୍ମାମାନେ କଦାପି ଏହି ବିଡ଼ମ୍ବନାଗୁଡ଼ିକୁ ନେଇ ଆଦୌ ବଞ୍ଚି ପାରନ୍ତେ ନାହିଁ। ସେମାନେ ଅଧ୍ୟାତ୍ମରେ ଥାଆନ୍ତେ, ସାନ ବଡ଼ ଯାବତୀୟ ଅବକାଶକୁ ଅଧ୍ୟାତ୍ମ ଦୃଷ୍ଟିରେ ଦେଖୁଥାନ୍ତେ, ଅପର ମନୁଷ୍ୟ ତଥା ଅପର ପ୍ରୟାସାଦର୍ଶ ଗୁଡ଼ିକର ସମୀପବର୍ତ୍ତୀ ହୋଇ ପାରନ୍ତେ। ସେମାନେ ଭଗବାନ୍‌ଙ୍କ ପଟେ ହିଁ ଥାଆନ୍ତେ। ତେଣୁ ଇଏ ମୋ' ଭଗବାନ ଓ ଆଉଗୁଡ଼ିକ ସେମାନଙ୍କର ନିତାନ୍ତ ନିମ୍ନସ୍ତରର ଭଗବାନ ବୋଲି ମୋଟେ କହୁନଥାନ୍ତେ। ଏକ ମୂଳଭୂତ ଆଧ୍ୟାତ୍ମିକ ଏକତା ହିଁ ସେମାନଙ୍କ ସର୍ବବିଧ ପୃଥ୍ୱୀବିଚରଣରେ ସଦାସଚଳ ଏବଂ ସଦା-ସହାନୁଭୂତି-ଯୁକ୍ତ କରି ରଖିଥାଆନ୍ତା। ଏହି ଦ୍ୱୀପବାସୀ ମାର୍କାଲୋଭୀମାନେ କୋଉଠି କ'ଣ ମୂଳତଃ ଅସ୍ୱୀକାର କରି ମହତ୍ତ୍ୱ ହରାଇ ବସିଛନ୍ତି ଯେ, ଭିତରେ ଗୋଟିଏ ଗୋଟିଏ ପର୍ବତସମାନ ସଦିଚ୍ଛା ତଥା ଶୁଭେଚ୍ଛା ସତ୍ତ୍ୱେ ଏପରି ଏତେ ଏତେ ଅନର୍ଥର କାରଣ ହୋଇ ପାରୁଛନ୍ତି । କୌଣସି ଅନ୍ୟ ପ୍ରଲୁବ୍ଧତା ଭିତରେ ପ୍ରମତ୍ତ ହୋଇ ସେମାନେ ସେହି ଅନିଷ୍ଟକାରୀ ଅଘଟଣାଗୁଡ଼ିକର କାରଣ ହୋଇଛନ୍ତି। ଅଥବା, ନିଜ ଭିତରେ କେବଳ ଅତ୍ୟନ୍ତ ଅହଂଗ୍ରସ୍ତ ହୋଇ ରହିଛନ୍ତି ବୋଲି ବାହାରେ ସାମୂହିକ ଜୀବନର ସହସ୍ର ଅବକାଶରେ ମଧ୍ୟ ଅହଂମତ୍ତ ହୋଇ ପାରୁଛନ୍ତି ? ଅଧ୍ୟାତ୍ମର ସକଳ ପ୍ରତିଶ୍ରୁତିକୁ ରୋକି ରଖିବାରେ ନିମିତ୍ତବତ୍ କାର୍ଯ୍ୟ କରୁଛନ୍ତି ଏବଂ ଆଲୋକ ନାମରେ ଜାଗତିକ ଜୀବନର ସମ୍ଭାବନାଚୟକୁ ଅନ୍ଧାର

ଦ୍ୱାରା ଆଚ୍ଛନ୍ନ କରି ରଖିଛନ୍ତି। ଏବଂ, ତାହା ସେହି ଗୋଟିଏ ତଥାକଥିତ ଧର୍ମଭାବନାର କ୍ଷେତ୍ରରୁ ସମଗ୍ର ପୃଥ୍ୱୀଜୀବନ ଭିତରକୁ ସଂକ୍ରମିତ ହେବାରେ ଲାଗିଛି। ଅଧ୍ୟାତ୍ମମାନେ ସତେଅବା ମହତ ରକ୍ଷା କରି ଆତ୍ମଗୋପନ କରିଛନ୍ତି।

ପ୍ରୀତି ଏବଂ ସଂପୃକ୍ତି କ୍ଷେତ୍ରରେ ଯାହା, ଘୃଣା ଓ ଉଦାସୀନତାର କ୍ଷେତ୍ରରେ ମଧ୍ୟ ସକଳ ନ୍ୟାୟରେ ଠିକ୍ ସେଇଆ। ତେଣୁ, ଅଧ୍ୟାତ୍ମ ସିନା ଆମର ସମୁଦାୟ ଜୀବନସଂବର୍ଦ୍ଧନରେ କାଣ୍ଡାରି ପରି କାର୍ଯ୍ୟ କରୁଥାନ୍ତା, ବର୍ତ୍ତମାନ ବାହାରର ଏହି ସର୍ବବିଧ ଅକାଣ୍ଡଗୁଡ଼ିକ ଉପରେ ଦୃଷ୍ଟି ପକାଇଲେ ପୂର୍ଣ୍ଣପ୍ରାୟ ପ୍ରତୀତି ହେବାରେ ଲାଗିଛି ଯେ; ଏକ ଆତ୍ମକେନ୍ଦ୍ରୀ ଉଦାସୀନତା ହିଁ ସାମୂହିକ ଜୀବନର ସମ୍ପର୍କକ୍ଷେତ୍ର ଗୁଡ଼ିକୁ ଗ୍ରାସ କରି ରହିଛି। ରାଷ୍ଟ୍ରନୀତି ତଥା ରାଜନୀତିର ଅନ୍ୟ ନାନା ସମ୍ପର୍କର ବୃତ୍ତଗୁଡ଼ିକରେ ମଧ୍ୟ ସେହି 'ମୁଁ' ଗୁଡ଼ିକ ସତେଅବା ପ୍ରବଳ ହୋଇ ଆଧିପତ୍ୟ ମେଲି ବସିଛି। ସଂବଳମାନେ ସହସ୍ରଗୁଣ ସ୍ତୂପ ଆକାରରେ ମହଜୁଦ ରହିଛନ୍ତି। କିନ୍ତୁ ଅସଲ ବଳ କେଉଁଠିହେଲେ ରହିଥିବା ପରି ମୋଟେ ଲାଗୁନାହିଁ। ଅସଲ ବଳ, ଯାହାକି ଦୂରଟାକୁ ମଧ୍ୟ ନିକଟ କରି ଆଣେ, ଫରକମାନଙ୍କ ସତ୍ତ୍ୱେ ଏକତାଟିକୁ ସବାଆଗ ବୋଲି ହୃଦୟଙ୍ଗମ କରିବାକୁ ସମର୍ଥ ହୁଏ, ଅପର ସକାଶେ ପୂର୍ଣ୍ଣ ଅନ୍ତଃସମ୍ମତି ସହିତ ଅପେକ୍ଷା କରିହୁଏ ତଥା ଚଳମାନ ଏହି ଉପରଟାର ଅଭ୍ୟସ୍ତପ୍ରାୟ ବିଭେଦଗୁଡ଼ିକ ସତ୍ତ୍ୱେ ସେହି ଗୋଟିଏ ବିବେକର ବରଦହସ୍ତ ହିଁ ଆମ ସମସ୍ତଙ୍କୁ ପରିଚାଳିତ କରି ନେଉଛି ବୋଲି ଭିତରେ ଓ ବାହାରେ ଅଙ୍ଗେ ନିଭାଇ ହୁଏ। ପୃଥିବୀଟିକୁ ଏକାବେଳେକେ ଗୋଟିଏ କରି ଦେଖିବା, ସେହି ସ୍ତରଟି ଅଧ୍ୟାତ୍ମର ସ୍ତର। ଅସଲ ସାଧନା ଆମକୁ ସେହି ଅବିଭାଜିତ ଦୃଷ୍ଟିଟି ପାଇଁ ଯୋଗ୍ୟ କରାଇ ନେଉଥାଏ। ଆମର ଏହି ପୃଥିବୀଟିକୁ, ସମସ୍ତଙ୍କୁ ଆଶୀର୍ବାଦପ୍ରାପ୍ତ ବୋଲି ଅନୁଭବ କରେ। ସେଇ ଅସଲ ପରିଚୟଟି ପାଏ, ଅସଲ ଘଟଟିରେ ଭୟରହିତ ହୋଇ ରହିଥାଏ।

(୫) Most governments either have or have passed through a democratic form, but no where yet has there been a real democracy; it has been everywhere the propertied and professional classes and the bourgeoisie who governed in the name of the people.

- The Ideal of Human Unity, BCL, Vol.15, ପୃଷ୍ଠା - ୫୨୯.

ଆଧ୍ୟାତ୍ମିକତା କଦାପି ଏକ ବ୍ୟୂହ ନୁହେଁ ବା କୌଣସି ଏକ ବିଶେଷ ମାର୍ଗଚାରୀ ମାନଙ୍କର ଚରାଭୂମି ମଧ୍ୟ ନୁହେଁ। ଏବର ଆମ ଚଳନ୍ତି ଗଣତନ୍ତ୍ରଟିକୁ ମଧ୍ୟ ଆମେ

ଆମ ବୁଝିବା ଅନୁସାରେ ପ୍ରାୟ ସଂପୂର୍ଣ୍ଣ ଭାବରେ ଏକ ରାଜନୀତିକ ଗଢ଼ଣର ପ୍ରକାର ବୋଲି ଭାବିଆସିଛୁ। ଉପରଲିଖିତ ଉଦ୍ଧୃତିରେ ଶ୍ରୀ ଅରବିନ୍ଦ ସେହି ଚଳନ୍ତିଗୁଡ଼ିକର କଥା କହିଛନ୍ତି। ସ୍ପଷ୍ଟତଃ ଏକ ଆଧ୍ୟାତ୍ମିକତାର ଭିତ୍ତିଭୂମି ଉପରେ ଗଣତନ୍ତ୍ରର କଳ୍ପନା ହିଁ କରିଛନ୍ତି । ଗଣତନ୍ତ୍ର ହେଉଛି ଏକ ମାନବଆସ୍ପୃହା ତଥା ସେହି ଅନୁସାରେ ଗୋଟିଏ ଗୋଷ୍ଠୀଜୀବନ ନିମନ୍ତେ ଆସ୍ପୃହା। ସେହି ଆସ୍ପୃହାଟି ଆମକୁ ଆମଭଳି ଅନ୍ୟ ସମସ୍ତଙ୍କ ସହିତ ସାମିଲ୍ କରି ହିଁ ଦେଖୁଥିବା ଜୀବନର ଏକ ଶୈଳୀକୁ ବୁଝାଏ। ସମ୍ଭବତଃ, ଅଧିକ ସ୍ପଷ୍ଟ କରି କହିଲେ, ଆଗ ସମସ୍ତେ, ଆଗ ଅନ୍ୟମାନେ ଓ ସେହି ସମସ୍ତଙ୍କ ସହିତ ମୁଁ, – ସମସ୍ତଙ୍କ ସକାଶେ ମୁଁ। ତେଣୁ ଏକ ଅନ୍ୟ ପୃଥିବୀଦୃଷ୍ଟିର ଉଦ୍‌ବୋଧନ ଦେଉଥାଏ ଓ ଏକ ଅନୁରୂପ ନୈତିକତାର ପ୍ରତିନିଧିତ୍ୱ କରେ। ଶ୍ରୀ ଅରବିନ୍ଦ -କଳ୍ପନାରେ ଯୁଗବିବର୍ତ୍ତନ ତଥା ଯୁଗଚେତନାର କ୍ରମଟି ଯେତେବେଳେ ଅଧ୍ୟାତ୍ମନାମକ ସତ୍ୟଟି ତଳି ଛୁଇଁବାର ଏକ ଅନ୍ୟ ଶ୍ରଦ୍ଧାରେ ଆମର ବ୍ୟକ୍ତିଗତ ତଥା ସାମୂହିକ ଜୀବନତଳକୁ ଓହ୍ଲାଇ ଆସିବ, ସେହି ଅନ୍ୟ ଏକ ବାସ୍ତବର ନକ୍‌ସାଟି ମୁତାବକ ଆମର ଗୋଷ୍ଠୀବ୍ୟବସ୍ଥା ହିସାବରେ ମନୁଷ୍ୟମାନେ ଗଣତନ୍ତ୍ରକୁ ହିଁ ଇଚ୍ଛା କରିବେ।

ସେହି ସନ୍ଦର୍ଭରେ ଶ୍ରୀ ଅରବିନ୍ଦ ଦୁଇ ପ୍ରକାରର ତନ୍ତ୍ରର ଚର୍ଚ୍ଚା କରିଛନ୍ତି। ଗୋଟିଏ ହେଉଛି ରାଜଧର୍ମ ଓ ଅନ୍ୟଟି ଲୋକଧର୍ମ । (ତତ୍ରୈବ, ଏକବିଂଶ ଅଧ୍ୟାୟ) ଆଗେ ରାଜଧର୍ମ ଥିଲା। ରାଜାଏ ଉତ୍ତମ ତଥା ଅନୁତ୍ତମ ଉଭୟ ପ୍ରକାରର ଥିଲେ। ରାଜା ଉତ୍ତମ ଅଥବା ଅନୁତ୍ତମ କେଉଁଟି ହେବ, ସେକଥା ସେକାଳର ବିଶ୍ୱାସ ଅନୁସାରେ ଭାଗ୍ୟ ଉପରେ ନିର୍ଭର କରୁଥିଲା। ରାଜାମାନେ ଗଲେ, ଆଦର୍ଶବାଦମାନେ ଆସିଲେ। ସତ ଆଦର୍ଶମାନେ କୌଣସି କାରଣରୁ ଭୁରୁଡ଼ ଭିତରେ ଯାଇ ପଡ଼ିଗଲେ ଆଦର୍ଶବାଦରେ ପରିଣତ ହୋଇଯାଆନ୍ତି କି ? ଆଦର୍ଶବାଦୀମାନେ ରଜା ହୋଇ ବସନ୍ତି। ଶତ୍ରୁ ଅର୍ଥାତ୍ ଅନ୍ୟ ଆଦର୍ଶଗୁଡ଼ିକର ଦଳନ ନିମନ୍ତେ ବାହାରନ୍ତି। ମଣିଷ ହାଣନ୍ତି। ଯାବତୀୟ ଜ୍ଞାନ ଓ ବିଜ୍ଞାନକୁ ଆପଣାର ଖିଆଲୀ ଅନ୍ତଃପୁର ମାନଙ୍କର ଖୁଣ୍ଟରେ ବାନ୍ଧି ରଖନ୍ତି। ଜାତୀୟତାବାଦ ନାମକ ସେହି ଅନ୍ୟ ଭୁରୁଡ଼ଟା ମଧ୍ୟ ସେତେବେଳେ ସେହି ଅଧୀଶ୍ୱର ମାନଙ୍କର ଖୁବ୍ କାମରେ ଲାଗେ। ଶ୍ରୀ ଅରବିନ୍ଦ କେଡ଼େ ବାସ୍ତବ ଦୃଷ୍ଟି ସହିତ ଧନୀକମାନଙ୍କର, ତୁଚ୍ଛା ବୃତ୍ତିଜୀବୀ ମାନଙ୍କର ଏବଂ ଶୋଷକମାନଙ୍କର ଶାସନ ବୋଲି କହି ସେହି ଦୁଷ୍ଟ ପ୍ରକାରଟିକୁ ଆମଲାଗି ଚିହ୍ନଟ କରି ଦେଇଛନ୍ତି। ଲୋକତନ୍ତ୍ର ନାମକ ଆଦର୍ଶଟି ଏହି ଆଦର୍ଶବାଦୀ ଆତ୍ମକାମୀ ମାନଙ୍କର ହାତରେ ପଡ଼ି କିପରି ଦୁଷ୍ଟ ଏବଂ ନଗ୍ନ ହେବାରେ ମାତିଥାଏ, ବର୍ତ୍ତମାନ ନିକଟ ଏବଂ ଦୂର ଯୋଉଆଡ଼କୁ ଅନାଇଦେଲେ ମଧ୍ୟ କେଡ଼େ ଫରଚା ଭାବରେ ଅବଶ୍ୟ ଦୃଶ୍ୟ ହୋଇ ଯାଉଥିବ। ସେଠାରେ ଗଣଧର୍ମର ଏବଂ

ପୃଥ୍ୱୀ-ବିବେକର ସକଳ ଇମାନ୍ ତଥା ଇଲମ୍ ଗୁଡ଼ିକୁ ଦିହରୁ କାଢ଼ିନେଇ ମୁଣ୍ଡରେ ଠେକା କରି ବାନ୍ଧିଥିବା ଉନ୍ମତ୍ତମାନଙ୍କର ଘୋଡ଼ାତାଣ୍ଡବମାନେ ହିଁ ଦୃଷ୍ଟ ହେବାରେ ଲାଗିବ। ନିତାନ୍ତ ସିଧା ଓ ସଫା କଥା ଯେ, ଏପରି ଏକ ପ୍ରଦୂଷଣଜନିତ ବୈରାମ୍ୟ ଭିତରେ ଅଧ୍ୟାତ୍ମ, ଯାବତୀୟ ପୃଥ୍ୱୀକଲ୍ୟାଣ ଏବଂ ଭଗବତ୍-ପ୍ରତିଷ୍ଠାର କାମନାଚୟ କେବଳ ମାଟି ହୋଇ ପଡ଼ି ରହିଥିବେ।

ସେହି ସନ୍ଦର୍ଭରେ ଶ୍ରୀ ଅରବିନ୍ଦ ପୁଣି କହିଛନ୍ତି ଯେ, ତୁଚ୍ଛା ରାଜନୀତିକ ମତଲବ ତଥା ତଥାକଥିତ ଚେତନା ସଚରାଚର ସେହି ସ୍ଥିତାବସ୍ଥାର ପକ୍ଷରେ ଯାଇ ରହିଥାଏ ଏବଂ ତେଣୁ କୌଣସି ବୃହତ୍ ସାହସିକ ପଦକ୍ଷେପ ଗ୍ରହଣ କରିବା ବିଷୟରେ ଶଙ୍କିତ ହୋଇ ରହିଥାଏ। ଲୋକମାନେ ଯେଉଁଠି ସେଇଠି ରହିଥାଆନ୍ତୁ ଏବଂ ଯେତିକି ସେତିକି ଭିତରେ ମୁହଁ ମାଡ଼ି ପଡ଼ିଥାଆନ୍ତୁ ବୋଲି ଇଚ୍ଛା କରୁଥାଏ। ସେତେବେଳେ ଯାହା ଯେପରି ଆଗେ ରହିଥିଲା, ତାହାକୁ ଦଶଗୁଣ ମିଛଦୀପ୍ତ ପରି ବୃହତ୍ ଆଡ଼ମ୍ବରର ସଜ୍ଜା ଦେଇ ଖୋଦ୍ ଶାସକମାନେ ହିଁ ପ୍ରଚାର କରିବାରେ ଲାଗିଥାନ୍ତି। ବର୍ତ୍ତମାନର ଘାଆଟାକୁ ଉଖାରିବା ନିମନ୍ତେ ମୋଟେ ଗୋଡ଼ କାଢ଼ନ୍ତି ବି ନାହିଁ। ଭବିଷ୍ୟତ କହିଲେ ସେମାନେ ଏପରି ଏକ ଅନିଶ୍ଚିତ ଅବସ୍ଥାର କଳ୍ପନା କରନ୍ତି, ଯେଉଁଥିରେ କି ସେମାନଙ୍କର ଦଖଲରେ ରହିଥିବା ଚଉକୀଗୁଡ଼ିକ ଓଲଟି ପଡ଼ିବେ ଏବଂ ପାଦତଳ ମାଟିଟା ଧସ୍‌କି ହିଁ ଯିବ। ଆପଣାର ଭୟଜନିତ ନାନା ଅସମର୍ଥତା ହେତୁ ସେମାନେ ନୂଆଗୁଡ଼ିକୁ ମୋଟେ ସାହସ କରି ପାରନ୍ତିନାହିଁ। ବରଂ ଚିହ୍ନା ଅନ୍ଧାରଟିକୁ କଳ୍ପିତ ଉଜ୍ଜ୍ୱଳ ପ୍ରତିଶ୍ରୁତିଗୁଡ଼ିକ ଅପେକ୍ଷା ଅଧିକ ନିରାପଦ ବୋଲି ମଣନ୍ତି ଏବଂ ତେଣୁ ଅଧ୍ୟାତ୍ମକୁ ଏଡ଼ି ଦେଇଥାଆନ୍ତି। ସେହି ଧାରାରେ ଶ୍ରୀ ଅରବିନ୍ଦଙ୍କର ନିମ୍ନୋକ୍ତ ଆଉ ଏକ ସ୍ୱଚ୍ଛ ସୂଚନା :

"Better anarchy than the long continuance of a law which is not our own or which our real nature cannot assimilate. And all repressive or preventive law is only a makeshift, a substitute for the true which must develop from within." *(ତତ୍ରୈବ, ପୃଷ୍ଠା - ୫୬୬)*

ଆମର ସେହି ଅସଲ ପ୍ରକୃତିଟି ପ୍ରକୃତରେ କ'ଣ ? ଏବଂ, କହିବା ବାହୁଲ୍ୟ ଯେ, ସେହି ଅସଲ ପ୍ରକୃତିଟିର ନିର୍ଣ୍ଣୟ କରିବା ଉପରେ ହିଁ ଆମ ଜୀବନର ବ୍ୟକ୍ତିଗତ ତଥା ସାମୂହିକ ବିଧାନଟିର ସ୍ୱରୂପ ପୂର୍ଣ୍ଣମାତ୍ରାରେ ନିର୍ଭର କରିବ। ପୁନଶ୍ଚ, ଯେଉଁ ମନୁଷ୍ୟମାନେ ଏକ ଅନ୍ୟ ସମ୍ଭାବନା ଏବଂ ଅନ୍ୟ ସଂହତି ନିମନ୍ତେ ତପସ୍ୟା କରୁଛନ୍ତି ଅର୍ଥାତ୍ ତାହାରି ଅନୁକୂଳ ଏକ ମାର୍ଗରେ ପରିଚାଳିତ ହେବାଲାଗି ସାହସୀ ହୋଇ ବାହାରିଛନ୍ତି, ସେମାନେ ଏପରି ଗୋଟିଏ ନିର୍ବାଚନର ସମ୍ମୁଖୀନ ହୋଇ ସତକୁ ସତ

କ'ଣ କରିବେ ? ସେଥିପାଇଁ ଏହି ଉଦ୍ଧୃତିଟିର ଅବତାରଣା ଅବଶ୍ୟ ଖୁବ୍ ପ୍ରାସଙ୍ଗିକ ବୋଲି ମନେ ହୋଇପାରେ। ଅତ୍ୟନ୍ତ ଦୀର୍ଘ ହେଲେ ମଧ୍ୟ ତଥାପି ବିଚାରଣୀୟ :

(୬) "For even after he is free, the Sadhaka will be in the world, and, to be in the world is to remain in works. But to remain in works without desire is to act for the good of the world in general or for the kind or the race or for some new creation to be evolved on the earth or some work imposed by the Divine will within him. And this must be done either in the framework provided by the environment or the grouping in which he is born or placed or else in one which is chosen or created for him by a divine direction. Therefore in our perfection there will be nothing left in the mental being which conflicts with or prevents our sympathy and free self-identification with the kind, the group or whatever collective, expression of the Divine he is meant to lead, help or serve. But in the end, it must become a free self-identification through identity with the Divine and not a mental bond or moral tie of union or a vital association dominated by any kind of personal, social, national, communal or credal egoism. If any social law is obeyed, it will not be from physical necessity or from the sense of personal or general interest, or for expediency or because of the pressure of the environment or from any sense of duty, but solely for the sake of the Lord of works and because it is felt or known to be the Divine Will that the social law or rule or relation as it stands can still be kept as a figure of the inner life and minds of men must not be disturbed by its infringement. If, on the other hand, the social law or rule or relation is disregarded, that too will not be for the indulgence of desire, personal will or personal opinion, but because a greater rule is felt that expresses the law of the spirit or because it is known that there must be in the march of the

Divine All-Will a movement towards the changing, exceeding or abolition of existing laws and forms for the sake of a freer larger life necessary to the world's progress.

(BCL, Vol.20, ପୃଷ୍ଠା -୨୦୦)

ଉଦ୍ଧୃତିଟି ଖୁବ୍ ଦୀର୍ଘ ହେଲେ ମଧ୍ୟ କେଡ଼େ ପ୍ରାଞ୍ଜଳ ଓ ସୁସ୍ପଷ୍ଟ ସେହି କଥାଗୁଡ଼ିକ ! ଏଠାରେ ଆମେ ତାହାର ଭାଷାଗତ ତର୍ଜମା କରିବା ନାହିଁ, କିନ୍ତୁ ମୁଖ୍ୟ ସୂଚନାଗୁଡ଼ିକୁ ଅବଶ୍ୟ ଏକ ବୋଧ୍ୟ ସୀମାରେ ଉଲ୍ଲେଖ କରିବାକୁ ଚେଷ୍ଟା କରିବା। ପାରମ୍ପରିକ ଭାବରେ ସତ୍ୟ ତଥା ଧର୍ମର ଦ୍ରଷ୍ଟାମାନେ ଆପଣାର ନାନା ଅଭିନବ ବ୍ୟଞ୍ଜନାରେ ପୃଥିବୀ ଲାଗି ଅଧ୍ୟାତ୍ମର ଘୋଷଣା କରି ଯାଇଛନ୍ତି ଓ ସେମାନଙ୍କ ପରେ ସେଗୁଡ଼ିକ ବହୁବିଧ କାରଣରୁ ପ୍ରାୟ ଏକ ସୂତ୍ରାୟତ୍ତ ଗୁଳାରେ ପଡ଼ି ଅତ୍ୟନ୍ତ କଳାତ୍ମକ ଭାବରେ ଗୋଟିଏ ଗୋଟିଏ ଧର୍ମରେ ପରିଣତ ହୋଇ ଯାଇଛନ୍ତି। କାରଣ ଏକାଧିକ, ଏବଂ, ତାହାରି ଅତ୍ୟୁତ୍ସାହ ଦ୍ୱାରା କ୍ରମଶଃ ମୂଳ ଅଧ୍ୟାତ୍ମଟି ସତେଅବା ଅଧିକ ଆକର୍ଷକ ତଥା ସହଜସାଧ୍ୟ ଲାଗୁଥିବା ପରି କେତେ କେତେ ଭାବପ୍ରବଣତାର ଏକ ରମଣୀୟ ଅରଣ୍ୟ ଭିତରେ ବାଟ ହୁଡ଼ିଯାଇଛି। ହଁ, ବହୁବିଧ ସ୍ଥାନୀୟ ତଥା ଅଭାବମୋଚନକାରୀ ଆଶୁ-ପ୍ରଶମକ ଭାବପ୍ରବଣତାରେ ପରିଣତ ହୋଇଛି। ସେଥିରୁ ଭଳି ଭଳି ସଂପ୍ରଦାୟ, ସଂପ୍ରଦାୟରୁ କଳହ ଏବଂ ଆଦର୍ଶବାଦୀ ନାନା ବୁଦ୍ଧିଚାଷ। ସମ୍ଭବତଃ ଅସଲ କିଛି ବିତ୍ତର ବାସନା ପାଇଥିବା ତାହାରି ଦ୍ୱାରା ହିଁ ଏହି ପୃଥିବୀରେ ସତକୁ ସତ ଆଉକିଛି ଆଦୌ ସମ୍ଭବ ହେବନାହିଁ ବୋଲି ସେମାନେ ଧରି ନେଇଛନ୍ତି ଓ ଧୃତି ହରାଇ ଏଠାରୁ ଅଲଗା ହୋଇ ରହିପାରିଲେ ସମ୍ଭବତଃ ଅନ୍ତତଃ ବ୍ୟକ୍ତିଗତ ଭାବରେ କିଛି ବଞ୍ଚାଇହେବ ବୋଲି ଆଶା ରଖି ଭିନ୍ନ ଆଶ୍ରୟମାନ ଅବଲମ୍ବନ କରିବାରେ ବ୍ରତୀ ହୋଇଛନ୍ତି।

ଉଦ୍ଧୃତିଟିର ଆବେଦନଟିକୁ ସହଜ ଭାଷାରେ କହି ପାରିବାକୁ ଇଚ୍ଛା କଲେ ହୁଏତ ଏହିଭଳି କିଛି ନା କିଛି କୁହାଯାଇ ପାରିବ : ସଂସାର ଭିତରୁ ପଳାଇ ଯିବାର କୌଣସି ଗୋପନ ପେଖନା ନେଇ ଯଦି ଆମେ ସାଧନା ନାମକ କାରଖାନାଟାରେ ଆସି ହାବୁଡ଼ି ଯାଇ ନଥିବା, ତେବେ ଯୋଗ ଦ୍ୱାରା ଆପଣାକୁ ସର୍ବବିଧ ଖଣ୍ଡତା ଏବଂ କାତରତା ମଧ୍ୟରୁ ମୁକ୍ତ ହୋଇ ବାହାରି ଆସିବା ପରେ ମଧ୍ୟ ଆମେ ଏହି ପୃଥିବୀ ଭିତରେ ହିଁ ରହିବା। ଏବଂ, ସଂସାର ବା ପୃଥିବୀରେ ରହିବାର ଅର୍ଥ ହେଉଛି ଯେ ଏଠି ଆମେ ଆପଣାକୁ ଏଠା ଜୀବନଟିର ନାନା କାର୍ଯ୍ୟରେ ବିନିଯୁକ୍ତ କରି ରଖିବା। ଏବଂ, ସେହିପରି ଏକ ପଥକୁ ବାଛିନେବାକୁ ହେଲେ ସବାମୂଳ ସର୍ତ୍ତରୂପେ ଆମ ଭିତରେ କୌଣସି ବାସନା ନଥିବ ଅର୍ଥାତ୍ ଆମେ ସାଧାରଣ ଭାବରେ ଏହି ପୃଥିବୀର

ମଙ୍ଗଳ ତଥା କଲ୍ୟାଣ ନିମନ୍ତେ ହିଁ ପୃଥିବୀରେ କର୍ମରତ ହୋଇ ରହିବା । ଅନ୍ୟ ସକଳ ମନୁଷ୍ୟ ଅଥବା ଆମ ସମୂହଟିର କୌଣସି କାର୍ଯ୍ୟରେ ନିଜକୁ ନିୟୋଜିତ କରିବା; କିମ୍ଵା, ଏହି ପୃଥିବୀରେ କୌଣସି ନୂତନ ସୃଜନ ନିମନ୍ତେ ଆପଣାକୁ ସମର୍ପିତ ତଥା କ୍ରିୟାଶୀଳ କରି ରଖିବା । ବା, ଅପାଣାର ଅନ୍ତର ମଧ୍ୟରେ ସଦାବିଦ୍ୟମାନ୍ ପରମ ଦିବ୍ୟସତ୍ତା ଯାହାକିଛି କର୍ମକୁ ଆମଲାଗି ସମ୍ପନ୍ନ କରିବାର ନିର୍ଦ୍ଦେଶ ପ୍ରଦାନ କରିବେ, ଆମେ ତାହାକୁ ହିଁ କର୍ତ୍ତବ୍ୟରୂପେ ବାଛିନେବା । ଏବଂ, ଆମର ପରିବେଶ କିମ୍ଵା ଆମେ ଯେଉଁ ଗୋଷ୍ଠୀଟି ମଧ୍ୟରେ ଜନ୍ମ ହୋଇଛୁ, ତାହାରି ଆହ୍ଵାନ ଅନୁସାରେ ଆମେ ଆପଣାର କ୍ଷେତ୍ରଟିକୁ ଠିକ୍ କରିନେବା । ଅଥବା, ଭିତରୁ ସଙ୍କେତ ଲାଭ କରି ଭଗବାନ୍ ଆମ ନିମନ୍ତେ ଯେଉଁ କ୍ଷେତ୍ରଟିକୁ ନିର୍ବାଚିତ କରି ରଖିଛନ୍ତି ବୋଲି ଅନୁଭବ କରୁଥିବା, ସେହି କ୍ଷେତ୍ରଟିକୁ ନିଜର କର୍ମପରିସର ରୂପେ ଗ୍ରହଣ କରିବା ।

ସୁତରାଂ ପରିପୂର୍ଣ୍ଣରୁ ଆହୁରି ଅଧିକ ପରିପୂର୍ଣ୍ଣ ହେବାର ଆମର ପ୍ରୟାସରେ ଆମ ମାନସିକ ସତ୍ତାରେ ଏପରି କୌଣସି ଉପାଦାନ ଆଦୌ ରହିନଥିବ, ଯାହାକି ଆମର କ୍ଷେତ୍ର ବାଛିବାର କ୍ଷେତ୍ରରେ କୌଣସି ଦ୍ଵନ୍ଦ୍ଵ ସୃଷ୍ଟି କରୁଥିବ; ଆମର ସହମନୁଷ୍ୟ ତଥା ଗୋଷ୍ଠୀ ସହିତ ରହିଥିବା ଆମର ସହାନୁଭୂତି ଏବଂ ମୁକ୍ତ ଆତ୍ମା-ଅଭେଦଭାବକୁ ଅଟକାଇ ରଖିବାଲାଗି ତାହା ଚେଷ୍ଟା କରିବନାହିଁ । କାରଣ, ସେହି ସ୍ଥିତିରେ ଆମେ ଆମ ଗୋଷ୍ଠୀଜୀବନକୁ କୌଣସି ନେତୃତ୍ଵ ଦେଇ ପାରିବାନାହିଁ, ସାହାଯ୍ୟ କରି ପାରିବାନାହିଁ ବା ତାହାର କୌଣସି ସେବା ମଧ୍ୟ କରି ପାରିବାନାହିଁ । ମାତ୍ର, ଏହି ଯାବତୀୟ ଆତ୍ମୀୟ ଭାବ ଓ ଅଭେଦ-ଦୃଷ୍ଟି ଶେଷରେ ଆମକୁ ସେହି ପରମ ଦିବ୍ୟସତ୍ତାଙ୍କ ସହିତ ସକଳାଙ୍ଗ ଭାବରେ ଏକାତ୍ମ ହୋଇ ରହିବାରେ ପରାକାଷ୍ଠା ଲାଭ କରିବ । ତେଣୁ, ଏହି ସମ୍ବନ୍ଧସ୍ଥାପନର ବୃତ୍ତଟି ଭିତରେ କୌଣସି ମାନସିକ ଆବଦ୍ଧତା କେତେବେଳେ ହେଲେ ରହିବନାହିଁ, ଆମକୁ ଆଦୌ କୌଣସି ନୈତିକ ରଜ୍ଜୁଦ୍ଵାରା ବାନ୍ଧି ରଖିନଥିବ ତଥା କୌଣସି ବି ପ୍ରକାରର ବ୍ୟକ୍ତିଗତ, ସମାଜସ୍ଥ, ଜାତୀୟ, ନିର୍ଦ୍ଦିଷ୍ଟ ଅର୍ଥରେ ସାମୁଦାୟିକ ଅର୍ଥାତ୍ ସାମ୍ପ୍ରଦାୟିକ ଭାବନାଦ୍ଵାରା ମଧ୍ୟ ଆବଦ୍ଧ ଏବଂ କୌଣସି ଧର୍ମଜନିତ ଅହଂବାଦ ଇତ୍ୟାଦି ପ୍ରାଣପ୍ରଧାନତା ଦ୍ଵାରା ସକ୍ରିୟ କରି ଆଦୌ ରଖିନଥିବ ।

ଆହୁରି ଆଗକୁ ଅଛି : "ଯଦି ଜଣେ ମୁକ୍ତ ମନୁଷ୍ୟ ତା' ସମାଜରେ ରହିଥିବା କୌଣସି ବିଧାନକୁ ମାନିବ, ତେବେ ତାହା ଆଦୌ କୌଣସି ଜଡ଼ସ୍ତରୀୟ ପ୍ରୟୋଜନ ଦ୍ଵାରା କଦାପି ନିର୍ଦ୍ଧାରିତ ହୋଇନଥିବ, କୌଣସି ବ୍ୟକ୍ତିଗତ କିମ୍ଵା ସମୂହସ୍ତରୀୟ ସ୍ଵାର୍ଥଦ୍ଵାରା ପରିଚାଳିତ ହେଉ ନଥିବ, କୌଣସି ତାତ୍କାଳିକ କାର୍ଯ୍ୟସାଧକତା ପାଇଁ ବଛାଯାଇ ନଥିବ ଅଥବା ପରିବେଶର କିମ୍ଵା କର୍ତ୍ତବ୍ୟବୋଧର କୌଣସି ଚାପ ଦ୍ଵାରା

ବାଧ୍ୟ ହେବନାହିଁ। ତାହା ସର୍ବତୋଭାବେ ସକଳ କର୍ମର ଅଧୀଶ୍ୱର ସେହି ପରମକର୍ତ୍ତାଙ୍କ ନିମନ୍ତେ ହିଁ ଗୃହୀତ ହୋଇଥିବ। ଅଥବା, ସ୍ପଷ୍ଟ ଭାବରେ ଅନୁଭବ କରି ହେଉଥିବ ଯେ, ସମାଜରେ ପ୍ରଚଳିତ ହୋଇ ରହିଥିବା କୌଣସି ବିଧାନଟି ଆମ ଅନ୍ତର୍ଗତ ଜୀବନର ଏକ ପ୍ରତୀକରୂପେ ଏହି ବିଧି, ନିୟମ ବା ସମ୍ପର୍କଟି ରହୁ ବୋଲି ସ୍ୱୟଂ ଦିବ୍ୟ ପରମସତ୍ତାଙ୍କର ଦ୍ୱାରା ମଧ୍ୟ ନିରୂପିତ ହୋଇ ରହିଛି। ଏବଂ, ତେଣୁ, ତାହାକୁ କୌଣସି ହସ୍ତକ୍ଷେପ ଦ୍ୱାରା ଏପାଖ ସେପାଖ କରିଦେବା ଆଦୌ ଉଚିତ ହେବନାହିଁ। ମାତ୍ର, ଅନ୍ୟ ପକ୍ଷରେ, ସମାଜର କୌଣସି ବିଧି, ନିୟମ ଅଥବା ସମ୍ପର୍କକୁ ଯଦି ସେହି ମୁକ୍ତ ଜଣେ ମନୁଷ୍ୟ ପ୍ରତ୍ୟାଖ୍ୟାନ କରିବ ଅର୍ଥାତ୍ ତାହାକୁ ସ୍ୱୀକାର କରି ନେବାପାଇଁ ସମ୍ମତି ଦେବନାହିଁ, ସେହି କ୍ଷେତ୍ରରେ ମଧ୍ୟ ସିଏ ଆଦୌ କୌଣସି ବ୍ୟକ୍ତିଗତ ବାସନା, ଇଚ୍ଛା ଅଥବା ସ୍ୱମତ ଦ୍ୱାରା ପରିଚାଳିତ ହୋଇ ସେପରି କରିବନାହିଁ; ସିଏ ଆପଣାର ସମ୍ମତି ଦେବନାହିଁ, କାରଣ ସିଏ ଏପରି ଏକ ବୃହତ୍ତର ବିଧାନ ଅବଶ୍ୟ ରହିଛି ବୋଲି ଅନୁଭବ କରି ପାରୁଥିବ; ଏପରି ଏକ ବୃହତ୍ତର ବିଧାନ ଯାହାକୁ ସିଏ ବସ୍ତୁତଃ ପରମାତ୍ମାଙ୍କର ଏକ ବିଧାନ ବୋଲି ଅନୁଭବ କରୁଥିବ ଅଥବା, ସେହି ପରମ ଦିବ୍ୟ ସର୍ବ-ଇଚ୍ଛାର ଅଗ୍ରଗତି-କ୍ରମରେ ପ୍ରଚଳିତ ହୋଇ ରହିଥିବା ବିଧାନ ତଥା ଗଢ଼ଣଗୁଡ଼ିକ ଏଥର ବଦଳିଯିବାର ଏକ ଆଶୁ ପ୍ରୟୋଜନ ରହିଛି, ଯାହାଦ୍ୱାରା କି ଆଉ ଏକ ଅଧିକ ମୁକ୍ତ ତଥା ଅଧିକ ବୃହତ୍ ଜୀବନ ନିକଟ ହୋଇ ଆସିବ ଓ ଏହି ପୃଥିବୀର ଅଗ୍ରଗତିରେ ଏକ ଅନୁକୂଳତା ପ୍ରଦାନ କରି ପାରିବ ।" ଏହି ବ୍ୟାଖ୍ୟାଟିରେ କିଛି ଅଧିକ ମହତ୍ତ୍ୱବୋଧ ଆଣି ଦେବାପାଇଁ ଆଉ କେତୋଟି ବାକ୍ୟକୁ ମିଶାଇ ଏପରି ମଧ୍ୟ କୁହାଯାଇ ପାରିବ ଯେ, ଜଣେ ମୁକ୍ତ ତଥା ଭଗବତ୍-ପ୍ରେରିତ ମନୁଷ୍ୟ ଭଗବାନଙ୍କର ଏହି ପୃଥିବୀ ନିମନ୍ତେ ସର୍ବଦା ଅଧିକ ଦାୟୀ ବୋଲି ଅବଶ୍ୟ ବୁଝୁଥିବ ଏବଂ ତେଣୁ, ସିଏ ତଥାକଥିତ କେବଳ ନିଜର ହିଁ ଆଗ୍ରହସୀମା ଭିତରେ ଆବଦ୍ଧ ନରହି ସମଗ୍ର ପୃଥିବୀକୁ କାନ୍ଧ ଉପରେ ରଖି ବାଟ ଚାଲୁଥିବ ଓ ପୃଥିବୀ ପାଇଁ ନିର୍ଦ୍ଧାରିତ ପରିବର୍ତ୍ତନଗୁଡ଼ିକ ବିଷୟରେ ଅଧିକ ସଚେତନ ହୋଇ ରହିଥିବ। ତେଣୁ ସେହି ପ୍ରକ୍ରିୟାଟିରେ ସେ ଅଧିକ ଅନ୍ତରଙ୍ଗ ଭାବରେ ସଂପୃକ୍ତ ହୋଇ ରହିଥିବ। ତେଣୁ କଦାପି ନିଷ୍କ୍ରିୟ ହୋଇ ରହିଯିବାକୁ ମନ କରିବନାହିଁ। ଏକ ଅନ୍ୟ ଆବେଦନରେ ପୂର୍ଣ୍ଣ ଉତ୍ସର୍ଗୀକୃତ ଭାବରେ ଜୀବନଟିଏ ବଞ୍ଚିବା ନିମନ୍ତେ ଅବଶ୍ୟ ତତ୍ପର ହୋଇ ରହିଥିବ।

ସମଗ୍ର ଏକତାର ଯୋଗପଥରେ ଶ୍ରୀ ଅରବିନ୍ଦ ତିନୋଟି ବିଜୟର ସୂଚନା ଦେଇଛନ୍ତି। କ୍ରମଟି ମଧ୍ୟରେ ଆମେ ନିଜକୁ ନିଜର ସାଧନା ମଧ୍ୟରେ ପରଖି ବୁଝି ପାରିବୁ ବୋଲି ସିଏ ଏପରି ଏକ ସୋପାନତ୍ରୟର ଉଲ୍ଲେଖ କରିଛନ୍ତି। ଅର୍ଥାତ୍, ଗୋଟିଏ

ସୋପାନ ସରିଲେ ଯେ ଆଉଗୋଟିଏ ସୋପାନ ତଥା ଦ୍ୱିତୀୟଟିର ପରେ ଯାଇ ତୃତୀୟଟି, ସେପରି ମୋଟେ ନୁହେଁ। ତାଙ୍କରି ଉକ୍ତିଟିଏ ଉଦ୍ଧାର କରି ଆମେ କଥାଟିକୁ ଅର୍ଥାତ୍ ନିର୍ଦ୍ଦେଶନାଟିକୁ ବୁଝିବାକୁ ଚେଷ୍ଟା କରିବା।

(୭) To conquer the lures of egoistic existence in this world is our first victory over overselves; to conquer the lure of individual happiness in heavens beyond is our second victory; to conquer the highest lure of escape from life and a self-absorbed bliss in the impersonal infinity is the last and greatest victory.

- BCL, Vol.20, ପୃଷ୍ଠା - ୪୨୫

କାହାର ବିଜୟ କାହା ଉପରେ ? କୋଉ ରାଜ୍ୟର କୋଉ ରାଜ୍ୟ ଉପରେ ? ସକଳ ଅର୍ଥରେ, ଆମେ ଆପଣାକୁ ଯେତିକି ଭିତରେ ଦେଖୁଛୁ ଅର୍ଥାତ୍ ଅନୁମାନ କରୁଛୁ, ତାହାରି ଉପରେ ଆମଲାଗି ଅପେକ୍ଷା କରି ରହିଥିବା ତଥା ନିରୂପିତ ହୋଇଥିବା ଅଧିକଟିର ବିଜୟ। ବର୍ତ୍ତମାନ ଉପରେ ପରବର୍ତ୍ତୀ ଭବିଷ୍ୟତର ହିଁ ବିଜୟ। ବୃହତ୍ତରଟିର ବିଜୟ, – ବୃହତ୍ତର ଚେତନାର ବିଜୟ। ତେଣୁ, ଯାବତୀୟ ସାଧନାର ଅର୍ଥ ହେଉଛି ଆମରି ଭିତରର ଅମଙ୍ଗଟିକୁ ରାଜୀ କରାଇ ଆଣିବା, ଆମ ଭିତରର ଭଗବାନଙ୍କୁ ରାଜୀ କରାଇ ଆଣିବା। ସେଇଥିଲାଗି ତ ଆମ ମନୁଷ୍ୟମାନଙ୍କର ତପସ୍ୟା ଏବଂ ଆମକୁ ମାଧ୍ୟମ କରାଇ ବିବର୍ତ୍ତନସତ୍ୟର ତପସ୍ୟା। ଆମର ଇପ୍ସିତ ସକଳ ମୁକ୍ତି ଆମକୁ ସେହି ମାଧ୍ୟମ ହେବାର ପଥରେ ଅଗ୍ରସର କରାଇ ନେଉଥିବ। ଅଧିକରୁ ଅଧିକ ପ୍ରସାରିତ କରି ନେଇ ଯାଉଥିବ। ଯାବତୀୟ ଅନ୍ତର୍ନିହିତକୁ ବାସ୍ତବ କରି ନେଉଥିବ। ଏହି ବିମୋଚନ ଅଥବା ଉନ୍ମୋଚନ କେବେହେଲେ କୌଣସି ବ୍ୟକ୍ତିସ୍ତରୀୟ ବିତ୍ତଲାଭ ନିମନ୍ତେ ଆଦୌ ନୁହେଁ। ଏହା ସମଗ୍ର ଭୁବନଟି ନିମନ୍ତେ। ଏବଂ, ଏଥିଲାଗି ଶ୍ରୀ ଅରବିନ୍ଦ ମନୁଷ୍ୟକୁ ଏକ ପ୍ରତୀକ ଅର୍ଥାତ୍ symbol ବୋଲି କହିଛନ୍ତି। (ତତ୍ରୈବ,Vol.20, ପୃଷ୍ଠା-୪୮୦) ଯାହା ନିର୍ଦ୍ଦେଶିତ ହୋଇ ରହିଛି, ତାହାର ପ୍ରତୀକ, ପ୍ରତୀକ ତଥା ବାହକ। ଏହି ଯାବତୀୟ What is ହେଉଛି ସେହି What might be ର ବାହକ। ଯାବତୀୟ ଅଜ୍ଞତାର ଅତିକ୍ରମଣ।

କିଞ୍ଚିତ୍ ଅର୍ଥପ୍ରସାର କରି ଉକ୍ତିଟିର ଆଲୋଚନା କଲେ, ଏହାର ସତ୍ୟମର୍ମଟି ହେଉଛି, ତିନୋଟି ପ୍ରଲୋଭନ ଉପରେ ଆମର ବିଜୟ, ଆମ ଆସ୍ପୃହାର କ୍ଷେତ୍ରରେ ତିନୋଟି ପର୍ଯ୍ୟାୟର ଆରୋହଣ। ବର୍ତ୍ତମାନର ନାନାଭାବେ ପ୍ରସୀମିତ ପୃଥିବୀରେ ତ ଆମେ ବସ୍ତୁତଃ ଏକ ତୁଚ୍ଛା ଅହଂଦ୍ୱାରା ପରିଚାଳିତ ହୋଇ ବାସ କରୁଛୁ, ଏବଂ

ଯେତିକି ଯେତିକି ସୁଖପ୍ରାପ୍ତିର ପ୍ରତ୍ୟାଶାରେ ଅହଂସଚେତନ ହୋଇ ରହିଛୁ, ସେତିକି ପରିମାଣରେ ନୂଆ ନୂଆ ଜ୍ୱାଳାଦ୍ୱାରା ଉତ୍ପୀଡ଼ିତ ହେବାରେ ଲାଗିଛୁ। ଜୀବନଟାକୁ ନାନା ହିଂସ୍ରତାରେ ଉତ୍ପୀଡ଼ିତ କରି ରଖିଛୁ। ଭିତରେ ହିଂସ୍ରତା ତଥା ବାହାରେ ମଧ୍ୟ ହିଂସ୍ରତା। ତୁଚ୍ଛା ଆପଣାକୁ ହିଁ ସଂପୂର୍ଣ୍ଣ ଭୁବନ ବୋଲି ଗ୍ରହଣ କରି ନେଇଛୁ। ଏପରିକି, ଆମର ତଥାକଥିତ ଧର୍ମାଚରଣରେ ମଧ୍ୟ କେବଳ ଆପଣାର ସମୃଦ୍ଧିଟା ନିମନ୍ତେ ଠାକୁରମାନଙ୍କୁ ପ୍ରାର୍ଥନା କରୁଛୁ। ମାତ୍ର, ଠାକୁର ବା ଠାକୁରମାନେ ତ କେବଳ ଆମର ନୁହନ୍ତି, ସିଏ ଏହି ସମୁଦାୟ ପୃଥିବୀର। ତେଣୁ, ପ୍ରଥମତଃ ଖିଳ ପୃଥିବୀର ବୋଲି ମୋ'ର ବା ଆମର। ସେହି ଅହଂସର୍ବସ୍ୱ ଜୀବନଟି ଉପରେ ଜୟଲାଭ କରିବା ହେଉଛି ଆମର ସର୍ବପ୍ରଥମ ବିଜୟ। ସେହି ବିଜୟଟିକୁ ହାସଲ କରୁଥିବା ଅନୁସାରେ ହିଁ ଆମେ ଭଗବାନଙ୍କର ଅଧିକରୁ ଅଧିକ ସମୀପବର୍ତ୍ତୀ ହେଉଥିବା। ଏହି ପୃଥିବୀରେ ସବୁ ମନୁଷ୍ୟ ଏବଂ ସବୁକିଛି ମୋ'ର ଜୀବନରେ ସକଳ ଔଚିତ୍ୟ ସହିତ ବିଦ୍ୟମାନ ରହିଛନ୍ତି ବୋଲି ଜାଣି ପାରିବା। ଅର୍ଥାତ୍ ଅସଲ ସାମୀପ୍ୟ ଗୁଡ଼ିକର ଆସ୍ୱାଦନ ଲାଭ କରିବାରେ ସମର୍ଥ ହେବା।

ତା'ପରେ, ଅର୍ଥାତ୍ ଏହି ଗୋଟିଏ ବିଜୟରେ ହିଁ ଆମର ସର୍ବଲାଭ ହୋଇଗଲା ବୋଲି ଯଦି ଆମେ ଧରିନେବା, ତେବେ ଏହି ଏତେ ଆୟାସଲବ୍ଧ ସମ୍ପଦଟିକୁ ନେଇ ଏଠାରୁ ଆଉ କୌଣସି ଥାନକୁ ପଳାୟନ କରିବା ଲାଗି ସମ୍ଭବତଃ ନ୍ୟାୟତଃ ଆମ ଭିତରେ ଗୋଟିଏ ଉଗ୍ର ଇଚ୍ଛା ଆସି ପହଞ୍ଚିଯିବ। ସେହି କୁମନ୍ତ୍ରଣାଟି ଆମର ବା ମୋର ଯାହା ଅଛି, ତାହା ଅନ୍ୟମାନଙ୍କର ନାହିଁ ବୋଲି ପ୍ରାୟ ଏକ ସାତ୍ତ୍ୱିକ ସ୍ୱାର୍ଥଭାବନା ଦ୍ୱାରା ଆମକୁ ଗ୍ରାସ କରି ପକାଉଥିବ। ଯେତେଦୂର ମନେ ହେଉଛି ପୃଥିବୀର ଧର୍ମମାନଙ୍କରେ କେତେ ନା କେତେ ରାଜକୀୟ ଆହ୍ଲାଦରେ ସ୍ୱର୍ଗର କଳ୍ପନା କରା ବି ଯାଇଛି। ଭଳି ଭଳି ଧର୍ମ ଏବଂ ଭଳି ଭଳି ସ୍ୱର୍ଗକୁ ନେଇ ଭୂଗୋଳର ରଚନା। ସ୍ୱର୍ଗରେ ଦୁଃଖର ଲେଶମାତ୍ର ନାହିଁ। ଅବାରିତ ସୁଖ, ଅମିତ ଭୋଗର ବସ୍ତୁମାନ। ଦେବତାମାନଙ୍କର ବାସସ୍ଥାନ ସେହି ସ୍ୱର୍ଗରେ। ସବୁଯାକ ଧର୍ମର ପୁରାଣ ତଥା ପୁସ୍ତକମାନଙ୍କରେ ସ୍ୱର୍ଗ ବିଷୟରେ କେତେ କବିତ୍ୱମୟ ଚିତ୍ରରୂପ ଦେଇ ସ୍ୱର୍ଗର ବର୍ଣ୍ଣନାମାନ ପ୍ରଦାନ କରାଯାଇଛି। ସ୍ୱର୍ଗର ପ୍ରଭାବଟାକୁ ଅଧିକ ମୋଟା କରି ଦର୍ଶାଇଦେବା ନିମନ୍ତେ ପ୍ରାୟ ଏକ ଅତ୍ୟାବଶ୍ୟକତା ରୂପେ ନରକନାମକ ସେହି ଅନ୍ୟ ଗତିଟିର ବି ଭବ୍ୟ କେତେ ଟିକିନିଖି ବର୍ଣ୍ଣନା। ପୁଣ୍ୟବାନ୍ ସ୍ୱର୍ଗକୁ ଯିବେ ଏବଂ ପାପୀଗଣ ନର୍କରେ ପଡ଼ିବେ ବୋଲି ସତେଅବା କୌଣସି ଅଭ୍ରାନ୍ତ ଗଣନାର ସୂତ୍ର ପକାଇ ହିଁ ବଖାଣି ଦିଆଯାଇଛି। ଏବଂ, ସେହି ଅତ୍ୟୁତ୍ସାହଟାରେ ବାଇଆ ହେଲାପରି ଏଠାରେ ଧର୍ମୀୟ ଉଚ୍ଚମାନେ ବି ଆମ ଏହି ପୃଥିବୀଟାରେ ମଧ୍ୟ କେତେ କେତେ ଦ୍ୱେଷ ଭିଆଇ

ନରଖିଛନ୍ତି ! ପୃଥିବୀରେ ଏତେ ଜ୍ଞାନ ଏବଂ ବିଜ୍ଞାନ ବୃଦ୍ଧି ପାଇବାରେ ଲାଗିଥିଲେ ମଧ୍ୟ ଏହି ଆଧୁନିକ ସମୟଟାରେ ମଧ୍ୟ ଧର୍ମବିଶେଷଜ୍ଞମାନେ ଆମ ମନୁଷ୍ୟମାନଙ୍କର ପ୍ରୀତିଗୁଡ଼ାକୁ ଖୁବ୍ ଅନ୍ୟମନସ୍କ କରି ରଖି ପାରିଛନ୍ତି। ଜୀବନଟା ପରେ ଯେ ଆମେ କେଉଁ ଗତିଟିକୁ ପାଇବୁ, ସ୍ୱର୍ଗକୁ ଯିବୁ ବା ନରକ ଭୋଗ କରିବୁ, ସେହି ଭାବକାତରତା ମଧ୍ୟରେ ମତି ହରାଇ କୋଟି କୋଟି ମନୁଷ୍ୟ ଏହି ପୃଥିବୀରେ ମଧ୍ୟ ଯେତିକି ପାରସ୍ପରିକତା ତଥା ସହୃଦୟତା ଅବଶ୍ୟ ସମ୍ଭବ ହୁଅନ୍ତା, ସେହି ବିଷୟରେ ନିତାନ୍ତ ଅନମନୀୟ ଭାବରେ ଉଦାସୀନ ହୋଇ ରହି ପାରୁଛନ୍ତି, ଶକ୍ତି ଭୁଲିଛନ୍ତି ତଥା ବହୁ ବହୁ ସାମର୍ଥ୍ୟ-ସମ୍ଭାବନାରୁ ଆପଣାକୁ ବିସ୍ମୃତ କରି ରଖିଛନ୍ତି, ତୋ' ଅସଲ ଭଗବାନ୍‌ଟି ତୋ' ଭିତରେ ହିଁ ଅଛନ୍ତି, ଓ ଅଭାବନୀୟ କେତେ କେତେ ଶକ୍ତି ଯେ ଏହି ପୃଥିବୀରେ ଅବଶ୍ୟ ସମ୍ଭବ ହୋଇ ପାରନ୍ତା ବୋଲି ଉପଲବ୍ଧି କରି ସଚେତନ ଭାବରେ ପରସ୍ପରକୁ ଲୋଡ଼ିଲେ ଏଠାରେ ତୋ'ର ଏହି ଜୀବନଭୂମିଟି ଉପରେ ସ୍ୱର୍ଗର ସୋପାନଗୁଡ଼ିକ ଗୋଟିକ ପରେ ଗୋଟିଏ ଯେ ଅବଶ୍ୟ ଆମ ବିଶ୍ୱଦୃଷ୍ଟିଟି ମଧ୍ୟରେ ଆମ ଆୟତ୍ତକୁ ଆସିପାରନ୍ତେ, ସେହି ଅନ୍ୟ ସନ୍ଦେଶଟିକୁ ସ୍ୱର୍ଗଲୋଭୀ ତଥା ନର୍କଭୀତ ପଳାୟନକାମୀମାନେ ମୋଟେ ବୁଝି ପାରନ୍ତିନାହିଁ।

ସେହି କ୍ରମରେ ତୃତୀୟ ବିଜୟଟି ହେଉଛି, ଯଥାସମ୍ଭବ ଶ୍ରୀ ଅରବିନ୍ଦଙ୍କର ଭାଷାରେ: ସେହି ସର୍ବୋଚ୍ଚ ପ୍ରଲୋଭନଟି, ଯାହାକି ସାଧନାରତ ଜଣେ ବ୍ୟକ୍ତିକୁ ଜୀବନ ମଧ୍ୟରୁ ପଳାଇ ଯିବା ନିମନ୍ତେ ପ୍ରବର୍ତ୍ତନା ଦେବାରେ ଲାଗିଥାଏ; ସାଧକର କାନପାଖରେ ଆଣି କେଡ଼େ ନିଜର ଜଣେ ମଣିଷ ପରି କହୁଥାଏ, ତୁ ଯାହାର ଅନ୍ୱେଷଣ କରିବାରେ ବ୍ରତୀ ହୋଇଛୁ, ଯିଏ ଅନନ୍ତ, ଏହି ବ୍ୟକ୍ତିଭିଡ଼ର କୋଳାହଳର ସଂପୂର୍ଣ୍ଣ ବାହାରେ ଏଠାରୁ ବାହାରିଗଲେ ଯାଇ ପ୍ରକୃତ ଶାନ୍ତି। ସେଠାରେ ତୋ'ର ଆଦୌ କୌଣସି ଚିନ୍ତା ନଥିବ, ଏହି ମାୟାମୟ ଅନିତ୍ୟ ଭୁବନଟି ସହିତ ବାନ୍ଧି ହୋଇ କୌଣସି ଚେଷ୍ଟା ବି କରିବା ସକାଶେ କୌଣସି ଧନ୍ଦା ବି ନଥିବ, ତୁ ସେତେବେଳେ କେବଳ ନିଜ ଭିତରେ ନିଜେ ହିଁ ନିମଗ୍ନ ରହି ଅସଲ ଆନନ୍ଦଟିକୁ ଲାଭ କରିବାରେ ଲାଗିଥିବୁ। ଏବଂ, ପୂର୍ଣ୍ଣାଙ୍ଗ ସାଧକକୁ ସେହି ପ୍ରଲୋଭନରୁ ମୁକ୍ତ ହୋଇ ବାହାରି ଆସିବାକୁ ପଡ଼ିବ। ତାହାହିଁ ଅନ୍ତିମ ବିଜୟ। ସେହି ବହୁଗୁରୁଙ୍କ ଦ୍ୱାରା ଯୁଗେ ଯୁଗେ ପ୍ରକୀର୍ତ୍ତିତପ୍ରାୟ ହୋଇ ଆସିଥିବା ସେହି ପ୍ରଲୋଭନଟିକୁ ପରିତ୍ୟାଗ କରି ଶେଷ ବିଜୟଟିକୁ ହାସଲ କରି ଆମେ ବସ୍ତୁତଃ କେଉଁଠାକୁ ଚାଲିଆସିବା ? ଏକ ଦିବ୍ୟଜୀବନର ପ୍ରତିଷ୍ଠା ଲାଗି ଅର୍ଥାତ୍ ସର୍ବବିଧ ଈଶସତ୍ୟକୁ ଏହି ପୃଥ୍ୱୀଭୂମି ମଧ୍ୟକୁ ଅବତୀର୍ଣ୍ଣ ଏବା ସାକାର କରି ଆଣିବା ନିମନ୍ତେ।

ଆମର ଅହଂଗୁଡ଼ିକରୁ ମୁକ୍ତି, ଏହି ପୃଥିବୀ ଭିତରକୁ ଫେରି ଆସିବା ପାଇଁ। ଆମେ ସହସ୍ର ପ୍ରକାରେ ତଥାକଥିତ ଅହଂଚୟର ମିଛ ଲାଳନଗୁଡ଼ିକର ଫାଶୀଭିତରେ ଏପରି ବାନ୍ଧିହୋଇ ରହିଥାଉ ଯେ, ପୃଥିବୀଟିକୁ ମୋଟେ ଚିହ୍ନି ବି ନଥାଉ। ଅହଂକୁ ଦର୍ପଣ କରି ପୃଥିବୀକୁ ଦେଖିବାଟା ଆମକୁ ଏଠି ବଡ଼ ଅନ୍ୟମନସ୍କ କରି ରଖିଥାଏ। ପୃଥିବୀକୁ ଦର୍ପଣ କରି ଆପଣା ଭିତରର ସାର ଅହଂ ଚେତନାଟିକୁ ଚିହ୍ନିବା ଅର୍ଥାତ୍ ଆବିଷ୍କାର କରିବା, – ଏଇଟି ଏକାବେଳେକେ ଏକ ଭିନ୍ନ ଆବିଷ୍କାର। ତେଣୁ, ଏକ ସଂପୂର୍ଣ୍ଣ ଶ୍ରଦ୍ଧାରେ ପୃଥିବୀକୁ ଫେରି ଆସିବାର ଅର୍ଥ ହେଉଛି ଆପଣାର ଯଥାର୍ଥ ଘରଟିକୁ ହିଁ ଫେରି ଆସିବା। ପୃଥିବୀକୁ ହିଁ ଭଗବତ୍-ସମ୍ଭାବନାଚୟର ସତ୍ୟ ସ୍ୱସଦନଟିଏ ରୂପେ ଅନୁଭବ କରିବା ଏବଂ ତାହାରି ପ୍ରେରଣାରେ ଅନ୍ୟଭଳି ଜୀବନଟିଏ ବଞ୍ଚିବା। ସେହି ପୃଥବୀଟି ନିମନ୍ତେ ଆପଣାକୁ ଉତ୍ସର୍ଗୀକୃତ କରି ରଖିଥିବାର ନିତ୍ୟ-ପ୍ରକ୍ରିୟାଟି ହେଉଛି ପୂର୍ଣ୍ଣାଙ୍ଗ ଜୀବନର ତଥା ପୂର୍ଣ୍ଣାଙ୍ଗ ଏକ ଜୀବମାର୍ଗର ଅନୁଶୀଳନରେ ନିତ୍ୟରତ ହୋଇ ରହିଥିବା । ଆମେ ପ୍ରତ୍ୟେକେ ଯେ ମୂଳତଃ ସେହି ବିଭୁସନ୍ଦେଶଟିକୁ ବହନ କରି ଏହି ପୃଥିବୀକୁ ଆସିଛୁ ଏବଂ ପରସ୍ପର ସହିତ ଏହି ପୃଥିବୀନାମକ ଗୃହଟିରେ ଏକତ୍ର ଜୀବନଯାପନ କରୁଛୁ, ତାହାକୁ ନିଜ ଭିତରେ ତଥା ବାହାରେ ସଂପୂର୍ଣ୍ଣ ପ୍ରକାରେ ଅନୁଭବ କରି ପାରୁଥିବା, – ସମ୍ଭବତଃ ତାହାହିଁ ହେଉଛି ଆମ ସାଧନାରୁ ଲବ୍ଧ ହେଉଥିବା ସେହି ସାତତ୍ୟ, ଯାହାକି ଆମକୁ ପରସ୍ପର ମଧ୍ୟରେ ସେହି ପରମ ଉପସ୍ଥିତିଟିକୁ ପ୍ରତ୍ୟକ୍ଷ ଅନୁଭବ କରିବାର ପ୍ରତିଶ୍ରୁତିଗୁଡ଼ିକୁ ଅନୁକ୍ଷଣ ଅବଶ୍ୟ ଯୋଗାଇ ଦେଉଥିବ।

ପାରମ୍ପରିକ ଯୋଗସାଧନାର ଶାସ୍ତ୍ରୀୟ ମାର୍ଗରେ ଯଥେଷ୍ଟ ନିଷ୍ଠା ନଥିଲା ବୋଲି ଅପବାଦ ଦେବାରେ ଏହି କ୍ଷେତ୍ରରେ ଆଦୌ କୌଣସି ଅବକାଶ ରହିବା ହିଁ ଉଚିତ ନୁହେଁ। ସମ୍ଭବତଃ ଏହି ସମଗ୍ର ସମ୍ଭାବନାମୟତାଟିକୁ ଯଥାର୍ଥ ଚେତନାଦ୍ୱାରା ସଂପୂର୍ଣ୍ଣ କରି ଦେଖି ପାରିବା ଲାଗି ଅନୁରୂପ ଭୂମି ପରିବେଶଟିଏ ତିଆରି ହୋଇନଥିଲା। ଭୂଗୋଳମାନେ ଖୁବ୍ ସ୍ଥାନୀୟ ହୋଇ ରହିଥିଲେ ତଥା ଗୁରୁମାନେ ସେମାନଙ୍କର ପହୁଞ୍ଚ ମଧ୍ୟ ରେ ଯେତିକି ଘ୍ରାଣ କରି ପାରୁଥିଲେ, ନ୍ୟାୟତଃ ସେତିକି ମଧ୍ୟରେ ହିଁ ସାଧନାର ବ୍ୟାକରଣଟିକୁ ତୟ୍ କରି ପାରୁଥିଲେ। ମେଦିନୀଗୁଡ଼ିକର ସୀମାରେ ଆମ ଏଯୁଗରେ ଯାଇ ଅନୁରୂପ ପ୍ରସାରଣମାନେ ସମ୍ଭବ ହେଲେ। ମନୁଷ୍ୟର ବହିଃପ୍ରକୃତିର ବ୍ୟାସାର୍ଥଗୁଡ଼ିକରେ ଅଭୂତପୂର୍ବ ପ୍ରସାରଣମାନେ ସମ୍ଭୂତ ହୋଇ ଆସିବା ଫଳରେ ଅନ୍ତଃପ୍ରକୃତି ସହିତ ଅଧିକ ଅନ୍ତରଙ୍ଗ ପରିଚୟମାନ ସମ୍ଭବ ହୋଇ ପାରିଲା। ମନୁଷ୍ୟ ମନୁଷ୍ୟ ମଧ୍ୟରେ ସଂସ୍ରବଗୁଡ଼ିକ ବୃଦ୍ଧି ପାଇବା ଫଳରେ ପରସ୍ପରର ଅଧିକ ଭିତରକୁ

ଦେଖି ହେଲା ଏବଂ ସେଥିରୁ ଏଭଳି ଏକ ନୈକଟ୍ୟଯୁକ୍ତ ସମଧର୍ମିତାର ଭାବ ନିଷ୍ପନ୍ନ ହେଲା, ଯାହାଫଳରେ କି ଅନ୍ତର୍ନିହିତ ଏକତାମାନେ ଆଗ ଦୃଷ୍ଟିଗୋଚର ହେଲେ। ମତଗୁଡ଼ିକ ପଛ ହୋଇଗଲେ, ସତ୍ୟଟା ହିଁ ସବାଆଗ ପରିଦୃଷ୍ଟ ହେବାକୁ ଲାଗିଲା। ଅଧ୍ୟାତ୍ମ ହିଁ ସମଗ୍ର ବିଶ୍ୱକୁ ଜନନୀ ପରି ଧରି ରଖିଥିବାର ଏକ ଅନ୍ୟ ଅବବୋଧଟି ମୀମାଂସକ ହେବାକୁ ଲାଗିଲା। ଯୋଗ-ସାଧନା ଅର୍ଥାତ୍ ସତ୍ୟସାଧନାର ସଂଜ୍ଞାପରିସରଟି ବ୍ୟାପ୍ତତର ହେବାଲାଗି ସତେଅବା ଏକାଧିକ ଅର୍ଥରେ ଏକ ଅନୁକୂଳ ପବନ ପାଇପାରିଲା। ପୃଥିବୀଟିର ପରିମିତିଟି ବହୁଗୁଣ ବଢ଼ିଗଲା ସିନା, କିନ୍ତୁ ସେଇଟିର ବୋଧଟି ମଧ୍ୟରେ ଗିଳି ହୋଇ ପଡ଼ିବାର ଭୟଟା ଆଉ ମୋଟେ ଆତଙ୍କିତ କଲାନାହିଁ। ଭଗବାନ୍ ସାଧକ ମନୁଷ୍ୟମାନଙ୍କର ଏହି ନୂତନ ଉପବୀତଟିଏ ଧାରଣ କରିବାର ଦେଖି ଶ୍ରଦ୍ଧାଭର ହୋଇ ଏହି ତଥାକଥିତ ତଳଟା ଉପରେ ସେମାନଙ୍କୁ ଧରା ଦେବାର କରୁଣାଟିକୁ ରାଜୀ ହୋଇଗଲେ କି ? ଏହି ଯାବତୀୟ ନୂତନ ଉତ୍ସମୁହଁଗୁଡ଼ିକ ଉନ୍ମୋଚିତ ହୋଇଯିବା ଫଳରେ ହିଁ କେତେ ନା କେତେ ସାହସରେ ମନୁଷ୍ୟମାନେ ଏକାବେଳେକେ ନୂଆ ନୂଆ ସମ୍ଭାବନାର ସ୍ୱପ୍ନମାନେ ଦେଖିବାକୁ ଆରମ୍ଭ କଲେ। ନିଜ ଭିତରେ ହିଁ ସେହି ବିଶ୍ୱଏକତା ଲାଗି ଅଭୀପ୍ସୁ ହୋଇ ପାରିଲେ। ବିଶ୍ୱମୁକ୍ତି ସହିତ ତଥାକଥିତ ଆପଣାର ମୁକ୍ତିଟି ମଧ୍ୟ ସର୍ବଦା ଯୋଡ଼ି ହୋଇ ରହିଛି ବୋଲି ସତେଅବା ସିଧା ସୁରାଖଗୁଡ଼ିକୁ ପାଇପାରିଲେ। ପୁରୁଣାଟି ଯେ ଗୋଟିଏ ଫୁଟ୍‌କି ମାରିବା ମାତ୍ରକେ ଡରି ପଳାଇଗଲା, ସେକଥା ମୋଟେ ନୁହେଁ। ପୁରୁଣା ମଧ୍ୟ ଯୁଦ୍ଧ ଲାଗି ପ୍ରସ୍ତୁତ ହେଲା। ଏକ ଅନ୍ୟ ଭବିଷ୍ୟ ଲାଗି ଉପଯୁକ୍ତ ଭୂମିଗୁଡ଼ିକୁ ପ୍ରସ୍ତୁତ କରି ଆଣିବାକୁ କ'ଣ ପୁରୁଣା ଏବଂ ନୂଆ ଭିତରେ ଏହି ନିଦାରୁଣ ସଂଘର୍ଷ ଏବଂ ସମରମାନେ ଲାଗି ରହିଛନ୍ତି କି ? ମନୁଷ୍ୟମାନଙ୍କର ଅନ୍ତର ଭିତରେ ମଧ୍ୟ ସେହି ପୁରୁଣା ଓ ନୂଆ ମଧ୍ୟରେ ସମରମାନ ଘମାଘୋଟ ଲାଗି ରହିଛି। ଏବଂ, ବିଶ୍ୱର ଅସଲ ବିବେକମାନେ ସତେଅବା ରହସ୍ୟ କରି କରୁଛନ୍ତି : ଏଥର ଏକତା ହିଁ ଜିତିବ, ଭଗବାନ୍ ହିଁ ଜିତିବେ ।

(୮) But the very spirit of yoga is to make the exceptional normal, and to turn that which is above us and greater than our normal selves into our own constant consciousness.

- *BCL, Vol. 21,* ପୃଷ୍ଠା - ୫୯୬

'ଯୋଗ' କହିଲେ ଆମ ଦ୍ୱାରା ନିତ୍ୟ ବ୍ୟବହାରର ସେହି ବିଶେଷ ଶାସ୍ତ୍ରୀୟ ଭାଷାର ଶବ୍ଦଟି ପ୍ରାୟ ପାରମ୍ପରିକ ଭାବରେ ଏକ ଖାସ୍ ଅର୍ଥବ୍ୟଞ୍ଜନାକୁ ବୁଝାଇ ଆସିଛି। ଯୋଗ ସଂସାରତ୍ୟାଗୀ ବିଶେଷ ମନୁଷ୍ୟମାନେ ଅକ୍ତିଆର କରି ଆସିଥିବା ଏକ ବିଶେଷ

ବିଦ୍ୟାକୁ ତଥା ବିଶେଷ ଜୀବନପ୍ରକାରକୁ ବୁଝାଉଛି । ଯତି, ଯୋଗୀ ଆଦି ଖାସ୍ ଅନନ୍ୟବ୍ରତୀମାନଙ୍କ ନିମନ୍ତେ ନିର୍ଦ୍ଦେଶିତ ହୋଇ ରହିଥିବା ଏକ ବିରଳ କ୍ଷମତାର ଅଧିକାରିତ୍ୱ । ଆମ ଏହି ସାଧାରଣ ସଂସାରର ସଂପୂର୍ଣ୍ଣ ବାହାରେ । ତୁମେ ଯୋଗୀ ହେବ ଏବଂ ସଂସାର କରିବ ଅର୍ଥାତ୍ ସଂସାର ଭିତରେ ରହିବ, ଏହାଦ୍ୱାରା ସ୍ୱୟଂ ଯୋଗୀମାନେ ଭ୍ରଷ୍ଟ ହୋଇଯିବେ ନଚେତ୍ ସ୍ୱୟଂ ସଂସାରଟି ମଧ୍ୟ ନଷ୍ଟ ହେବା ହିଁ ସାର ହେବ । ତେଣୁ, ତାହା ହେଉଛି ଆମ ସ୍ୱାଭାବିକ ଜୀବନଟିରୁ ସଂପୂର୍ଣ୍ଣ ଭାବରେ ନିଆରା । ଏକ ବ୍ୟତିକ୍ରମ ଏବଂ ତେଣୁ ଅସ୍ୱାଭାବିକ । ଆମ ସଂସାର ଚିରକାଳ ସେହି ବ୍ୟତିକ୍ରମମାନଙ୍କୁ ଖୁବ୍ ସମ୍ମାନ ଦେଖାଇଆସିଛି, ସେମାନଙ୍କୁ ଆମ ମାମୁଲିମାନଙ୍କର ତୁଳନାରେ ଅଧିକ ବୋଲି ସ୍ୱୀକାର କରିଛି, – ସେମାନଙ୍କୁ ସ୍ୱତନ୍ତ୍ର ମୂଲ୍ୟ ଦେଇ ପ୍ରଣାମ ମଧ୍ୟ ଜଣାଇଛି । ମାତ୍ର, ସେହି ଦୂରରୁ ଏହି ସବୁକିଛି କରିଛି । ଏବଂ, ସେହି ବ୍ୟତିକ୍ରମଟିକୁ ମାନି ନେଇ ସେହି ଯୋଗୀମାନେ ତାହାକୁ ନିରାପଦ ବୋଲି ମଣି ମାମୁଲି ସଂସାରଗ୍ରସ୍ତମାନଙ୍କଠାରୁ ଦୂରରେ ରହି ସମ୍ଭବତଃ ଖୁସୀ ବି ହୋଇଛନ୍ତି ଏବଂ, ଦୁଃଖମୟ ସଂସାରଟା ଭିତରୁ ନିଷ୍କୃତି ଲାଭ କରି ପାରିଛନ୍ତି ବୋଲି ହୁଏତ ବେଶ୍ ପ୍ରସନ୍ନ ହୋଇ ରହିଛନ୍ତି ।

ପ୍ରସ୍ତୁତ ଉଦ୍ଧୃତିଟିରେ ଶ୍ରୀ ଅରବିନ୍ଦ ଯୋଗକୁ ସେହି ବ୍ୟତିକ୍ରମ ହୋଇ ରହିବାର ଉଚ୍ଚତାରୁ ଆପଣାକୁ ଏକ ସଂସାର-ଆସ୍ପୃହାଗତ ସ୍ୱାଭାବିକ ସ୍ତରକୁ ଅବତୀର୍ଣ୍ଣ କରାଇ ଆଣିବାର ପ୍ରକ୍ରିୟା ବୋଲି କହିଛନ୍ତି । ଯୋଗର ସାଧନା ଏହି ସାଂସାରିକ ଜୀବନବ୍ୟବସ୍ଥାରେ ସଚେତନ ଭାବରେ ଏକ ଉତ୍ତୋଳନ ଘଟାଇବା ନିମନ୍ତେ । ଯୋଗୀ ସଂସାରରେ ହିଁ ରହିବ, ଏକ ଭାଗବତ ପ୍ରୀତିର ଏହି ସଂସାରୀୟ ଜୀବନକ୍ଷେତ୍ରରେ ପ୍ରତିଫଳନ ଘଟାଇବାରେ ସିଏ ନିମିତ୍ତବତ୍ କାର୍ଯ୍ୟ କରିବ । ଭଗବତ୍-ସମ୍ଭାବନାଗୁଡ଼ିକୁ ଏହି ଧରଣୀନାମକ ଜୀବନ-ମହାଖଣ୍ଡକୁ ନେଇ ଆସିବାରେ ନିମିତ୍ତ ହେବ ଏବଂ ଏପାଖରୁ ପୃଥିବୀକୁ ଅର୍ଥାତ୍ ଆମ ସମସ୍ତଙ୍କୁ ସେଥିଲାଗି ସମ୍ମତ ତଥା ସଚେତନ ଭୂମିରୂପେ ପ୍ରସ୍ତୁତ କରିବାଲାଗି ପ୍ରୟାସ କରିବ । ଗୋଟିଏ କଥାରେ କହିଲେ, ସଂପୂର୍ଣ୍ଣ ଉତ୍ସର୍ଗୀକୃତ ଭାବରେ ପୃଥିବୀସ୍ଥ ଏହି ମନୁଷ୍ୟମାନଙ୍କ ଲାଗି ସେମାନଙ୍କର ସଂପୂର୍ଣ୍ଣ ଘରଟି ବିଷୟରେ ସଚେତନ ଓ ସଚଳ କରାଇ ନେଉଥିବ; ମୋଟେ ପଳାଇ ଯାଇ ନାନାବିଧ ଅନ୍ୟ ଶ୍ରଦ୍ଧାରେ ଯଥାସମ୍ଭବ ଅଧିକ ଉଚ୍ଚରେ ଅଲଗ ହୋଇ ରହିବନାହିଁ । ପୃଥିବୀକୁ ଆଦୌ ନାକ ଟେକିବନାହିଁ, ଭୟ ବି କରିବନାହିଁ । ପାରମ୍ପରିକ ଧର୍ମବାରତାମାନେ କେଡ଼େ ଅତ୍ୟାଗ୍ରହ ସହିତ ଭଗବାନଙ୍କୁ ପୃଥିବୀଠାରୁ ଅଲଗା କରି ରଖିଛନ୍ତି, କାରଣ ସେମାନେ ଏଠି ରହିଲେ ବାଟ ହୁଡ଼ିଯିବେ ଏବଂ ପୃଥିବୀ ଭଳି, ମାମୁଲି ଭଳି ଦିଶିବେ ବା ଲାଗିବେ ବୋଲି ଆଶଙ୍କା କରିଛନ୍ତି କି ?

ଫଳରେ ଭଗବାନ୍ ସତେଅବା ଦ୍ୱିବିଭାଜିତ ହୋଇ ରହିଛନ୍ତି। ପୃଥିବୀ ମଧ୍ୟ ନାନା ଖଣ୍ଡିତତା ମଧ୍ୟରେ କେଡ଼େ ହତଶିରୀ ହୋଇ ନରହିଛି ! ଆମରି ଏହି ନକାରାତ୍ମକ- ପ୍ରାୟ ବିଭାଜିତ ଚେତନାରେ ଆମେ ଯାହାକୁ ଉଚ୍ଚତମ ଏବଂ ପରମ ବୋଲି କହି ଏଣେ ତାଙ୍କଠାରୁ ଅଲଗା ହୋଇ ପୃଥିବୀଟିକୁ ବଞ୍ଚୁଛୁ ଏବଂ ଯାବତୀୟ ପ୍ରକାରେ ଦୁଃଖୀ ହୋଇ ରହିଛୁ, କ'ଣ ସବୁ ଅଚେତନତା ଦ୍ୱାରା ପ୍ରାୟ ଅଭ୍ୟସ୍ତ ଭାବରେ ସେତିକିରେ ମଣ ହୋଇ ରହିଛୁ ତଥା ତାହାକୁ ହିଁ ଆମଦ୍ୱାରା ସମ୍ଭବ ସବୁକିଛି ବୋଲି ଧରି ବି ନେଇଛୁ, ସେମାନେ କେତେ କେତେ ବକ୍ରତାର ଶିକାର ହୋଇ ଭଗବାନଙ୍କୁ ମଧ୍ୟ ନିର୍ବାସିତ କରି ରଖିବାର ମିହନ୍ତମାନ କରିବାରେ ଲାଗିଛନ୍ତି। ଶ୍ରୀ ଅରବିନ୍ଦ ଏହି କ୍ଷେତ୍ରରେ ଏକ ପୂର୍ଣ୍ଣ ଏକତାର ଆହ୍ୱାନ ଦେଇଛନ୍ତି। ଆମ ଏହି ଭୂମିର ସଂସାରସ୍ଥମାନଙ୍କୁ ଯେତିକି, ସେପାଖର ଯୋଗୀମାନଙ୍କୁ ମଧ୍ୟ ସେତିକି। ସେଥିନିମନ୍ତେ ହିଁ ଏକ ସାତତ୍ୟ, ସାତତ୍ୟର ଚେତନା, – ସେହି ପୂର୍ଣ୍ଣ ଏକତାର ଆହ୍ୱାନଟିକୁ ଶୁଣିବା ଏବଂ ସେହି ଅନୁସାରେ ନିଜ ବିଷୟରେ, ଆମ ପୃଥିବୀ ବିଷୟରେ ତଥା ଭଗବାନଙ୍କ ବିଷୟରେ ନିଷ୍ପତ୍ତି ଗ୍ରହଣ କରିବା, ତାହାହିଁ ପୂର୍ଣ୍ଣାଙ୍ଗ ଯୋଗର ସାଧନା। ସେହି ମୀମାଂସାଟି ସତକୁ ସତ କରିପାରିଲେ ତଥାକଥିତ ସଂସାରୀମାନେ ଯୋଗୀମାନଙ୍କୁ ଲୋଡ଼ି ବାହାରିବେ ଏବଂ ଯୋଗୀମାନେ ମଧ୍ୟ ଅଧିକ ଭାଗବତ ଶ୍ରଦ୍ଧା ସହିତ ପୃଥିବୀକୁ ଲୋଡ଼ିବେ। ସେହି ଏକତାର ସାଧନାରେ ସ୍ୱୟଂ ଭଗବାନ ହିଁ ଉଭୟଙ୍କର ସେତୁରୂପେ କାର୍ଯ୍ୟ କରୁଥିବେ। ଆମର ସ୍ୱାଭାବିକ ଜୀବନ କହିଲେ ଆମେ ଯାହାକିଛି ସଚଳତାକୁ ସେତେବେଳେ ବୁଝିବାକୁ କ୍ରମଶଃ ସମର୍ଥ ହୋଇ ପାରୁଥିବା, ଅନୁକ୍ଷଣ ସେହି ଭଗବାନଙ୍କୁ ହିଁ ପ୍ରତ୍ୟକ୍ଷ ଭାବରେ ଅନୁଭବ କରିପାରିବା। ବ୍ୟକ୍ତିଗତ ଦୁଃଖନିଷ୍କୃତି ନିମନ୍ତେ ଯୋଗର ଆଶ୍ରୟ କରିବାର କୌଣସି ପ୍ରୟୋଜନ ହିଁ ରହିବ ନାହିଁ। ତେଣୁ ଯୋଗର ପଥ ଯୋଗୀର, ତଥା ସଂସାରୀମାନଙ୍କର ଏକ ସହଜ ଓ ସ୍ୱାଭାବିକ ପଥରେ ପରିଣତ ହେବାକୁ ଆରମ୍ଭ କରିବ। ସେହି ପ୍ରକ୍ରିୟାରେ ଯେଉଁ ନୂତନ ଗୋଷ୍ଠୀ ଅର୍ଥାତ୍ ସଂହତିମାନ ଗଠିତ ହୋଇ ଆସିବ, ସେଥିରେ ଯୋଗୀ ଏବଂ ସନ୍ନ୍ୟାସୀ ଉଭୟଙ୍କର ଜୀବନଧାରାରେ ହିଁ ଅଭାବନୀୟ ପରିବର୍ତ୍ତନ ସମ୍ଭବ ହେବ। ଆମର କାଳକାଳର ଭାଗବତ୍‌କଳ୍ପନାମାନେ ସମୁଦାୟ ଅର୍ଥରେ ଏକ ସଂସାରବସ୍ତବରେ ରୂପାନ୍ତରିତ ହୋଇଯିବେ। ଆବହମାନ ସମୟରୁ ଯେଉଁ ବିବର୍ତ୍ତନଟି ଏକ ଭାଗବତ ନିୟତିର ବରାଦ ଅନୁସାରେ ସର୍ବଦା କ୍ରିୟାଶୀଳ ରହି ଆସିଥିଲା, ଆମ ମନୁଷ୍ୟମାନଙ୍କର ଶ୍ରେଷ୍ଠତମ ଆସ୍ପୃହାଗୁଡ଼ିକର ସଚେତନ ସମର୍ଥନରେ ସେଗୁଡ଼ିକ ତ୍ୱରାନ୍ୱିତ ହିଁ ହେବ, ସବୁକିଛି କତି କତି ଲାଗୁଥିବ। କେହି କାହାରିକୁ ପଛରେ ପକାଇ ଦେଇ ସତେଅବା ଆଗ

କୌଣସି ସ୍ୱର୍ଗରାଜ୍ୟରେ ଯାଇ ପହଞ୍ଚିବାକୁ ମନ ହିଁ କରିବେ ନାହିଁ। କୁହନ୍ତୁ ତ, ଏହି ପ୍ରକ୍ରିୟାଟିକୁ ଆରୋହଣ ବୋଲି କହିବା ନା ଅବତରଣ ବୋଲି କହିବା ? କେବଳ ଏକ ପରମ ନିର୍ଦ୍ଦେଶ ବୋଲି ସ୍ୱୀକାର କରିନେବାରେ ନିଶ୍ଚିତ ଭାବରେ ସେତେବେଳେ ଭିତରେ ବା ବାହାରେ କୌଣସି ଅସୁବିଧା ହିଁ ନଥିବ।

ପଣ୍ଡିଚେରୀରେ ତପୋରତ ହୋଇ ରହିବାର ସେହି ପ୍ରଥମ ପର୍ଯ୍ୟାୟରେ ଶ୍ରୀ ଅରବିନ୍ଦ ବାହାରର ପୃଥିବୀ ଜାଣିବା ଭଳି 'ଆର୍ଯ୍ୟ' ନାମକ ଏକ ପତ୍ରିକାର ସମ୍ପାଦନା ଆରମ୍ଭ କରିଥିଲେ। ସେହି ପତ୍ରିକା ୧୯୧୪ରୁ ୧୯୨୧ ପର୍ଯ୍ୟନ୍ତ ଅବାରିତ ଭାବରେ ପ୍ରକାଶିତ ହେଉଥିଲା। ଏକ ସମ୍ପୂର୍ଣ୍ଣତର ଅର୍ଥରେ ଏହି କାର୍ଯ୍ୟଟିକୁ ତାଙ୍କ ତପସ୍ୟାର ଏକ ଆବଶ୍ୟକ ଅଂଶ ବୋଲି ମଧ୍ୟ କୁହାଯାଇ ନପାରିବ କାହିଁକି ? ସେଥିରେ ପ୍ରକାଶିତ ପ୍ରକରଣ ଗୁଡ଼ିକରେ ପୁସ୍ତକ-ସମୀକ୍ଷା ମଧ୍ୟ ଅନ୍ତର୍ଭୁକ୍ତ ହୋଇ ରହିଥିଲେ। ଗୋଟିଏ ସଂଖ୍ୟାରେ ଶ୍ରୀ ଅରବିନ୍ଦ ବିଖ୍ୟାତ ଇଂରାଜୀ ଲେଖକ H.G.Wells ଙ୍କ ଦ୍ୱାରା ଲିଖିତ 'God, the Invisible King' ପୁସ୍ତକଟିର ଏକ ସମୀକ୍ଷା ପ୍ରକାଶ କରିଥିଲେ। ଏଠାରେ ଆମେ ସେଇଥିରୁ କେତେକ ବାକ୍ୟ-ସଂବଳିତ ଏକ ଉଦ୍ଧୃତିର ଉଲ୍ଲେଖ କରିବା ଏବଂ କିଞ୍ଚିତ୍ ଆଲୋଚନା ମଧ୍ୟ କରିବା। କିନ୍ତୁ ତା' ପୂର୍ବରୁ ...

ସେତେବେଳେ ଇଉରୋପରେ ବିଜ୍ଞାନନାମକ ବୃକ୍ଷରେ ଫଳ ଫୁଲ ଲଦିହୋଇ ରହିଥିବା ପରି ଦେଖା ଯାଉଥିଲା । ନିଜ ବିଜ୍ଞାନବୁଦ୍ଧିର ପ୍ରୟୋଗଦ୍ୱାରା ମନୁଷ୍ୟ ଏହି ପୃଥିବୀଟାକୁ ବହୁ ସମ୍ପନ୍ନତା ଆଣି ଯୋଗାଇ ଦେଇପାରିବ। ମନୁଷ୍ୟ ନିମନ୍ତେ ଅପ୍ରାପ୍ୟ ଅର୍ଥାତ୍ ଅସମ୍ଭବ ବୋଲି ଆଉ ମୋଟେ କିଛିହେଲେ ରହିବନାହିଁ। ଏହି ମର୍ତ୍ତ୍ୟରେ ହିଁ ସ୍ୱର୍ଗଭଳି ସୁଖ ଉପଲବ୍ଧ ହେବ। ତେବେ, ଧର୍ମ ତଥା ଧର୍ମୋପାସନାର ଯାବତୀୟ ଅନ୍ଧବିଶ୍ୱାସ ଆପେ ଆପେ ଚାଲିଯିବେ। ଭଗବାନ୍ ଅଲୋଡ଼ା ହୋଇ ରହିବେ। ଏହିସବୁ ଅତ୍ୟୁଜ୍ଜଳ କଳ୍ପନାକୁ ନେଇ ଶ୍ରୀଯୁକ୍ତ ୱେଲସ୍ ଏତେ ଅଧିକ ପରିମାଣରେ ଉତ୍ସାହିତ ହୋଇ ପଡ଼ିଲେ ଯେ, ପୃଥିବୀର ଜଣେ ଭବିଷ୍ୟ-ସଚେତନ ମନୁଷ୍ୟ ସେହି ଅମିତ ଅଗ୍ରଗତିର ପଥରେ ଯେପରି ସତକୁ ସତ ପୂର୍ଣ୍ଣସଂପୃକ୍ତ ଏବଂ କ୍ରିୟାଶୀଳ କରି ଆପଣଙ୍କୁ ପ୍ରସ୍ତୁତ କରି ନେଇପାରିବ, ସେ ସେହି ଅଭିପ୍ରାୟରେ ମୋଟା ମୋଟା ତିନୋଟି ପୁସ୍ତକ ମଧ୍ୟ ଲେଖିଦେଲେ। ଏଗୁଡ଼ିକୁ ବିଜ୍ଞାନ ନିମନ୍ତେ ସଂପୂର୍ଣ୍ଣ ଅର୍ଥରେ ମଣ ହୋଇ ରହିବାକୁ ଆଧୁନିକ ମନୁଷ୍ୟ ପାଠ୍ୟପୁସ୍ତକ ହିସାବରେ ବ୍ୟବହାର କରିପାରିବ, ସେହି ଲକ୍ଷ୍ୟରେ ସେଗୁଡ଼ିକ ରଚିତ ହୋଇଥିଲା। ପ୍ରାୟ ଏକ ପୂର୍ବର ଅନନୁଭୂତ ମହାଉତ୍ସାହର ବନ୍ୟାରେ ମନୁଷ୍ୟର ଜୀବନନକ୍ସାମାନ ଭରପୂର ହୋଇ ଉଠିଲା ପରି ମନେ ବି ହେଲା। ଏବଂ, ..

ସେତିକିବେଳେ ପ୍ରଥମ ମହାଯୁଦ୍ଧ ଲାଗିଲା। ଆଗରୁ ଏହିଭଳି ଭୟାନକ ଧ୍ୱଂସଲୀଳା କେବେହେଲେ ଇଉରୋପୀୟ ଭୂଖଣ୍ଡଟି ଅଙ୍ଗେ ନିଭାଇ ନଥିଲା। ଏବଂ, କେଡ଼େ ନିଷ୍ଠାପର ଭାବରେ ବିଜ୍ଞାନର ନାନା ଦୈର୍ଘ୍ୟ ଏବଂ ପ୍ରସ୍ତଗୁଡ଼ିକୁ ନେଇ ପୃଥିବୀ ନିମନ୍ତେ ବିଶାଳ ସ୍ୱପ୍ନମାନ ଦେଖି ସମସାମୟିକ ସଂସାରଟାକୁ ପ୍ରାୟ ଚକିତ କରି ପକାଇଥିବା ଶ୍ରୀଯୁକ୍ତ ୱେଲ୍‌ସ୍‌ଙ୍କର ପ୍ରାୟ ଏକ ବିଚାରଗତ ମୋହଭଙ୍ଗ ହେଲା। ତାଙ୍କର କେତେ କେତେ ପ୍ରତ୍ୟୟର ଅଟ୍ଟାଳିକାଗୁଡ଼ିକର ଖୁଣ୍ଟିମାନେ ଭୁଷୁଡ଼ି ପଡ଼ିଲେ। ସୁଖ, ଅର୍ଥାତ୍ ଅଧିକରୁ ଅଧିକ ସମ୍ପନ୍ନତାଲାଭର ପରିଣତି କ'ଣ ଆଖର ଏହି ଯୁଦ୍ଧରେ, ମନୁଷ୍ୟମାନଙ୍କୁ ପରସ୍ପର ବିରୋଧରେ ଶ୍ୱାପଦବତ୍ ଦୁର୍ଦ୍ଦାନ୍ତ କରାଇ ଆଣିବାରେ ? ସେହି ଅନ୍ତର୍ଗତ ମହାପରାଭବର ସଙ୍କଟକାଳରେ ଶ୍ରୀ ଉଏଲସ୍ God, the Invisible King ପୁସ୍ତକଟିକୁ ଲେଖିଥିଲେ। ଆପଣା ଅତିବିଶ୍ୱାସର ପୂର୍ବ ନିର୍ଭରଶିଳାଟିକୁ ପୂରା ହରାଇ ଦେଇଥିବା ପରି ସତେଅବା ଏକ ବିକଳ୍ପ ଖୋଜିବାର ଆକୁଳତାରେ ସେ ଘୋଷଣା କରିଥିଲେ ଯେ ଏକ ଅଧାତ୍ମ ରହିଛି, ଏକ ପରମ ଈଶ୍ୱରସତ୍ତା ଅବସ୍ଥାନ କରୁଛି ଏବଂ ପୃଥିବୀରେ ଭଗବତ୍-ସାମ୍ରାଜ୍ୟର ପ୍ରତିଷ୍ଠା କରିବାକୁ ହେଲେ ସମ୍ଭବତଃ ସେହି ଭିତରେ ରହିଥିବା ପରମ ଅବସ୍ଥିତି ହିଁ ମୂଳଦୁଆ ରୂପେ କାର୍ଯ୍ୟ କରିବ। ଆପଣାକୁ ସେହି ଅନ୍ତର୍ଗତ ଅଧୀଶ୍ୱରଙ୍କୁ ବହନ କରୁଥିବା ଏବଂ ସେହି ଉପସ୍ଥିତିଟି ବିଷୟରେ ସଚେତନ ହୋଇ ପାରିଥିବା ମନୁଷ୍ୟମାନେ ଏକତ୍ର ସେବକରୂପେ ସଂଗଠିତ ହୋଇ ବାହାରିବେ ଏବଂ ପୃଥିବୀକୁ ନାନା ଉତ୍ପୀଡ଼ନରେ ଏବଂ ଅନ୍ୟାୟ ଭାବରେ ଦୁଃଖୀ ଓ ଅସହାୟ କରି ରଖିଥିବା ଈଶ୍ୱରବିଚ୍ୟୁତ ସମ୍ରାଟ ଓ ଶାସକମାନଙ୍କ ବିରୋଧରେ ଯୁଦ୍ଧ ଘୋଷଣା କରିବେ। ସେହି ଅଦୃଶ୍ୟ ଅନ୍ତରସ୍ଥ ପରମେଶ୍ୱର ହିଁ ଜାଗ୍ରତ ଅର୍ଥାତ୍ ଚେତାଯୁକ୍ତ ମନୁଷ୍ୟବର୍ଗଙ୍କୁ ନିମିତ୍ତରୂପେ ବ୍ୟବହାର କରି ଏକ ରାଜନୀତିକ ତଥା ସାମାଜିକ ଯୁଦ୍ଧରେ ବିଜୟଲାଭ କରି ସଂସାରକୁ ବଦଳାଇବେ। ପୁନଶ୍ଚ, ଯେଉଁମାନେ ପରାଭବ ସ୍ୱୀକାର ନକରିବେ, ସେମାନଙ୍କ ବିରୋଧରେ ଖଡ୍‌ଗ ଉତ୍ତୋଳନ କରିବେ। ତେବେ ଯାଇ ଯଥାର୍ଥ ଶାନ୍ତିର ପ୍ରତିଷ୍ଠା ହେବ ଏବଂ ଈଶ୍ୱରୀୟ ରାଜ୍ୟ ସମ୍ଭବ ହେବ। ନିଜର ସମୀକ୍ଷାରେ ଶ୍ରୀ ଅରବିନ୍ଦ ସେହି ସମାଧାନଟିର ଜବାବ ଦେଇ କହିଛନ୍ତି : ଶ୍ରୀଯୁକ୍ତ ଉଏଲ୍‌ସ୍‌ଙ୍କର ଏହି ବୟାନରେ ଦୁଇଟି ଶାଶ୍ୱତ ପୃଥ୍ୱୀଧର୍ମକୁ ଅସ୍ୱୀକାର ହିଁ କରାଯାଇଛି। ପରମ ଈଶ୍ୱରସତ୍ତା ମନୁଷ୍ୟମାତ୍ରକେ ସମସ୍ତଙ୍କ ଭିତରେ ହିଁ ବିରାଜିତ ରହିଛନ୍ତି : ତାଙ୍କୁ ସ୍ୱୀକାର କରୁଥିବା ଓ ତାଙ୍କୁ ସ୍ୱୀକାର ନକରୁଥିବା ଉଭୟ ବର୍ଗର ମନୁଷ୍ୟମାନଙ୍କ ଭିତରେ। ତଥା, ତେଣୁ, ସେହି ପ୍ରଚ୍ଛନ୍ନ ଈଶ୍ୱରବୋଧଟିକୁ ସମସ୍ତଙ୍କ ଭିତରେ ଜାଗୃତ କରି ଆଣିପାରିଲେ ଏବଂ ସେହି ଜାଗୃତିଟିର ପ୍ରକ୍ରିୟାରେ ଅନ୍ୟମାନଙ୍କୁ ସାହାଯ୍ୟ କଲେ ଯାଇ ସେମାନଙ୍କୁ ସାଙ୍ଗରେ

ନେଇ ପୃଥିବୀପୃଷ୍ଠରେ ତାଙ୍କର ସାମ୍ରାଜ୍ୟଟିର ପ୍ରତିଷ୍ଠା କରିବା ସମ୍ଭବ ହେବ। ପାଦେ ଆଗକୁ ଯାଇ ଏବଂ ସତେଅବା ଏକ ମାର୍ଗର ସୂଚନା ଦେଇ ସେ ଯାହା ବ୍ୟକ୍ତ କରିଛନ୍ତି, ସେହି ଉକ୍ତିଟି ହେଉଛି :

(୯) True, an outward battle also has to be fought, but aganist institutions which stand in the way of the spreading of the light and the reign of brotherhood, not against men as unbelievers, - in a spirit of understanding, of knowledge, of firm will, but also of charity for ignorance and of love for the misled. *(BCL, Vol 17, ପୃଷ୍ଠା -୩୨୬)*

ଉକ୍ତିଟିର ଏକ ନିଷ୍କର୍ଷରୂପେ ତର୍ଜମା କରି କହିଲେ, ଏକଥାଟି ଅବଶ୍ୟ ସତ୍ୟ ଯେ ବାହାରେ ମଧ୍ୟ ଏକ ଯୁଦ୍ଧ ଲଢ଼ିବା ଆବଶ୍ୟକ ହେବ କିନ୍ତୁ ସେହି ଯୁଦ୍ଧ ଆମେ ଈଶ୍ୱର-ଅସ୍ୱୀକାରୀ ବୋଲି କହୁଥିବା ସେହି ତଥାକଥିତ ନାସ୍ତିକ ବ୍ୟକ୍ତିମାନଙ୍କ ବିରୋଧରେ ନୁହେଁ; ବସ୍ତୁତଃ ଯେଉଁ ଅନୁଷ୍ଠାନଗୁଡ଼ିକ ଆଲୋକର ପ୍ରସାରିତ ହେବାର ପଥରେ ବାଧା ହୋଇ ରହିଛନ୍ତି। ଏକ ଯଥାର୍ଥ ଭ୍ରାତୃତ୍ୱ ହିଁ ପୃଥିବୀରେ ରାଜତ୍ୱ କରିବା ଲାଗି ବାଟ ଛାଡ଼ିଦେବାରେ ଯେଉଁମାନେ ପ୍ରତିବନ୍ଧକ ହୋଇ ଛିଡ଼ା ହୋଇଛନ୍ତି, ଯୁଦ୍ଧଟି ସେହିମାନଙ୍କ ସହିତ। ମାତ୍ର, ଏକ ଯଥାର୍ଥ ବିବେକ ସହିତ, ଏକ ଯଥାର୍ଥ ଜ୍ଞାନଦ୍ୱାରା ପରିଚାଳିତ ହୋଇ ଏବଂ ଦୃଢ଼ ସଂକଳ୍ପ ସହିତ, ତଥାପି ସେହି ସଂଗଠନ ଓ ଅନୁଷ୍ଠାନଗୁଡ଼ିକୁ ଆଚ୍ଛନ୍ନ କରି ରହିଥିବା ଅଜ୍ଞାନଟି ନିମନ୍ତେ ପୂର୍ଣ୍ଣ ସହାନୁଭୂତିପୂର୍ଣ୍ଣ ଉଦାରଭାବ ସହିତ, ଯେଉଁମାନେ ସେହି ଭ୍ରାନ୍ତିଗୁଡ଼ିକର ପଥରେ ପରିଚାଳିତ ହେଉଛନ୍ତି, ସେମାନଙ୍କ ପ୍ରତି ସର୍ବଦା ପୂର୍ଣ୍ଣ ଶ୍ରଦ୍ଧାଭାବ ରଖି।

ଶ୍ରୀ ଅରବିନ୍ଦଙ୍କର ଉପରଲିଖିତ ଉକ୍ତିଟି ପରେ ଇତିମଧ୍ୟରେ ପ୍ରାୟ ଏକଶହ ବର୍ଷ ଅତିକ୍ରାନ୍ତ ହେବାକୁ ଯାଉଛି ଏବଂ ସେହି ଅବଧିଟିରେ ପୃଥିବୀକୁ ମଧ୍ୟ କେତେ ନା କେତେ ଅନୁଭବ ମଧ୍ୟ ଅବଶ୍ୟ ହେଲାଣି। ଦମ୍ଭ ହେବାର ଯେତିକି ଘଟଣା, ଆତଙ୍କିତ କରିଦେବାର ମଧ୍ୟ ସେତିକି ଘଟଣା। ସଂଗଠିତ କ୍ଷମତାମାନେ କେତେ ଅଧିକ ପ୍ରକାରେ ପୃଥିବୀକୁ ଆପଣାବଶ କରି ରଖିଛନ୍ତି, କେତେ ଭଳି ଅନ୍ଧାର ମଧ୍ୟରେ ଅତ୍ୟନ୍ତ ଅସହାୟ କରି ରଖିଛନ୍ତି। ମଝିରେ ଗୋଟାଏ ଭୟାବହ ବିଶ୍ୱଯୁଦ୍ଧ ବି ହୋଇଯାଇଛି। ମନୁଷ୍ୟପ୍ରତି ମନୁଷ୍ୟର କେତେ ଉଦାସୀନତା ଏବଂ ଅବହେଳା। ଅପର ପକ୍ଷରେ, ସବୁ ମଣିଷଙ୍କୁ ଏକାଠି କରି ବିଚାର କରିବା ନିମନ୍ତେ ଅଧିକ ସଚେତନତା। ଦେଶମାନେ, ସ୍ୱାର୍ଥମାନେ ଶତ୍ରୁସଚେତନ ହୋଇ ରହିଥିଲେ ମଧ୍ୟ ଶାସକମାନେ

ତଥାପି ହତିଆରମାନଙ୍କୁ ତତାଇ କରି ରଖିବାରେ ଲାଗିଥିଲେ ମଧ୍ୟ ତଥାପି ସତେଅବା ଆଗତପ୍ରାୟ ଏକ ଅନ୍ୟଭଳି ମୁହୂର୍ତ୍ତଦ୍ୱାରା ବାଧ୍ୟ ହେବାପରି ପରସ୍ପରକୁ ଏକାଠି ବସାଇ ବିକଳ୍ପମାନ ଲୋଡ଼ିଲେଣି। ବାହାରେ ତୋଡ଼ମାନେ କେଡ଼େ ଦର୍ପରେ ଆଖି ଦେଖାଇବାରେ ଲାଗିଥିଲେ ମଧ୍ୟ ସେମାନେ ନିଜ ଭିତରେ ରହିଥିବା ସେହି ଈଶ୍ୱରୀୟ ଦୋସରଟି ପାଖରେ ସତେଅବା ନିଜକୁ ଦୋଷୀ ପରି ଅନୁଭବ କରୁଛନ୍ତି କି ? କୁହନ୍ତୁ ତ, ସତକୁ ସତ କିଏ ହାରିବ ଓ କିଏ ଜିତିବ ! ମାତ୍ର ଏଥିରେ କୌଣସି ସନ୍ଦେହ ନାହିଁ, ସମଗ୍ର ପୃଥିବୀର ମନୁଷ୍ୟଙ୍କୁ ଏକତ୍ର ଗୋଟିଏ ନକ୍ସା ଭିତରେ ରଖି ଅନ୍ନର, ସ୍ୱାସ୍ଥ୍ୟର ତଥା ଶିକ୍ଷାଲୋକର ଚର୍ଚ୍ଚାମାନ ହେଲାଣି ଏବଂ କାର୍ଯ୍ୟତଃ ବହୁତ ଫଳ ଫଳିବାକୁ ମଧ୍ୟ ଆରମ୍ଭ କଲାଣି। ଏକ ନୂତନ ଭ୍ରାତୃତ୍ୱ ଅର୍ଥାତ୍ ପରସ୍ପର-ସଚେତନତା ବିଷୟରେ ଆମେ ଅଧିକାଂଶ ମଣିଷ ଅଧିକରୁ ଅଧିକ ରାଜୀ ହୋଇ ଯାଉଛୁ କି ? ଗାରମାନେ ଅନ୍ତର୍ହିତ ହେବାରେ ଆରମ୍ଭ କଲେଣି । ପୁରୁଣାଗୁଡ଼ିକର ମାୟା ତୁଟାଇ ପୃଥିବୀର ଅଧିକରୁ ଅଧିକ ଜୀବନପ୍ରୟାସ ନୂଆଟି ନିମନ୍ତେ ରାଜୀ ହୋଇଗଲେ କେତେ କ'ଣ ହାତପାଆନ୍ତା ହୋଇ ନଆସନ୍ତା ! ଦେଖିବା ମାତ୍ରକେ, ଆତ୍ମସଚେତନ ହେବା ମାତ୍ରକେ ସମଗ୍ର ପୃଥିବୀ ହିଁ ଦେଖାଯାଆନ୍ତା, ଏକ ପୃଥ୍ୱୀସଚେତନତା ସତକୁ ସତ ଆମ ସମସ୍ତଙ୍କର ଜନନୀ ପରି ପ୍ରଞ୍ଜଳ ହୋଇ ଆସନ୍ତା, – ତାହାହିଁ ତ ଭଗବତ୍-ସଚେତନତା, – ଏଇଠି ଏହି ପୃଥିବୀ ମଧ୍ୟରେ, ଏକ ଦିବ୍ୟ ଜୀବନର ସତତ ପ୍ରତିଶ୍ରୁତିରୂପେ ତଥା ପ୍ରସ୍ତୁତିର ମାଧ୍ୟମରେ। ଚଳନ୍ତି ସମାଜଗୁଡ଼ିକର ଗଭୀର ଶ୍ରଦ୍ଧାଶୀଳ ଏବଂ ଯଥାସମ୍ଭବ ଏକ ବହୁପ୍ରସ୍ଥଯୁକ୍ତ ଅଧ୍ୟୟନକାରୀମାନେ ସେଗୁଡ଼ିକର ସମଗ୍ର ପରିମଳଟି ବିଷୟରେ ଅଳ୍ପବହୁତ ଏହିପରି କହୁଛନ୍ତି ଯେ, ଅଧିକାଂଶତଃ ନାନାବିଧ ସାମୂହିକ ଅହଂ ହିଁ ଭଳି ଭଳି କ୍ଷମତାବଳରେ ବ୍ୟକ୍ତିମାନଙ୍କର ଉଦୟକ୍ଷେତ୍ର ଗୁଡ଼ିକୁ ସଙ୍କୁଚିତ କରି ରଖିଛନ୍ତି, ବ୍ୟକ୍ତିଲାଗି ଉପଲବ୍ଧ ହୋଇ ପାରୁଥିବା ପରିବେଶଗତ ବରାଦଗୁଡ଼ିକୁ ସର୍ବତ୍ର ତା' ଦୃଷ୍ଟିରୁ ଉତ୍ତୋଳନ-ବିରୋଧୀ ତଥା ଉନ୍ମୋଚନ-ବିରୋଧୀ କରି ରଖିଛନ୍ତି। ସେହିଗୁଡ଼ିକୁ ହିଁ ଅନୁଷ୍ଠାନ ବା ସମାଜଟିଏ ଚଳିବା ଲାଗି ଆମେ ଅପରିହାର୍ଯ୍ୟ ବୋଲି କହି ଆସିଛୁ। ଶ୍ରୀ ଅରବିନ୍ଦ ସେହିଗୁଡ଼ିକ ସହିତ ଏକ ଯୁଦ୍ଧ ଲଢ଼ା ହେବା ବିଷୟରେ କହିଛନ୍ତି। ପୁରାତନ ବିରୋଧରେ ନୂତନର ଲଢ଼ାଇ, – ତାହାରି ଏକ ସଙ୍କେତ ପ୍ରଦାନ କରି ସେ ଶ୍ରୀଯୁକ୍ତ ଉଏଲସ୍‌ଙ୍କର ନୈରାଶ୍ୟଟିର ନିରାକରଣ କରିଛନ୍ତି। ବର୍ତ୍ତମାନ, ଏହି ପର୍ଯ୍ୟାୟରେ ସର୍ବଶେଷ ଉଦ୍ଧୃତିଟି :

୧୦) ....the individual gives himself to other individuals and receives them back in exchange; the lower gives itself to the higher and the higher to the lower so that they may be fulfilled in each other; the human gives itself to the Divine and the Divine to the human; the All in the individual gives itslef to the All and receives its realized universality as a divine recompense. Thus the law of Hunger must give place progressively to the law of Love, the law of Division to the law of Unity, the law of Death to the law of Immortality.

(BCL, Vol.18, ପୃଷ୍ଠା- ୧୯୫)

ଉଦ୍ଧୃତିଟିର ମୂଳ ସନ୍ଦର୍ଭରେ ଶ୍ରୀ ଅରବିନ୍ଦ ବାସନା ବିଷୟରେ ଆଲୋଚନା କରିଛନ୍ତି । ଏହି ବାସନା ବା Desire ବିଷୟରେ ଧର୍ମ ଏବଂ ତାହାର ପ୍ରବର୍ତ୍ତକମାନେ ତ ଅସରନ୍ତି କେତେ କ'ଣ ଆଲୋଚନା କରିଛନ୍ତି ଓ ବାସନାମୁକ୍ତ ହେବାନିମନ୍ତେ ଗଦା ଗଦା ପରାମର୍ଶ ଦେଇ ଯାଇଛନ୍ତି । ବାସନା, ତୃଷ୍ଣା ଏବଂ ସେଗୁଡ଼ିକର ଆଖିବୁଜା ଭଳି ଭଳି ଅନୁଧାବନ ଏବଂ, ତୃଷ୍ଣାକୁ ଜୟ ନକରିବା ଯାଏ ଜୀବନ ଦୁଃଖ ଭିତରୁ କେବେହେଲେ ନିଷ୍କୃତି ପାଇ ପାରିବାନହିଁ ବୋଲି ସତେଅବା ପରୀକ୍ଷା ଦ୍ୱାରା ଜାଣିଥିବା ପରି ବୃହତ୍ ପୁରୁଷମାନେ କହି ଯାଇଛନ୍ତି । ସମ୍ଭବତଃ ସେହି କାରଣରୁ ହିଁ ବାସନାରୁ ମୁକ୍ତ ହେବା ନିମନ୍ତେ ମନୁଷ୍ୟମାନଙ୍କୁ ନିଜ ସହିତ ଯୁଦ୍ଧ କରିବାକୁ ପଡ଼ିଛି ଏବଂ ତଥାପି ଆଦୌ ନିସ୍ତାର ମିଳିନାହିଁ । ଆପଣାର ସେହି ବାସନାଚୟ ସହିତ ଲଢ଼ି ଲଢ଼ି ମଣିଷ ବାରମ୍ବାର ପରାଭୂତ ହିଁ ହୋଇଛି ଏବଂ ତାହାରି ଫଳରେ ନିଜର ସେହି ଅସହାୟତାବୋଧରୁ ନିଜକୁ କେତେ ପ୍ରକାରେ ଛି ବୋଲି କହି ଧିକ୍କାର ଦେଇଛି, – ଆପଣା ଭିତରେ ମୋଟେ ସାମର୍ଥ୍ୟ ବୋଲି କିଛି ଅଛି ବୋଲି ଯାବତୀୟ ବିଶ୍ୱାସକୁ ହରାଇ ବସିଛି । ଅଥବା, ପୁଣି କ'ଣ ଭାବି, ଆପଣାର ସେହି ନପାରିବାଟାକୁ ସତେଅବା ଢ଼ାଙ୍କି ରଖିବା ନିମନ୍ତେ ଅନ୍ୟମାନଙ୍କ ପାଖରେ ନିଜ ପାରିବାପଣର ଏକାଧିକ ପରିଚୟ ଦେବା ନିମନ୍ତେ କ'ଣ କମ୍ ଚେଷ୍ଟା ମଧ୍ୟ କରିଛି ! ଏହିସବୁ ପ୍ରହସନ କରି କରି ସିଏ ନିଜକୁ କ୍ରମେ ଘୃଣା ବି କରିଛି ଏବଂ ସେହି ଘୃଣାର ତାଡ଼ନାରେ ଅନ୍ୟମାନଙ୍କୁ ବି ଘୃଣା କରିବାର ଅନ୍ୟ ଭୂମିକାଟିରେ ଯାଇ ପଡ଼ିଯାଇଛି, ଜୀବନଟାକୁ ତୁଚ୍ଛା ଏକ ନିରର୍ଥକତା ବୋଲି ଧରିନେଇଛି । ମାୟାବାଦର ସେହି ସୁବିଖ୍ୟାତ ତତ୍ତ୍ୱଦର୍ଶନଟି ମଧ୍ୟ ମୂଳତଃ ସେଇଥିରୁ ଜନ୍ମଲାଭ କରିଛି କି ? The Life Divine ପୁସ୍ତକରେ ଶ୍ରୀ ଅରବିନ୍ଦ ସେହି ବାସନାଟିର ଆଲୋଚନା କରିଛନ୍ତି ଏବଂ ସତେଅବା ଆମ ଏତେ ଏତେ ସନ୍ତପ୍ତମାନଙ୍କୁ ଆଖି ସାମନାରେ ରଖି ବ୍ୟାଖ୍ୟାଟିଏ କରିଛନ୍ତି ।

ବର୍ତ୍ତମାନ ଆମ ପୃଥିବୀର ବହୁତରଙ୍କ ଜୀବନରେ ବାସନା ଯେଉଁ ସ୍ତରରେ ରହିଛି, ତାହାକୁ ପ୍ରକୃତରେ କିପରି ଅତିକ୍ରମ କରାଯାଇ ପାରିବ ? ତାହାର ଏହି ସ୍ତରକୁ କିଞ୍ଚିତ୍ ଅଧିକ ପ୍ରାଞ୍ଜଳ କରିଦେଇ ଶ୍ରୀ ଅରବିନ୍ଦ ତାହାକୁ mutually devouring hunger ବୋଲି ବର୍ଣ୍ଣନା କରିଛନ୍ତି। ଏହି ପୃଥିବୀରେ ବାସ କରୁଥିବା ଆମେ କୋଟି କୋଟି ମନୁଷ୍ୟ କ'ଣ ପ୍ରକୃତରେ ବାସନାଗୁଡ଼ିକରୁ ମୁକ୍ତ ହେବାକୁ ଇଚ୍ଛା କରୁଛୁ ? ନା ଏକ ଆରେକକୁ ଗିଳି ପକାଇବାକୁ ହିଁ ସବୁଠାରୁ ଅଧିକ ସନ୍ତର୍ପଣଦ୍ୱାରା ଗିଳି ପକାଇବାକୁ ନିତ୍ୟଧାବମାନ ହୋଇ ରହିଛୁ ? ସିଏ ଭୁଲ୍, ମୁଁ ଠିକ୍, – ତେଣୁ ମୁଁ ତାକୁ ଗିଳି ପକାଇଲେ ଯାଇ ପୃଥିବୀ ଶାନ୍ତ ହେବ। ଗୋଟିଏ ଦେଶ ବା ରାଷ୍ଟ୍ର ଆଉ ଗୋଟିଏ ଦେଶ ବା ରାଷ୍ଟ୍ରକୁ ଗିଳି ପକାଇବା ନିମନ୍ତେ ତତ୍ପର ହୋଇ ରହିଛି, ଗୋଟିଏ ମତବାଦ ଆଉଗୋଟିଏ ମତବାଦକୁ ଗିଳି ପକାଉଛି। ଗୋଟିଏ ପଲର ନୀତିବାଦୀମାନେ ଅନ୍ୟ ପଲଗୁଡ଼ିକରେ ପଞ୍ଜୀକୃତ ହୋଇ ରହିଥିବା ନୀତି ତଥା ନୀତିବାଦୀମାନଙ୍କୁ ଗିଳିଦେବେ ବୋଲି ଧାଇଁଛନ୍ତି। ଗୋଟିଏ ଧର୍ମ ବା ସତ୍ୟମତ ଯେତେବେଳେ ଅନ୍ୟ ସକଳ ଧର୍ମ ତଥା ସତ୍ୟମତକୁ ଗିଳି ପକାଇବ ବୋଲି ପରାକ୍ରମ ଦେଖାଇବାର ଦୁର୍ବୁଦ୍ଧି କରୁଛି, ସେଇ ସଚରାଚର ମୋ'ଟା ହିଁ ଏକମାତ୍ର ଠିକ୍ ଏବଂ ଅନ୍ୟମାନଙ୍କର ଯାବତୀୟ ସବୁଯାକ ଭୁଲ୍ ବୋଲି କେଡ଼େ ଦର୍ପର ସହିତ ଘୋଷଣା କରି ବାହାରୁଛି କି ? ବଡ଼ ମାଛମାନେ ସାନ ମାଛମାନଙ୍କୁ ଗିଳି ପକାଇବା ପାଇଁ ପଛେ ପଛେ ଧାବମାନ ହୋଇ ରହିଛନ୍ତି। ସବଳମାନେ, ଅଧିକମାନେ, ବିଦ୍ୟାବନ୍ତମାନେ ଦୁର୍ବଳ, ଅଳପ ତଥା ଯାବତୀୟ ସୁଯୋଗରୁ ବଞ୍ଚିତମାନଙ୍କୁ କେଡ଼େ ବିଶୁଦ୍ଧ ଭାବରେ ଗିଳିବାକୁ ନଧାଇଁଛନ୍ତି ! ଏହି କେତେ କେତେ ସମ୍ପନ୍ନତା ଦ୍ୱାରା କେତେ କେତେ ପ୍ରତିଶ୍ରୁତିରେ ସମୃଦ୍ଧ ହୋଇ ରହିଥିବା ପୃଥିବୀଟାରେ ପ୍ରଧାନତଃ ସେହି କାରଣରୁ ଦାରିଦ୍ର୍ୟ, ଉଦାସୀନତା ଏବଂ ବିଶ୍ୱାସାତୀତ କେତେ କେତେ ବଞ୍ଚନା ଆମ ସମସ୍ତଙ୍କର ପ୍ରାୟ ଏକ ନିତ୍ୟ ଭାଗ୍ୟରେ ପରିଣତ ହୋଇ ରହିଛି। ପରସ୍ପରକୁ ଗିଳି ପକାଇବାର କ୍ଷୁଧାଟା ଯେ ମନୁଷ୍ୟନାମକ ଏହି ପୃଥ୍ୱୀସତ୍ୟଟାକୁ ଗୋଟାପଣେ ଅନ୍ତରାଳ କରି ରଖିପାରେ, ତାହାର ଦୃଷ୍ଟାନ୍ତମାନ ସତେଅବା ନାନା ସନ୍ଦୀପନ ଓ ସୁଯୋଗର ଯୁଗରେ ସବୁଠାରୁ ଅଧିକ ସ୍ଥୂଳ ଭାବରେ ଦେଖିବାକୁ ମିଳିଲାଣି। ଏହି ଗିଳିବାର ଏବଂ ଗିଳି ହୋଇ ଯିବାର ସତତ ପ୍ରକ୍ରିୟାରେ ଆମେ ଜାଣତରେ ବା ଅଜାଣତରେ ସାହାଯ୍ୟ ମଧ୍ୟ କରୁଛୁ। ଗୋଟିଏ ଆଉଗୋଟିଏର ପରିପୂରକ ଭଳି ଆମକୁ ପ୍ରାୟ ଏକ ଅଣଅକ୍ତିଆର ପ୍ରକାରେ ବାଧି କରି ରଖିଥିବା ପରି ରଖିଛୁ ବୋଲି ସେପରି କରୁଛୁ।

ଶ୍ରୀ ଅରବିନ୍ଦ ଆମର ଦଶା ତଥା ସ୍ଥିତିଗୁଡ଼ିକୁ ଅନ୍ତରଙ୍ଗ ଭାବରେ ବୁଝିଛନ୍ତି

ଏବଂ ତେଣୁ ଏଥିର ସାମନା କରି ପାରିବା ନିମନ୍ତେ ଏକ ବିକଳ୍ପର ସୂଚନା ଦେଇଛନ୍ତି। ଆମର ସଂପୂର୍ଣ୍ଣ ଜୀବନର ବାସନା ହିଁ ପରମ ଅନନ୍ତ ବାସନାଟି ଠାରୁ ଅଭିନ୍ନ ହୋଇ ରହି ପାରିଲେ ଯାଇ ଏହାର ଯଥାର୍ଥ ସମାଧାନ ହେବ। କିନ୍ତୁ, ସେଇଟି କ'ଣ ସହଜ କଥା ! ତାହା ତ ଏକ ଅନ୍ୟ ଉଚ୍ଚତର ଚେତନାରେ ସତକୁ ସତ ରହିଥିବାର କଥା। ବର୍ତ୍ତମାନ ଆମର ପୃଥିବୀଟି ଚେତନାର ଯେଉଁ ସୋପାନରେ ରହିଛି, ସେହି ଅନ୍ୟଟି ପର୍ଯ୍ୟନ୍ତ ଯାଇ ପହଞ୍ଚିବା ନିମନ୍ତେ ତ ବହୁତ ଶତାବ୍ଦୀ ଲାଗିବ। ଏବଂ, ସେପର୍ଯ୍ୟନ୍ତ କ'ଣ ଆମ ପୃଥିବୀରେ କ'ଣ ଏକ ଅରେକକୁ ଗିଳି ପକାଇବାର ଓ ଏକ ଆରେକଦ୍ୱାରା ଗିଳି ହୋଇ ଯିବାର ଲୀଳାଟି ଲାଗି ରହିଥିବ ? ପୁନଶ୍ଚ, ଆମେ ସଂପ୍ରତି ଏକ ଏଡ଼େବଡ଼ ପୃଥିବୀ ହିସାବରେ ଯେଉଁଠାରେ ଅଛୁ, ସକଳ ଅର୍ଥରେ ଏହିଠାରେ କିଛି ଆରମ୍ଭ କଲେ ତ ଯାଇ ସମୟ ଅନୁସାରେ ସେଠାରେ ଯାଇ ପହଞ୍ଚି ପାରିବା ବୋଲି ତ ଆଶା ମଧ୍ୟ କରିପାରିବା। ତେବେ, ସେହି ସଂପୂର୍ଣ୍ଣ ଅତିକ୍ରମଣ ସମ୍ଭବ ହେବା ପର୍ଯ୍ୟନ୍ତ ଇତ୍ୟବସରରେ ଆମେ କିପରି ଏବଂ କେଉଁଠାରୁ ଆରମ୍ଭ କରିବା ? ଖୁବ୍ ସ୍ପଷ୍ଟ କରିଦେଇ ଶ୍ରୀ ଅରବିନ୍ଦ meanwhile ଶବ୍ଦଟିକୁ ପ୍ରୟୋଗ କରିଛନ୍ତି। ଆମେ ଏକ ବିଶ୍ୱସମୂହ ରୂପେ ବର୍ତ୍ତମାନ ଯେଉଁଠାରେ ରହିଛୁ, ପ୍ରକୃତରେ ସେହିଠାରୁ ଖୋଜ ପକାଇବା। ଏବଂ, ଆପଣାର ଅନନୁକରଣୀୟ ଶବ୍ଦଗୁଡ଼ିକ ଦ୍ୱାରା ସେ ବସ୍ତୁତଃ ଏକ ପରିପୂର୍ଣ୍ଣ ସହାନୁଭୂତି ସହିତ ସେ କହିଛନ୍ତି : ହଁ, ପରସ୍ପରକୁ ଗିଳି ପକାଇବାର ଏହି କ୍ଷୁଧାର ମଧ୍ୟରୁ ଆମେ ଚାଲ, ଦେବା ଏବଂ ନେବାର ଏକ ପାରସ୍ପରିକତାରୁ ହିଁ ଆରମ୍ଭ କରିବା, ପାରସ୍ପରିକ ଅକୃପଣ ଆଦାନପ୍ରଦାନର ରୀତିଟିଏ ଅବଲମ୍ବନ କରିବା ଏବଂ ସେହିଭଳି କରି ସତକୁ ସତ ଆନନ୍ଦ ବି ଲାଭ କରିବା। ଜଣେ ବ୍ୟକ୍ତି ଅନ୍ୟ ବ୍ୟକ୍ତିମାନଙ୍କ ଲାଗି ଅଧିକରୁ ଅଧିକ ଭାବରେ ଦେଇ ପାରୁଥିବ ଏବଂ ପ୍ରତିବଦଳରେ ଅନ୍ୟମାନଙ୍କୁ ଆପଣା ମଧ୍ୟକୁ ଗ୍ରହଣ କରି ନେଉଥିବ। ତଳ ଉପରକୁ ଦେବ ଏବଂ ଉପର ମଧ୍ୟ ସେହିପରି ତଳକୁ ଦେଇ ପାରୁଥିବ, ଯେପରିକି ଉଭୟେ ତଦ୍ୱାରା ଏକ ଆରେକ ଭିତରେ ପୂର୍ଣ୍ଣତର ହୋଇ ଆସୁଥିବା ସଦୃଶ ଅନୁଭବ କରି ପାରୁଥିବେ। ମନୁଷ୍ୟ ନାମକ ସତ୍ତା ଦିବ୍ୟ ପରମସତ୍ତାଙ୍କ ନିମନ୍ତେ ଆପଣାକୁ ଦେବାରେ ଲାଗିଥିବ ଏବଂ ଦିବ୍ୟ ପରମସତ୍ତା ମଧ୍ୟ ନିଜକୁ ମନୁଷ୍ୟସତ୍ତା ପାଇଁ ଆପଣାକୁ ଦେଇ ପାରୁଥିବେ। ଅର୍ଥାତ୍, ବ୍ୟକ୍ତି ମଧ୍ୟରେ ଯେଉଁ ସର୍ବସତ୍ୟ ଅର୍ଥାତ୍ ପୂର୍ଣ୍ଣସତ୍ୟଟି ବିଦ୍ୟମାନ୍ ରହିଛି, ସିଏ ସମଗ୍ର ବିଶ୍ୱମଧ୍ୟରେ ବିଦ୍ୟମାନ ସେହି ସର୍ବସତ୍ୟ ସମୀପରେ ଆପଣାକୁ ନିବେଦିତ କରି ଦେଉଥିବ। ଏବଂ, ଆପଣାର ସେହି ଉପଲବ୍ଧ ବିଶ୍ୱମୟତାକୁ ତାହାର ଏକ ଦିବ୍ୟ ପ୍ରତିବଦଳ ସ୍ୱରୂପ ପାଇ ପାରୁଥିବ। ଏବଂ, ଏହିପରି ଭାବରେ ଚିରନ୍ତନ କ୍ଷୁଧାର ସେହି

ବିଧାନଟି, ଯାହା ଆମକୁ ଆମର ବର୍ତ୍ତମାନର ସ୍ଥିତିଟିରେ ଅଧିକାର କରି ରହିଛି, ତାହା ସୁନିଶ୍ଚିତ ଭାବରେ ଅଧିକ ତଥା ଅଧିକ ମାତ୍ରାରେ ରହିଛି, ତାହା ସେହି ପରମ ପ୍ରେମର ଅନ୍ୟ ବିଧାନଟି ଲାଗି ଜାଗା ଛାଡ଼ି ଚାଲିଯିବ; —ତେଣୁ, ଆରମ୍ଭ ଏଇଠି, ଏହିଠାରୁ।

ହଁ, ଏହି ପୃଥିବୀରେ ହିଁ ଆରମ୍ଭ। ପରସ୍ପରକୁ ଲୋଡ଼ି ବାହାରିବାର ଏକ ସ୍ୱାଭାବିକ ଆସ୍ପୃହାଦ୍ୱାରା ବ୍ୟାପ୍ତିରୁ ଆରମ୍ଭ ଶିଖର ଆଡ଼କୁ। ଏହି ଚିହ୍ନା ମେଳଗୁଡ଼ିକରୁ ପୃଥିବୀ ନାମକ ସେହି ମହତ୍ତମ ମେଳଟି ଯାଏ। ସେହିଠାରେ ହିଁ ଅସଲ ବୃତ୍ତଟିରେ ଅସଲ ଶିଖରଟି ସହିତ ସାକ୍ଷାତ ହେବ। ସତ୍ୟସ୍ପର୍ଶନଟି ସେହିଠାରେ। ହଁ, ଏହି ମୁହୂର୍ତ୍ତଟି ତେଣୁ ସବା-ଆରମ୍ଭର ମୁହୂର୍ତ୍ତ। ଦେବତାଙ୍କର ମୁହୂର୍ତ୍ତ, — ଆମ ପ୍ରତ୍ୟେକଙ୍କ ଲାଗି ଦିବ୍ୟ ମୁହୂର୍ତ୍ତ। ବହୁ ବର୍ଷ ପୂର୍ବେ, 'କ୍ଷଣାତିଗା ହି ଶୋଚନ୍ତି' ବୋଲି ଉକ୍ତିଟିଏ କେଉଁଠାରେ ଦେଖିଥିଲି ବୋଲି ମନେ ପଡୁଛି। କ୍ଷଣଟିକୁ ଛାଡ଼ିଦେଲେ ପଛକୁ ବଡ଼ ଶୋଚନା କରିବାକୁ ପଡ଼େ। ତେଣୁ, ଏଇଟି ହେଉଛି ଏକାଧାରରେ ମୁଖଶାଳା, ଏଇଟି ଗର୍ଭମନ୍ଦିର ଏବଂ ରତ୍ନବେଦୀ। ନିଜ ଭିତରକୁ ତଥା ନିଜର ବାହାରକୁ, ସମ୍ପୂର୍ଣ୍ଣ ଜଗତ ମଧ୍ୟକୁ। ସେଇଟି ହେଉଛି ଯାବତୀୟ ଅର୍ଥରେ ସେହି ଅସଲ ସଂସ୍ଥାନପଥରଟି, ଯାହକି ଅନ୍ୟ ସବୁଯାକ ପଥରକୁ ଏକତ୍ର ଗୋଟିଏ ସଂହତି ମଧ୍ୟରେ ବାନ୍ଧି ରଖିଛି। ସକଳ ଏଇଠାରୁ ଆରମ୍ଭ ଏବଂ ସକଳ ଅବରୋହଣ ମଧ୍ୟ ଏହାରି ମଧ୍ୟକୁ। ଆରୋହଣ ଏବଂ ଅବତରଣ ଯୁଗପତ୍ ଭାବରେ; ଏଠୁ ଅନ୍ଦାଜ କରୁଥିବା ସମୟରେ ଆରୋହଣ ତଥା ସେଠୁ ଅନ୍ଦାଜ କରୁଥିବା ସମୟରେ ଅବତରଣ। ଏକ ସାତତ୍ୟ, — ସମୀପ୍ୟରୁ ସାତତ୍ୟ ତଥା ସାତତ୍ୟରୁ ସାମୀପ୍ୟ। ତାଙ୍କର ପୃଥିବୀକୁ ଏକାବେଳେକେ ଦେଖି ପାରୁଥିଲେ ତାଙ୍କୁ ହିଁ ଦେଖିବା ଏବଂ ତାଙ୍କୁ ଦେଖୁଥିବା ସମୟରେ ତାଙ୍କର ଏହି ଖିଳସମଗ୍ର ଜଗତଟିରେ ମଧ୍ୟ ଏକାବେଳେକେ ତାଙ୍କୁ ଦେଖିବା। ଆପଣାକୁ ଦେଖୁଥିବାର ପୂର୍ଣ୍ଣ ଅର୍ଥଟି ହେଉଛି ସମସ୍ତଙ୍କୁ ଦେଖିବା। ଆତ୍ମା କହିଲେ ତ ଅଧ୍ୟାତ୍ମର ସକଳ ରୀତି ଅନୁସାରେ ସମସ୍ତେ ତଥା ସମସ୍ତେ କହିଲେ ସକଳ ଅର୍ଥରେ ମୁଁ, ମୋ'ର ଏହି ଆତ୍ମା। ତାହାରି ନାମ ହେଉଛି ପୂର୍ଣ୍ଣାଙ୍ଗଯୋଗ, ପୂର୍ଣ୍ଣ ଯୋଗ, ପୂର୍ଣ୍ଣ ଏକତାର ଯୋଗ। ଏବଂ, ସେତିକିବେଳେ ଯାଇ 'ସମଗ୍ର ଜୀବନ ହିଁ ଯୋଗ' ନାମକ ସେହି କଥାଟିର ତାତ୍ପର୍ଯ୍ୟଟି ଆମ ନିମନ୍ତେ ଖୁବ୍ ସହଜ ହୋଇ ଆସିବ। ଏବଂ, ଏହାକୁ ଆମେ ସେତେବେଳେ ବାସନାରୁ ମୁକ୍ତିଲାଭ ବୋଲି ମୋଟେ କହିବାକୁ ଇଚ୍ଛା କରିବା ନାହିଁ। ହୁଏତ ବାସନାର ପୃଥ୍ୱୀକରଣ କିମ୍ବା ଭାଗବତୀକରଣ ବୋଲି କହିବାକୁ ଅଧିକ ଉଚିତ ମଣିବା।

■

ପଞ୍ଚମ ଅଧ୍ୟାୟ

ଏବଂ ସାତୀର୍ଥ୍ୟ

ଶ୍ରୀ ଅରବିନ୍ଦ କେତେ କେତେ ଗ୍ରନ୍ଥର ରଚନା କରିଛନ୍ତି ଏବଂ ତାଙ୍କର ସାମଗ୍ରିକ କୃତି ହିସାବରେ ଯଥାସମ୍ଭବ ସାଉଁଟା ସାଉଁଟି କରି ତାଙ୍କର ଜନ୍ମ-ଶତବାର୍ଷିକୀର ଅବସରରେ ତିରିଶି ଖଣ୍ଡ ପ୍ରକାଶିତ ମଧ୍ୟ ହୋଇଛି। ମାତ୍ର, ସେଗୁଡ଼ିକ ମଧ୍ୟରୁ ଯେଉଁଗୁଡ଼ିକ ଏକାଧିକ ନ୍ୟାୟରେ ତାଙ୍କର ସବୁଠାରୁ ସବାଆଗ ଓ ସବୁଠାରୁ ମହତ୍ତ୍ୱପୂର୍ଣ୍ଣ ପ୍ରଧାନ କେତୋଟି ଗ୍ରନ୍ଥ ବୋଲି କହିବା ନିମନ୍ତେ ଆମେ ସାଧାରଣତଃ ଚିନ୍ତା କରିବା, ସେଗୁଡ଼ିକୁ ସିଏ ସଚରାଚର ଗ୍ରନ୍ଥର ରଚୟିତାମାନେ ଯେଉଁପରି କରିଥାନ୍ତି, ସେପରି ଧାରାରେ ଆଦୌ କରିନାହାନ୍ତି। ଅର୍ଥାତ୍ କୌଣସି ଗୋଟିକୁ ଲେଖି ଶେଷ କରିଛନ୍ତି ଏବଂ ତା'ପରେ ଆଉ ଗୋଟିକୁ ଆରମ୍ଭ କରିଛନ୍ତି, ସେପରି ମୋଟେ ଲେଖିନାହାନ୍ତି। ସେଗୁଡ଼ିକୁ ତାଙ୍କଦ୍ୱାରା ସମ୍ପାଦିତ 'ଆର୍ଯ୍ୟ' ପତ୍ରିକାରେ ଧାରାବାହିକ ଭାବେ ପ୍ରକାଶ କରିଛନ୍ତି। ଏବେ ଆମେ ଯେଉଁ ଗ୍ରନ୍ଥଗୁଡ଼ିକୁ ଗୋଟିଏ ଗୋଟିଏ ସଂପୂର୍ଣ୍ଣ ରଚନା ବୋଲି କହୁଛୁ ଓ ଚିହ୍ନୁଛୁ, ଉକ୍ତ ପତ୍ରିକାଟିର ଖଣ୍ଡଗୁଡ଼ିକରେ ସେଗୁଡ଼ିକ ଅଳ୍ପ ଅଳ୍ପ କରି କ୍ରମାନ୍ୱୟରେ ପ୍ରକାଶିତ ହୋଇଛନ୍ତି। 'ଆର୍ଯ୍ୟ' ପତ୍ରିକାରେ ସିଏ ଆପେ ବିଭିନ୍ନ ସଂଖ୍ୟାଗୁଡ଼ିକରେ ଦେଇଥିବା ଟିପ୍ପଣୀମାନଙ୍କୁ ଆମେ ତାହାର କିଞ୍ଚିତ୍ ଅଧିକ ପରିଚୟ ନିଶ୍ଚିତ ଭାବରେ ହୁଏତ ପାଇପାରିବା ତଥା ଏପରି ଗୋଟିଏ ଅନ୍ୟ ଯୋଜନାରେ ସେ ଏପରି ଏକ ରୀତି କାହିଁକି ଅନୁସରଣ କରିଛନ୍ତି, ତାହାର କିଞ୍ଚିତ୍ ଅନୁମାନ ମଧ୍ୟ କରିପାରିବା। (BCL, Vol.17, ପୃଷ୍ଠା-୩୯୭):

ପତ୍ରିକାଟି ପ୍ରକାଶ ପାଇବାର ପ୍ରଥମ ବର୍ଷର ପୂର୍ତ୍ତି ପରେ ଦ୍ୱିତୀୟ ବର୍ଷର ସମାରମ୍ଭ ହେବା ସମୟରେ ସେ ଯାହା ମନ୍ତବ୍ୟ ପ୍ରଦାନ କରିଛନ୍ତି, – ଗୋଟିଏ ସଂଯୋଗର କଥା ଯେ, ଆଧୁନିକ ଜଗତ ଉପରେ ସମ୍ଭବତଃ ତା' ଇତିହାସର ସର୍ବବୃହତ୍

ବିପର୍ଯ୍ୟୟଟି ଯେଉଁ ବର୍ଷ ଆସି ପଡ଼ିଲା, – ସେହି ପ୍ରଥମ ମହାଯୁଦ୍ଧର ଆରମ୍ଭ ବର୍ଷରେ 'ଆର୍ଯ୍ୟ' ପତ୍ରିକାଟି ଜନ୍ମଲାଭ କଲା। ତଥାପି, ବହୁ ଅସୁବିଧାର ସମ୍ମୁଖୀନ ହେବାକୁ ପଡ଼ିଥିଲେ ହେଁ, ତାହାର ଗୋଟିଏ ବର୍ଷ ପୂର୍ଣ୍ଣ ମଧ୍ୟ ହେଲା।... କେତେକ ନିର୍ଦ୍ଦିଷ୍ଟ କାରଣରୁ (ପତ୍ରିକାର ପରବର୍ତ୍ତୀ ଆଉଗୋଟିଏ ସଂଖ୍ୟାରେ ମୁଖବନ୍ଧ ମଧ୍ୟରେ ସେହି କାରଣଗୁଡ଼ିକ ବିଷୟରେ ଜାଣିହେବ) ମୁଖ୍ୟତଃ ଉଚ୍ଚାଙ୍ଗ ଦର୍ଶନ ଏବଂ ସୁଗମ୍ଭୀର କଷ୍ଟବୋଧ କେତେଗୁଡ଼ିଏ ବିଚାର ପାଇଁ ପ୍ରଥମ ବର୍ଷର ସଂଖ୍ୟାଗୁଡ଼ିକୁ ବ୍ୟବହାର କରିବାକୁ ପଡ଼ିଛି। କିନ୍ତୁ, ଯେଉଁ ଉଦ୍ଦେଶ୍ୟକୁ ସମ୍ମୁଖରେ ସ୍ଥାପନ କରି ସେପରି କରିବାକୁ ପଡ଼ିଥିଲା, ବର୍ତ୍ତମାନ ତାହାର ପରିପୂରଣ ହୋଇଯାଇଛି ତେଣୁ, ଆମ ପାଠକମାନଙ୍କର ମନକୁ ପ୍ରାୟ ଦୀର୍ଘ ୬୪ ପୃଷ୍ଠାର ସେହିଭଳି ସାମଗ୍ରୀରେ ପୁନର୍ବାର ଭାରାକ୍ରାନ୍ତ କରି ରଖିବାକୁ ଆମର କୌଣସି ଇଚ୍ଛା ବର୍ତ୍ତମାନ ନାହିଁ। ତେଣୁ, ଏହି ଦ୍ୱିତୀୟ ବର୍ଷର ସଂଖ୍ୟାଗୁଡ଼ିକରେ ଆମେ ଏପରି କେତେକ ଲେଖାମାନଙ୍କୁ ଅଧିକତର ସ୍ଥାନ ଦେବୁ, ଯେଉଁଥିରେ ଅପେକ୍ଷାକୃତ ଗମ୍ଭୀର ବିଷୟଗୁଡ଼ିକର ଅଧିକ ଲୋକଗ୍ରାହ୍ୟ ଶୈଳୀରେ ଉପସ୍ଥାପନା କରା ଯାଇଥିବ। ...

ଏବର୍ଷ 'ଦିବ୍ୟ ଜୀବନ'; 'ଯୋଗ-ସମନ୍ୱୟ' ଓ 'ବେଦ-ରହସ୍ୟ'ର ପ୍ରକରଣଗୁଡ଼ିକ ଅବ୍ୟାହତ ରହିବ। ..ପରମ ଈଶ୍ୱର-ଇଚ୍ଛା ବ୍ୟତୀତ ଆପଣାର ସୀମାବଦ୍ଧ ଦୃଷ୍ଟି ମଧ୍ୟରେ ପ୍ରତ୍ୟାଶିତ କୌଣସି ନକ୍ସାରେ ରହିଥିବା ସଂପୂର୍ଣ୍ଣତା ଲାଭ କରିବା କୌଣସି ମନୁଷ୍ୟକୃତ ଉଦ୍ୟମ ବା କୃତି ପକ୍ଷରେ କେବେହେଲେ ସମ୍ଭବ ହେବନାହିଁ। ତେଣୁ, ଆମର ଏହି ଶ୍ରମଟି ବିଷୟରେ ଆମର କଳ୍ପିତ ପରିଣତିଟିକୁ ଆମେ କେବଳ ପରମ ଇଚ୍ଛାଟିର ହାତରେ ହିଁ ନ୍ୟସ୍ତ କରିବା ହିଁ କରିବା। ଏହି ଦ୍ୱିତୀୟ ବର୍ଷର ଅବଧିଟି ମଧ୍ୟରେ ଏହି ବୃହତ୍ ପୃଥ୍ୱୀ-ଆଲୋଡ଼ନର ମଧ୍ୟ ସତ୍ୱର ଯେ ସମାପ୍ତି ଘଟିବ, ସେହି ଆସ୍ପୃହାଟି ରଖି ହିଁ ଆମେ ପତ୍ରିକାଟିର ପ୍ରଥମ ବର୍ଷର ଶେଷରେ ଆମର ଦ୍ୱିତୀୟ ବର୍ଷଟିରେ ପ୍ରବେଶ କରିବାକୁ ଯାଉଛୁ। ପୁନଶ୍ଚ, ଯାହାକିଛି ସକଳ ଅନୁମାନର ଆଖିକୁ ପ୍ରଳୟ ବା ଚରମ ମନ୍ଦ ସଦୃଶ ପ୍ରତୀତ ହେଉଥାଏ, ସେଇଟି ମଧ୍ୟରୁ ସମ୍ଭାବ୍ୟ ସର୍ବବୃହତ୍ ମଙ୍ଗଳ ତଥା କଲ୍ୟାଣକୁ ହିଁ ନିଷ୍ପାଦିତ କରି ଆଣିବା ହିଁ ତ ସବୁକାଳରେ ପରମ ବିଧାତାର ସେହି ଶକ୍ତିର ରୀତି ହୋଇ ରହିଆସିଛି; ତେଣୁ ଏହି ବିପର୍ଯ୍ୟୟଟି ସମୟରେ ମଧ୍ୟ ହୁଏତ ତାହାହିଁ ଘଟିବ। ପୁରାତନ ବ୍ୟବସ୍ଥାଟି ଭୁଷୁଡ଼ି ପଡ଼ିବ ଏବଂ ତାହାରି ଭଗ୍ନ ସ୍ତୂପଟି ମଧ୍ୟରୁ ପ୍ରେମ, ପ୍ରଜ୍ଞା ତଥା ଏକତ୍ୱର ଉଚ୍ଚତର ସତ୍ୟଗୁଡ଼ିକର ବିଜୟଲାଭ ହିଁ ଅଧିକ ସ୍ପଷ୍ଟ ହୋଇ ଆସିବ। ଏହି ପୂର୍ଣ୍ଣ ମନୁଷ୍ୟାଜାତି ମଧ୍ୟ ଆମର ସର୍ବୋଚ୍ଚ ଜୀବନଲକ୍ଷ୍ୟଟି ଆଡ଼କୁ ସମୁଚିତ ଭାବରେ ଅଗ୍ରସର ହୋଇଯାଇ ପାରିବ। ଅର୍ଥାତ୍,

ମାନବଜାତି ମଧ୍ୟରେ ଅବସ୍ଥିତ ସେହି ବୃହତ୍ ଆତ୍ମା ଏବଂ ପ୍ରତ୍ୟେକ ମନୁଷ୍ୟ ଭିତରେ ରହିଥିବା ଦିବ୍ୟତା ମଧ୍ୟରେ ସେହି ସଚେତନ ଐକ୍ୟଟି ସାକାର ହୋଇ ଆସିବ।

ପତ୍ରିକାଟିର ଚତୁର୍ଥ ବର୍ଷଟି ସମାପ୍ତ ହେଉଥିବାର ଅବସରରେ ସେହିଭଳି ଏକ ଟିପ୍ପଣୀରେ ଶ୍ରୀ ଅରବିନ୍ଦ ନିମ୍ନୋକ୍ତ କଥାଗୁଡ଼ିକୁ ଉଲ୍ଲେଖ କରିଥିଲେ : ଏହି ମାସଟିର ସଂଖ୍ୟା ସହିତ 'ଆର୍ଯ୍ୟ'ର ଚତୁର୍ଥ ବର୍ଷଟି ଶେଷ ହେବାକୁ ଯାଉଛି ଏବଂ ଏଥି ସହିତ Psychology of Social Development('ମାନବ-ଯୁବଚକ୍ର', 'ମାନବ-ଏକତାର ଆଦର୍ଶ' ତଥା 'ଗୀତା-ନିବନ୍ଧମାଳା'ର ପ୍ରଥମ ଗୁଚ୍ଛଟି ମଧ୍ୟ ସମାପ୍ତ ହେଉଛି। ଆଉ କେତୋଟି ଅଧ୍ୟାୟ ପ୍ରକାଶିତ ହେବା ପରେ 'ଦିବ୍ୟ-ଜୀବନ' ମଧ୍ୟ ଶେଷ ହୋଇଯିବ। ତେଣୁ, ପତ୍ରିକାଟିର ଆରମ୍ଭ ହେବା ସମୟରେ ଆମେ ଯେଉଁସବୁ ବିଷୟ ଏବଂ ଦିଗ୍‌ବଳୟମାନ ଉପସ୍ଥାପନ କରିବା ସକାଶେ ଯେଉଁ ଧାରଣାଟି ଦେଇଥିଲୁ, ବର୍ତ୍ତମାନ ତାହାର ପ୍ରଥମ ଅଂଶଟି ପ୍ରକୃତରେ ପୂର୍ଣ୍ଣ ହୋଇଆସିଲା ବୋଲି ଆମେ ଅନୁଭବ କରୁଛୁ। ଆମର ଏହିସବୁ ପ୍ରକରଣର ଆଲୋଚନା ଆଦିର ମାଧ୍ୟମରେ ଯେଉଁ ମୂଳକଥାଟିକୁ ଚକ୍ଷୁସମକ୍ଷରେ ରଖିଥିଲୁ, ଏହି ସଂଖ୍ୟାଟିରେ ସେହି ସଂପର୍କୀୟ ଅଳ୍ପକେତୋଟି କଥା ପାଠକମାନଙ୍କ ଆଗରେ ନିବେଦନ କରିବାପାଇଁ ଇଚ୍ଛା କରୁଛୁ। ଯେଉଁ ଅନ୍ତର୍ଗତ ନୀତିଟିର ଅନୁସରଣ କରି ଆମେ ପତ୍ରିକାଟିର ମାଧ୍ୟମରେ ସର୍ବଦା ଅଗ୍ରସର ହୋଇଛୁ ଏବଂ, ତାହାର ପ୍ରତ୍ୟେକ ସଂଖ୍ୟାରେ ଏତେଗୁଡ଼ିକ ବିଚାରକ୍ଷେତ୍ରର ବିଭିନ୍ନ ଆଲୋଚନାଗୁଡ଼ିକୁ ଧାରାବାହିକ ପ୍ରସ୍ତୁତ କରିବା ପଛରେ ମୁଖ୍ୟ ପ୍ରତିପାଦ୍ୟଗୁଡ଼ିକୁ ପ୍ରାୟ ଖଣ୍ଡଖଣ୍ଡ କରି ପକାଇବାର ସର୍ବଦା ଯେଉଁ ଆଶଙ୍କା ମଧ୍ୟ ରହିଛି, କାଳେ ତଦ୍ଦ୍ୱାରା ସମଗ୍ର ଆବେଦନଗୁଡ଼ିକୁ ଗ୍ରହଣ କରିବାରେ କେତେକ ପାଠକଙ୍କ ଲାଗି ଅସୁବିଧା ମଧ୍ୟ ହୋଇଥିବ, ସେହି ସନ୍ଦର୍ଭରେ ଆମେ କିଛି କହିବା ନିମନ୍ତେ ଇଚ୍ଛା କରୁଛୁ।

ଭିନ୍ନ ଭିନ୍ନ ଦାର୍ଶନିକ ସମସ୍ୟାଗୁଡ଼ିକ ସମ୍ବନ୍ଧରେ ସାଂପ୍ରତିକ ବିବରଣୀ ଅଥବା ବିଚାରମାନଙ୍କୁ ବାଢ଼ି ଦେଇ ସାଧାରଣତଃ ନିୟମିତ ଚର୍ଚ୍ଚା ରହିଥିବା ଏକ ଲୋକପ୍ରିୟ ପତ୍ରିକାର ଯେପରି ସମ୍ପାଦନା କରା ଯାଇଥାଏ, 'ଆର୍ଯ୍ୟ' ଆରମ୍ଭ କରିଥିବା ସମୟରେ ଆମର ଆଦୌ ସେପରି ଏକ ଉଦ୍ଦେଶ୍ୟ ନଥିଲା। ଅଥବା, ଭାରତବର୍ଷରେ ଥିବା କେତେକ ଦର୍ଶନ ତଥା ଧର୍ମସମ୍ବନ୍ଧୀ ପତ୍ରିକାରେ ଯେଉଁଭଳି ଦୃଷ୍ଟିଗୋଚର ହୋଇଥାଏ, ମୂଳ ଗ୍ରନ୍ଥମାନଙ୍କର କଠିନ ବିଷୟମାନଙ୍କୁ ଅଧିକ ମନୁଷ୍ୟଙ୍କର ଅଧିକ ସହଜରେ ବୁଝିବାଭଳି ବିଶ୍ଳେଷଣ କରି ଦେବାଲାଗି ମଧ୍ୟ ଆମେ କୌଣସି ପତ୍ରିକାଟିଏ ବାହାର କରିବାକୁ ଚିନ୍ତା କରି ନଥିଲୁ। ଆମେ, ଅପର ପକ୍ଷରେ ଏପରି ଏକ ସମନ୍ୱୟ-ବିଧାନ ଲୋଡ଼ିବାର ଇଚ୍ଛା କରିଥିଲୁ, ଯାହାକି ଆମ ସମସ୍ତଙ୍କ ନିମନ୍ତେ ଆସନ୍ନ ହୋଇ ଆସୁଥିବା

ନୂତନ ଯୁଗଟିର ବିଚାରଭୂମି ଲାଗି କିଛି ଉପାଦାନ ଯୋଗାଇ ଦେଇ ପାରିବ। ଆମେ, ସେହି ଅନୁସାରେ, ଆରମ୍ଭରୁ ହିଁ ବିଚାର କରୁଛୁ ଯେ, ମାନବସମାଜ ତା' ନିଜ ଜୀବନର କାହାଣୀଟିର କ୍ଷେତ୍ରରେ ବର୍ତ୍ତମାନ ଏକ ବୃହତ୍ ପରିବର୍ତ୍ତନ ଆଡ଼କୁ ଅଗ୍ରସର ହେବାରେ ଲାଗିଛି, – ଏପରିକି ଯାହା ତାହାକୁ ଏହି ପୃଥିବୀରେ ତା'ର ସାମୂହିକ ଜୀବନରେ ମଧ୍ୟ ଏକ ନୂତନ ପରିବର୍ତ୍ତନ ପାଖରେ ଆଣି ପହଞ୍ଚାଇ ଦେବ; – ଯେତେ ଯେତେ ଦେଶରେ ଯେଉଁଠି ମନୁଷ୍ୟମାନେ ସେଥିଲାଗି ସମର୍ଥ ହେଉଛନ୍ତି, ବର୍ତ୍ତମାନ ଏକାଧିକ ପ୍ରକାରେ ସେମାନଙ୍କର ଜୀବନରେ ସେହି ଅନୁମାନ ତଥା ସେହି ଆଶାଟି ଆସି ଅବତୀର୍ଣ୍ଣ ହେବାରେ ଲାଗିଛି ଏବଂ, ଏହି ନୂତନ ଗତିଶୀଳତା ଓ ନୂତନ ଉଦ୍ୟମଟିରେ ସେହି ସମୂହଟିକୁ ଅଧିକ ଆଲୋକ ଯୋଗାଇ ଦେଇ ମାର୍ଗଦର୍ଶନର ଭୂମିରେ କିଛି ଆଧ୍ୟାତ୍ମିକ, ଧର୍ମଗତ ଓ ଅନ୍ୟାନ୍ୟ ସତ୍ୟର ଅନ୍ୱେଷଣ କରିବା ହିଁ ଆମର ଉଦ୍ଦେଶ୍ୟ ହୋଇ ରହିଛି। ଏବଂ, ଯେଉଁ ଆଧ୍ୟାତ୍ମିକ ଅନୁଭବ ତଥା ସାର୍ବଜନୀନ ସତ୍ୟକୁ ଭିତ୍ତି କରି ଏଭଳି ପ୍ରୟାସଟିଏ କରିବାକୁ ହୋଇଥାନ୍ତା, ସେଗୁଡ଼ିକୁ ଆମେ ଆଗ ପ୍ରକୃତରେ ଉପଲବ୍ଧି ହିଁ କରିଛୁ, ତା' ନହେଲେ ଆଦୌ ସେପରି ଏକ ପ୍ରଚେଷ୍ଟା କରିବା ସକାଶେ ଆମର କୌଣସି ଅଧିକାର ବା କ'ଣ ପାଇଁ ଥାଆନ୍ତା ? ମାତ୍ର, ବୁଦ୍ଧି ଲାଗି ବୋଧ ହୋଇ ପାରିବା ନିମନ୍ତେ ସେହି ବିଚାର ତଥା ସେଗୁଡ଼ିକ ପଛରେ ରହିଥିବା ପ୍ରତିଶ୍ରୁତିଗୁଡ଼ିକୁ ଅନୁରୂପ ଭାଷାବ୍ୟାଖ୍ୟା ଦେଇ କହିବାକୁ ବି ହେଲା; ସେଥିଲାଗି ଅବିଚ୍ଛିନ୍ନ ଭାବରେ ଚିନ୍ତା କରିବା ଆବଶ୍ୟକ ହେଲା। ଅର୍ଥାତ୍ ଖୁବ୍ ଉଚ୍ଚ ମନନଭୂମିରେ ଚିନ୍ତା କରିବାକୁ ହେଲା, ନାନା ପ୍ରସ୍ଥ ଦେଇ ସୂକ୍ଷ୍ମାତିସୂକ୍ଷ୍ମ ଭାବରେ କଠିନ ଅବଧାରଣା ମଧ୍ୟ କରିବାକୁ ପଡ଼ିଥିଲା। ଏବଂ, ସେହିଭଳି ଏହି ଆୟାସଯୁକ୍ତ ଉଦ୍ୟମଟିକୁ ଆରମ୍ଭ କରିବା ନିମନ୍ତେ ଆମେ ଆମର ପାଠକମାନଙ୍କୁ ମଧ୍ୟ ତତ୍ତୁଲ୍ୟ ଗ୍ରହଣଶୀଳତା ସହିତ ଏଗୁଡ଼ିକର ପ୍ରାୟ ବାଧ୍ୟ କରିବାକୁ ବି ପଡ଼ିଥିଲା।

ପ୍ରଥମ ପର୍ଯ୍ୟାୟଟିରେ ଆମେ ଭାବୁଥିଲୁ ଯେ, ଆମେ ପ୍ରଧାନତଃ ଦୁଇ-ଧାରାଯୁକ୍ତ ବିଚାରଭୂମିକୁ ଅବଲମ୍ବନ କରି ଆମେ ଆମର ସମନ୍ୱୟ-ଚର୍ଚ୍ଚାଟିକୁ ଆରମ୍ଭ କରିବୁ । ସଂପ୍ରତି ସେହି ଦୁଇଟି ହିଁ ତ ମନୁଷ୍ୟର ବିଚାରଭୂମିଟିକୁ ପ୍ରାୟ ଦୁଇ ସାଂସ୍କୃତିକ ଧାରାରେ ଦ୍ୱିବିଧ କରି ରଖିଛନ୍ତି। ଅବଶ୍ୟ ଆପଣାର ସର୍ବୋଚ୍ଚ ଶିଖରଚୟର ସ୍ଥାନରେ ସେମାନେ ଏବେ ପରସ୍ପରକୁ ଭେଟିବାକୁ ମଧ୍ୟ ଯାଉଛନ୍ତି। ଗୋଟିଏ ହେଉଛି ପାଶ୍ଚାତ୍ୟର ପ୍ରଜ୍ଞା ଏବଂ ଆରଟି ପ୍ରାଚ୍ୟର। ମାତ୍ର, ଠିକ୍ ଏହି ସମୟରେ ଇଉରୋପରେ ମହାସମରଟି ଲାଗିଗଲା ଏବଂ ତେଣୁ ସେହି ଯୋଜନାଟି ଆଉ ପୂର୍ଣ୍ଣ ହୋଇ ପାରିଲାନାହିଁ। ଆପଣାର ପ୍ରାୟ ସବୁତକ ସଂଖ୍ୟାରେ 'ଆର୍ଯ୍ୟ' ପତ୍ରିକାରେ ଭାରତବର୍ଷର ମାନସଦୃଷ୍ଟି ତଥା

ଭାରତୀୟ ଆଧ୍ୟାତ୍ମିକ ଉପଲବ୍ଧିର ବିଶେଷତା ଥିବ। ପତ୍ରିକାଟି ଏକ ଯଥାସମ୍ଭବ ଉଚ୍ଚତମ ସମନ୍ୱୟ-ସତ୍ୟର ନିକଟବର୍ତ୍ତୀ ହୋଇ ପାରୁଥିବାର ଆଭିମୁଖ୍ୟକୁ ଗ୍ରହଣ କରିଛି ଏବଂ ସେହି ଦୃଷ୍ଟିକୋଣରୁ ହିଁ ପାଶ୍ଚାତ୍ୟ ଜ୍ଞାନକୁ ଦେଖିବାର ଉଦ୍ୟମ କରିଛି। ...ସର୍ବବିଧ ଦର୍ଶନ ନ୍ୟାୟତଃ ଦୁଇଟି ଭୂମି ମଧ୍ୟରେ ରହିଥିବା ସମ୍ବନ୍ଧଗୁଡ଼ିକୁ ନେଇ ହିଁ ଆପଣାକୁ ସଂପୃକ୍ତ କରାଇ ଯାହାକିଛି କରିଥାଏ: ଗୋଟିଏ ହେଉଛି ଯାହାକିଛି ରହିଛି, ତାହାର ସର୍ବମୂଳ ସତ୍ୟଟି ଏବଂ ଆମ ଉପଲବ୍ଧିଟି ମଧ୍ୟରେ ସେହି ଅସ୍ତିତ୍ୱର ଭିନ୍ନ ଭିନ୍ନ ଆକାରଗୁଡ଼ିକ ଯେଉଁଭଳି ଆସି ଧରା ଦେଉଥାଆନ୍ତି। ଏବଂ, କ୍ଷେତ୍ରର ଗଭୀରତମ ଅନୁଭବଟି ଆମକୁ କହିଦେଇଛି ଯେ, ସର୍ବମୂଳର ସତ୍ୟଟି ହେଉଛି ଏକ ଆଧ୍ୟାତ୍ମିକ ସତ୍ୟ ଏବଂ ଆରଟି ହେଉଛି ସେହି ସତ୍ୟର ପ୍ରକାଶ କରିଥିବା ଜୀବନର ସତ୍ୟ, ବିଶ୍ୱରୂପେ ପ୍ରକଟ ହୋଇଥିବା ସତ୍ୟଟି, ଆକୃତିର ମାଧ୍ୟମରେ ତଥା ସଦାସୃଜନକାରୀ ଶକ୍ତି, ଅର୍ଥାତ୍ ଜୀବନରୂପେ ଅବସ୍ଥିତ ରହିଥିବା ଭାବ ତଥା କ୍ରିୟାଶୀଳତାର ଶକ୍ତି। ଏବଂ, ଏହି କ୍ଷେତ୍ରରେ ପାଶ୍ଚାତ୍ୟ ଏବଂ ପ୍ରାଚ୍ୟ ଭିନ୍ନ ଭିନ୍ନ ଧାରାର ଅନୁସରଣ କରିଛନ୍ତି। ପାଶ୍ଚାତ୍ୟ ଜୀବନର ସତ୍ୟ ଉପରେ ସର୍ବାଧିକ ଅଗ୍ରମହତ୍ତ୍ୱ ଦେଇ ଆସିଛି ଏବଂ ଏକ ନିର୍ଦ୍ଦିଷ୍ଟ ଅବଧିରେ ସେହି ଜୀବନରୂପାୟନର ସତ୍ୟର ଭିତ୍ତି ବା ଦର୍ପଣ ମଧ୍ୟଦେଇ ହିଁ ଆପଣାର ସର୍ବବିଧ ସତ୍ୟାନୁଭୂତିକୁ ସୀମିତ କରି ରଖିଆସିଛି। ଏପରିକି, ଅଧ୍ୟାତ୍ମସତ୍ୟକୁ ଅସ୍ୱୀକାର ମଧ୍ୟ କରିଛି ଅଥବା ଅଜ୍ଞାତ କିମ୍ବା ନିଜ ଅଜ୍ଞେୟ ମଧ୍ୟକୁ ସେଇଟିକୁ ଠେଲି ଦେଇଛି। ସେହି ଏକପାଖିଆ ଅନୁମାନରୀତିଟି ଭିତରୁ ସଂପ୍ରତି ପାଶ୍ଚାତ୍ୟ ଫେରି ଆସିବାକୁ ଆରମ୍ଭ କରୁଛି। ଅନ୍ୟ ପକ୍ଷରେ, ପ୍ରାଚ୍ୟ ଅଧ୍ୟାତ୍ମସତ୍ୟ ଉପରେ ହିଁ ସର୍ବାଧିକ ଅଗ୍ରାଧିକାର ନ୍ୟସ୍ତ କରିଛି ଓ ଗୋଟିଏ ନିର୍ଦ୍ଦିଷ୍ଟ କାଳରେ ଆପଣାର ସମୁଦାୟ ଜୀବନଭୂମିଟିକୁ ପ୍ରତ୍ୟାଖ୍ୟାତପ୍ରାୟ କରି, ଅନ୍ତତଃ ଭାରତବର୍ଷରେ ସେହି ସତ୍ୟଟି ଉପରେ ହିଁ ନିଜକୁ ପୂର୍ଣ୍ଣ ଭାବରେ ଅବଲମ୍ବିତ କରି ରଖିଆସିଛି। ଜୀବରେ ସମ୍ଭାବନାଗୁଡ଼ିକ ପ୍ରତି ଅବହେଳା ପ୍ରଦର୍ଶନ କରିଛି କିମ୍ବା ଏପରିକି ଏକ ସଂକୀର୍ଣ୍ଣ ବା ଏକ ପରିବର୍ତ୍ତନହୀନ ସ୍ଥିତି ଭିତରେ କିଳି ରଖି ବି ଦେଇଛି। ପ୍ରାଚ୍ୟ ମଧ୍ୟ ବର୍ତ୍ତମାନ ଏହି ଅତିରଞ୍ଜନଟି ମଧ୍ୟରୁ ଫେରି ଆସିବାକୁ ଆରମ୍ଭ କଲାଣି।

ପଶ୍ଚାତ୍ୟ ପୁନର୍ବାର ଅଧ୍ୟାତ୍ମର ସତ୍ୟଟି ମଧ୍ୟକୁ ଆପଣାକୁ ଜାଗୃତ କରି ନେଉଛି, – ଜୀବନର ଆଧ୍ୟାତ୍ମିକ ସମ୍ଭାବନାଗୁଡ଼ିକ ବିଷୟରେ ପୁନଃସଚେତନ ହେଉଛି ଏବଂ ପ୍ରାଚ୍ୟ ପୃଥ୍ୱୀଜୀବନର ସତ୍ୟଗୁଡ଼ିକ ବିଷୟରେ ମଧ୍ୟ ଜାଗୃତ ହେବାରେ ଲାଗିଲାଣି। ଆପଣାର ଉପଲବ୍ଧ ଆଧ୍ୟାତ୍ମିକ ସତ୍ୟଜ୍ଞାନକୁ ପ୍ରାଚ୍ୟ କ୍ରମଶଃ ନୂତନ ଭାବେ ପ୍ରୟୋଗ କରିବା ନିମନ୍ତେ ମଧ୍ୟ ଆଗ୍ରହ ପ୍ରକାଶ କରୁଛି। ଆମେ ଯେପରି ଦେଖିପାରୁଛୁ, ଉଭୟ

ମଧ୍ୟରେ ଯେଉଁ ବିରୋଧଟିକୁ ସୃଷ୍ଟି କରାଯାଇ ଆସିଛି, ତହିଁରେ କୌଣସି ସତ୍ୟତା ହିଁ ନାହିଁ। ଏହି ଯାବତୀୟ ଜୀବନର ସର୍ବମୂଳ ସତ୍ୟଟି ହେଉଛି ଅଧ୍ୟାତ୍ମ, – ଏବଂ ତଂହାରି ରୂପାୟନ ହୋଇ ଏହି ବିଶ୍ୱଜୀବନର ପରିପ୍ରକାଶ ଘଟିଛି। ଅଧ୍ୟାତ୍ମ ଯେ ଜୀବନର କେବଳ ଉତ୍ସରୂପେ ହିଁ ବିଦ୍ୟମାନ ହୋଇ ରହିନାହିଁ, ତାହା ନୁହେଁ, ତାହାର ଭୂମିରୂପେ ମଧ୍ୟ ଅବସ୍ଥିତ ରହିଛି। ତାହାର ଏହି ସର୍ବତ୍ରବ୍ୟାପୀ ପ୍ରକଟରୂପ ହୋଇ ରହିଛି ତଥା ତାହାର ସର୍ବୋଚ୍ଚ ଏବଂ ସମଗ୍ର ପରିଣତି ରୂପେ ଅବସ୍ଥିତ ରହିଛି। କିନ୍ତୁ ରୂପାୟିତ ଜୀବନରୁ ବର୍ତ୍ତମାନ ଆକୃତିଗୁଡ଼ିକ ଯେପରି ଭାବରେ ଆମ ଲାଗି ଦୃଶ୍ୟମାନ୍ ହେଉଛି, ସେଗୁଡ଼ିକୁ ଏକାଧାରରେ ସେହି ଅଧ୍ୟାତ୍ମର ଏକ ଛଦ୍ମ ପ୍ରତୀତି ବୋଲି ହିଁ କୁହାଯିବ ଅଥବା ତାହାର ଆତ୍ମପ୍ରକାଶ ସକାଶେ ନିମିତ୍ତରୂପେ ବିଦ୍ୟମାନ ରହିଥିବା ମାଧ୍ୟମ ବୋଲି କୁହାଯିବ। ହଁ, ମନୁଷ୍ୟର ତା'ର ଜ୍ଞାନୋପଲବ୍ଧିରେ ଆହୁରି ଅଧିକ ଅଭିବୃଦ୍ଧି ଲାଭ କରିବାକୁ ପଡ଼ିବ, ଯେପରିକି ଉକ୍ତ ଛଦ୍ମରୂପଗୁଡ଼ିକ ମଧ୍ୟରୁ ଅସଲ ରୂପଟି ପ୍ରତିଭାତ ହୋଇ ପାରିବ ଏବଂ ଆପଣାର ଶକ୍ତିରେ ତଥା ଗୁଣାତ୍ମକତାର ଭୂମିରେ ଉତ୍ତରୋତ୍ତର ଅଗ୍ରସର ହୋଇ ସେଗୁଡ଼ିକ ଆପଣାକୁ ସେହି ଅଧ୍ୟାତ୍ମର ହିଁ ପୂର୍ଣ୍ଣ ନିମିତ୍ତ ରୂପେ ବ୍ୟବହୃତ ମଧ୍ୟ ହୋଇପାରିବେ। ଏକ ପରିପୂର୍ଣ୍ଣ ଦିବ୍ୟତା ମଧ୍ୟକୁ ସମୃଦ୍ଧି ଲାଭ କରିବା, ତାହାହିଁ ହେଉଛି ଏହି ମନୁଷ୍ୟ-ଜୀବନର ଯଥାର୍ଥ ନିୟତି ଏବଂ ବିଧାନ। ସେହି ମାର୍ଗରେ ଅଗ୍ରସର ହୋଇ ହିଁ ମନୁଷ୍ୟ ନିଜର ତା'ର ଏହି ପୃଥ୍ୱୀଉପରର ଜୀବନକୁ ମଧ୍ୟ ଦିନେ ସେହି ଅଧ୍ୟାତ୍ମର ଓ ଦିବ୍ୟତାର ରୂପ ଦେଇ ପ୍ରକାଶିତ କରି ଆଣିବ। ଏହାହିଁ ହେଉଛି ତା'ର ଯାବତୀୟ ବିବର୍ତ୍ତନ-ପ୍ରକ୍ରିୟାଟିର ପ୍ରକୃତ ତଥା ଅସଲ ଅର୍ଥ ଓ ତାତ୍ପର୍ଯ୍ୟ। 'ଆର୍ଯ୍ୟ'ର ଅଭିଳଷିତ ଦର୍ଶନର ଏହି କଥାଟି ହେଉଛି ସର୍ବମୂଳ ସିଦ୍ଧାନ୍ତ।

ସର୍ବପ୍ରଥମେ ତାତ୍ତ୍ୱିକ ଦୃଷ୍ଟିରୁ ଏହି ସତ୍ୟଟିର ବ୍ୟାଖ୍ୟା କରିବାକୁ ହେଲା, କାରଣ ଦର୍ଶନର କ୍ଷେତ୍ରରେ ସବୁଠାରେ ସେହି ତାତ୍ତ୍ୱିକ ସତ୍ୟଟି ହେଉଛି ଆଉ ସମସ୍ତକିଛିର ମର୍ମପ୍ରସଙ୍ଗ; ଚରମ ସାଧାରଣ ସତ୍ୟଗୁଡ଼ିକୁ ହିଁ ସେଥିରେ ସୂଚିତ କରି ଦିଆଯାଇଥାଏ, ଯାହାଉପରେ କି ଆଉ ସବୁଗୁଡ଼ିକ ନିର୍ଭର କରି ରହିଥାଆନ୍ତି ଓ ଯାହାଟି ମଧ୍ୟରେ ସେମାନେ ଏକାଠି ଠିଆ ହୋଇ ରହିଥାନ୍ତି। ସେହି କାରଣରୁ ଆମେ ପ୍ରଥମେ 'ଦିବ୍ୟ ଜୀବନ' ଗ୍ରନ୍ଥଟିର ଉପସ୍ଥାପନା କଲୁ। ଏଥିରେ ମଧ୍ୟ ପ୍ରଥମେ ଏହି କ୍ଷେତ୍ରରେ ବୈଦିକ ଦୃଷ୍ଟିକୋଣଟିକୁ ପ୍ରଦାନ କରିବାକୁ ହେଲା; ଆତ୍ମା, ମାନସସତ୍ତା ତଥା ପ୍ରାଣ ବିଷୟରେ ବୈଦିକ ଦୃଷ୍ଟି ଯେଉଁ ଭଳି ବ୍ୟାଖ୍ୟା କରିଛି, ସେଇଟିର ବିଶ୍ଳେଷଣ କରାଗଲା, – ତା'ପରେ ସଚ୍ଚିଦାନନ୍ଦରୂପୀ ପରମ ସତ୍ତାଟିର ଏବଂ ପୁଣି ତା'ପରେ ଏହି ପୃଥିବୀର, ଜ୍ଞାନ ଏବଂ ଅଜ୍ଞାନର, ପୁନର୍ଜନ୍ମର ତଥା

ଅଧ୍ୟାତ୍ମର ଆଲୋଚନା ହୋଇଥିଲା। ମାତ୍ର, ସାଧାରଣ ଅନୁମାନରେ, ବେଦାନ୍ତ ଦର୍ଶନରେ ଜୀବନକୁ ଅସ୍ୱୀକାର କରାଯାଇଛି ବୋଲି ବିଶ୍ୱାସ କରା ଯାଇଛି ଏବଂ, ସେଥିରେ ଆଦୌ ସନ୍ଦେହ କିଛି ବି ନାହିଁ ଯେ, ବେଦାନ୍ତ ସେଇଟିକୁ ହିଁ ମୁଖ୍ୟ ଆଭିମୁଖ୍ୟ ବୋଲି ଗ୍ରହଣ କରି ନେଉଥିବାର ଏକ ପ୍ରବୃତ୍ତି ମଧ୍ୟ ପ୍ରକାଶ କରିଛି। ଏହି ସବୁକିଛି ବ୍ରହ୍ମଦ୍ୱାରା ପୂର୍ଣ୍ଣ ହୋଇ ରହିଛି ବୋଲି ସର୍ବମୂଳ ସତ୍ୟଟିରୁ ଆରମ୍ଭ କରିଥିଲେ ମଧ୍ୟ, ଶେଷରେ ସେଥିରେ ଏପରି ଏକ ଗୁରୁତ୍ୱ ଦିଆ ମଧ୍ୟ ଯାଇଛି ଯେ, ଏହି ପୃଥିବୀ ହେଉଛି ସେହି ବ୍ରହ୍ମଙ୍କର, ସେହି ପରମ ଆତ୍ମନ୍‌ଙ୍କର ଭିତରେ ନୁହେଁ, ବାହାରେ। ଏହିପରି ଭାବରେ ବିଶ୍ଳେଷଣ ମଧ୍ୟରୁ ଆମେ ଏକ ଅଧିକ ବ୍ୟାପକ ଅଦ୍ୱୈତ ଦୃଷ୍ଟିର ପ୍ରତିଷ୍ଠା କରିବା ନିମନ୍ତେ ଗୋଟିଏ ଉଦ୍ୟମ କରିଛୁ। ଆମେ ଦର୍ଶାଇଛୁ ଯେ, ମନ, ପ୍ରାଣ ଏବଂ ଜଡ଼ - ଏମାନେ ସମସ୍ତେ ସେହି ବ୍ରହ୍ମର ବ୍ୟାଖ୍ୟାୟତନ ମଧ୍ୟରୁ ହିଁ ନିଷ୍ପନ୍ନ ହୋଇଛନ୍ତି, – ଏକ ଅଧ୍ୟାତ୍ମ ଭୂମିର ମନ ଅର୍ଥାତ୍ ଅତିମାନସର ମଧ୍ୟବର୍ତ୍ତୀ ପର୍ଯ୍ୟାୟ ଦେଇ ପରମ ବ୍ରହ୍ମ ଏହି ପୃଥ୍ୱୀନାମକ ସୃଜନସତ୍ୟର ଯଥାର୍ଥ ଅବଲମ୍ବନ ହୋଇ ରହିଛନ୍ତି ଏବଂ ପୁନଶ୍ଚ, ଆପଣାର ମନଟିକୁ ତାହାରି ମଧ୍ୟକୁ ବିକଶିତ କରିନେଇ ପାରିଲେ ମନୁଷ୍ୟ ମଧ୍ୟ ଆତ୍ମାର ସେହି ଯଥାର୍ଥ ସତ୍ୟସ୍ଥାନରେ ପହଞ୍ଚି ପାରିବ । ସେହି ଅଧ୍ୟାତ୍ମସତ୍ୟ ଏହି ପୃଥିବୀରେ ରହିଛି ଏବଂ ଏଠାରେ ମଧ୍ୟ ତାହାହିଁ ଜୀବନର ସର୍ବୋଚ୍ଚ ବିଧାନରୂପେ ଅବସ୍ଥିତ ରହିଛି ବୋଲି ଉପଲବ୍ଧି କରି ପାରିବ। ହଁ, ଆତ୍ମା ହିଁ ପରମ ସଚ୍ଚିଦାନନ୍ଦ ଏବଂ ଏହି ପୃଥିବୀ ଓ ତାହା ମଧ୍ୟରେ ଆଦୌ ସେପରି କୌଣସି ବିପରୀତତା ନାହିଁ ଯାହାକୁ କି ଡ଼େଇଁଯାଇ ନହେବ। ବର୍ତ୍ତମାନ ପୃଥିବୀରେ ଏପରି ଏକ ଅବସ୍ଥା ରହିଛି, ଯାହାମଧ୍ୟରେ କି ଆମେ ସବୁକିଛିକୁ ଏକ ଅଜ୍ଞାନ ଦ୍ୱାରା ଜଡ଼ିତ ହୋଇ ରହିଥିବା ଚକ୍ଷୁରେ ଦେଖୁଛୁ ଏବଂ ପ୍ରତିକାର ରୂପେ ଆମକୁ ଯାହା କରିବାକୁ ହେବ, ସେଇଟି ହେଉଛି ଯେ, ଆମେ ସେହି କଥାଟିକୁ ଜ୍ଞାନର ଚକ୍ଷୁରେ ହିଁ ଦେଖିବାରେ ସମର୍ଥ ହେବା। ଆମର ଏହି ଅଜ୍ଞାନଟି ମଧ୍ୟ କେବଳ ଏପରି ଏକ ଜ୍ଞାନ, ଯାହାକି ବର୍ତ୍ତମାନ ଜଡ଼ର ନିଶ୍ଚେତନା ମଧ୍ୟରେ ଆପାତତଃ ପ୍ରଚ୍ଛନ୍ନ ହୋଇ ରହିଛି ଏବଂ ସଂବୃତିର ସେହି ଅବସ୍ଥାରୁ ବିକାଶ ଲାଭ କରୁଛି। ଏବଂ, ଏହି ମାର୍ଗଟିରେ ଅଗ୍ରସର ହୋଇ ତାହା ପୁନର୍ବାର ଆପଣାର ସେହି ସଚେତନ ପରିପୂର୍ଣ୍ଣ ସ୍ଥିତିକୁ ହିଁ ଫେରି ଆସୁଛି। ସେହି ଫେରି ଆସିବାର ପର୍ଯ୍ୟାୟଟିକୁ ସଂପୂର୍ଣ୍ଣ କରି ଏହି ମନୁଷ୍ୟର ପୃଥ୍ୱୀଜୀବନରେ ଆଧ୍ୟାତ୍ମିକ ଜୀବନର ପରିପ୍ରକାଶ ଘଟାଇବା - ପୁନର୍ଜନ୍ମର ଏହି ପୃଥିବୀସତ୍ୟଟିକୁ ନିଶ୍ଚୟ ସ୍ୱୀକାର କରୁଛି ସତ, କିନ୍ତୁ ପାଶ୍ଚାତ୍ୟର ସେହି ଜଡ଼ବାଦୀ ବ୍ୟାଖ୍ୟାକୁ ସଂପୂର୍ଣ୍ଣ ଭାବରେ ଆଦୌ

ସ୍ୱୀକାର କରି ନୁହେଁ, – ଆମେ ତାହାକୁ ଗୋଟିଏ ଦାର୍ଶନିକ ସତ୍ୟର ଭୂମିରେ ସ୍ୱୀକାର ଅବଶ୍ୟ କରିବୁ। ଆମେ କହିବୁ ଯେ, ଏହି ଜଡ଼ର ଭୂମିଟିରେ ହିଁ ପ୍ରାଣ, ମନ ତଥା ଆତ୍ମା ସଂବୃତ ଅବସ୍ଥାରେ ବିଦ୍ୟମାନ ଅଛନ୍ତି ଏବଂ ସେଗୁଡ଼ିକର ପରିପ୍ରକାଶିତ ହୋଇ ଆସିବାର ଉତ୍ତରୋତ୍ତର ନିତ୍ୟ ପ୍ରକ୍ରିୟାଟି ମଧ୍ୟ ସର୍ବଦା ଲାଗି ରହିଛି, ଏବଂ, ଏହି ବିବର୍ତ୍ତନ-କ୍ରିୟାଟିର ଶିଖରସ୍ଥାନରେ ଅଧ୍ୟାତ୍ମଦ୍ୱାରା ପରିଚାଳିତ ସେହି ଅନ୍ୟ ଜୀବନଟି, ସେହି ଦିବ୍ୟ-ଜୀବନ ଅବସ୍ଥିତ ରହିଛି।

ସେହି କାରଣରୁ ଆମକୁ ଏକଥାଟିକୁ ମଧ୍ୟ ଦର୍ଶାଇ ଦେବାକୁ ହେଲା ଯେ, ଏହି ସତ୍ୟଗୁଡ଼ିକର ପ୍ରାଚୀନ ବେଦାନ୍ତସ୍ଥ ସତ୍ୟଟି ସହିତ ଆଦୌ କୌଣସି ଅସଙ୍ଗତି ନାହିଁ ଏବଂ ତେଣୁ ଆମେ ବେଦରୁ ମଧ୍ୟ ଏହି ଦୃଷ୍ଟିରୁ କରା ଯାଇଥିବା ବ୍ୟାଖ୍ୟାଗୁଡ଼ିକୁ ଏଥିରେ ଅନ୍ତର୍ଗତ କରି ରଖିଲୁ। ଦୁଇଟି ଉପନିଷଦ ସମେତ ଗୀତାର ମଧ୍ୟ ବ୍ୟାଖ୍ୟା ଆଣି ଉପସ୍ଥାପିତ କଲୁ। ମାତ୍ର, ବିଧିବାଦୀ ତଥା ଭାଷ୍ୟକାରମାନଙ୍କ ଦ୍ୱାରା ବେଦକୁ ମଧ୍ୟ ବହୁ ଅସ୍ପଷ୍ଟତା ମଧ୍ୟରେ କେତେ ପ୍ରକାରେ ଆଚ୍ଛନ୍ନ କରି ରଖି ଦିଆ ବି ଯାଇଛି। ତେଣୁ, ଆମକୁ ଏପରି କେତୋଟି ସାନ ପ୍ରବନ୍ଧ ମଧ୍ୟ ପ୍ରସ୍ତୁତ କରିବାକୁ ହେଲା, – ଅବଶ୍ୟ ନିତାନ୍ତ ପ୍ରାରମ୍ଭିକ ଭାବରେ, – ଯେଉଁଥିରେ କି ବେଦାନ୍ତର୍ଗତ ରହସ୍ୟଚୟ, ପ୍ରତୀକଗୁଡ଼ିକର ଆବେଦନ ଓ ତହିଁ ମଧ୍ୟରେ ନିହିତ ଥିବା ସତ୍ୟଗୁଡ଼ିକ ବିଷୟରେ ମଧ୍ୟ ସୂଚାଇ ଦେବାକୁ ହୋଇଥିଲା। ଉପନିଷଦଗୁଡ଼ିକ ମଧ୍ୟରୁ ଆମେ ଈଶ ଓ କେନର ଆଲୋଚନା କଲୁ; ଏକ ଅଧିକ ପୂର୍ଣ୍ଣ ଆଲୋଚନା ନିମନ୍ତେ ଆମକୁ ତା' ସହିତ ତୈତ୍ତିରୀୟ ଉପନିଷଦକୁ ମଧ୍ୟ ଗୁନ୍ଥିବା ଉଚିତ ଥିଲା; କିନ୍ତୁ ସେହି ଉପନିଷଦଟି ହେଉଛି ଆକାରରେ ଅପେକ୍ଷାକୃତ ଭାବରେ ଅଧିକ ବୃହତ୍ ଏବଂ ସେଥିପାଇଁ ଆମ ପାଖରେ ଯଥେଷ୍ଟ ସ୍ଥାନର ଅଭାବ ରହିଥିଲା। 'ଗୀତା' ସମ୍ପର୍କୀୟ ଆଲୋଚନାରେ ଆମେ ରଚନାଟିର ସେହି ଅତ୍ୟନ୍ତ ତାତ୍ପର୍ଯ୍ୟପୂର୍ଣ୍ଣ ଓ ଶକ୍ତିଶାଳୀ ଅଂଶଟିର ଚର୍ଚ୍ଚା କରିଛୁ, ଯେଉଁଥିରେ କି କର୍ମଯୋଗର ପ୍ରୟୋଗାତ୍ମକ ଦିଗଟି ବିଷୟରେ ଏକ ନିର୍ଦ୍ଦିଷ୍ଟ ଉପସ୍ଥାପନା କରାଯାଇଛି। ଯାହାର ଅନୁଶୀଳନ ଦ୍ୱାରା ଆମର କର୍ମଗୁଡ଼ିକ ଆମକୁ ଆତ୍ମାର କ୍ଷେତ୍ରକୁ ବାଟ କଢ଼ାଇ ନେବ, ଆମକୁ ଏକ ନବଜନ୍ମର ସୌଭାଗ୍ୟ ଆଣିଦେବ ଏବଂ ଆମର ଏହି ପୃଥିବୀର ଜୀବନଟିକୁ ମଧ୍ୟ ସେଇଟି ସହିତ ଏକ ସୁସମଞ୍ଜସତାର ଭାଜନ କରାଇବ, ଦର୍ଶନସ୍ଥ ସତ୍ୟଗୁଡ଼ିକ ମଧ୍ୟରେ କେବଳ ଏକ ସୈଦ୍ଧାନ୍ତିକ ମୂଲ୍ୟ ମୋଟେ ନାହିଁ; କାରଣ ସେଗୁଡ଼ିକୁ ବଞ୍ଚିବା ଦ୍ୱାରା ହିଁ ସେଗୁଡ଼ିକର ମହତ୍ତ୍ୱଗୁଡ଼ିକୁ ଉପଲବ୍ଧ କରାଯାଇ ପାରିବ ଏବଂ ସେଥିପାଇଁ ଆମେ 'ଯୋଗ-ସମନ୍ୱୟ'ର ସାହାଯ୍ୟରେ ଅଧ୍ୟାତ୍ମ ସାଧନା ଅର୍ଥାତ୍ ସାଧନାର ବିଭିନ୍ନ ମାର୍ଗର ତତ୍ତ୍ୱ ତଥା ପ୍ରଣାଳୀଗୁଡ଼ିକର ଆଲୋଚନା ମଧ୍ୟ କରିଛୁ ଏବଂ

ଏପରି ଏକ ସିଦ୍ଧାନ୍ତରେ ଆସି ପହଞ୍ଚିବାକୁ ଇଚ୍ଛା କରିଛୁ, ଯାହାକି ଆମକୁ ଏହି ଇହମନୁଷ୍ୟର ଜୀବନରେ ଏକ ପୂର୍ଣ୍ଣ ଦିବ୍ୟଜୀବନର ସମ୍ଭାବନାରେ ନେଇ ପହୁଞ୍ଚାଇ ଦେଇପାରିବ । ଏବଂ, ଏହି ଦୀର୍ଘ ଟିପ୍ପଣୀଟିକୁ ପୂର୍ଣ୍ଣ କରି ଆଣି:

କିନ୍ତୁ ଏହା ହେଉଛି ଜଣେ ବ୍ୟକ୍ତିର ଉତ୍ତରୋତ୍ତର ବିକାଶର କାହାଣୀ, ଏକ ଆତ୍ମଉତ୍ତରଣ-ପ୍ରକ୍ରିୟାର କଥା। ତେଣୁ ଆମେ ଅତ୍ୟନ୍ତ ଆବଶ୍ୟକ ବୋଲି ବିଚାର କରିଥିଲୁ ଯେ, ଆମର ସେହି ଆଦର୍ଶଟି କିପରି ମାନବ-ସମାଜର ଜୀବନରେ ବାସ୍ତବାୟିତ ମଧ୍ୟ ହୋଇପାରିବ, ସେଇଟିକୁ ସୂଚାଇ ଦେବା ନିଶ୍ଚୟ ଖୁବ୍ ଉଚିତ ହେବ। 'ସମାଜ-ବିକାଶର ଅନ୍ତଃକ୍ରମ' (ମାନବ-ଯୁଗଚକ୍ର) ପୁସ୍ତକରେ ଏହି ସତ୍ୟଗୁଡ଼ିକ କିପରି ମନୁଷ୍ୟସମାଜର ସୋପାନ ସୋପାନର ବିକଶିତ ହୋଇ ଆସିବାକୁ ପ୍ରଭାବିତ କରି ଆସିଛି, ଆମେ ସେଇଟି ଉପରେ ମଧ୍ୟ ଆଲୋକପାତ କରିଛୁ । ଏବଂ, 'ମାନବ-ଏକତାର ଆଦର୍ଶ' ନାମକ ଏକ ଅନ୍ୟ ଗ୍ରନ୍ଥରେ ମନୁଷ୍ୟ-ସମୂହଗୁଡ଼ିକର ସାଂପ୍ରତିକ ପ୍ରବୃତ୍ତିଗୁଡ଼ିକର ବିଚାର କରି ସେମାନେ କିପରି ଏକ ଅଭିଳଷିତ ଐକ୍ୟ ଆଡ଼କୁ କ୍ରମେ ନିକଟବର୍ତ୍ତୀ ହୋଇ ଆସୁଛନ୍ତି, ସେହି ସନ୍ଦର୍ଭଟିର ଆଲୋଚନା କରିଛୁ। ତଥା, ଏହି ଉଦ୍ୟମଟିରେ ତଥାପି କ'ଣ ସବୁ ଅଭାବ ରହିଛି, ଯେପରିକି ଏହି ମାନବ-ପୃଥ୍ୱୀରେ ପ୍ରକୃତ ଏକ ଏକତାର ପ୍ରତିଷ୍ଠା ହୋଇ ପାରିବ, ସେହି ଦିଗରେ ମଧ୍ୟ କେତେକ ବିଷୟ ଆଡ଼କୁ ଦୃଷ୍ଟି ଆକର୍ଷଣ କରିବା ନିମନ୍ତେ ପ୍ରୟାସ କରିଛୁ। ଆମରି ଯୋଜନାଟି ବିଷୟରେ ନ୍ୟାୟବିଚାର କରି ଆମେ ପ୍ରାୟ ଅଗତ୍ୟା ପ୍ରଧାନତଃ ସର୍ବପ୍ରଥମ ତତ୍ତ୍ୱଗୁଡ଼ିକର ଚର୍ଚ୍ଚା କରିଛୁ ଓ ସେଗୁଡ଼ିକୁ ଯଥାସମ୍ଭବ ଅଧିକ ପରିପୂର୍ଣ୍ଣ ଭାବରେ ବିଶ୍ଳେଷଣ କରିଦେଇଛୁ। ପତ୍ରିକାଟିର ପରବର୍ତ୍ତୀ ସଂଖ୍ୟାମାନଙ୍କରେ ଏପରି ଆଉକୌଣସି ଦୀର୍ଘ ପୁସ୍ତକର ଆଲୋଚନା କରିବା ପାଇଁ ଆମର କିଛି ପ୍ରସ୍ତାବ ନାହିଁ। ଏଣିକି ବିଶେଷତଃ ସାନ ସାନ କିଛି ରଚନା ପ୍ରକାଶ ପାଇବ ଏବଂ ସେଗୁଡ଼ିକରେ ଅଧିକ ପ୍ରଶସ୍ତ ତଥା ଅଧିକ ନିର୍ଦ୍ଦିଷ୍ଟ ଭାବରେ ଯଥାସମ୍ଭବ ସେଗୁଡ଼ିକୁ ଅଧିକ ପରିମାଣରେ ସାଧାରଣବୋଧ କରି ପ୍ରକାଶ କରାଯିବ। ଏଣିକି ଆମେ ଅଧିକ ସାଧାରଣ ଭାବରେ ନାନାବିଧ ବିଷୟମାନଙ୍କର ଚର୍ଚ୍ଚା ମଧ୍ୟ କରିବୁ, – ଅବଶ୍ୟ ଏଭଳି ଗୋଟିଏ ଦର୍ଶନବିଚାରର ପତ୍ରିକାରେ ଯେଉଁ ଲେଖାମାନ ସଂଗତିଯୁକ୍ତ ହୋଇଥିବ, ସେହି ଦିଗରେ ମଧ୍ୟ ସର୍ବଦା ଦୃଷ୍ଟି ରହିଥିବ। (ତତ୍ରୈବ, ୪୦୨)

'ଦିବ୍ୟ-ଜୀବନ' ଠାରୁ 'ମାନବ-ଏକତାର ଆଦର୍ଶ' ପର୍ଯ୍ୟନ୍ତ ତଥା 'ମାନବ-ଏକତାର ଆଦର୍ଶ'ରୁ ଦିବ୍ୟଜୀବନ' ପର୍ଯ୍ୟନ୍ତ - ଏହି ଯୋଜନାଟିକୁ ଆମେ ପ୍ରକୃତରେ ଗୋଟିଏ ସମଗ୍ର ମଧ୍ୟରେ ଦେଖିବାଲାଗି କେତେଦୂର ସମର୍ଥ ହେବା ? ଶ୍ରୀ ଅରବିନ୍ଦଙ୍କର

ଏକ ସମ୍ମିଳନକାରୀ ଏପରି ପୂର୍ଣ୍ଣ ଯୋଜନା ରହିଛି, ଯାହାକୁ କି ପ୍ରତ୍ୟେକ ଗ୍ରନ୍ଥରେ ଘ୍ରାଣ କରି ହେଉଛି। ସତେ ଅବା ସେଗୁଡ଼ିକୁ ସେହିଭଳି ନଦେଖି ପାରିବା ପର୍ଯ୍ୟନ୍ତ ବକ୍ତବ୍ୟଗୁଡ଼ିକୁ ଆଦୌ ସମୁଚିତ ପ୍ରସ୍ଥଗୁଡ଼ିକୁ ଦେଇ ବୁଝି ହୁଏନାହିଁ। ସତେଅବା 'ଦିବ୍ୟ-ଜୀବନ' ଗ୍ରନ୍ଥରେ 'ମାନବ-ଏକତାର ଆଦର୍ଶ'ର ଆବେଦନ ଝଲମଲ ହୋଇଉଠୁଛି ଏବଂ 'ମାନବ-ଏକତାର ଆଦର୍ଶ' ପୁସ୍ତକଟିରେ 'ଦିବ୍ୟ-ଜୀବନ'ର ଆବେଦନ ତଥା ଆହ୍ୱାନମାନେ ଚାକ୍ଷୁଷ ହୋଇ ଆସୁଛନ୍ତି। ଏବଂ, ପାଠକ ଏକ ସମଗ୍ର ନିକଟଶ୍ରଦ୍ଧାରେ ସବୁଯାକ ଗ୍ରନ୍ଥର ଅଧିକରୁ ଅଧିକ ନିକଟବର୍ତ୍ତୀ ହୋଇ ଆସୁଛି। ଯୋଗସାଧନାକୁ ନେଇ କେତେ କେତେ ସ୍ୱତନ୍ତ୍ରତାର ଆଳରେ କେତେ ମତ ଏବଂ କେତେ ପଥକୁ ଦେଖାଇ ଦିଆଯାଇ ଆସିଛି ଏବଂ, ସମାଜର ପୁନର୍ଗଠନ, ରାଜନୀତିକ ମତବାଦମାନେ ମଧ୍ୟ ସତେଅବା ଅଧିକ ଯତ୍ନଶୀଳ ଭାବରେ ଆପଣାଟିକୁ ହିଁ ଅନନ୍ୟ ଏବଂ ଅଖୁଣ ବୋଲି ପ୍ରତିପାଦିତ କରି ବୁଝାଇ ଦେବାର ପ୍ରୟାସ କରିଛନ୍ତି। ସେଗୁଡ଼ିକର ଗ୍ରନ୍ଥକୁ ପାଠ କରିବା ସମୟରେ ସେମାନଙ୍କ ପରସ୍ପର ମଧ୍ୟରେ ସତେଅବା କେଉଁ ଭଗବାନଙ୍କର ପ୍ରୀତ୍ୟର୍ଥେ ରହିଥିବା ବିଭେଦ ଏବଂ ଦୂରତାଗୁଡ଼ିକ ମଧ୍ୟ ଆମ ଭିତରେ ଧକ୍କା ଦେଉଥିବା ଭଳି ନଲାଗେ! ସମନ୍ୱୟର କଥା ବି କେତେ କିଏ ନକହିଛନ୍ତି – ନୂଆ ନୂଆ ଭାଷାରେ, ନୂଆ ନୂଆ ନକ୍ସାରେ ଏବଂ ନୂଆ ନୂଆ ଆକର୍ଷଣରେ! ଶ୍ରୀ ଅରବିନ୍ଦଙ୍କ ପାଖକୁ ଆସିଗଲେ କେଡ଼େ ସହଜରେ ମନେ ହେଉଛି ଯେ, ଯୋଗର କଥା ହେଉଛି ପୂର୍ଣ୍ଣତଃ ଏକ ଆତ୍ମୀୟତାର କାହାଣୀ। ସେହି ଆତ୍ମୀୟତାକୁ ନିଜ ଭିତରେ ଅର୍ଜନ କରିବାକୁ ହୁଏ ଏବଂ ତାହାକୁ ଏକ ସ୍ୱାଭାବିକ ଭାବରେ ବାହାରେ ମଧ୍ୟ ବଞ୍ଚିବାକୁ ହୋଇଥାଏ। ଭିତରେ ଏକ ସଚେତନ ସ୍ପର୍ଶ ଭଳି ଏବଂ ବାହାରେ ଏକ ସ୍ୱାଭାବିକ ପାରସ୍ପରିକତା ମଧ୍ୟରେ। ପୂର୍ଣ୍ଣ ଏକତାରୁ ସିନା ପୂର୍ଣ୍ଣ ଆତ୍ମୀୟତା ! ଭାଗବତ ଜୀବନଟିରେ ଆମ ଜୀବନରେ – ବ୍ୟକ୍ତିଗତ ତଥା ସମୂହସ୍ଥ ଉଭୟ ଜୀବନରେ ଚାକ୍ଷୁଷ ଭାବରେ କତିରେ ରହି ବଞ୍ଚିହୁଏ। ତେଣୁ, ଏକ ପୂର୍ଣ୍ଣାଙ୍ଗ ଯୋଗ, ପୂର୍ଣ୍ଣ ଯୋଗ ଏବଂ ପୂର୍ଣ୍ଣ ଏକତାର ଯୋଗ। ଭଗବାନ୍ ସେତେବେଳେ ସମ୍ପୂର୍ଣ୍ଣ ଅର୍ଥରେ ଗୋଟାସୁଦ୍ଧା ସତୀର୍ଥ ବୋଲି ଅନୁଭବ ହୁଅନ୍ତି। ସେତେବେଳେ ତାଙ୍କୁ ଉପଲବ୍ଧି କରିବାର ଅଭିଳାଷରେ ପୃଥିବୀରୁ ପଳାଇ ଯିବାର ଅବକାଶ ହିଁ ରହେନାହିଁ। ସିଏ ପାଖେ ପାଖେ ରହିଛନ୍ତି, ଆମ ଭିତରେ ପାଖେ ପାଖେ ଅଛନ୍ତି, ବାହାରେ ମଧ୍ୟ ପାଖେ ପାଖେ ଅଛନ୍ତି। ଆମେ ତାଙ୍କ ଲାଗି ଓ ତାଙ୍କର ଏହି ପୂର୍ଣ୍ଣ ପୃଥିବୀଟି ଲାଗି ସମ୍ମତ ହୋଇ ବାଟଟିଏ ଚାଲିବାଲାଗି ବାହାରିଛୁ ବୋଲି ଆପେ ମଧ୍ୟ ତାଙ୍କର ସତୀର୍ଥବତ୍ ଅନୁଭବ ହିଁ କରିପାରୁଛୁ।

ସନ୍ଧ୍ୟା ଆସି ପହଞ୍ଚିଯିବା ପରେ ଯେତେବେଳେ ଏତିକି ଆଖିରେ ଏବଂ

ଏତିକି ଅନ୍ଦାଜ ଭିତରେ ଆଉ କିଛିହେଲେ ବି ଦେଖି ପାରୁନଥିବା ପରି ପ୍ରତୀତ ହୁଏ, ସେତେବେଳେ ଆକାଶରେ ତାରାମାନେ ଫୁଟି ଉଠନ୍ତି, – କେତେ ବାଟ ଦିଶିଯାଏ, ଆମ ଭିତରକୁ ଓ ବାହାରର ଏହି ପୃଥିବୀକୁ। କେତେ କେତେ ମହିମା ଆମର କେତେ କତିରେ ରହିଛନ୍ତି ବୋଲି ପ୍ରତ୍ୟୟଟିଏ ହୁଏ। ଆକାଶ ତଥା ପୃଥିବୀ ଉଭୟେ ସତୀର୍ଥ ବୋଲି ଅନୁଭବ ହେଉଥାଆନ୍ତି। ଅଧ୍ୟାତ୍ମ ହେଉଛି ତେଣୁ ଏକ ସାତୀର୍ଥ୍ୟର ହିଁ ଆଶୀର୍ବାଦଲାଭ କି? ସେହି ଅଧ୍ୟାତ୍ମଜନିତ ସାତୀର୍ଥ୍ୟ ହିଁ ବଳ ଦିଏ, ବିଶ୍ୱାସ ଦିଏ, ଯେତେ ଯେତେ ଭଲି ଭଲି ଲାଗୁଥିଲେ ଆମେ ସମସ୍ତେ ପ୍ରକୃତରେ ଏକ ମହିମାମୟ ସାତୀର୍ଥ୍ୟ ମଧ୍ୟରେ ବଞ୍ଚୁଛୁ ବୋଲି ପୂର୍ଣ୍ଣତଃ ଅନୁଭବ ହୁଏ । ସେହି ସାତୀର୍ଥ୍ୟକୁ ଆମେ ପୂର୍ଣ୍ଣ ଆତ୍ମୀୟତା ବୋଲି କହିବା କି? ବର୍ତ୍ତମାନଟା କ'ଣ ପ୍ରକୃତରେ ଆମକୁ ସେହି ସାତୀର୍ଥ୍ୟର ଭରସାଟିକୁ ଆଣି ଦେଉଛି, ଯାହାଉପରେ ଛିଡ଼ା ହୋଇ ଆମେ ଭବିଷ୍ୟତ ଭାଗବତ କଳନାଟିଏ କରି ପାରୁଛୁ ଏବଂ ସେହି ଅନୁସାରେ ଅତୀତରୁ ମଧ୍ୟ ପ୍ରେରଣାଗୁଡ଼ିକୁ ପାଇପାରୁଛୁ? ତେଣୁ, ଅନୁକ୍ଷଣ ସ୍ମରଣ କରି ବାଟଟି ବଞ୍ଚିବାର ଆହ୍ୱାନଟିକୁ ଶୁଣି ପାରୁଥିବା ଉଚିତ ଯେ, ଆପଣାକୁ ନଉକାଟିଏ କରି ମେଲିଦେଲେ ହିଁ ମଙ୍ଗୁଆଳଟିଏ ବସିଥିବାର ଅବଶ୍ୟ ଦେଖିବାକୁ ମିଳିବ। ଏହି ବିଶ୍ୱ-ବିବର୍ତ୍ତନରେ ନିଜକୁ ସାମିଲ୍ କରି ଦେଖିହେବ। ଆପଣା ମଧ୍ୟରେ ବି ବିଶ୍ୱ-ବିବର୍ତ୍ତନକୁ ସାମିଲ୍ କରି ଦେଖିହେବ। ଏବଂ, ତାହାହିଁ ସାନ୍ନିଧ୍ୟ, ତାହାହିଁ ସତତ୍ୟ, ଓ ତାହାହିଁ ସାତୀର୍ଥ୍ୟ।

■■

BLACK EAGLE BOOKS

www.blackeaglebooks.org
info@blackeaglebooks.org

Black Eagle Books, an independent publisher, was founded as
a nonprofit organization in April, 2019. It is our mission to
connect and engage the Indian diaspora and the world at large
with the best of works of world literature published on a
collaborative platform, with special emphasis on
foregrounding Contemporary Classics and New Writing.

www.ingramcontent.com/pod-product-compliance
Lightning Source LLC
Chambersburg PA
CBHW020248030426
42336CB00010B/676